D1081463

Les Secrets de Anges & démons

**DAN BURSTEIN
ARNE DE KEIJZER**

Les Secrets
de Anges & démons

Traduit de l'américain par Guy Rivest

Les Éditions des Intouchables bénéficient du soutien financier de la SODEC, du Programme de crédits d'impôt du gouvernement du Québec, du PADIÉ et sont inscrites au Programme de subvention globale du Conseil des Arts du Canada.

LES ÉDITIONS DES INTOUCHABLES
2316, avenue du Mont-Royal Est
Montréal, Québec
H2H 1K8
Téléphone : (514) 526-0770
Télécopieur : (514) 529-7780
www.lesintouchables.com

DISTRIBUTION : PROLOGUE
1650, boulevard Lionel-Bertrand
Boisbriand, Québec
J7H 1N7
Téléphone : (450) 434-0306
Télécopieur : (450) 434-2627

Impression : Transcontinental
Photo de la couverture : Owen Franken / CORBIS
Infographie et maquette de la couverture : Benoît Desroches

Dépôt légal : 2005
Bibliothèque nationale du Québec
Bibliothèque nationale du Canada

Édition originale en anglais : *The Secrets of Angels and Demons*,
CDS Books & Squibnocket Partners LLC, New York, 2004
Textes : © Squibnocket Partners LLC, 2004
Cartes : © General Cartography Inc.
Illustrations : © Elisa Pugliese
Ambigramme : © Scott Kim

Avec l'aimable autorisation de l'agent Danny Baror

ISBN 2-89549-170-4

Note des directeurs de publication

Les Secrets de Anges et démons adopte la même formule que notre livre précédent dans cette série, *Les Secrets du code Da Vinci*.

Encore une fois, nous nous sommes efforcés de fournir au lecteur un guide exhaustif en réunissant avec soin des réflexions et des écrits originaux, des entrevues complètes avec des spécialistes, ainsi que des extraits de livres, de magazines et de sites Internet. Nous sommes toujours fascinés par la technique de Dan Brown, qui consiste à intégrer au cœur d'une intrigue des idées fécondes et importantes sur le plan historique. Parallèlement, *Anges et démons* soulève la question de savoir ce qui distingue les faits réels de la fiction pure. Nous avons entrepris de répondre à cette question, non seulement en ce qui a trait aux domaines de l'histoire et des idées, mais également en ce qui concerne les éléments de l'intrigue et les procédés auxquels l'auteur a recours. Dans nos commentaires d'introduction en italique, nous exprimons notre opinion de directeurs de publication, qui peut différer de la contribution des auteurs ; le texte reflète ensuite le point de vue de l'auteur ou de la personne interviewée. À moins d'indication contraire dans l'avis de droits d'auteur qui suit chaque sélection, Squibnocket Partners LLC possède les droits d'auteur de tous les textes.

Considérant le grand nombre de sources documentaires, nous avons choisi d'uniformiser l'orthographe et la présentation des noms dans ce livre, tout en laissant telles quelles l'orthographe et la présentation qui apparaissent dans certains ouvrages dont nous avons tiré des extraits. Par exemple, la grande majorité des spécialistes appellent Gianlorenzo Bernini « Le Bernin » et nous avons utilisé cette dénomination.

Les mots, les parties de phrases ou les remarques explicatives qui apparaissent entre crochets sont de nous ; ceux entre parenthèses sont de l'auteur. Les documents secondaires préparés pour ce livre, mais qui n'ont pu en faire partie en raison des exigences liées à la publication — y compris plusieurs articles et entrevues que nous n'avons pu présenter ici — paraîtront ultérieurement sur notre site Internet. Visitez le site www.secretsofangelsanddemons.com.

Les numéros de page mentionnés dans le présent livre renvoient à l'édition française de *Anges et démons*, publiée chez JC Lattès en 2004.

En donnant aux lecteurs un avant-goût des idées et des écrits de nombreux spécialistes, nous avons dû inévitablement laisser de côté des éléments que nous aurions, en d'autres circonstances, aimé utiliser. Nous tenons à remercier tous les auteurs, les personnes interviewées, les maisons d'édition et les spécialistes qui ont si généreusement mis à notre disposition leurs réflexions et leurs documents. En retour, nous exhortons nos lecteurs à se procurer les livres de nos spécialistes et à approfondir la multitude d'idées qu'ils contiennent.

INTRODUCTION

ANGES ET DÉMONS :
BROUILLON DE *DA VINCI CODE*,
PLAN DU PROCHAIN LIVRE DE DAN BROWN

La toute première fois que j'ai parlé devant une foule de *Secrets of the Code*[1], le livre que j'ai publié en avril 2004 sur les histoires et les mystères sous-tendant le best-seller de Dan Brown *Da Vinci Code (DVC)*[2], quelqu'un s'est levé et m'a demandé si j'allais publier un livre semblable sur *Anges et démons (AD)*[3] de Dan Brown.

Pendant la tournée que j'ai effectuée dans tout le pays au cours de l'année 2004 avec *Secrets of the Code* — alors qu'on me demandait si Jésus et Marie Madeleine avaient été réellement mariés, si Marie Madeleine apparaît déguisée dans *La Dernière Cène* et si le Prieuré de Sion existe vraiment —, on me posait invariablement des questions sur *Anges et démons*. J'ai constaté, à partir d'un sondage que j'ai fait, qu'environ un lecteur sur cinq trouve *Anges et démons* plus intéressant que *Da Vinci Code* — une réaction très étonnante compte tenu du fait que *Da Vinci Code* est un des romans les plus populaires et les plus controversés de tous les temps.

---

1. Version française : *Les Secrets du code Da Vinci*, Montréal, Les Intouchables, septembre 2004. (Traduit par Guy Rivest)

2. Version française : *Da Vinci Code*, Paris, JC Lattès, mars 2004. (Traduit par Daniel Roche)

3. Version française : *Anges et démons*, Paris, JC Lattès, mars 2005. (Traduit par Daniel Roche)

Après avoir connu un succès modeste lors de sa première publication en 2000 (trois ans avant *DVC*), *Anges et démons* s'est retrouvé en 2004 sur les talons de *Da Vinci Code* au sein de l'industrie milliardaire de Dan Brown. Près de cinq millions d'exemplaires étaient en réimpression et le livre était propulsé encore plus haut sur la liste des best-sellers en livre de poche et en format cartonné.

J'ai décidé de m'asseoir et de lire *Anges et démons* pour être en mesure de mieux répondre aux questions qui m'étaient posées. Tout comme lorsque j'avais lu *Da Vinci Code* un an plus tôt, je suis resté éveillé toute la nuit, fasciné par les nombreuses idées et questions auxquelles le texte fait référence, tout en tournant les pages aussi rapidement que possible pour suivre l'intrigue policière. J'ai eu de fortes réactions à la lecture de ce livre.

Premièrement, *Anges et démons* m'est apparu comme un brouillon virtuel de *Da Vinci Code*. Quiconque souhaitait réellement comprendre *Da Vinci Code* devait lire *Anges et démons*. C'est dans *Anges et démons* que Dan Brown a créé le personnage de Robert Langdon. Brown n'accordait pas encore à Langdon le titre de « symbologiste » (titre qu'il lui a attribué dans *DVC*), même si le professeur de Harvard se trouvait nettement sur cette voie en raison de sa spécialisation en histoire de l'art et en iconographie religieuse. Sur le plan de la structure, bien sûr, les intrigues et les personnages des deux livres se rapprochent énormément : les deux romans commencent dans une ville européenne par le meurtre brutal d'un homme brillant qui possède des connaissances particulières. Dans les deux cas, l'assassin est un personnage étrange appartenant à un culte ancien et secret. Les deux meurtres ont aussi en commun des caractéristiques médico-légales inhabituelles : le globe oculaire arraché de Leonardo Vetra gisant sur le plancher du corridor du CERN (Centre européen pour la recherche nucléaire) et la position de Jacques Saunière gisant nu sur le sol du Louvre, les membres écartés comme l'Homme de Vitruve.

Dans les deux romans, Langdon est réveillé par un appel téléphonique fort peu probable et précipité dans l'action comme une sorte de Sherlock Holmes postmoderne en raison de ses connaissances en histoire de l'occultisme et en symbologie.

Dans les deux cas, Langdon fait équipe avec une Européenne, célibataire, belle et intelligente, dont le père / grand-père a été brutalement assassiné et qui l'aidera à décoder les indices et à résoudre les mystères apocalyptiques. À divers moments de chaque récit, Langdon sera attiré par Vittoria (dans *AD*) et par Sophie (dans *DVC*), et la possibilité d'une relation sexuelle flottera entre eux à la fin de chacun des livres. Mais, contrairement à ce qui se passe dans les autres œuvres du même genre, les personnages de ces deux livres consacrent presque tout leur temps à résoudre les mystères de la civilisation occidentale et bien peu aux histoires de sexe.

Malgré une multitude de péripéties, les deux récits sont censés se dérouler en 24 heures. Dans *Anges et démons*, l'artiste principal dont les œuvres fourmillent d'indices permettant de comprendre les meurtres est Bernini (dit Le Bernin) et c'est à Rome que presque toute l'action du récit se déroule; dans *Da Vinci Code*, c'est Léonard de Vinci et Paris. Dans *Anges et démons*, l'ancienne secte est représentée par les *Illuminati*; dans *Da Vinci Code*, c'est le Prieuré de Sion. Dans *Anges et démons*, Brown imagine des documents perdus rédigés par Galilée; dans *Da Vinci Code*, il utilise les évangiles gnostiques réels et authentifiés, et les controversés *Dossiers secrets*. Dans *Anges et démons*, il a recours aux ambigrammes; dans *Da Vinci Code*, il se sert des anagrammes.

Les deux livres traitent surtout de l'Église catholique et de la longue et complexe histoire des croyances chrétiennes. Dans *Da Vinci Code*, Brown examine les questions liées aux origines et à la codification du christianisme; dans *Anges et démons*, il explore une question fondamentale à laquelle le Vatican se trouve confronté depuis Galilée : le conflit entre la cosmologie scientifique et la cosmologie religieuse. Dans *Da Vinci Code*, l'Église catholique traditionnelle et le Prieuré de Sion croient pratiquer LA véritable religion. Dans *Anges et démons*, on laisse entendre que le CERN et le Vatican représentent deux types d'Églises. Dans la « cathédrale de la science » (le CERN), l'antimatière est entreposée profondément sous terre, alors que dans la « cathédrale de la religion » (la basilique Saint-Pierre), les reliques de Pierre lui-même se trouvent également sous terre (enfin, peut-être pas — voir le chapitre 1).

En lisant *Anges et démons*, je me suis de nouveau senti interpellé. Ayant passé des mois mémorables de ma jeunesse à Rome et connaissant assez bien ses rues et ses monuments ; ayant étudié l'histoire du XVIIe siècle au collège et possédant une assez bonne connaissance des univers de Bernini, Galilée, Milton, Bruno, ainsi que de la Réforme et la Contre-Réforme ; et ayant beaucoup lu sur la physique quantique et la cosmologie contemporaine, *Anges et démons* a stimulé ma curiosité à propos de tous ces sujets. Comme pour *Da Vinci Code*, après avoir lu *Anges et démons*, je me suis précipité à la librairie du coin où j'ai acheté des dizaines d'ouvrages documentaires sur plus de 30 sujets différents (de l'antimatière aux antipapes) qui fournissaient des clés permettant de mieux comprendre l'intrigue romanesque de *Anges et démons*.

Dan Brown est certainement un personnage controversé. Les théologiens l'ont accusé de blasphème et d'autres auteurs, de plagiat. Des chercheurs sérieux lui ont reproché de semer la confusion dans l'esprit des masses avec son mélange inhabituel de faits et de fiction qui, insiste-t-il, sont tous fondés sur la réalité (même si ce ne sont que des romans et qu'ils sont de toute évidence mis en marché et vendus comme tels).

À mon avis, tous ces critiques abordent le phénomène Dan Brown d'une manière erronée. Je crois que notre culture est affamée de débats intellectuels sur les grandes questions de notre époque. Nous ne comprenons plus les signes et les symboles que nos ancêtres saisissaient spontanément de façon intuitive. Nous perdons de plus en plus le contact avec notre héritage culturel. Nous sommes déchirés entre, d'une part, les élans vers la foi et la spiritualité, et, d'autre part, la science et la technologie. Plus notre société devient logique et technologique, plus certains d'entre nous ont soif de spiritualité et souhaitent un retour aux valeurs du passé. Plus certains en viennent à la conclusion que Dieu est mort ou n'a plus sa place, plus certains autres se remettent à fréquenter l'église. Et plus nos cultures se mondialisent et deviennent matérialistes, plus certains petits groupes semblent attirés par des dogmes religieux illogiques, indéfendables, extrémistes et dangereux. Nous sommes censés vivre à l'ère de l'information et nous ne savons même pas si on nous ment à propos de faits fondamentaux. Nous savons de plus en plus ce qui s'est produit dans les microsecondes qui ont suivi le big-bang et nous ne connaissons encore rien de ce qui s'est produit avant. Nous plongeons tête première dans un nouveau millénaire qualitativement différent des deux précédents. Nous voulons à tout prix parler de cette expérience, mais il n'existe pas de tribune pour le faire.

Les livres de Dan Brown nous donnent l'occasion d'aborder en partie ce débat. Peut-être ne s'agit-il pas du débat le plus approfondi, mais il gagne en accessibilité ce qu'il perd en profondeur. Dans leur vie quotidienne, il est rare que les gens lisent un livre au complet, qu'ils y pensent, qu'ils en parlent et qu'ils aient envie d'en lire d'autres sur le sujet. Mais *Anges et démons* et *Da Vinci Code* ont entraîné des millions de personnes dans ce processus. C'est pour ces lecteurs que nous avons conçu le présent ouvrage. Dan Brown fait certaines affirmations intrigantes sur l'antimatière, la théorie des nœuds et la cosmologie du XXIe siècle. Il vous met sur la voie. Il capte votre intérêt, mais il ne vous dit pas tout ce que vous voulez savoir maintenant. C'est ce que fait notre livre.

Dans *Les Secrets de Anges et démons*, vous pouvez apprendre le véritable déroulement du processus de sélection du pape et ce qui peut se passer quand les cardinaux du Vatican entrent ensuite en conclave — et qui ils pourraient choisir comme prochain pape le moment venu. Après avoir pris connaissance du point de vue de certains des plus éminents scientifiques, théologiens et philosophes du monde au chapitre 4, vous pourrez réfléchir de manière plus critique à votre propre cosmologie. La plupart des lecteurs de *Anges et démons* n'avaient jamais entendu parler des *Illuminati* avant de lire le roman. Dans ce livre, nous traçons le portrait des *Illuminati* et voyons comment les théoriciens de la conspiration de tout acabit ont remodelé leur rôle dans l'histoire. Si vous vous intéressez à Bernini (j'avoue que Bernini ne m'intéressait pas beaucoup quand j'ai entrepris mes recherches sur ce livre, mais j'ai changé d'idée depuis), vous trouverez au chapitre 5 des informations très éclairantes sur le rôle qu'il a joué en ce qui a trait à l'image et à l'atmosphère de la Ville éternelle que nous découvrons aujourd'hui en tant que touristes. Si vous croyez comprendre qui était Galilée et ce qui s'est produit pendant son célèbre procès, jetez un coup d'œil à certains articles du chapitre 2. Vous y découvrirez de nouvelles perspectives. Et si vous avez apprécié le jeu d'analyse entre les faits et la fiction dans l'intrigue de Dan Brown, nous avons des journalistes d'enquête, des experts en médecine légale, des technologues, des experts sur Bernini et des spécialistes des théories du complot qui vous dévoileront tout au long du livre les éléments exacts et inexacts de *Anges et démons*. Nous verrons aussi s'il est possible d'utiliser le globe oculaire d'un mort pour tromper un système de sécurité ayant recours à la lecture d'empreintes rétiniennes et si la sculpture de Bernini intitulée *L'Extase de sainte Thérèse*, dans l'église romaine de Santa Maria della Vittoria, représente une femme ayant une vision religieuse extatique ou un «orgasme d'un réalisme saisissant» (dixit Dan Brown), ou peut-être les deux en même temps.

Une troisième chose m'a fait réagir quand j'ai lu *Anges et démons*. Ce livre m'a non seulement aidé à encore mieux comprendre *Da Vinci Code*, mais il m'a également permis d'entrevoir quelle avenue Dan Brown choisirait sans doute dans son prochain livre prévu pour 2005. Notre équipe a révélé publiquement qu'elle croyait que le prochain livre de Dan Brown parlerait des francs-maçons et que son histoire se passerait à Washington. Peu après que nous eûmes émis un communiqué de presse à ce sujet en mai 2004, Dan Brown annonçait, au cours d'une de ses désormais rares apparitions publiques, qu'il travaillait en effet à un nouveau livre, que celui-ci aborderait l'histoire des francs-maçons et que l'action se déroulerait à Washington.

Les lecteurs attentifs de *Da Vinci Code* et de *Anges et démons* se souviendront que, dans les deux livres, Robert Langdon trouvait des occasions de disserter sur la signification symbolique de l'œil au-dessus de la pyramide inachevée au verso du billet de un dollar américain, attribuant ce symbole aux francs-maçons et/ou aux *Illuminati*, et qu'il affirmait que ce symbole reflétait leur influence sur les pères fondateurs des États-Unis. Tout au long du récit de *Anges et démons*, Dan Brown entremêle l'histoire des francs-maçons et celle des *Illuminati*. En fait, lorsque Brown était un écrivain peu connu en tournée pour faire connaître son premier livre *Anges et démons*, il insistait beaucoup plus sur l'histoire des francs-maçons que sur celle des *Illuminati* et on trouvait dans ce qu'il disait de nombreux indices montrant que ce sujet l'intéressait vivement.

Comme le font remarquer plusieurs spécialistes dans ces pages, ni Galilée ni Bernini n'aurait pu faire partie des *Illuminati* (comme le suggère Dan Brown), ne serait-ce que parce que cette organisation n'a été fondée qu'en 1776, c'est-à-dire plus d'un siècle après la mort de Galilée. Mais comme on le sait, l'œuvre de Dan Brown ne se concentre pas sur les faits (peu importe le nombre de fois où il affirme que tout est fondé sur des faits réels). Il s'agit de comprendre la façon dont il utilise le mythe et la métaphore, son aptitude troublante à suggérer d'autres explications intrigantes à des événements historiques et le talent qu'il possède pour exploiter des idées et des symboles dissimulés, bien qu'à la vue de tous, pendant des années, et à leur attribuer de nouvelles interprétations inspirantes.

Le chapitre 3 de ce livre vous révélera tout ce que vous ne saviez pas sur les *Illuminati*, les francs-maçons et leur rôle réel ou imaginaire dans l'histoire américaine. Tout comme de nombreux lecteurs de *Da Vinci Code* se sont demandé comment il se faisait qu'ils ne savaient pas certaines choses (par exemple sur les rapports entre Jésus et Marie Madeleine, *La Dernière Cène*, etc.), plusieurs se poseront la même question à propos de George Washington, de Thomas Jefferson et des débuts de l'histoire américaine après la lecture du prochain livre de Brown.

Il semble que Dan Brown ait lu et étudié toute une gamme de théories obscures sur l'histoire et qu'il soit fasciné par la trame que révèle cette version de l'histoire: elle débute à l'époque des hommes des cavernes avec la prééminence du Féminin sacré, ainsi que les cultes des déesses et de la fertilité ayant inspiré les premières religions et idées artistiques. Elle progresse dans le temps jusqu'à l'Égypte ancienne, où les bâtisseurs de pyramides et les partisans du culte des déesses avaient acquis des connaissances secrètes sur la construction de monuments, l'alchimie et la magie. Puis l'histoire se déplace jusqu'en Grèce, en Crète, et dans d'autres cultures de la Méditerranée orientale, abordant notamment les premières formes du judaïsme, combinant constamment les talents de l'époque en matière d'ingénierie (la capacité d'édifier de grandes pyramides et de vastes temples, par exemple), en mettant l'accent sur l'adoration de la Déesse; les rites religieux liés aux mystères ; les organes spécialisés de l'occulte, soit les mathématiques et la connaissance de la magie (comme la cabale au sein du judaïsme) ; et les rites sexuels extatiques pratiqués à l'occasion en tant que gestes de dévotion religieuse.

Puis le récit se poursuit avec Jésus (que Brown qualifie de « premier féministe » dans *Da Vinci Code*), Marie Madeleine et les cercles gnostiques chez les premiers chrétiens. Les Romains amalgament des aspects de leurs croyances païennes à ces nouvelles croyances chrétiennes. Viennent ensuite les chevaliers du Temple, qui combinent le savoir secret qu'ils ont acquis pendant leur occupation du temple de Salomon à leur croyance en Marie Madeleine en tant que « Saint-Graal » et à leur aptitude à construire des temples. Après la défaite et le massacre des Templiers viennent tous les groupes dissidents, des francs-maçons au Prieuré de Sion en passant par les *Illuminati*, tous perpétuant soi-disant la tradition de l'ancien savoir mystique ainsi que des talents hors du commun en matière d'ingénierie et des aptitudes scientifiques, et leur croyance dans le Féminin sacré. Ces croyances s'opposent aux religions organisées, corrompues et désacralisées de l'époque. Elles atteignent leur apogée au siècle des Lumières avec les révolutions américaine et française, et la victoire de la science et de la libre pensée sur les dogmes religieux.

Le prochain livre de Dan Brown se déroulera sans doute aussi sur cette toile de fond. En fait, les sombres secrets de cette version de l'histoire, les dissimulations et les conspirations, les reliques et les trésors enfouis, les signes, les symboles et les œuvres d'art formant l'assise même de la psyché et de l'expérience humaines, tout cela fournira au professeur Langdon suffisamment de matériel pour continuer d'exercer son métier de décodeur de symboles dans le cadre de plusieurs mystères et de nombreux livres au cours des années à venir.

Dans cette série sur les *Secrets*, nous avons tenté de réunir des spécialistes et des idées qui peuvent enrichir et approfondir l'expérience du lecteur en ce qui a trait aux thèmes de Dan Brown. Je suis particulièrement fier des données qu'a rassemblées ma coéditrice Arne de Keijzer, dans *Les Secrets de Anges et démons*. Je souhaite à tous nos lecteurs une agréable odyssée lorsqu'ils entreprendront les nombreux voyages de découvertes intellectuelles que proposent les idées de ce livre.

Dan Burstein
Novembre 2004
Joignez-vous à la discussion au
www.secretofangelsanddemons.com

PREMIER CHAPITRE

Le Vatican : Une vue de l'intérieur

Distinguer les faits de l'imagination fertile
dans le processus de succession pontificale
• Un obstacle à l'élection du successeur de Jean-Paul II
• Les dessus et les dessous du fonctionnement du Vatican
• L'histoire des papes a-t-elle été aussi horrible
que sainte ?
• Les ossements de saint Pierre
ont-ils vraiment été enterrés sous le Vatican ?
• Dans quelle mesure le point de vue de l'Église
envers la science a-t-il changé depuis l'époque de Galilée
jusqu'à maintenant ?

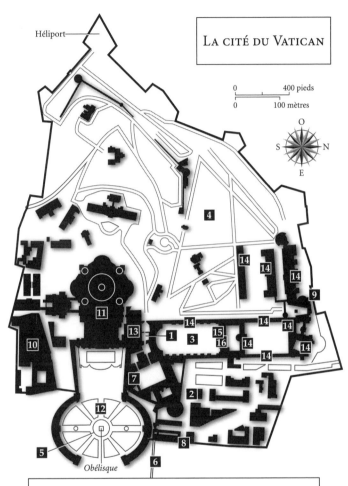

Héliport

La cité du Vatican

0   400 pieds
0   100 mètres

Obélisque

1. Cour des Borgia
2. Bureau de poste central
3. Cour du Belvédère
4. Jardins
5. Cercle du vent, incluant le Vent de l'ouest
6. Il Passetto
7. Appartements pontificaux
8. Porta Sant'Anna
9. Entrée principale des touristes aux Musées du Vatican
10. Salle d'audience du pape
11. Basilique Saint-Pierre
12. Place Saint-Pierre
13. Chapelle Sixtine
14. Musées du Vatican
15. Archives pontificales secrètes
16. Bibliothèque du Vatican

CONCLAVE 101 :
Le passé, le présent et l'avenir des élections pontificales

par Greg Tobin[*]

Dans son livre *Anges et démons*, qui aborde le décès et l'élection du pape, Dan Brown parle avec brio des idées et des institutions qui fascinent les gens du monde entier. Le roman est un mélange de faits et de fiction qui soulève d'importantes questions sur la structure et la régie interne de l'Église catholique romaine et sur les influences qu'elle subit en ce début de XXIe siècle. Brown fait preuve d'une grande imagination et s'autorise les libertés de tout romancier populaire. Cependant, les lecteurs éclairés veulent savoir dans quelle mesure son portrait coloré du Vatican correspond à la réalité des papes et de la papauté d'aujourd'hui.

La papauté existe depuis près de 2 000 ans, et 261 hommes ont officiellement occupé le poste d'évêque de Rome. Elle a débuté avec la mission de saint Pierre l'apôtre dans la capitale de l'empire à la fin des années 50 ou au début des années 60 du Ier siècle chrétien, et s'est poursuivie sans interruption sérieuse jusqu'au pontificat actuel de Jean-Paul II.

Il n'existe pas de preuve formelle que Pierre soit allé à Rome. Néanmoins, la tradition, les preuves circonstancielles (notamment sa présumée tombe et sa dépouille) et l'absence de toute affirmation selon laquelle il se serait trouvé ailleurs indiquent de façon quasi certaine que Pierre a pourvu aux

---

[*] Greg Tobin est auteur, rédacteur, journaliste et chercheur. Il est actuellement rédacteur en chef du *Catholic Advocate*, le journal de l'archidiocèse de Newark, au New Jersey. Il a récemment écrit deux romans, *Conclave* et *Council*, de même qu'un essai sur le processus de sélection du pape, *Selecting the Pope : Uncovering the Mysteries of Papal Elections*.

besoins spirituels des chrétiens de Rome (comme Paul l'a fait) et qu'il y est mort en martyr dans le cirque de Néron entre 64 et 67 apr. J.-C. (à peu près en même temps que Paul). L'Église catholique désigne Rome du nom de « Saint-Siège », en reconnaissance de l'apport des « cofondateurs » de la foi chrétienne et de leur statut de chefs de file les plus importants parmi les premiers pères de l'Église de ce qu'on a nommé « l'âge apostolique » (c'est-à-dire la période entre la mort du Christ et la fin du Ier siècle, lorsque le dernier des 12 premiers apôtres a soi-disant quitté la scène).

Dès le début de la chrétienté, les chrétiens et leurs dirigeants (les *episkopoi*, ou « surveillants », plus tard appelés « évêques ») ont tenté de régler la question de l'autorité en ce qui concernait la doctrine et la moralité. Des conflits théologiques ont surgi dans une atmosphère de persécution intermittente mais dure, infligée aux chrétiens par Rome. Plusieurs Églises (comme l'Église africaine) s'attendaient à ce que Rome agisse comme médiatrice dans les conflits locaux. Vers 150 apr. J.-C., l'évêque de Rome était le dirigeant de l'Église le plus influent dans le monde méditerranéen.

Au départ, après le martyre de Pierre, les chefs de l'Église de Rome étaient élus à Rome parmi les membres du clergé local. Ce n'est que plusieurs siècles plus tard qu'on choisit un évêque d'un autre diocèse pour occuper le Saint-Siège romain : Marin Ier (en 882) était évêque de Caere au moment de son élection, puis il fut suivi plusieurs années après par Formose (en 891), évêque de Porto, second choix du genre dans l'histoire de l'Église. Cette situation a évolué au point que, de nos jours, il est presque obligatoire, pour être pape, d'avoir été l'évêque résidant d'un grand diocèse.

Tout au long du Moyen Âge — période suivant la chute de l'Empire romain d'Occident en 476, jusqu'à la Renaissance (aux XVe et XVIe siècles) —, les élections pontificales représentaient l'ultime sport-spectacle des Européens dont l'enjeu était très élevé : à cette époque, les papes avaient acquis une puissance aussi bien temporelle que spirituelle. Depuis le cadeau du père de Charlemagne (en 754), le pontife romain dirigeait une grande partie de l'Italie, connue alors sous le nom d'États pontificaux. Les familles romaines et italiennes rivales allaient jusqu'à tuer pour que leurs propres candidats obtiennent le poste. Les empereurs et les rois tentaient (souvent avec succès) de contrôler les élections pontificales en ayant recours à l'argent, à la force militaire et à la persuasion politique. De semblables machinations politiques ont encore lieu aujourd'hui, lorsqu'on juge les cardinaux de pays puissants (comme les États-Unis) peu susceptibles d'être élus de crainte que les préoccupations politiques mondiales ne supplantent ou n'influencent l'aptitude du pape à diriger l'Église universelle.

De 1305 à 1375, les papes (tous Français) vivaient à Avignon dans un exil splendide loin de Rome et étaient sous la domination du roi de France. Suivit une période de schisme de 1378 à 1417 durant laquelle *trois* papes revendiquèrent en même temps le trône de saint Pierre. La situation fut réglée pendant le concile de Constance (1417-1418), après qu'eut été lancée avec succès la réforme protestante. Au cours de la période baroque, qui vit s'achever la construction de la grande basilique Saint-Pierre telle que nous la connaissons aujourd'hui, jusqu'à l'ère des Lumières et de la Révolution, les papes ont été élus pour leurs capacités intellectuelles et leur souplesse politique, et parfois pour leur malléabilité aux yeux du Sacré Collège (ou Collège des cardinaux). Le pape Pie VII, élu en 1799 après que Napoléon eut exilé son prédécesseur, engagea la papauté sur la voie de la modernité en résistant aux puissances laïques et en se concentrant sur la direction interne de l'Église.

Les successeurs de Pie VII, parmi lesquels se trouvent les papes qui ont occupé le plus longtemps cette fonction dans l'histoire (Pie IX a été pape pendant presque 30 ans), ont tous été jugés acceptables sur les plans théologique et moral, et ont tous été élus en vertu de règles de conclave, adaptées avec précision, qui permettaient aux fidèles et aux cardinaux d'élire le pape afin qu'il serve d'abord à titre de leader spirituel et qu'il soit en fait *le* principal chef de file spirituel de la chrétienté.

Parmi les quatre derniers papes élus, trois ont eu un parcours surprenant, d'une manière ou d'une autre. En 1958, les cardinaux ont élu un ancien diplomate et vétéran de la Première Guerre mondiale, Angello Giuseppi Roncalli, qui attendait son heure sur la *cathedra* (le « siège » de l'évêque) à Venise. Tous croyaient qu'il n'avait été élu qu'à titre de pape provisoire, un pape dont on attendait surtout qu'il réchauffe le banc du pape suivant. Il a étonné tout le monde quand, sous le nom de Jean XXIII, il a chamboulé l'Église en convoquant le deuxième concile œcuménique du Vatican (1962-1965), qui entraîna une immense vague de changements administratifs ainsi qu'un renouveau spirituel.

L'élection du successeur de Jean, Giovanni Battista Montini, qui prit le nom de Paul VI (1963-1975) ne fut pas une surprise. Véritable initié du Vatican, Montini avait en fait reçu quelques votes durant le conclave de 1958 même s'il n'était à l'époque qu'archevêque et pas encore cardinal — c'était la dernière fois de l'histoire qu'un non-cardinal recevait des votes. Il représentait le principal élément progressiste du concile et fut élu après plusieurs tours de scrutin en 1963.

Le 26 août 1978, au cours du plus bref conclave de l'histoire, les cardinaux élirent un aimable pasteur intellectuel qui ne figurait sur aucune liste : Albino Luciani de Venise. Ce choix surprit tout le monde, d'autant plus que le nouveau pape opta pour un nom composé — Jean-Paul —, une première dans l'histoire. Malheureusement, son pontificat ne dura que 33 jours. Les cardinaux étaient rentrés chez eux en se félicitant — et en rendant grâce au Saint-Esprit — d'avoir fait un aussi bon choix… pour aussitôt retourner à Rome afin d'élire le troisième pape à occuper cette fonction en moins de deux mois.

Durant un conclave qui eut l'effet d'une bombe, on élut, le 16 octobre 1978, un « étranger venant d'un pays lointain » : le cardinal Karol Wojtyla, 58 ans, archevêque de Cracovie, en Pologne. Pour la première fois en 455 ans, depuis le Hollandais Hadrien VI (pape de 1522 à 1523), un non-Italien occupait le siège de saint Pierre. Et l'Église de même que le monde n'ont plus jamais été les mêmes.

Dans un avenir sans doute proche, les quelque 120 cardinaux qui forment le conclave (dont la très grande majorité ont été sacrés évêques par Jean-Paul II) surprendront presque certainement les observateurs — et se surprendront peut-être eux-mêmes — une fois de plus.

QUI EST LE PAPE ?

L'idée de papauté découle de la tradition entourant la vie de l'apôtre Pierre, de son ministère et de son martyre à Rome pour finalement adopter sa forme contemporaine après 20 siècles tumultueux. On compte 261 hommes légitimement élus et ayant succédé à saint Pierre à titre d'évêque de Rome. Pour comprendre le pape et la papauté, il faut examiner les divers titres pontificaux. Ceux-ci sont nombreux, importants sur les plans historique et théologique, et cela prête quelque peu à confusion pour l'observateur contemporain (en particulier s'il n'est pas catholique). Voici une brève description de ces titres officiels :

- Évêque de Rome : La première et éternelle tâche du pape est de chapeauter le Saint-Siège ou « siège apostolique », deux expressions désignant l'Église locale de Rome. Le vicaire général du diocèse, habituellement cardinal, sert d'administrateur en chef pour le pape.

- Vicaire de Jésus-Christ : Ce titre a supplanté l'appellation antérieure de « vicaire de Pierre », adoptée par le pape saint Léon Ier le Grand (440-461) au Ve siècle. En principe, l'expression « vicaire du Christ » s'applique non seulement au pape, mais aussi à tout prêtre ou évêque. Le pape Innocent III (1198-1216) déclarait qu'il était « *Vicarius Christi* [vicaire du Christ], le successeur de Pierre, celui qui a été oint par le Seigneur [...] inférieur à Dieu mais supérieur à l'homme ».

- Successeur du chef des apôtres : Il y a de nombreux évêques et archevêques, mais il n'existe qu'un seul successeur reconnu de saint Pierre : « Tu es Pierre, et sur cette pierre, je bâtirai mon Église », dit Jésus dans l'Évangile de Matthieu, chapitre XVI. On croit que le principal autel de la basilique Saint-Pierre a été bâti sur le tombeau de l'apôtre.

- Souverain pontife de l'Église universelle : Le titre vient du latin *Pontifex Maximus* (grand-prêtre ou prêtre suprême). *Pontifex* signifie « constructeur de pont ». On appelle aussi parfois le pape « pontife romain ».

- Patriarche de l'Occident : Le pape est l'un des nombreux patriarches ou « pères des diocèses », dont l'origine remonte directement aux apôtres et aux centres du gouvernement impérial de Rome. D'autres patriarches président aux destinées de Constantinople, de Jérusalem, d'Antioche, d'Alexandrie, de Venise et de Lisbonne.

- Primat d'Italie : Selon la tradition, un certain nombre de pays européens et latino-américains ont un évêque ou un primat en chef.

- Archevêque et métropolite de la province romaine : Ce titre comporte plusieurs éléments. Le métropolite a compétence ecclésiastique sur les évêques de sa province (une région géographique définie). En tant que métropolite, l'archevêque porte le pallium (une étole de laine et non une écharpe, comme on le décrit dans *Anges et démons*, et que les cardinaux ne sont pas les seuls à porter) qui symbolise une telle compétence. En ce qui a trait au pape seulement, cette compétence est universelle.

- Souverain de l'État du Vatican : Le pape est le dirigeant politique d'un État indépendant. Le titre fut officialisé par les accords du Latran conclus en 1929 par le pape Pie XI (1922-1939) et Mussolini. Du VIIIe siècle jusqu'en 1870, le pape régnait sur les États pontificaux en Italie.

- Serviteur des serviteurs de Dieu : Le pape saint Grégoire Ier le Grand (590-604) adopta le titre spirituel de *Servus Servorum Dei*. Ce titre signifie qu'un évêque est celui qui cherche « à se soumettre lui-même plutôt que ses frères » et à être « un pasteur et non un maître ».

QUI SONT LES CARDINAUX ?

Le concept de « cardinal » est peut-être encore plus mystérieux pour les catholiques que pour les non-catholiques. Ces êtres quelque peu exotiques sont connus comme les princes de l'Église, en partie parce qu'ils forment la « cour » du pape en tant que conseillers proches et serviteurs, et en partie parce que, dans le passé, plusieurs d'entre eux étaient choisis parmi les familles nobles et même princières. Pour illustrer la chose le plus simplement possible, disons que les cardinaux comprennent, entre autres, les conseillers et les dirigeants du « cabinet » du Saint-Père, qu'ils vivent à Rome ou bien qu'ils administrent des organismes de la curie romaine, ou qu'il s'agisse d'évêques en résidence dans les capitales du monde. Les premiers cardinaux étaient d'abord des diacres qui aidaient le pape à diriger les paroisses locales (également appelées « *tituli* ») et les districts de Rome (à partir d'aussi loin que le IIIe siècle apr. J.-C.). Comme dans toute institution, ceux qui étaient le plus près du pouvoir devenaient eux-mêmes puissants, et les cardinaux de la haute Antiquité et de l'époque médiévale étaient immensément riches et influents, luttant parfois contre le pape lui-même pour obtenir le pouvoir de diriger l'Église. Mais au fur et à mesure que le Sacré Collège prenait de l'importance et s'étendait de par le monde (et à mesure que le nombre de cardinaux italiens s'amenuisait), il est devenu moins coupé du monde extérieur et moins centré sur sa propre réalité.

Seul le pape peut « créer » un cardinal ; il s'agit d'une décision personnelle qui ne relève que de lui. Il est aussi le seul à établir les règles fondamentales liées à de telles nominations, comme celle qui a trait au nombre de cardinaux (il n'existe actuellement pas de limite au nombre de membres du Sacré Collège, même si au maximum 120 d'entre eux peuvent participer à l'élection du pape, selon les papes Paul VI et Jean-Paul II). Dans le passé, il y avait parfois aussi peu que trois ou quatre cardinaux électeurs et le plus grand nombre de cardinaux à avoir participé à un conclave a été de 111 (deux fois en 1978, bien que la composition de chaque conclave ait été légèrement différente pour cause de mort ou de maladie).

Traditionnellement, on s'attend à ce que les archevêques des grandes villes des États-Unis, d'Amérique latine, d'Europe, d'Afrique et d'Asie (comme Boston, Vienne, Rio de Janeiro, Dublin et Bombay) se voient accorder le chapeau rouge de cardinal, signe d'une haute position ecclésiastique. Le pape peut choisir de ne pas le faire : par exemple l'archevêque Montini de Milan (qui devint plus tard le pape Paul VI) n'a pas été élevé au rang de cardinal par son mentor, le pape Pie XII, même après avoir été son plus proche conseiller pendant de nombreuses années. Par contre, immédiatement après son élection, Jean XXIII nomma Montini cardinal et le favorisa en tant que successeur à la papauté.

Le nombre maximum de 120 cardinaux électeurs (ceux qui doivent élire le nouveau pape) a d'abord été fixé le 5 mars 1973 par Paul VI durant un consistoire (assemblée de cardinaux), dans une déclaration qui fut plus tard intégrée aux règles officielles par le *Romano Pontificieligendo*. Jean-Paul II a maintenu cette règle dans *Universi Dominici Gregis (UDG)*, mais il a nommé tant de cardinaux qu'il est théoriquement possible que plus de 120 soient vivants et admis au conclave, ce qui contreviendrait à sa propre règle !

Toutefois, il est fort peu probable qu'il y ait, selon les lignes directrices et la pratique actuelle, 165 cardinaux ayant le droit de voter, et encore moins qu'ils soient autorisés à se réunir en conclave (comme au chapitre 33 de *Anges et démons*).

À l'heure actuelle (au moment de publier *Secrets of Angels and Demons*), il existe au total 190 cardinaux, y compris ceux qui sont âgés de 80 ans et plus, et tout près de 120 cardinaux électeurs. Le pape Jean-Paul II a nommé plus de cardinaux (231) que tout autre pape dans l'histoire, de même que le plus grand nombre en une seule fois (42, le 21 février 2001). Il a étonné les observateurs du Vatican en nommant 30 cardinaux de plus le 21 octobre 2003, ce qui fit grimper l'ensemble des membres du Sacré Collège à son niveau inégalé actuel.

VÉRITÉS ET MENSONGES DANS *Anges et démons*

1. LE RÔLE DU CARDINAL CAMERLINGUE

Le personnage du père Carlo Ventresca est le *camerlengo* ou «camerlingue du pape» dans *Anges et démons*. Il y est décrit comme suit: «[...] il n'a qu'un statut de prêtre ici. C'était l'assistant personnel du dernier pape» (chapitre 36). En réalité, le camerlingue est un cardinal de l'Église et il exerce de pleins pouvoirs, tout comme ses frères du Sacré Collège, pendant la période du *sede vacante* (siège vacant). Il entre au conclave pour présider le scrutin et voter lui-même. Contrairement à ce que le livre affirme, il peut aussi être élu pape, comme l'a été le cardinal Eugenio Pacelli en 1939, lequel était camerlingue depuis 1935 et devint par la suite le pape Pie XII.

L'actuel cardinal camerlingue (à la fin de 2004) est l'Espagnol Eduardo Martinez Somalo. Il a 77 ans, a été nommé cardinal le 28 juin 1988 et occupe la fonction de camerlingue de la sainte Église romaine depuis le 5 avril 1993.

Le camerlingue n'enferme pas les autres pour se retirer ensuite dans le «bureau pontifical» (qui n'existe pas en soi) afin de s'occuper de la paperasse accumulée, comme le roman le suggère. Il fait partie des trois cardinaux qui n'ont pas à démissionner de leurs fonctions administratives, les autres étant le cardinal-vicaire qui administre le diocèse de Rome et le cardinal-préfet du pénitencier apostolique, lequel doit demeurer prêt à diriger le tribunal qui accorde l'absolution pour des péchés graves, des dispenses et des indulgences «en cas d'urgence». (On ne peut que s'imaginer la nature de telles urgences!)

2. LE RÔLE DES AUTRES CARDINAUX

Dan Brown ne s'est pas attardé aux détails de la procédure et des protocoles essentiels en ce qui a trait aux cardinaux.

Dès le décès du souverain pontife, les membres du Sacré Collège de partout dans le monde se rassemblent à Rome. Bien que les activités sociales (dîners intimes, réceptions nationales et régionales, cocktails diplomatiques) soient nombreuses, il y a beaucoup de travail à abattre. Les cardinaux se rencontrent chaque jour afin de se préparer au deuil et aux funérailles du pape. Cette période de deuil de neuf jours s'appelle les «*novemdiales*», et commence immédiatement après que le camerlingue a confirmé le décès du pape.

Au lendemain de la mort du Saint-Père, on amorce une série de réunions, nommées «congrégations». Le doyen du Sacré Collège (actuellement le cardinal allemand Joseph Ratzinger, qui occupe également plusieurs autres postes importants dans la curie et qui est étroitement lié au pape Jean-Paul II) préside ces réunions de même que des rencontres de comités de moindre envergure avec les cardinaux désignés. Les cardinaux sont choisis par tirage au sort pour siéger à ces comités d'orientation et entreprendre des travaux particuliers pendant la période précédant le conclave, habituellement pour un mandat de trois jours, en rotation. On incite les cardinaux de plus de 80 ans, qui ne peuvent participer à l'élection du pape, à assister aux congrégations, mais ils n'y sont pas obligés, tout comme les cardinaux qui peuvent voter. De plus, le pape Jean-Paul II s'adresse à eux dans sa constitution :

> *Je recommande cela de manière très vive et très cordiale aux vénérés Pères Cardinaux qui, en raison de leur âge, ne jouissent plus du droit de participer à l'élection du Souverain Pontife. En vertu du lien très spécial avec le Siège apostolique que comporte la pourpre cardinalice, qu'ils guident le Peuple de Dieu particulièrement dans*

les Basiliques patriarcales de la ville de Rome et aussi dans les sanctuaires des autres Églises particulières, pour que, par la prière assidue et intense, surtout pendant que se déroule l'élection, soient accordées par Dieu Tout-Puissant l'assistance et les lumières de l'Esprit Saint nécessaires à leurs confrères électeurs; ils participent ainsi efficacement et réellement à la lourde charge de donner un nouveau Pasteur à l'Église universelle. (Universi Dominici Gregis, art. 85)

Avant que s'ouvre le conclave, les cardinaux électeurs doivent régler de très nombreuses affaires : le Sacré Collège peut s'occuper des affaires courantes du Vatican et de l'Église dans son ensemble — de toutes choses qui ne peuvent être légitimement remises à plus tard. La *congrégation générale*, qui comprend tous les cardinaux présents à Rome, fonctionne comme un *comité plénier* chargé d'affaires semblables. Les congrégations générales se tiennent chaque jour et commencent quelques jours après le décès du Saint-Père. On lit à voix haute la constitution apostolique qui régit leur conduite et on en discute. Les cardinaux prêtent le premier d'une série de serments de confidentialité. Les questions financières et diplomatiques figurent parmi les sujets à traiter. Qui plus est, une *congrégation particulière*, composée du cardinal camerlingue et de trois autres cardinaux choisis par tirage au sort, s'occupe des questions domestiques comme les préparatifs pour les funérailles et le conclave. Ce groupe présente à la congrégation générale l'ordre du jour des *décisions urgentes* à prendre, tels le jour et l'heure où le corps du pape décédé est amené à la basilique Saint-Pierre pour la période de deuil, l'organisation des rites funéraires et la préparation des chambres des cardinaux électeurs, l'attribution des chambres aux cardinaux par tirage au sort, l'approbation d'un budget de dépenses liées au *sede vacante*, et la lecture de tout document laissé par le pape au Sacré Collège.

Toutes les questions sont réglées par un vote majoritaire des cardinaux au sein de la congrégation générale.

3. LES RÈGLES DE L'ÉLECTION

La vivante description que fait Dan Brown du conclave pontifical comporte certains renseignements exacts : la réunion secrète pendant laquelle le vote a lieu commence au plus tôt 15 jours francs (au plus tard 20) après le décès du pape ; le scrutin a lieu dans la chapelle Sixtine ; et seuls les cardinaux et une poignée d'employés autorisés peuvent pénétrer dans le palais apostolique (complexe qui sert de résidence et de bureau au Saint-Père et aux principaux dirigeants).

Le fait que les règles qui s'appliquent à l'élection pontificale ne sont pas « aujourd'hui oubliées », que le droit des conclaves n'est pas « extrêmement complexe » et qu'on n'a pas tendance « à l'oublier ou à ne plus en tenir compte », comme l'affirme le chapitre 136, peut surprendre de nombreux lecteurs. En réalité, les règles liées à l'élection du pape ont été clairement (sinon brièvement) reformulées dans la constitution apostolique rédigée par le pape Jean-Paul II et intitulée *Universi Dominici Gregis*. Ce document a été rendu public le 22 février 1996 et il s'agit du plus récent énoncé sur ce sujet. Il confirme, clarifie et modifie plusieurs des règles antérieures, en élimine certaines, en édicte de nouvelles, et il a préséance sur toutes les constitutions promulguées par tous les papes précédents.

Le système du conclave lui-même a vu le jour le 7 juillet 1274, lorsque le pape Grégoire X a publié des règles strictes dans *Ubi Majus Periculum* (au deuxième concile de Lyon). La première élection en vertu de ce système s'est tenue le 21 janvier 1276 ; le pape élu, Innocent V, fut aussi le premier prêtre dominicain à devenir pape.

Neuf fois, pendant le XXe siècle seulement, les règles électorales furent modifiées, dont quatre fois par la promulgation d'une nouvelle constitution apostolique (la forme la plus générale de législation pontificale). Le 21 novembre 1970, le pape Paul VI fronça les sourcils — et donna la chair de poule aux cardinaux — lorsqu'il établit que les cardinaux perdaient leur droit d'élire le pape en conclave quand ils atteignaient 80 ans. (De plus, les cardinaux qui dirigeaient les organismes de la curie romaine se voyaient invités à démissionner à 85 ans.)

Le « célèbre professeur Joseph Vaneck de l'université De Paul de Chicago, éminent spécialiste du Vatican » (chapitre 136 — ce professeur ne ressemble d'aucune façon à quelque chercheur renommé de l'Église, vivant ou décédé), se réfère au *Romano Pontifici Eligendo (RPE)*, constitution promulguée par Paul VI le 1er octobre 1975. Ce document a été annulé par la constitution de Jean-Paul II. Et la toute dernière réglementation comporte des dispositions particulières qui reflètent à la fois les traditions et les pratiques des 10 siècles précédents et anticipent le premier conclave du XXIe siècle.

Pendant le dernier millénaire et demi, le droit ecclésiastique a autorisé diverses méthodes pour l'élection du pape. Ces méthodes sont conçues de façon à être équitables et légales, et ouvertes à l'influence du Saint-Esprit (qui, selon les catholiques, représente la troisième personne de la Sainte Trinité, avec Dieu le Père et Dieu le Fils). Ainsi, les élections par acclamation, par compromis ou par scrutin étaient toutes autorisées, jusqu'à la dernière constitution de Jean-Paul II et bien avant l'action qui se déroule dans le roman.

Le Saint-Père interdit très clairement deux des trois types traditionnels d'élection: *per acclamationem seu inspirationem* (par acclamation ou inspiration) et *per compromissum* (par compromis ou système de comité). Puis il déclare que «la forme de l'élection du Pontife Romain sera dorénavant uniquement *per scrutinium*» (*UDG*, art. 62).

L'élection par compromis permettait aux cardinaux électeurs, s'ils se trouvaient dans une impasse pour une quelconque raison, de nommer un comité qui prendrait la décision, laquelle serait alors adoptée par l'ensemble du Sacré Collège comme étant la sienne. L'élection par acclamation ou inspiration signifiait que tout membre du corps électoral pouvait se lever et déclarer que, par l'inspiration du Saint-Esprit, tel cardinal était déclaré pape; si les autres membres du conclave donnaient leur approbation, ce candidat était choisi comme pape. Le scrutin, quant à lui, veut simplement dire que l'élection se fait par scrutin. Les règles actuelles du scrutin sont énoncées en détail dans la constitution de Jean-Paul II, qui exige la tenue de deux scrutins le matin et de deux autres l'après-midi.

Pour la toute première fois — et il s'agit là de l'aspect le plus révolutionnaire de l'*UDG* —, si le conclave se trouve dans une impasse après environ 30 scrutins, les cardinaux peuvent élire un pape à la majorité simple, ce qui abroge par le fait même l'exigence des deux tiers.

De plus, il n'y a pas, et il n'y a jamais eu, d'«élection par adoration». À mon avis, l'auteur de *Anges et démons* a créé cette règle fictive parce qu'elle s'intégrait bien dans l'intrigue du roman.

Il y a plusieurs autres éléments divergents (certains discutables) entre une vraie élection pontificale et l'élection imaginée par Dan Brown :

- Le choix d'un « avocat du diable » est une pratique ecclésiastique liée à la canonisation (ratification) de nouveaux saints dans l'Église catholique et non aux élections pontificales. Ces dernières années, elle a été complètement abandonnée.

- Il est très improbable, même dans un moment de crise, que des personnes non autorisées (comme Vittoria Vetra et Robert Langdon) puissent entrer dans la chapelle Sixtine lorsque les cardinaux y sont isolés du monde dans le cadre d'un conclave.

- S'il manquait quatre importants cardinaux, il est fort possible qu'on aurait retardé la tenue du conclave pendant un certain temps pour déterminer les allées et venues et la disponibilité de ces cardinaux. Un cardinal pourrait se joindre au conclave après le commencement de celui-ci, mais ce serait considéré comme une situation extraordinaire.

- Il faudrait des années (et non des jours) pour sculpter et placer sur sa tombe le sarcophage d'un pape décédé — en fait, les papes modernes n'ont pas ordonné la fabrication d'un sarcophage, mais ont choisi des cercueils plus simples et plus dignes qu'on trouve dans la grotte située sous le maître-autel de la basilique Saint-Pierre.

- La fonction de Grand Électeur n'est pas officielle au sein du Sacré Collège. Le terme « *grand elettore* » s'emploie plutôt pour désigner le cardinal le plus influent à l'intérieur du conclave. Feu le cardinal Franz König d'Autriche (mort à 98 ans en 2004) a ainsi favorisé la candidature de Karol Wojtyla en 1978.

- Un vote unanime dans un conclave serait extrêmement inhabituel, mais non « sans précédent ». Selon les règles actuelles et dans l'atmosphère qui prévaut de nos jours au sein de l'Église universelle, l'unanimité au prochain conclave relèverait pratiquement du miracle

- Il serait presque impossible pour un pape contemporain d'avoir un enfant en secret. Au début du Moyen Âge, plusieurs papes ont été mariés et, à la fin de cette période, certains ont eu des maîtresses. Le pape Hormisdas (mort en 523) était le père du pape Silvère (mort en 537). Pendant et après la Renaissance, plusieurs papes ont favorisé leurs « neveux cardinaux » qui furent finalement élus de plein droit.

Au prochain conclave, le monde entier surveillera la fumée blanche (contrôlée chimiquement à partir du palais apostolique) qui signale l'élection d'un nouveau pape, chef de file d'un milliard de catholiques sur la planète. *Anges et démons* tente de nous faire jeter un coup d'œil sur ce processus toujours fascinant et mystérieux, mais la réalité — et les résultats — est souvent plus étonnante que tout ce qu'un romancier peut imaginer. Ce fut toujours le cas, depuis Simon Pierre, le pécheur galiléen, jusqu'au pontificat historique de Jean-Paul II, l'un des plus illustres successeurs de saint Pierre.

DATES ET DOCUMENTS MARQUANTS DANS L'HISTOIRE DES ÉLECTIONS PONTIFICALES

Vers 64 apr. J.-C.	Saint Pierre meurt en martyr sous l'empereur Néron à Rome.
Vers 150	La fonction de pape en tant qu'évêque monarchique a vu le jour sous saint Pie Ier.
Vers 180	Saint Irénée, évêque de Lyon, publie la liste des 12 premiers successeurs de saint Pierre.
217	Au terme de la première élection pontificale ouvertement disputée, saint Calixte Ier est élu ; saint Hippolyte devient le premier antipape.
10 janvier 236	Fabien est élu grâce à un signe du Saint-Esprit : une colombe sur sa tête.
27 mai 308	Marcel Ier est élu après la plus longue absence répertoriée, de presque quatre ans, d'un pape.
1er mars 499	Le plus long texte concernant la réglementation d'une élection pontificale, *Ut si quis papa superstite*, est rendu public au cours d'un synode d'évêques à Rome ; il autorise le pape à nommer son successeur et interdit la participation de laïcs à l'élection.

16 décembre 882	Après le premier assassinat d'un pape (Jean VIII), le premier évêque d'un autre diocèse est élu pape, Marin Ier, ce qui contrevenait au droit canon.
13 avril 1059	Nicolas II promulgue *In nomine Domini*.
1179	Le document *Licet de vitanda* d'Alexandre III exige une majorité des deux tiers des votes pour élire un pape.
7 juillet 1274	Grégoire X publie *Ubi majus periculum*, qui instaure le *conclave*.
10 décembre 1294	La *Constitutionem* de Célestin V autorise trois types d'élection : par acclamation, par compromis et par scrutin.
22 octobre 1303	Le premier conclave pontifical tenu au Vatican élut Benoît XI à l'unanimité.
8 avril 1378	Urbain VI devient le dernier pape élu sans être cardinal.
11 novembre 1417	Un conclave pontifical a lieu au concile de Constance pour mettre fin au grand schisme occidental et c'est la dernière fois que des non-cardinaux participent à l'élection d'un pape.
Décembre 1558	*Cum secundum Apostolum*, promulguée par Paul IV, interdit le démarchage électoral avant la mort du pape.
9 octobre 1562	*In eligendis* (également de Paul IV) resserre les règles du conclave.
23 septembre 1695	L'*Ecclesiae Catholicae* d'Innocent XII interdit à un candidat de faire, avant l'élection, des promesses qu'il devrait tenir à titre de pape.
30 décembre 1797	La *Christi Ecclesiae regenda* de Pie VI établit les règles liées au conclave et à l'absence de pape.
10 janvier 1878	Pie IX publie de nouveaux règlements à observer pendant le *sede vacante*.
20 janvier 1904	Pie X met fin au *droit d'exclusion*, ou veto, que les dirigeants catholiques d'Autriche, d'Espagne et de France avaient utilisé lors d'élections pontificales.

25 décembre 1904	Pie X publie *Vacante Sede Apostolica*, une constitution apostolique sur les élections pontificales.
1er mars 1922	Pie XI ordonne que le conclave se tienne à compter du quinzième jour après la mort du pape et qu'il puisse être prolongé à 18 jours, si nécessaire, par les cardinaux.
25 décembre 1945	Pie XII, dans le cadre de la deuxième et grande révision des règles du XXe siècle, promulgue *Vacantis Apostolicae Sedis*, qui exige un vote des deux tiers plus un pour élire un pape.
5 septembre 1962	Jean XXIII rend public le document *Summi Pontificis electio*, modifiant légèrement la constitution rédigée par Pie XII en 1945.
21 novembre 1970	Paul VI stipule, dans *Ingravescentem aetatem*, qu'en atteignant 80 ans, un cardinal perd son droit de vote au conclave.
1er octobre 1975	Dans la troisième constitution d'importance traitant des élections pontificales, Paul VI rend publique la *Romano Pontifici eligendo*, qui modernise et clarifie certaines règles.
22 février 1996	Jean-Paul II promulgue *Universi Dominici Gregis*, les règles considérablement modifiées qui régiront le prochain conclave.

ANGES, DÉMONS ET LE PROCHAIN PAPE

PAR AMY D. BERNSTEIN[*]

Parachuté à des centaines de mètres dans le ciel au moment où l'antimatière explose au-dessus de la cité du Vatican, le camerlingue meurtrier de *Anges et démons* exécute un atterrissage parfait sur la terrasse au-dessus de la basilique Saint-Pierre et est

---

Source : *Selecting the Pope: Uncovering the Mysteries of Papal Elections* (Barnes & Noble Books) © 2003 par Greg Tobin et reproduit avec l'autorisation de l'auteur.

[*] Amy D. Bernstein est une auteure et chercheuse qui se spécialise dans la littérature du XVIe siècle.

élu pape immédiatement, par acclamation. Ce vol fantaisiste représente l'un des éléments les plus improbables du récit de Dan Brown sur un conclave pontifical saisi d'un accès de folie. Mais en fait, de nombreux détails de l'histoire de Brown sont tirés, du moins en partie, d'annales portant sur d'anciens et de plus récents maquignonnages au Vatican, trouvées en fouillant dans quelque 2 000 ans d'histoire de l'Église catholique. Ainsi, Dan Brown écrit : « Les conclaves se déroulaient dans une atmosphère dramatique, chargée de passions et d'arrière-pensées politiques. Au cours des siècles, empoisonnements, règlements de comptes à coups de poing, meurtres même, avaient couramment profané ce sanctuaire. »

En examinant les possibilités dramatiques liées à la façon dont un conclave pontifical moderne pourrait survivre à un danger qui menace son existence même, Brown a créé un récit qui a de toute évidence tiré parti de certains des éléments les plus exotiques du passé turbulent de l'Église, notamment des histoires d'extravagances sexuelles. En même temps, il fait allusion à certains sujets réels qui préoccuperont les électeurs pontificaux pendant le conclave qui s'annonce, alors que la santé du pape actuel Jean-Paul II devient de plus en plus fragile.

Des courageux martyrs qui ont dirigé l'Église au cours des tout premiers siècles jusqu'aux papes dépravés de l'époque des Borgia, en passant par les semeurs d'intrigues pontificales du Moyen Âge, la papauté n'a eu, tout au long de son histoire, que les qualités et les défauts des êtres humains qui avaient été choisis pour la diriger. La liste des papes est composée d'une succession disparate d'hommes saints, visionnaires et capables de gouverner un État, mêlés à d'autres hommes sans scrupules, corrompus ou simplement faibles. Pendant que la papauté alternait entre des périodes de grave incertitude et de boulever-sements, et des périodes de relative stabilité, des hommes combattaient, et assassinaient même, pour occuper le trône pontifical. D'autres, cependant, ont tout fait pour éviter ce destin. Parmi les premiers papes, plusieurs ont été martyrisés et, en conséquence, l'accès à ce titre était associé à une sentence de mort. Même si on exclut les dangers physiques, la fonction a toujours présenté de nombreuses difficultés.

À l'exception de saint Pierre — qui, selon la Tradition, avait été choisi par Jésus lui-même —, chaque nouvel évêque de

Rome (le titre d'origine du pape est encore le plus important) au début de l'ère chrétienne était élu par consensus parmi les membres laïques et religieux de la communauté romaine. À cause de l'instabilité et de l'insatisfaction liées à un processus de sélection impliquant tant de personnes, de nombreux papes, pendant le premier millénaire de l'Église chrétienne, ont abdiqué (2), ont été déposés (7), ou ont été assassinés (probablement un nombre aussi élevé que 8), ou encore ont eu des candidats concurrents qui se sont eux-mêmes déclarés papes (appelés « antipapes » et il y en a eu environ 39 dans l'histoire). Les conclaves comportaient souvent des crises, et certains étaient presque aussi violents que celui de *Anges et démons*, avec ses meurtres horribles et sa menace imminente d'annihilation. Lors de l'élection pontificale de 366, par exemple, des factions rivales se battirent jusqu'à ce que 137 partisans d'Ursinus soient massacrés et que Damase (366-384) soit élu pape.

Sept siècles de luttes intestines plus tard, le pape Nicolas II, dans un effort pour finalement établir un processus d'élection qui susciterait moins de hargne, décréta en 1059 que seuls les cardinaux éliraient le nouveau pape, tout en tenant compte cependant de la bénédiction d'autres membres laïques et religieux de la collectivité. Toutefois, cette mesure n'eut que peu d'effet, car les cardinaux se trouvaient toujours à la merci de dirigeants laïques qui avaient le pouvoir de refuser leur choix. Les règles du conclave moderne furent mises en application en 1274, à la suite d'un hiatus de presque trois ans entre le décès du pape précédent et l'élection du suivant. Excédés, les pouvoirs civils enfermèrent d'abord les cardinaux dans le palais pontifical et finalement, en désespoir de cause, enlevèrent le toit et refusèrent de les nourrir jusqu'à ce qu'ils aient choisi un pape. Le pape Grégoire X (1271-1276) alla même plus loin en décrétant la constitution apostolique *Ubi periculum* (où il y a danger), qui exigeait que tous les électeurs se réunissent dans une salle et y demeurent pendant toute la durée du conclave, complètement coupés du monde extérieur, littéralement enfermés à clé (*cum clave*). Malgré cela, le système des cardinaux électeurs ne fut pas toujours respecté, et ce, jusqu'à beaucoup plus tard. Au début du XVe siècle, la situation devint tellement hors de contrôle qu'il y avait, en même temps, trois papes légitimement élus, un à Avignon (Benoît XIII, anti-pape, 1394-1417), un à Rome (Grégoire XII, 1406-1415) et un pape de compromis (Alexandre V, antipape, 1409-1415) élu par un conseil ecclésiastique à Pise.

UNE HISTOIRE PLUS HORRIBLE QUE SAINTE

Chose peu surprenante, étant donné son intrigue apocalyptique, plusieurs anecdotes sinistres utilisées par Dan Brown remontent à une période pendant laquelle la papauté romaine était la plus corrompue — une période que l'historien Eamon Duffy, dans son livre *Saints and Sinners*, appelle «le siècle sombre». Celui-ci débuta par le règne de Serge III (904-911), qui fut élu par acclamation après avoir ordonné que son prédécesseur, Léon V, soit étranglé. Son pontificat et ceux de ses prédécesseurs immédiats étaient connus sous le nom de «pornocratie», car ils étaient entièrement dominés par l'aristocratie romaine violente et décadente. Serge III eut un fils avec sa belle et immorale maîtresse Marozie. Nommé Octavius, le garçon devint plus tard le pape Jean XII (955-964), «le seul exemple attesté du fils illégitime d'un pape précédent devenu lui-même pape», d'après Richard McBrien, auteur de *Lives of the Popes*. (Ce détail historique particulier donne lieu à l'un des revirements les plus spectaculaires de *Anges et démons*, lorsqu'on apprend que le camerlingue est en fait le fils du pape.) Selon Claudio Rendina dans *The Popes: Histories and Secrets*, une fois devenu le pape Jean XII, Octavius «continua de s'adonner à des plaisirs débridés et le palais de Latran devint un véritable bordel, le pape étant entouré de belles femmes et de garçons musclés, et ayant un style de vie dépravé complètement en désaccord avec ses devoirs ecclésiastiques».

L'ancienne forteresse du château Saint-Ange, d'où le personnage de Robert Langdon tire Vittoria Vetra des griffes de l'assassin, était à la fois un lieu de rendez-vous galants et un donjon pontifical. Après la période durant laquelle Hugo, le deuxième mari de Marozie, s'était emparé du pouvoir, la forteresse servit de résidence impériale au couple jusqu'à ce que le fils légitime issu du premier mariage de Marozie, Albéric II (demi-frère du pape), le renverse. Il emprisonna Marozie, sa propre mère, dans le donjon du château dans lequel elle demeura pendant 54 ans. C'était un châtiment terrible. Dans *When in Rome*, Robert J. Hutchinson cite l'ancien détenu Benvenuto Cellini qui affirme : « L'endroit regorgeait d'eau et était plein de grosses araignées et de nombreux serpents venimeux. »

Ce fut finalement un empereur allemand, Henri III, qui, pendant les premières années du IIe millénaire, arracha la papauté des mains de l'aristocratie romaine et contribua à amorcer une réforme de l'Église et de ses monastères. À cette époque où l'Europe était toujours divisée en fiefs féodaux qui allaient devenir les États modernes, les monastères étaient des centres stratégiques du pouvoir politique et économique. D'après le livre de Duffy, *Saints and Sinners,* en 1066, année de la conquête normande, 35 monastères anglais contrôlaient un sixième des recettes totales du pays, et les supérieurs des abbayes étaient suffisamment puissants pour remettre en question l'autorité du roi. Il en allait de même des évêchés. La simonie (commerce de valeurs spirituelles en échange de considérations habituellement fort matérielles) était une réalité de la vie lorsqu'il s'agissait d'obtenir des promotions religieuses. Le pape Léon IX puis le pape Grégoire VII dirigèrent le mouvement de réforme au sein de l'Église, la débarrassèrent de la corruption et transformèrent l'institution paroissiale qu'elle était en un pouvoir proprement international axé sur le changement constructif. Le caractère international a perduré, mais les réformes religieuses ont connu une courte vie.

Avec l'arrivée de monarques plus puissants à la tête des nouveaux États-nations, apparut une nouvelle menace : la compétition avec Rome pour la primauté politique. Le pape Boniface VIII (1294-1303) réussit particulièrement bien à imposer le pouvoir de la papauté et se heurta au roi français Philippe IV sur de nombreuses questions. Il finit par l'excommunier après que le roi l'eut déclaré hérétique. Pour se venger, la Couronne française complota pour renverser Boniface VIII. Bien que le plan fût contrecarré, ce dernier mourut un mois plus tard, brisé. Philippe IV lui intenta un procès posthume pour hérésie de même que pour sodomie, fornication, athéisme et simonie, mais le procès ne déboucha sur aucun verdict. Malgré sa suprême arrogance, Boniface VIII était un grand visionnaire. Il avait fondé une université à Rome, La Sapienza, codifié le droit canon, puis réorganisé les Archives du Vatican et catalogué les livres de sa bibliothèque.

Il institua aussi la première année du jubilé en 1300, durant laquelle des centaines de milliers de pèlerins visitèrent le Vatican, dont Dante Alighieri, qui immortalisa l'événement dans son poème du XIVᵉ siècle intitulé *L'Enfer*. La façon spectaculaire dont Brown décrit la mort épouvantable des quatre cardinaux dans *Anges et démons* rappelle en fait les châtiments de *L'Enfer* de Dante. Le poème épique comporte une description des flammes qui dévorent les pieds du pape Boniface VIII pour son péché de simonie dans le huitième cercle de l'enfer, alors que les devins ont la tête tordue vers l'arrière, comme le cadavre de Leonardo Vetra au CERN.

Le siècle de Dante et les deux qui suivirent eurent une importance fondamentale dans l'histoire de la papauté en matière d'érudition classique, d'épanouissement de l'art religieux et d'architecture. Nicolas V (1447-1455), que l'on considère généralement comme le premier pape de la Renaissance, était un homme d'État sage et un humaniste passionné qui favorisait la collecte, la traduction et l'étude des textes classiques. Sa bibliothèque personnelle, qui contenait 807 livres et manuscrits latins, et 353 livres et manuscrits grecs, a formé la base de la bibliothèque considérablement élargie du Vatican. Un de ses successeurs, Sixte IV (1471-1484), fut à l'origine de la construction de la chapelle Sixtine et de la création de sa chorale.

Un des membres de la funeste famille Borgia, le pape Alexandre VI (1492-1503), que McBrien appelle « le plus célèbre pape de toute l'histoire » dans *Lives of the Popes*, revint aux mauvais jours d'autrefois. Il eut de nombreux enfants avec diverses femmes, pratiqua la simonie et, à grand renfort d'assassinats et d'expropriations forcées, consolida le pouvoir de sa propre famille et d'autres familles de l'aristocratie romaine. Plusieurs de ses enfants illégitimes furent nommés cardinaux (présentant, une fois de plus, des ressemblances avec l'histoire du pape fictif de Dan Brown). À l'image de sa vie violente, Alexandre VI serait mort empoisonné. Dans son livre intitulé *The Bad Popes*, Russell Chamberlin rapporte les propos du cardinal John Burchard qui, en voyant le cadavre du pape, avait remarqué son « apparence enflée et noircie » — un passage qui pourrait avoir inspiré le portrait que fait Brown du pape assassiné dans *Anges et démons* : « Les joues du pontife s'étaient complètement relâchées et sa bouche était béante. Sa langue était noire comme du charbon.»

Brown aborde une partie intéressante de l'histoire du XVIe siècle en intégrant à son histoire le *passetto*, sombre passage par lequel les *papabili* (terme italien exact pour désigner ce que Brown s'évertue à appeler les «*preferiti*») étaient conduits de force du palais du Vatican jusqu'au château Saint-Ange où ils attendaient leur mort. Caché à l'intérieur d'un segment du mur fortifié, qui s'étendait sur près de trois kilomètres, ce passage fut construit sous le règne du pape Léon IV (847-855) et permit à Clément VII (1523-1534) de s'évader lorsque Rome fut saccagée par les mercenaires allemands de Charles V en 1527. Les 147 gardes suisses qu'on laissa derrière pour bloquer la route des poursuivants furent massacrés. On célèbre encore aujourd'hui au Vatican l'anniversaire de cette tragédie par une cérémonie et une messe qui ont lieu chaque année le 6 mai.

Dans *Anges et démons*, Brown affirme que le *passetto* servait également, à certains moments de l'histoire, de passage secret allant des appartements pontificaux du Vatican à des lieux de rendez-vous galants au château Saint-Ange, lequel tenait lieu à la fois de prison et de résidence princière. D'après Hutchinson, les appartements pontificaux furent la scène de nombreuses liaisons au fil des siècles. Leurs murs étaient «recouverts de murales représentant des femmes aux formes généreuses, à la poitrine nue, tenant leurs seins dans leurs mains comme des *playmates* du mois… Il est évident que quelques-uns des premiers papes songeaient souvent à autre chose qu'à simplement étendre les États pontificaux.» À d'autres époques, les mœurs de la papauté étaient si dissolues que les maîtresses vivaient au grand jour dans les appartements pontificaux du Vatican et que, par conséquent, les papes n'avaient pas besoin du passage secret pour les rencontrer.

Tout comme le passé peu glorieux du château Saint-Ange fournit un contexte au déroulement de l'action de *Anges et démons*, Dan Brown utilise quatre chefs-d'œuvre baroques du XVIIe siècle de Gianlorenzo Bernini (dit Le Bernin) comme indices sur les allées et venues des cardinaux *papabili* en danger de mort, et comme scènes de crime pour la revanche sanglante de l'assassin. Ce faisant, il met en lumière ce qui constitue à la fois le principal point fort de l'Église et sa principale faiblesse : le fait qu'elle ait commandé quelques-unes des œuvres d'art les plus importantes et les plus audacieuses de l'histoire de Rome, tout en faisant obstacle à la recherche scientifique et à la liberté intellectuelle, suscitant ainsi la dissension et la rébellion. L'exemple le plus célèbre de l'intolérance de l'Église à l'égard de la recherche intellectuelle et scientifique est, bien sûr, le procès et l'emprisonnement de l'astronome Galilée durant l'Inquisition pour avoir soutenu la théorie de Copernic selon laquelle l'univers était héliocentrique. Entre autres choses, le désir de l'Église de contrôler l'information mena à la création des archives secrètes, qui rassemblaient tous les documents que le pape Pie IV avait retirés de la bibliothèque apostolique en 1610 et qui demeurèrent fermées aux personnes étrangères au Vatican jusqu'à la fin du XIXᵉ siècle. Le catalogue des archives secrètes contient, entre autres, les documents sur le procès et la condamnation de Galilée en 1634.

À la fin du XVIIIᵉ siècle, les principes de rationalité et de libre pensée des Lumières avaient acquis suffisamment de force pour remettre en question non seulement l'Église catholique, mais également les fondements mêmes du système politique européen. Dan Brown tire grandement parti de cette histoire en choisissant comme scélérats les *Illuminati* (les Illuminés), une société secrète qui, affirme-t-il, fut créée pour lutter contre la pensée religieuse et encourager le nationalisme. Comme le disent clairement plusieurs autres spécialistes dans le présent livre, l'organisation des véritables *Illuminati*, qui fut fondée en Bavière en 1776, n'avait de toute évidence rien à voir avec Galilée, mort 134 ans avant sa création. Dan Brown a donc recours à une histoire romancée des *Illuminati* pour rendre plus dramatique la menace réelle que représentaient pour l'Église les idées des Lumières au XVIIᵉ siècle et, en un certain sens, encore aujourd'hui.

Toutefois, pendant toute cette période, des forces progressistes prônant des idéologies sociales se manifestèrent, surtout au sein des Églises non européennes, comme le Mouvement des travailleurs catholiques et la « théologie de la libération » en Amérique latine, qui ont atténué et modifié le conservatisme de l'Église grâce à des idées tirées des enseignements de l'Évangile chrétien. Au cours du siècle dernier, en particulier, l'Église catholique a observé l'évolution de deux tendances fermes en son sein, la doctrine du progrès social et le conservatisme doctrinal, celles-ci engendrant des débats, surtout depuis la fin du concile de Vatican II en 1965. Dan Brown fait allusion à ces différences réelles en décrivant, dans *Anges et démons*, les opinions et les réflexions des divers cardinaux et du pape récemment décédé ainsi que celles du camerlingue lui-même.

Même si, de toute évidence, Dan Brown songeait aux horribles événements survenus au Vatican il y a plusieurs siècles au moment où il développait l'intrigue de *Anges et démons*, il n'avait pas besoin de remonter aussi loin dans le temps pour trouver son inspiration.

Pendant le dernier tiers du XXe siècle, après les événements dramatiques de Vatican II, l'Église se retrouva à la croisée des chemins. Sous l'égide du pape Jean XXIII, le concile œcuménique avait transformé la papauté en l'espace de trois ans, suscitant inquiétude et opposition au sein de la faction conservatrice de la curie et ravivant l'espoir chez les libéraux. Paul VI, successeur de Jean XXIII, condamna la pratique de la contraception dans l'encyclique *Humane vitae*, mais continua de mettre en œuvre les résultats du concile. Après la mort de Paul VI, on élut un pape âgé, s'attendant à ce qu'il fût un dirigeant conservateur, de transition. Dans l'histoire véritable de la papauté, la tactique consistant à élire un pape âgé sur le point de mourir fut employée à plusieurs occasions par les conclaves en situation d'impasse. Dans le cas du pape Jean-Paul Ier, tous ceux qui croyaient qu'il n'allait être qu'un concierge eurent tort. Malgré ses nombreux problèmes de santé, il se jeta immédiatement dans l'action, favorisant l'œcuménisme, la paix, de même que le contact avec les non-chrétiens. Il entreprit la révision du Code de droit canon pour les Églises latine et orthodoxe, et ordonna la tenue d'une enquête sur la Banque du Vatican, dont les finances étaient en ruine.

Lorsque Jean-Paul Ier mourut soudainement le 28 septembre 1978, après seulement 33 jours de règne, certains émirent l'hypothèse qu'il avait été empoisonné, tout comme le pape assassiné dans *Anges et démons*, mort après «un pontificat extrêmement populaire de douze ans». La cause officielle de sa mort était une crise cardiaque pendant son sommeil (semblable à la cause officielle du décès du pape dans le polar : une attaque d'apoplexie alors qu'il dormait). Au cours du dernier quart de siècle sont parus plusieurs articles et livres affirmant que Jean-Paul Ier avait été assassiné par des conservateurs au sein du Vatican, mais aucune preuve solide à l'appui de cette hypothèse n'a jamais été présentée. Toutefois, il y avait de nombreuses incohérences dans les détails fournis par divers témoins des circonstances entourant sa mort et aucune autopsie ne fut faite. En 1984, dans son livre *In God's Name*, David Yallop prétendait que Jean-Paul Ier avait peut-être été empoisonné, au moyen de digitaline, par des représentants du Vatican qui désiraient mettre fin à l'enquête sur le scandale de la Banque du Vatican et ses investissements dans la Banco Ambrosiano de Milan. (Dans *Anges et démons*, ce n'est pas de la digitaline qu'on utilise pour assassiner le pape, mais une surdose d'héparine.)

Comme le fait remarquer le chercheur Greg Tobin, l'élection du pape actuel, Jean-Paul II, est survenue « grâce à un des retournements de situation les plus étonnants dans l'histoire des conclaves modernes ». Plusieurs observateurs ont considéré cette élection comme une victoire des conservateurs du Vatican. Premier pape non italien depuis le XVIe siècle, ce cardinal polonais est un être d'une grande spiritualité et, selon Eamon Duffy, « il rejet[te] les valeurs morales et sociales des Lumières qui, [croit]-il, [ont] mené l'humanité dans une impasse spirituelle et [ont] considérablement séduit les Églises ».

En 1981, trois ans après la mort de Jean-Paul Ier, Jean-Paul II fut victime d'une tentative d'assassinat sur la place Saint-Pierre. Cet incident a peut-être inspiré le comportement de l'assassin dans *Anges et démons*. L'assaillant de Jean-Paul II était un Turc musulman du nom de Mehmet Ali Agca. Après la tentative d'assassinat, certains prétendirent que l'assassin avait été embauché par la police secrète bulgare, laquelle aurait été recrutée par le KGB. Cette affirmation ne fut jamais tout à fait confirmée et personne d'autre que Mehmet Ali Agca ne fut poursuivi. Celui-ci obtint plus tard, en juin 2000, un pardon du président italien Carlo Azeglio Ciampi.

Un des événements les plus scandaleux de l'histoire récente du Vatican est survenu en 1998, alors que Alois Estermann, commandant des gardes suisses au Vatican, et sa femme, Gladys

Meza Romero, furent tous deux assassinés dans la caserne des gardes par Cedric Tornay, un autre garde suisse, qui se suicida aussitôt. À l'époque, le Vatican décrivit le crime de Tornay comme un «accès de folie» isolé. Une rumeur circulait, dont le bien-fondé n'a jamais été démontré: Tornay avait une liaison homosexuelle avec Estermann qui, selon plusieurs témoins, le brutalisait constamment et empêchait qu'il ne fût promu. Estermann et sa femme étaient tous deux membres de l'Opus Dei, ce qui aida à alimenter l'hypothèse affirmant que les meurtres avaient été ordonnés par une autre faction du Vatican qui craignait l'influence de l'Opus Dei. Ces événements ont fait l'objet d'un livre de John Follain, reporter au Vatican: *City of Secrets. The Truth Behind the Murders at the Vatican*. Dans ce livre publié en 2003, Follain affirme que le pape était au courant de l'homosexualité d'Estermann et qu'il s'opposait à sa nomination à la direction des gardes suisses. Mais le cardinal Angelo Sodano, secrétaire d'État du Vatican et soi-disant lié à l'Opus Dei, exerça de telles pressions que le pape, affaibli par sa mauvaise santé, accepta finalement la nomination. Comme l'a écrit Dan Brown dans *Anges et démons*, tous les médias européens parlèrent beaucoup de ces meurtres et, lorsqu'on songe aux gestes et attitudes d'Olivetti, de Rocher et d'autres personnages du roman, on peut percevoir l'influence de l'affaire Estermann sur Dan Brown et la façon dont il l'a adaptée. Bien sûr, l'Opus Dei est devenu quelques années plus tard une puissance importante dans *Da Vinci Code*.

LE PROCHAIN CONCLAVE

Au chapitre 42 de *Anges et démons*, Dan Brown dresse la liste des «conditions requises pour devenir pape»: «parler plusieurs langues étrangères» (italien, espagnol et anglais), «être irréprochable» et être âgé de 65 à 80 ans. En réalité, cette liste est incomplète et également inexacte, puisque le pape Jean-Paul II a été élu à 58 ans. Confronté à un ensemble de questions de plus en plus complexes, le prochain pape devra posséder une gamme d'aptitudes rivalisant avec celles du diplomate moderne le plus talentueux.

Dans leurs écrits sur les débats internes au sein de l'Église actuelle, des spécialistes du Vatican comme John L. Allen Jr. dans *Conclave*, Francis Burkle-Young dans *Passing the Keys*,

Greg Tobin dans *Selecting the Pope* et Thomas Reese dans *Inside the Vatican*, ont cerné les questions qui, à leur avis, auront une grande importance lors de l'élection du prochain pape. La plupart s'entendent pour dire que la collégialité, sujet de nombreuses discussions dans le cadre de Vatican II, est devenue encore plus importante depuis le règne prolongé de Jean-Paul II dont le pontificat était axé en réalité sur la recentralisation de l'autorité. La collégialité donnerait davantage de pouvoirs aux évêques et exigerait des prises de décisions plus concertées entre les religieux et les laïcs. L'Église doit aussi faire face à l'aspiration des laïcs, les femmes en particulier, qui désirent plus de responsabilités dans la vie quotidienne de l'Église en aidant à la fois à administrer les sacrements et à élaborer des politiques.

Les observateurs du Vatican sont aussi d'accord sur le fait que l'Église doit poursuivre les tentatives de communication de Jean-Paul II avec les autres chrétiens — il a adopté des mesures visant à l'unification avec l'Église orthodoxe d'Orient — de même qu'avec les non-chrétiens. S'inspirant de l'encyclique de Vatican II de 1965, *Nostra aetate*, qui soulignait le patrimoine spirituel commun des chrétiens et des juifs, et déclarait que les juifs n'étaient pas responsables de la mort de Jésus, Jean-Paul II a fait plusieurs déclarations et accompli des gestes symboliques afin de réconcilier les deux religions. Il fut le premier pape à visiter la synagogue de Rome en 1986 et à établir des relations diplomatiques avec Israël en 1994. Un service pénitentiel eut lieu en 1986, après le synode européen, pour expier la passivité des chrétiens pendant l'Holocauste. En 1998, le Vatican s'excusait de son silence pendant l'Holocauste et ouvrait ses archives. David Kertzer, professeur à l'Université Brown, a eu accès à plusieurs Archives du Vatican jusqu'alors demeurées secrètes, et il a récemment publié un livre intitulé *The Popes Against the Jews: The Vatican's Role in the Rise of Modern Anti-Semitism*. Dans ce livre, il remet en question les affirmations de l'Église au sujet de sa non-intervention, une question qu'elle devra maintenant résoudre. Le bureau du Vatican sur les affaires interreligieuses a également consacré beaucoup de temps à améliorer les relations avec l'islam. Alors qu'il était à Damas en 2001, Jean-Paul II est devenu le premier pape de l'histoire à visiter une mosquée.

Les problèmes liés à la mondialisation et le nombre croissant de pauvres et de personnes déplacées dans le monde entier ont renforcé la nécessité d'une justice sociale. Depuis les discussions de Vatican II, au cours desquelles les membres du concile ont défini le service de pastorale auprès des pauvres et des opprimés du monde comme faisant partie des questions les plus importantes, ce sujet est passé en tête de liste des priorités.

Les scandales survenus récemment dans le monde entier avec la divulgation des actes de pédophilie des prêtres ont suscité une crise que l'Église devra également régler. Cette crise a porté à l'avant-scène le débat sur le célibat des prêtres, une question qui, de l'avis de certains, explique le nombre élevé de délinquants sexuels parmi eux. Dans *Anges et démons*, Dan Brown aborde indirectement les répercussions négatives du célibat en montrant comment la vie du camerlingue a été affectée de manière désastreuse par la décision de ses parents de rester célibataires. Mais les problèmes les plus épineux auxquels l'Église est confrontée et que Dan Brown soulève si adroitement sont ceux que présentent la bioéthique, la sexualité et toutes les questions relatives aux technologies liées à la naissance et à la contraception, au divorce et à la famille en tant qu'institution. Dans son encyclique de 1995, *Evangelium vitae*, le pape Jean-Paul II condamnait ce qu'il appelle la «culture de la mort» en réaffirmant la position de l'Église dans tous les domaines, de la contraception et de l'avortement à l'euthanasie, en passant par la recherche sur les cellules souches. La position d'un candidat sur ces questions pendant le conclave pourrait facilement représenter son salut ou sa perte.

Au fur et à mesure que Jean-Paul II avançait en âge et que sa santé se détériorait, une foule d'hypothèses étaient formulées sur son successeur, quoique le droit canon interdise toute discussion sur le successeur pontifical avant les *novemdiales*, période de deuil suivant le décès du pape. Quoi qu'il en soit, on a déjà beaucoup écrit sur les cardinaux les plus susceptibles de devenir pape. Les populations catholiques les plus vastes et qui connaissent la croissance la plus rapide se trouvent maintenant en Amérique latine, en Afrique et en Chine. Comme les deux tiers du milliard de catholiques vivent au sud de l'Équateur, des voix puissantes se font entendre pour suggérer que le prochain pape devrait venir d'une de ces régions.

D'après l'observatrice du Vatican et rédactrice en chef du *National Catholic Reporter*, Pamela Schaeffer, le principal *papabile* serait le cardinal Francis Arinze, 71 ans, un Nigérian de naissance qui a dirigé le bureau des affaires interreligieuses du Vatican. En exerçant ces fonctions, Arinze a beaucoup contribué au rapprochement entre la foi chrétienne et la foi islamique. Steven Waldman, fondateur de *Beliefnet*, un site Internet communautaire multiconfessionnel très fréquenté, pense également qu'Arinze a beaucoup de chances de devenir le prochain pape, tout comme le croit l'auteur Greg Tobin (vous trouverez dans ce chapitre une autre analyse de Waldman et de Tobin). Paddypower.com, une maison de paris irlandaise, accorde à Arinze des chances de six contre un.

Un cardinal d'Amérique latine représenterait aussi un choix possible, puisque les populations des Églises sud-américaine et antillaise sont devenues les plus nombreuses du monde. On mentionne souvent, dans ce bassin de candidats, Oscar Andrés Rodriguez Maradiaga, 61 ans, l'archevêque conservateur de Tegucigalpa au Honduras, et Claudio Hummes, 70 ans, du Brésil, pays qui compte le plus grand nombre de catholiques dans le monde. L'Argentin Jorge Mario Bergoglio, 67 ans, s'est fait remarquer par son leadership moral pendant la crise de 2001 en Argentine et par ce que John Allen appelle sa « sincère profondeur théologique et philosophique ». Norberto Revera Carrera, 62 ans, est également un *papabile*, car il est à la fois un orthodoxe convaincu et un champion de la justice sociale. Il a souvent fait des déclarations contre les conséquences funestes de la mondialisation.

Parmi les Européens, Godfried Danneels, cardinal belge brillant et sympathique de 71 ans, est un choix populaire parmi ses collègues et il représente selon Allen le principal *papabile*. Cet archevêque de Bruxelles, futé avec les médias, jouit d'une réputation très positive à titre d'intellectuel et de pasteur, bien qu'il soit peut-être trop libéral pour devenir pape. Même si certains le trouvent trop âgé à 78 ans, le nom de Jean-Marie Lustiger, archevêque de Paris, circule toujours. Juif converti au catholicisme, Lustiger a suscité un renouveau religieux à Paris.

Parmi les candidats italiens, un nom ressort plus particulièrement, celui de Dioniji Tettamanzi, 70 ans. Archevêque de Milan, le plus vaste diocèse du monde, depuis 1998, selon le magazine *Times*, c'est un conservateur doctrinal qui suscite à la fois l'admiration de l'Opus Dei et des progressistes. Le journal *Corriere de la Serra* le qualifie de « candidat naturel ».

Dans son édition de 2003 de *Inside the Vatican*, Thomas Reese présente un point de vue important lorsqu'il observe que les fondations « eurocentriques » de l'Église catholique sont en train de s'effriter. « La culture occidentale n'est plus chrétienne, et encore moins catholique, écrit-il. Le message chrétien est devenu contre-culturel et il doit soutenir la concurrence en matière de temps, d'attention et d'acceptation dans un environnement pluraliste. » Les Américains et les Européens qui se considèrent comme catholiques exigent des changements sur des questions telles le célibat et le contrôle des naissances, et demandent une plus grande participation aux prises de décisions de l'Église. Le prochain pape devra ouvrir la voie à un examen des nombreuses questions importantes qui pourraient en fin de compte déterminer la survie de l'Église — un thème que Brown met en lumière dans *Anges et démons*.

Même Dan Brown ne prend pas de paris contre l'Église. Lorsque la fumée se dissipe à la fin du roman, l'Église catholique, qui a survécu à d'innombrables catastrophes et méfaits, et son nouveau pape, héritier du trône de saint Pierre, sont les seuls à demeurer debout alors que les malfaiteurs ont failli à leur tâche, sont morts ou partis en fumée.

Obstacles à la première élection pontificale du XXIE siècle

Chaque fois que la santé d'un pape décline, les obstacles se dressent rapidement sur la voie d'un successeur probable. Cet intérêt pour la santé d'un pape s'est accru dans le cas de Jean-Paul II, qui a attiré de manière extraordinaire l'attention du monde entier sur l'Église par son appui aux débardeurs polonais, son conservatisme social, ses voyages aux quatre coins du monde dans sa «papemobile», ses célébrations de la messe devant des milliers de personnes et les reproches qu'il a adressés aux dirigeants du monde. En amplifiant un spectacle cérémoniel qui n'a de rival qu'un couronnement en Angleterre, les chefs d'antenne des réseaux de télévision couvriront scène par scène, avec des spécialistes du Vatican, le docudrame de la succession pontificale. Compte tenu du secret entourant le processus, cela rehaussera la splendeur de Rome et prendra une signification symbolique importante aux yeux des croyants — et de millions d'autres. Dans le texte qui suit, deux observateurs respectés du Vatican passent en revue ce processus et prennent des paris sur une course à laquelle se livrent ceux qui souhaitent relever des défis à la fois vastes et complexes : le rôle des femmes, l'œcuménisme, l'équilibre du pouvoir au sein de l'Église, le scandale des agressions sexuelles aux États-Unis, la fréquentation des églises en déclin en Europe et, comme toujours, les questions de réformes théologiques et structurelles. Qui est le plus qualifié pour relever ces défis ?

QUI SONT LES *PAPABILI*?

PAR GREG TOBIN[*]

Il est complètement insensé de tenter de prédire le résultat d'une élection pontificale, et pourtant les journalistes et les observateurs du Vatican (y compris moi-même) ne semblent pas pouvoir s'en empêcher. À titre d'exemple de cet éternel jeu de devinette, dans le numéro du 11 mai 1998 du *US News & World Report*, les hypothèses se concentraient sur 11 *papabili*. Aujourd'hui, six ans plus tard, cinq d'entre eux ont dépassé 80 ans, un est mort, et seulement deux, Schönborn et Arinze, sont encore dans la course. Le favori, Carlo Maria Martini, jésuite, maintenant âgé de 77 ans et retraité de l'archevêché de Milan, représente un candidat moins probable du fait qu'il est âgé et malade.

Pour obtenir des analyses détaillées du processus et des candidats qui ont les meilleures chances d'être élus, le lecteur peut consulter un article de John L. Allen Jr., chef très respecté du bureau de Rome du *National Catholic Reporter*, sur mon livre intitulé *Selecting the Pope; Conclave: The Politics, Personalities, and Process of the Next Papal Election*, ainsi que *The Next Pope*, du commentateur et biographe pontifical Peter Hebbleth-Waite, aujourd'hui décédé.

Le mot «*papabili*» (*papabile* au singulier) désigne ceux qui sont les plus susceptibles d'être élus, ceux qui sont «papables», pour ainsi dire. Le mot «*preferiti*» utilisé dans le roman *Anges et démons* n'est pas répandu parmi les spécialistes du Vatican. Et l'ancien adage souvent répété conserve toute sa pertinence: «Celui qui entre au conclave à titre de pape en ressort cardinal.» Les électeurs eux-mêmes ne considèrent pas les principaux candidats et les favoris sous un angle particulièrement favorable.

Au moment de publier ce livre[4], 120 cardinaux-électeurs peuvent participer au conclave. Parmi eux, on peut considérer comme principaux candidats ou *papabili* la douzaine de noms qui suivent:

---

[*] Greg Tobin, auteur, rédacteur, journaliste et chercheur ainsi que rédacteur en chef actuel du *Catholic Advocate*. Auteur de *Conclave*, son plus récent livre s'intitule *Selecting the Pope: Uncovering the Mysteries of Papal Elections*.

4. Fin 2004.

• **Francis Arinze**, 71 ans, préfet de la Congrégation pour le culte divin et la discipline des sacrements depuis 2002 (cardinal depuis 1985). On a beaucoup mentionné Arinze à titre de principal candidat pendant les 10 dernières années. On le considère comme une personne très terre à terre ayant un bon sens de l'humour. Il a beaucoup voyagé (il a fait de nombreux voyages aux États-Unis), et le fait qu'il soit un Noir africain constitue un avantage considérable, puisque l'Église a connu une croissance importante sur ce continent.

• **Godfried Danneels**, 71 ans, archevêque de Malines-Bruxelles depuis 1979 (cardinal depuis 1983). On le considère comme un libéral et comme le produit de l'Université catholique de Louvain (foyer du libéralisme, selon certains). Danneels, souvent cité dans les journaux en ce qui a trait au pape et à la papauté, a écrit plusieurs livres sur la théologie. Il participe activement aux synodes d'évêques partout dans le monde (moyen par lequel les cardinaux et autres évêques se font connaître auprès des autres, ce qui peut ou non représenter un avantage au conclave).

• **Julius Riyadi Darmaatmadja**, jésuite, 69 ans, archevêque de Semarang en Indonésie depuis 1983 (cardinal depuis 1994). Le fait d'être jésuite (membre de la Société de Jésus) est considéré comme un désavantage pour un candidat, mais il a exactement le bon âge si le conclave a lieu dans un proche avenir. Il représente sans doute le principal candidat asiatique, maintenant que le cardinal Jaime Sin, 70 ans, s'est retiré à titre d'archevêque de Manille et que sa santé décline.

• **Francis Eugene George**, oblat de Marie-Immaculée, 67 ans, archevêque de Chicago depuis 1997 (cardinal depuis 1998). Même s'il est presque impossible d'imaginer qu'un Américain soit élu pape à notre époque — compte tenu du statut de super-puissance des États-Unis, du récent scandale au sein de la prêtrise et de l'épiscopat, ainsi que du ressentiment général des Européens à l'endroit des Américains —, le cardinal George pourrait être le prélat le plus respecté de la délégation américaine, étant un homme qui jouit d'une certaine estime pour sa spiritualité et son orthodoxie théologique.

• **Claudio Hummes**, franciscain, 70 ans, archevêque de Sao Paulo au Brésil depuis 1998 (cardinal depuis 2001). Hummes, un Brésilien de descendance germanique, est un franciscain, ex-professeur de philosophie, qui a été nommé évêque pour la première fois à 40 ans. Le fait qu'il ait prêché en faveur de la retraite de Lenten au

Vatican (pour le pape et ses conseillers), en 2002, constitue un signe de faveur pontificale. C'est un personnage puissant dont l'élection n'est pas si improbable et qui pourrait rassembler les électeurs d'Amérique latine et d'Europe.

• **Jean-Marie Lustiger**, 78 ans, archevêque de Paris depuis 1983 (évêque depuis 1981). Le fait d'élire un juif (il a perdu sa mère à Auschwitz) au pontificat constituerait un fait sans précédent à notre époque. Lustiger a une solide réputation en tant que chef de file pastoral et «prêtre des prêtres» dans le foyer de l'anticléricalisme. Il est un peu trop âgé pour être pris au sérieux dans le cadre de l'élection pontificale, mais les cardinaux peuvent-ils laisser passer une telle occasion?

• **Renato Raffaele Martino**, 71 ans, président du Conseil pontifical Justice et Paix depuis 2002 (cardinal depuis 2003). C'est un diplomate chevronné (depuis plus de trois décennies), qui a occupé le poste d'observateur permanent du Saint-Siège aux Nations Unies et qui a été délégué apostolique au Laos, en Malaisie et à Singapour. Il fait partie du plus récent groupe de cardinaux et il est maintenant fermement installé au Vatican où il est aussi habile sur le plan social (il fait son propre vin) qu'il l'est sur le plan politique.

• **Giovanni Battista Re**, 70 ans, préfet de la Congrégation des évêques depuis 2000 (cardinal depuis 2001). Pendant plus de 10 ans, Re a occupé le poste de *sostituto* (semblable à celui de chef de cabinet au sein d'un gouvernement laïque), un des postes les plus importants au sein de la curie romaine — et il a maintenant pour tâche de présenter au Saint-Père les candidats au cardinalat. C'est un homme sympathique et franc qui semble utiliser sa position influente pour se hisser au rang de «préféré des initiés parmi les candidats de l'intérieur».

• **Oscar Andres Rodriguez Maradiaga**, SDB, 61 ans, archevêque de Tegucigalpa au Honduras depuis 1993 (cardinal depuis 2001). Prêtre salésien nommé évêque pour la première fois à l'âge étonnant de 36 ans, Rodriguez Maradiaga se situe parmi les plus jeunes dans cette élection (il s'agirait d'un pontificat d'une vingtaine d'années). C'est le principal *papabile* d'Amérique latine — on compte parmi les autres Norberto Rivera Carrera, âgé de 62 ans, archevêque de Mexico, et le cardinal Hummes (voir ci-dessus) — et il fait partie des candidats les plus conservateurs.

- **Christoph Schönborn**, 59 ans, archevêque de Vienne depuis 1995 (cardinal depuis 1998). Maintenant le sixième plus jeune membre du Sacré Collège (il a été lui-même un temps le plus jeune). Son nom figure sur presque toutes les listes de candidats sérieux à la papauté. Il a succédé à un archevêque (maintenant décédé) qui avait fait scandale et, dernièrement, d'autres scandales ont frappé l'Église de son pays. Il est reconnu pour son intelligence et son tact apparents.

- **Angelo Scola**, 62 ans, patriarche de Venise depuis 2002 (cardinal depuis 2003). Issu du plus récent consistoire, il est un des principaux candidats italiens. En fait, Scola est l'un des candidats italiens dont on parle le plus (en tant que groupe, les Italiens sont moins nombreux et beaucoup moins puissants au sein du Sacré Collège). Au cours du dernier siècle, trois patriarches de Venise ont été élus papes : Pie X en 1903, Jean XXIII en 1958 et Jean-Paul Ier en 1978. Pie X a été canonisé et Jean XXIII le sera bientôt.

- **Dionigi Tettamanzi**, 70 ans, archevêque de Milan depuis 2002 (cardinal depuis 1998). Ancien archevêque de Gênes, il a l'âge parfait, il est idéalement orthodoxe et sa position est solide (tout comme l'archevêque précédent de Milan, Giovanni Battista Montini, qui est devenu le pape Paul VI en 1963). Il représente aussi le candidat favori de l'Opus Dei, une prélature personnelle de Jean-Paul II qu'il avait à son tour soutenue — ce qui peut représenter une arme à double tranchant dans une élection pontificale qui ne favorisera pas un Italien.

La chasse au pape :
le prochain pape sera-t-il noir, hispanique, américain ou juif ?

par Steven Waldman *

Le prochain pape sera-t-il noir, hispanique, américain ou juif ?

---

* Steven Waldman est rédacteur en chef de Beliefnet, le plus important site multiconfessionnel sur la spiritualité et la religion. Son article est d'abord paru sur slate.com. Reproduit avec l'autorisation de Newspaper Entreprise Association Inc.

Non, ce n'est pas une blague. Ce sont de véritables possibilités. Bien sûr, le fait d'émettre des hypothèses sur le futur pape l'année même du vingt-cinquième anniversaire du pontificat du pape actuel, représente un manque de respect à l'endroit du présent pape, qui se porte relativement bien physiquement. (Nous ne devrions pas, dans ce cas, parler de lui comme s'il était mort et, dans l'éventualité où il serait très malade, nous devrions lui offrir nos prières et nos bons vœux.)

Par ailleurs, nous ne pouvons tout simplement pas nous en empêcher !

Les différences les plus marquées dans le processus de sélection du pape entre maintenant et il y a 25 ans sont d'ordre démographique. Parmi les cinq pays dont la population catholique est la plus élevée, un seul (l'Italie) est européen. Quarante-six pour cent des catholiques du monde vivent en Amérique latine ; il y a davantage de catholiques aux Philippines qu'en Italie. En 1955, il y avait 16 millions de catholiques dans toute l'Afrique ; aujourd'hui, il y en a 120 millions.

Les cardinaux qui éliront les prochains papes sont des conservateurs. Parmi les 134 cardinaux électeurs, seulement cinq n'ont pas été nommés par Jean-Paul II et la plupart partagent ses points de vue. Nous ne verrons donc probablement pas un gauchiste exubérant devenir le prochain pape. Voici quelques questions dont tiendront compte les cardinaux au moment de voter : devraient-ils choisir un cardinal du tiers-monde pour en refléter la démographie ou quelqu'un qui consolidera la chrétienté dans la vieille Europe ? Souhaiteraient-ils avoir un homme jeune (enfin, de moins de 70 ans) et télégénique qui expliquerait le catholicisme au monde ? Ou un homme plus âgé qui ne demeurerait pas en fonction trop longtemps ?

John Allen, correspondant du *National Catholic Reporter* au Vatican, cite un vieil adage italien : « Un pape maigre devrait toujours succéder à un pape gras. » Mais si cela engendre des répercussions, plusieurs analystes croient qu'elles découleront sans doute du penchant de ce pape pour la centralisation plutôt que de son idéologie.

Voici une liste des *papabili* les plus fréquemment mentionnés par les spécialistes de la question.

Francis Arinze

Pays : Nigeria

Âge : 71 ans

Points forts : C'est un Noir ! Il vient du tiers-monde. Il peut traiter avec l'islam sur un pied d'égalité.

Points faibles : C'est un Noir ? Il est peut-être trop conservateur. L'Église catholique africaine est trop jeune.

À part le fait qu'il créerait des vagues dans le monde entier en étant le premier pape noir, Arinze, s'il était choisi, serait également un bon pape à une époque de conflits religieux. Ancien président du Conseil pontifical pour le dialogue inter-religieux, Arinze fait figure de « Monsieur interconfessionnalité » et a contribué à organiser la première visite d'un pape dans une mosquée, celle de Jean-Paul II. « Du point de vue théologique, tous viennent du même Dieu », a-t-il déclaré.

Deborah Caldwell, rédactrice en chef en matières religieuses de Beliefnet, affirme à propos des électeurs : « Ils n'ont d'autre choix que d'élire un cardinal du tiers-monde à cause du très grand nombre de nouveaux chrétiens en Afrique, en Asie et en Amérique latine. Et si vous ajoutez à cela l'affrontement mondial entre l'islamisme et le christianisme, le choix d'Arinze est évident. »

Ah, mais quel dilemme exquis pour les libéraux ! Un pape noir qui, en ce qui concerne les questions sociales, fait ressembler Phyllis Schlafly à Jane Fonda. Durant un discours de remise de diplômes à l'Université Georgetown en 2004, Arinze a suscité des protestations en affirmant que « l'homo-sexualité ridiculise l'institution du mariage ». S'il devenait pape alors que les libéraux critiquent ses opinions contre les homosexuels et contre l'avortement, les conservateurs pourraient-ils résister à la tentation de l'accuser de racisme ? Ce serait peut-être trop demander.

Il est également possible que les cardinaux craignent, bien qu'ils ne l'admettraient pas publiquement, que l'élection d'un pape noir indispose certains catholiques blancs. Mais le fait que l'Église africaine, même si elle connaît une croissance rapide, soit encore trop jeune, en particulier si on la compare avec l'Église d'Amérique latine, constitue son plus grand point faible.

Oscar Andres Rodriguez Maradiaga

Pays : Honduras

Âge : 61 ans

Points forts : Il est originaire d'Amérique latine. C'est un ami de Bono.

Points faibles : Il a comparé les médias à Hitler. Il est trop jeune.

« Plusieurs pensent que le tour de l'Amérique latine est venu », affirme Tom Reese, rédacteur du magazine jésuite *America*. Ce n'est pas seulement le fait qu'il y ait là-bas plus de catholiques que sur tout autre continent ; c'est aussi le fait que ce soit un champ de bataille sur lequel les pentecôtistes diminuent la part de marché des catholiques.

À ce jour, il n'existe pas de consensus sur un candidat d'Amérique latine, mais c'est Rodriguez, un ancien dirigeant du groupe des évêques d'Amérique latine, qu'on mentionne le plus souvent. Il s'est vivement opposé à la dette du tiers-monde et il a défendu la mission anti-pauvreté de l'Église. Au cours du Sommet du G-8 en 1999, il a fait équipe avec Bono et U2 pour présenter une pétition signée par 17 millions de personnes et demandant un allègement de la dette.

David Gibson, auteur de *The Coming Catholic Church* (et également d'un livre qui paraîtra bientôt sur l'élection pontificale), décrit ainsi les points forts de Rodriguez : « [C'est] un polyglotte latino-américain télégénique, qui connaît tout le monde au sein du Collège et dont l'élection représenterait une prise de position puissante en faveur de l'Église latino-américaine pauvre et comptant un très grand nombre de fidèles, et dans le reste du monde en développement. » John Allen ajoute que Rodriguez appuie également la décentralisation, ce qui pourrait constituer le plus important facteur de tous.

Un problème réside peut-être dans ses commentaires selon lesquels la couverture médiatique du scandale des prêtres pédophiles reflète les points de vue anti-catholiques de Ted Turner et d'autres grands propriétaires de médias. « C'est seulement ainsi que je peux expliquer la férocité des médias qui me rappelle les époques de Néron et de Dioclétien et, plus récemment, de Staline et de Hitler », dit-il.

Jean-Marie Lustiger

Pays : France

Âge : 77 ans

Points forts : C'est un juif ? Il consoliderait la chrétienté dans la vieille Europe.

Points faibles : C'est un juif ! Il est trop âgé.

La mère de Lustiger, une juive, a été tuée à Auschwitz. Si les cardinaux veulent susciter une effervescence en Europe, le choix de Lustiger serait sûrement une façon spectaculaire d'y arriver.

Les juifs le considèrent-ils comme l'un d'entre eux ? Techniquement oui, comme l'affirmait le rabbin Joseph Telushkin, auteur de *Jewish Literacy* : « Selon la loi juive, une personne née d'une mère juive est juive et une personne ne peut renoncer au fait qu'elle est juive. Toutefois [...] la communauté juive ne considère pas normalement une telle personne comme étant juive. » D'après Telushkin, Lustiger est populaire auprès des juifs parisiens, mais, selon d'autres experts, de nombreux juifs seraient outrés s'il était choisi. « Si on l'élisait, ce serait une catastrophe pour les relations entre les catholiques et les juifs, affirme Reese. Aux yeux de certains juifs, ce serait comme si l'Église le présentait en exemple de ce que les juifs devraient faire. »

Mais c'est sans doute son âge qui l'élimine réellement. Comme les cardinaux doivent obligatoirement prendre leur retraite à 75 ans, il pourrait sembler étrange, sous l'angle de l'autorité morale du pape, qu'il dépasse ce seuil. Ainsi, nous ne saurons jamais si les mères juives dans le monde auraient affirmé à leurs enfants qu'un jour ils pourraient devenir médecins, avocats ou papes.

Lubomyr Husar

Pays : Ukraine

Âge : 71 ans

Points forts : Il se dégage de lui un fort caractère de sainteté. Il fait partie de la bonne tranche d'âge. Il représente un pont entre l'Orient et l'Occident.

Point faible : C'est un Américain.

Husar dirige la Ukrainian Greek Catholic Church et possède la citoyenneté américaine. Ses parents ont émigré aux États-Unis où il a fréquenté la Catholic University of America. Il a été ordonné prêtre à Stanford au Connecticut et a enseigné au St. Basil's College Seminary de 1958 à 1969.

John Allen, qui le considère comme un bagarreur, résume ainsi ses points forts et ses points faibles : « Il existe trois objections à la candidature de Husar. Premièrement, il représente l'Europe de l'Est et, après Jean-Paul II, plusieurs croient que cette région du monde devra attendre quelques générations avant de produire un autre pape. Deuxièmement, c'est un citoyen américain, et les observateurs croient qu'il serait impossible, sur le plan diplomatique, d'élire un pontife citoyen d'une superpuissance. Certains soupçonneraient la CIA de façonner la politique du Vatican. Troisièmement, le pape est censé être le patriarche de l'Occident, et il serait étrange, sur le plan théologique, que le poste soit occupé par une personne issue d'un rite oriental. »

Mais, plaide Allen, ces objections pourraient devenir positives. « Les deux premières soulignent le fait qu'Husar représente un pont entre l'Orient et l'Occident ; la troisième laisse entendre qu'il pourrait représenter un symbole du caractère catholique entier de l'Église, de son unité dans la diversité. » Allen affirme aussi : « C'est également l'un des chrétiens les plus sincères que j'aie jamais rencontré. »

Dionigi Tettamanzi

Pays : Italie
Âge : 70 ans
Point fort : C'est un Italien.
Point faible : C'est un Italien.

Seulement 5 % des catholiques vivent en Italie. Pourquoi donc un Italien se retrouve-t-il sur la liste ? Parce que 35 % des cardinaux électeurs représentent un diocèse italien ou travaillent pour l'administration du Vatican. Peut-être aussi certains pensent-ils que l'Église a traversé sa phase expérimentale loufoque en choisissant un pape polonais et qu'elle devrait revenir à la normale. Tettamanzi est un conservateur que le très conservateur mouvement Opus Dei aime bien ; la plupart des cardinaux électeurs sont aussi conservateurs. Plus important encore, le principal site Internet de paris (paddypower.com) le montre comme le grand favori.

Christoph Schönborn

Pays : Autriche
Âge : 59 ans
Points forts : C'est un géant intellectuel. La chrétienté européenne aurait besoin d'une certaine effervescence.
Point faible : L'Europe a eu sa chance.

Ce cardinal est également un comte ! Théologien respecté, Schönborn a été choisi par le pape Jean-Paul II à titre de vérificateur général du catéchisme catholique révisé. David Gibson décrit ainsi Schönborn : « Un Autrichien cultivé, conservateur mais fidèle à ses racines d'Europe centrale, qui peut constituer un pont entre l'Orient et l'Occident. Peut-être un peu trop près d'un pape slave, mais sans doute encore un peu trop jeune. » Son âge constitue son pire problème.

Jaime Lucas Ortega y Alamino

Pays : Cuba
Âge : 68 ans
Points forts : Il vient d'un pays communiste.
Il est d'origine hispanique.
Point faible : Le communisme ne représente plus un problème.

Le fait de choisir un pape provenant d'un pays communiste a bien fonctionné la dernière fois, alors pourquoi ne pas essayer de nouveau ? Alamino a le double avantage d'être un bastion de la foi dans un pays incroyant et d'être d'origine hispanique.

Godfried Danneels

Pays : Belgique
Âge : 70 ans
Point fort : Il a beaucoup d'esprit.
Point faible : Il est trop libéral.

Si, par un hasard douteux, les cardinaux choisissaient d'élire un libéral, Danneels serait l'homme tout désigné. « Quand les évêques et les cardinaux se réunissent, Danneels est souvent le centre d'intérêt, qu'on apprécie pour son esprit et son intellect », affirme Greg Tobin, auteur de *Selecting the Pope*. Sa faiblesse : en tant que libéral de Belgique, on pourrait le considérer comme le Michael Dukakis de la course pontificale.

Il faut garder à l'esprit que les cardinaux rejettent encore plus les meneurs que ne le font les électeurs du Parti démocrate lors des Primaires, alors il y a de fortes probabilités qu'aucun des cardinaux cités ci-dessus ne soit élu. Un vieil adage italien dit : « Celui qui entre au conclave à titre de pape en ressort cardinal. »

Puis il y a, en dernier lieu, ce que nous pourrions appeler « le facteur Dieu ». Même s'il est tentant (et amusant) de voir la sélection du pape comme les caucus de l'Iowa — où il n'est question que de blocs d'électeurs, de manipulations et de positionnements —, il s'agit tout de même, à un certain niveau, d'une décision très personnelle et spirituelle. La liste qui précède comporte peut-être un cardinal qui ne fait pas du tout l'affaire pour des raisons politiques, mais que ses pairs considèrent comme un individu véritablement saint. Nombre de personnes croient que le Saint-Esprit guidera les délibérations des cardinaux et, quoi qu'en pense paddypower.com, Dieu pourrait avoir sa propre opinion sur le sujet.

LES PONTIFES PRÉSENTS, PASSÉS ET FUTURS

Une entrevue avec Richard P. McBrien [*]

Le père Richard McBrien n'est pas un admirateur de Dan Brown. « Ce serait une erreur de décrire Dan Brown comme autre chose qu'un romancier », affirme McBrien en soulignant que l'auteur n'est ni un historien ni un théologien. McBrien, lui, est à la fois historien et théologien, et professeur de théologie à l'Université Notre-Dame. Il a écrit le livre sur le catholicisme — il est l'auteur de The HarperCollins Encyclopedia of Catholicism. *McBrien reconnaît à Brown le mérite d'avoir créé une tribune permettant*

---

[*] Richard P. McBrien est professeur de théologie à l'Université Notre Dame et auteur de 20 livres, dont *Lifes of the Popes* et le succès de librairie intitulé *Catholicism*.

de débattre de questions comme le caractère humain de Jésus et le rôle des femmes dans l'Église primitive — des sujets traités dans le livre précédent de cette série, Les Secrets du code Da Vinci.

McBrien devrait également accorder le crédit à Brown d'avoir suscité un débat sur la papauté. L'un des principaux personnages de Anges et démons *est Carlo Ventresco, le camerlingue psychotique qui souhaiterait devenir pape. Comme le sait fort bien McBrien, même si un tel personnage relève du roman, il reste qu'au fil des siècles le Vatican a abrité à la fois des saints et des fripouilles. Côté saints, le martyr Sixte II (257-258) refusa d'abandonner ses partisans et fut décapité par les troupes impériales tandis qu'il célébrait la messe. À l'autre extrémité du spectre se trouve Jean XII (955-964). Il est devenu pape alors qu'il était encore adolescent, a mené une vie plus immorale que tous les « Saints-Pères » de l'histoire, et la rumeur veut qu'il soit décédé dans le lit d'une femme mariée. Dans cette entrevue, McBrien, qui commente fréquemment les affaires de l'Église, discute des papes passés et présents, de même que de son point de vue sur les tenants et aboutissants du processus de sélection du pape. Toutes les dates renvoient à la durée du règne pontifical.*

✳✳✳

Comme vous l'avez écrit, pendant les 2 000 ans de papauté, certains papes ont été des saints, d'autres des canailles, certains des politiciens, d'autres des pasteurs, certains, des réformateurs et d'autres, non.

Avant l'ère moderne, le pape le plus respectable a été Grégoire le Grand (590-604), qui se préoccupait sincèrement des pauvres et qui a eu une influence durable sur le ministère pastoral des évêques et des prêtres pendant les siècles suivants. Il a été le premier à qualifier le pape de « serviteur des serviteurs de Dieu ». Un autre pape, moins connu mais tout aussi saint, a été Sixte II (257-258), l'un des martyrs les plus vénérés de l'Église primitive. Il a été décapité par les troupes impériales en célébrant la messe, après avoir refusé d'abandonner ses fidèles.

Parmi les papes qualifiés de canailles, on trouve Serge III (904-911), qui a ordonné le meurtre de son prédécesseur, Léon V, et de l'antipape Christophe. Tout au long de son pontificat, il s'est soumis aux puissantes familles romaines. Jean XII (955-964) a été élu à 18 ans et a mené une vie plus immorale que tout autre pape dans l'histoire. Il est mort d'une crise cardiaque, on suppose dans le lit d'une femme mariée. Innocent IV (1243-1254) a été le premier pape à approuver le recours à la torture pendant l'Inquisition.

Les papes du Moyen Âge étaient moins politiciens que ceux des autres périodes. Innocent III (1198-1216) et Boniface VIII (1295-1303) représentent deux exemples pertinents. Innocent revendiquait le pouvoir sur l'ensemble du monde chrétien. Boniface revendiquait encore davantage de pouvoirs spirituels et temporels en déclarant que toute personne sur terre était assujettie au pape. L'un des papes réformateurs les plus éminents a été Grégoire VII (1073-1085). Il a fait de son mieux pour régler les problèmes liés à la simonie [achat et vente d'avantages spirituels], au népotisme [fait d'attribuer un poste ecclésiastique important à un parent], à la corruption des prêtres [de nature financière, sexuelle et pastorale] et à l'intervention de dirigeants laïques dans les affaires internes de l'Église.

La plupart des papes du premier millénaire ont été considérés comme des saints, bien qu'il n'y eût pas de processus officiel de canonisation pendant cette période. Au cours du deuxième millénaire, seulement cinq papes ont été canonisés. Les grands réformateurs, notamment Jean XXIII (1958-1963), ont eu une grande influence sur la transformation de l'Église. Indirectement, cela a eu un effet sur le monde entier et c'est pourquoi on l'a tellement célébré pour ses efforts en faveur de la paix. Bien qu'il n'ait pas encore été officiellement canonisé, Jean XXIII était de toute évidence un saint. Grâce à son attitude chaleureuse, compatissante et impartiale envers les gens, il a su créer une toute nouvelle atmosphère œcuménique au sein de l'Église et faire en sorte que même des athées comme le dirigeant soviétique Nikita Khrouchtchev prennent au sérieux ses plaidoiries en faveur de la paix pendant la crise des missiles cubains. Il a sans doute été le pape le plus aimé de toute l'histoire de l'Église. L'ancien premier ministre soviétique Mikhaïl Gorbatchev reconnaissait que le pape Jean-Paul II avait accéléré l'effondrement de l'empire soviétique en appuyant le mouvement Solidarité en Pologne et diverses autres initiatives. D'autres papes, en particulier Léon XIII (1878-1903), ont mis en lumière le sort des travailleurs dans le nouveau monde industriel et défendu leurs droits de se syndiquer, de recevoir des salaires équitables et de travailler dans des conditions saines. Les papes suivants ont continué de faire des pressions en ce sens. Les efforts qu'ils ont déployés ont-ils eu l'effet souhaité sur la condition des travailleurs? C'est là une affaire de jugement.

Comment étaient les papes à l'époque de Galilée et de la Contre-Réforme?

Dans l'ensemble, plusieurs papes de la Contre-Réforme — nommément Paul III (1534-1549), Paul IV (1555-1559) et Pie IV (1559-1565) — ont fait de leur mieux pour régler les problèmes de corruption au sein de l'Église. Ces papes ont également nommé à des postes importants dans la hiérarchie quelques-uns des principaux réformateurs de l'Église, comme Charles Borromée (décédé en 1584). À titre d'archevêque de Milan, Borromée organisait des conciles et des synodes, et visitait fréquemment ses paroisses. Il a restructuré, fondé des séminaires pour éduquer les futurs prêtres, renforcé les normes de moralité pour son clergé et créé une confraternité pour enseigner la doctrine chrétienne aux enfants. En fait, ses réformes étaient si authentiques et profondes que des membres mécontents de l'organisation laïque qui tiraient profit de l'ancien système ont tenté de l'assassiner.

Paul III (1534-1549) a convoqué le concile de Trente en 1545, amorçant ainsi la Contre-Réforme catholique. Pie IV (1559-1565) a réuni le concile après une suspension de 10 ans et s'est engagé dans une réforme. Pie V (1566-1572) a appliqué les décrets du concile, fait publier le catéchisme romain et réformé le missel romain (utilisé pour la messe) et l'office divin (récité ou chanté par les moines et les prêtres). Ces réformes ont tenu jusqu'au milieu du XXe siècle, au moment où Vatican II a entrepris une nouvelle ère dans la liturgie et la pratique catholiques. Grégoire XIII (1572-1585) a restructuré le vieux Collège romain qui a plus tard été renommé en son honneur «Université grégorienne». Elle existe encore aujourd'hui et connaît une existence florissante à Rome. Il a également réformé le calendrier julien en éliminant 10 jours et en ajoutant une année bissextile. Pour lui rendre hommage, le calendrier a été renommé «calendrier grégorien». Alexandre VII (1655-1667) a permis aux missionnaires jésuites en Chine d'utiliser les rites chinois pendant la messe et l'administration des sacrements, mais Clément XI (1700-1721) a renversé plus tard cette décision.

Par ailleurs, certains papes de la Contre-Réforme ont favorisé le travail de l'Inquisition qui cherchait à éliminer l'hérésie, notamment en censurant et en emprisonnant Galilée, en ajoutant les œuvres de Copernic à l'index des livres interdits sous Paul V (1605-1621) et en imposant une deuxième condamnation de Galilée par Urbain VIII (1623-1644) en 1633.

Que pensez-vous des relations entre l'Église et le monde de la science au cours des derniers siècles?

Elles sont meilleures aujourd'hui. Au départ, l'Église avait tendance à se tenir sur la défensive et même à condamner les nouvelles découvertes qui semblaient remettre en question ses enseignements traditionnels sur un sujet ou un autre. C'était vrai au XIXe siècle et pendant la première moitié du XXe pour ce qui était de l'interprétation des Écritures. Le célèbre *Syllabus ou Catalogue des erreurs de notre temps*, publié par Pie IX en 1864, condamnait le libéralisme politique (y compris la démocratie) et divers points de vue philosophiques qui favorisaient la raison sur l'autorité en tant que norme de vérité. Toutefois, au cours du pontificat suivant, celui de Léon XIII, on a ouvert les Archives du Vatican aux chercheurs parce que le nouveau pape affirmait que l'Église n'avait rien à craindre de la vérité. Durant le pontificat de Pie X (1903-1914) cependant, une guerre anti-modernisme a été déclenchée contre les chercheurs catholiques. D'après certains historiens, ces politiques ont fait reculer de 50 ans la vie intellectuelle catholique, qui n'a été réhabilitée qu'au concile Vatican II (1962-1965). Le cas de Galilée avait bien sûr symbolisé la position traditionnelle de l'Église contre la science. Le fait qu'un pape aussi conservateur que Jean-Paul II ait admis que l'Église s'était trompée représente en soit une indication du grand changement survenu dans la position officielle de l'Église à l'endroit de la science.

L'action de Anges et démons *se situe pendant un conclave. Que pensez-vous du processus d'élection pontifical?*

Le processus électoral de Floride fait bonne figure comparativement à celui de l'élection pontificale, qui fonctionne mal parce qu'il est secret et qu'il se limite à un groupe relativement restreint d'ecclésiastiques mâles qui doivent tous leur nomination à un seul homme, le pape, et à ses plus proches et plus puissants conseillers.

Certains des pires exemples sont survenus au Xe siècle lorsque la papauté est devenue un jouet entre les mains de certaines familles aristocratiques puissantes de Rome, qui ont contrôlé les élections à partir du pontificat de Serge III (904-911) jusqu'à celui de Jean XI (931-936). Albert II, prince de Rome, a contrôlé la papauté de 932 à 934. L'empereur du Saint empire romain Otton Ier (décédé en 973) contrôla les élections de Jean XIII (965-972) et de Benoît VI (973-974), mais après sa mort, le pouvoir échut à une autre famille romaine jusqu'au XIe siècle, avec le pontificat de Serge IV (1009-1012).

L'histoire des élections pontificales montre que les papes — en particulier ceux qui ont régné longtemps et/ou qui ont dominé leur époque — sont rarement remplacés par des répliques d'eux-mêmes. Après de tels pontificats, les cardinaux et les électeurs semblent préférer obtenir une marge de manœuvre (c'est pourquoi ils élisent souvent un pape de transition) ou un changement d'orientation. Ce modèle s'est reproduit au cours des quelque 150 dernières années : Pie IX a été élu à titre de libéral pour succéder à Grégoire XVI, un pape réactionnaire, en 1846. Pie IX est devenu lui-même réactionnaire et a été remplacé, non par un cardinal qui partageait ses idées, mais par un modéré, Léon XIII, en 1878. Celui-ci a été à son tour remplacé non par son secrétaire d'État modéré, le cardinal Rampolla, mais plutôt par Pie X, un ultraconservateur, en 1903. Pie X, à son tour, n'a pas été remplacé par son secrétaire d'État ultraconservateur, le cardinal Merry del Val, mais par le protégé du cardinal Rampolla, Benoît XV, en 1914. Celui-ci a été suivi non par un autre modéré, mais par un pape autoritaire, Pie XI, en 1922. Et voici l'exception à la règle : à cause du déclenchement de la Deuxième Guerre mondiale, les cardinaux ont cherché quelqu'un ayant une expérience de la diplomatie et se sont tournés vers le cardinal Pacelli, un ancien secrétaire d'État sous Pie XI. Pacelli a pris le nom de Pie XII. Il a été remplacé non par un autre pape ascétique et distant, mais par le chaleureux et jovial Jean XXIII, en 1958. Celui-ci a été remplacé par le timide et érudit Paul VI en 1963, qui a été à son tour remplacé par le doux et souriant Jean-Paul Ier en 1978. Comme nous le savons, ce pape est décédé après seulement 33 jours de pontificat. Les cardinaux ont alors élu un jeune et vigoureux Slave du nom de Karol Wojtyla, toujours en fonction sous le nom de Jean-Paul II. Sera-t-il remplacé par un autre pape semblable, compte tenu du fait qu'il a nommé presque tous les cardinaux qui éliront son successeur ? L'histoire nous enseigne autre chose. Mais, bien sûr, toute règle comporte des exceptions.

Le processus d'élection pontificale peut-il changer?

Dans l'avenir, le processus électoral devra intégrer une vaste représentation des évêques du monde entier. Par exemple, les présidents de diverses conférences nationales des évêques et quelques représentants importants d'autres circonscriptions ecclésiastiques laïques, administratives et religieuses. Toutefois, cela ne peut se produire que si on modifie les lois actuelles de l'Église qui réglementent les élections pontificales. Selon la loi actuelle de l'Église, seul un pape peut procéder à un tel changement. En conséquence, un changement ne peut survenir que si on élit un pape convaincu que le présent système est défectueux.

À votre avis, quelles questions importantes le prochain pape devra-t-il aborder au cours de la prochaine décennie?

Premièrement, il devra rétablir la papauté à titre de véritable «pont» — le mot latin «*pontifex*» signifie «constructeur de pont» — qui devra se faire non seulement entre Dieu et l'humanité, mais aussi entre les membres de la famille humaine et, plus particulièrement, au sein de l'Église. Le pontife actuel s'est allié à une certaine faction — conservatrice à ultraconservatrice — et, en conséquence, de nombreux centristes au sein de l'Église ainsi que d'autres dont l'orientation était nettement libérale ont eu le sentiment qu'il n'était pas leur «Saint-Père». Deuxièmement, il devra aborder ouvertement, en évitant une attitude défensive, la plus grave crise à laquelle l'Église catholique ait été confrontée depuis la Réforme, à savoir le scandale des abus sexuels perpétrés par des prêtres. Il devra faire ce que le pape actuel n'a pas pu ou n'a pas voulu faire, c'est-à-dire présenter des excuses aux nombreuses victimes et à leurs familles, et rencontrer un de leurs représentants pour leur exprimer ses regrets en personne. Il devra aussi exiger la démission de tous les évêques qui ont permis aux prêtres prédateurs de continuer d'exercer leurs fonctions et qui ont intimidé les personnes ayant porté ces scandales à l'attention des évêques et, plus tard, du grand public. Troisièmement, il devra réinstaurer la doctrine de la collégialité de Vatican II et renverser la tendance des 26 dernières années à recentraliser les pouvoirs au Vatican.

Une façon spectaculaire d'y parvenir serait de demander que, durant toutes les conférences nationales des évêques, soient élaborés des plans visant à un nouveau processus de sélection des évêques, processus auquel participeraient les laïcs et le bas clergé, et qui remettrait la décision principalement entre les mains des Églises locales plutôt qu'entre celles du Vatican. Quatrièmement, il devra déclarer clairement qu'il utilisera l'influence de l'office pontifical pour défendre les causes liées à la justice sociale, à la paix et aux droits de la personne, et également promouvoir le dialogue œcuménique et interconfessionnel ainsi que la coopération institutionnelle pour relever ces défis. En dernier lieu, il devra exiger un nouvel examen approfondi des enseignements traditionnels de l'Église à propos de la sexualité, notamment le célibat obligatoire des prêtres, le contrôle des naissances, l'homosexualité et d'autres sujets du même ordre.

Qui est enterré dans la tombe de saint Pierre?

Les Illuminati, *terroristes de* Anges et démons *(et leur organisateur « à l'intérieur »), sont très préoccupés par la signification symbolique de leurs actes. Bien que le roman de Dan Brown ait été publié en anglais presque deux ans avant le 11 septembre 2001, il existe de sinistres parallèles entre l'esprit des terroristes du type Al-Qaïda et les terroristes du roman. Aussi bien dans la réalité que dans le roman, ces terroristes ne cherchent pas à présenter des demandes ou à négocier. Ils ne veulent pas d'argent et n'essaient pas d'obtenir un appui public à leur cause, mais accomplissent des gestes symboliques visant à détruire les emblèmes, de même que les structures, de ceux qu'ils détestent.*

Dans Anges et démons, *l'antimatière qui risque de détruire le Vatican n'a pas été placée au hasard, ni à l'endroit où l'explosion aurait nécessairement causé le plus de dommages. Les terroristes l'ont plutôt placée, de manière extrêmement symbolique, précisément à l'endroit présumé, loin sous terre, où saint Pierre est enterré, exactement sur cette « pierre » au centre physique et spirituel de l'Église. Cette partie de* Anges et démons *(sans compter les méandres de l'intrigue à l'intérieur de l'intrigue qui laissent une suite de détails aussi inexpliqués qu'une scène d'évasion d'Houdini) soulève plusieurs questions intéressantes sur les plans historique, philosophique et théologique. En fait, historiens, archéologues et théologiens argumentent depuis des années sur la question de savoir si Pierre est jamais allé à Rome, s'il est enterré sous la basilique Saint-Pierre ou près de Jérusalem, et en quoi ces différentes interprétations modifieraient les choses d'un point de vue tant théologique que spirituel.*

Tom Mueller, un talentueux chroniqueur de voyage établi à Rome, a entendu parler d'os de mouton, de bœuf ou de porc et de squelette de souris que des fouilleurs disent avoir trouvés sous le maître-autel de la basilique Saint-Pierre. Lui aussi souhaitait savoir si Pierre lui-même y était enterré. Voici le résultat de son enquête.

Nous avons demandé à Deirdre Good, professeure émérite en études sur le Nouveau Testament au General Theological Seminary de New York, de présenter plusieurs de ces questions selon la perspective d'une chercheuse, notamment la question de savoir si le symbolisme reliant la «pierre» à la tombe de saint Pierre est réelle. La professeure Good est particulièrement douée pour comprendre et interpréter les langues anciennes (elle lit le grec, le copte, le latin, l'hébreu et un peu l'araméen), jetant ainsi un nouvel éclairage sur les passages bibliques. Elle a traduit ses références bibliques à partir du grec, mais souligne que la Revised Standard Version constitue une bonne référence pour les personnes qui souhaitent vérifier de plus près (en anglais) les passages soulignés.

Au-delà de la tombe

par Tom Mueller [*]

C'est la mort qui me conduisit d'abord à la nécropole. Appuyé contre l'obélisque au centre de la place Saint-Pierre, je voyais les croix noires qui, dans les journaux du Vatican, annonçaient le décès du père Antonio Ferrua, patriarche de l'archéologie chrétienne, âgé de 102 ans. Un article décrivait les nombreuses découvertes qu'avait faites Ferrua dans le sous-sol de Rome, notamment celle qui se trouvait directement sous mes pieds : un vaste cimetière païen sous la place Saint-Pierre et la basilique elle-même, contenant un tombeau qu'on croit être celui de saint Pierre. Un autre article faisait mention d'une longue et amère controverse sur l'identité des os soi-disant trouvés dans ce tombeau, controverse qui, dit-on, aurait coûté à Ferrua son cardinalat.

Curieux, je décidai de visiter la nécropole. Peu après, accompagné d'une guide du Vatican, j'empruntai le long et sombre escalier qui descend sous la place Saint-Pierre, alors que l'air devenait de plus en plus humide, rendu âcre par la moisissure. Nous émergeâmes sur une route aux lueurs crépusculaires bordée de superbes petits manoirs destinés aux

---

[*] Tom Mueller est un écrivain établi en Italie. Cet article est d'abord paru dans une version légèrement différente dans *The Atlantic*. Reproduit avec l'autorisation de l'auteur.

morts, ornés de fresques présentant une profusion exotique d'anciens dieux : Horus, à la tête de faucon avec sa croix égyptienne ; Vénus, belle et parfumée, émergeant des eaux ; Dionysos, entouré d'une foule de nymphes et d'animaux ivres brandissant des baguettes phalliques. Ma guide, une jeune archéologue blonde aux yeux bleu clair et au boniment poli par de nombreuses visites, m'expliquait que ces mausolées avaient déjà été à ciel ouvert. Certains comportaient des cours intérieures destinées à des banquets organisés près des tombeaux. Il y avait des tuyaux de terre cuite reliés aux tombes, dans lesquels les fêtards versaient du vin afin de soulager la soif des personnes décédées. À mesure que nous avancions, les grilles au-dessus de nos têtes révélaient un haut plafond lumineux, orné de caissons à dorures. Nous nous trouvions exactement sous la nef de la basilique, près du maître-autel.

Au bout du chemin, sous l'autel même, se trouvait un bloc de maçonnerie brute. À travers une fente du mur de brique, on pouvait voir une colonne de marbre blanc semblable à un os décharné. « Voici la tombe de l'apôtre Pierre, marquée de l'édicule, monument en hommage à Pierre, bordé de deux colonnes de marbre et érigé au IIe siècle », annonça ma guide. L'autre côté du bloc de maçonnerie était recouvert d'un réseau d'anciens graffitis qu'avaient laissés les pieux visiteurs de la tombe. Elle indiqua les strates de maçonnerie accumulées au-dessus de l'édicule, un échantillon représentatif du site : les travaux de maçonnerie, réalisés au IVe siècle sous Constantin le Grand, qui fit construire la première église de saint Pierre ; un autel du VIIe siècle ; un autre du XIIe ; et finalement, le maître-autel actuel, érigé en 1594, après qu'eut été détruite l'église de Constantin et que fut construite à sa place l'actuelle basilique Saint-Pierre.

« Nous ne devrions pas nous étonner que le tombeau de Pierre soit entouré de tombes païennes, dit-elle. Souvenez-vous qu'en 64 apr. J.-C., à la mort de Pierre, les chrétiens de Rome ne constituaient qu'un obscur culte oriental, une petite enclave au sein d'une population principalement païenne. » Cette année-là, l'empereur Néron les avait rassemblés dans le cirque du Vatican. Se promenant parmi eux, habillé en conducteur de char, il regardait le spectacle pendant que certains, enroulés dans des peaux d'animaux, se faisaient dévorer par des chiens et que d'autres étaient crucifiés et brûlés vifs pour éclairer l'ensemble. Pierre, leur chef, est mort pendant cette terrible nuit, continua-t-elle. Il a été enterré sur une pente de la colline du Vatican, qui s'élevait jadis à l'endroit où se trouve la basilique actuelle ; au fil du temps, une grande nécropole païenne s'est élevée autour de son modeste tombeau. Deux cent cinquante ans plus tard, lorsque Constantin a décidé d'ériger une basilique sur la tombe de saint Pierre, ses ouvriers ont enseveli une partie de cette nécropole sous un million de mètres cubes de terre pour que l'assise de l'église soit de niveau. Il s'agissait de la zone, préservée par un épais manteau de terre, qu'avaient mise au jour les travaux d'excavation de Ferrua.

L'histoire de la guide correspondait au récit officiel du Vatican sur le martyre de Pierre et l'histoire entourant son tombeau. Mais, à aucun moment, elle ne mentionna la question des ossements de Pierre.

En 1939, lorsque des ouvriers déterrèrent une partie de la somptueuse maçonnerie romaine sous le maître-autel, l'érudit Pie XII ordonna de procéder à une excavation systématique. C'était une décision courageuse (les papes précédents avaient interdit une telle exploration), mais le courage a ses limites. Les fouilleurs qu'il choisit — Antonio Ferrua et ses trois collègues — étaient des habitués du Vatican et ils avaient solennellement juré de garder le secret sur leurs travaux. L'enquête dura une décennie sous la supervision du collaborateur de longue date de Pie XII, monseigneur Ludwig Kaas, et les travaux furent exécutés par les *sampietrini*, la confrérie héréditaire des ouvriers du Vatican. C'était un travail intérieur.

En 1951, après 12 années de silence sur les travaux et d'hypothèses fiévreuses dans le monde extérieur, Ferrua et ses collègues publièrent leur rapport officiel. S'ensuivit immédiatement un tumulte. Les critiques les accusèrent de pratiquer une archéologie mal avisée et dangereuse, et d'avoir perdu de précieux artefacts. Puis apparurent des preuves relatives à une querelle entre les quatre fouilleurs et monseigneur Kaas ainsi qu'à propos d'interventions nocturnes faites sur le site des travaux. Afin d'empêcher les archéologues de faire des découvertes en son absence, Kaas avait même coupé le courant sur le site lorsque lui et les *sampietrini* en étaient absents.

En fait, Ferrua et ses collègues avaient travaillé avec une objectivité remarquable, car, malgré d'intenses pressions venant de la communauté du Vatican, ils n'avaient trouvé aucune trace de Pierre — aucune inscription à son nom, pas même parmi les graffitis trouvés sur son présumé tombeau. Et plus étrange encore, ils déclarèrent qu'il n'y avait rien sous l'édicule.

Bientôt, Pie XII autorisa Margherita Guarducci, éminente épigraphiste classique et fervente catholique, à effectuer d'autres recherches. Guarducci renversa rapidement les conclusions précédentes et admit qu'il y avait là une légère polémique typiquement italienne. Elle découvrit des inscriptions et des dessins en l'honneur de Pierre que Ferrua et ses collègues avaient, à son avis, inexplicablement omis dans leur rapport. Selon elle, Ferrua avait retiré du site et caché dans sa cellule monastique la plus importante de ces inscriptions qui avait été découverte près de l'édicule et qui signifiait : « Pierre est à l'intérieur. » Parmi tous les graffitis se trouvant sur la tombe de Pierre, elle discerna une « cryptographie mystique » comportant d'innombrables messages codés au sujet de l'apôtre. Finalement, elle produisit même les restes de Pierre. Un *sampietrino* lui avait donné une boîte contenant des os et qui, expliqua-t-elle, se trouvait à l'intérieur de l'édicule lorsque les archéologues l'avaient trouvée. Pour une raison ou pour une autre, ces derniers avaient négligé de regarder les précieuses reliques et, plus tard, monseigneur Kaas les avait mises à l'abri. Guarducci fit faire des tests scientifiques qui indiquèrent que les os avaient été enveloppés d'un vêtement de pourpre royal cousu d'or et qu'ils appartenaient à un homme robuste de 60 à 70 ans — les ossements de l'apôtre, affirma-t-elle.

Sur un ton qui allait de la dérision à l'outrage, la communauté des chercheurs critiqua les conclusions de Guarducci, qu'elle publia dans une série d'articles et de livres. Beaucoup remirent en question sa cryptographie mystique, tout comme chaque élément logique et scientifique auquel elle avait eu recours pour faire le lien entre les ossements de la boîte et Pierre. Son critique le plus virulent fut Antonio Ferrua, qui examina chacune de ses publications d'un œil à la fois méprisant et sarcastique. Quelque temps après que Guarducci eut annoncé la découverte de la dépouille de Pierre, Ferrua rédigea un mémoire féroce visant à mettre en garde le pape

Paul VI. Après avoir méthodiquement mis en pièces le récit de Guarducci, il examina avec une vive ironie le contenu de la fameuse boîte qui, outre des restes humains, contenait des ossements d'agneau, de bœuf et de porc ainsi que le squelette entier d'une souris.

Il semble que Paul VI ait cru Guarducci, car il annonça bientôt que l'authentique dépouille de Pierre avait été trouvée. Mais le dernier à rire fut le père Ferrua. Peu après la mort de Paul VI en 1978, Guarducci fut bannie de la nécropole et, plus tard, des archives de la basilique. La présumée dépouille, qui avait été réinstallée avec éclat dans la maçonnerie entourant l'édicule, fut enlevée. Des années plus tard, Guarducci, devenue amère, laissa entendre que les forces de l'obscurantisme, en la personne d'Antonio Ferrua, avaient saboté ses travaux.

Ce n'est là que le plus récent épisode lié au sempiternel mystère du tombeau de Pierre. En 1624, le pape Urbain VIII avait ordonné la construction de l'immense voûte de bronze au-dessus du maître-autel. Toutefois, aussitôt les travaux entrepris, les fouilleurs commencèrent à mourir. Urbain lui-même tomba malade, et des rumeurs déferlèrent sur la ville entière, répandant l'idée que la malédiction de Pierre devait frapper ceux qui perturbaient son repos. Pendant ce temps, des témoins horrifiés regardaient surgir du sol le plus sacré de l'Église un flot incessant de reliques païennes, certaines si scandaleuses que le pape ordonna qu'elles soient jetées dans le Tibre. L'un des objets, une statue funéraire représentant un homme au doux sourire épicurien, couché à demi nu sur un canapé, survécut heureusement à la colère pontificale. On pouvait lire sur la statue l'inscription suivante :

Tivoli est ma ville natale, Flavius Agricola, mon nom — oui, je suis celui que vous voyez incliné ici, tout comme je le faisais pendant toutes ces années de vie que le Sort m'a accordées, prenant bien soin de moi-même et ne manquant jamais de vin. […] Enguirlandés de fleurs, mélangez le vin, buvez intensément et ne refusez pas les plaisirs du sexe aux jolies filles. Lorsque la mort vient, la terre et le feu dévorent tout.

À l'époque d'Urbain, les hypothèses sur ce qui se trouvait sous le maître-autel couraient depuis déjà un millier d'années. Les écrivains du début du Moyen Âge parlaient de terrifiantes apparitions, de grottes et de passages secrets sous l'église, ainsi que de la croyance étrange selon laquelle Pierre était enterré dans un temple païen. De telles idées pourraient avoir découlé en partie de découvertes imprévues dans la nécropole païenne qui, nous le savons maintenant, s'étend sous la basilique. Mais elles proviennent aussi d'une incertitude plus profonde, enracinée dans la Bible elle-même, à propos de la tombe de Pierre.

Le Nouveau Testament, qui contient le seul récit presque contemporain de la vie de Pierre, ne mentionne aucunement qu'il soit allé à Rome ou qu'il ait subi le martyre. Dans les *Actes des apôtres*, qui relatent les faits et gestes des apôtres après la mort de Jésus, Pierre apparaît pour la dernière fois autour de 44 apr. J.-C. dans une prison de Jérusalem de laquelle il fut libéré par un ange. Puis il disparaît du récit biblique de manière si brutale que certains chercheurs interprètent la présence de l'ange comme un euphémisme de la mort. Paul, qui écrivait de Rome, et parfois à Rome, pendant les années où Pierre y aurait vécu, l'oublie sur la liste des chrétiens de Rome les plus éminents à la fin de ses lettres. *I Pierre*, une épître attribuée à Pierre lui-même, est adressée de « Babylone » qui pourrait signifier Rome. Toutefois, même en oubliant le caractère indirect de la référence, la théologie épistolaire et l'écriture en grec ancien conviennent mal à Pierre, un pêcheur de Galilée sans éducation. Plusieurs chercheurs ne croient pas qu'il en soit l'auteur.

Les preuves littéraires de la présence de Pierre et de son martyre à Rome demeurent ambiguës jusqu'à la fin du IIe siècle. Certains chercheurs voient des indices dans *I Clément*, probablement écrit à Rome vers 96 apr. J.-C., ainsi que dans une lettre d'Ignace d'Antioche, adressée aux Romains, rédigée quelques décennies plus tard. Mais ces références sont extrêmement vagues et se situent dans des contextes qui semblent exiger plus de clarté. Et jamais personne ne mentionne le tombeau de Pierre.

Toutefois, il existe à cela de bonnes raisons. Même si nous acceptons l'hypothèse selon laquelle Pierre a été martyrisé à Rome, il est peu probable qu'on ait récupéré son corps pour l'enterrer ou que sa tombe ait porté une indication. Lors des persécutions infligées par Néron, le seul fait d'être chrétien constituait en soi un crime punissable de mort. En vertu de la loi romaine, le corps d'un tel criminel, particulièrement lorsqu'il s'agissait d'un étranger comme Pierre, n'avait pas droit à des funérailles et il arrivait qu'on le jette simplement dans le Tibre. Pour le récupérer, quelqu'un aurait dû présenter une demande aux autorités romaines, s'identifiant lui-même comme chrétien, ce qui équivalait à se suicider.

Qui plus est, peu des compagnons chrétiens de Pierre se seraient donné la peine de récupérer ses ossements. Les chrétiens qui vivaient vers 64 attendaient impatiemment la parousie, le second avènement de Jésus-Christ, qui devait survenir incessamment. Les dépouilles et les tombes des martyrs semblaient avoir peu d'importance dans un monde sur le point d'être consumé par le feu. Ce n'est qu'un siècle ou plus après la mort de Pierre que le culte des martyrs s'est développé en Occident.

C'est vers cette époque que sont mentionnés explicitement pour la première fois le séjour, le martyre et la tombe de Pierre à Rome. De 170 à environ 210, trois auteurs — Dionysius de Corinthe, Irénée de Lyon et Gaius de Rome — déclarèrent que Pierre et Paul avaient fondé l'Église romaine. Puisque Paul nie clairement ce fait dans ses lettres, leur affirmation est douteuse. Et pourtant, elle est fascinante. Dionysius ajoute que Pierre en donna une preuve irréfutable en devenant un martyr. Plus important encore, Gaius affirme qu'à son époque, il y avait au Vatican un *tropaion* (trophée ou monument) dédié à Pierre. Plusieurs chercheurs, y compris Ferrua, croient qu'il s'agit de l'édicule au centre de la nécropole du Vatican, que les preuves archéologiques situent vers 170 apr. J.-C. Ainsi, Gaius fut le premier à faire référence à la tombe de Pierre.

Par contre, Gaius écrivait 150 ans après la mort de Pierre. Le christianisme ne représentait plus une secte isolée mais un mouvement qui s'étendait à tout l'Empire. L'espoir d'une parousie s'était évanoui et le culte des martyrs avait surgi, probablement d'un désir d'avoir des liens tangibles avec des cieux qui étaient devenus plus distants, mais également pour des raisons pratiques. L'unité de l'Église était maintenant menacée par des hérésies mystiques et hypothétiques, pratiquées par les gnostiques et les montanistes, qui affirmaient avoir accès à de nouvelles révélations divines. Pour se prémunir contre ces dangereux innovateurs, les chrétiens conventionnels comme Dionysius, Irénée et Gaius insistaient sur le fait que les seules croyances valables étaient celles qu'avaient enseignées

Jésus et les gens qui l'écoutaient. Ils dressèrent des listes des évêques des principales églises afin de démontrer l'existence d'une chaîne continue de dirigeants qui remontait jusqu'à un illustre fondateur. La présence d'un apôtre, confirmée par sa tombe et sa dépouille, devint une pièce généalogique essentielle de l'orthodoxie pour une congrégation locale et une source d'immense prestige. Les restes de Pierre, le prince des apôtres, représentaient l'élément le plus prestigieux de tous.

Assis sur la place Saint-Pierre aujourd'hui, j'imagine le Vatican avant tout ceci — avant la basilique baroque coiffée de l'immense dôme de Michel-Ange, avant le majestueux édifice de la papauté. J'imagine la première église de Constantin, austère et ravagée par le temps, puis je regarde encore plus loin et j'imagine le Vatican tel que Constantin le vit pour la première fois, en 312 apr. J.-C., couvert de grands monuments à divers stades de dégradation : le cirque en ruine, avec son obélisque toujours debout au centre ; la colline du Vatican, voisine, avec ses nobles tombeaux domestiques et son oliveraie argentée à son sommet ; une pyramide de marbre blanc de plus de 35 mètres de haut ; une arène étanche destinée aux batailles navales entre gladiateurs ; et l'énorme tambour blanc du mausolée d'Hadrien, bien avant qu'il ne se métamorphose en château Saint-Ange.

Par-dessus tout, j'imagine les temples qui ont rendu le Vatican célèbre. Aux temps anciens, nous racontent les historiens romains, cette contrée marécageuse au-delà du Tibre était une région étrange, foisonnant de serpents géants, où régnait en maître la maladie et dans laquelle les voix des dieux ne pouvaient se faire entendre. D'après ces historiens, le mot «Vatican» vient du latin «vates», un saint prophète qui comprenait ces voix. Pline décrivait un vieux chêne encore debout à son époque, sur lequel se trouvaient des lettres étrusques en bronze qui avaient une importance religieuse. Plus tard, on construisit en l'honneur de déités orientales des temples extravagants et des domaines sacrés. Les rites extatiques célébrés ici fascinaient les Romains, mais ils étaient trop échevelés pour qu'on puisse les pratiquer dans la ville elle-même. On ne peut donc s'étonner que des gens aient cru que Pierre, le héros d'un autre culte oriental marginal, soit finalement venu ici ou que Constantin ait érigé un splendide temple en son honneur. Le Vatican a toujours été une terre sacrée.

« SUR CETTE PIERRE »

PAR DEIRDRE GOOD[*]

Dans son livre *Anges et démons*, Dan Brown décrit un dialogue intense et bref entre Robert Langdon et le camerlingue sur l'interprétation des paroles de Jésus (voir pp. 485-486 du roman). Ils tentent de trouver un conteneur d'antimatière avant qu'il ne fasse exploser le Vatican et la plus grande partie de Rome. Le camerlingue déclare que son emplacement lui a été révélé par les paroles de Jésus à Pierre dans Matthieu 16,18 : « Tu es Pierre [du grec « *petros* »], et sur cette pierre [du grec « *petras* »] je bâtirai mon église. » Langdon, quant à lui, interprète les paroles de Jésus à Pierre comme une métaphore et s'exclame : « La référence à la pierre n'est qu'une métaphore ! Il n'y a aucune pierre ! » Le camerlingue réplique : « Il y a une pierre, mon fils. [...] *Pietro é la pietra* » (« Pierre est la pierre ») et il relie cette « pierre » au tombeau de Pierre et à l'emplacement du conteneur d'antimatière en disant : « Les *Illuminati* ont posé leur arme de destruction sur la pierre angulaire de cette église — au moment de la fondation. [...] Sur la première pierre qui a servi à construire cette église. Et je sais où se trouve cette pierre. »

Il semble que le camerlingue prenne Matthieu 16,18 au pied de la lettre. Dans ce passage tiré de Matthieu, Pierre est identifié par son nom et par l'endroit où il est, et son tombeau se trouve sous la basilique Saint-Pierre. Pour servir son intrigue, Dan Brown mentionne au passage plusieurs autres interprétations. Le texte vise à se conformer à ce que dit l'auteur au début du livre : « Tous les tombeaux, sites souterrains, édifices architecturaux et œuvres d'art romains auxquels se réfère cet ouvrage existent bel et bien. On peut encore les admirer aujourd'hui. »

Mais Dan Brown a-t-il correctement interprété les paroles de Jésus citées dans Matthieu ? Dans l'Évangile de Matthieu, Jésus a-t-il indiqué le lieu de la sépulture (du corps) de saint

---

* Deirdre Good enseigne le Nouveau Testament au General Theological Seminary de New York. Elle lit le grec, le copte, le latin, l'hébreu et un peu l'araméen.

Pierre comme étant l'endroit où son église serait construite ? Ou exigeait-il que Pierre le reconnaisse comme le fondement de l'Église ? Jésus avait-il en tête une « église » concrète ?

Ce passage souvent cité survient dans le contexte plus large de Matthieu 16,13-19 :

Arrivé dans la région de Césarée de Philippe, Jésus demanda à ses disciples : « Que disent les hommes du fils de l'homme ? Pour eux, qui est-il ? » Ils répondirent : « Pour les uns, Jean-Baptiste ; pour les autres, Élie ; pour d'autres encore, Jérémie ou l'un des prophètes. » Il leur dit : « Et vous, qui dites-vous que je suis ? » Simon Pierre répondit : « Tu es le Christ, le Fils du Dieu vivant. » Jésus lui dit : « Heureux es-tu, Simon bar Jona, car ce n'est ni la chair ni le sang qui te l'ont révélé, mais mon Père qui est dans les cieux.

Et moi je te dis : Tu es Pierre et sur cette pierre je bâtirai mon Église, et les portes de l'enfer ne prévaudront pas contre elle. Je te donnerai les clefs du royaume des cieux, tout ce que tu lieras sur la terre sera lié dans le ciel et tout ce que tu délieras sur la terre sera délié dans le ciel. »

Dans quelle mesure ce contexte plus vaste nous aide-t-il à interpréter la citation : « Sur cette pierre… » ? Quel rôle Pierre tient-il dans l'Évangile de Matthieu ? Que signifie le « cela » dans la phrase « car la chair et le sang ne t'ont pas révélé cela » ?

Il est évident que la tradition selon laquelle la basilique Saint-Pierre de Rome a été construite sur le tombeau de saint Pierre s'est perpétuée jusqu'à nos jours. Cette tradition se fonde sur la reconnaissance d'un lieu de sépulture des Ier et IIe siècles, découvert près du cirque de Néron où les chrétiens furent martyrisés pendant son règne (54-68 apr. J.-C.). Il n'existe pas de récit particulier sur Pierre ou sur son enterrement à Rome, mais la tradition situe son martyre et sa crucifixion sur la colline du Vatican. Au milieu du IIe siècle, un lieu de pèlerinage fut érigé sur la tombe de Pierre et on cessa d'utiliser le cirque de Néron. Constantin le Grand (306-337) fit construire une basilique au-dessus de la nécropole dans laquelle on croyait que Pierre avait été enterré. Le lieu de pèlerinage dans la zone du jubé (espace qui entoure l'autel de l'église) s'appuyait sur une plate-forme de marbre surélevée, au-dessus du plancher du transept, et un baldaquin ou *baldacchino*, soutenu par quatre colonnes en spirales, s'élevait au-dessus de celui-ci. Au IVe siècle, Grégoire le Grand (590-604) fit rehausser le plancher et ajouter une crypte. Avant que le pape Paul III (1534-1549) ne demande à Michel-Ange de dessiner une nouvelle basilique, les troupes de Charles V se servirent de l'ancienne comme écurie pour leurs chevaux. Finalement, au XVIIe siècle, le *Baldacchino* du Bernin serait érigé au-dessus de cet emplacement vide.

Le 23 décembre 1950, le pape Pie XII fit une annonce étonnante. Le tombeau de saint Pierre venait d'être découvert sous l'autel de la basilique Saint-Pierre! Cette déclaration était basée sur des recherches archéologiques menées de 1939 à 1949 sous la basilique. On affirmait avoir trouvé un petit monument indiquant le tombeau de Pierre et on croyait qu'il remontait à 160 apr. J.-C. Les recherches avaient été réalisées sous la supervision de monseigneur Ludwig Kaas.

Mais s'agissait-il vraiment du tombeau de Pierre? Et pouvait-on identifier les ossements de manière définitive? En fait, il y avait une seconde sépulture dont les fouilleurs ignoraient l'existence. Monseigneur Kaas, contrarié par le travail des archéologues sous sa supervision, s'était mis à visiter le site seul et en secret. À un moment donné, il avait remarqué un deuxième tombeau encore fermé dans le monument et demandé à l'ouvrier qui l'accompagnait de l'ouvrir. Le tombeau n'était pas vide, et Kaas avait donné l'ordre d'en retirer les restes et de les entreposer pour les mettre à l'abri. Margherita Guarducci, une épigraphiste qui étudiait les graffitis sur le tombeau, avait découvert ces événements par hasard après la mort de Kaas. Lorsque Paul VI, un ami de la famille des Guarducci, avait été élu pape, elle lui avait fait part de sa croyance selon laquelle ces restes étaient en fait la véritable dépouille de Pierre. On avait trouvé les ossements à l'endroit où Kaas les avait entreposés. Les analyses montrèrent qu'ils appartenaient bien à un homme dans la soixantaine, ce qui permit à Paul VI, d'annoncer, le 26 juin 1968, que la dépouille de saint Pierre avait été découverte.

Même si on identifia au départ les quelques restes d'ossements trouvés dans le tombeau comme étant ceux d'un homme à la fin de la soixantaine, une étude plus approfondie réalisée plus tard révéla qu'ils appartenaient en fait à un homme plus âgé, à un homme plus jeune, à une femme plus âgée, à un porc, à un poulet et à un cheval.

Les arguments de Guarducci selon lesquels ces ossements seraient réellement ceux de saint Pierre n'ont pas réussi à convaincre les nombreux chercheurs, notamment John Curran de l'Université Queen's de Belfast. Ainsi demeure le fait qu'il n'existe aucune preuve indéniable que Pierre ait été enterré à cet endroit précis.

Revenons au texte de Matthieu. Les interprètes du Ier siècle et des siècles suivants l'ont lu différemment. Certains, par exemple, qui se concentrent sur l'interprétation littéraire de Matthieu, croient que les paroles de Jésus à Pierre représentent une métaphore et qu'elles font référence à l'importance du fait que Pierre reconnaisse Jésus comme le « Fils du Dieu vivant » (Matthieu 16, 13-18) plutôt qu'à un véritable édifice. *Cela* est un pronom féminin qui renvoie à *pierre*, un nom féminin dans la phrase « sur cette pierre ».

Malgré la façon dont Dan Brown interprète les paroles de Jésus dans Matthieu ainsi que, le font, pour être exactes, la plupart des traductions modernes, Pierre (du grec « *petros* ») n'existait pas en tant que nom grec préchrétien. Ce mot traduit le mot araméen « *kepha* » signifiant « roche » et pourrait également avoir désigné un nom de famille dans Matthieu 16. Simon, fils de Jonas, sera connu comme Simon Pierre, qui n'est plus le fils d'un père terrestre, mais la « pierre » à la base de la communauté. Le mot est également relié à « gemme », ou encore pourrait constituer une allusion au caractère dur de Pierre.

Le mot grec « *ekklesia* », traduit par « église », est relié à « assemblée » ou « rassemblement » plutôt qu'à « édifice ». Tyndale, un des premiers réformateurs, le traduisit par « congrégation » en 1524. En utilisant le terme « assemblée », le Jésus de Matthieu souligne l'existence de la communauté de Matthieu en faisant une distinction entre celle-ci et les autres assemblées ou synagogues. À ce point de l'Évangile, après avoir prêché à différents groupes qui acceptent et ensuite rejettent son message, Jésus définit ses disciples et partisans comme un groupe érigé sur la fondation de Pierre. Une maison construite sur le roc demeure solide (7, 24-25).

Le pouvoir que possède Pierre de « lier et délier », cité dans Matthieu ci-dessus, signifie probablement « interdire et permettre » dans un contexte d'*halakic* rabbinique ou de décision juridique. Dans 18, 18, la même phrase décrit un jugement communautaire et, ainsi, le pouvoir de Pierre trouve son équilibre dans celui de la communauté de Matthieu. La tâche de Pierre en tant que détenteur des clés est d'ouvrir le Royaume des cieux aux croyants grâce à son interprétation contraignante de la loi. Pierre illustre la dépendance d'un disciple non seulement envers la compréhension des paroles de Jésus par le biais d'un enseignement interprétatif au sein et en dehors de la communauté matthéenne (en particulier après la Résurrection), mais également, et peut-être de manière plus importante, grâce à la Révélation. Parallèlement, il y a quelque chose de particulier dans le fait qu'une fondation se distingue de ce sur quoi elle est construite. Un édifice grandit, mais une fondation demeure la même. Ainsi, la notion de service existe d'abord dans le contexte d'une communauté locale. Comme nous l'avons vu, le ministère de Pierre se prolonge dans celui de la communauté.

Au IIe siècle, Origène relie pour la première fois Pierre, en tant que disciple par excellence, à « l'édification de l'Église en lui par le Verbe ». Au IIIe siècle, Cyprien voit en Pierre le prototype de tous les évêques. L'évêque Stéphane (254-257) semble avoir été le premier à relier la « pierre » à l'évêque de Rome. À partir du IIIe siècle, Rome s'est servie des paroles de Jésus dans Matthieu pour légitimer des affirmations faites sans aucun doute plus tôt. Dans la nouvelle interprétation des Écritures à partir du IIIe siècle, on attribue au mot « pierre » un lien avec un pouvoir situé à un endroit particulier (Rome). Cette tendance se poursuit jusqu'au Ve siècle dans les sermons du pape Léon le Grand pour qui l'autorité du pape repose sur Pierre. Par ailleurs, Augustin voyait dans le Christ l'assise fondamentale de l'Église. Le caractère faillible de Pierre permettait aux chrétiens du Moyen Âge de s'identifier à lui. Par contre, en Orient, la foi religieuse de Pierre représente en elle-même le roc sur lequel l'Église se fonde.

Toutes ces interprétations des paroles de Jésus dans Matthieu constituent des lectures du texte biblique qui s'opposent les unes aux autres et qui ont des implications divergentes. Comment rassembler toutes ces interprétations ? En reconnaissant qu'aucune interprétation ne représente à elle seule la vérité. Ainsi, on ne peut mettre l'accent sur une interprétation en excluant toutes les autres. Le personnage du camerlingue de Brown propose une lecture qui exclut toutes les autres, dans le but de servir l'intrigue de *Anges et démons*, ainsi que les implications que suscite l'idée de placer l'antimatière sur l'assise littérale et figurée de l'Église. Toutefois, compte tenu de la quantité d'interprétations de cet important passage de Matthieu, les lecteurs de *Anges et démons* ne devraient pas croire que les paroles de Jésus adressées à Pierre puissent être réduites dans le seul but de correspondre à la signification qu'en donne le camerlingue. Il est possible que Robert Langdon ait raison ! Et il en est de même d'une foule d'autres interprétations.

Le Vatican et l'époque de Galilée et du Bernin

UNE ENTREVUE AVEC JOHN W. O'MALLEY, JÉSUITE [*]

L'époque à laquelle se passe Anges et démons — *celle du Bernin, de Galilée et des complots antipapistes — était une période de l'histoire durant laquelle Rome avait de nouveaux défis à relever, une période qui changea à tout jamais Rome et ses relations avec la société. Comme nous l'avons appris dans l'article de Greg Tobin précédemment dans ce chapitre, pendant le XVIᵉ siècle, le Vatican s'était engagé dans une lutte pour obtenir la primauté politique aussi bien qu'ecclésiastique ; à la fin du XVIIᵉ siècle, les papes, bien que profondément engagés dans la politique européenne, s'efforcèrent davantage de dispenser un leadership spirituel.*

Ce n'est pas seulement l'émergence du débat sur la science contre la religion qui imposa cette transition. En 1510, le prêtre Martin Luther vint à Rome et y découvrit une profonde corruption au sein de l'institution. Sept ans plus tard, sa proclamation (qui allait donner naissance au protestantisme) était affichée sur les portes de la cathédrale de Wittenberg. La bataille historique du Vatican contre le protestantisme venait de commencer. Affirmant que l'Église était en faillite morale et spirituelle, les réformateurs comme Martin Luther et Jean Calvin lui demandaient de se réexaminer. Le protestantisme s'étendit non seulement en Allemagne et dans une grande partie de l'Europe septentrionale, mais même dans les bastions italiens et sud-européens du catholicisme. Pour y réagir, les catholiques lancèrent

---

[*] John W. O'Malley, prêtre jésuite, enseigne l'histoire de l'Église à la Weston Jesuit School of Theology à Cambridge, au Massachusetts. Ses livres *The First Jesuits* et *Trent and All That* ont remporté des prix.

ce que l'histoire en vint à appeler la Contre-Réforme — dont Galilée fut à la fois bénéficiaire (l'Église voulait paraître intéressée par l'émergence de la nouvelle science des cieux) et victime (l'Église ne pouvait aucunement accepter que son point de vue sur la création soit remis en question).

L'une des plus remarquables institutions de la Contre-Réforme fut le concile de Trente. Réuni pour la première fois en décembre 1545 par le pape Paul III, il poursuivit ses rencontres, par intermittence, pendant les cinq pontificats suivants. Le concile de Trente eut une grande influence au cours des deux siècles suivants de l'histoire de l'Église bien que, à titre d'exercice de démocratie interne, il ait été relativement peu représentatif. Seulement 31 évêques assistèrent à son ouverture et, même pendant sa plus importante séance, il n'y eut jamais plus de 200 évêques présents. Les évêques d'Allemagne, où la Réforme avait débuté et avait fait le plus de progrès, étaient particulièrement rares. Jamais plus de 13 Allemands ne participèrent aux délibérations du concile.

Le concile de Trente avait deux mandats principaux : mettre un terme à la corruption, comme la vente d'indulgences, et réinterpréter la doctrine théologique de l'Église. Dans son livre Trent and All That : Renaming Catholicism in the Early Modern Era, le père John O'Malley, professeur d'histoire de l'Église à la Weston Jesuit School of Theology, en vient à la conclusion que les résultats furent importants — et quelque peu mitigés. Les abus les plus flagrants furent éliminés avec succès, mais le message religieux refaçonné — selon lequel seule la grâce de Dieu sauve l'humanité, même si les individus participent au processus — fut délibérément caché à tous, sauf aux partisans de l'Église les plus raffinés sur le plan théologique. Malgré tout, affirme O'Malley, la Contre-Réforme atteignit son but et jeta les bases d'une Église catholique plus puissante, bien que plus répressive. L'Église qui découla de la Contre-Réforme se sentait victorieuse. Les papes célébrèrent cette victoire en faisant l'apologie de la foi : ils firent construire de nouvelles églises et commandèrent des centaines d'œuvres d'art pour le Vatican. Le Bernin allait travailler à plusieurs de ces nouvelles églises et monuments — et plusieurs d'entre eux serviraient de décor à des meurtres brutaux dans le monde romancé de Anges et démons.

C'est dans ce Vatican — celui des XVIᵉ et XVIIᵉ siècles — que se déroule la majeure partie du roman de Dan Brown. Dans cette entrevue, O'Malley, l'un des principaux spécialistes de cette période de l'histoire de l'Église, aborde les questions auxquelles l'Église se trouvait confrontée en mettant l'accent sur ses positions envers la science et les arts. Il soutient également qu'après tout, les archives secrètes du Vatican, dont Dan Brown fait si grand cas, ne contiennent aucun véritable secret.

***

Pouvez-vous décrire l'atmosphère politique générale dans laquelle se trouvait l'Église catholique au cours des XVIᵉ et XVIIᵉ siècles ? Qu'est-ce qui a mené à la Contre-Réforme ?

Avec la Réforme protestante, lancée par Martin Luther, qui s'étendit bientôt à certaines régions de l'Allemagne, à toute la Scandinavie, à l'Angleterre et à l'Écosse — et, pendant un moment, à la Pologne —, l'Église du XVI⁽e⁾ siècle se trouvait devant l'un des plus grands défis de son histoire. Le protestantisme est né parce que Martin Luther et Jean Calvin estimaient que le message chrétien fondamental avait été déformé par l'Église, que la «vieille Église» avait supprimé le véritable message des Écritures et que les principaux coupables en étaient les papes. Les groupes protestants ne s'entendaient pas sur plusieurs points, mais ils étaient tous d'accord sur le fait que la papauté devait disparaître et qu'elle était même une création du diable. La Réforme n'aurait peut-être pas connu un tel succès si certains dirigeants politiques n'avaient pas décidé de s'en servir à leur propre avantage. Par exemple, le roi François I⁽er⁾ réprima durement les mouvements protestants en France, mais il appuya les protestants allemands afin de nuire à son rival politique, l'empereur Charles V.

La Contre-Réforme représente les mesures déployées par les dirigeants catholiques comme les papes, les princes, les ducs, les évêques, etc., afin de contrer la Réforme protestante sous une forme ou une autre. Ils le firent non seulement en donnant l'exemple de la façon dont un chrétien devait vivre (un exemple souvent prêché, rarement mis en pratique), mais également en mettant sur pied des armées et des flottes de guerre, comme l'Armada espagnole, pour tenter de vaincre l'ennemi. Dans la même veine, les monarques catholiques (y compris le pape) favorisaient les inquisitions visant à trouver les dissidents. On doit cependant se souvenir que les dirigeants protestants avaient recours à de semblables tactiques. À Genève, par exemple, Jean Calvin créa une institution connue sous le nom de «consistoire», qui avait pour but de trouver et, le cas échéant, de punir les mécréants. Dans l'Angleterre d'Élisabeth I⁽re⁾, la Chambre étoilée (*Court of Star Chamber*) faisait de même, bien qu'elle préférât les qualifier de traîtres plutôt que d'hérétiques. Au XVI⁽e⁾ siècle, les protestants aussi bien que les catholiques se préoccupaient de la croyance religieuse correcte, et les gouvernements croyaient qu'il était de leur responsabilité de la protéger et de protéger leurs sujets de l'erreur.

Pourquoi le concile de Trente a-t-il représenté un tournant si important dans l'histoire religieuse?

Le concile de Trente constituait en partie une tentative des catholiques de répondre aux questions et débats théologiques qu'avaient soulevés Luther et Calvin. L'expression qui, à mon avis, illustre le mieux cette période, et que j'utilise dans mes livres, est *catholicisme du début des temps modernes*.

Dès le début de la Réforme, en 1517, on a considéré le concile comme le moyen traditionnel le plus équitable pour réagir à la nouvelle crise religieuse. Si le concile avait pu se réunir, disons, au début des années 1520, il aurait pu écraser la Réforme avant qu'elle ne prenne un tel essor. Mais des forces politiques (notamment la papauté qui craignait qu'un concile ne restreigne ses pouvoirs) se sont coalisées pour empêcher une rencontre hâtive. Ce n'est qu'en 1545, une génération plus tard, qu'eut lieu la première séance du concile de Trente!

Quoi qu'il en soit, le concile, malgré de nombreuses embûches pendant une période de 17 ans, répondit aux questions de doctrine qu'avaient soulevées les protestants. Les évêques rédigèrent un document justificatif qui concluait que c'était la grâce de Dieu qui nous sauvait, que nous ne nous sauvions pas nous-mêmes, mais que nous participions au processus et que nous n'étions pas que des marionnettes prédestinées au ciel ou à l'enfer, comme semblaient le dire Luther et Calvin. Mais ce document comportait un problème : il était si compliqué que les gens ne le comprirent pas. Il eut un effet sur les théologiens, mais ne changea rien de ce qui se passait sur les bancs d'église ou de ce qui se disait dans les sermons. Finalement, l'interprétation que le concile en fit se résuma à : Soyez bon et Dieu prendra soin de vous. Ce n'était pas ce qui avait été décrété.

Plus important que les questions de doctrine, le concile de Trente adopta des mesures concrètes pour réformer les fonctions des évêques, principalement en les forçant à demeurer dans leur diocèse et à accomplir leurs tâches traditionnelles. Il insista aussi sur le fait qu'un évêque ne pouvait représenter plus d'un diocèse à la fois, usage qui faisait en sorte que les évêques étaient souvent absents. Ces évêques «pluralistes» collectaient de l'argent pour leur travail, embauchaient un vicaire et menaient une vie agréable à l'endroit de leur choix. Bien sûr, de nombreux évêques étaient consciencieux et sincères, mais un nombre inquiétant d'entre eux étaient des carriéristes.

Invoquant entre autres le fait que le concile de Trente était si éloigné de Rome, au pied des Alpes, aucun pape n'y mit jamais les pieds. Il y avait une autre raison : l'empereur germanique, Charles V, ne voulait pas que le pape y assiste parce que les décisions devaient être prises par les évêques. À la fin, toutefois, ces derniers apportaient au pape des documents qu'il devait signer. Des ambassadeurs pontificaux participaient au concile et la papauté exerçait ainsi un certain contrôle sur les délibérations. Un évêque français cynique déclara : « Dans les conciles précédents, les évêques étaient inspirés par le Saint-Esprit. À ce concile, l'inspiration arrive de Rome sous forme de lettres. »

Au XVIIe siècle, la qualité des évêques et des prêches s'était améliorée. On avait, dans une large mesure, réglé les problèmes. Cependant, un des aspects ironiques du concile de Trente est qu'il souhaitait réellement accroître le pouvoir des évêques et contrôler, dans une certaine mesure, la manière de fonctionner de la papauté. Mais en fin de compte, le concile appuya le pouvoir pontifical, puisque les membres se rencontraient sous l'égide du pape, qu'ils en firent une réussite sous son autorité et que le pape revendiqua le droit d'interpréter et de mettre en œuvre ses conclusions. À long terme, le concile contribua à augmenter les pouvoirs pontificaux.

Quelle était la situation de la recherche scientifique à cette époque ?

Au milieu du XVIIe siècle, la foi dans les textes d'Aristote était progressivement remplacée par la foi dans les expériences contrôlées. La révolution scientifique était en marche ! Pourtant, il n'y avait pas de véritable conflit entre la science et la religion. Jusqu'à Galilée, la plupart des érudits s'entendaient sur l'idée que, puisque Dieu avait créé le monde et puisque nous pouvions le comprendre, il ne pouvait pas y avoir de conflit entre ce que Dieu disait dans la Bible et ce qu'il disait dans la Création. Mais, comme nous le percevons mieux rétrospectivement, le conflit s'est amorcé avec la crise entourant Galilée.

Galilée symbolise le conflit. Mais il faut bien comprendre que ce conflit a commencé avec des différends entre universitaires. L'Église n'intervenait qu'en périphérie du conflit. Il y avait les scientifiques qui étaient convaincus qu'Aristote et Ptolémée avaient raison et que nous vivions dans un système dont la Terre était le centre. Et il y avait ces excentriques, en commençant par Copernic, qui entreprirent de remettre ce système en question. C'est une série de hasards qui fit que Galilée fut en fin de compte condamné à cause de son point de vue. Certains affirment encore aujourd'hui qu'il est responsable de sa condamnation parce que ses comportements irritaient énormément les gens. C'était un bon ami du pape Urbain VIII avec qui il avait de nombreuses conversations. Urbain était ouvert à ses idées d'une manière officieuse et amicale. Galilée avait cependant été prévenu qu'il devait les proposer non pas comme si elles étaient vraies, mais en tant que théories. Il ignora ce conseil et publia son livre. Même si son entourage lui dit qu'il avait été ridiculisé, le pape s'abstint de participer à la controverse. Toutefois, les bureaucrates de Rome étaient plus agressifs. Le problème que soulevait la théorie de Galilée était qu'elle semblait contredire les Écritures. Dans ce cas, comment pouvait-elle être fondée ? Le pape n'intervint toujours pas, mais cela eut des effets pernicieux pour l'Église sur le plan pratique parce que petit à petit les gens découvraient que Galilée avait raison.

Comment se fait-il que les papes se soient tant intéressés aux arts ?

Le « Vatican » — quartier qui représentait à une époque l'ensemble de Rome — n'est devenu la résidence habituelle des papes qu'au XVe siècle (et leur unique résidence depuis 1870). Le Vatican que nous connaissons aujourd'hui est fondamentalement un produit de la Renaissance — la chapelle Sixtine, la « nouvelle » basilique Saint-Pierre, etc. Son importance se fonde sur la certitude qu'à partir du IIe siècle, on vénérait cet emplacement comme étant le tombeau de saint Pierre (et il existe de solides preuves archéologiques indiquant qu'il avait été, en fait, enterré à cet endroit après son exécution au Ier siècle).

À l'époque baroque, les papes avaient acquis une position solide et il existait un certain sentiment de sérénité ainsi qu'un désir de glorifier Rome. Les papes voulaient faire de Rome la ville la plus belle et la plus raffinée d'Europe. C'était le centre artistique du monde ; c'est là, que, aux XVIe et XVIIe siècles, tout se passait. L'achèvement de la « nouvelle » basilique Saint-Pierre, dont la construction avait débuté un siècle plus tôt et à laquelle Raphaël et Michel-Ange avaient travaillé, constituait un des grands projets à Rome à cette époque. Puis, au XVIIe siècle, Le Bernin et plusieurs autres artistes et architectes d'importance y travaillèrent aussi.

Les papes sont devenus les plus importants mécènes pour de multiples raisons. La plus importante étant sans doute la tradition de longue date selon laquelle les évêques avaient la responsabilité de fournir de beaux lieux de culte. Il leur incombait aussi, à titre de principaux citoyens de leurs villes, d'améliorer, sur le plan artistique, même les aspects les plus profanes de la vie urbaine, par exemple en aménageant les rues, en construisant des fontaines pour l'approvisionnement en eau, et ainsi de suite. Plus particulièrement à partir du début du XVe siècle, les papes se firent aussi les protecteurs des artistes afin de faire valoir leur propre prestige et celui de Rome.

Quelle est la plus grande réalisation artistique du Bernin?

Le Bernin a conçu la place Saint-Pierre. C'est un exploit d'ingénierie incroyable, qui fut achevé au XVIIe siècle. Lorsqu'il pleut aujourd'hui, il n'y a toujours aucune flaque. Elle constitue une entrée spectaculaire pour l'église et plusieurs papes ordonnèrent sa construction. À l'intérieur même de l'église, Le Bernin exécuta plusieurs travaux, mais les deux plus spectaculaires sont le *Baldacchino*, le baldaquin de bronze au-dessus de l'autel pontifical dans la nef de l'église, et le siège de saint Pierre, dans l'abside. Le *Baldacchino* se trouve au-dessus de l'autel, lui-même situé au-dessus de l'endroit où on croit traditionnellement que saint Pierre a été enterré. Il fut construit pour le pape Urbain VIII, qui avait pour symbole familial le *Barberini* (l'abeille). Si vous regardez de près, vous verrez des abeilles partout sur le *Baldacchino*. Le siège de saint Pierre était une chaise en bois qui, selon la tradition, avait servi à saint Pierre lorsqu'il enseignait à Rome, ce qui est faux, mais il s'agit là d'une très ancienne relique. Le Bernin l'enchâssa dans du bronze avec des feuilles d'or et l'entoura de quatre saints, puis installa au-dessus une fenêtre d'albâtre avec une colombe représentant le Saint-Esprit.

Dans Anges et démons, *Dan Brown aborde le sujet des Archives Secrètes du Vatican. Existe-t-il réellement des Archives Secrètes et que contiennent-elles?*

Le Vatican possède de nombreuses archives dont les mieux connues et les plus garnies sont les prétendues Archives Secrètes du Vatican. En l'occurrence, l'emploi du mot « secret » est extrêmement trompeur. Il signifie simplement « privé », c'est-à-dire qu'il s'agit de la correspondance officielle et diplomatique du pape (par l'entremise, habituellement, de quelque bureau de la curie). Autrement dit, ces archives ne sont ni plus ni moins secrètes que celles du département d'État américain. Ces archives « secrètes » furent officiellement ouvertes au public à la fin du XIX⁰ siècle et les chercheurs qualifiés de toute religion peuvent les consulter. Cette bibliothèque, sans doute la plus vaste du monde, remonte à l'Antiquité. Elle renferme les archives de l'Inquisition qui contiennent les dossiers sur les procès pour hérésie, les dénonciations et ainsi de suite. Mais, bien sûr, la majorité des documents datent de l'ère moderne. Comme c'est le cas de toutes les archives, les documents « récents » (dossiers qui pourraient concerner des personnes vivantes) demeurent fermés et on les ouvre au fil du temps.

Comment évalueriez-vous dans l'ensemble la période qui s'est écoulée depuis le concile de Trente dans l'histoire de la papauté? Le pape a-t-il acquis davantage de pouvoir au fil des siècles?

Depuis les tout premiers siècles, le pape a toujours revendiqué des prérogatives particulières à titre d'évêque de Rome. Ces revendications se sont accrues avec le temps. Contrairement à ce qui se faisait auparavant, le pape dirige maintenant l'Église comme s'il s'agissait d'un ensemble plutôt que d'unités indépendantes vaguement reliées entre elles. Le pape affirme être infaillible et il prend des décisions sans chercher à obtenir l'assentiment de l'Église. À mesure qu'augmentait le pouvoir du pape, le pouvoir de la curie, nom collectif désignant la bureaucratie du Vatican, en faisait autant. Depuis que les communications sont devenues plus faciles grâce à l'invention du télégraphe, puis du téléphone et, maintenant, du courrier électronique, le Vatican a dû prendre des décisions sur un plus grand nombre de sujets. Maintenant, ces décisions sont traitées par différents bureaux, ce qui signifie que le pouvoir de prendre des décisions s'est — surtout durant les 100 dernières années — déplacé de plus en plus vers le centre et s'est éloigné des pouvoirs locaux et en particulier des évêques. L'Église catholique est devenue une institution fortement centralisée. Les avantages sont évidents, mais l'inconvénient est que les initiatives se trouvent étouffées au niveau local.

L'Église depuis Galilée : les problèmes toujours présents

une entrevue avec John Dominic Crossan [*]

Ayant débuté à l'époque des premières « hérésies » et étant redevenu un centre d'intérêt important durant le procès de Galilée, l'interaction entre la science, la religion et la recherche de la vérité a toujours suscité la controverse. John Dominic Crossan, auteur de plus de 20 livres sur le christianisme et commentateur assidu des affaires de l'Église, croit que le procès intenté à Galilée par l'Inquisition concernait davantage l'Église qui tentait de maintenir son autorité que les théories scientifiques ou théologiques. Il croit également que les deux principaux problèmes auxquels l'Église se trouve confrontée aujourd'hui, le fondamentalisme et l'abus de pouvoir, sont les mêmes que ceux qui existaient déjà à l'époque de Galilée. D'après Crossan, les fondamentalistes d'alors comme d'aujourd'hui interprètent la Bible de façon trop littérale et passent souvent à côté de ses significations profondes. Sa critique la plus cinglante concerne l'absence de reddition de comptes au sein de l'Église. N'ayant de comptes à rendre à personne, affirme Crossan, le pape s'éloigne de plus en plus de l'Église et de ses fidèles. Cette situation s'apparente à l'atmosphère suscitée par les croyances au temps de Galilée, alors que les hérétiques étaient punis autant parce qu'ils remettaient en question l'autorité du pape qu'à cause de leurs croyances particulières. Les problèmes actuels sont différents, qu'il s'agisse du contrôle des naissances, des prêtres pédophiles et ainsi de suite, mais l'argument qui sous-tend l'autorité pontificale trouve encore écho. Crossan ne croit pas que les choses puissent changer davantage maintenant que ce ne fut le cas au XVIe siècle. Le prochain pape, souligne-t-il, sera élu par des cardinaux extrêmement loyaux envers le dernier pape et fidèles au statu quo.

Comme Robert Langdon, le héros érudit de Anges et démons *qui tente de résoudre ses énigmes importantes à partir tant de documents historiques que de monuments baroques, Crossan tente de trouver des vérités religieuses dans « les textes et les pierres », en combinant souvent les interprétations sophistiquées de la Bible et l'information historique émanant des recherches archéologiques. Crossan, éminent spécialiste de l'histoire véritable de Jésus et coauteur du livre à paraître* In Search of Paul: How Jesus's Aspotle Opposed Rome's Empire with God's Kingdom, *est également un ancien moine — membre d'un ordre du VIIIe siècle appelé Servites — et ancien prêtre. Ici, il aborde de façon générale le rôle de l'Église depuis l'époque de Galilée et en particulier sa position à l'égard de la science.*

---

[*] John Dominic Crossan, ancien moine et prêtre, a écrit plus de 20 livres et est fréquemment commentateur et conférencier sur des questions liées à l'Église.

Comment, au fil de l'histoire, l'Église a-t-elle traité la science, les découvertes scientifiques et les scientifiques ? Galilée en a-t-il souffert ?

Il n'existe pas de véritable conflit entre l'Église et la science, mais il en existe un d'importance entre l'autorité de l'Église et quiconque est en désaccord avec cette autorité, que cette personne appartienne à n'importe quel domaine ou discipline. Dans les faits, Galilée affirmait que le livre de Josué avait tort d'imaginer que le Soleil tournait autour de la Terre. La réponse appropriée aurait dû être soit que la Bible avait tort, soit que la description constituait une métaphore. Il s'agissait d'un différend non pas sur la recherche scientifique, mais sur l'autorité biblique et pontificale. J'étais prêtre en 1968. J'ai déclaré que le pape avait tort de s'opposer au contrôle des naissances, mais il était toujours mon pape, même quand il avait tort. De même, je pensais que mon pays avait tort de combattre au Vietnam, mais il demeurait quand même mon pays. J'ai été forcé de quitter la prêtrise pour avoir dit cela. Avec la théologie, c'est le même genre de situation, mais en pire. Vous ne pouvez pas remettre en question l'autorité du pape.

D'une part, certains croient que l'Église a définitivement mis fin à la controverse sur Galilée lorsqu'elle est revenue sur cette question en 1990, alors que d'autres qualifient les « excuses » de peu sincères.

Je me suis dit que c'est une énorme blague que d'admettre que vous avez tort 300 ans plus tard. Trois cents ans, c'est un petit peu long. Ce n'est pas comme si la chose avait été cachée et ignorée de tous. Il est faux de dire que l'opposition entre Galilée et l'Église concerne la science ! J'aimerais beaucoup mieux voir une déclaration pontificale admettant qu'il y avait et qu'il y a toujours un abus de pouvoir général de la part de l'autorité au sein de l'Église.

Abordons maintenant quelques autres questions historiques. Le concile de Trente a-t-il réussi à régler les problèmes auxquels l'Église se trouvait confrontée il y a quatre siècles ?

Le concile de Trente avait été déclenché par la Contre-Réforme contre Luther. Il avait éliminé le symptôme — la corruption —, mais pas le problème — l'abus de pouvoir. C'est sur la question de la corruption et non sur celle de l'abus de pouvoir que l'Église s'est finalement divisée entre catholiques et protestants. La Réforme et la Contre-Réforme ont toutes deux été un désastre. Non pas parce que l'Église n'avait pas besoin d'une réforme — c'était le cas alors, comme ça l'est encore aujourd'hui —, mais parce que, après cette période, l'Église catholique romaine n'avait plus en son sein d'opposition loyale digne de ce nom; et le protestantisme, n'ayant pas de catholicisme romain auquel s'opposer, s'est divisé en une multitude de sectes. Le concile de Trente a éliminé les symptômes, mais il a laissé le cancer poursuivre son œuvre.

Comment l'Église a-t-elle traité les questions scientifiques d'importance telles que l'évolution et la cosmologie?

Si une personne lit la Genèse et qu'elle l'interprète au pied de la lettre, elle ne peut accepter l'évolution. Je ne la lirais jamais de manière littérale, non pas à cause de l'évolution, mais parce qu'elle avait clairement pour but de représenter un hymne magnifique au sabbat. Le sabbat est encore plus grand que Dieu — Dieu lui-même ne peut créer le monde sans avoir terminé avant le vendredi soir. Ce n'est pas que le monde ait réellement été créé en six jours. Il a été créé en six jours pour que Dieu se repose le jour du sabbat. La Genèse I est un message divin sur le caractère sacré du sabbat. C'est ce que son auteur voulait dire. L'évolution vous aide à comprendre qu'il s'agissait d'une métaphore dès le départ. Si vous acceptez l'évolution, toute la cosmologie de l'univers cesse de représenter une menace. L'ancienne cosmologie était fondée sur le bon sens — comme nous disons encore que le soleil « se lève » ou « se couche ». Depuis au moins le début du siècle dernier, l'Église interprète la Genèse I de façon plus métaphorique et plus appropriée. Pourquoi? Les arguments en faveur de l'évolution sont trop bien fondés, alors l'Église doit trouver une autre façon de voir la Bible. En prenant cette voie, vous ne vous trouvez pas empêtré dans une lutte entre l'interprétation fondamentale et l'interprétation littérale. Les auteurs de la Bible racontaient de magnifiques histoires. Avant les Lumières, les gens connaissaient toujours la différence entre un fait concret et une métaphore, mais ils avaient aussi davantage tendance à prendre une histoire au sérieux et à l'accepter de manière programmée. Après les Lumières, nous avons interprété ces histoires de façon trop littérale et avons ainsi créé nos propres problèmes.

Dans vos écrits, vous vous en êtes pris à ce que vous considérez comme des «duperies» perpétuées par l'Église: le fait que Jésus n'ait jamais été enterré, par exemple, et le fait que le suaire de Turin soit un faux. Est-ce que ce sont là les symptômes d'un problème plus vaste auquel l'Église est confrontée?

Les catholiques romains et la plupart des autres religions éprouvent tous un problème lorsqu'il s'agit de décider de ce qui est métaphorique et de ce qui est littéral dans leurs textes sacrés ou leurs lois constitutionnelles. Il s'agit du principal problème de la religion qui rend le fondamentalisme si dangereux: les fondamentalistes interprètent de façon littérale ce qu'ils auraient dû interpréter de manière métaphorique ou ils interprètent comme encore pertinent ce qui n'était valable qu'à une certaine époque. L'ironie, c'est que Dan Brown écrit un livre qui reflète et amplifie ce problème. La plupart des gens qui le lisent n'ont pas la moindre idée de l'endroit où se terminent les faits et où commence la fiction dans son œuvre.

Au début du XXᵉ siècle, plusieurs théologiens et philosophes ont tenté d'adapter la pensée catholique à une nouvelle époque — le modernisme, comme on l'a appelé. Mais ces efforts ont été anéantis durant le règne de Pie X (1903-1914). Comment et pourquoi cela s'est-il produit?

En un sens, le modernisme représenta la première tentative d'avoir un deuxième concile du Vatican, qui ne fut réuni que 50 ans plus tard. Le modernisme, c'était le fait d'accepter l'esprit de l'époque. À chaque époque, les gens qui ont la foi doivent décider de ce qui change et de ce qui ne change pas. Mais Pie X s'entêta à refuser le changement. Peut-être tout changement. Il condamna tout ce qui, à son avis, menaçait les habitudes de l'Église. Il s'est ainsi privé des meilleurs esprits au sein de l'Église et celle-ci a sacrifié son influence sur ce qui se produisait de nouveau. Elle a perdu son aptitude à critiquer en affirmant que tout était mauvais.

Quelles étaient les relations entre le Vatican et les grands dictateurs du XXᵉ siècle, Hitler et Staline?

L'Église était particulièrement mal préparée à traiter avec les dictateurs. Si, comme l'Église, vous n'avez pas de comptes à rendre, vous êtes en position de faiblesse lorsque vous traitez avec un dictateur. Le pape n'a pas su reconnaître l'escalade soudaine de la méchanceté humaine. Hitler et Staline essayaient de contrôler l'esprit et le cœur des gens. Pour ce qui est d'Hitler, l'Église s'est complètement trompée. Pie XII n'avait aucune idée du danger que représentait Hitler. Il signa un pacte avec Hitler et, ce faisant, il émascula l'Église catholique d'Allemagne, qui représentait la seule opposition solide à Hitler. L'Église se doit d'affirmer que ce geste était idiot et désastreux.

Dans quelle mesure le pape Jean-Paul II a-t-il modifié l'orientation de l'Église?

Il n'a modifié l'orientation de l'Église d'aucune façon importante. Le pape Jean XXIII avait convoqué le concile de Vatican II (1962-1965), qui avait entrepris de mettre l'Église à jour. C'était l'équivalent moderne du concile de Trente, mais il ne luttait pas contre la menace que constituait la Réforme. La situation était idéale pour recréer l'Église, pour la moderniser. Aucun changement structurel n'a cependant été réalisé; seulement un changement superficiel. Vatican II a réuni tous les évêques du monde. Mais ce ne sont pas eux qui dirigent l'Église, c'est le pape. Malheureusement, Jean-Paul II a éliminé les progrès qu'avait réalisés Vatican II en renversant la vapeur. Il a augmenté de beaucoup le nombre de cardinaux. Par contre, le Sacré Collège est une institution qui n'a aucun fondement dans les Écritures et, en tant qu'institution, je le situerais au même niveau que Disney World et la monarchie britannique, c'est-à-dire un superbe spectacle.

À propos de l'attitude de Jean-Paul II envers la science, il n'a aucune difficulté à comprendre le chapitre un de la Genèse, mais il ne franchit pas l'étape suivante. Si la Bible, qui représente la parole inspirée de Dieu, peut être dépassée (sans toutefois se tromper), la position du pape sur certaines questions peut-elle être dépassée, elle aussi? Il n'est pas ouvert au message que certaines choses doivent changer. Combien de prêtres pédophiles doivent partir et combien doivent rester avant que le pape admette qu'il existe un grave problème? Le pape Jean-Paul II a divisé l'Église en deux. Bien sûr, lorsqu'il viendra aux États-Unis, une foule immense ira le voir, mais cette même foule l'ignore lorsqu'il n'est pas là. Ce n'est pas du leadership, c'est du divertissement.

À votre avis, quelles sont les principales questions auxquelles le Vatican se trouve confronté aujourd'hui? Sont-elles différentes de ce qu'elles étaient il y a quelques décennies, au moment où vous étiez prêtre?

Les questions les plus importantes sont celles que le Vatican tente encore d'éviter. Premièrement, le fondamentalisme. Deuxièmement, le type d'autorité que le pape devrait avoir ou, pour situer le tout dans un contexte plus vaste, le style d'autorité qui conviendrait à l'Église en tant que peuple de Dieu. Ce qui manque dans le système actuel, c'est une manière de rendre des comptes. Comment le pape peut-il savoir s'il a tort?

Le pape n'a pas de comptes à rendre. Il peut faire ce qu'il veut et si les gens ne le suivent pas, il peut simplement dire que ce sont de mauvaises personnes. Examinez, par exemple, le fait que tant de catholiques aux États-Unis n'observent pas les règles de l'Église en matière de sexualité. Cela ne signifie pas nécessairement que ces gens soient mauvais. Cela pourrait être un message du Saint-Esprit indiquant que le pape lui-même est coupé de Dieu. Mais comment Dieu communique-t-il avec le pape? Comment le pouvoir devrait-il s'exercer au sein de l'Église catholique moderne? Les dirigeants de l'Église affirment qu'ils n'écoutent que Dieu, que le Saint-Esprit. Ce qu'ils veulent dire au fond, c'est qu'ils n'écoutent qu'eux-mêmes.

Ces problèmes liés au pouvoir des dirigeants ne sont pas nouveaux — ils existent depuis au moins un millier d'années. C'est ce problème qui a séparé l'Église d'Orient et l'Église d'Occident. L'Orient n'éprouvait aucune difficulté avec le pape en tant que premier parmi ses pairs, mais disait qu'il ne devait pas et ne pouvait pas agir seul: il devait agir de concert avec les évêques et l'Église tout entière. Plus tard, l'Occident lui-même se divisa entre le protestantisme et le catholicisme sur la question de l'autorité pontificale. Et il existe aujourd'hui une division secrète au sein de l'Église entre ceux qui tentent de se conformer à Vatican II et de le prolonger, et ceux qui y résistent et tentent de modifier sa trajectoire.

Dans mon mémoire, *A Long Way from Tipperary: What a Former Irish Monk Discovered in His Search for the Truth*, j'écrivais : « Je fais cette suggestion en songeant à l'avenir de l'Église que j'aime. C'est une proposition qui ne résoudra pas tout, mais sans laquelle nous ne pourrons rien régler. J'imagine quelque chose comme un concile de Vatican III. Le pape rassemble les évêques du monde entier. Puis, dans le cadre d'une cérémonie publique solennelle à la basilique Saint-Pierre, tous implorent Dieu de reprendre le don d'infaillibilité et de leur accorder plutôt celui de l'exactitude. »

Dan Brown consacre une grande partie de Anges et démons *à la description du fonctionnement interne d'un processus romancé de sélection du pape. D'après vous, comment fonctionnera le processus entourant la prochaine sélection d'un pape dans la vraie vie ?*

Le pape actuel dirige l'Église depuis 25 ans. Il a donc nommé la plupart des cardinaux. Songez à eux comme à un cabinet. C'est comme si George W. Bush était président à vie et qu'il nommait également un cabinet qui choisirait son successeur. Comment des changements peuvent-ils survenir dans de telles circonstances ? Les cardinaux ne représentent même pas les évêques ; c'est le pape qui les choisit un à un. Quand un quelconque dirigeant nomme ceux qui choisiront son successeur, la reddition de comptes n'existe pas. Dans le cas du Vatican, c'est une bonne façon de contrôler l'avenir et cela reflète un manque désastreux de confiance à l'endroit du Saint-Esprit. Jadis, dans la Bible, les gens faisaient confiance au Saint-Esprit. Judas fut remplacé par tirage au sort parmi les candidats possibles. C'est ainsi que le douzième apôtre fut choisi. Il ne s'agit pas ici de suggérer une nouvelle procédure pour le conclave, mais j'admire cet esprit et j'apprécie le fait qu'il illustre bien la foi envers le Saint-Esprit. Si vous noyautez le conclave avec des gens qui éliront votre successeur, vous prenez les devants sur l'autorité de Dieu. Pourquoi rendre la tâche si difficile à Dieu ?

Quelles sont les autres questions qui représenteront des enjeux importants au conclave qui choisira le prochain pape ?

Il existe un fossé entre la justice sociale et la justice ecclésiastique. Le pape actuel demande justice et dignité pour tous, mais il n'autorise même pas une discussion sur la prêtrise des femmes. Je préfère une justice qui s'applique à la fois socialement hors de l'Église et ecclésiastiquement à l'intérieur.

Le prochain pape sera quelqu'un qui aura sans doute été nommé cardinal par le pape actuel. Je ne serais pas étonné de voir un pape noir d'Afrique. Il s'agirait là d'un extraordinaire message d'ouverture au tiers-monde. Ce pape serait probablement plus radical sur le plan social, mais plus conservateur sur le plan religieux que même le pape actuel. Il parlera de justice sociale, mais les problèmes religieux fondamentaux auxquels l'Église se trouve confrontée — le contrôle des naissances, la régulation démographique, etc., et par-dessus tout, les questions liées à l'autorité du pape — ne seront pas évoqués et demeureront donc sans réponse.

Deuxième chapitre

Galilée : le pieux hérétique

*Combatif et pourtant docile :
la nature contradictoire d'un pionnier de la science
• Copernic, père de la théorie de l'héliocentrisme,
de qui Galilée s'inspira
• Le nouveau conflit entre le Livre de la Nature
et le Livre de Dieu
• La bataille pour le contrôle de la « vérité »
et comment l'homme en vient à la connaître
• Galilée n'était-il pas, dans une certaine mesure,
responsable de son malheur ?
• Comment Dan Brown, et plusieurs autres,
ont mythifié Galilée*

GALILÉE A OUVERT LES CIEUX À L'ESPRIT DE L'HOMME

PAR JOHN CASTRO *

La vie de Galilée fut en soi une étude sur les contradictions. Le futur martyr de la science a été éduqué dans un monastère jusqu'à l'âge de 15 ans et espérait ardemment devenir moine. Cependant, son père, Vincenzo, souhaitait plutôt qu'il devienne médecin, une profession lucrative et mondaine. Il retira son fils de l'Église avant qu'il ne prononce ses vœux. Après deux ans, Galilée abandonna la médecine pour nourrir sa nouvelle passion : les mathématiques. Il intégra la vie, beaucoup moins cloîtrée, de Pise et de son université, tout en acquérant une nature mondaine et grégaire. Stillman Drake, traducteur et célèbre spécialiste de Galilée, décrivait ainsi son caractère mondain :

> Il adorait la compagnie des gens, et sa maîtresse lui donna trois enfants [...] Il adorait le vin [...] Il prenait plaisir à converser avec les artisans et à utiliser sa science pour résoudre leurs problèmes pratiques. [...] Galilée avait des aptitudes en art et du talent pour la musique, et consacrait beaucoup de temps à la littérature.

Son père, qui l'influença plus que quiconque sur le plan intellectuel au début de sa vie, était un musicien de la cour et un théoricien iconoclaste de la musique qui attaquait ceux qui

---

* John Castro, écrivain, rédacteur ainsi que chercheur et directeur de théâtre établi à New York, éprouve un amour particulier pour Shakespeare. Il a également contribué au livre précédent de cette série, *Les Secrets du code Da Vinci*.

respectaient aveuglément la théorie. «Il me semble, disait un jour Vincenzo, que ceux qui ne se fient qu'au poids de l'autorité pour démontrer une affirmation, sans chercher d'arguments à l'appui, agissent de manière absurde.» Galilée avait hérité non seulement de la tendance empirique de son père, mais également de son attitude belliqueuse. Il offensait ses rivaux à grands cris, n'hésitant pas à les pourfendre dans des débats publics. D'après Drake, Galilée était extrêmement batailleur et ce trait de caractère lui attira de nombreux ennemis, mais son côté mondain contribua à faire de lui un habile flatteur et courtisan. Il courtisait sans aucune gêne les grands dirigeants ecclésiastiques et laïques d'Italie pour obtenir leur soutien, allant même jusqu'à leur offrir des inventions scientifiques en échange de faveurs et de nominations.

En s'intégrant à la vie intellectuelle, le jeune Galilée semble avoir transféré une partie de son zèle religieux dans la discipline intellectuelle. Il en vint à croire que les mathématiques révélaient les secrets de l'univers. «Le grand livre de l'univers, disait-il, est écrit dans la langue des mathématiques.» Si les mathématiques étaient «inscrites» dans le monde, Dieu en était l'auteur, se révélant lui-même dans la nature. Cette conviction teintait d'un sentiment religieux les recherches en physique de Galilée: «Les Saintes Écritures et la nature proviennent également du verbe divin...»

La tension entre ces tendances mondaines et intellectuelles se reflète dans les réalisations scientifiques et techniques de Galilée. Il se livrait constamment à des expériences à l'aide de divers instruments et en inventait. Il inventa, entre autres, des pompes hydrauliques, des balances extrêmement précises, des compas militaires, des thermomètres et des aides à la navigation. Il développa une certaine aptitude à mettre au point des instruments dont bénéficieraient ses clients.

Toutefois, c'est dans le domaine des sciences théoriques que Galilée a davantage laissé sa marque. Bien qu'il soit célèbre pour son observation des cieux, sa plus importante contribution à la science fut sa volonté de faire des observations détaillées pour mettre la théorie à l'épreuve. En lisant attentivement et sans préjugés le «grand livre de l'univers» de Dieu, il fit connaître au monde la notion d'expérimentation. C'est pourquoi, d'après Einstein, il fut le fondateur de la science moderne : « Toute connaissance de la réalité commence avec l'expérience et se termine avec elle. Parce que Galilée a su le voir, et particulièrement parce qu'il l'a imposé au monde scientifique, il est le père de la physique moderne et, en fait, de l'ensemble de la science moderne. »

Qu'en était-il des entreprises qui ont mené Galilée devant l'Inquisition ? Quel en était l'enjeu pour l'Église ? Galilée croyait que la Bible ne représentait pas une source de connaissances sur le monde naturel, mais plutôt un guide moral parfois rédigé dans un langage métaphorique. Si la science contredit les Écritures, alors ces Écritures doivent être perçues comme une leçon de morale relevant d'une métaphore et non comme une description du monde naturel.

Comme l'explique Richard J. Blackwell, philosophe et spécialiste de Galilée, dans son essai intitulé *The Scientific Revolution*, les accusateurs de Galilée auraient admis ce point, mais auraient insisté « sur une modification extrêmement importante. Puisque Dieu en est l'auteur, chaque énoncé de la Bible doit être vrai. [...] Le chrétien loyal et croyant doit accepter ces énoncés comme étant vrais au nom de la foi religieuse ». En conséquence, les jugements sur le caractère littéral ou métaphorique des Écritures relèveraient en fin de compte de l'autorité de l'Église.

Selon Charles Seife, auteur de *Alpha and Omega*, en insistant sur le bien-fondé de la doctrine copernicienne, Galilée « affirmait que la science obligerait les théologiens à modifier leurs points de vue, plutôt que le contraire ». De manière implicite, Galilée a déclaré qu'il était un théologien supérieur aux dirigeants de l'Église. Malheureusement, l'Église avait à relever de plus grands défis que la révolution astronomique de Galilée. La Réforme protestante et la menace d'une guerre ouverte entre les forces protestantes et catholiques dans toute l'Europe avaient placé le Saint-Siège sur un pied d'alerte par rapport aux manquements en matière de doctrine. Dans tous les domaines, on remettait en question, littéralement et métaphoriquement, la puissance et l'influence fondamentales de l'Église. Les armées étaient en campagne et l'Église ne pouvait tolérer aucune rébellion, fût-elle politique ou intellectuelle.

Fait étonnant, Galilée conserva une attitude dévote envers l'Église catholique. Avant son abjuration (sa renonciation) devant ses tortionnaires, Galilée insista pour qu'on retire de sa déclaration officielle de culpabilité une clause odieuse qui « suggérait qu'il avait eu un comportement indigne d'un bon catholique », écrit Dava Sobel, auteure de *Galileo's Daughter*. Galilée pouvait renier ses convictions scientifiques les plus chères, mais ne pouvait souffrir d'aucune façon que son catholicisme soit entaché. La clause fut retirée et, libéré de cette ultime indignité, Galilée déclara « d'un cœur et d'une foi sincères : " J'abjure, je maudis et je déteste l'erreur, l'hérésie du mouvement de la Terre. " »

« C'était un catholique qui en était venu à croire une chose en laquelle il était interdit aux catholiques de croire, note Sobel. Plutôt que de rompre avec l'Église, il tenta de conserver — tout en essayant de ne pas conserver — cette hypothèse problématique, cette image d'une Terre en mouvement. »

En 1992, l'Église catholique, sous la houlette de Jean-Paul II, rendit publique une « reconnaissance officielle d'erreur » dans l'affaire Galilée. Ironiquement, la commission déclara qu'en interprétant les Écritures, Galilée avait fait preuve d'une « plus grande perspicacité » que les théologiens qui l'avaient jugé. Les accusateurs de Galilée s'étaient trompés, à propos des Écritures qu'on devait prendre au pied de la lettre et de celles qu'on devait interpréter comme des métaphores. Bref, Galilée avait raison, non seulement parce que l'Église l'avait injustement persécuté pour sa science, mais parce qu'il comprenait mieux la façon dont on devait interpréter la Bible à la lumière de la science. En soi, le fait que le Vatican ait admis son erreur ne représentait pas un grand changement par rapport aux attitudes théologiques de l'époque de Galilée. Les déclarations concernant le monde naturel demeuraient encore la responsabilité de l'Église. La seule différence était qu'on considérait maintenant l'interprétation de Galilée comme supérieure. D'éminents penseurs ont affirmé que Galilée avait été le principal responsable de la tragédie qu'il avait vécue. Il avait certainement tort en ce qui a trait à la nature humaine. Il ne pouvait comprendre qu'il était impossible de changer l'orientation de la culture intellectuelle et ecclésiastique de son époque, et il ne pouvait s'empêcher d'essayer. Mais il avait raison. Aussi provocatrice qu'ait été sa désobéissance envers l'Église, son intuition était juste : malgré le caractère incomplet des preuves qu'il présentait, ou les vicissitudes de sa personnalité, il créa le concept moderne de la recherche scientifique.

On peut affirmer que, dans le monde occidental d'aujourd'hui, on apprécie davantage l'esprit scientifique que l'autorité religieuse ; mais la tragédie de Galilée fut qu'on l'empêcha d'explorer pleinement cette liberté intellectuelle. Malgré ce fait, et malgré les huit années qu'il perdit à cause de l'Inquisition — des années au cours desquelles il aurait pu poursuivre et raffiner ses recherches en astronomie —, Galilée a remporté la victoire. Il avait raison. Galilée, qui n'était pas encombré par la doctrine ou les préjugés, ouvrit les cieux à l'esprit de l'homme et, ce faisant, inaugura l'ère moderne.

SUR LA PISTE DE COPERNIC

UNE ENTREVUE AVEC OWEN GINGERICH *

Dans Anges et démons, *Dan Brown dresse un bref portrait de l'astronome polonais Copernic : un scientifique qui ne mâchait pas ses mots et qui fut condamné par l'Église catholique pour avoir délibérément affirmé que le Soleil était le centre de l'univers. Dans quelle mesure le portrait que présente Brown est-il exact ? Copernic a-t-il été attaqué par l'Église ? A-t-il effrontément fait la promotion de l'héliocentrisme ? Son livre a-t-il été le best-seller de son époque ?*

Pour donner l'heure juste, nous avons parlé à l'astrophysicien Owen Gingerich, professeur chercheur à Harvard et une des plus éminentes autorités dans le monde, sur Copernic. Gingerich a suivi la piste de Copernic durant la majeure partie de sa longue carrière. Pendant 30 ans, il a parcouru le globe pour trouver des éditions du XVIe siècle du livre de Copernic intitulé Des révolutions des orbes célestes, *le livre à la base du conflit entre Galilée et l'Église.*

L'odyssée de Gingerich débuta en Écosse en 1970 lorsqu'il trouva un exemplaire original des Révolutions *qui avait appartenu à Erasmus Reinhold, professeur d'astronomie renommé au cours des années 1540. L'exemplaire copieusement annoté lui rappela un commentaire qu'avait émis un jour le romancier Arthur Koestler qui affirmait que* Des révolutions *était « un livre que personne n'avait lu ». Si Reinhold avait écrit tant de notes dans son exemplaire, pensa Gingerich, chez combien d'autres esprits Copernic avait-il suscité la curiosité ?*

---

* Owen Gingerich est professeur chercheur en astronomie et en histoire des sciences à l'Université Harvard et auteur de *The Book Nobody Read : Chasing the Revolutions of Nicolaus Copernicus.*

Après avoir retrouvé et étudié 600 exemplaires des premières éditions, itinéraire qu'il raconte dans The Book Nobody Read: Chasing the Revolutions of Nicolaus Copernicus, *Gingerich affirme sans l'ombre d'une hésitation que le livre de Copernic a non seulement été lu par une foule de gens, mais qu'il était également révolutionnaire. Les recherches de Gingerich ont mis au jour des copies originales qu'avaient possédées et annotées plusieurs autres personnages historiques importants, comme l'astronome allemand Johannes Kepler et même Galilée, qui écrivaient leurs notes avec une grande minutie. Ironiquement, un exemplaire que possédait Giordano Bruno, mathématicien brûlé sur le bûcher par l'Église catholique pour cause d'hérésie, ne comportait aucune preuve montrant qu'il avait lu le livre.*

Nous avons demandé à Gingerich de nous parler du véritable Copernic, de ses relations avec la hiérarchie religieuse et du rôle qu'a joué Des révolutions des orbes célestes *en alimentant le conflit entre Galilée et l'Église.*

* * *

Le conflit entre la religion et la science constitue un thème central de Anges et démons *de Dan Brown. Brown et d'autres croient que la bataille s'est amorcée à cause du point de vue de Copernic selon lequel les planètes, y compris la Terre, tournaient autour du Soleil. Comment décririez-vous l'évolution du débat?*

Au début du XVIᵉ siècle, une géographie sacrée était devenue étroitement liée à la compréhension de la Bible: la Terre, foyer de corruption et de décadence, renfermait en son sein les feux de l'enfer (les volcans en éruption n'en apportaient-ils pas la preuve de temps à autre?), alors que bien au-delà des pures sphères célestes existaient le foyer éternel et incorruptible de Dieu et la demeure de l'élu. Le fait de proposer une nouvelle cosmologie radicale revenait à remettre en question les assises mêmes de la vision chrétienne du monde.

Peut-être l'Église catholique aurait-elle pu accepter une cosmologie révisionniste selon laquelle la Terre tournait autour d'un Soleil central, mais peu avant que Copernic ne propose cette théorie, un problème différent avait mis le monde à feu et à sang. Un moine allemand du nom de Martin Luther avait visité Rome pendant le jubilé de 1500 et avait été outré de l'opulence corrompue édifiée sur la vente d'indulgences pontificales qui contrevenait à l'esprit des Écritures. Ses thèses controversées, affichées sur la porte de l'église de Wittenberg en 1517, lancèrent la Réforme protestante. L'avènement de l'imprimerie amplifia ce mouvement. Rome mena une contre-attaque en demandant à ses propres membres de faire front commun pour le respect de l'interprétation biblique. Ses théologiens optèrent pour une interprétation littérale anticopernicienne du psaume 104,4 des Écritures : « [Dieu] a fondé la terre sur ses bases ; elle ne sera point ébranlée, à toujours et à perpétuité. » Ils refusaient d'admettre qu'un théologien « amateur » dépourvu d'autorité comme Galilée puisse faire une autre suggestion acceptable sur la façon de comprendre ce verset.

À votre avis, pourquoi le thème de la science en opposition à la religion fascine-t-il autant le public de nos jours ?

Aujourd'hui, l'idée d'une véritable demeure éternelle des damnés dans les profondeurs de la Terre nous semble tout aussi ridicule que le semblait, aux yeux de presque toutes les personnes éduquées du XVe siècle, le concept d'une Terre tournant sur son axe à toute vitesse autour du Soleil. Mais l'histoire de la transformation intellectuelle suscitée par la révolution scientifique représente un des récits les plus passionnants des cinq derniers siècles et devient tellement plus concrète lorsqu'on peut, comme dans le cas de Galilée, dépeindre de manière si contrastée le choc des idées. L'image d'une guerre entre la science et le christianisme, engendrant des « martyrs de la science », fut passablement enjolivée au cours du XIVe siècle. De nos jours, les meilleurs historiens rejettent ces métaphores et proposent un portrait plus nuancé des véritables événements, mais le fait de voir cette lutte en termes de bons et de méchants, ou d'anges et de démons, constitue une partie intégrante de la mythologie populaire. En se faisant raconter constamment la vie de Galilée, de Copernic et de Kepler, le public a l'impression qu'il est confronté à la formation de notre monde moderne. La plupart des gens ignorent qu'il s'agit d'une histoire romancée.

Je pense que ce qui fascine surtout aujourd'hui, c'est le caractère pathétique de l'affaire Galilée. C'est une histoire qui se raconte pratiquement d'elle-même. Mais je sais par expérience personnelle que nombre de gens la voient ou toute blanche ou toute noire et que l'idée d'y amener des nuances de gris les dérange passablement.

Pouvez-vous décrire brièvement le contenu des Révolutions *de Copernic et nous dire sur quel ton il dépeignait un cosmos ayant le Soleil pour centre?*

Les 400 pages des *Révolutions* de Copernic se divisent en six livres. Le premier contient une importante présentation et défense de sa cosmologie héliocentrique, qui faisait de la Terre une planète et créait littéralement le concept de système solaire. Essentiellement, il redessinait le plan du système planétaire en effectuant un pas important vers notre point de vue astronomique moderne. Il n'a pas décrit les étapes qui l'avaient mené à proposer un concept aussi radical. C'était clairement pour lui une «théorie agréable à l'esprit» et même s'il présentait de bons arguments philosophiques à l'appui de sa thèse, il n'avait aucune preuve empirique et devait par conséquent avoir recours à la rhétorique et à la persuasion.

Les cinq autres livres sont remplis de spécifications techniques. Ce sont des données mathématiques difficiles à comprendre et qui ne conviennent pas comme lecture de chevet sauf peut-être en tant que remède contre l'insomnie. Dans ces pages, Copernic décrit en détail comment calculer la position du Soleil, de la Lune et des planètes, en se fondant sur un schéma qui utilise des combinaisons de cercles se déplaçant de manière constante. Cet idéal esthétique, qui se révéla toutefois être une impasse, plaisait énormément à Copernic.

Pourquoi Copernic hésitait-il à publier ses Révolutions *et dans quelles circonstances l'a-t-il finalement fait?*

Assez naïvement, Copernic a déclaré qu'il craignait d'être conspué s'il présentait une idée qui, à première vue, semblait si contraire au sens commun. Parallèlement, bien qu'il ait travaillé de nombreuses années à son manuscrit, et alors qu'il était administrateur et agent juridique du chapitre de la cathédrale catholique de Frauenburg, il savait que son œuvre comportait malgré tout des incohérences mineures.

Peut-être Copernic n'aurait-il jamais publié ses *Révolutions* si, en 1539, un jeune mathématicien allemand du nom de Georg Joachim Rheticus, conférencier luthérien à l'Université de Wittenberg, n'avait surgi pour connaître ses idées en matière d'astronomie. Rheticus apportait avec lui quelques livres et données utiles, et il aida probablement Copernic à mettre la dernière main à son traité. Il le persuada de lui permettre d'apporter le manuscrit à Nuremberg, où existait une imprimerie dont la clientèle internationale pourrait rendre financièrement possible la publication d'un livre aussi technique.

Le manuscrit fut envoyé à Nuremberg juste à temps car, comme Copernic finissait la lecture d'épreuves, il subit une attaque d'apoplexie et, lorsque les dernières pages lui furent apportées (la page titre et les autres pages liminaires), il était sans doute trop malade pour bien comprendre ce qu'elles contenaient. Il mourut en mai 1543, immédiatement après que son livre fut imprimé.

Une fois le livre publié, quelle fut la première réaction dans les milieux scientifiques et religieux ?

D'après la réaction initiale des scientifiques, une réaction devenue presque universelle tout au long du XVIᵉ siècle, il s'agissait d'un livre de calculs bien fait, mais sa cosmologie héliocentrique ne représentait qu'un simple instrument permettant d'organiser des concepts. Cette interprétation fut renforcée par l'ajout anonyme d'une introduction, à l'imprimerie, selon laquelle la cosmologie ne constituait qu'une hypothèse qui n'était pas nécessairement vraie ni même probable. Très peu de lecteurs s'arrêtèrent au fait que Copernic n'avait pas écrit l'introduction et qu'il ne l'avait sans doute pas acceptée non plus.

En fait, l'introduction avait été écrite par Andreas Osiander, le pasteur érudit qui avait révisé l'ouvrage avant qu'il soit imprimé. Bien que nombre de gens trouvent aujourd'hui ce geste répréhensible, il a, en réalité, fait taire les critiques ecclésiastiques et permis au livre de circuler pendant plusieurs décennies sans que les communautés religieuses s'y opposent.

Jusqu'à quel point les idées de Copernic étaient-elles connues à l'époque de Galilée ? Dans quelle mesure les érudits, et même l'homme de la rue, étaient-ils prêts à accepter le point de vue de Copernic qui deviendrait plus tard celui de Galilée ?

Bien que ses *Révolutions* aient été jugées trop compliquées pour qu'on les enseigne dans les cours d'astronomie pour débutants, les écoliers doivent en avoir entendu parler. En 1576, un almanach populaire largement diffusé contenait une traduction anglaise des principaux chapitres cosmologiques du livre de Copernic, et ses idées furent ainsi connues de la majorité des gens, même si peu d'entre eux acceptaient vraiment le système héliocentrique comme une description réelle du monde.

En 1970, j'ai entrepris une recherche visant à examiner autant d'exemplaires que possible des *Révolutions* pour voir si les notes dans les marges démontraient que le livre avait été lu. J'ai rapidement découvert que le livre avait connu une large diffusion et que beaucoup de gens l'avaient lu, mais que la grande majorité des personnes qui l'avaient examiné très minutieusement semblaient penser qu'il s'agissait d'un excellent manuel pour calculer les orbites des planètes, et non pas d'une description physique réelle de l'univers. À ce jour, j'ai examiné près de 600 exemplaires des deux premières éditions dans des bibliothèques, de l'Australie à la Chine et à la Russie, en passant par la Norvège, et de New York à San Diego (ainsi que Guadalajara, au Mexique). *The Book Nobody Read* représente mes souvenirs personnels sur les aventures que j'ai vécues en cherchant ces livres et sur ce que j'ai trouvé.

Comme vous le soulignez dans votre livre, pendant que vous effectuiez votre recherche sur les exemplaires du XVIe siècle des Révolutions, *vous avez trouvé dans les marges les commentaires de quelques illustres propriétaires. Quelles sont les annotations qui vous ont semblé les plus intéressantes?*

Comme dans le *Guide Michelin*, j'ai attribué des étoiles aux exemplaires — trois étoiles signifiant que l'exemplaire «valait le déplacement». J'ai accordé trois étoiles à une douzaine d'exemplaires et, parmi ceux-ci, je dirais que, en raison principalement de la profondeur et de l'importance de leurs notes, les quatre exemplaires les plus fascinants étaient celui de Johannes Kepler, qui a découvert la forme elliptique des orbites planétaires; celui qui a été minutieusement annoté par son professeur, Michael Maestlin; l'exemplaire abondamment annoté dans la marge d'Erasmus Reinhold, le professeur d'astronomie de Wittenberg (le livre qui a lancé ma recherche); et un exemplaire très annoté de Paul Wittich, un professeur d'astronomie itinérant presque inconnu.

Vous avez vu et étudié l'exemplaire du livre de Copernic que possédait Galilée. Quelles annotations Galilée a-t-il inscrites dans le livre?

J'ai d'abord été déçu en constatant que les marges de l'exemplaire de Galilée ne comportent pas d'analyses techniques ou même une quelconque preuve qu'il ait lu le livre. J'étais déçu à un point tel que j'ai refusé de croire qu'il s'agissait de son exemplaire. Plus tard, lorsque son écriture m'est devenue plus familière, j'ai réalisé qu'il s'agissait bien de son exemplaire et j'ai dû me faire à l'idée qu'il s'intéressait peu aux détails sur le calcul des positions planétaires.

Ce que Galilée a inscrit dans son exemplaire des *Révolutions*, ce sont les 10 «corrections» qu'exigeait l'Index du Saint-Office de l'Église catholique. Pour ce faire, il devait rayer certaines phrases et les remplacer par des énoncés qui donnaient l'impression que le texte était tout à fait hypothétique. Il devait aussi faire en sorte qu'il ne s'agisse pas d'une description de la réalité physique. Mais je suis heureux de voir que Galilée n'a que très peu rayé le texte original. Il pouvait ainsi prouver à l'Inquisition qu'il se comportait bien et qu'il avait corrigé son exemplaire, tout en s'assurant toutefois qu'il pourrait continuer de lire la première formulation.

Dans le cadre de votre recherche, vous avez essayé de calculer combien d'exemplaires des Révolutions *avaient été imprimés. Quel chiffre avez-vous obtenu? Pouvez-vous également évaluer le nombre d'exemplaires du* Dialogue *sur les deux principaux* systèmes du monde *de Galilée qui ont été imprimés et combien d'entre eux ont pu parvenir jusqu'à nous?*

À mon avis, le tirage de la première édition des *Révolutions* atteignait 400 à 500 exemplaires. Nous savons qu'un millier d'exemplaires du *Dialogue* ont été imprimés et il semble que l'Inquisition n'ait pu en supprimer un grand nombre. Je pense que lorsque le *Dialogue* a été ajouté à la liste des livres interdits de l'Église, les gens ont tenu à les garder et en ont davantage pris soin. Ainsi, le livre de Galilée est, de loin, le plus abondamment diffusé des grands traités de la révolution scientifique.

La plupart des gens croient que Copernic a été persécuté par l'Église catholique. Dans Anges et démons, *deux personnages affirment que des scientifiques qui, comme Copernic, ne mâchaient pas leurs mots, ont été assassinés pour avoir révélé des vérités scientifiques. Quels étaient les véritables rapports entre Copernic et l'Église catholique?*

Malheureusement, Brown donne ici de la crédibilité à un stéréotype. Copernic était un serviteur de l'Église catholique. Il avait dédié son livre au pape, et il n'a jamais personnellement subi de reproches ou de persécutions.

Les médias populaires aiment bien évoquer la mort spectaculaire de Giordano Bruno sur le bûcher parce qu'elle ajoute à l'histoire un aspect dramatique. Il est vrai que Bruno s'intéressait à certaines idées de Copernic — j'avais trouvé son exemplaire des *Révolutions* pendant ma recherche aux quatre coins du monde —, mais il n'y avait aucune preuve qu'il l'ait étudié de manière approfondie ou qu'il en ait compris les arguments astronomiques. De toute façon, Bruno fut probablement condamné en tant qu'espion et pour ses idées théologiques radicales, mais son intérêt pour la théorie copernicienne et pour la pluralité des mondes inhabités ne représentait au mieux qu'une faible partie de l'ensemble.

En vérité, il est extrêmement difficile de trouver de la documentation sur quiconque a été mis à mort comme hérétique pour avoir introduit de nouvelles idées scientifiques.

Pourquoi l'héliocentrisme? De toutes les questions sur lesquelles la science pouvait remettre en question la doctrine de l'Église, pourquoi celle-ci intéressait-elle à ce point Galilée et d'autres?

Quelles étaient les autres questions sur lesquelles la science pouvait remettre en question la doctrine de l'Église? L'âge de la Terre? Des preuves sur l'existence d'animaux maintenant disparus? C'étaient là des questions à venir, mais la science n'a commencé à se poser des questions en ce sens qu'à la fin du XVIIIe siècle. L'atomisme était un sujet qui pouvait remettre en question le point de vue catholique sur l'eucharistie, mais l'alchimie était trop rudimentaire pour fournir un cadre théorique permettant de plaider avec assurance en faveur de l'existence des atomes. Au moment où la chimie est parvenue à ce point, l'atomisme ne constituait plus un problème entre la science et la religion.

Qu'en est-il de la dichotomie existant entre les cieux incorruptibles et la physique terrestre complètement différente? Aristote avait enseigné que les mouvements naturels des astres étaient circulaires alors que, sur terre, les mouvements naturels se produisaient vers le haut ou vers le bas — autrement dit, il y avait en jeu une physique du mouvement complètement différente. Qui plus est, la Terre, contrairement aux cieux, était un endroit de décadence, de mort et de renaissance. Les preuves montrant que les nouvelles étoiles découvertes en 1572 et en 1604 étaient situées bien au-dessus de l'atmosphère terrestre dans les sphères célestes prétendument immuables remettaient en question la doctrine aristotélicienne, une situation qu'exploita Galilée, mais rien de cela ne menaçait directement les enseignements de l'Église. De cette façon, l'héliocentrisme n'affecte que l'image rassurante de la Terre au centre de l'univers et des cieux à une certaine distance. De même, il ne touche qu'un conflit particulier lié à une poignée de passages des Écritures qu'on pouvait facilement interpréter comme allant à l'encontre de la mobilité de la Terre.

N'oubliez pas que ce qui s'ensuivit était d'abord et avant tout une lutte interne. La théologie était « la reine des sciences » et, dans les universités, les théologiens étaient plus importants que les médecins qui, eux, étaient plus importants que les astronomes. Qui détenait les clés de la vérité ? Les théologiens n'allaient pas permettre de plein gré que leur statut soit amoindri parce qu'un étranger affirmait que le Livre de la Nature pouvait surpasser le Livre des Écritures lorsqu'il s'agissait de comprendre des énoncés, probablement ambigus, dans la Bible. Il semble presque évident qu'il y aurait eu un certain conflit entre l'entourage du pape et les gens de l'extérieur, et tout cela était davantage compliqué par le fait que certains de ces étrangers étaient non seulement des théologiens, mais des théologiens luthériens et calvinistes. Il n'est pas surprenant que les autorités romaines se soient senties attaquées et, dans un sens, Galilée s'est retrouvé pris entre deux feux.

Copernic, Kepler et Galilée étaient tous des hommes religieux dont les découvertes astronomiques s'opposaient aux enseignements de l'Église. Comment ont-ils rationalisé leurs découvertes par rapport à leurs croyances religieuses ?
Dans deux ou trois cas, il existe une riche documentation sur leurs croyances religieuses. C'est particulièrement vrai en ce qui concerne Kepler, qui fut formé à l'Université de Tübingen pour devenir un théologien luthérien. Il voyait le système copernicien comme l'incarnation de la Sainte Trinité (le Soleil représentant Dieu le Père, les étoiles extérieures, Jésus-Christ, et l'espace entre les deux, le Saint-Esprit). Dans

son introduction à son plus célèbre livre, *Astronomia Nova*, il écrivait :

« Si quelqu'un est assez stupide pour ne pas comprendre la science de l'astronomie, ou assez faible pour ne pouvoir croire Copernic sans offenser sa piété, je lui conseille de se mêler de ses propres affaires, de cesser ses entreprises mondaines, de rester chez lui et de cultiver son jardin et, lorsqu'il tourne les yeux vers les cieux visibles (la seule façon dont il les voit), que de tout son cœur, il rende grâce à Dieu le créateur. Qu'il se rassure sur le fait qu'il sert tout autant Dieu que l'astronome à qui Dieu a accordé le privilège de voir plus clairement avec les yeux de l'esprit. »

Galilée était beaucoup plus discret en parlant de ses croyances religieuses personnelles, mais c'était un ardent catholique qui soutenait ses deux filles illégitimes qu'il avait envoyées dans un couvent. Dans sa lettre à la Grande-Duchesse Christine de Toscane, il esquissait une approche visant à réconcilier le Livre des Écritures et le Livre de la Nature. Ils représentaient, estimait-il, deux avenues vers la vérité qui ne devraient pas s'opposer l'une à l'autre. Il proposait une forme de littéralisme scriptural qui excluait l'examen de certaines possibilités physiques et endossait le point de vue selon lequel « la Bible enseigne comment aller au ciel et non comment le ciel va ».

Pour ce qui est de Copernic, nous n'avons que peu de documents sur le chemin qui l'a amené à la cosmologie héliocentrique et nous n'avons pas non plus de mention explicite de sa piété personnelle. Apparemment, pour lui, il n'y avait aucun conflit entre sa cosmologie et ses croyances chrétiennes, même s'il était sûrement conscient que beaucoup de gens pouvaient y voir un problème. Son livre était dédié au pape, et nous savons qu'il a joué un rôle actif au sein du chapitre de la cathédrale à Frauenburg, le diocèse le plus septentrional de la Pologne. À un certain moment, ses collègues l'ont encouragé à devenir évêque, ce qui aurait nécessité son ordination, mais, à ce carrefour de sa vie, Copernic préférait consacrer ses efforts à l'achèvement de son livre *Des révolutions des orbes célestes*.

Comme vous venez de le mentionner, Galilée a déclaré : « La Bible enseigne comment aller au ciel et non comment le ciel va », c'est-à-dire que la Bible s'exprime par idiomes et qu'il ne s'agit pas d'un manuel scientifique. À la lumière de ce commentaire, croyez-vous que l'Église catholique ait censuré Galilée pour avoir accepté l'héliocentrisme, ou a-t-il été victime des politiques de l'Église ?

Tout cela s'est produit pendant la guerre de Trente Ans et à l'époque de la Contre-Réforme, alors que l'Église catholique tentait de conserver son unité contre l'hérésie protestante (telle qu'elle la voyait). Dans le cadre de sa stratégie, la hiérarchie romaine avait interdit à Galilée de soutenir ou d'enseigner le système copernicien qui, selon les conservateurs, minait leur interprétation des Écritures, comme dans le cas de Josué qui, à la bataille de Gibeon, commanda au Soleil, et non à la Terre, de s'immobiliser. Galilée s'est attiré des problèmes en désobéissant à ces ordres, même s'il nous semble aujourd'hui que son châtiment, l'assignation à résidence pour le reste de sa vie, était trop sévère. Bien sûr, c'est une chose que nous voyons fréquemment de nos jours, et à bien des endroits, pour des raisons politiques. L'affaire Galilée était essentiellement une manœuvre politique du pape Urbain VIII qui se trouvait sur la corde raide entre les aspirations politiques des cardinaux français et celles des cardinaux espagnols ; il devait renforcer son autorité de façon manifeste en faisant un geste qui attestait de son pouvoir.

Dans quelle mesure les autres scientifiques et les membres de l'élite intellectuelle étaient-ils au courant de l'attaque menée contre Galilée ? Existe-t-il des preuves selon lesquelles cette affaire aurait ralenti les progrès de la science en général ?

Le poète anglais John Milton aborda les problèmes de Galilée dans *Areopagitica*, une œuvre à la défense de la liberté de parole. Milton décrivit sa visite à Florence en disant : « C'est là que je trouvai et visitai le célèbre Galilée qui avait vieilli en étant prisonnier de l'Inquisition, laquelle considérait l'astronomie d'une autre façon que les censeurs franciscains et dominicains. » Ce fut sans doute pour Descartes que les répercussions sur un scientifique (pour utiliser un mot anachronique inventé seulement au XIXe siècle) furent les plus remarquables, lorsqu'il suspendit pendant quelque temps la publication de ses *Philosophia Principia*, puis en réécrivit des parties pour en atténuer le caractère copernicien.

Pendant les décennies qui ont suivi l'affaire Galilée, l'Église catholique est demeurée le plus important bailleur de fonds des astronomes, surtout par l'entremise des jésuites ; par contre, les astronomes catholiques se voyaient imposer de lourdes restrictions dans leur façon d'enseigner les questions cosmologiques ou d'y réfléchir. Entre autres conséquences, la science créative semble s'être déplacée vers les pays du nord, protestants, même si le génie d'Isaac Newton et de Christiaan Huygens peut altérer notre évaluation.

Avez-vous quelque raison de croire que Galilée, comme l'affirme Brown, était membre d'une société secrète opposée à l'Église, comme les Illuminati *ou les francs-maçons ?*

En de rares occasions, on entend des insinuations selon lesquelles Galilée pourrait avoir eu de tels liens, mais je soupçonne qu'il s'agit de vœux pieux de la part de partisans des francs-maçons. Je ne connais rien de concret qui puisse laisser penser que Galilée ait fait partie de ces sociétés secrètes.

Brown laisse entendre que Galilée avait écrit un dernier livre intitulé Diagramma, *un livre si controversé qu'il fut publié discrètement en Hollande. S'agit-il de la vérité ou de pure fiction ?*

Ce n'est même pas une hypothèse, c'est de la pure fantaisie !

GALILÉE : LE BON MESSAGE AU MAUVAIS MOMENT

UNE ENTREVUE AVEC STEVEN J. HARRIS[*]

Dans Anges et démons, *le camerlingue Ventresca déplore la « défaite » de l'Église catholique face aux progrès de la science en ce qui a trait à la compréhension des mondes naturel et cosmologique. Il dénonce une théorie centenaire qui est devenue le point de vue prédominant sur la relation entre la science et la religion au début du XXᵉ siècle, alors que l'Amérique et l'Europe se laïcisaient davantage. Pour dire les choses simplement, ce point de vue soutient que la religion et la science sont inévitablement opposées. Pour quelle autre raison l'Église catholique aurait-elle persécuté Galilée ?*

* Le réputé historien des sciences Steven J. Harris a enseigné à l'Université Harvard et au Collège Wellesley. Il a abondamment écrit sur l'histoire des jésuites et leur relation avec la science, et est codirecteur de publication du livre en deux volumes intitulé *The Jesuits: Cultures, Sciences, and the Arts*, 1540-1773.

Dans l'esprit de la plupart des gens, cette idée s'est révélée difficile à déconstruire. L'historien des sciences Steven Harris représente une nouvelle tendance opposée dans l'étude de la façon dont la science et la religion sont liées l'une à l'autre. Il rejette le concept qui affirme que ce sont des ennemis naturels et plaide pour un point de vue plus complexe et nuancé sur leur interaction, point de vue qui met l'accent sur l'indifférence de l'Église à l'égard des découvertes scientifiques et, plus tard, sur la commandite de ces découvertes, le procès de Galilée constituant la grande exception. Il s'agit, à ses yeux, de la plus grande erreur de l'Église à propos de son approche des nouvelles méthodes d'enquête sur le monde naturel.

Harris croit que Dan Brown représente faussement Galilée en tant que membre des Illuminati *dans* Anges et démons *— et il conteste aussi ce que Brown dit des scientifiques Johannes Kepler et Georges Lemaître.*

***

Anges et démons *de Dan Brown se révèle étonnamment intellectuel dans sa manière d'avoir recours à des idées afin de consolider l'intrigue. Le roman comporte également un grand nombre de noms scientifiques. Dans quelle mesure ces mentions sont-elles exactes ?*

Une partie du problème réside dans le fait évident que Dan Brown et moi représentons deux genres différents, la littérature romanesque et la littérature non romanesque, et deux manières fort différentes de considérer le passé. Un romancier a bien davantage qu'un historien la liberté de construire une histoire. En tant qu'historien des sciences, je m'intéresse à ce que les scientifiques ont fait réellement.

Même en tenant compte de la liberté créatrice du romancier, malgré tout, la façon dont Dan Brown utilise des personnages historiques pour renforcer l'intrigue principale me dérange. Il mentionne Copernic, Galilée, Lemaître et d'autres. Je dois dire qu'il existe des problèmes factuels concernant presque tous ces gens, de même que des exagérations. Pire encore, Brown semble vouloir utiliser leur statut historique sans comprendre pleinement le contexte historique dans lequel ils vivaient.

Commençons par la thèse principale du livre, à savoir que la science et la religion sont des ennemies jurées. Le livre affirme que la science et la religion ont toujours été en guerre. Mais l'étaient-elles avant les XVIe et XVIIe siècles, à l'époque de Copernic et de Galilée?

À mon avis, elles n'étaient « en guerre » ni avant, ni pendant, ni après. C'est une histoire compliquée. Dans l'ensemble, je dirais qu'il y a eu de longues périodes d'indifférence, de compromis et de coopération ponctuées d'épisodes de tensions et, parfois même, de conflits. Autrement dit, la thèse du « conflit » est maladroite et une grande partie de mes travaux tente d'expliquer les nuances et les contextes des interactions entre la science et la religion.

Le principal problème que soulève la thèse du conflit repose sur la conviction que la religion et la science sont monolithiques. Et elle tient pour acquis, ou laisse entendre, l'existence d'une continuité temporelle et institutionnelle chez l'une et l'autre. Pourtant l'Église catholique post-Réforme du XVIIe siècle était très différente de son ancêtre médiévale, tout comme la science moderne est devenue une entreprise très différente de la science ancienne et médiévale. Il existe maintenant au sein du christianisme de nombreuses Églises et sectes, tout comme il existe dans la science de nombreux domaines, disciplines et contextes institutionnels.

Il y a, dans la façon dont Brown dépeint la science et la religion, une tendance prononcée au stéréotype et à l'exagération. Par exemple, Dan Brown fait dire au directeur du CERN, Maximilien Kohler: «Certes, l'Église n'envoie plus de scientifiques au bûcher, mais si vous croyez qu'elle a renoncé à contrôler la science, demandez-vous pourquoi la moitié des écoles de votre pays ne sont pas autorisées à enseigner la théorie darwinienne de l'évolution.»

Je crois comprendre qu'aux États-Unis, le mouvement créationniste est surtout composé de protestants, et non de catholiques. Des règles récemment édictées dans certaines écoles de district de quelques États exigent qu'on enseigne le créationnisme en même temps que l'évolution, et non qu'on interdise l'enseignement de l'évolution «dans la moitié [du] pays». Il n'est pas non plus évident que l'Église catholique ait brûlé un seul scientifique sur le bûcher. Le candidat le plus probable serait Giordano Bruno, mais ce n'était pas un scientifique — même s'il appuyait l'astronomie copernicienne et plaidait, pour des motifs théologiques, en faveur d'un univers infini. De plus, il a été brûlé pour avoir nié, entre autres choses, l'existence de la Sainte Trinité.

À ma connaissance, le seul scientifique à avoir été brûlé sur le bûcher par le pouvoir religieux a été le physicien et atomiste Michael Servetus (1509-1553), bien qu'il ait été tué pour des hérésies théologiques. Il a été brûlé vif à Genève en 1553 par des calvinistes sous l'autorité et en présence de Jean Calvin lui-même.

Anges et démons exagère donc le conflit entre la religion et la science en amplifiant de beaucoup son envergure ?

Quand je regarde l'histoire des interactions entre les diverses branches de la chrétienté et les diverses branches de la science, je dois dire que les éléments de tension ont été relativement peu nombreux et que les intervalles entre eux étaient longs. Mais lorsque ces tensions surviennent, elles ont d'immenses répercussions culturelles. Si vous vous reportez aux XVIIᵉ et XVIIIᵉ siècles, l'élément de tension se serait situé entre la raison et la foi, la raison étant décrite dans les œuvres récemment découvertes d'Aristote et d'autres Grecs anciens, et la foi, représentée dans la théologie de l'Église latine au début du Moyen Âge. Mais il est intéressant de constater qu'il existe, à la fin du XVIIIᵉ siècle, une synthèse assez profonde entre l'ancienne philosophie naturelle païenne des Grecs et la théologie chrétienne du Moyen Âge. De plus, la philosophie naturelle grecque a surtout été transmise à l'Occident latin à partir de traductions arabes et juives, des intermédiaires aussi peu chrétiens que possible.

C'était ce qu'incarnaient Thomas d'Aquin (1225?-1274) et sa génération. Il a examiné en détail les œuvres d'Aristote et décidé de ce qui fonctionnait et de ce qui ne fonctionnait pas. Par exemple, Aristote disait que l'univers n'avait pas été créé et n'avait pas de fin, ce qui ne correspond absolument pas à l'histoire chrétienne de la Création. La Bible nous dit que le monde a été créé. Aristote a donc tort sur ce point. Mais lorsque Aristote affirmait que la planète était composée de terre, d'air, d'eau et de feu — les quatre éléments de l'ancienne théorie grecque sur la matière —, Thomas d'Aquin pouvait l'accepter.

Il existait donc déjà certaines tensions intellectuelles avant 1500, entre la science telle qu'elle existait à l'époque et l'Église catholique ?

Oui. Les textes grecs, et en particulier les textes aristotéliciens, remettaient en question, stimulaient et même menaçaient la manière de penser des chrétiens latins. Mais après plusieurs décennies de véritable lutte émergea une synthèse profonde dans laquelle quelques-unes des doctrines les plus fondamentales de l'Église catholique se trouvaient articulées dans le langage aristotélicien. Ce qui est remarquable à mes yeux, c'est que l'Église catholique ait pu intégrer dans sa théologie un système philosophique totalement étranger.

Et cela explique d'une certaine façon pourquoi les idées de Copernic étaient si explosives ?

Oui, parce que, selon Aristote, le monde était géocentrique — ou, plus précisément, géocentrique, géostatique, sphérique et limité. De plus, tous ses successeurs, y compris Platon, Galène et plus particulièrement Ptolémée, le grand architecte de l'astronomie géocentrique grecque, sanctionnaient pleinement sa vision du monde. Ainsi, les anciens Grecs s'entendaient pour affirmer que la Terre était au centre du cosmos et que tout le reste — le Soleil, la Lune, les planètes et les étoiles — tournait autour de la Terre en d'immenses sphères brillantes organisées de façon concentrique, toutes englobées par une sphère stellaire finie.

Aucun passage de la Bible ne dépeint le monde d'une façon si détaillée. Et c'est là l'autre partie importante de la synthèse. À compter du XIVe siècle, presque tous les intellectuels catholiques croyaient que le monde était géocentrique, comme le décrivait Aristote. Ils approuvaient les connaissances « étrangères » sur la structure et le fonctionnement du monde naturel. Si l'Église catholique du Moyen Âge avait réellement été « en guerre » avec la science grecque, Copernic et Galilée n'auraient jamais pu examiner et critiquer l'astronomie géocentrique.

En fait, je pense que l'expression la plus éloquente de cette synthèse ne réside pas tant dans Thomas d'Aquin que dans Dante. Quand vous accompagnez le pèlerin dans le monde imaginé de Dante, vous voyagez dans un monde essentiellement aristotélicien. La Terre se trouve au centre, les planètes se déplacent dans des orbites concentriques et la sphère des étoiles marque la limite extrême de l'univers physique. La Bible ne comporte aucun précédent en cette matière. Même les anneaux de l'enfer de Dante sont organisés de manière concentrique.

Ce qu'ont fait Thomas d'Aquin et Dante fut, bien sûr, de christianiser cette image du monde. Concrètement, la Terre est située au centre de la création de Dieu, mais à l'endroit le plus éloigné des cieux étoilés. Moralement, les êtres humains se trouvent sur la Terre, avec l'enfer au-dessous et le ciel au-dessus — plus précisément avec le ciel chrétien (l'empyrée) situé dans l'espace non physique au-delà de la dernière sphère des étoiles. Ainsi, quand Copernic a proposé, et Galilée accepté, l'idée d'un univers héliocentrique, pas besoin d'être prophète pour voir venir des problèmes à l'horizon.

Alors, Anges et démons *décrit correctement Galilée, le premier à avoir popularisé l'idée de Copernic, comme représentant une grave menace pour l'Église?*

Oui, mais c'est beaucoup plus compliqué que ne le laisse entendre Dan Brown.

Quels étaient les principaux enjeux de cette confrontation entre Galilée et l'Église?

Je reculerais d'un seul pas jusqu'à Copernic. Copernic était lui-même un prêtre et un chanoine. Il avait été éduqué par l'Église. Il avait reçu une excellente éducation humaniste à l'apogée de la Renaissance dans trois universités italiennes. Il était retourné en Pologne et était devenu un administrateur important au sein de l'Église catholique. Vers 1512, il avait commencé à développer son idée sur un système héliocentrique, et avait rédigé et fait circuler parmi ses amis un manuscrit à ce sujet. Mais ce n'est qu'en 1543 qu'il publie sa grande œuvre *Des révolutions des orbes célestes.*

Sur son lit de mort.

Oui, littéralement sur son lit de mort. Maintenant, si vous voulez comprendre l'histoire, vous diriez que la raison pour laquelle il hésitait était qu'il avait peur de ce que l'Église lui ferait s'il présentait une cosmologie différente. En fait, deux évêques, un cardinal et un pape l'ont encouragé à publier. Le livre qu'il a fini par publier était dédié à Paul III, le pape d'alors. Ce qu'il craignait — et il l'a déclaré clairement dans son introduction —, c'était que les gens ne comprennent pas les mathématiques. Pour que sa théorie ait du sens, il fallait que ses lecteurs saisissent les arguments géométriques complexes qu'il présentait.

Au début de Anges et démons, *Maximilien Kohler, le directeur du CERN, affirme que l'Église catholique a assassiné Copernic. Est-ce exact ?*

Non. Au moment de sa mort, il avait 70 ans, ce qui représente certainement un âge avancé pour le XVIe siècle. L'Église n'a pas assassiné Copernic, mais il s'inquiétait sûrement de la façon dont son livre serait reçu. Il savait qu'il présentait une idée importante comportant de graves implications et, même s'il a essayé de minimiser sa nouveauté en citant d'anciens faits grecs sur un univers héliocentrique, il s'agissait réellement d'une idée novatrice. Bien sûr, il était inquiet.

Maintenant, si vous franchissez le pas suivant et demandez quelle a été la réaction à l'endroit de Copernic pendant la deuxième moitié du XVIe siècle, vous vous trouvez devant l'une de ces délicieuses bizarreries de l'histoire. Bien qu'il s'agisse d'une des idées les plus controversées du XVIIe siècle, au XVIe siècle on n'en entend presque pas parler. Ce n'était, après tout, qu'un traité ésotérique et technique d'astronomie mathématique. Comme le soupçonnait Copernic, peu de gens pouvaient comprendre ses arguments. En fait, seulement une poignée de théologiens et d'astronomes ont émis des commentaires sur sa théorie héliocentrique.

Il a fallu Galilée pour l'amener à l'avant-scène de l'histoire.

Oui. Mais ce qui fait l'intérêt de Galilée, c'est qu'il a rendu accessibles les observations grâce au télescope. Les gens qui n'avaient pas de formation mathématique pouvaient regarder dans un télescope et voir d'eux-mêmes de quoi il parlait. Par contre, pour suivre l'argumentation de Copernic, il fallait avoir étudié les mathématiques pendant des années. Et, ce qu'il y a d'intéressant, c'est qu'aucune des observations télescopiques de Galilée ne fournit de preuves convaincantes de la théorie copernicienne. Toutes ses observations ne peuvent être expliquées que de cette façon.

Quoi qu'il en soit, l'Église catholique voulait absolument éviter toute discussion à ce sujet, n'est-ce pas ?

Pas tout à fait. Il existe ici une nuance importante. Galilée a mis en lumière la « question copernicienne ». Mais il faut se souvenir que l'Église catholique avait vécu un conflit amer — aussi bien dans les faits que sous un angle théologique —

avec les protestants, et la hiérarchie catholique était très sensible aux questions qui remettaient en cause, ou même semblaient le faire, les doctrines catholiques. Vous devez mettre cette situation dans le contexte de l'époque.

Où Galilée s'intègre-t-il dans cette guerre ?

Galilée avait une personnalité très différente de celle de Copernic. Il adorait la controverse et aimait se trouver sous les feux de la rampe. C'est à Rome et aux environs de Rome qu'il commence à parler de la théorie de Copernic et à écrire à ce sujet. Certains catholiques conservateurs, surtout des dominicains, tentent d'attirer l'attention de l'Inquisition sur lui et sa théorie. Et ils y réussissent en partie. Ainsi, en 1616, pendant le pontificat de Paul V, l'Inquisition émet un décret qui condamne la théorie héliocentrique, la considérant comme «absurde et fausse, et formellement hérétique sur le plan philosophique».

La même année — 73 ans après sa publication —, le traité de Copernic est ajouté à l'Index. Il n'a pas été condamné d'emblée, mais seulement interdit jusqu'à ce qu'il soit corrigé, et ces corrections ne touchaient qu'une poignée de paragraphes. Moins de 10 % des exemplaires encore existants montrent des signes de corrections réelles.

Galilée n'est pas directement impliqué dans le décret de l'Inquisition, mais le cardinal Bellarmin lui dit de ne pas enseigner la théorie copernicienne comme étant *vraie*. Il peut toutefois l'enseigner en tant qu'*hypothèse*. Bien sûr, Galilée accepta d'agir de cette façon.

Avant d'aborder la façon dont Galilée a suscité la confrontation en 1633, précisons ce qui, dans la théorie copernicienne, agaçait les pères de l'Église. Qu'est-ce qui est en cause ?

Encore une fois, je pense qu'il faut examiner cette question sous l'angle de Dante plutôt que d'Aristote. En fait, Galilée rend populaire une vision du monde profondément chrétienne et géocentrique. Où se trouve l'enfer ? Sous nos pieds. Il existe de nombreuses peintures du Jugement dernier, de cette période, qui présentent la Terre qui s'entrouvre et des démons qui saisissent les gens par les chevilles et les entraînent en enfer, et il y a également de nombreuses peintures illustrant l'ascension de Marie ainsi que celle du Christ. Le *haut* et le *bas* ont une profonde signification théologique de même qu'une signification physique absolue dans l'univers aristotélicien christianisé du XVIᵉ siècle.

Si vous déplacez la Terre du centre de l'univers et la placez en orbite autour du Soleil, non seulement vous bousillez la physique et la cosmologie aristotéliciennes, mais vous détruisez aussi la scène sur laquelle se joue le drame de la chrétienté. Il faut dire que les tensions existant entre le portrait de Dante de l'univers chrétien et l'univers mathématique de Copernic existaient en 1543, mais que personne ne les examinait vraiment.

Le procès de Galilée ne portait-il pas aussi sur le droit de l'Église de décider qui pouvait interpréter les Écritures?

Oui. C'est là un autre élément important, particulièrement à propos de Galilée. Celui-ci invoque le truisme médiéval selon lequel il existe deux livres: le Livre de Dieu, la Bible, et le Livre de la Nature, la Création de Dieu. Et, bien sûr, puisque les deux ont le même auteur, aucun ne peut contredire l'autre.

Ce qu'affirmait Galilée, c'est que les mathématiciens étaient les seules personnes qui soient réellement en mesure d'interpréter le Livre de la Nature. Dans un célèbre passage, il déclare que le Livre de la Nature est écrit dans la langue de la géométrie, affirmant ainsi indirectement aux théologiens qu'ils n'ont pas les connaissances techniques — mathématiques — nécessaires pour comprendre le monde naturel. Aux yeux des théologiens catholiques luttant, dans la foulée de la Réforme protestante, pour conserver leur autorité sur la culture, cela ressemblait sans doute à une attaque de plus à leur crédibilité. Bref, Galilée faisait des vagues au mauvais moment.

Alors, la réaction de l'Église catholique était assez compréhensible dans le contexte de l'époque?

Le résultat final demeure que l'Église a condamné le fait que Galilée défende le système copernicien et elle ne s'est pas davantage tirée d'embarras. Elle a condamné une théorie astronomique essentiellement exacte et, comme chacun sait, il s'agissait d'une grave erreur. Je dirais même qu'il s'agissait de la pire erreur qu'ait commise l'Église catholique dans l'histoire des sciences.

Cela dit, il importe de souligner que certains membres de la hiérarchie catholique comprenaient à l'époque qu'il s'agissait d'une erreur. Rivka Feldhay, historien des sciences (*Galileo and the Church: Political Inquisition or Critical Dialogue?*), a examiné attentivement l'atmosphère qui régnait dans l'opinion publique, plus particulièrement chez les dominicains et les jésuites au moment du procès, et il a trouvé un large éventail d'interprétations. Généralement, les dominicains estimaient que les arguments de Galilée étaient faux parce qu'ils se fondaient sur les mathématiques et que les mathématiques ne pouvaient expliquer correctement le monde physique. Les jésuites, par contre, croyaient que les mathématiques pouvaient expliquer correctement le monde physique, mais décidèrent que Galilée ne possédait pas une telle preuve mathématique. D'autres encore étaient d'accord avec les jésuites en ce qui concernait le pouvoir de la physique mathématique, mais acceptaient les arguments de Galilée. Bien qu'il ait constitué une «majorité silencieuse», ce dernier groupe voyait bien que la condamnation de la vision héliocentrique du monde aurait de graves répercussions. Ce n'est que plus tard qu'on constaterait qu'ils avaient raison.

D'après Robert Langdon, héros fictif de Anges et démons, *les* Illuminati, *dont Galilée aurait fait partie, étaient des scientifiques qui se réunissaient en secret au cours des années 1500 pour s'opposer aux «thèses de l'Église qu'ils jugeaient erronées» et à son «monopole [...] sur la "Vérité"». Est-ce vrai?*

Je ne suis pas un spécialiste des *Illuminati*. Pour autant que je sache, les premiers *Illuminati* étaient des personnages religieux — surtout des mystiques et des passionnés — qui vivaient en Espagne et en Italie au début du XVIe siècle. Le terme *Illuminati* était au départ péjoratif. Ces gens n'étaient pas organisés et, tout au moins en Espagne, ils n'affichaient pas un intérêt visible pour la science.

Tels que les décrit Anges et démons, *c'est-à-dire les membres d'une secte secrète férocement opposée à l'Église, les* Illuminati *n'ont pas existé?*

Non, pas à ma connaissance, mais Galilée appartenait effectivement à une société scientifique, l'Académie du Lynx. (Selon la mythologie grecque, le lynx jouissait d'une vue particulièrement aiguisée — comme, on suppose, les membres de la société du même nom.) Elle avait été créée par Federico Cesi, un jeune aristocrate romain, et avait comme modèle, entre autres, la Société de Jésus. Cesi avait l'intention d'en faire un groupe d'hommes instruits, honnêtes sur le plan moral et purs sur le plan spirituel, qui consacreraient leur vie à l'apprentissage. Galilée en était devenu membre vers 1611. Il était très fier d'appartenir à ce groupe et le déclarait ouvertement en apposant l'emblème de l'Académie sur la page titre de ses publications. L'Académie du Lynx n'avait absolument rien de secret. Elle n'avait pas été créée pour s'opposer à l'Église catholique et, qui plus est, elle s'était dissoute à la mort de son fondateur en 1630, trois ans avant le procès de Galilée.

Existe-t-il des preuves que, comme l'affirme Dan Brown dans le roman, Galilée connaissait l'anglais et l'utilisait pour éviter le regard scrutateur de l'Église ?

Non. En fait, ç'aurait été étonnant, puisque à cette époque l'Angleterre était très éloignée des centres scientifiques et que pratiquement aucun texte rédigé en anglais n'aurait pu intéresser Galilée sur le plan scientifique.

Vous avez écrit qu'après le procès de Galilée, l'Église s'était mise à financer certains domaines de la science. Pouvez-vous nous en dire davantage sur ce sujet ?

Oui. C'est ce que je veux dire en affirmant que la thèse du conflit ne représente pas un bon guide pour les historiens. Elle ne favorise pas une perspective suffisamment large.

Si vous pensez à la science dans toute sa gloire, il ne s'agit pas vraiment d'une entreprise monolithique, ni par ses méthodes, ni par ses théories, ni par ses domaines d'études. Il existe toutes sortes de sciences : la physique théorique, l'observation astronomique, le calcul météorologique, la psychologie expérimentale — des sciences que l'Église a favorisées ou qui la laissaient indifférente. Les deux principaux domaines auxquels la religion et la science se sont heurtées sont l'astronomie héliocentrique, dont nous avons parlé, et l'évolution dans son sens large (c'est-à-dire l'évolution biologique, la géologie, l'évolution humaine, etc.).

L'Église catholique de Rome a-t-elle interdit aux catholiques d'accepter la théorie de l'évolution ?

Non; en tout cas, pas si on présente la chose d'une façon aussi brutale. Lorsque Darwin a publié *L'Origine des espèces* en 1859, la réaction officielle de l'Église a été très froide. En 1909, une commission pontificale biblique réaffirmait la «signification littérale et historique de la Genèse» et interdisait le récit purement scientifique (matérialiste) des origines humaines. En 1950, pourtant, le pape Pie XII a publié une encyclique (*Humani generis*) qui, tout en demeurant prudente sur les questions relatives à l'évolution humaine, affirmait : «Les autorités enseignantes de l'Église n'interdisent pas, conformément à l'état actuel des sciences humaines et de la théologie sacrée, que des hommes expérimentés dans les deux disciplines effectuent des recherches et prennent part à des discussions sur la doctrine de l'évolution.» On ne peut pas dire qu'il s'agisse d'une approbation éclatante de l'évolution darwinienne, mais ce n'est pas non plus une interdiction de la théorie de l'évolution organique.

En tant que personne qui croit que la relation historique entre la science et la religion comporte de nombreuses nuances, êtes-vous d'accord avec l'affirmation du camerlingue dans Anges et démons *selon laquelle la science a détruit l'Église catholique romaine ?*

«Détruit»? Non, pas du tout. Qu'elle ait marché sur ses plates-bandes, oui, mais seulement d'une certaine façon. La plupart des fonctions culturelles qu'exerce la religion — toute religion — ont peu à voir avec la plupart des fonctions exercées par la science. Lorsqu'il s'agit de comprendre et d'interpréter le fonctionnement de la nature, les scientifiques ont maintenant davantage de pouvoirs, dans la culture occidentale, que le prêtre, le théologien ou le saint. En ce sens, les scientifiques ont, au cours des quelque 300 dernières années, empiété sur le pouvoir culturel des leaders religieux.

Pour revenir à la physique moderne, Anges et démons *décrit-il correctement la théorie du big-bang de Georges Lemaître? Et a-t-on considéré le big-bang comme une preuve de l'existence d'un être suprême ayant créé le monde ?*

Oui et non. Vers le milieu du XXe siècle, les personnes au sommet de la hiérarchie catholique — y compris quelques papes — aimaient bien la cosmologie du big-bang mais de manières qui ne plaisaient pas à Lemaître.

Permettez-moi de corriger d'abord certains faits mineurs. En 1923, Lemaître a interrompu la rédaction de sa thèse de doctorat sur la théorie générale de la relativité d'Einstein pour entrer au séminaire. Il a été ordonné prêtre catholique la même année. (Quand, plus tard, on lui a demandé pourquoi il avait fait une chose si étonnante, il a répondu : « Je m'intéressais à la vérité sous l'angle du salut aussi bien que du point de vue de la certitude scientifique. ») Il a poursuivi ses études à Cambridge, en Angleterre (1924), et à Cambridge, aux États-Unis (1925). C'est alors qu'il a entendu parler des travaux empiriques d'Edwin Hubble sur la vitesse d'éloignement des galaxies par l'astronome de Harvard Harlow Shapley.

En fin de compte, Lemaître a publié sa théorie sur l'atome primordial (ce n'est que plus tard qu'on l'a qualifié de big-bang par dérision) en 1927 dans un court article d'un journal belge peu connu. Ainsi, tout comme la théorie de Copernic, l'impact initial a été presque nul. Cette théorie n'est devenue populaire qu'au moment où Lemaître en a fait parvenir un exemplaire à Arthur Eddington en Angleterre, en 1930. En 1932, Einstein lui-même a assisté à une conférence de Lemaître et déclaré : « C'est la plus belle et la plus satisfaisante explication de la Création que j'ai jamais entendue. »

Dans quelle mesure Brown fait-il un mauvais emploi de la théorie de Lemaître ?

Dans le livre, Leonardo Vetra représente le lien fictif entre l'atome primordial de Lemaître (la théorie du big-bang) et la Genèse. C'est Vetra qui accomplit le miracle de créer quelque chose à partir du néant, promettant ou menaçant ainsi (aux yeux des adversaires du roman) de relier les mondes de la physique des hautes énergies et l'herméneutique biblique. Premièrement, je ne crois pas que Lemaître ait eu quoi que ce soit à dire sur ce qui s'est produit avant que son atome primordial subisse une désintégration radioactive spontanée. Ainsi, à strictement parler, il n'y a pas de Genèse ni de création à partir du néant dans l'œuvre de Lemaître.

Comment l'antimatière cadre-t-elle avec tout cela ?

L'antimatière existe, en théorie aussi bien qu'en réalité. Mais elle ne figure nullement dans la théorie de Lemaître. Son atome primordial n'est qu'un immense noyau atomique composé de bonne vieille matière : neutrons, protons, électrons, etc.

Lemaître lui-même rejetait complètement le type d'amalgame entre la cosmologie et la Genèse qui sert de moteur au récit de Brown, ce qui constitue encore un autre rebondissement délicieux de l'histoire réelle. Il faisait justement une mise en garde contre ce que certains théologiens catholiques espéraient, à savoir une théorie scientifique qui justifierait la Genèse. Voici ce que Lemaître disait à ce propos : « Pour autant que je puisse en juger, l'hypothèse de l'atome primordial demeure absolument étrangère à toute question métaphysique ou religieuse. Elle laisse le matérialiste libre de nier l'existence de tout être transcendantal. [...] Pour le croyant, elle élimine toute tentative de familiarité avec Dieu. [...] Elle est en accord avec les paroles d'Isaïe, qui parlait du "Dieu caché", même au début de la création. »

Ainsi, à votre avis, l'Église n'aurait aucune raison d'agir comme le camerlingue le fait dans Anges et démons, *puisqu'elle ne se sent pas menacée par la science ?*
Non. Je suis désolé de dire que la prémisse du livre ne fonctionne pas du tout à mes yeux. Mon imagination est trop imprégnée de faits du passé.

Alors, aucune des idées de Anges et démons *à propos de la relation entre la science et la religion n'est exacte sur le plan historique ?*
Comme je l'ai dit, l'idée d'un conflit entre la science et la religion est devenue une sorte de lieu commun, le procès de Galilée en étant souvent le symbole. Ce que j'ai essayé de dire, c'est que ce symbole ne représente pas de manière exacte les documents historiques dont nous disposons. Les interactions entre les nombreuses factions du christianisme et les nombreux domaines des sciences sont infiniment plus nuancées et intellectuellement plus subtiles que ne le laisse entendre la thèse du conflit.

Parlez-nous de l'archive secrète du Vatican renfermant les écrits interdits de Galilée où Robert Langdon a failli mourir.
Il y a la Bibliothèque du Vatican, les Archives du Vatican et les Archives Secrètes. Les documents liés au procès de Galilée étaient conservés dans les Archives Secrètes. Comme leur nom

l'indique, ces archives étaient secrètes et pratiquement personne n'a pu examiner les documents du procès pendant plus d'un siècle et demi après la mort de Galilée, en 1642.

Il n'existe donc aucun travail d'érudit sur le procès rédigé avant 1800. Mais, au XIXᵉ siècle, plusieurs événements ont permis aux historiens d'examiner les documents. Voici l'histoire en bref. Les armées de Napoléon ont envahi les États pontificaux en 1809 et confisqué, entre autres, les documents du procès. Ceux-ci ont finalement été renvoyés à Rome en 1846, à la condition, d'après certains, que le Vatican les publie et / ou les mette à la disposition des chercheurs. Au cours des années qui ont suivi, le Vatican en a publié des parties. Mais des omissions et de judicieuses révisions ont éveillé les soupçons.

Durant les trois décennies suivantes, un groupe restreint mais régulier de chercheurs, qui n'étaient pas toujours des fils loyaux de l'Église, ont fait des pèlerinages à Rome pour examiner eux-mêmes les documents. Les meilleurs spécialistes de Galilée de cette génération étaient Allemands. À cette époque, un des grands thèmes en Allemagne était la *kulturkampf* — la « guerre de la culture » — qui opposait la culture laïque progressiste et moderne à la culture sacerdotale traditionnelle et médiévale de l'Église catholique. La très grande majorité des spécialistes de Galilée étaient des positivistes progressistes.

À mon avis, l'« industrie de Galilée » et la thèse du conflit sont apparues en même temps. Toutes deux exploitaient la disponibilité récente des documents du procès (qui, je crois, furent à nouveau scellés peu après 1880), et la croissance des deux coïncidait avec la montée des États-nations laïques et industrialisés qui tentaient de restreindre le pouvoir politique de l'Église catholique. La thèse du conflit est tout aussi liée au positivisme et aux politiques nationales du XIXᵉ siècle qu'à l'Église catholique. Elle est importante, mais pas en tant que guide sur ce qui s'est produit aux XVIᵉ et XVIIᵉ siècles.

Pourquoi Dan Brown fait-il allusion à Giordano Bruno dans Anges et démons ? *Voici ce que pense Steven J. Harris de l'importance du philosophe :*

Giordano Bruno est certainement un personnage important dans l'histoire des sciences et dans le conflit entre la science et la religion. Il est né à Naples en 1548 (environ une génération avant Galilée) et est entré chez les dominicains alors qu'il était adolescent. Soudain, pour des raisons assez obscures, il a rompu ses vœux et quitté l'ordre monastique, puis s'est enfui en Italie. Il rejetait ouvertement la cosmologie géocentrique d'Aristote et défendait vigoureusement la théorie héliocentrique de Copernic tout en se proclamant « un ennemi des mathématiques » lorsqu'elles s'appliquaient au monde physique. Il s'agissait bien sûr d'une attitude tout à fait contraire à la nouvelle tendance d'alors sur la physique mathématique.

De manière plus étonnante, il plaidait en faveur d'un univers infini et imaginait un nombre infini de mondes héliocentriques comme le nôtre, comparant les étoiles éloignées à notre Soleil. Son raisonnement se rapprochait davantage de la théologie que de l'astronomie, puisqu'il pensait que seul un cosmos infini pouvait exprimer la créativité et le pouvoir infinis de Dieu. Il adopta également un certain nombre d'idées politiques qui firent de lui l'objet d'une controverse considérable. Il était sans doute mieux connu et plus respecté parmi ses contemporains pour sa méthode d'enseignement de la mnémotechnique, ou art de la mémoire (une ancienne tradition chez les dominicains), ainsi que pour sa défense de la philosophie hermétique, une sorte de magie fondée sur la philosophie, qui tire son origine d'écrits attribués à Hermès Trismégiste. Après plusieurs années d'errance, il retourna en Italie, en espérant sans doute occuper la chaire de mathématiques à l'Université de Padoue. (En fait, c'est Galilée qu'on nomma à ce poste en 1592.) Bruno fut arrêté à Venise, extradé à Rome et, après sept années d'emprisonnement, il refusa d'abjurer ses croyances religieuses hérétiques — de même que son héliocentrisme et sa croyance en un univers infini — et fut condamné à mort. Il fut brûlé sur le bûcher en 1600.

Ce qui est intéressant au sujet de Bruno, outre ses spéculations philosophiques complexes et originales, c'est la façon dont diverses parties se sont servies de lui au fil des ans. Au XVIIIe siècle, on considérait encore (dans certains cercles) ses idées comme excentriques, extravagantes et impertinentes. Au XIXe siècle, plus particulièrement après l'unification de l'Italie, il est devenu un héros aux yeux des libéraux, une cause célèbre permettant de défendre la liberté de pensée et — d'une manière quelque peu incongrue compte tenu de son opinion sur les mathématiques et de son adhésion aux pratiques magiques — un précurseur de la science moderne. D'après Voltaire, l'histoire est un mauvais tour que nous jouons aux morts. À mon avis, ce qui est pertinent dans *Anges et démons*, c'est que Galilée connaissait certainement la renommée et le destin de Bruno, et qu'il a tiré profit de l'erreur de Bruno : il vaut mieux ne pas s'obstiner devant l'Inquisition.

Le mythe de Galilée

une entrevue avec Wade Rowland *

L'histoire populaire considère Galilée non seulement comme un grand astronome, mais également comme un défenseur de la liberté de conscience s'attaquant au clergé intolérant qui tente d'arrêter la marche du progrès. Dan Brown adopte ce point de vue dans Anges et démons *en fondant son intrigue sur la prémisse selon laquelle l'Église catholique a condamné Galilée pour avoir défendu la théorie de Copernic affirmant que le Soleil, et non la Terre, se trouvait au centre de l'univers. Mais Wade Rowland, journaliste canadien, réalisateur de télévision, conférencier sur les sciences, la religion et l'éthique dans les universités et auteur d'une douzaine de livres, remet ce point de vue en question, le considérant comme un vaste mythe historique.*

---

* Wade Rowland est l'auteur de *Galileo's Mistake : A New Look at the Epic Confrontation Between Galileo and the Church* et d'une douzaine d'autres livres.

Dans son livre Galileo's Mistake: A New Look at the Epic Confrontation Between Galileo and the Church, *Rowland affirme que Galilée n'était pas vraiment un «parangon de vérité et de liberté», non plus que l'Église était si «vénale et étroite d'esprit». De plus, Rowland maintient que le conflit fondamental entre les scientifiques et l'Église ne concernait même pas la théorie de Copernic, mais qu'il s'agissait plutôt d'une bataille sur la nature de la vérité et la façon dont l'homme en vient à la connaître. Galilée insistait sur le fait que la nature détient les secrets de l'univers et que seules la science et les mathématiques pouvaient les déchiffrer. À cela, l'Église répliquait que la science pouvait être utile, mais qu'elle ne détenait pas toutes les réponses : Dieu, la moralité et l'éthique pouvaient également enseigner quelques leçons. Rowland accorde du mérite aux deux positions. «Nous devrions admirer Galilée», écrit-il, mais en même temps, nous devrions reconnaître les importantes vérités que défendaient ses adversaires au sein de l'Église, lesquels tiraient parti d'une expérience philosophique bien plus profonde. »*

Cette réévaluation spectaculaire de la controverse jette une lumière plus sympathique sur l'Église du XVIIᵉ siècle et plus dure sur Galilée. Dans l'entrevue qui suit, Rowland défend sa thèse de manière éloquente.

***

On considère généralement que l'Église catholique a condamné Galilée pour avoir approuvé la découverte de la «vérité» de Copernic, à savoir que la Terre tournait autour du Soleil.

Pour commencer, le mot «découverte» représente un concept trompeur dans ce contexte. Les systèmes géocentrique et héliocentrique étaient en concurrence au moins depuis l'époque de la Grèce classique, autrement dit, Copernic s'était inspiré de spéculations très anciennes.

À l'époque de Galilée, plusieurs personnes au sein de l'Église, et particulièrement parmi les astronomes jésuites, se doutaient que Copernic avait raison. Les découvertes télescopiques de Galilée fournissaient de diverses façons une confirmation *indirecte* de ces soupçons. Elles montraient, par exemple, que les objets célestes n'étaient pas parfaits, mais qu'ils semblaient constitués de la même matière ordinaire que la Terre, que la Lune était accidentée et montagneuse, et que le Soleil lui-même montrait des imperfections appelées «taches solaires». Observée au télescope, la taille de Mars variait à différents endroits de son orbite. Puis il y a eu la découverte des lunes de Jupiter. Le système copernicien plaçait soigneusement les planètes autour du Soleil selon la vitesse de leurs révolutions — Mercure plus rapide et plus proche, Saturne plus lente et plus éloignée — et puis se trouvait Jupiter, un système solaire miniature doté de satellites organisés de manière séquentielle et périodique exactement de la même façon. Les partisans de l'ancien astronome Ptolémée affirmaient également que si la Terre se déplaçait rapidement sur son orbite, elle laisserait rapidement la Lune derrière elle. Galilée a pu démontrer que cela ne s'était pas produit avec Jupiter et ses lunes, ce qui minait encore davantage la croyance ptoléméenne en une Terre (nécessairement) stationnaire autour de laquelle tournait le Soleil.

Il faut garder à l'esprit que l'Église n'a ni persécuté ni poursuivi Copernic à cause de ses spéculations. En fait, le pape l'a remercié d'avoir contribué à simplifier l'élaboration du calendrier, qui devait se baser sur des observations astronomiques exactes. L'Église n'a pas non plus exprimé de plaintes au sujet des «confirmations» réalisées par Galilée avec son télescope. En réalité, les dirigeants de l'Église l'ont bien accueilli à Rome et lui ont demandé de présenter ses découvertes aux astronomes jésuites qui ont immédiatement entrepris de les confirmer à partir de leur propre observatoire à Rome.

De toute évidence, le fondement du conflit entre Galilée et l'Église n'avait aucun lien avec la théorie copernicienne.

Si le point de vue traditionnel représente un mythe, qu'est-ce qui était alors au cœur du conflit entre Galilée et l'Église catholique?

Le cœur du conflit était quelque chose de plus compliqué et en même temps de beaucoup plus intéressant que le mécanisme orbital. Le désaccord reposait sur deux points de vue opposés sur la nature de la vérité et de la réalité, sur l'autorité vers laquelle il fallait se tourner pour connaître la vérité à propos du monde. Une façon de résumer ce débat subtil et complexe consiste à le regarder dans le contexte de la célèbre description que fit Galilée des Écritures et de la Nature, qu'il considérait comme deux textes différents révélant Dieu et ses œuvres, des textes qui dévoilaient la vérité sur l'univers. Galilée insistait sur le fait que la science devait toujours avoir préséance sur les Écritures (ou, de manière plus générale, sur la perspective métaphysique) dans toutes les matières accessibles à la recherche scientifique. D'après lui, les humains étaient en mesure d'interpréter la signification des Écritures et, donc, susceptibles de commettre des erreurs. Par contre, la science traitait directement avec la nature qui, disait-il, *est sa propre interprète*. Le Livre de la Nature, affirmait Galilée, est écrit dans la langue des mathématiques, pour laquelle il existe toujours une interprétation incontestablement correcte. Autrement dit, il croyait que, d'une manière tout à fait réelle, la nature était constituée de nombres et qu'en conséquence, elle était sujette à une compréhension définitive par le biais des sciences fondées sur les mathématiques.

Examinons maintenant la question sous l'angle de l'autorité de l'Église. Selon Galilée, l'autorité intellectuelle de l'Église devait se limiter aux domaines de connaissances sur lesquels la science ne pouvait offrir aucune perspective. Il avait également écrit qu'avec le temps, la science était en mesure de déchiffrer progressivement *tous* les mystères de l'univers. Ainsi, la religion et la philosophie morale — domaine intellectuel de l'Église — pouvaient, pour un temps, combler les lacunes dans la connaissance scientifique jusqu'à ce que les progrès des sciences rendent inutiles ces disciplines susceptibles d'erreurs. Que ce soit pour des motifs politiques ou philosophiques, l'Église ne pouvait accepter une remise en question aussi radicale de son autorité.

L'Église s'inquiétait également du fait qu'il n'y ait aucune place pour les valeurs morales dans le monde purement mathématique que Galilée entrevoyait. Du point de vue de l'Église, la moralité devait se trouver au centre de la recherche et de la compréhension, et non à sa périphérie, comme élément secondaire. Selon l'Église, l'univers fonctionnait d'après des préceptes aussi bien moraux que mathématiques.

L'Église était donc prête à croire que la Terre n'était pas le centre de l'univers ?
Les registres historiques montrent clairement que, d'après l'Église, si on pouvait prouver la vérité de la théorie copernicienne, il faudrait alors réinterpréter les passages des Écritures qui semblaient indiquer que le Soleil tournait autour de la Terre et que celle-ci était immobile. Le cardinal Bellarmin, directeur du Collegio Romano et théologien principal du Vatican, l'exprimait en termes clairs en 1615, lorsqu'il écrivait que s'il existait une preuve réelle attestant que le Soleil se trouve au centre de l'univers et que la Terre tourne autour du Soleil, « alors nous devrions agir avec une grande prudence

pour expliquer les passages des Écritures qui semblent enseigner le contraire et admettre que nous ne les comprenons pas, plutôt que de déclarer fausse une opinion dont la véracité est prouvée ».

Mais si cela devait être fait sans remettre en question l'autorité intellectuelle de l'Église, il fallait le faire avec circonspection et en consultant les autorités religieuses compétentes. Et cela prendrait du temps. En fait, l'Église demandait à Galilée de lui donner le temps de s'adapter à la nouvelle réalité que proposait la science. Il importe aussi de se rappeler que Galilée n'avait pas été en mesure de démontrer la validité de la théorie copernicienne. La confirmation définitive ne devait se faire qu'au XIXe siècle grâce à des mesures de la parallaxe des étoiles.

Pourquoi l'Église craignait-elle tant que l'héliocentrisme s'enracine ?

Il y avait à cela plusieurs raisons à la fois politiques et théologiques. Une des plus intéressantes était que si la théorie de Copernic était vraie, elle semblait signifier que l'univers était beaucoup plus vaste qu'on ne le croyait auparavant. Si la Terre tournait en orbite autour du Soleil, il était alors possible de percevoir un changement de position des étoiles, prétendument fixes, à mesure que la Terre se déplaçait d'un côté à l'autre de son orbite. Si ces étoiles avaient été proches, le changement aurait été important et évident. Mais personne n'avait pu, en utilisant la technologie de l'époque, discerner un quelconque changement. De deux choses l'une : soit l'hypothèse de Copernic était fausse, soit les étoiles se trouvaient si éloignées qu'on ne pouvait détecter l'angle du changement de leur position. L'univers qui, pendant des milliers d'années, avait semblé un endroit douillet et tranquille semblait maintenant, du moins en théorie, incroyablement vaste et peut-être même infini.

Quels problèmes l'idée d'un univers infini posait-elle pour l'Église ?

Un univers infini soulevait de graves problèmes théologiques. Si l'univers n'était pas fini, où se trouvaient donc l'enfer et le purgatoire ? Comment Dieu pouvait-il être séparé et distinct de sa création, comme l'affirmait le dogme chrétien ? Si l'univers était infini, Dieu devait par définition en faire partie, puisque l'univers englobait tout. Où pouvaient résider l'ordre, l'harmonie et le but dans un univers infini et donc informe? Toute la cosmologie élaborée par Aristote, Thomas d'Aquin et Ptolémée, qui avait bien servi le christianisme depuis sa naissance, s'effondrerait et, avec elle, la hiérarchie millénaire de la vie interdépendante qui reliait, en une chaîne ininterrompue, les objets inanimés aux plantes et aux animaux jusqu'aux hommes, aux anges et à Dieu. Et si cela se produisait, qu'adviendrait-il des systèmes de morale et de valeurs douloureusement façonnés qui s'étaient fondés sur ces suppositions?

Mais l'idée d'un univers infini fut finalement acceptée et reconnue au cours des trois siècles suivants. Les astronomes, les physiciens et les cosmologistes du XXᵉ siècle se sont alors retrouvés confrontés à de semblables questions fondamentales comportant également de profondes implications psychologiques lorsque la science a conclu qu'en fait, l'univers était fini puisqu'il avait eu un début définissable lors du big-bang.

Dans Anges et démons, *un personnage qualifie ironiquement de « top des publications scientifiques » le* Dialogue *de Galilée parce qu'il tentait d'adopter à la fois la position scientifique et la position religieuse pour éviter d'avoir des problèmes avec l'Église.*

Le *Dialogue sur les deux importants systèmes du monde* présente, sous la forme d'une discussion entre trois amis, des arguments pour et contre les deux systèmes, celui de Copernic et celui de Ptolémée. La cosmologie ptoléméenne, ou géocentrique, est symbolisée par un personnage appelé Simplicio, ce qui donne une certaine idée des préférences de l'auteur. Pris dans son ensemble, le livre constitue une défense claire et tranchante de la théorie copernicienne et c'est pourquoi les autorités religieuses, qui lui avaient ordonné de ne pas faire de vagues à ce sujet, étaient en colère. Souvenez-vous que Galilée n'avait aucune preuve de l'exactitude de l'hypothèse copernicienne; il n'avait que des soupçons et quelques confirmations indirectes. Dans ce contexte, sa défense de Copernic semblait particulièrement courageuse.

À votre avis, quelle fut l'erreur de Galilée?

L'erreur intellectuelle de Galilée fut son matérialisme naïf, pour utiliser le terme philosophique. En tant que précurseur de la science moderne, il a formulé le point de vue selon lequel lorsqu'on a testé une hypothèse scientifique (comme la théorie de Copernic) et qu'on a démontré qu'elle correspondait aux preuves résultant de l'observation scientifique, on devait l'interpréter comme un point de vue définitif sur la réalité. Il croyait que la science découvre sur le monde des réalités *qui excluent toutes les autres explications*. En outre, il croyait que la science pourrait un jour savoir tout ce qu'il y avait à savoir sur le monde, qu'elle pourrait, selon ses propres mots, connaître «ce que Dieu connaît».

D'après l'Église, il existait des limites à la compréhension humaine et ce que faisait la science, c'était de construire des modèles de la nature (habituellement, comme dans le cas de Galilée, des modèles mathématiques) et de les examiner. Confondre les modèles avec la réalité de la nature telle que Dieu l'avait créée revenait à confondre la carte géographique avec le territoire. Le pape Urbain VIII l'exprima joliment lorsqu'il avertit Galilée de ne pas «imposer à Dieu la nécessité» ou, en d'autres mots, de ne pas présumer que les explications scientifiques représentent les *seules* explications valables du fonctionnement de l'univers.

L'Église et en particulier le cardinal Bellarmin ont tenté de le convaincre que la science ne révélait pas la nature, mais qu'elle construisait plutôt des modèles qui, à divers degrés, «sauvaient les apparences», ou fournissaient des explications utiles et exploitables sur une réalité authentique, complexe et impénétrable. La position de longue date de l'Église avait été exprimée de manière éloquente par Nicolas de Cues, qui pourrait avoir servi de modèle à l'homme de la Renaissance. Cardinal, mathématicien, philosophe, médecin et scientifique expérimentateur, de Cues écrivait en 1440, dans son livre influent intitulé *De la docte ignorance*:

> *Ainsi en est-il, à l'égard de la vérité, de notre intelligence qui n'est pas la vérité même; jamais elle ne saisira la vérité d'une manière si précise qu'elle ne la puisse saisir d'une manière plus précise encore, et cela indéfiniment [...] Quelle conclusion devons-nous tirer de là? Que l'essence même des choses, qui est la véritable nature des êtres, ne saurait être, par nous, atteinte en sa pureté. Tous les philosophes l'ont cherchée; aucun ne l'a trouvée. Plus profondément nous serons instruits de cette ignorance, plus nous approcherons de la vérité même.*

Intellectuellement, Galilée se trompait tout simplement : telle que nous la comprenons aujourd'hui, la nature *n'est pas* «sa propre interprète». La description de la nature par la science — c'est-à-dire par des scientifiques humains utilisant des instruments et des techniques de fabrication humaine, répondant à des questions définies par des aspirations et des besoins humains — ne constitue pas qu'une forme de sténographie ou de transcription. De par sa nature même, la connaissance scientifique dépend de manière importante du milieu culturel dans lequel elle se développe. Elle ne peut par conséquent prétendre à la prééminence en tant que source de vérité.

Quels étaient les motifs de Galilée lorsqu'il tentait de démontrer que l'Église avait tort ? Son ego, qu'on disait immense, représentait-il un facteur important ?

Il ne fait pas de doute que la taille de l'ego de Galilée était proportionnelle à l'ampleur de son intellect. Mais on peut sympathiser avec lui. Imaginez à quel point il a dû se sentir puissant en faisant ses découvertes télescopiques, en voyant, comme il s'en vantait, des choses qu'aucun homme n'avait vues auparavant. Imaginez son sentiment de supériorité intellectuelle lorsque les expériences physiques qu'il menait contredisaient des aspects clés de la science aristotélicienne qui avaient prévalu pendant plus d'un millénaire. Il aurait fallu une personne d'une extraordinaire humilité pour demeurer impassible à l'endroit des opinions opposées et, plus particulièrement, vis-à-vis de perspectives aussi subtiles que celles que l'Église présentait — et Galilée n'était pas ainsi.

À mon avis, Galilée avait en fin de compte acquis un peu d'humilité, mais j'admets que cette affirmation est sujette à controverse. Il avait commencé en insistant sur une complète liberté intellectuelle pour la science et les scientifiques, et avait fini en acceptant le point de vue selon lequel il est nécessaire que l'Église exerce une sorte de discipline intellectuelle éclairée sur le plan moral. C'est, du moins, ce que laisse entendre sa déclaration d'abjuration durant son procès, déclaration qu'il avait lui-même rédigée en grande partie. Je crois qu'il était sincèrement désolé et, dans *Galileo's Mistake*, je consacre beaucoup de temps à appuyer ce point de vue en me servant de preuves historiques.

Croyez-vous que l'Église de cette époque mérite la réputation d'avoir été irrationnelle et anti-intellectuelle ?

Rappelez-vous que, pendant les 15 premiers siècles de son existence, l'Église revendiquait une autorité absolue dans tous les domaines intellectuels et spirituels, y compris dans celui que nous appelons aujourd'hui la science. De nombreux livres décrivant en détail les réalisations scientifiques du Moyen Âge ont été écrits, mais, à ma connaissance, on n'y trouve que peu ou pas de preuves que l'Église ait délibérément contrecarré la recherche scientifique. On s'entend aujourd'hui pour dire que la révolution scientifique du XVIIe siècle est survenue parce qu'une masse critique de connaissances avait été accumulée grâce aux efforts des penseurs médiévaux.

En même temps, il n'est pas tout à fait exact d'affirmer que l'Église médiévale *encourageait* la science. L'Église soutenait que la science était précieuse et intéressante, et qu'elle représentait un complément utile à la connaissance des Écritures, mais qu'il fallait éviter de se laisser prendre par la fascination qu'elle exerçait, car cela pouvait vous distraire de ce qui était réellement important, à savoir les questions liées à l'âme. On ne peut nier, par exemple, que certains astronomes jésuites aient été tout aussi compétents que Galilée, qu'ils aient réalisé des observations semblables, mais n'en aient pas revendiqué le crédit.

Au départ, le pape Urbain VIII était en faveur de Galilée, mais après la publication de Dialogue *en 1632, il s'est retourné contre lui. Pourquoi ce changement d'attitude ?*

J'ai déjà mentionné le fait prépondérant que Galilée avait désobéi à un ordre très clair de ne pas prêcher la théorie copernicienne, mais certains pensent également que le pape, croyant que le personnage ridicule de Simplicio dans le *Dialogue* le représentait, avait interprété ce geste comme une attaque personnelle. Toutefois, il n'existe aucune preuve documentaire à ce propos et je crois peu probable que Galilée ait ainsi agi de manière délibérée pour se mettre à dos un ami et un partisan si puissant.

Galilée insistait sur le fait que le domaine autrefois unifié de la *science* ou de la connaissance du monde devait être séparé en deux, de façon très concrète. Ce que nous appelons aujourd'hui la science et qu'on appelait alors la *philosophie naturelle* devait être le domaine exclusif des scientifiques (dont Galilée est le précurseur moderne), alors que la *philosophie morale*, y compris la théologie, devait relever de l'Église et de ses philosophes et théologiens. La conséquence évidente de cela — conséquence que l'Église comprenait mais que Galilée ne semblait pas avoir saisie — était qu'à mesure que la science étendait ses (potentiellement universelles) connaissances du fonctionnement du monde, le domaine de la philosophie morale perdrait nécessairement et progressivement sa pertinence. Cela représentait une menace pour l'autorité de l'Église et pour le statut de la Vérité, que les dirigeants de l'Église n'étaient simplement pas prêts à accepter.

À l'époque de Galilée, le cardinal Bellarmin était considéré comme le cardinal le plus intellectuel, celui qui s'intéressait le plus à la science. Pourtant, il a été impliqué dans le procès et l'exécution sur le bûcher du mathématicien Giordano Bruno. Au début, il a tenté de protéger Galilée puis est devenu le principal instrument utilisé par le pape pour le censurer. Comment expliquez-vous le comportement de Bellarmin ?

Bellarmin est décédé en 1621, soit 12 ans après le procès de Galilée. Toutefois, une lettre que Bellarmin avait écrite à Galilée en 1616 fut présentée pendant le procès. Cette lettre expliquait clairement qu'à l'époque Galilée avait été averti de garder pour lui son opinion sur la théorie de Copernic. La même lettre affirmait que la rumeur selon laquelle on avait demandé à Galilée de renoncer à son opinion sur le système copernicien était fausse. Au moment de sa mort, Bellarmin était en bons termes avec Galilée. Ainsi, il est tout simplement inexact de dire que le cardinal a, d'une quelconque manière, contribué activement à la condamnation de Galilée. Pour Bellarmin, le seul problème avec son ami Galilée était que ce dernier tenait à voir la théorie copernicienne en tant que fait plutôt qu'en tant qu'hypothèse. Après tout, elle n'avait pas été prouvée.

Quel effet l'Inquisition a-t-elle eu sur Galilée et probablement sur d'autres scientifiques de son époque ? Leurs réflexions et leurs paroles étaient-elles influencées par les menaces de torture et d'assassinat ?

Je pense qu'on a exagéré le rôle de l'Inquisition. C'était certainement une institution inéquitable, en particulier du point de vue moderne des droits universels de la personne (un concept né au XVIIIᵉ siècle). Mais, avec de possibles exceptions comme l'Espagne du XVᵉ siècle, où l'Inquisition était corrompue et exploitée (malgré les plaintes du pape) par les monarques de l'époque, il ne s'agissait pas d'un pouvoir omniprésent et omniscient comme certains organismes policiers secrets d'aujourd'hui. Elle s'occupait presque exclusivement de l'hérésie doctrinale et de son élimination, et ce n'est que rarement que la pensée scientifique tombait dans cette catégorie.

Ce fut le cas à propos de la spéculation sur l'idée que l'univers était infini ou fini. Giordano Bruno avait défié l'Inquisition en prêchant l'existence d'un univers infini de même que plusieurs autres hérésies, et il fut finalement brûlé sur le bûcher au Campo dei Fiori à Rome en 1600. (Bruno avait également été excommunié par les Églises calviniste et luthérienne après avoir quitté les rangs des dominicains.)

L'affaire Bruno est souvent évoquée comme preuve que l'Inquisition aurait tenté d'éliminer la science, mais, à mon avis, les données historiques montrent clairement que ce n'était pas le cas, que sa «science» aurait été tolérée s'il n'avait pas également franchi tant de limites doctrinales. Les véritables grands scientifiques de l'époque — Copernic, Kepler et Galilée — ont tous réussi à faire leurs observations et à publier leurs résultats malgré, comme ce fut le cas pour Galilée, d'éventuelles objections de la part de l'Inquisition.

Bref, même si elle n'a certainement pas contribué aux progrès de la science, l'Inquisition ne les a pas vraiment empêchés non plus.

Il est également important de se souvenir que les catholiques romains n'étaient pas les seuls à risquer de faire l'objet d'accusations d'hérésie, mais que c'était également le cas de toute l'Europe protestante — la Hollande étant la seule et honorable exception. Même dans l'Angleterre libérale, on a menacé Thomas Hobbes de brûler ses livres et sa personne à cause de ses opinions philosophiques.

Qu'en est-il du recours à la torture par l'Inquisition?

L'Inquisition a rarement eu recours à la torture — l'Espagne faisant encore une fois exception, en particulier sous l'autorité du célèbre dominicain Tomas de Torquemada. Son approche préférée était une sorte de psychanalyse forcée à long terme visant à convaincre la victime de ses erreurs. Il est certain qu'aucun chercheur sérieux ne pense que Galilée ait subi de véritables menaces de la part de l'Inquisition. Loin d'être emprisonné dans un donjon à Rome pendant son procès, Galilée était confortablement installé dans la luxueuse Villa Medici, ce qui, bien sûr, ne signifie pas que l'expérience ait été agréable pour lui. Il subissait de toute évidence de fortes tensions psychologiques et affectives.

Vous considérez donc le châtiment infligé à Galilée par l'Église comme une tape sur la main?

Compte tenu des circonstances de cette affaire, et des événements historiques qui l'ont entourée, la punition de Galilée — la résidence surveillée selon le bon vouloir du pape — me semble avoir été raisonnablement impartiale. C'était certainement davantage qu'une tape sur la main, mais c'était aussi autre chose que le destin de Bruno. Alors qu'il était confiné à sa villa près de Florence, Galilée a produit sa plus grande contribution à la science : *Discours concernant deux nouvelles sciences.* Il a rencontré le philosophe anglais Thomas Hobbes et le poète John Milton ainsi que d'autres grands intellectuels de l'époque. Il a pu rendre visite à ses filles au couvent voisin où elles vivaient. Il est mort de cause naturelle à l'âge de 75 ans en compagnie de son fils, de ses amis et de ses élèves, et il a reçu les derniers sacrements de l'Église. Sa dépouille a été enterrée dans la magnifique église franciscaine de Santa Croce à Florence (bien que certains petits problèmes bureaucratiques se soient posés), où reposent également Dante et Michel-Ange.

Dan Brown mentionne un manuscrit, prétendument perdu, appelé Diagramma della Verita, *écrit par Galilée alors qu'il se trouvait en résidence surveillée. Brown affirme également que Milton avait annoté des passages dans le livre. Les chercheurs croient-ils que Galilée a écrit un tel livre ou s'agit-il d'une pure fiction?*

Je n'ai jamais vu une quelconque mention d'un tel document dans la littérature spécialisée ni ailleurs. En ce qui concerne les annotations de Milton, ce n'est rien de plus qu'une charmante idée. Milton a rencontré Galilée à Florence juste avant la mort de ce dernier, mais il n'existe aucun compte rendu de leur conversation. Milton mentionne brièvement leur rencontre dans *Areopagitica*, son célèbre pamphlet en faveur de la liberté de presse face à la censure puritaine. Il utilise Galilée comme un exemple de la façon dont la censure avait «atténué la gloire entourant l'intelligence des Italiens» en réduisant chez eux l'apprentissage à une «condition servile».

Existe-t-il des preuves que Galilée aurait fait partie des Illuminati, *des francs-maçons ou d'autres sociétés secrètes opposées au Vatican?*

Pour autant que je sache, une telle preuve n'existe pas et, compte tenu du respect qu'avait Galilée pour l'Église et des relations amicales qu'il entretenait avec plusieurs papes et cardinaux, la chose semble invraisemblable mais pas impossible. Ce qui est certain, c'est qu'il n'existe aucun document historique sur l'existence d'une franc-maçonnerie en Toscane, région italienne où vivait et travaillait Galilée, avant 1735, lorsqu'elle a pour la première fois attiré l'attention de l'Inquisition de l'endroit. Cela, bien sûr, s'est produit longtemps après la mort du scientifique. Les maçons semblent effectivement avoir joué un rôle important en faisant construire la deuxième, et plus imposante, sépulture en hommage à Galilée à Santa Croce. Sa dépouille a été transférée de son emplacement d'origine, plus humble, à cette église en 1737 (alors qu'on avait trouvé avec le sien un deuxième squelette, probablement celui de sa fille aînée).

Quel objectif le mythe de Galilée a-t-il servi au fil des années et que devrions-nous penser de lui?

Le mythe de Galilée constitue un des récits déterminants de la culture occidentale moderne (ou, plus techniquement, du modernisme). Les leçons morales qu'il enseigne représentent la pierre angulaire de notre croyance dans le pouvoir suprême et la légitimité de la raison, ainsi que dans l'accès exclusif de la science à une connaissance fiable du monde. Bref, il enseigne que la religion et la spiritualité ne sont que des superstitions. Ses leçons illustrent également de manière vive les dangers et le caractère arbitraire du pouvoir religieux ainsi que la futilité de résister aux progrès de la science.

Nous devrions admirer Galilée pour ce qu'il était : un précurseur inspiré, mais faillible, de l'entreprise scientifique et un homme à juste titre ébloui par son propre pouvoir. Nous devrions en même temps reconnaître les vérités importantes que défendaient ses adversaires au sein de l'Église, qui bénéficiaient d'une expérience philosophique beaucoup plus profonde. Et une de ces vérités importantes est que la philosophie morale et la philosophie naturelle ne peuvent survivre comme des domaines de connaissances distincts et exclusifs sans que chacune d'elles coure le risque de devenir une parodie grotesque et dangereuse d'elle-même.

AMBITION AVEUGLE ET PIÉTÉ SINCÈRE

UNE ENTREVUE AVEC MARCELO GLEISER [*]

Dans Anges et démons, *Dan Brown qualifie Galilée d'«infortuné astronome». Marcelo Gleiser, physicien, enseignant et auteur de* The Dancing Universe : From Creation Myths to the Big Bang, *dresse de lui un portrait plus nuancé en qualifiant le grand scientifique de «pieux hérétique», un homme possédant une rare combinaison d'ambition aveugle et de piété sincère. Gleiser maintient que c'est l'ambition de Galilée — et le fait qu'il croyait être destiné à sauver l'Église de l'ignorance — qui a en fin de compte contrarié la hiérarchie ecclésiastique.*

Gleiser considère cette première fissure comme «un schisme entre la science et la religion encore très présent aujourd'hui». Il n'entrevoit pas la fin de cette séparation au cours du siècle actuel : «Le poison, c'est le dogmatisme», dit-il. Seule une approche plus conciliante de la part des dirigeants spirituels et laïques engagés dans le grand débat résoudra le conflit.

Dans le texte qui suit, Gleiser jette un éclairage historique sur Galilée, sur son affrontement avec l'Église et sur le débat plus large que dépeint Brown. Dans une entrevue ultérieure (voir le chapitre 6), il aborde des questions plus scientifiques en parlant de la façon dont l'étude de la physique a évolué depuis Galilée jusqu'au big-bang.

***

---

[*] Marcelo Gleiser est professeur de philosophie naturelle au Dartmouth College. Il est l'auteur de *The Dancing Universe : From Creation Myths to the Big Bang*. Il est aussi l'auteur de l'expression «pieux hérétique» qui sert de titre à ce chapitre.

De l'affrontement entre Galilée et l'Église catholique jusqu'à une guerre moderne entre le Vatican et les physiciens du CERN, l'incompatibilité entre la science et la religion constitue un thème important du roman Anges et démons *de Dan Brown. Qu'est-ce qui rend si fascinant ce thème de la science contre la religion?*

La plupart des gens dans le monde sont religieux. La Bible est de loin le plus grand best-seller de tous les temps. Le besoin de croire en une réalité surnaturelle qui transcende notre existence terrestre est aussi vieux que l'histoire. La mort — notre conscience de la mort — nous rend impuissants entre les mains du temps. Il n'est pas facile d'accepter que nos jours soient comptés, que des accidents surviennent au hasard, que l'existence n'ait d'autre but plus élevé que ce que nous en faisons par nos propres choix. Ainsi, nous cherchons les réponses plus haut en créant des déités de toutes sortes afin de nous guider, de nous réconforter, d'esquiver, d'une manière ou d'une autre, notre durée de vie limitée.

Puis survient la science qui, en 400 ans, entreprend d'expliquer les mystères jusqu'alors attribués aux dieux ou aux miracles, faisant en sorte que les gens ont plus de difficulté à croire. Il n'y a aucun doute que la laïcisation de la société a apporté beaucoup de liberté à l'humanité. Mais aux yeux de plusieurs, elle a aussi laissé un vide spirituel dans sa foulée. Pour le croyant, la science représente une force menaçante qui éliminera les promesses réconfortantes de paradis, de vie éternelle, de réincarnation, etc. Un monde sans Dieu est trop difficile à supporter. Pour le non-croyant, la religion est une structure archaïque dénuée de signification; l'idée qu'il existe des forces surnaturelles régissant le cosmos et nos vies est considérée comme tout à fait absurde et invraisemblable.

Dan Brown a eu la brillante idée de transposer le conflit au CERN, la «cathédrale de la science». Dans le roman, un des principaux scientifiques du CERN, Leonardo Vetra, veut utiliser la science pour prouver l'existence de Dieu. S'il réussit, la religion l'emporte. Ironiquement, elle l'emporte grâce à la science, avec une création à petite échelle reproduite en laboratoire. Le big-bang en tant qu'événement reproductible. Cette expérience n'en est pas une que la science puisse envisager de réaliser bientôt ni même peut-être jamais en raison de lacunes dans sa conception. Mais il en résulte une histoire fascinante : un scientifique religieux essayant de remédier au schisme ancien entre la science et la religion — ainsi que dans son âme, comme devrait le faire toute bonne œuvre imaginative — au moyen de la recherche scientifique.

Vous écrivez qu'il est « étonnant » que la science et la religion soient considérées comme si dissemblables à notre époque.

Il n'existe pas, dans l'histoire, un moment précis où la science et la religion se sont séparées pour de bon. Toutefois, il existe une tendance allant dans ce sens, qui fut amorcée durant le XVIIe siècle avec les travaux de Galilée, de Johannes Kepler, d'Isaac Newton et d'autres. À cette époque, on disait de la science, ou mieux encore de la philosophie naturelle, qu'elle était inférieure à la théologie. Kepler et Newton, tous deux très religieux, voyaient leur science comme une façon d'approcher Dieu, de le comprendre. Ils croyaient que la nature représentait une image de l'esprit de Dieu et que notre raison était un pont ; dévoiler les mystères de la nature constituait un chemin vers Dieu. Selon Galilée, ses travaux étaient distincts de ses croyances religieuses, mais les complétaient. Il maintenait ces deux éléments séparés dans ses publications, mais ses intentions étaient passablement claires : l'Église *devait* reconnaître la nouvelle science (sa science !) pour éviter un embarras certain. Dans son livre *L'Essayeur*, il écrivait : « C'est à moi et à nul autre qu'il fut accordé de découvrir tous les nouveaux phénomènes dans le ciel. » De toute évidence, il croyait avoir été choisi par Dieu pour révéler la vérité sur la nature à un monde prisonnier du dogme aristotélicien. En cela, il n'était pas très différent d'un prophète qui croit avoir été choisi par Dieu pour révéler au monde ses paroles et sa sagesse.

Le modèle d'un univers héliocentrique de Copernic représentait une coupure radicale par rapport à la pensée de l'époque. Qu'est-ce qui a amené Copernic à proposer une telle théorie ? Et pourquoi l'Église ne s'est-elle pas opposée à sa découverte dès le départ ?

Copernic était ce que j'ai déjà appelé un « révolutionnaire réticent ». Ayant étudié en Italie au début des années 1500, il était à plusieurs égards un produit de la Renaissance. Son modèle héliocentrique reflétait clairement cet état de fait. Il écrivait sur la belle harmonie de son organisation de l'univers dans lequel l'ordre des planètes est dicté par le temps qu'elles mettent à accomplir un cercle autour du Soleil: Mercure, la plus proche, avec un cycle de trois mois, et Saturne, la plus éloignée, avec un cycle de 29 ans. (Il n'y avait à l'époque que six planètes connues, puisque Uranus, Neptune et Pluton n'étaient pas visibles à l'œil nu.) Mais une autre raison plus modeste sous-tendait l'idée de Copernic: autour de 150 apr. J.-C., Ptolémée avait mis au point un modèle géocentrique dans lequel la Terre était légèrement éloignée du centre et dans lequel les planètes se déplaçaient à des vitesses régulières autour d'un point fictif appelé «équipollent». À l'époque de Copernic, le modèle de Ptolémée était *le* modèle accepté. Toutefois, ce modèle entrait en contradiction avec l'une des règles établies par Platon quelque 18 siècles plus tôt: tout modèle décrivant le mouvement des planètes devait recourir à des cercles *et* à des vitesses constantes. Copernic voulait faire en sorte que l'astronomie respecte de nouveau les règles platoniciennes. C'est exactement (ou presque exactement) ce que faisait son modèle héliocentrique. Ainsi, on peut dire qu'il a fait progresser l'astronomie en tentant de la faire reculer. Il n'avait aucunement l'intention de causer une *révolution*.

Le célèbre livre de Copernic *Des révolutions des orbes célestes* comportait une introduction qui conseillait au lecteur de ne pas prendre au sérieux l'hypothèse héliocentrique, car elle contredisait les Saintes Écritures; il ne fallait la considérer que comme une construction mathématique permettant de calculer les mouvements planétaires. On découvrit plus tard que l'introduction avait été écrite *non pas* par Copernic, mais par un certain Andreas Osiander, un théologien luthérien qui s'était occupé de la publication du livre pendant que Copernic gisait dans un état presque comateux sur son lit de mort. Bien qu'elle ait été insidieuse, l'introduction d'Osiander a amorti le coup: grâce à Galilée, l'Église ne put s'offusquer de la théorie copernicienne que beaucoup plus tard.

Pourquoi alors l'acceptation de Galilée du modèle de Copernic a-t-elle représenté un outrage pour l'Église catholique?
Quand il est entré en scène pour défendre Copernic, Galilée a adopté une approche agressive en mettant l'Église au défi de revoir son interprétation théologique de la Bible, car elle contredisait ce qu'il observait dans les cieux. Galilée a fait preuve

d'un manque flagrant de diplomatie et il n'aurait pu le faire à un plus mauvais moment, alors que la Réforme protestante représentait un grave défi pour l'autorité ecclésiastique. Elle n'avait certainement pas besoin d'un autre, surtout en Italie.

D'après le roman de Brown, Galilée « ne considérait pas Science et Religion comme deux ennemis mais plutôt comme des alliés, deux langages différents pour dire une même histoire, une histoire de symétrie et d'équilibre ». Ce passage décrit-il correctement la pensée de Galilée et, si c'est le cas, suggère-t-il que l'Église ne souhaitait d'aucune façon que la science et la religion soient unifiées ?

De toute évidence, Galilée ne souhaitait pas entrer en guerre avec l'Église. Du moins pas ouvertement. Il a essayé, bien que d'une manière assez maladroite, de trouver un compromis avec les dirigeants de l'Église. D'abord en 1615, lorsque le cardinal Barberini (qui devait devenir le pape Urbain VIII, le même qui allait condamner Galilée plus tard) lui avait dit de ne pas aller « au-delà des arguments utilisés par Ptolémée et Copernic », c'est-à-dire de ne considérer l'univers héliocentrique que comme une construction mathématique et non comme la réalité. Vers la même époque, le maître des questions controversées au sein du Collège romain, le tout-puissant cardinal Bellarmin, mettait Galilée au défi de trouver une preuve irréfutable que le Soleil se trouvait réellement au centre de l'univers. Galilée lui répondit dans son célèbre *Dialogue sur les deux principaux systèmes du monde,* livre qui lui valut les foudres de l'Inquisition. Il illustrait la position de l'Église (et en particulier celle d'Urbain VIII) en la personne de Simplicio, un aristotélicien dépassé et simple d'esprit. Galilée avait obtenu d'Urbain la permission de publier le livre pourvu qu'il y intègre la position de l'Église selon laquelle même si des preuves laissaient entrevoir un cosmos héliocentrique, Dieu pourrait, par miracle, mouvoir chaque jour le ciel et tout le reste autour d'une Terre immobile plutôt qu'une Terre virevoltant sur elle-même comme un couvercle tournoyant. Galilée croyait qu'il pourrait se montrer plus malin que les dirigeants de l'Église, comme il l'avait été avec plusieurs autres au cours de sa vie. C'était une grave erreur. L'Église n'avait aucun intérêt à reconnaître une nouvelle science qui constituait un défi à son autorité. Les intentions de Galilée tendaient peut-être vers la conciliation, mais son approche fut désastreuse.

Vous croyez donc que l'Église ne pouvait tolérer l'arrogance de Galilée qui se croyait le dispensateur de la seule vérité?

Exactement. En 1615, le cardinal Ciampoli, exprimant l'opinion du cardinal Barberini, écrivait à Galilée de laisser la théologie aux théologiens: «Les théologiens considèrent l'explication des Écritures comme leur propre domaine et si de nouveaux éléments sont proposés, même par un esprit admirable, peu de gens ont la faculté de les évaluer à leur juste valeur.» Autrement dit: ne marchez pas sur nos plates-bandes. Mais Galilée ne suivit pas ce conseil.

Galilée souhaitait-il, secrètement ou ouvertement, user de représailles contre l'Église et, si oui, a-t-il agi en ce sens?

Pas de façon évidente. L'idée selon laquelle il a fondé une société secrète, bien qu'elle soit très intéressante, est sans doute imaginaire. Toutefois, alors qu'il était en résidence surveillée, il a écrit un autre livre intitulé *Discours concernant deux nouvelles sciences*, qui a été sorti en douce d'Italie et publié à Leyde en 1638. Le fait qu'il ait écrit ce livre et que celui-ci ait été publié en Europe démontre qu'il nourrissait toujours un intérêt rebelle à mettre sa «nouvelle science» de l'avant. Le livre représente probablement la plus importante contribution de Galilée à la science. Il y revient à ses explorations de jeunesse et découvre, par une remarquable combinaison d'expériences et de déductions géométriques, les lois décrivant le mouvement des objets en chute libre et des projectiles. Cette découverte fut d'une importance capitale pour les études de Newton sur la gravité et le mouvement, et donna un coup mortel à la science aristotélicienne.

Comment le conflit entre la science et la religion s'est-il manifesté après Galilée?

Le succès qu'a connu la science newtonienne a élargi le fossé entre la science et la religion; il devenait de plus en plus évident que plus on comprenait la nature, moins on devait évoquer Dieu pour l'expliquer. Dieu était devenu une solution aux questions que la nouvelle science ne pouvait encore expliquer, le soi-disant Dieu des lacunes. À mesure que la science progressait, les lacunes devenaient moins nombreuses. Au cours du XVIIIe siècle, les déistes comme Benjamin Franklin ont relégué Dieu au rôle de créateur du monde et des lois qui régissent son fonctionnement : il n'était plus une présence constante dans l'univers. C'est le Dieu « horloger », une image devenue de plus en plus populaire au XIXe siècle. La réticence de l'Église à reconnaître la nouvelle perspective scientifique sur le monde n'a pas aidé ; elle considérait la science comme l'ultime poursuite rationnelle de la connaissance, dénuée de toute spiritualité. Elle éloignait les hommes de Dieu. Son aptitude à expliquer les phénomènes menaçait l'hégémonie de l'Église. Par ailleurs, un nombre croissant de scientifiques considéraient la religion d'un regard soupçonneux, car la plupart d'entre eux ne pouvaient accepter un savoir fondé sur la foi. À leurs yeux, il était évident que l'esprit humain pouvait déchiffrer les mystères de la nature et il était absurde de supposer l'existence de forces surnaturelles régissant l'univers. Les deux camps s'étaient ancrés dans leurs positions. Les travaux scientifiques ne faisaient plus aucunement mention de la religion pour la simple raison que la foi ne contribuait pas à faire comprendre les phénomènes naturels ou à faire cesser une épidémie.

Une personne peut-elle tenter de comprendre le monde par l'entremise de la science et demeurer religieuse ?

Certainement. Je connais de nombreux scientifiques qui sont également très religieux — des musulmans, des juifs et des chrétiens, pour ne nommer que les religions monothéistes. À leurs yeux, la science illumine le chemin qui mène à Dieu et les aide à apprécier son chef-d'œuvre, la nature. Il existe aussi des façons moins conventionnelles de trouver la religiosité dans la science. Prenez Einstein, par exemple. Il avait un grand mépris pour la structure autoritaire de la religion organisée et affirmait que la recherche scientifique représentait la seule véritable expérience religieuse qu'on puisse avoir. Pour lui, et pour beaucoup d'autres, la science contribue à exprimer un profond sentiment de communion spirituelle avec la nature sans qu'il soit nécessaire d'invoquer un être ou des êtres surnaturels.

Pouvez-vous nous donner d'autres exemples d'éminents scientifiques qui ont réussi à concilier la science et la religion en cherchant des réponses sur l'univers ?

Dan Brown nous donne un excellent exemple, celui du prêtre cosmologiste belge Georges Lemaître. En 1931, Lemaître a proposé un modèle, connu plus tard sous le nom d'«atome primordial», selon lequel l'univers est apparu à la suite de la désintégration radioactive d'un noyau géant. Même si, comme le laisse entendre Brown, Lemaître ne proposait pas l'idée du big-bang en soi, ses idées ont clairement influencé George Gamow, le véritable concepteur du modèle du big-bang. De manière peut-être étonnante, Lemaître n'a jamais ouvertement mêlé sa science et sa foi. Même la question de l'endroit d'où provenait l'atome primordial était, croyait-il, une question scientifique. Il a été déconcerté quand, en 1951, le pape Pie XII a comparé le big-bang à la Genèse. À ses yeux, la science était parfaitement déterministe et n'avait pas besoin de causes surnaturelles. En mélangeant les deux, on n'obtiendrait que confusion et dissensions. Sa foi transcendait la description physique de la nature que proposait la science.

Croyez-vous que le schisme entre la science et la religion puisse être résolu, ou qu'il le sera au cours de notre vie?

Je crois que c'est possible, mais que cela ne se produira pas. La seule façon de mettre un terme à ce schisme est d'améliorer considérablement la qualité de l'éducation en matière de sciences. Il existe une confusion très répandue quant aux objectifs de la science. Malheureusement, les gens religieux considèrent la science comme une menace à leurs croyances et ils croient que plus la science explique l'univers, moins il reste de place pour la foi dans le surnaturel. C'est en partie la faute de certains scientifiques, en particulier ceux qui adoptent une attitude fermée à l'égard des gens religieux. Un collègue m'a dit un jour que le simple fait de s'asseoir à une table avec des créationnistes leur donne une crédibilité qu'ils ne méritent pas. Même si je comprends le point de vue de mon collègue, je ne crois pas que cela contribuera à améliorer les choses. Vous pouvez ne pas convaincre les gens qui se trouvent autour de la table, en particulier ceux qui croient qu'on peut utiliser la Bible comme document scientifique, mais vous pouvez ouvrir l'esprit de certaines personnes de l'auditoire. J'aimerais croire en l'aptitude que nous avons à apprendre les uns des autres.

Ainsi, aucun des deux camps ne possède toutes les réponses?

Le problème découle de la croyance qui veut que la science aura un jour *toutes* les réponses et que, quand ce jour viendra, la religion deviendra obsolète. Je crois que c'est une totale absurdité. Premièrement, la science n'aura *jamais* toutes les réponses; la nature est beaucoup plus maligne que nous. Toujours, nous nous efforcerons de nous adapter aux nouvelles découvertes, au fur et à mesure que nous observerons de façon de plus en plus approfondie l'infiniment petit et l'infiniment grand. Les scientifiques feraient preuve d'une arrogance considérable en présumant que nous pouvons avoir et que nous aurons toutes les réponses, bien que certains le croient réellement. Deuxièmement, la science n'est pas conçue pour répondre aux besoins spirituels que comble la religion. Les humains sont des êtres spirituels qui cherchent des dieux pour devenir meilleurs. Aux yeux d'un athée, ce «Dieu» peut être la nature et ses mystères, ou la croyance selon laquelle il existe une explication rationnelle à tout.

La science est un langage, un récit qui décrit le monde dans lequel nous vivons. Elle est limitée par sa propre structure fondée sur la validation empirique. Il existe des questions et des sujets qui n'appartiennent tout simplement pas à la science, ou du moins pas à la science telle que nous la comprenons de nos jours: des questions de choix moraux, de pertes émotionnelles, et même des événements qu'on ne peut tester de façon quantitative ou observer de façon méthodique. Ainsi, Dan Brown écrit dans son roman que Sylvie, la secrétaire du directeur du CERN, était toujours étonnée par l'attitude des scientifiques: «Croyaient-ils vraiment que les quarks et les mésons suffisaient à inspirer les êtres humains? Que des équations pouvaient combler leur aspiration au divin?» C'est précisément là la perception générale: que la science en vienne à remplacer la religion. Et ce n'est pas du tout le but de la science.

Les croyants devraient accepter le fait qu'il n'est pas nécessaire qu'une personne soit religieuse pour être morale. Par contre, on devrait toujours avoir le choix de croire pourvu que cette croyance n'enfreigne pas la liberté des autres de ne pas croire. Malheureusement, l'extrémisme religieux a souvent un effet aveuglant en rendant les croyants incapables de comprendre et de respecter les autres, ou encore d'écouter les scientifiques et d'apprendre d'eux. Tant que les voiles n'auront pas été levés et que la différence continuera d'être perçue comme une menace, le schisme continuera d'exister.

LA REVANCHE DE GALILÉE

PAR STEPHAN HERRERA [*]

Ceux qui croient qu'on ne peut exagérer la place sacro-sainte de Galilée dans l'histoire n'ont pas lu *Anges et démons*. Plusieurs des scientifiques et des historiens qui ont examiné le portrait que fait Dan Brown de Galilée en tant que scientifique zélote et vengeur qui aide et encourage une société secrète de conspirateurs appelés *Illuminati* trouvent qu'il ne s'agit que de science-fiction.

Le problème, ce n'est pas seulement que Brown se sert de la science et de l'histoire et les modifie dans l'intérêt de son intrigue. Comme de nombreux romanciers, il le fait, et avec aplomb. C'est que, d'un retournement de situation à l'autre et d'une révélation de secret à l'autre, il finit par faire de Galilée un personnage que seul un théoricien du complot pourrait aimer. Et en présentant Galilée comme un martyr consentant qui risquerait tout dans l'intérêt de la science, il transforme cet homme extraordinaire et complexe en un personnage unidimensionnel, ce qu'il n'était certainement pas.

Les critiques parmi les chercheurs ont tendance à trop contester les libertés que prennent les romanciers pour raconter leurs histoires. Cependant, les critiques de Dan Brown ont raison sur un point : même si Galilée était vraiment « la bête noire du Vatican », les vérités plus larges sur sa vie et son héritage sont beaucoup plus intéressantes que la biographie fictive qu'en présente Brown dans *Anges et démons*. Involontairement, Brown repousse encore davantage Galilée dans le monde de la mythologie et du martyre. Plus cette image prend de l'ampleur, en particulier dans la culture populaire, plus elle éclipse les

---

[*] Stephan Herrera est rédacteur en sciences du vivant pour le magazine *Technology Review* du MIT à Cambridge (Massachusetts). Son livre, *Closer to God : The Fantastic Voyage of Nanotechnology*, paraîtra à l'automne 2005.

véritables contributions de Galilée à la science et perpétue l'idée stupide et cynique selon laquelle la science et la religion sont des ennemis naturels. Il devrait être évident que c'est la science elle-même qui souffre le plus de cette fausse prémisse.

DE PROFONDES RÉPERCUSSIONS

Aux yeux des scientifiques, Galilée a donné au monde de nouvelles perspectives sur les lois de la physique. Encore aujourd'hui, les scientifiques qui œuvrent dans des endroits comme le CERN et la NASA parlent de «transformations galiléennes». Brown tend à transformer le scientifique Galilée en martyr. Il existe une raison pour laquelle Galilée est plus célèbre et plus admiré que des physiciens comme Fermi, Bohr, Newton et même Einstein : l'histoire aime les martyrs.

L'image romantique de l'homme ne semble pas vouloir disparaître. Hélas, Galilée n'était qu'un homme. Il était, bien sûr, un grand homme de science — et certainement l'un des meilleurs —, mais il était humain, donc imparfait. Il a eu trois enfants illégitimes. Il n'était pas toujours aussi malin que les personnages de Dan Brown semblent le croire. En un sens, il jouait un jeu dangereux avec le Vatican et les Médicis en se servant de leur clientèle pour favoriser l'acceptation de la théorie de Copernic. Mais en plus d'être un homme de science, il était un entrepreneur quelque peu arnaqueur et c'était un homme qui désirait tout avoir.

La façon dont l'Inquisition l'a traité, bien que draconienne et contrariante, était plus douce que le traitement qu'elle réservait habituellement à ses ennemis à cette époque. Galilée a passé ses dernières années en résidence surveillée, mais il a évité le sort de tant d'autres personnes que l'Inquisition a condamnées pour hérésie. On ne l'a pas tué, jeté dans un donjon ou torturé. On ne lui a pas refusé le confort matériel ou le contact avec des collègues, des admirateurs ou sa famille, ou encore l'accès aux soins médicaux. En fait, il a passé les dernières années de sa vie dans une villa à Arcetri, sous le soleil de Toscane, et, comme Dava Sobel l'a si joliment décrit dans *Galileo's Daughter*, très près du centre de l'univers de sa fille surprotectrice, sœur Marie-Céleste.

Galilée s'est épanoui sur le tard. Il avait commencé sa carrière comme enseignant avant de devenir écrivain, historien, mathématicien, cosmologiste et inventeur. Il n'a pas, comme plusieurs le croient, inventé le télescope. Mais en 1609, au milieu de la quarantaine, quelques années seulement après l'invention du télescope en Hollande, il en a considérablement raffiné la conception. Au cours des années qui ont suivi, il y a apporté des améliorations qui ont beaucoup fait progresser l'observation du ciel. S'il n'a pas été le premier à utiliser un télescope pour observer une supernova, les lunes de Jupiter, les anneaux de Saturne, les montagnes sur la Lune — et la plupart des historiens croient que cela a été le cas —, il a certainement été le premier à établir des preuves mathématiques de leur existence à partir de ses observations. C'est pourquoi, aujourd'hui encore, on donne son nom à des sondes spatiales.

Il semble que « G », comme les physiciens l'appellent de nos jours, soit devenu plus brillant, plus curieux et plus observateur avec l'âge. Il a donné des conférences sur la forme, l'emplacement et les dimensions de l'enfer tel que Dante le décrivait. Il a donné des cours privés sur la géométrie euclidienne, l'arithmétique, les fortifications, l'arpentage, la cosmographie et l'optique. Il était dans la quarantaine quand il a pour la première fois formulé et publié des explications mathématiques sur l'isochronisme du pendule et la vitesse des objets en chute libre, vitesse qui, présumait-il, variait selon leur densité et non selon leur poids, comme le supposait Aristote. Il a inventé un thermomètre rudimentaire pour mesurer la température de l'air et de l'eau, ainsi qu'une balance hydrostatique pour mesurer la gravité des objets.

Ses observations et calculs sur la gravité, les marées et l'interaction entre l'orbite de la Lune autour de la Terre et le trajet elliptique de celle-ci autour du Soleil ont validé la théorie copernicienne selon laquelle c'est le Soleil, et non la Terre, qui est au centre de notre système solaire. Dan Brown souligne avec raison que « les projections de Galilée ne semblaient pas en désaccord avec les images contemporaines de la NASA ».

Dans *Anges et démons*, le personnage de Robert Langdon a raison de penser que Galilée pouvait transformer les mathématiques en poésie. Brown mentionne le fait que Galilée écrivait en « ancien italien ». En fait, il écrivait en toscan, un dialecte ou une approche linguistique qui, bien qu'on ne puisse les qualifier d'anciens (Dan Brown semble décrire comme «ancien» tout ce qui est âgé), se prêtent particulièrement bien à la poésie, tout comme l'utilisation du dialecte toscan par Dante et la forme d'écriture préférée de Galilée : le dialogue. Le dialecte toscan convient également bien au sarcasme que Galilée exploitait à fond dans presque tous ses écrits qui visaient à déconstruire les raisonnements d'Aristote et de Platon.

PERTE DE SENS DANS LA TRADUCTION

Contrairement à ce que le roman laisse entendre, Galilée n'a pas tenté d'agir de façon hypocrite avec ses bienfaiteurs au Vatican. Il croyait que la science devait être transparente. Contrairement à Aristote et à Platon, Galilée savait que la raison seule, sans l'apport de l'observation, du calcul et de la reproductibilité des expériences, ne constituait pas une preuve scientifique suffisante. Il est certainement vrai que «Galilée était la bête noire du Vatican», comme l'écrit Brown, mais il n'avait pas décidé de devenir une bête noire, et encore moins un martyr de la science et de la méthode scientifique.

Des chercheurs comme feu Stillman Drake de l'Université de Toronto croient que Galilée ne s'attendait pas à recevoir du Vatican une réponse négative à sa lettre de 1614 adressée à la Grande-Duchesse Christina de Toscane et, plus tard, à la publication de son livre de 1632 intitulé *Dialogue sur les deux principaux systèmes du monde, plotéléméen et copernicien*. Après tout, le *Dialogue* avait été révisé et approuvé par quatre censeurs du Vatican avant sa publication. Certains pensent que les censeurs n'ont pas vraiment saisi l'argument de Galilée ou qu'ils ne l'ont simplement pas lu. D'autres croient que le pamphlet sur la théorie de l'héliocentrisme a été «enterré» vers la fin du livre lorsqu'il a été soumis à l'examen, puis déplacé vers une section plus importante au début du livre lors de sa publication.

Richard Langdon, directeur de la Thomas Fisher Rare Book Library de l'Université de Toronto, qui possède la collection de Stillman Drake sur les écrits de Galilée, affirme qu'avec la lettre à Christina et le *Dialogue*, Galilée tentait de concilier la religion et la science. «En citant Copernic de façon extrêmement simplifiée, Galilée affirmait qu'il y avait beaucoup de choses que nous ne comprenions pas parfaitement et que tenter de comprendre davantage l'inconnu reflétait la munificence de Dieu.»

Loin de tenter explicitement de renverser des siècles de doctrine chrétienne et de se mettre à dos le pape Urbain VIII et l'Inquisition, Galilée pensait qu'il était tout à fait clair à cette époque que son principal sujet de plainte touchait Aristote et Ptolémée, et non l'Église. Comme tous les scientifiques de l'époque, et comme le soulignent Robert Langdon et Vittoria Vetra, Galilée n'appréciait pas que l'Église attribue à ses découvertes un caractère religieux. Toutefois, ce que Brown omet de souligner, c'est que cette situation n'a pas poussé Galilée vers la clandestinité ni fait surgir son côté sombre. Galilée croyait comprendre la façon de composer avec les politiciens du Vatican. Alors, pourquoi se soucier d'inventer des histoires de cape et d'épée? Comme le font remarquer les chercheurs du projet Galilée à l'Université Rice, Galilée entretenait d'étroites relations avec les papes et les cardinaux. Pendant 22 ans, avant même qu'il devienne le pape Urbain VIII, le cardinal Maffeo Barberini, par exemple, était un bienfaiteur enthousiaste de Galilée et a même pris son parti sur des sujets controversés comme sa théorie sur le mouvement des marées.

Urbain VIII croyait que Galilée et lui s'entendaient sur le fait que, en raison des politiques changeantes du Vatican (à savoir l'insécurité imposée par l'Inquisition et la montée du protestantisme), Galilée devrait présenter sous forme d'une hypothèse son appui à la théorie héliocentrique de Copernic plutôt qu'à la théorie géocentrique. Galilée a commis une grave erreur en opposant la profondeur de son amitié avec Urbain aux puissants impératifs politiques de l'époque pour le pape. Un chercheur de l'Université Rice explique: «Il semble que le pape n'ait jamais pardonné à Galilée d'avoir mis dans la bouche d'un personnage de son *Dialogue,* dont on pourrait traduire le nom par "simple d'esprit" (Simplicio, l'aristotélicien rigide dont les arguments avaient été systématiquement détruits dans les quelque 400 pages précédentes), l'argument de la toute-puissance de Dieu (argument qu'il avait lui-même soumis à Galilée en 1623).»

DÉMYTHIFICATION
DU GALILÉE DE DAN BROWN

Stillman Drake mentionne à peine les théories du complot sur le rôle de Galilée au sein des *Illuminati*. Aucun chercheur sérieux n'accorde beaucoup d'attention à la théorie du complot — on a beaucoup exagéré son rôle dans la création des *Illuminati* et l'appui qu'il leur apportait. Mais Brown semble suggérer qu'on pourrait certainement pardonner à Galilée d'avoir approuvé l'esprit, sinon certaines méthodes comparables aux cultes, de groupes comme les *Illuminati*. Et on pourrait aussi pardonner aux partisans passés et présents de Galilée, s'ils en voulaient au Vatican et au pape Urbain VIII, la façon dont ils avaient réglé leurs mésententes avec Galilée. Il n'y a aucun doute que le Vatican a mal agi en menaçant de le torturer, de l'emprisonner et de le brûler sur le bûcher à moins qu'il n'accepte de s'agenouiller et « d'abjurer, de maudire et de détester » sa foi en la théorie héliocentrique de Copernic.

Hal Hellman, historien de Galilée et auteur du best-seller *Great Feuds in Science*, fait partie des sceptiques qui affirment que même si Galilée avait certainement le droit de le faire, il n'a joué aucun rôle dans une vendetta secrète contre le Vatican et n'a probablement jamais perdu sa foi. Au contraire. « Galilée est demeuré croyant malgré la façon dont l'Église l'a traité », affirme Hellman. À l'instar de Robert Langdon, Hellman reconnaît que les *Illuminati* de Galilée auraient formé une société secrète, mais une société secrète saine et docile, qui ne se consacrait qu'à la recherche et à la discussion scientifiques et non à la violence, à la revanche et à l'humiliation.

Mais supposons, en ce qui a trait aux conséquences involontaires que pouvaient avoir la création et le soutien d'une société secrète de penseurs « éclairés » à disserter et à tout entreprendre pour faire connaître leurs découvertes scientifiques, que Galilée ait été aussi naïf qu'il l'avait été par rapport à la réaction du Vatican à ses dialogues sur la théorie copernicienne. On peut certainement penser que les choses auraient mal tourné dans ce cas aussi. On peut imaginer que Galilée ait pu penser qu'il aidait la cause de la science en mettant sur pied un groupe secret de scientifiques et de rationalistes, et en produisant pour la postérité un manuel secret écrit dans une langue que les censeurs du Vatican pouvaient difficilement déchiffrer, langue foisonnant d'énigmes destinées aux générations futures, rédigées dans une écriture secrète dont le décryptage repose sur la capacité du lecteur à comprendre le grand langage inspiré par Archimède, les mathématiques.

«Brown a bien fait ses devoirs ici, affirme Hellman. L'utilisation qu'il fait de Galilée en tant qu'auteur d'un obscur manuel, *Diagramma della Verita* (*Le Diagramme de la vérité*) est fort brillante. C'est le genre de manuel que Galilée aurait pu écrire — si Galilée avait fait partie des *Illuminati*, ce qui n'était pas le cas — parce qu'il appréciait la poésie burlesque et la comédie de bas étage.» Pourtant, comme la plupart des historiens de cette période, Hellman croit que les *Illuminati* pourraient n'avoir réellement vu le jour qu'en 1776, près de 150 ans après le procès de Galilée aux quartiers généraux de l'Inquisition à Rome.

Ce que Robert Langdon, le personnage de Brown, omet de mentionner, c'est que le Vatican a finalement admis que Galilée n'était pas coupable. En 1992, le pape Jean-Paul II présentait des excuses pour la façon dont l'Église avait traité Galilée et reconnaissait ce que beaucoup de gens croyaient déjà au Vatican à l'époque de Galilée, à savoir qu'il n'était pas nécessaire que la science et la religion soient des ennemies.

Troisième chapitre

Des complots et des conspirateurs : les *Illuminati*

*Un homme à la recherche des héritiers du complot
qui viserait à dominer le monde
• Les Illuminati : entre le mythe et la réalité
• Les origines et les activités de l'Assassin de Dan Brown
• Les Assassins servent-ils d'« aspirants mystiques »
aux Templiers et aux francs-maçons ?
• Les Illuminati exercent-ils encore leurs activités
sous une forme ou une autre ?
• Skull and Bones :
l'éternel penchant américain pour le secret et la puissance
• Les Illuminati, source ultime d'inspiration
pour la science-fiction... peut-être.*

SUR LA PISTE DES *ILLUMINATI* : UNE RECHERCHE JOURNALISTIQUE SUR LE « COMPLOT VISANT À DOMINER LE MONDE »

PAR GEORGE JOHNSON [*]

De nombreux lecteurs apprennent l'histoire et la mythologie des Illuminati *pour la première fois en lisant* Anges et démons. *Ils se demandent toujours si les* Illuminati *représentent une véritable organisation dans l'histoire et, si oui, dans quelle mesure la description qu'en fait Dan Brown est exacte. Pour tenter de répondre à cette question, nous nous sommes tournés vers George Johnson, rédacteur bien connu du New York Times en matière de sciences. Johnson partage plusieurs intérêts avec Dan Brown et les admirateurs de* Anges et démons : *il a beaucoup écrit sur les conflits et les confluences de la science et la religion, notamment un article dans ce livre. Il a également écrit sur la physique quantique et l'antimatière. Et il a publié un livre qui traite abondamment de l'ordre des* Illuminati, *de leur histoire et de la façon dont les théoriciens modernes de la conspiration (surtout de droite) ont utilisé les mythes et les légendes au sujet de cette étrange organisation. Ce livre, intitulé* Architects of Fear: Conspiracy Theories and Paranoia in American Politics, *a été publié en 1983 et constitue encore une véritable mine de faits indéniables et d'analyses sur l'histoire réelle des* Illuminati. *Plus importante encore que sa présentation de l'histoire factuelle est sa description du vaste réseau de mythes qui s'est formé autour des* Illuminati *et d'organisations semblables, passées et présentes, et des usages politiques négatifs qui s'abreuvent parfois à ce mythe.*

Pour Les Secrets de Anges et démons, *Johnson a rédigé un court article sur les expériences qui, il y a plus de deux décennies, ont attiré son attention sur les* Illuminati, *les théories du complot ainsi que la paranoïa politique et ses répercussions sur la politique américaine.*

---

[*] George Johnson est rédacteur scientifique pour le *New York Times*. Il vit à Santa Fe, au Nouveau-Mexique, et a remporté le prix de journalisme scientifique de l'AAAS. Son septième livre, *Miss Leavitt's Stars*, sera publié au printemps 2005 par la maison d'édition Norton.

***

Vingt ans plus tard, les boîtes sont toujours empilées dans la remise, remplies de brochures, de journaux, de livres, de magazines, de cassettes audio et de quelques illustrés éducatifs, tous décrivant avec force détails les interconnexions d'un complot aussi invisible et dense que le filage d'une puce informatique. Parmi ceux qui ont rédigé ces textes, on trouve des anticommunistes, des antisémites, des anticatholiques, des antiprotestants et des humanistes antilaïques — tant de choses à combattre ! Il y a des fondamentalistes chrétiens qui croient que ce sont eux, et non les juifs, qui représentent le peuple élu de Dieu et que c'est l'Amérique, et non la Palestine, qui constitue la Terre promise ; il y a des israélites britanniques qui assurent que le peuple d'Angleterre est la tribu perdue d'Israël ; il y a des catholiques de droite qui s'efforcent d'éliminer les réformes de Vatican II ; il y a un rabbin orthodoxe qui condamne le judaïsme réformé, considérant qu'il est la source de tous les maux modernes.

Tous ces écrits ont en commun la même croyance : si le monde est dans un état aussi lamentable, c'est à cause d'un complot. Ne croyez pas ce que vous racontent les médias. Les événements que nous voyons aux nouvelles télévisées et dans les journaux et les magazines sont des distractions de pure façade, un théâtre d'ombres pour enfants, des diversions visant à nous cacher la véritable force motrice de l'histoire : un combat séculaire que gère une société secrète appelée les *Illuminati*, pour régner sur le monde.

Les adorateurs du Soleil en Égypte et les anciens cultes des mystères grecs ; les gnostiques, les cathares et les chevaliers du Temple, et d'autres hérétiques du Moyen Âge ; les sociétés mystiques comme les *Alumbrados* espagnols et les rosicruciens allemands ; les francs-maçons européens, le Parti communiste, la Réserve fédérale, la Banque mondiale, le Council on Foreign Relations et, bien sûr, la Commission trilatérale, sorte de club Rotary de gens extrêmement riches et puissants, tous servent de «couverture aux *Illuminati*» dans une quelconque théorie du complot. Une image vaut mille mots et le symbole de ce groupe (un œil au-dessus d'une pyramide) est éloquent : une petite élite d'individus éclairés siège au-dessus du peuple, contrôlant tout ce qui se produit sous eux. Ils contrôlent aussi la masse monétaire, d'où l'apparition de leur emblème au verso du billet de un dollar américain aux côtés de la devise des *Illuminati*: «*Novus Ordo Seclorum*». Car c'est là l'objectif suprême du complot: l'établissement d'un nouvel ordre laïque. Au début des années 1980, alors que je travaillais comme journaliste à Minneapolis, je suis tombé sur cette légende récupérée encore une fois dans *Anges et démons* de Dan Brown (et qu'il mentionne aussi, ici et là, dans *Da Vinci Code*). Un lecteur du nom de Frank avait été frappé (pour toutes les mauvaises raisons) par un article que j'avais écrit sur la politique. Il m'a appelé et m'a promis la plus grande primeur de ma vie.

C'est ainsi que, par une journée fort ennuyeuse (tout pour sortir du bureau), je me suis rendu dans la banlieue ouest où Frank habitait seul au milieu de vastes étendues d'asphalte et de bungalows qui avaient remplacé les champs de maïs. Il m'a invité à passer dans son salon modestement meublé, m'a offert un café puis s'est lancé dans une dissertation de plus en plus empreinte de colère sur les horreurs de la vie moderne: les guerres, les famines, la montée du totalitarisme, la drogue, la criminalité, les maladies vénériennes, les fluctuations du marché des valeurs mobilières, l'inflation, les taux d'intérêt, l'athéisme — toutes en progression galopante. Puis il m'a posé cette question: «Croyez-vous que tout cela puisse se produire de manière accidentelle?» La réponse se trouvait dans l'éclat dur de ses yeux. Impossible. Il devait y avoir une ligne directrice. Quelqu'un tirait profit de cette situation — les gens au sommet de la pyramide. Les *Illuminati*. Il m'a alors demandé de sortir de mon portefeuille un billet de un dollar et de regarder au verso. Peut-être avait-il raison sur ce point. Que faisait là cet étrange œil lumineux?

Frank a finalement eu raison d'une façon inattendue: c'était en effet le *scoop* de ma vie. L'histoire reposait non pas sur le fait que tout était contrôlé par une organisation appelée les *Illuminati*, mais plutôt sur le fait que, partout dans le monde, des gens croyaient fermement, comme Frank, que c'était le cas. D'où venait cette étrange histoire et pourquoi n'en avais-je pas entendu parler auparavant?

J'ai quitté mon emploi, déménagé à la bibliothèque et entrepris mes recherches.

Cela n'a probablement pas été mentionné dans vos cours d'histoire à l'école, non pas (j'en suis presque certain) dans un but de vile dissimulation, mais à cause de la relative discrétion de l'événement : le 9 mai 1798, un des principaux dirigeants des puissants congrégationalistes de Nouvelle-Angleterre, le révérend Jedidiah Morse (père de Samuel Morse, l'inventeur du télégraphe) se tenait dans la chaire de l'église New North à Boston et lançait des avertissements au sujet d'un complot secret visant à détruire le christianisme et à renverser le gouvernement nouvellement formé des États-Unis. L'athéisme allait remplacer la religion et la foi en la raison humaine allait supplanter la foi en Dieu. Cachés au sein de loges maçonniques — une société secrète tapie à l'intérieur d'une société secrète —, les conspirateurs attendaient le moment idéal pour frapper.

C'est un livre tout récemment publié qui avait suscité les soupçons du révérend. Aussi populaire que l'est aujourd'hui un polar de Dan Brown, il s'intitulait, à la manière compliquée de l'époque, *Proofs of a Conspiracy Against All the Religions and Governments of Europe, Carried on in the Secret Meetings of Freemasons, Illuminati and Reading Societies*, de John Robison, mathématicien et professeur de philosophie naturelle à l'Université d'Édimbourg. Comme le titre l'indiquait clairement, il ne s'agissait pas d'un roman, mais d'un exposé. Davantage habitué à écrire sur des sujets scientifiques (les télescopes, le magnétisme) pour des publications comme l'*Encyclopaedia Britannica*, le professeur avait été, quelque temps auparavant, choqué d'apprendre qu'une société secrète bavaroise du nom de *Illuminati* avait infiltré les loges maçonniques de France et avait fomenté la sanglante Révolution française. Loin d'être un soulèvement populaire de villageois opprimés, conclut Robison, la Révolution avait été soigneusement organisée par ce groupe de marionnettistes, des conspirateurs qui voulaient absolument renverser la monarchie française et son alliée, l'Église catholique. Ayant supplanté cette sainte alliance, l'Ancien Régime, les *Illuminati* se répandaient dans toute l'Europe et peut-être au-delà. Leur but ultime était la domination du monde.

Le révérend Morse avait trouvé son exemplaire de *Proofs of a Conspiracy* dans une librairie de Philadelphie. Il lut avec fébrilité de quelle manière le complot avait été ourdi deux décennies plus tôt en Bavière, une principauté du sud-est de l'Allemagne, par un jeune athée du nom d'Adam Weishaupt. Gonflé à bloc par les idées des Lumières — la supériorité de la raison sur la religion et l'égalité entre les hommes —, son ordre des *Illuminati* avait tenté de renverser le gouvernement bavarois. La révolution fut un échec et le groupe se dispersa; c'est en tout cas ce que crurent les autorités. En fait, il survécut dans la clandestinité, se répandant comme une grippe par l'intermédiaire des loges maçonniques d'Europe. C'était, tout au moins, l'histoire qu'on racontait. Robison était lui-même franc-maçon — il considérait les francs-maçons comme une diversion inoffensive, un organisme social visant à instiller les vertus de fraternité et de charité. Il fut abasourdi de lire ce qui s'était produit sur le continent. Récemment, affirmait-il, les tentacules des *Illuminati* avaient atteint des loges en Angleterre, en Écosse et même aux États-Unis.

C'en était assez pour le révérend Morse. Il monta immédiatement en chaire pour avertir ses fidèles des «sombres complots des *Illuminati* contre le gouvernement civil et le christianisme» émanant d'un «club mère d'*Illuminati* en France». Tout le monde, dit-il, devait lire Robison. «Nous avons des raisons de craindre pour la sécurité de notre système politique aussi bien que de notre système religieux.»

La Nouvelle-Angleterre de la fin du XVIIIe siècle représentait un terrain fertile pour la paranoïa. Depuis la prise de la Bastille en 1789, les Américains observaient avec émerveillement puis avec horreur la Révolution française, avec ses appels en faveur d'un «règne de la raison» — fraternité, liberté et égalité —, sombrer dans le règne de la terreur. Dans les églises, on avait renversé les statues des saints et on les avait remplacées par des portraits de philosophes athées comme Voltaire. Les prêtres, les nobles et les autres dissidents étaient envoyés à la guillotine.

Morse était terrifié à l'idée que la même chose se produise aux États-Unis. À cette époque, la Nouvelle-Angleterre possédait son propre type, plus modéré, de régime, alliant l'Église et l'État : le *standing order*, regroupant les congrégationalistes de Morse, le gratin des descendants des Pèlerins et leurs alliés politiques, les fédéralistes. Comme les armées de Napoléon envahissaient l'Europe, le président Adams, leader des fédéralistes, craignait que les États-Unis ne soient bientôt la cible d'une insurrection, d'une attaque de l'intérieur dirigée par la France. Uni contre cette menace, le Congrès fit adopter des lois contre les étrangers et la sédition, restreignant ainsi les droits civils. On soupçonna les démocrates de Jefferson de sympathiser avec les Français. Qui sait ? Peut-être était-ce un plan des *Illuminati* !

Même les récits les plus fous deviennent plus crédibles lorsqu'ils vous parviennent de deux sources. Vers l'époque à laquelle parut le livre de Robison, certains journaux locaux commencèrent à présenter des extraits d'écrits récemment traduits («les délires d'un *bedlamite*», comme les appelait Thomas Jefferson) d'un jésuite français, l'abbé Barruel, qui faisait remonter le complot des *Illuminati* aux cathares et aux Templiers du Moyen Âge. Son livre en quatre tomes sur le complot des *Illuminati* fut rapidement traduit en anglais. (La femme du président Adams, Abigail, considérait qu'il fallait absolument lire ce livre et le recommandait à ses amis.)

Il se trouva en fait que Robison et Barruel s'abreuvaient aux mêmes sources, une masse de pamphlets et d'articles qui avaient circulé en Allemagne et en France, décrivant les hauts et les bas politiques et idéologiques du XVIIIᵉ siècle comme des complots secrets d'une société d'hommes «illuminés». Il semblait peu important que cette lumière intérieure ait été suscitée par une philosophie impie ou, comme l'affirmaient certains écrits, par des puissances mystiques occultes. Dans les deux cas, il s'agissait de la lumière sombre du mal à l'état pur.

Ce n'étaient pas seulement les cinglés qui croyaient à ces choses. Au milieu de cette hystérie, le président de l'Université Yale, Timothy Dwight, avertit les gens de New Haven de la menace : «Allons-nous, mes frères, prendre part à ces péchés ? Allons-nous les faire entrer dans notre gouvernement, nos écoles, nos familles ? Nos fils deviendront-ils des disciples de Voltaire et des dragons de Marat, ou nos filles, les concubines des *Illuminati* ?» Son frère, Theodore Dwight, laissa entendre dans une allocution publique que Jefferson lui-même pourrait être un *Illuminatus*. Le révérend Morse ajouta Thomas Paine à la liste des conspirateurs.

L'année suivante, Morse était prêt à donner des noms du haut de sa chaire : «J'ai maintenant en ma possession la preuve complète et indubitable [...] une liste officielle et authentifiée des noms, des âges, des lieux de naissance et des biens d'officiers et de membres d'une société des *Illuminati* [...].»

Il est impossible aujourd'hui de lire ces paroles sans penser à un autre démagogue, le sénateur anticommuniste Joe McCarthy, alors qu'il parlait en 1950 d'un autre complot immonde : « J'ai entre les mains une liste de 205 membres du Parti communiste [...].»

Les preuves de Morse étaient aussi peu convaincantes que celles de McCarthy : les noms d'une centaine de Virginiens — des immigrants français pour la plupart — qui appartenaient à une loge maçonnique ayant des liens avec une loge française. Qui savait quelles idées radicales pouvaient fermenter entre ces murs ? Aux yeux de Morse et des autres dirigeants du *standing order*, les idéaux séculiers de la philosophie des Lumières semblaient tout aussi menaçants que le communisme le serait 150 ans plus tard. Et la France, prisonnière d'une idéologie, ses armées défilant dans toute l'Europe, avait tous les attributs d'un empire du mal.

La race humaine a progressé comme elle l'a fait, tant bien que mal, parce que nos cerveaux ont évolué jusqu'à devenir des instruments de précision qui nous permettent de discerner un ordre dans le monde, même si cet ordre n'existe pas. À mesure que je découvrais la peur que suscitaient les *Illuminati* en Nouvelle-Angleterre — dont la principale source est le livre de Vernon Stauffer, écrit en 1918 et intitulé *New England and the Bavarian Illuminati* — et le rôle déroutant de la franc-maçonnerie pendant la Révolution française, je sentis mes idées s'entrechoquer, désirant former une structure. Il s'agit d'un sentiment fascinant — que tout est relié, qu'on peut englober ce monde délirant dans une seule théorie du tout, un réseau serré de causes et d'effets avec un responsable aux commandes... qu'il existe une histoire secrète dans laquelle tout ce que vous savez se révèle faux.

Si on les examine un par un, les faits se tiennent. Il y a effectivement eu, au XVIIIᵉ siècle, un conflit entre l'Église catholique et la franc-maçonnerie dont les loges secrètes servaient à cette époque de refuge aux gentilshommes qui s'intéressaient aux nouvelles idées, à savoir, entre autres, la science, la philosophie, la politique, un gouvernement cosmopolite, une société laïque, une fraternité d'hommes dépassant les frontières des nations. Dans cette atmosphère de cérémonies et de rituels secrets, on entretenait des idées dangereuses.

Certains « libres penseurs », comme on les appelait, prirent naturellement part à la Révolution française. Quelques-uns adoptèrent des intérêts plus douteux: le spiritualisme, le mesmérisme, la cabale, l'alchimie. La frontière était mince entre la science pure et ce que nous rejetons aujourd'hui comme étant de l'occultisme. Si tout cela vous semble difficile à réconcilier avec la franc-maçonnerie d'aujourd'hui — des hommes d'affaires d'âge mûr, conservateurs, qui amassent des fonds pour les organismes de charité et prennent part à des défilés patriotiques —, rappelez-vous qu'il s'agissait d'une époque tumultueuse. Le monde était sens dessus dessous et tout était à saisir.

Que ce consortium improbable descende ou non des guildes itinérantes d'anciens tailleurs de pierres, comme le prétend la légende, demeure un mystère. En tout cas, la franc-maçonnerie *active* — la vraie, celle des marteaux, des burins et des fragments de pierres qui volent — a servi d'inspiration à une franc-maçonnerie *hypothétique*: tout comme on peut façonner une pierre pour qu'elle s'imbrique parfaitement dans un mur, on peut façonner un homme pour qu'il devienne un meilleur citoyen, non seulement d'un pays, mais du monde.

Ceux qui se sentaient menacés par ce phénomène ne disposaient d'aucun outil, autre que le complot, pour le comprendre. Ajoutez à cela les mythes fallacieux que les maçons avaient concoctés sur eux-mêmes, à savoir que leurs traditions provenaient des constructeurs de pyramides et des tailleurs de pierre de la Bible, que leurs rituels avaient été protégés pendant des siècles par des sociétés secrètes (c'est là qu'entrent en jeu les cathares, les Templiers, les rosicruciens, etc.), et tout cela forme un récit intrigant. Chacun de ces groupes a été, à un moment ou l'autre, décrit comme hérétique ou amateur d'occultisme, et certains ont été traînés devant l'Inquisition. Épicez le récit avec la propagande vaticane qui se manifestait ici et là depuis des siècles et vous obtenez votre théorie du complot: l'histoire des Lumières en Europe, dépouillée de ses subtilités et contradictions, moulue et martelée en une forme rectiligne.

Emporté par cette mêlée générale intellectuelle, un professeur idéaliste (et quelque peu mégalomane), Adam

Weishaupt, fonda son ordre des *Illuminati* le 1ᵉʳ mai 1776. (Les théoriciens du complot adorent cette date : le premier jour de mai, jour où l'on célèbre l'Internationale communiste et date de naissance des États-Unis.) Weishaupt n'était pas le premier à utiliser le nom *Illuminati*. Longtemps auparavant, une société mystique appelée *Alumbrados* (mot espagnol signifiant « illuminés ») avait été la cible de l'Inquisition. Il n'existe pas de preuves que l'ordre bavarois ait eu quoi que ce soit en commun avec les *Alumbrados* espagnols excepté le nom. Mais pour les paranoïaques, il devait y avoir un lien.

Vus du XXIᵉ siècle, les objectifs de Weishaupt semblent assez nobles : faire circuler en contrebande des œuvres philosophiques des Voltaire, Diderot, D'Alembert et Montesquieu, à l'insu des jésuites qui dirigeaient le système scolaire bavarois, et armer intellectuellement une génération d'érudits contre le caractère répressif d'un pays paralysé par les dogmes. Toutefois, Weishaupt n'était pas l'homme de la situation. Il est peut-être dans la nature humaine d'adopter les pires traits de caractère de ses ennemis. Les jésuites, ces soldats du Vatican, étaient connus (en partie grâce à leurs actions et en partie grâce à la propagande protestante) pour leur ruse et on les considérait comme la CIA du pape. L'esprit de l'époque était si imprégné de cette image que la deuxième définition du dictionnaire anglais *Merriam-Webster* décrit ainsi le mot « jésuite » : « personne portée sur l'intrigue ou l'ambiguïté ». Peut-être Weishaupt avait-il l'impression de combattre un ennemi si puissant qu'il devait s'en défendre avec les mêmes moyens. En tout cas, son premier geste fut d'inventer une gamme de rituels et de codes secrets qui donnaient à ses nouveaux *Illuminati* l'apparence d'un culte de la raison. Les membres des échelons inférieurs n'étaient même pas autorisés à connaître l'identité de leurs camarades initiés et encore moins celle de leurs plus hauts dirigeants. On exigeait d'eux qu'ils s'espionnent mutuellement et qu'ils rédigent des rapports secrets. (Weishaupt ressemble parfois à une version bavaroise du XVIIIᵉ siècle de Lindon LaRouche.)

Cette étrange combinaison d'érudition et de maquignonnage avait apparemment un certain attrait. L'Ordre comptait, parmi ses membres les plus illustres, le poète et naturaliste allemand Goethe, auteur de *Faust*. Le mouvement s'étendit dans les universités et les loges maçonniques en Allemagne et en Autriche, et acquit suffisamment d'influence pour susciter une forte paranoïa chez les partisans du *statu quo*. Weishaupt et ses acolytes espéraient déclencher non pas une violente révolution, mais une révolution intellectuelle. Thomas Jefferson avait probablement raison lorsqu'il écrivit plus tard :

> *Comme Weishaupt subissait la tyrannie d'un despote et de prêtres, il savait qu'il devait être prudent même lorsqu'il diffusait de l'information et des principes de pure moralité. [...] Cela a donné à ses opinions un air de mystère et illustre l'ampleur des divagations de Robison, de Barruel et de Morse à son endroit.*

À la fin, l'Église et la royauté triomphèrent facilement. Réagissant à toutes sortes d'accusations fantaisistes, le gouvernement écrasa l'ordre de Weishaupt moins d'une décennie après sa fondation. C'était la fin du complot des *Illuminati* et le début de la théorie du complot des *Illuminati*.

Je me souviens encore de cette soirée de 1982 alors que je conduisais mon auto de location pour aller entendre une discussion intitulée « Adam Weishaupt, un démon humain » dans la banlieue de Van Nuys, près de Los Angeles. J'avais terminé les recherches en bibliothèque pour mon livre et j'étais maintenant en mission de documentation dans le paradis de la paranoïa que constitue le sud de la Californie. À l'extérieur de la salle de réunion, des gens assis derrière des tables vendaient des traités sur la grande conspiration : *Secrets Societies and Subversive Movements*, publié en 1924 ; *None Dare Call It Conspiracy*, un classique de la paranoïa de droite des années 1960 ; un livret intitulé *The Cult of the All-Seeing Eye*. On y vendait même une édition de *Proofs of a Conspiracy* de Robison, réédité par la John Birch Society, avec une nouvelle introduction soulignant les points communs entre les *Illuminati* et le Parti communiste.

Pendant l'heure qui suivit, le conférencier, ingénieur en électronique dans une entreprise aérospatiale, exposa la version XXe siècle de la légende des *Illuminati*. Le récit avait maintenant une saveur fondamentaliste chrétienne. Le premier *Illuminatus* était Lucifer lui-même — bien sûr, l'ange de la lumière — et c'est dans le jardin d'Éden que les choses commencèrent à mal tourner, alors qu'Ève subissait la tentation du serpent et que l'humanité tombait en disgrâce. À partir de là, le complot satanique fut véhiculé par la chaîne habituelle de cultes, de sociétés secrètes et de philosophes européens, atteignant son apogée dans l'œil des *Illuminati* bavarois nous scrutant avec insolence du verso de nos billets de un dollar. La lumière, Lucifer (qui signifie littéralement «porteur de lumière»), le siècle des Lumières, les *Illuminati*, tous ces mots ont une forte résonance. Ce qui demeure profondément mystérieux, c'est sans doute la façon dont les idées et les images, les « *mèmes* » comme certains scientifiques les appellent, adoptent une vie propre. Nous ne sommes que des vecteurs, des récipients jetables, des cerveaux équipés de bras et de jambes pour répandre l'infection.

De Van Nuys, je me rendis à Rancho Cucamonga — un nom parfait pour cette ville! — où je rencontrai Alberto Rivera, un petit homme perturbé qui affirmait être un ancien jésuite. Il avait quitté l'Église, horrifié, en apprenant qu'elle était contrôlée par les *Illuminati*. C'était là une curieuse tournure des événements: une légende lancée par des prêtres paranoïaques s'était transformée en propagande anticatholique. La théorie du complot avait bouclé la boucle. Tous les détails se trouvaient dans un illustré chrétien aux couleurs criardes, *Alberto*, qui faisait partie d'une série dans laquelle l'Église catholique, créée par Lucifer et descendant d'un culte païen, utilise des pouvoirs occultes pour contrôler le monde secrètement. Le Vatican avait fomenté la révolution bolchevique et recruté Hitler pour exterminer les juifs.

Je connaissais maintenant tout cela, comme la version de l'histoire dans laquelle les juifs sont les *Illuminati* et possèdent un plan de domination du monde énoncé dans les *Protocoles des sages de Sion*. Le mouvement œcuménique chrétien était-il un complot entre les catholiques et les *Illuminati* pour éliminer le protestantisme (Alberto Rivera, encore une fois) ou un complot entre les protestants et les *Illuminati* pour miner le catholicisme (comme dans *Conspiracy Against God and Man* du père Clarence Kelly)? À vous de choisir. J'avais lu dans *The Occult and the Third Reich*, de Jean-Michel Angebert (un pseudonyme), comment les nazis constituaient une couverture pour les *Illuminati* et, dans *To Eliminate the Opiate* du rabbin Marvin S. Antelman, comment les *Illuminati* étaient des juifs réformés.

Tout le monde faisait partie de la conspiration.

En fin de compte, il existe une raison parfaitement inoffensive qui explique la présence de l'œil et de la pyramide sur le billet de un dollar. Le même symbole apparaît au revers du Grand Sceau des États-Unis, tel qu'adopté par le Congrès continental de 1782. (À l'avers, on trouve l'aigle familier avec la devise « *E Pluribus Unum* » accrochée à son bec.) À cette époque, l'égyptologie faisait fureur : une pyramide apparaissait déjà sur le billet continental de 50 dollars. Lorsqu'il dessina le Grand Sceau, Charles Thomson adopta une image semblable pour symboliser la force et la longévité. L'œil, expliqua-t-il, représentait la Providence regardant avec bienveillance la nouvelle nation. « *Novus Ordo Seclorum* » signifie en latin « nouvel ordre des âges » et fait référence, d'après Thomson, à « la nouvelle ère américaine ».

Un siècle et demi plus tard, Henry Wallace, membre du cabinet de Franklin Delano Roosevelt, suggéra (en exagérant un peu) qu'on pouvait aussi interpréter la devise comme signifiant « le *New Deal* ». Roosevelt aimait l'idée et demanda qu'on intègre le sceau au complet, recto et verso, au billet de un dollar.

Il se trouve que les francs-maçons comptent parmi leurs illustres membres passés Franklin Roosevelt et Henry Wallace, de même que George Washington, Benjamin Franklin, James Monroe, James Buchanan, Andrew Johnson, Theodore Roosevelt, William Taft, Warren G. Harding, Lyndon Johnson et Gerald Ford, et même Davy Crockett, Buffalo Bill, Douglas Fairbanks et John Wayne.

Ce sont de telles coïncidences qui servent de fondement aux théories du complot — et aux polars de Dan Brown. D'autres romanciers ont également profité du mythe : Robert Anton Wilson dans sa curieuse *Illuminatus ! Trilogy* et Umberto Eco dans son best-seller intellectuel *Le Pendule de Foucault*. Les deux œuvres ont été écrites avec beaucoup d'ironie. Grâce à son approche plus posée, Brown a fait connaître les *Illuminati* au grand public. Comme le bon révérend Morse, nous vivons à une époque de paranoïa.

En concoctant sa version, Brown va encore plus loin que John Robison et l'abbé Barruel. Le plus illustre *Illuminatus* de *Anges et démons*, Galilée, était en fait décédé 134 ans avant la fondation de l'ordre bavarois. Il y a d'autres liens possibles. À l'époque de Galilée, les *Alumbrados* se manifestaient de temps en temps. Comme les *Illuminati* du roman, c'étaient des ennemis du Vatican. Mais leur type d'illumination mystique aurait difficilement présenté un attrait pour un scientifique.

Si je voulais intégrer Galilée à une théorie du complot, je pense que je ferais de lui un rosicrucien. Dans *The Rosicrucian Enlightenment*, le chercheur de la Renaissance Frances Yates formulait l'hypothèse que cette société secrète, semblable aux francs-maçons par son assortiment de croyances, était un précurseur de la Royal Society, qui devait devenir la plus prestigieuse organisation scientifique du monde.

Puis je relierais les rosicruciens aux *Alumbrados*, et les *Alumbrados* aux *Illuminati*. Toute la structure existe déjà, attendant d'être tordue comme un bretzel en toutes sortes de formes fantastiques.

Quand mon livre, *Architects of Fear: Conspiracy Theories and Paranoia in American Politics*, a été publié en 1984, il n'a eu pratiquement aucun effet dans le monde de l'information : il ne s'est vendu qu'à quelque 3 000 exemplaires avant de disparaître de la surface de la Terre. Pendant une tribune téléphonique dans une station de radio de Los Angeles, un membre de la John Birch Society (Gary Allen, auteur de *None Dare Call it Conspiracy*) m'a reproché de véhiculer la « théorie de l'accident » — la croyance naïve selon laquelle parfois les choses se produisent ainsi, qu'il existe une bonne part de hasard dans la vie. Après avoir remporté un modeste prix littéraire, j'avais pratiquement oublié le livre jusqu'à ce qu'il soit traduit en japonais quelques années plus tard.

Dès que j'ai vu la couverture, j'ai soupçonné que quelque chose n'allait pas : le légendaire œil dans la pyramide regardait sévèrement, de façon inquiétante, pas du tout bienveillante, au-dessus de la silhouette de Wall Street, avec des dollars américains éparpillés partout. Au verso du livre, il y avait une photographie d'un Japonais ringard portant béret et lunettes à large monture. Qui était cet homme et qu'avait-il fait à mon livre ?

À cette époque, je vivais à New York et travaillais pour le *New York Times*. Sur les conseils d'un collègue, j'ai engagé un Japonais qui étudiait la musique à Juilliard pour traduire la traduction. Le titre était devenu *Le monde des* Illuminati *qui dépasse celui des juifs*, et le sous-titre, *La puissante organisation qui dirige le monde*. Au bas de la page couverture, on pouvait lire ces mots : « La plus importante organisation de conspirateurs révélée pour la première fois. Qui sont les *Illuminati* !? Et qu'en est-il du Japon ? »

Dans une nouvelle préface, l'homme au béret exposait sa propre théorie du complot, un récit complexe dans lequel les *Illuminati* préparaient la Seconde Guerre mondiale dans le cadre d'un plan visant à bouleverser l'économie de son pays. « Malgré les protestations vertueuses de l'auteur, écrivait-il, je suis enclin à croire que les *Illuminati* sont en mesure de contrôler la société occidentale en tant que grande puissance intellectuelle, économique et politique. » La postface du traducteur suggère que mon livre pourrait constituer une tentative de désinformation de la part des *Illuminati* — une partie d'un complot ayant pour but de nier l'existence du complot. Par l'entremise d'un avocat, j'ai finalement réussi à faire retirer le livre du marché. J'ai appris que cette version métamorphosée s'était bien davantage vendue que l'édition américaine originale. En fin de compte, il est beaucoup plus avantageux de promouvoir les théories du complot que de les déconstruire, ce qui représente une autre raison pour laquelle cette manie ne disparaîtra jamais.

L'INTERVERSION DES FAITS ET DE LA FICTION : LES *ILLUMINATI*, LE NOUVEL ORDRE MONDIAL ET AUTRES COMPLOTS

UNE ENTREVUE AVEC MICHAEL BARKUN[*]

Dans une de ces fascinantes inversions de l'histoire connues seulement des amateurs de complots, les Illuminati *— qui, selon les historiens traditionnels, ont réellement constitué une société, dissoute par le gouvernement bavarois au cours des années 1780, après à peine une décennie d'existence — ont été remplacés par le groupe beaucoup plus*

---

[*] Michael Barkun, auteur de *A Culture of Conspiracy : Apocalyptic Vision in Contemporary America*, est un spécialiste des théories du complot, du terrorisme et des mouvements apocalyptiques. Il a été consultant auprès du FBI.

puissant des illuminés de l'imagination. Les théories du complot impliquant les Illuminati ont émergé quelques décennies après la dissolution de l'Ordre. Depuis lors, les amateurs de complots ont lié les Illuminati à presque tous les événements historiques importants ainsi qu'à quelques événements survenus avant même que cette société n'existe. Des groupes occultes et ésotériques affirment en être les héritiers. Des dirigeants religieux décrient leur influence mondiale. Et on les a associés à tout, des dissimulations sur les ovnis jusqu'aux races étrangères issues du milieu de la Terre.

Pourquoi les Illuminati et tous les autres complots qui ont surgi à notre époque nous fascinent-ils tant ? D'après Michael Barkun, professeur de science politique à la Maxwell School de l'Université de Syracuse et expert en matière de terrorisme et de complot, cela est dû au fait que nous vivons à une époque de grande incertitude et que les complots, aussi tordus soient-ils, représentent un moyen de donner un sens à la réalité. Érudit respecté et consultant auprès du FBI, il a beaucoup écrit sur les groupes marginalisés ainsi que sur leurs origines culturelles et historiques. Ce qui émerge de son livre intitulé A Culture of Conspiracy : Apocalyptic Vision in Contemporary America, c'est le portrait d'une culture américaine foisonnant d'hypothèses sur les complots — une tendance qui pourrait avoir d'inquiétantes répercussions sur notre avenir.

***

Pourriez-vous nous décrire en peu de mots ce que l'on sait des origines historiques et du destin des Illuminati ?

L'ordre des *Illuminati* a été fondé en 1776 dans le royaume indépendant de Bavière par un professeur de droit canonique du nom d'Adam Weishaupt. Il avait comme modèle d'organisation les loges maçonniques à une époque où les sociétés secrètes et les confréries pullulaient en Europe. Le principal objectif des *Illuminati* était de soutenir un type de discours intellectuel plus ouvert et plus rationnel et, de façon générale, d'appuyer les régimes politiques moins autoritaires et plus ouverts. Mais je n'ai jamais vu de chiffres fiables quant à leur taille. Il n'a jamais compté plus d'un millier de membres à son apogée.

Les Illuminati *ont-ils infiltré et contrôlé les francs-maçons ?*

Nous sommes certains qu'il existait, pendant la deuxième moitié du XVIIIe siècle, une relation très complexe, dont l'étude n'est pas complètement terminée, entre les opposants politiques aux gouvernements autoritaires d'une part, et le mouvement maçonnique d'autre part. Il ne semble pas y avoir eu un quelconque recours systématique au mouvement maçonnique pour promouvoir un projet politique particulier. Mais il existe des preuves que quelques loges maçonniques dans certains pays ont procuré un appui organisationnel à ceux qui s'opposaient aux monarchies absolutistes.

La franc-maçonnerie, qui a connu une expansion rapide au XVIIIe siècle, fournissait un ensemble de symboles et une forme d'organisation qui se prêtaient bien aux besoins des personnes à la recherche d'une libéralisation politique. Dans certains cas, les loges maçonniques ont été «prises en otage» par des membres politiquement radicaux. Dans d'autres, on a créé des organisations quasi maçonniques. Il s'agissait d'un phénomène continental évident en France, en Grande-Bretagne, en Suisse, en Italie et dans certaines régions d'Allemagne.

Il n'y avait aucun lien entre les *Illuminati* et les francs-maçons à l'époque de Galilée, puisqu'il n'y avait pas d'*Illuminati* à cette époque.

En ce qui a trait aux véritables Illuminati, *leurs idées — leur caractère secret, leurs concepts sur les structures organisationnelles — ont-elles persisté plus tard dans le mouvement maçonnique?*

Oui, d'une certaine façon. Mais une fois de plus, je soulignerais qu'il existait des dizaines d'organisations semblables à la même époque. Et toutes mettaient l'accent sur le secret. Elles essayaient toutes d'éviter de se faire infiltrer par les gouvernements. Il existait une organisation semblable, active dans le sud de l'Italie au début des années 1800 : les *Carbonari*. Elle aussi combinait les signes extérieurs des francs-maçons et les projets antimonarchistes. Ces groupes ont connu leur apogée entre 1775 et 1850. Malgré leur penchant pour le secret, ils ont tous disparu.

Ces groupes secrets avaient-ils un projet politique en particulier?

Ils étaient certainement hostiles à la monarchie absolutiste. Ils insistaient sur la nécessité d'abolir l'autorité traditionnelle politique et religieuse, plus précisément celle de l'Église catholique et de la monarchie. Et la combinaison de leur projet intellectuel et de leur projet politique leur a valu la défaveur de plusieurs dirigeants de l'Église ainsi que des monarchies absolutistes. En conséquence, vers le milieu des années 1780, les gouvernements ont commencé à prendre des mesures pour éliminer l'ordre dans les régions où les *Illuminati* exerçaient leurs activités. À la fin des années 1780 — vers 1787 —, l'ordre des *Illuminati* avait effectivement été dissous. Nous parlons donc d'une organisation dont la durée de vie a été d'une dizaine d'années, peut-être 13 en tout. On ne peut décrire avec précision la distribution géographique des *Illuminati*, mais nous sommes certains qu'ils étaient actifs dans des régions que recouvrent maintenant surtout l'Allemagne et l'Autriche. Leurs enseignements ont aussi été traduits dans d'autres langues, comme le français et l'italien.

Comment l'ordre des Illuminati *a-t-il été supprimé ou dissous?*

Les *Illuminati* ont été supprimés lorsque le gouvernement les a bannis, destitués de postes officiels et mis aux arrêts. À la fin des années 1780, l'organisation avait cessé d'exister, bien que certains ex-membres aient sans aucun doute migré vers d'autres sociétés secrètes qui demeuraient actives. Beaucoup d'Américains, en particulier des partisans de l'extrême droite, croient qu'ils exercent encore leurs activités. Mais les *Illuminati* ont cessé d'exister à la fin des années 1780.

Croyez-vous que certaines institutions ésotériques ou sociétés secrètes se considèrent comme un prolongement des Illuminati*?*

De nombreuses institutions ésotériques s'inventent une généalogie. Il existe des organisations néotemplières, des organisations qui affirment descendre de l'Égypte ancienne, et ainsi de suite. Ces affirmations sont inventées de toutes pièces, sans aucune preuve historique.

Que pouvez-vous nous dire sur l'Assassin, le méchant de Anges et démons *?*

En utilisant le mot « Hassassin », je présume que Dan Brown fait référence au groupe qu'on connaît plus généralement sous le nom d'« Assassins ». Et je crois qu'il pourrait avoir mal interprété l'arabe parce que j'ai vu le mot translittéré en « Haschischin ».

La confrérie des Assassins faisait partie de l'islam chiite qui s'est développé au nord de l'Iran au XIᵉ siècle. C'était une branche de l'islam qu'on connaît maintenant sous le nom d'Ismaël — groupe dirigé par l'Aga Khan. Ses membres étaient tout à fait pacifiques.

Mais au début de son existence, la confrérie contrôlait une bonne partie de ce qui constitue aujourd'hui le nord de l'Iran.

Ses dirigeants ont créé, à des fins de prosélytisme, une forme de terrorisme qui impliquait l'infiltration d'individus dans des régions que contrôlaient leurs ennemis religieux. Ces individus devenaient alors des serviteurs d'importants dirigeants politiques ou religieux qu'ils considéraient comme des obstacles à leurs enseignements et qu'ils servaient avec une grande dévotion.

À un certain moment — parfois des années après qu'ils eurent commencé à occuper ce poste, et apparemment sans aucune raison —, ils assassinaient leur maître, toujours avec une dague et toujours dans un endroit public. Le terme « Haschischin » est apparu parce que certaines personnes croyaient que seule une personne sous l'influence du hachisch pouvait se comporter de cette manière en se retournant contre quelqu'un qu'elle avait servi avec tant de dévotion.

Il existe toute une série de légendes sur les Assassins. La plus répandue raconte qu'avant qu'ils ne quittent leur territoire pour une mission, on leur donnait du hachisch, puis qu'on les conduisait dans un magnifique jardin peuplé de belles jeunes filles. Lorsqu'ils se réveillaient plus tard, on leur disait qu'ils s'étaient rendus au paradis et qu'après avoir achevé leur mission — qui, bien sûr, équivalait dans les faits à un suicide —, ils allaient s'y retrouver pour l'éternité. Il ne semble exister absolument aucun fondement à cette histoire de hachisch non plus qu'à cette histoire de simulation de paradis. Les histoires se sont répandues de l'Occident vers la Terre sainte où elles ont été reprises par les croisés.

Le groupe auquel appartenaient les Assassins fut vaincu par les armes. Même s'ils avaient pour but prétendu d'éliminer les opposants à leurs enseignements, les assassinats avaient pour conséquence d'accroître l'opposition politique et militaire, et ses membres ont tous été écrasés. Ainsi, il n'existe plus d'ordre des Assassins depuis plusieurs siècles.

Y avait-il, comme le laisse entendre Dan Brown, un lien quelconque entre les Assassins et les Illuminati *?*

Aucun. Ils ont existé à des époques, dans des régions et dans des cultures différentes. Les violents ismaéliens ont probablement été défaits vers le XIIe ou XIIIe siècle.

Outre le fait que Dan Brown relie faussement les Illuminati *et Galilée, dans quelle mesure la description qu'il fait de ce groupe est-elle exacte ?*

Premièrement, il faut établir une distinction entre les vrais *Illuminati* et ce qu'on pourrait appeler le « mythe des *Illuminati* ».

Le mythe des *Illuminati* n'a commencé qu'après la disparition des vrais *Illuminati* et il était le produit de la Révolution française. Les *Illuminati* auraient manipulé la population française afin qu'elle détruise la monarchie. Et cette littérature a créé une autre histoire de la Révolution française tout en établissant le concept d'une société secrète extrêmement puissante et audacieuse, dont les tentacules pouvaient traverser l'Atlantique. Il y a eu ainsi une période, à la fin des années 1700, durant laquelle on craignait les *Illuminati* aux États-Unis.

Le mythe des *Illuminati* s'étend dans deux directions. Nous avons d'une part des versions selon lesquelles les *Illuminati* n'ont pas été dissous, ont continué leurs activités, conservé leur pouvoir et existent encore aujourd'hui et, d'autre part, une version, qui ressemble davantage à celle de Dan Brown, affirmant que l'ordre a vu le jour bien avant 1776. Il existe également une littérature qui tente de faire remonter les *Illuminati* à des périodes encore plus anciennes.

Mais je dois dire que je n'ai jamais saisi le lien avec Galilée. Il ne faut pas oublier que les *Illuminati* n'existaient pas à l'époque de Galilée. Les autres personnages célèbres que mentionne Brown — des gens comme Le Bernin et Milton — n'auraient pas pu, eux non plus, faire partie des *Illuminati*, puisque les véritables *Illuminati* ne se sont regroupés qu'au siècle suivant.

Comme je l'ai dit, il existe une abondante documentation dans laquelle on essaie d'associer les *Illuminati* à des sociétés secrètes qui ont existé beaucoup plus tôt. Cette documentation commence à apparaître en anglais dans les années 1920 et 1930, durant l'entre-deux-guerres. Deux auteurs britanniques, Nesta Webster (*Secret Societies and Subversive Movements*) et Edith Starr Miller (*Occult Theocracy*) ont écrit des livres qui tentaient de prouver l'existence d'une espèce d'histoire continue des sociétés secrètes des temps anciens jusqu'à nos jours. C'est une version du mythe des *Illuminati* qui a convaincu beaucoup de gens dans le monde anglophone. *The World Order* d'Eustace Mullins, un protégé d'Ezra Pound, et *The New World Order* de l'évangéliste Pat Robertson constituent des exemples récents de cette littérature.

Parlez-nous un peu des plus récentes versions de la théorie du complot.

La littérature du complot qu'on trouve généralement de nos jours relève de la rubrique du Nouvel Ordre mondial. Et c'est devenu une sorte de théorie commune du complot acceptée à la fois dans quelques cercles religieux — surtout parmi certains fondamentalistes protestants et catholiques ultratraditionalistes — et dans des cercles laïques, particulièrement d'extrême droite. La John Birch Society, un organisme de droite, vend encore aujourd'hui par la poste le livre anti-*Illuminati* de John Robison, vieux de deux siècles. Mais il existe aussi une version gauchiste de la théorie sur le Nouvel Ordre mondial. La théorie du complot sur le Nouvel Ordre mondial a réuni de nombreuses théories du complot moins populaires. Par exemple, des théories sur un complot mondial juif, des théories sur une conspiration jésuite, des théories du complot concernant les ploutocrates et les banquiers internationaux.

Le livre de Pat Robertson, *The New World Order,* publié au début des années 1990, en est un exemple, et les ventes ont été considérables. Dans ce livre, vous retrouvez la Commission trilatérale, la Réserve fédérale, les Rothschild et, bien sûr, les *Illuminati.* On constate donc que les types de théories du complot dont on entend parler actuellement comportent de multiples volets.

Il y a une chose intéressante que j'appelle le « renversement faits-fiction » dans mon livre *A Culture of Conspiracy.* Il y a des gens qui lisent des œuvres romanesques et disent :

« Eh bien, ce livre utilise les conventions du roman, mais son but est en réalité de nous communiquer un message factuel. » Et dans la mesure où les gens lisent les œuvres romanesques dans cet état d'esprit, la distinction traditionnelle entre les faits et la fiction commence à se désintégrer.

Les nouvelles théories du complot sont-elles modelées sur les anciennes ?

Absolument. Par exemple, les théories sur les *Illuminati*, qui au départ cherchaient à expliquer la Révolution française, réapparaissent au XXe siècle en affirmant expliquer la révolution russe. Ainsi, les théories sont constamment recyclées.

Dan Brown apporte-t-il quelque chose de neuf à l'ancien modèle de conspiration ? Nous avons entendu dire qu'il écrit un nouveau livre dont l'action se déroule à Washington et qui traite des francs-maçons et de leur histoire. Qu'en pensez-vous ?

L'idée de Dan Brown selon laquelle il existe d'insidieuses sociétés secrètes dont les activités s'étendent sur des siècles correspond fort bien à la tradition de la littérature des complots du XXe siècle. Cependant, les aspects qui touchent Galilée et Rome me semblent nouveaux, tout comme son idée sur la signification ésotérique d'endroits particuliers à Rome. Il existe maintenant une littérature marginale qui tente de démontrer le même genre d'affirmation à propos du plan des rues de Washington. Si vous me dites que Brown écrit un nouveau livre qui a pour cadre Washington, je ne serais pas surpris d'y voir surgir quelques-uns de ces arguments.

Il met beaucoup l'accent sur ce type de réflexion en ce qui concerne l'emplacement des monuments et l'alignement des rues. Il y a aussi un théoricien britannique du complot, David Icke, qui a fait les mêmes affirmations sur des villes européennes, en particulier Londres et Paris. Il existe donc des gens qui affirment que l'emplacement des rues et des édifices canalise le pouvoir d'une façon particulière. Divers commentaires sur les théories du complot associent ces choses aux francs-maçons et aux *Illuminati*. C'est une sorte de concept quasi magique.

Examinons certaines affirmations précises que fait Dan Brown dans Anges et démons. *Des* Illuminati *ont-ils réellement été arrêtés, torturés et assassinés par l'Église, comme il le prétend ? Certains* Illuminati *ont-ils réagi en commettant des actes terroristes ?*

À mon avis, avant la création de l'ordre des *Illuminati* par Weishaupt, il n'y avait pas d'*Illuminati*. Il y a certainement eu des *Illuminati* qui ont été arrêtés au cours des années 1780, mais ils ont été mis aux arrêts par les gouvernements plutôt que par les autorités religieuses. Pour ce qui est de la réaction terroriste à l'oppression, les *Illuminati* n'en ont eu aucune. Ils étaient considérés comme une organisation dangereuse à cause de leurs idées, mais non en raison de quelque action violente.

Que pensez-vous de l'affirmation de Dan Brown selon laquelle des francs-maçons auraient infiltré le gouvernement des États-Unis depuis sa création?

Pour autant que je sache, on a raisonnablement bien documenté le fait que plusieurs des Pères fondateurs étaient des francs-maçons. Je serais un peu plus sceptique à propos d'une affirmation semblable au sujet de George (H. W.) Bush parce que le mouvement connaît un déclin en Amérique depuis la fin du XXe siècle. Toutefois, même si plusieurs personnages politiques importants étaient des francs-maçons, je ne pense pas que cela indique l'existence d'un quelconque complot. Je crois que ça sous-entend plutôt un milieu social commun et un réseau social utile.

Les théoriciens du complot produisent des preuves circonstancielles en indiquant, par exemple, la position qu'occupent certains individus dans différentes organisations et dans des hiérarchies gouvernementales. Ainsi, on laisse entendre que si telle personne est membre du Council on Foreign Relations et de la Commission trilatérale et ainsi de suite, elle doit sûrement faire partie d'un complot. En raison de leurs politiques ou du choix de leurs membres, le Council et la Commission comptent parmi leurs membres plusieurs personnages éminents des milieux gouvernementaux, commerciaux et universitaires. Ils ont des intérêts personnels et institutionnels qu'ils cherchent à servir. Toutefois, ni la prééminence des membres ni le fait que ces membres aient des intérêts qu'ils tentent de faire valoir n'appuient la conclusion des théoriciens du complot affirmant que les organismes eux-mêmes sont des instruments de contrôle.

Il existe une littérature du complot considérable sur le symbolisme du billet de un dollar et du Grand Sceau des États-Unis. *Anges et démons* en fait mention. Mais il y a un site Internet gouvernemental qui propose une explication officielle à propos de ce symbolisme (www.state.gov/documents/organization/27807.pdf). Je pense qu'il pourrait y avoir une certaine relation avec les symboles maçonniques, mais si c'est le cas, je n'y vois rien de sinistre. Par exemple, la signification de la devise *Novus Ordo Seclorum* qui apparaît sur le billet de un dollar

(«*New World Order*») fait l'objet de beaucoup de discussions. À mon avis, le fait que George Bush père ait commencé à parler de la nécessité d'un «nouvel ordre mondial» qui suivrait la période de la guerre froide se terminant pendant sa présidence ne représente rien de plus qu'un intrigant hasard. Il ne savait pas que la phrase existait déjà et que des théoriciens du complot la reliaient aux francs-maçons et aux *Illuminati*. Je crois qu'il s'agissait simplement d'un choix de mots malheureux.

Comment devrions-nous traduire «novus ordo seclorum»?

Je ne suis pas un latiniste, mais je ne vois aucune raison pour contredire la version officielle, à savoir «nouvel ordre mondial». J'ai également vu la traduction qu'en fait Dan Brown: «nouvel ordre séculier».

Qu'en est-il des accusations de complot maçonnique entourant la mort de Jean-Paul Ier?

J'ai certainement entendu parler de cette affirmation. Mon impression, c'est qu'on semble y attacher plus d'importance dans les cercles catholiques ultratraditionnels que chez certains autres théoriciens du complot. Il s'agirait de catholiques en rupture de ban qui ont rejeté l'autorité du Vatican, comme le mouvement auquel est associé le père de Mel Gibson. À leurs yeux, l'idée d'un complot à l'intérieur du Vatican correspond bien à leur refus de Vatican II et des réformes qui en ont découlé.

Anges et démons met en scène un complot à l'intérieur d'un complot. Cette permutation de la théorie du complot est-elle courante?

Ce type de complot devient de plus en plus répandu. Il est apparu dans le cadre de ce que j'appelle les supercomplots, une véritable explosion au cours des années 1980. Deux sous-cultures soutiennent plus particulièrement de telles croyances. L'une d'elles est le fondamentalisme protestant, qui a connu un nouvel élan politique dans les années 1980. L'autre est la droite antigouvernementale militante, sous forme de milices, d'organisations racistes et d'autres groupes politiques marginaux. D'un point de vue religieux, les millénaristes trouvent que les théories du complot représentent un moyen pratique de penser aux machinations de l'antéchrist. Pour ce qui est des extrémistes politiques, les théories du complot donnent une structure à leurs soupçons à l'endroit du gouvernement fédéral, des Nations Unies, des banquiers juifs, des francs-maçons et des autres groupes dont ils se méfient.

Le fait de postuler l'existence d'un complot diabolique définit la nature du mal d'une manière suffisamment précise et crée une image d'ordre moral. Cela permet aux théoriciens du complot de se définir eux-mêmes, ainsi que l'ennemi, avec certitude dans un monde complexe et déroutant.

Dans A Culture of Conspiracy, *vous mentionnez la manière dont ces complots ont été intégrés aux idées antisémites, anticatholiques et antimaçonniques. Pourriez-vous nous en parler davantage?*

Il existe une abondante littérature antimaçonnique qui ne cesse de s'accroître. Ce qui m'a étonné en lisant la littérature contemporaine du complot, c'est la mesure dans laquelle une grande partie de cette littérature est soit anticatholique, soit antimaçonnique ou les deux.

Parce que, comme je l'ai dit auparavant, tout ce qui semble secret ou qui est mal compris peut être inclus dans un complot, et plus la théorie du complot ratisse large, plus elle peut inclure d'éléments. L'avantage d'un concept ouvert comme les *Illuminati* est que vous pouvez y mettre ce que vous voulez et le rendre anticatholique ou catholique. Vous pouvez y intégrer des documents comme les *Protocoles des sages de Sion* et affirmer qu'ils font aussi partie du complot des *Illuminati*. La connexion avec les francs-maçons est plus facile à faire parce qu'il y avait là certains liens superficiels. Mais l'ordre des *Illuminati* est si vague, et nous en savons si peu sur lui, qu'on peut le relier à presque n'importe quel groupe sans crainte d'être contredit ou désapprouvé.

Vous avez écrit que les théories du complot élaborées pendant notre histoire récente n'ont qu'un caractère d'improvisation. Qu'entendez-vous par là?

Je veux dire que, plutôt que de développer des idées qui ne résultent que d'une seule tradition idéologique ou religieuse, les théoriciens du complot ont tendance à emprunter des idées de manière assez peu discriminatoire. Vous trouverez donc ainsi des systèmes qui comportent des éléments de religion, de sciences marginales, d'occultisme et d'ésotérisme, tous entremêlés.

Deux facteurs sont à l'œuvre ici. Le premier, c'est la perte de pouvoir qu'ont subie certaines traditions religieuses et politiques au cours du dernier demi-siècle et leur capacité moindre à discipliner ceux qui utilisent leurs idées. Le second, c'est l'immense disponibilité de documents qu'on n'aurait pu connaître auparavant. Autrement dit, un médium comme Internet permet aux théoriciens du complot de tirer parti d'idées dont ils n'auraient peut-être pas entendu parler à une époque antérieure.

L'élément principal, c'est qu'il est plus facile d'expliquer comment une telle organisation pourrait demeurer vivante et secrète que d'expliquer les événements sans avoir recours à une théorie du complot. Les théoriciens du complot semblent croire que le complot est à l'abri de facteurs tels que les accidents, les coïncidences, l'incompétence, la déloyauté ou la stupidité humaine qui tous, comme nous le savons, ont entraîné l'échec des meilleurs plans.

Qu'est-ce qui rend populaire la nature apocalyptique d'un si grand nombre de ces complots?

Je réfléchis à cela depuis un certain temps parce que nous vivons une période peu commune de fermentation des idées apocalyptiques, et ce, depuis un bon moment. Je pense que cela provient en partie d'un désir d'imposer une certaine forme de compréhension du monde, c'est-à-dire d'imposer une logique à la réalité. C'est, bien sûr, ce que font les théories du complot, et ce, d'une manière extraordinairement avantageuse en affirmant fondamentalement que tous les maux du monde ne sont attribuables qu'à une seule source.

Une autre raison, je pense, réside dans le degré d'anxiété accru. Dans la mesure où nous craignons quelque catastrophe qui détruirait le monde, nous tentons d'exprimer et de comprendre cette peur par l'entremise de systèmes de croyances apocalyptiques.

Qu'est-ce qui alimente la popularité de best-sellers comme Anges et démons *et* Da Vinci Code *de Dan Brown?*

Il se trouve que nous vivons à une époque d'intense intérêt pour les religions, ce qui fait que les contextes religieux rejoignent les goûts du grand public. La méfiance croissante envers les institutions laïques et religieuses et l'engouement récent pour l'intégration à grande échelle de théories du complot dans des éléments d'intrigues de la culture populaire — les séries télévisées et les films comme *The X-Files*, par exemple, sont d'autres facteurs qui entrent en ligne de compte. Un autre facteur réside dans le « nivellement » des médias qui fait en sorte que des idées au départ « marginales » s'insèrent maintenant plus facilement dans le courant dominant. Internet a rendu plus perméable la barrière entre la marginalité et le courant dominant.

Croyez-vous que les théories du complot soient dangereuses ?

Probablement, oui — mais il faut être prudent ici. La vaste majorité des gens exposés aux théories du complot semblent les considérer comme de la fiction.

Cependant, il existe certains dangers potentiels importants — par exemple l'érosion additionnelle de la confiance envers les institutions politiques, religieuses et académiques, et la croyance selon laquelle le monde foisonne d'ennemis invisibles. Ces deux éléments peuvent menacer ce qui reste de cohésion sociale et de civisme démocratique au sein de notre culture.

Un guide de l'occulte pour les Assassins et les *Illuminati*

une entrevue avec James Wasserman [*]

On peut pardonner aux lecteurs de Anges et démons *d'être hantés par l'image de l'Assassin, un tueur en série rémunéré, qui tue un cardinal après l'autre d'une manière étrange et rituelle. Dan Brown explique que les ancêtres de l'Assassin constituaient une armée, petite mais extrêmement dangereuse, d'exécuteurs spécialisés qui ont terrorisé le Moyen-Orient, de 1090 à 1256 environ, en tuant leurs frères musulmans qu'ils considéraient comme des ennemis.*

Bien que la version originale de Anges et démons *ait été publiée un an avant que des terroristes musulmans frappent New York et Washington, le 11 septembre 2001, on*

---

[*] S'intéressant depuis longtemps à tout ce qui entoure l'ésotérisme, James Wasserman a écrit *The Templars and the Assassins: The Militia of Heaven* et *The Slaves Shall Serve: Meditations on Liberty*. Avec son collaborateur Jon Graham, il travaille à la traduction, à la révision et à la production d'une édition anglaise du livre *Les Illuminati de Bavière et la franc-maçonnerie allemande* de René Le Forestier.

peut établir certaines similitudes sinistres entre la fiction et les faits. Comme le méchant dans le livre de Brown, les Assassins — pour utiliser le terme francisé moderne — travaillaient toujours de manière clandestine en s'insinuant dans le camp ennemi et en attendant le moment parfait pour frapper. Formés dans des forteresses de montagnes éloignées de la Perse médiévale et exerçant leurs activités sous l'emprise de dirigeants charismatiques, les Assassins comprirent qu'un petit groupe d'hommes prêts à mourir pour leur cause pourraient rendre impuissants des ennemis beaucoup plus redoutables. Toutefois, contrairement aux terroristes modernes, les Assassins du Moyen Âge choisissaient leurs victimes parmi les dirigeants de l'ordre existant.

James Wasserman est un des principaux spécialistes des Assassins. Il est l'auteur de The Templars and the Assassins: The Militia of Heaven, *et a participé à la fondation de la société secrète moderne Ordo Templi Orientis. Wasserman a au sujet du groupe musulman un point de vue différent de celui de Brown. D'après lui, bien qu'on lui attribuât des assassinats impitoyables, ce groupe respectait des normes d'éthique élevées. Wasserman considère Hasan al-Sabbah, fondateur des Assassins, comme un «génie inspiré», un organisateur «brillant», qui possédait un degré élevé de spiritualité. Selon lui, les Assassins auraient suscité les «aspirations mystiques» d'autres sociétés secrètes, notamment les chevaliers du Temple et les francs-maçons, qui occupent une place importante dans les romans de Brown. Dans* Anges et démons, *Brown laisse entendre qu'il existe un lien, par l'intermédiaire de l'Assassin, entre les Assassins et les Illuminati, ordre secret ordonnant les meurtres dans ce roman, et sujet de recherche actuel de Wasserman. (Plus tard, dans* Da Vinci Code, *Brown joue avec une variation sur ce thème en reliant les chevaliers du Temple au mystérieux Prieuré de Sion.) Dans l'entrevue qui suit, Wasserman nous entraîne dans une tournée du monde étrange et ésotérique des sociétés secrètes qui ont tant captivé Dan Brown et des millions de ses lecteurs.*

∗∗∗

Le tueur sur commande appelé «l'Assassin», décrit comme un héritier des Assassins, incarne un personnage important dans Anges et démons. *À quoi attribuez-vous la fascination actuelle à l'endroit des Assassins et des autres sociétés secrètes?*

Les gens ont toujours été fascinés par les sociétés secrètes, mais il y a deux facteurs qui amplifient ce phénomène à notre époque. Le premier est l'érosion des croyances religieuses traditionnelles dans la culture moderne. Le lien social que procurait la religion pendant la majeure partie de l'histoire de l'Occident s'est rompu et nous sommes à l'aube d'une nouvelle compréhension religieuse. Aleister Crowley, l'occultiste le plus influent du XXᵉ siècle, décrivait cette période comme l'aube d'une «nouvelle ère». Dans la culture populaire, on l'appelle l'Ère du Verseau. Quelque chose a changé et les gens le savent. Nous sommes à la recherche d'un nouveau but bien précis. Et on recherche les groupes qui affirment avoir trouvé ou préservé ce but.

Le deuxième facteur, spécifique aux Assassins, réside dans les attentats du 11 septembre 2001. Ceux-ci ont fourni un exemple éclatant à la fois de l'existence de sociétés secrètes islamiques et du nouvel élan de la guerre des cultures connue depuis un millier d'années sous l'appellation de Croisades. Il semble qu'Al-Qaïda se soit fortement inspiré du modèle d'organisation des Assassins. L'idée des agents «dormants» était une innovation de ce groupe. Ce sont des agents secrets qui se fondent dans leur milieu, pendant des années parfois, avant de passer à l'action sur l'ordre d'un dirigeant éloigné. Le réseau décentralisé de centres révolutionnaires semi-autonomes fonctionnant selon une directive générale, tout en étant autorisés à concevoir et à mettre à exécution des plans sans supervision directe, constitue une autre pratique inspirée des Assassins.

Dans votre livre, vous décrivez les Assassins comme étant «l'ultime société secrète». Pourquoi?

Premièrement, l'ordre des Assassins (plus précisément connu comme la secte ismaélienne des Nizaris de l'islam) avait une doctrine: il croyait au véritable leadership spirituel de l'islam. De plus, il allait bien au-delà des rigidités de la croyance orthodoxe en adoptant des idées et des pratiques que les deux principaux courants de l'islam, sunnite et chiite, considéraient comme hérétiques. En conséquence, il devait demeurer extrêmement prudent. Les efforts de recrutement étaient déployés par chaque individu, au fil du temps. Le dévoilement graduel des secrets intérieurs du groupe s'accompagnait d'un sentiment croissant de confiance entre l'élève et le maître. Si, aux premières étapes, on s'apercevait qu'un candidat était sans valeur, on s'abstenait de lui divulguer des choses qui auraient pu compromettre l'ordre. Lorsqu'une personne méritait confiance et crédibilité, des doctrines plus profondes lui étaient progressivement révélées. Il y avait une interaction constante au fur et à mesure des progrès de l'initié.

Les Assassins réussirent à se tailler un territoire dans lequel ils pouvaient enseigner et mettre en pratique leurs croyances dans un environnement politique par ailleurs extrêmement hostile. Il s'agissait d'une véritable société secrète qui décidait en catimini du destin de dirigeants politiques et de dynasties.

*Dan Brown décrit les Assassins comme des tueurs brutaux qui célébraient leurs assassinats en prenant du hachisch. « Et c'est sous le nom d'*Haschischin, *adeptes du hachisch, qu'on avait fini par les désigner », écrit-il. Existe-t-il un quelconque fondement historique à l'idée selon laquelle ce mot est dérivé de « hachisch » ou que les Assassins se récompensaient en consommant cette drogue ?*

Cette question constitue un des mystères de l'histoire. On a donné comme étymologie d'« assassin » le mot « hachisch ». Mais plutôt que d'être une récompense, le hachisch représentait, d'après la légende, un instrument de recrutement. On donnait, disait-on, aux jeunes gens qui en semblaient dignes une potion contenant du hachisch (peut-être mélangé à de l'opium). Une fois qu'ils étaient endormis, on les transportait dans un jardin conçu selon les descriptions du paradis de Mahomet. À leur réveil, de gracieuses et belles jeunes femmes douées pour la musique et les arts de l'amour répondaient à tous leurs besoins. Le lait et le vin coulaient à flots dans ce jardin. Des pavillons dorés étaient décorés de magnifiques tapisseries de soie et on y trouvait toutes sortes de fruits, de plantes et d'animaux exotiques. Lorsque les jeunes hommes avaient séjourné un certain temps dans le jardin, on leur donnait la drogue encore une fois, on les amenait à l'extérieur et on les réveillait en présence du maître, le Vieil Homme de la montagne. On leur demandait alors de décrire leurs expériences, puis on leur offrait une dague en or en leur désignant une cible particulière. On leur disait que le maître avait le pouvoir de les laisser entrer de nouveau dans le jardin s'ils réussissaient leur mission. S'ils mouraient au cours de la mission, il leur enverrait ses anges qui ramèneraient leur âme au jardin.

Il n'existe aucune donnée historique objective attestant cette légende. Marco Polo popularisa ce récit au XIVe siècle dans la relation extrêmement populaire de ses voyages. Ce classique circula tellement qu'il fut utilisé comme fondement d'un roman arabe, publié en 1430, qui répétait l'histoire. Les érudits ismaéliens modernes pensent que le mot « *haschischin* » était sans doute péjoratif, comme lorsque nous disons de quelqu'un dont le comportement est étrange qu'il « agit comme s'il était ivre » ou qu'il « doit être sous l'influence de la drogue ». Dans l'islam du Moyen Âge, on considérait la consommation de drogue et l'intoxication comme un comportement des classes inférieures et on les méprisait.

L'Assassin de Brown célèbre ses meurtres en allant au bordel et en ayant des relations sexuelles sadiques. Existe-t-il de quelconques preuves que les Assassins trouvaient leur récompense dans ce type de sadisme sexuel?

Non. Cependant, comme dans tout groupe, certains avaient des comportements aberrants. Par exemple, le grand leader de la communauté assassine d'Alamut était Mohamed III, également connu sous le nom d'Aladdin (vers 1221-1255), un ivrogne dégénéré, qui avait probablement subi des dommages au cerveau et qui avait, disait-on, sadiquement mutilé son amant homosexuel. Il inspire peu de respect et son comportement ne reflète pas l'exemple ascétique de la plupart des chefs de file nizaris. On ne laisse entendre nulle part non plus qu'il voyait ce comportement comme une quelconque récompense.

Qui étaient les victimes des Assassins et quel était leur mode favori d'exécution?

Les victimes des Assassins étaient ceux qui menaçaient la survie de la communauté. Il s'agissait, entre autres, de leaders politiques haut placés qui attaquaient directement les Nizaris, de conseillers de la noblesse qui prônaient de telles mesures ou de généraux qui exécutaient de tels ordres. Plusieurs enseignants et leaders religieux qui prêchaient contre les Assassins en furent aussi les victimes. L'instrument d'exécution favori était la dague. On ne leur connaît pas d'autres méthodes d'exécution comme le poison ou d'autres modes « sécuritaires ». Le *fidai* (fidèle) Assassin était la plupart du temps tué par les gardes entourant sa puissante victime.

Pouvez-vous nous parler de Hasan al-Sabbah, père fondateur des Assassins?

Hasan al-Sabbah (vers 1055-1124) fut initié à la doctrine ismaélienne sur la véritable succession du prophète Mahomet après une grave maladie contractée au début de l'âge adulte. Il fit des progrès rapides au sein du système et on lui demanda de se rendre en Égypte pour étudier à la célèbre université qui formait des missionnaires religieux de la foi ismaélienne. Il était imprégné d'une profonde détermination et d'une fervente croyance mystique, et doté d'une personnalité charismatique et ascétique. Après ses études, il voyagea dans toute la Perse (l'Iran moderne) en tant que prêcheur tout en cherchant à établir une base politique pour la secte. Après que le mouvement se fut scindé en plusieurs sectes à la suite d'une succession contestée parmi les ismaéliens, Hasan al-Sabbah fit construire une forteresse, connue sous le nom d'Alamut, au nord de l'Iran, près de la mer Caspienne. Il devint le principal *dai* (leader / maître) de la secte ismaélienne des Nizaris, qui régna sur Alamut pendant 166 ans.

Dans quel but a-t-il créé les Assassins ?

Son objectif était de formuler une doctrine cohérente afin d'expliquer les successions à partir de la mort de Mahomet, d'édifier une communauté unie par des pratiques spirituelles conçues pour renforcer leur image de messagers de l'*imamat* nizari (sa fonction de véritable successeur spirituel du Prophète) et de promouvoir ses enseignements en envoyant des missionnaires dans diverses régions dont les habitants, croyait-il, seraient disposés à adopter sa foi révolutionnaire.

En parlant du personnage de l'Assassin, Brown écrit : « [...] tout avait débuté au XIᵉ siècle quand les armées des croisés avaient saccagé pour la première fois, martyrisant, violant, massacrant ses compatriotes [...]. Pour se défendre ses ancêtres avaient formé une petite mais redoutable armée. » Quel rôle les Assassins ont-ils joué au moment des Croisades ?

L'image selon laquelle les Assassins formaient une armée réduite mais dangereuse est assez crédible. Toutefois, leur ordre a été fondé avant l'arrivée des croisés et ils vivaient à des milliers de kilomètres des Européens. Le contact entre les croisés et les Assassins s'est produit avec la branche syrienne et aurait eu lieu pour la première fois en 1106, soit huit ans après que les croisés eurent atteint la Terre sainte et 16 ans après la fondation de l'ordre des Assassins en Perse.

Les Assassins représentaient un centre de pouvoir intéressant et indépendant dans le chaos politique de la Terre sainte. En principe, les croisés combattaient les musulmans sunnites. Les mêmes sunnites méprisaient les Assassins (Nizaris) qu'ils considéraient comme des hérétiques. Les Assassins forgeaient parfois des alliances de convenance avec les croisés contre leurs persécuteurs sunnites. À d'autres moments, ils s'alliaient aux sunnites contre l'ennemi commun chrétien. Ils formaient aussi des alliances avec l'un ou l'autre camp dans les rivalités intérieures entre le calife sunnite de Bagdad et le calife chiite du Caire.

Bernard Lewis, un professeur de Princeton, a écrit qu'aux yeux des Assassins «le fait de commettre un meurtre constituait un véritable sacrement». Peut-on établir des comparaisons entre les Assassins et les terroristes kamikazes d'aujourd'hui?

Pendant la phase militaire de l'histoire des ismaéliens nizaris, Hasan al-Sabbah et ses successeurs choisissaient soigneusement leurs victimes parmi les ennemis les plus dangereux et les plus agressifs de la communauté. Dans mon livre (écrit avant le 11 septembre 2001), j'affirme que Hasan était un leader religieux légitime qui affichait le respect pour la vie caractéristique de ceux qui suivaient la voie spirituelle. Dans mon dernier livre, *The Slaves Shall Serve,* je mets cela en opposition avec le comportement des terroristes islamistes modernes et j'émets l'avis que le meurtre sans distinction et gratuit n'est pas conforme aux normes d'éthique élevées que j'attribue aux Assassins pendant leur phase militaire.

Il convient de noter que plusieurs des tueurs du 11 septembre ont passé leur dernière nuit sur terre à boire de l'alcool dans des clubs de strip-tease. Comparez cela au fait que Hasan a mis ses fils à mort pour avoir bu du vin. À mon avis, les terroristes islamistes modernes se sont beaucoup inspirés de la brillante organisation de Hasan sans pouvoir atteindre la stature spirituelle des Assassins médiévaux.

Y a-t-il encore aujourd'hui des descendants des Assassins?

Les Assassins, hommes, femmes et enfants, ont été écrasés par le chef mongol Mongke Khan, en 1256. Apatrides et pourchassés, les derniers Nizaris se sont enfuis vers le nord ou se sont intégrés aux soufis persans. Quelques-uns d'entre eux se sont assimilés à la population chiite. Comme ils n'avaient plus de pouvoirs politiques à protéger ou à projeter, les Nizaris de Perse ont abandonné simplement la pratique des assassinats. De nos jours, il existe dans 25 pays plusieurs millions d'ismaéliens nizaris qui doivent allégeance au quatrième Aga Khan établi en Inde.

Aga Khan IV est sans doute l'un des plus grands alliés de l'Occident et l'un des leaders les plus efficaces de l'islam moderne. Sous son leadership et celui de ses prédécesseurs, les Nizaris ont construit des mosquées, des hôpitaux, des commerces, des logements, des bibliothèques, des stades, des écoles et des universités (y compris un centre international qui se consacre à la recherche universitaire sur la tradition ismaélienne). Les Nizaris modernes figurent parmi les groupes musulmans les plus instruits et les plus prospères. Ils pratiquent leur foi, maintiennent de solides liens communautaires, prennent mutuellement soin de leurs intérêts et sont attachés à leur histoire unique et vivante.

Ainsi, les Nizaris ont cessé d'avoir recours aux assassinats en tant qu'instrument militaire il y a presque 750 ans. Les ismaéliens nizaris d'aujourd'hui représentent une religion moderne qui n'a rien à voir avec le terrorisme, les assassinats ou la guerre.

À votre avis, Brown a-t-il été injuste à l'égard des descendants des Assassins en faisant de son personnage de l'Assassin un tueur brutal?

Je pense que Dan Brown est un auteur brillant et imaginatif qui tisse une trame intrigante de faits et d'éléments fantaisistes dans ses livres. Notre société a l'épiderme trop sensible. L'Assassin de Brown a quelque chose en commun avec l'Assassin du Moyen Âge et rien en commun avec l'ismaélien nizari d'aujourd'hui. Cependant, je détesterais voir la créativité de Brown entravée par les chaînes de la rectitude politique.

Brown établit aussi un lien entre les Assassins et la société secrète des Illuminati. *Connaissez-vous un autre lien semblable dans l'histoire ou dans la littérature occulte?*

Au risque de laisser la réalité historique nuire à la trame d'un bon roman, il faut dire que la période de l'histoire des ismaéliens nizaris (période militaire et d'assassinats) qui s'est déroulée à Alamut s'est terminée en 1256. L'ordre des *Illuminati* a été fondé en 1776.

Vous avez écrit qu'il existait un lien historique entre les Assassins et les chevaliers du Temple qui occupent une place si importante dans le livre suivant de Dan Brown, Da Vinci Code. Pouvez-vous expliquer ce lien ?

Il y avait certainement un lien historique entre les Assassins et les Templiers. Je crois que la secte de Hasan a eu une influence ésotérique sur certains Templiers et, peut-être, d'autres croisés, qui sont retournés en Europe et ont mis fin à la période de l'histoire connue sous le nom d'âge des ténèbres. J'affirme aussi que les ordres dérivés des Templiers, comme les rosicruciens du XVIIᵉ siècle, les francs-maçons du XVIIIᵉ siècle et l'*Ordo Templi Orientis* moderne continuent d'enseigner et de mettre en pratique des éléments de la sagesse secrète transmise à l'Occident par l'entremise des ismaéliens nizaris.

Nous disposons de preuves historiques montrant que les Assassins et les Templiers ont occupé des châteaux à quelques kilomètres de distance les uns des autres, qu'ils ont négocié ensemble des traités, qu'on leur a versé des rançons et des tributs, que des rencontres entre eux pour discuter de religion ont fait l'objet de chroniques et qu'ils ont à plusieurs reprises conclu des alliances contre des ennemis communs. Nous savons que tous deux étaient structurés d'après le même modèle particulier, celui du guerrier monastique (unique tant au sein de l'islam que du christianisme). Nous savons qu'ils avaient en commun une discipline hiérarchique stricte. Nous savons aussi que les deux ordres admiraient le courage et l'honneur en tant que voies menant à l'illumination spirituelle. Et j'affirme que les Assassins partageaient avec certains Templiers leurs connaissances secrètes.

Nous pouvons facilement imaginer que ces chevaliers illuminés ont continué de respecter et d'enseigner les principes mystiques qui se démarquaient considérablement de l'ortho-doxie catholique. Il n'est pas difficile non plus de croire que ceux à qui les chevaliers survivants ont transmis des connaissances ont continué à enseigner ces doctrines et que, au fil du temps, ces individus et leurs élèves ont évolué pour devenir des groupes plus formels, comme les mouvements rosicrucien et maçon-nique, des siècles plus tard.

Vous avez aussi écrit sur une « union mythique » entre les Assassins et les Templiers.

Si j'emploie l'expression « union mythique », c'est que je ne peux pas vous faire asseoir dans une salle d'archives secrètes souterraine quelque part et vous montrer un certificat signé de la main d'Hasan al-Sabbah, et reconnaissant Hughes de Payens, fondateur de l'ordre des Templiers, en tant que frère méritant, parce qu'un tel document n'existe pas. Je ne peux pas, ou ne veux pas, énoncer en détail chaque nuance des similitudes que je trouve entre les croyances ou les structures des Assassins et des Templiers, et leur survivance dans l'occultisme moderne. Pendant que j'écrivais mon livre, j'ai littéralement senti les vents secs du désert sur ma peau. Je me suis demandé à quels endroits je devais préciser davantage certains détails pour démontrer la justesse de mes arguments et à quels endroits je pouvais compter sur l'intuition du lecteur pour qu'il tire des conclusions semblables aux miennes. Pour dire les choses simplement, c'est le panneau de signalisation devant vous qui vous indique que vous entrez dans le royaume entre la réalité et l'imagination. Est-ce que les deux sont étroitement liés ? C'est le cas dans ma vie. À mesure que je vieillis, je me rends compte que le moment où je trouve le plus de plaisir dans ces domaines, c'est celui où les données historiques vérifiées deviennent un tremplin à ma créativité. Autrement dit, je n'apprécie plus les « faits hypothétiques », domaine, sans doute, des personnes très jeunes ou pleines d'illusions.

Pour revenir aux Illuminati, *Dan Brown prétend qu'ils exerçaient leurs activités au début du XVIIe siècle à Rome et que Galilée et Le Bernin pourraient en avoir fait partie secrètement.*

Dan Brown se sert du mythe des *Illuminati*, que j'examine en profondeur dans mon livre à venir. Le lien entre le passé spirituel et l'ambition politique est très ancien. L'argument peut être très convaincant de prime abord. Les personnes vraiment sages ne devraient-elles pas détenir plus de pouvoirs au sein de la société que la force brute du militantisme et de la richesse ou le potentiel chaotique de la souveraineté individuelle ?

Les *Illuminati* bavarois représentaient le complot politique idéal. Parvenu à ce point de ma recherche, j'en suis venu à croire que leur doctrine était davantage séculière que spirituelle. Si je ne me trompe pas, cela explique en partie leur réussite. Ils cherchaient des candidats à l'initiation qui étaient riches et puissants. Contrairement aux Assassins, par exemple, qui exigeaient une adhésion rigoureuse aux préceptes de leur foi, les *Illuminati* étaient libres de recruter des membres d'une façon plus opportuniste.

À votre avis, les relations entre ces groupes sont-elles plus profondes? Existerait-il, par exemple, une relation entre les véritables Illuminati, *les Templiers et les Assassins?*

Non. Il y a réellement eu des relations entre les Templiers et les Assassins du Moyen Âge. Par contre, il n'y a eu aucune relation entre ceux-ci et les *Illuminati*. Ils étaient séparés dans le temps par près de cinq siècles. Toutefois, comme il arrive très fréquemment dans ce domaine, il existe des ambiguïtés et, donc, des possibilités de conjecture. On a supposé logiquement que les survivants des Templiers, trahis par les rois européens et le pape, nourrissaient une certaine haine à l'endroit de la monarchie et de la papauté. Comme les *Illuminati* bavarois partageaient ce point de vue, de nombreux auteurs ont remarqué cette similitude. Certains ont suggéré que la Révolution française de 1789, qui semble assez clairement avoir subi l'influence des *Illuminati*, a été en partie inspirée par un désir de vengeance à cause de la destruction de l'ordre des Templiers quelque 400 ans plus tôt. Cependant, cela ne concorde pas avec l'histoire. Dan Brown relie ces fils pour en faire une merveilleuse tapisserie romancée qui est agréable à lire, tout en semblant authentique.

Que pensez-vous du fait que Brown semble intégrer les Illuminati *à l'histoire des francs-maçons — une société secrète à l'intérieur d'une société secrète?*

Cela a été très clairement démontré sur le plan historique. Weishaupt s'est servi du réseau maçonnique existant pour répandre les enseignements des *Illuminati* et tenter de recruter des membres. Les loges maçonniques présentaient des conditions parfaites pour ces activités. Leurs séances étaient secrètes. Ils attiraient des hommes portés sur la philosophie qui étaient capables de réfléchir hors du cadre de la chrétienté orthodoxe, fût-elle catholique ou protestante. La franc-maçonnerie comportait l'idée de hiérarchie, les secrets étant graduellement révélés au fil du temps et des efforts. Comme elle jouissait depuis longtemps d'une grande respectabilité, les riches et les aristocrates se sont joints en masse aux francs-maçons. Par l'intermédiaire du mouvement maçonnique, les loges « illuminées » se sont répandues partout en Allemagne, en Autriche et en France.

Quelle est l'idée principale du livre que vous traduisez sur les Illuminati *? Pouvez-vous nous parler des recherches que vous avez effectuées sur les* Illuminati *pour votre futur livre?*

Jon Graham, traducteur bien connu, et moi-même traduisons, révisons et produisons une édition anglaise (en librairie au printemps de 2006) de l'œuvre la plus précise, la plus érudite et la plus respectée sur les *Illuminati, Les Illuminati de Bavière et la franc-maçonnerie allemande* de René Le Forestier, publié pour la première fois en 1914. Le Forestier voulait étudier l'ordre des *Illuminati* et ses relations avec la franc-maçonnerie en ayant recours à des documents originaux. Il a tenté de dissiper les mythes qu'entretiennent à la fois les partisans et les ennemis des *Illuminati* en fournissant des preuves documentaires historiques. Mon propre livre, *The Illuminati in History and Myth*, présentera un portrait exact des véritables *Illuminati*, de même qu'il examinera le courant de pensée qui leur a donné naissance, et il retracera son influence sur l'idéologie et les organisations révolutionnaires et conspiratrices jusqu'à nos jours.

Croyez-vous que les Illuminati *exercent encore leurs activités? Existe-t-il une histoire de leurs activités au cours des XIXᵉ et XXᵉ siècles?*

C'est là une question complexe dont la réponse a presque rendu fous certains auteurs jusque-là sans d'esprit tout en fournissant aux autres une foule d'idées ridicules au point d'intégrer aux complots des formes de vie extraterrestre. Toutefois, je crois qu'il existe de nombreuses preuves de l'existence de complots politiques. J'ai l'intention d'aborder ce point en détail dans mon livre. Mon objectif est d'éviter les pièges que l'entreprise représente ou tout au moins de faire en sorte de décrire la situation de manière précise. Comme je ne publierai pas ce livre avant quelques années, je dirais ici que l'histoire de la société occidentale depuis l'époque des *Illuminati* (à l'exception de la révolution américaine) a démontré l'existence d'un éthos révolutionnaire de plus en plus répandu sur les plans social et politique, dont l'objectif semble être (de façon générale) l'institution d'une tyrannie bénigne des « spécialistes » et des planificateurs sociaux — le règne universel d'une aristocratie d'État directement issue des complots fantaisistes d'Adam Weishaupt au XVIIIᵉ siècle.

Secrets du tombeau : à l'intérieur de la société secrète américaine la plus puissante — et la mieux branchée sur le plan politique

UNE ENTREVUE AVEC Alexandra Robbins *

Anges et démons *traite de mystérieuses sociétés secrètes dont l'influence n'a d'égal que le caractère secret. Est-il possible que des organisations comme celles qu'imagine Dan Brown aient continué d'exister au fil des siècles ? Et si c'est le cas, comment ont-elles conservé leur structure et leurs buts ? Comment ont-elles pu empêcher leurs membres de révéler ce qu'ils savaient ?*

Pendant plus de 150 ans, les États-Unis ont eu leur propre société secrète, avec ses quartiers généraux impénétrables, ses liens avec d'éminents citoyens et ses objectifs inexprimés qui ont alimenté les théories du complot les plus paranoïaques. Un puissant réseau dont les membres sont liés entre eux par l'initiation, le rituel et une attirance pour le pouvoir : il s'agit de Skull and Bones, l'importante société secrète de Yale qui fait beaucoup parler d'elle dans le grand public. Ses objectifs sont plus terre à terre que ceux des Illuminati *fictifs de Dan Brown. Il n'existe pas chez eux de complot visant à détruire l'Église catholique, par exemple. Mais il existe une rumeur à propos d'un lien : la société de Yale aurait été fondée en 1832 en tant que chapitre américain d'une société secrète allemande non identifiée qui, de l'avis de plusieurs, était celle des* Illuminati *bavarois. Ces liens ne sont qu'hypothétiques, mais Skull and Bones nous fournit un exemple vivant de la fascination qu'exercent sur nous le secret et le pouvoir.*

Dans son livre intitulé Secrets of the Tomb : Skull and Bones, the Ivy League, and the Hidden Paths of Power, *Alexandra Robbins, journaliste et ancienne étudiante de Yale, qui a elle-même été membre d'une société secrète semblable à la fin de ses études, examine les mystères que cache le complot dominant aux États-Unis. En se servant de son statut d'initiée, Robbins a interviewé une centaine de membres habituellement peu*

---

* Alexandra Robbins est conférencière et auteure de plusieurs livres dont *Pledged : The Secret Life of Sororities* et *Secrets of the Tomb : Skull and Bones, the Ivy League, and the Hidden Paths of Power.*

bavards de Skull and Bones. Elle décrit les origines, la croissance et l'influence qui ont fait d'elle notre société secrète la plus aimée et la plus crainte, et en vient à cette conclusion ironique : notre participation active au maintien du mythe qui l'entoure alimente son pouvoir.

★★★

Pouvez-vous nous dresser un bref portrait de Skull and Bones et de l'influence qu'elle aurait eue ?

Skull and Bones est une organisation établie à l'Université Yale, fondée il y a presque 200 ans et qui, de l'avis de beaucoup de gens, aide à diriger un gouvernement mondial secret. Ont fait partie de Skull and Bones trois présidents, des dirigeants de la CIA et des magnats des affaires. Skull and Bones a toujours réussi à garder ses secrets à l'abri des gens de l'extérieur, ce qui rend toute enquête particulièrement difficile. Constituée en société sous le nom de Russell Trust Association, Skull and Bones bénéficie d'une dotation d'environ quatre millions de dollars (moins que ce que les gens croient), possède une île privée dans le fleuve Saint-Laurent, soumet ses membres à d'étranges activités et centre son programme sur des idées de mort, de pouvoir et de dévotion à une déesse.

Bien qu'elle ne dispense pas de services communautaires, l'influence de Skull and Bones se fait surtout sentir dans le domaine des services publics. Les élections américaines de 2004 ont été le théâtre d'une lutte entre deux de leurs membres : John Kerry et George W. Bush appartiennent à cette société, tout comme George Bush père.

La structure organisationnelle de Skull and Bones est intéressante. Dites-nous comment et pourquoi les membres sont recrutés, de quelle façon leur organisation est structurée à Yale et comment elle se perpétue.

Pendant des décennies, les étudiants du dernier cycle de Yale, de même qu'une foule de spectateurs, se sont rassemblés dans une cour un jeudi d'avril pour attendre que des étudiants vêtus de noir sortent du Tombeau (surnom des quartiers généraux de Skull and Bones, édifice à l'allure inquiétante connu également sous le nom de Temple et utilisé seulement par les membres de Skull and Bones et leurs serviteurs) et qu'ils

209

frappent légèrement les nouveaux candidats sur l'épaule. Il existait d'autres sociétés secrètes à Yale, mais la tape sur l'épaule des membres de Skull and Bones était considérée comme le plus grand honneur parce qu'elle signifiait qu'un étudiant s'était vraiment distingué de la masse à Yale. La cérémonie du « Tap Day » représentait le spectacle des spectacles de Yale, une attraction qui laissait tant d'hommes ébranlés — certains en pleurs et d'autres qui s'évanouissaient, tant leur anxiété était grande — que certains parents refusaient d'envoyer leurs enfants à Yale pour leur épargner la possible humiliation d'être rejetés par la société secrète.

Le Tap Day moderne, qui se déroule encore le deuxième ou le troisième jeudi du mois d'avril, ressemble davantage à une soirée privée. Les principales sociétés dévoilent la date de cette cérémonie dans les petites annonces du *Yale Daily News*. La cérémonie a lieu habituellement dans la chambre d'un étudiant du premier cycle ou dans une salle de présentation d'un immeuble du campus, et les résultats ne sont plus annoncés dans les journaux comme par le passé. L'appartenance à Skull and Bones demeure aussi secrète que possible pendant le reste de l'année et au-delà.

Skull and Bones a toujours fait précéder cette cérémonie d'une présentation préliminaire. Environ une semaine auparavant, un membre de la société annonce à chacun des 15 aspirants désignés que Skull and Bones a l'intention de le choisir. Une note de la société adressée au recruteur à propos de cette présentation précise : « Le caractère privé de la société, qui représente notre plus grande force, ne doit être compromis d'aucune façon. Nous devons éviter à tout prix de créer l'impression que nous souhaitons persuader un candidat d'accepter notre offre. »

Certaines classes ou *clubs* — comme on appelle le groupe de chaque année — font preuve d'imagination dans le cadre de cette cérémonie. On raconte qu'en 1975, on a poussé un aspirant dans un avion privé. Au milieu du vol, pendant que l'avion piquait du nez, on a posé la question cruciale : « *Skull and Bones, accept or reject ?* » (Skull and Bones, oui ou non ?)

Quelque temps après que les néophytes ont reçu la tape sur l'épaule, les chevaliers (comme on appelle les 15 étudiants du dernier cycle) donnent à chacun un paquet dans lequel on les enjoint de se trouver dans leur chambre entre 20 heures et minuit le lundi suivant. Selon le protocole traditionnel de la société, ce soir-là, toujours entre 20 heures et minuit, une équipe de quatre chevaliers — un porte-parole, deux «secoueurs» et un garde — rendent visite à l'aspirant. Les deux secoueurs se tiennent devant le porte-parole alors qu'ils s'approchent de la porte de l'aspirant. Quand la porte s'ouvre, le porte-parole, qui se tient toujours derrière les secoueurs, demande d'une voix «ferme»: «Néophyte [nom de la personne]?» Une fois l'identité de l'aspirant vérifiée, les secoueurs le saisissent par les bras et le tirent dans un coin de la salle de bains. Le garde referme la porte et le porte-parole annonce: «Au moment désigné demain soir, ne portant ni métal, ni soufre, ni verre, quitte le pied de la tour Harkness et marche vers le sud dans High Street. Ne regarde ni à droite ni à gauche. Passe sous les piliers sacrés d'Hercule et approche-toi du Temple. Prends le bon Livre dans ta main droite et donne trois coups sur les portails sacrés. Souviens-toi de ce que tu as entendu ici, mais n'en parle pas.»

L'avertissement de ne porter ni métal ni verre vise à protéger l'aspirant au moment où on le fait tournoyer d'une pièce à l'autre du Tombeau tout au long de l'initiation. Par ailleurs, on demande aux membres de Skull and Bones de ne pas transporter de souffre en raison d'une tradition qui existait avant l'invention des briquets, lorsque les chevaliers apportaient des allumettes au Temple. Tout cela précède l'initiation, qui est encore plus compliquée et plus imaginative.

Les qualifications nécessaires pour devenir membre de Skull and Bones sont simples: la société recherche des hommes et des femmes qui se sont distingués sur le campus et qui projetteront sur elle une image de réussite et d'honneur après avoir reçu leur diplôme. C'est un peu le bottin mondain des étudiants du premier cycle de Yale. Skull and Bones affiche un tableau d'honneur prestigieux d'anciens élèves et s'attend donc à ce que les nouveaux membres suivent les traces de leurs illustres prédécesseurs. Les seules exceptions sont les puissants successeurs comme George W. Bush, dont le père et le grand-père faisaient partie des fils favoris de la société. Skull and Bones a compté jusqu'ici parmi ses membres une dizaine de représentants de la famille Bush-Walker.

Dites-nous pourquoi Skull and Bones est si populaire auprès des théoriciens du complot. Vous affirmez: «Le grand complot au sein de la société se compose de demi-vérités et de notre complicité délibérée.» Pouvez-vous préciser votre pensée à ce sujet? Croyez-vous que cela soit vrai pour tous les complots? Qu'en est-il des complots dans lesquels il n'y a aucune véritable organisation impliquée comme dans le cas de Skull and Bones?

Les théories du complot construisent une matrice derrière une série d'événements. Elles créent un ordre à partir du chaos, ce qui, d'une certaine façon, est réconfortant. Il est peut-être plus rassurant de croire qu'une institution tire les ficelles dans l'ombre que d'accepter que des choses terribles puissent se produire au hasard, sans raison.

Les théoriciens du complot ne *souhaitent* pas l'existence de sociétés comme Skull and Bones, mais une telle organisation, puissante, ou apparemment puissante, peut sans peine expliquer des événements qui n'ont peut-être pas d'explication. Voici un exemple. J'ai entendu parler de la théorie du complot affirmant que Skull and Bones avait lâché la bombe atomique. Cette idée me semblait tirée par les cheveux, mais je voulais quand même la vérifier. Il se trouve que, pendant la Seconde Guerre mondiale, le ministère de la Guerre était dominé par des membres de Skull and Bones. Henry Stimson, un membre loyal de la société, qui croyait que seuls les membres de Skull and Bones ou des individus possédant des antécédents semblables étaient des gens valables, est devenu secrétaire de la Guerre de Roosevelt en 1940. Il a engagé plusieurs membres de la société qu'il a chargés, pour la plupart, de superviser la construction et l'utilisation de la bombe atomique. Alors, les membres de Skull and Bones ont-ils lâché la bombe? Il semble qu'ils aient été fortement impliqués. Les membres de Skull and Bones ont-ils, des entrailles de leur Tombeau à New Haven, comploté pour lâcher la bombe? C'est peu probable. Mais vous voyez où la ligne devient floue.

Les demi-vérités peuvent fournir un indice sur les raisons qui font que les complots conviennent si bien à la littérature romanesque. À mon avis, les lecteurs préfèrent, à la fin d'un roman, comprendre l'ordre et l'organisation qui sous-tendent des événements en apparence aléatoires. C'est ce que procurent les théories du complot.

Qu'est-ce qui distingue Skull and Bones des théories d'un genre plus hypothétique — comme les Illuminati, *les méchants de* Anges et démons, *qui peuvent ou non exister (probablement pas) sous une forme moderne ?*

Ce qui distingue Skull and Bones, c'est surtout sa réussite évidente. Skull and Bones ne dirige probablement pas un gouvernement mondial secret, mais de nombreux membres qui ont eu beaucoup d'influence dans le monde en sont issus. On compte parmi eux les présidents Bush et William Howard Taft ; les sénateurs Prescott Bush, John Kerry et John Chafee ; McGeorge et William Bundy ; Henry Luce et Britton Hadden, les cofondateurs de Time Inc. ; les chefs d'entreprise W. Averell et Roland Harriman ainsi que Percy Rockefeller ; et des intellectuels et écrivains comme William Buckley et Archibald MacLeish. Et ce n'est que le début de la liste.

L'objectif de Skull and Bones consiste à propager la richesse et la puissance à l'intérieur de son réseau. Ça semble fonctionner. George W. Bush a nommé plusieurs membres de Skull and Bones à des postes prestigieux au sein de son administration. William H. Donaldson, son président de la Securities and Exchange Commission (commission des valeurs mobilières), Edward McNally, avocat général à l'Office Homeland Security (bureau de la sécurité intérieure) et le procureur général adjoint Robert D. McCallum junior sont tous membres de Skull and Bones.

Revenons sur un point que vous avez abordé au début de cette entrevue. Pouvez-vous nous en dire davantage sur la relation qui existerait entre Skull and Bones et les Illuminati *? Les hypothèses sur un tel lien ne relèvent-elles que des théoriciens du complot ou se fondent-elles sur une quelconque réalité historique ?*

Je ne suis pas une spécialiste des *Illuminati*, alors je ne peux vous dire que ce que je sais de l'histoire de Skull and Bones. Pendant l'année scolaire 1832-1833, à Yale, le secrétaire du chapitre Phi Beta Kappa était le major William H. Russell, de la promotion de 1833. Russell avait étudié en Allemagne où, semble-t-il, il avait fait la connaissance des membres d'une société secrète qui avait probablement comme emblème le crâne (*skull*) et les os (*bones*). À son retour à Yale, furieux de constater que Phi Beta Kappa avait été dépouillée de son caractère secret dans la foulée de la ferveur antimaçonnique, il

213

a, suppose-t-on, décidé de créer une société plus puissante et dont le caractère secret serait intact. Ce club, l'Eulogian Club — qui a bientôt changé son nom pour Skull and Bones — était prétendument le chapitre américain de l'organisation allemande avec laquelle il avait eu des contacts en Allemagne. L'idée selon laquelle il s'agissait d'une branche américaine d'une société européenne semble évidente dans une allocution intitulée «The Eulogian Club: An Historical Discourse Pronounced before our Venerable Order on the Thirtieth Anniversary of the Foundation of our American Chapter in New Haven, July, 30th, 1863, Thursday evening». Le Tombeau foisonne de phrases et d'artefacts allemands. Et une des chansons traditionnelles de la société se chante sur l'air de *Deutschland über alles*. Toutefois, à ma connaissance, il n'y a aucune preuve qui appuierait ou réfuterait explicitement le lien entre les *Illuminati* et Skull and Bones.

Que pouvez-vous nous dire sur l'ampleur de la participation de Skull and Bones à l'histoire et à la culture politique américaines?

Ce qui rend si stupéfiante la liste des membres et l'influence de Skull and Bones, c'est qu'il n'existe environ que 800 membres vivants en même temps. Et certains de ces membres semblent avoir compté sur la société pour obtenir de l'aide autant que celle-ci se fiait à eux pour obtenir du prestige. George W. Bush représente l'exemple suprême de la façon dont un réseau élitiste et puissant d'anciens amis peut projeter une image de médiocrité sur la présidence. À commencer par son premier emploi à sa sortie du collège, il semble s'être reposé sur Skull and Bones pour obtenir de l'argent et des contacts tout au long de sa carrière. Même son entente avec les Rangers, la seule entreprise qu'il aurait, croit-on, réalisée seul, comportait la participation d'au moins un autre membre de Skull and Bones. En tant que président, Bush a semblé se conformer à un programme de Skull and Bones en nommant des membres de la société à des postes prestigieux.

Pourquoi Skull and Bones de même qu'en apparence plusieurs sociétés secrètes ont-elles des caractéristiques si particulières, notamment une obsession pour la mort, l'inspiration poétique, l'imagerie macabre et les rituels ésotériques?

Il y a sans doute plusieurs raisons à cela, entre autres le fait que ces sociétés se fondent sur des traditions d'autres époques. Le programme de Skull and Bones a fort peu changé depuis les années 1800. Par ailleurs, plus l'expérience est étrange, plus on s'attend à ce que les participants forgent des liens entre eux parce qu'ils prennent part à quelque chose de très différent de tout ce que les gens de l'extérieur pourraient imaginer. C'est pourquoi, à mon avis, Skull and Bones demande à chaque candidat de faire spontanément le récit de son histoire sexuelle (en septembre de leur dernière année). En les forçant à partager leurs expériences les plus intimes, Skull and Bones crée des liens solides entre ses membres. L'année passée dans le Tombeau vise à souder entre eux les 15 membres, probablement pour qu'au moment de la remise des diplômes, ils soient moins susceptibles de dévoiler les secrets de Skull and Bones puisque, en agissant ainsi, ils trahiraient leurs 14 nouveaux amis. J'attribuerais à cela aussi le motif de la mort, le rituel ésotérique et l'imagerie macabre. Comme me l'a affirmé un membre de la société, il viendrait immédiatement en aide à un autre membre qui le demanderait, simplement parce qu'ils ont traversé ensemble quelque chose d'aussi étrange.

Vous avez vous-même fait partie de Scroll and Key, une société secrète identique à Skull and Bones à Yale. Qu'en avez-vous retiré?

On m'a recrutée pour mes talents de rédactrice. Chacun des membres seniors de Scroll and Key se voit attribuer un rôle précis; le mien consistait à écrire un rapport toutes les deux semaines. Scroll and Key est semblable à Skull and Bones dans la mesure où c'est une des plus anciennes sociétés de Yale et qu'elle possède une liste prestigieuse d'anciens étudiants, de rituels étranges et un tombeau. Comme les membres de Skull and Bones, on nous servait des repas de plusieurs services avant nos rencontres du jeudi et du dimanche soir.

Je n'ai rien retiré de mon appartenance à cette société pendant que j'étais à Yale. J'étais seulement heureuse d'en faire partie en raison de la présence de quelques personnes dont j'appréciais l'amitié. Mais au-delà de cet avantage, la société secrète a été une perte de temps — à une exception près: c'est parce que j'étais membre d'un groupe semblable que de si nombreux membres de Skull and Bones ont accepté de me parler.

Vous présentez un portrait général assez bienveillant de Skull and Bones, malgré sa réputation de fomenter un sombre complot politique ou social, celui d'une société inhabituelle qui forme un réseau. Son influence vous inquiète-t-elle d'une quelconque façon?

Je ne crois pas que les gens qui représentent notre pays, en particulier le président des États-Unis, devraient être autorisés à avoir une allégeance envers un quelconque groupe secret. Le caractère secret porte ombrage à la démocratie. Si on veut tenir nos représentants élus responsables de leurs actes, il faut que notre gouvernement conserve une certaine transparence. À mon avis, il ne s'agit pas d'une coïncidence si le gouvernement le plus cachottier aux États-Unis depuis l'époque de Nixon est dirigé par un membre de la société secrète la plus tristement célèbre du monde.

« JE N'AI PAS CHERCHÉ LES *ILLUMINATI*, ILS SONT VENUS ME CHERCHER »

UNE ENTREVUE AVEC ROBERT ANTON WILSON[*]

Aux yeux des historiens traditionnels, les Illuminati n'ont existé qu'un peu plus d'une décennie à la fin du XVIII siècle. La dissolution de l'ordre par le gouvernement de Bavière et l'arrestation de plusieurs de ses principaux membres ont mis fin à une quelconque influence significative qu'il aurait pu avoir sur l'histoire du monde.*

Robert Anton Wilson a, plus que toute autre personne de notre époque, contribué à ressusciter le mythe des Illuminati. En collaboration avec Robert Shea, il a écrit Illuminatus! Trilogy, *une vaste épopée de 800 pages, couvrant 20 000 ans d'histoire des complots, dans laquelle il a suggéré l'existence d'un super-complot entre divers groupes et événements sans lien entre eux — de la chute de l'Atlantide à l'assassinat de Kennedy.* Illuminatus! Trilogy, *publié pour la première fois il y a 30 ans, est devenu un livre-culte et un phare pour la contre-culture florissante en intégrant une enquête approfondie sur la littérature du complot. Dan Brown a sans aucun doute lu les livres de Wilson alors qu'il effectuait ses recherches pour Anges et démons. Certains éléments liés aux Illuminati, tels que les présente Brown, semblent provenir directement des pages de Wilson.*

---

[*] Robert Anton Wilson a œuvré comme futurologue, romancier, dramaturge, poète, conférencier et humoriste. En collaboration avec Robert Shea, il a écrit *Illuminatus! Trilogy*.

Bien que les envolées fantaisistes de Wilson atteignent des sommets absurdes, sa connaissance des théories du complot réelles ou imaginées ainsi que ses fables excentriques et imaginatives font de lui un expert des Illuminati et de leur existence persistante à la frontière floue entre le fait historique et la fiction paranoïaque.

Wilson est un empêcheur de tourner en rond intellectuel dont les œuvres, outre la théorie du complot et les Illuminati, contiennent de la science-fiction, de la neurologie, des sciences occultes, des nouvelles technologies, de la culture, de la politique, de la magie noire et de la physique quantique. Dans ses romans aussi bien que dans ses essais, Wilson fait preuve d'une vive imagination qui juxtapose des idées tirées de l'histoire et des sciences à des contre-théories peu probables qui étonnent, stimulent, amusent et, parfois, enragent littéralement ses critiques. Wilson nous entretient ici de son intérêt pour tout ce qui touche les complots, des efforts qu'il déploie pour bouleverser la réalité consensuelle en ayant recours à la provocation, et de certaines sources qui ont inspiré son épopée sur les Illuminati.

✳✳✳

Qu'est-ce qui a suscité votre intérêt pour les Illuminati *?*

En un sens, je n'ai pas cherché les *Illuminati*: ce sont eux qui sont venus à moi. Au début des années 1960, j'avais un ami du nom de Kerry Thornley qui a été accusé de complicité dans l'assassinat de John Kennedy par le procureur en chef de La Nouvelle-Orléans, Jim Garrison. L'accusation était fondée sur le fait que Kerry et Oswald avaient fait partie du même peloton de Marines au Japon et qu'ils avaient plus tard vécu à quelques pâtés de maisons l'un de l'autre à La Nouvelle-Orléans. Aux yeux de Garrison, il s'agissait d'une affiliation, mais, avant de faire un voyage particulièrement éprouvant sous l'effet du LSD, Kerry y voyait une coïncidence. Compte tenu des répercussions, j'appellerais cela du synchronisme.

Thornley avait eu de très brefs rapports avec un groupe de l'Université de Californie à Berkeley qui s'appelait «les *Illuminati* bavarois» et dont les représentants portaient des titres comme «juif international», «banquier international», «grand-prêtre de Satan» et ainsi de suite — une blague évidente aux dépens des paranoïaques de droite. D'autres amis de Kerry et moi avons décidé de rendre les *Illuminati* bavarois beaucoup plus célèbres et de lancer Garrison dans une folle poursuite. Nous avions tous des liens avec le monde de l'édition. Un groupe appelé Black Mass (messe noire) a infiltré le *L.A. Free Press* en se faisant passer pour des Afro-Illuminati. Des affirmations alléguant que le maire de Chicago, Richard Daley, était un *Illuminatus* se sont retrouvées dans les pages de *Teenset* et de *Spark*, ainsi que dans un journal gauchiste de Chicago. Des dizaines de récits fantastiques semblables sont apparus ici et là. *Playboy* a mentionné qu'un des enquêteurs de Garrison, un certain Chapman, menait une enquête approfondie sur les *Illuminati*. Puis Bob Shea et moi avons écrit *Illuminatus! Trilogy* et, par la suite, rien ni personne n'a pu distinguer la réalité de la satire.

Malheureusement, quelque part entre 1970 et 1972, Kerry a fait ce « voyage cosmique » qui l'a transformé. Il est désormais convaincu qu'il a réellement fait partie de l'équipe d'assassins de Kennedy, mais sans le savoir, comme une sorte de candidat mandchou. Au départ, il croyait seulement que lui et Oswald avaient subi un lavage de cerveau quand ils faisaient partie des Marines. Plus tard, son histoire est devenue plus élaborée — beaucoup plus élaborée — et comprenait des soucoupes volantes nazies et toutes sortes de méchancetés occultes, notamment un lavage de cerveau par la CIA et des « voix » implantées dans ses plombages dentaires. Ensuite, il a décidé que tous ses amis, y compris moi, étaient soit des robots programmés comme lui-même, soit des « gestionnaires de la CIA » et il est devenu de plus en plus difficile de communiquer avec lui. Nietzsche disait : « Si vous scrutez longtemps un abîme, l'abîme finira par vous scruter aussi. »

Je pense que Garrison a finalement admis avec tout le monde que Kerry avait pété les plombs. Il a laissé tomber toutes les accusations. Lors de leur dernière rencontre, Kerry l'a envoyé promener. Si vous voulez en savoir davantage sur cette histoire, lisez *The Prankster and The Conspiracy: The Story of Kerry Thornley and How He Met Oswald and Inspired the Counterculture* d'Adam Gorightly.

Comment avez-vous effectué vos recherches sur les Illuminati? *Qu'est-ce qui a inspiré votre première recherche ?*

J'avais une attitude fort peu scrupuleuse ou tout au moins fort peu dogmatique. Je ne cherchais pas à démontrer le bien-fondé d'un argument, mais à ouvrir l'esprit des lecteurs. Toutes les sources que j'ai trouvées passaient un seul test :

remettaient-elles en question la réalité consensuelle? Si c'était le cas, je l'intégrais au roman, qu'elle me semble plausible ou complètement folle. Parmi les 39 théories sur les *Illuminati* dans *Illuminatus! Trylogy*, je crois qu'il y en a une qui est plus proche de la vérité que les autres, mais mon opinion à ce sujet n'est pas, à mes yeux, plus valable que celle de n'importe qui d'autre. Je ne veux pas que les lecteurs régurgitent mes suppositions; je veux qu'ils pensent par eux-mêmes.

Si votre objectif était de miner la réalité consensuelle, doit-on en déduire que vos suggestions doivent être interprétées comme des affirmations historiques, même si elles sont plus récentes ou plus radicales? Ou est-ce la fiction elle-même, en tant que mythe ou épopée alternative, qui mine la réalité consensuelle?

Je considère tout comme de la fiction. La Genèse, les idées de Darwin, d'Einstein et de Joyce, tout semble être de la bonne fiction. Bien sûr, certains modèles paraissent plus utiles que d'autres pendant un certain temps. Mais je ne crois pas que quiconque, pas même moi, soit assez brillant pour avoir créé un modèle qui serait utile en tout temps et en toutes circonstances, un modèle qui n'aurait jamais besoin d'être révisé. J'appelle «théistes des modèles» les gens qui croient posséder un tel modèle et je les considère comme des exaltés. La réalité consensuelle — ou l'orthodoxie — nécessite tout particulièrement ce genre de scepticisme parce que, habituellement, personne ne songe à la remettre en question.

Où cette recherche vous a-t-elle mené? Quelles sources plus appro-fondies avez-vous examinées — le type de livres que Dan Brown aurait également pu consulter avant d'écrire Anges et démons?

Les livres de Francis Yates, en particulier *Giordano Bruno et la tradition hermétique, The World Stage* et *The Rosicrucian Enlightenment*; Aleister Crowley, *Le Livre des mensonges*; Baigent, Lincoln et Leigh, *Holy Blood, Holy Grail*; Gérard de Sède, *La Race fabuleuse*; Michel Lamy, *Jules Verne, initié et initiateur*; Robert Temple, *Le Mystère de Sirius*.

Vous parlez abondamment des liens ésotériques et occultes avec les Illuminati. *Ces groupes affirment-ils être des héritiers des* Illuminati?

Aleister Crowley, éminent occultiste et chef de l'Ordo Templis Orientalis (l'Ordre templier de l'Orient, organisation ésotérique qui combine l'initiation maçonnique au rituel lié à la magie et à l'occulte), inclut le fondateur historique des *Illuminati*, Adam Weishaupt, dans la liste des 114 saints du gnosticisme dans sa messe catholique gnostique. C'est un lien direct. Quelques autres personnes soi-disant membres des *Illuminati* se retrouvent aussi sur cette liste de saints, notamment Jacques de Molay, Richard Wagner et Louis II de Bavière. Mais ce sont des liens indirects, puisqu'une allégation ne constitue pas une preuve. Le magazine de Crowley, *Equinox*, portait le sous-titre de *Journal of Scientific Illuminism* (*Journal de l'illuminisme scientifique*), ce qui peut signifier n'importe quoi.

Les occultistes sont attirés par les organisations comme les *Illuminati* parce que l'initiation occulte a recours à l'expérience là où les Églises ont recours au dogme. Idéalement, un ordre initiatique change votre esprit au moins aussi souvent qu'une personne saine change de sous-vêtements.

Que pensez-vous de la suggestion de Dan Brown selon laquelle les Illuminati *étaient au début formés de scientifiques, de rationalistes et de libres penseurs dont certains usaient de violence et de terrorisme?*

La suggestion semble plausible, mais elle n'a pas été démontrée. Mes romans historiques, en particulier *The Widow's Son*, en présentent certaines variations. Toutefois, j'attribuerais le rôle de meneur à Giordano Bruno (philosophe, scientifique et hérétique italien brûlé sur le bûcher par l'Inquisition en 1600) plutôt qu'à Galilée parce que l'Inquisition l'a accusé de former des sociétés secrètes (remarquez le pluriel) afin de s'opposer au Vatican. Vous pouvez en apprendre davantage sur ce sujet en lisant le livre de Francis Yates sur Bruno. Avec un pied dans la cabale et l'autre dans la science, Bruno semble un suspect possible à titre de chef d'un monde souterrain scientifique et occulte semblable à la culture de la drogue de nos jours.

De plus, je pense que Bruno est un personnage particulièrement intéressant parce que les deux scientifiques les plus controversés au cours de ma vie, Wilhelm Reich et Timothy Leary — tous les deux emprisonnés à cause des livres qu'ils ont écrits —, pensaient qu'il avait devancé leurs idées. Je soupçonne fortement Bruno d'avoir pratiqué la même cabale sexuelle qu'Aleister Crowley.

Y a-t-il eu des membres des Illuminati *qui ont été réellement arrêtés, torturés et assassinés par l'Église, comme l'affirme Dan Brown dans* Anges et démons?

Les sorcières, les soi-disant sorcières, les scientifiques, les homosexuels, les juifs et tous ceux qui avaient une opinion ont souffert aux mains de l'Inquisition. J'imagine qu'ils ont attrapé quelques *Illuminati* aussi.

Croyez-vous que les Illuminati *ont survécu du XVIII*e *siècle jusqu'à nos jours?*

Peut-être. Certaines personnes pensent que je suis un de leurs chefs. Mae Brussel (théoricienne du complot et personnalité radiophonique du milieu du XXe siècle) m'a accusé d'être un *Illuminatus* dans un magazine appelé *Conspiracy Digest*. J'ai tout avoué dans le numéro suivant et ajouté que David Rockefeller me paie personnellement avec des lingots d'or. Je croyais que cela améliorerait ma cote de crédit mais, apparemment, personne n'y a cru sauf Mae. Lyndon Larouche m'a également qualifié d'*Illuminatus*, de même qu'une station radiophonique chrétienne que j'écoute brièvement de temps en temps. J'ai aussi entendu parler d'autres stations chrétiennes qui s'en prennent à moi régulièrement.

Vous retrouvez la présence des Illuminati *dans pratiquement toutes les sociétés secrètes connues des théoriciens du complot, tant avant qu'après le passage des véritables* Illuminati *à la fin du XVIII*e *siècle. Existe-t-il des événements réels sur lesquels ils ont eu une influence? De quoi sont-ils réellement responsables?*

Du prix élevé de l'essence et de l'impossibilité de trouver un plombier le week-end.

Dans Anges et démons, *Dan Brown laisse entendre que les* Illuminati *se sont cachés chez les francs-maçons, formant ainsi une société secrète à l'intérieur d'une société secrète. Ce point de vue est-il exact?*

Il semblerait que ce soit exact en Europe au XVIIIe siècle. Après cette période, j'ai quelques doutes. Le livre de John Robison, *Proofs of a Conspiracy* (livre qui a déclenché l'hystérie anti-*Illuminati* en Europe, en 1798) n'affiche pas ce que je considère comme un style de pensée paranoïaque. Il est logique, même à mes yeux, et je n'éprouve même pas de sympathie pour son point de vue chrétien-loyaliste. De plus, son affirmation selon laquelle les *Illuminati* auraient pris le pouvoir au sein d'une large portion de la franc-maçonnerie sur le continent entre 1776 et 1800 semble bien acceptée dans des sources « respectables » comme *Rousseau and Revolution*, de Durant, *Beethoven*, de Solomon, et même *l'Encyclopaedia Britannica*. Je doute que l'illuminisme se soit étendu plus tard dans la franc-maçonnerie mondiale parce que toutes les affirmations du genre proviennent de livres étranges empreints d'odeurs paranoïaques et dépourvus du moindre appui respectable.

Croyez-vous que les Illuminati *ont exercé leurs activités plus d'une centaine d'années avant Weishaupt en Bavière? Ont-ils jamais été associés avec Galilée?*

Davantage avec Giordano Bruno, Johannes Kepler et John Dee, je pense.

Que pouvez-vous nous dire sur l'ampleur de l'implication des francs-maçons dans l'histoire, la culture politique et le symbolisme officiel des États-Unis? Qu'est-ce qui vous semble particulièrement intéressant et remarquable en ce qui a trait à leur implication présumée ou réelle?

Les whigs en Angleterre, les démocrates jeffersoniens aux États-Unis et les francs-maçons ont tous eu une certaine influence les uns sur les autres, mais il faudrait 500 pages pour préciser « qui a fait quoi avec qui et à qui ». Toutefois, je crois que le Premier amendement représente presque certainement l'élément le plus évident de l'influence des francs-maçons sur l'histoire des États-Unis. Tous les ordres et toutes les loges franc-maçonniques se sont engagés à combattre la superstition et la tyrannie ainsi qu'à promouvoir la tolérance religieuse. L'objectif principal du Premier amendement est d'empêcher toute religion d'écraser les autres — ce qui ne représente qu'un danger hypothétique de nos jours, mais qui a maintenu l'Europe en état de guerre pendant trois siècles, alors que la franc-maçonnerie, la libre pensée et le libre marché ont évolué dans le cadre d'une nouvelle ère (expression généralement utilisée pour désigner un point tournant dans l'histoire de l'humanité, dans ce cas le passage du Moyen Âge à la Renaissance à l'époque des Lumières) qui a aboli le féodalisme et généré cette foutue constitution.

Lorsque Brown explique la relation entre l'Assassin, ses supposés ancêtres et les Illuminati, *il y fait allusion sans approfondir la question. Que savez-vous des Assassins, de leurs origines et de leur destin ?*

«Assassin» vient d'un mot occidental désignant les membres de la secte ismaélienne de l'islam, dont le chef actuel est l'Aga Khan. En 1092, ils avaient pour chef Hassan al-Sabbah. Ce dernier a inventé l'«agent dormant», un homme qui se faisait passer pour un membre de l'opposition, mais travaillait en réalité pour Hassan. Il a fait de ses contemporains des hommes modernes et ils n'ont pas aimé cela. Personne ne pouvait faire confiance à personne. D'habitude, ils assassinaient les leaders de groupes opposés aux ismaéliens. Selon la légende, ils ne frappaient que lorsque leur cible s'apprêtait à envahir le territoire ismaélien. J'aimerais croire ça, c'est à la fois romantique et lugubre.

Existe-t-il une relation présumée avec les Illuminati ?

Tout comme les francs-maçons, les *Illuminati* et les ismaéliens utilisent un système d'ordre initiatique. On prétend que le dernier secret, au sommet de la hiérarchie des ismaéliens, serait : «Rien n'est vrai; tout est permis.» Les contemporains d'Hassan n'aimaient pas cela non plus. Certains affirment que le dernier secret des *Illuminati* de Weishaupt était semblable. Crowley émit la même idée en affirmant : «"Fais ce que tu veux" sera le tout de la loi.» Les imbéciles demeurent à leur propre niveau; les sceptiques s'élèvent plus haut. Vous pouvez faire exécuter des ordres à un âne, mais vous ne pouvez le faire réfléchir.

Cette relation représente-t-elle un fait historique? Un lien commun établi par les théoriciens du complot?

Je l'ai trouvée dans *History of Secret Societies*, de Draul, mais il ne s'agit pas du tout d'un livre sur les complots. Je ne sais pas si c'est vrai ou faux, mais ça semble plausible. Le lien concernant le hachisch entre Sabbah et Weishaupt est une blague que j'ai inventée moi-même. J'affirmais que Weishaupt étudiait Sabbah et faisait pousser sa propre marijuana. Plus tard, un gars nommé Don Jodd a gagné sa vie en parcourant le circuit de la résurgence fondamentaliste pour présenter cela et certaines de mes autres blagues comme des faits solennels. Je me réjouis que certaines personnes le croient, ce qui confirme la piètre opinion que j'ai de l'intelligence du peuple américain. Les ordres les plus élevés de mysticisme et les titres les plus élevés de rationalisme ne s'opposent pas du tout. Les rangs inférieurs des Haschischin étaient sans doute constitués de gens superstitieux et ignorants, tout comme les autres groupes de musulmans ou de chrétiens. Mais les personnes des rangs supérieurs devaient être d'accord avec Bouddha et Bertrand Russell : tout ce qui peut être cru constitue une simplification exagérée et, en conséquence, un non-sens.

Vous connaissez bien l'intrigue de Anges et démons. *Quels éléments tirés d'œuvres romanesques ou de complots y détectez-vous ?*

En faisant preuve d'un manque de modestie, j'y vois beaucoup de ma propre influence, ainsi que celle de nombreux livres (de soi-disant littérature non romanesque) sur le Prieuré de Sion.

Dan Brown attribue à ses Illuminati *un désir d'illumination scientifique. Pourtant, leur réputation s'amalgame avec le satanisme et d'autres formes d'occultisme à cause de l'étroitesse d'esprit de l'Église. À quels autres thèmes les* Illuminati *ont-ils été identifiés, dans les faits et dans la littérature romanesque ?*

Quand vous vous intéressez de plus près à la littérature sur les *Illuminati*, vous découvrez qu'on les a blâmés pour l'anarchisme, le fascisme, le soufisme, les manipulations extra-terrestres, les serpents de mer et même les agroglyphes. Le complot des *Illuminati* constitue un terrain de jeu en or pour tous les esprits qui ont perdu leur équilibre.

Pourquoi les théories du complot sont-elles si facilement adaptables au roman ?

Nous vivons une époque d'incertitude croissante. Les plus grands écrivains, comme Joyce, utilisent cette incertitude de manière philosophique et les auteurs populaires de romans d'espionnage en font autant. Personne ne sait plus à qui se fier.

Si vous avez vu la nouvelle version cinématographique du *Candidat mandchou*, vous êtes-vous demandé combien de robots implantés existent à votre travail ou dans votre parti politique ou même parmi vos chefs religieux?

Dans vos œuvres, comme en ce qui a trait aux récentes théories du complot, on peut empiler les complots comme des boîtes chinoises. Chacun semble impliquer l'autre ou mener à chacun des autres, comme des serpents qui se mordent la queue. Qu'est-ce qui fait que la psychologie du complot relie les complots entre eux en une chaîne infinie?

Les soupçons, comme la confiance, augmentent avec l'expérience. Plus vous avez de soupçons, plus vous trouvez de raisons d'en avoir. Au départ, Kerry Thornley ne soupçonnait que deux de ses amis d'être des robots, mais par la suite il les a tous soupçonnés. L'abbé Barruel, source même de la paranoïa anti-illuministe, ne soupçonnait à l'origine que les *Illuminati*, puis les juifs, les Anglais, les banquiers, les Arabes et tous ceux qui n'étaient pas des jésuites français comme lui. Et sans doute qu'à la fin de sa vie, il soupçonnait certains jésuites.

Un de vos personnages de Illuminatus! Trilogy *commence à voir des complots partout — dans la numérologie (la loi des cinq), dans l'histoire, dans la littérature de tout style, dans la politique, dans le folklore, et ainsi de suite. Une fois que vous commencez à accepter le caractère plausible d'un complot, ce type de chute libre est-il inévitable? Que nous enseignent les complots sur les différents modes de connaissance?*

Je soupçonne qu'ils nous enseignent beaucoup, mais je ne crois rien. Après avoir trouvé partout la loi des cinq, je n'affirme plus savoir quoi que ce soit avec certitude. C'est ainsi que j'ai formulé ce que j'appelle la *logique du peut-être*, dans laquelle je considère les idées non pas seulement comme vraies ou fausses, mais comme comportant divers degrés de probabilité. Si les autres théoriciens du complot apprenaient cela, ils sembleraient moins paranoïaques et les gens les prendraient davantage au sérieux.

La logique du peut-être combine la sémantique générale, la programmation neurolinguistique et le bouddhisme, les trois représentant des méthodes de contrôle des foutaises, et non des dogmes. Un jour, j'ai adhéré à la Flat Earth Society, seulement pour me mettre au défi. Je n'ai pas retiré grand-chose de cette expérience, mais j'ai eu beaucoup de plaisir. J'affirme simplement que nous penserions et agirions de manière plus saine si nous utilisions «peut-être» beaucoup plus souvent. Pouvez-vous imaginer un monde dans lequel Jerry Falwell beuglerait: «Peut-être que Jésus *était* le fils de Dieu et peut-être qu'il détestait les homosexuels autant que moi», un monde dans lequel tous les minarets de l'islam résonneraient avec les paroles: «Il n'y a pas de Dieu sauf peut-être Allah et peut-être que Mahomet est son prophète»?

Que pensez-vous du concept général que Dan Brown semble considérer comme véridique et qui relie 7 000 ans de connaissances secrètes transmises par une série de sociétés secrètes?

La vie heureuse dans un univers heureux, la vie triste dans un univers triste. Les matérialistes dans un univers matérialiste, les spiritualistes dans un univers spirituel. Les «faits» s'ajustent au système de filtrage du cerveau de l'observateur. À 72 ans, je vous assure qu'il y a infiniment plus de choses que j'ignore qu'il y en a que je pense encore connaître. Je soupçonne que Dan Brown a autant le sens de l'humour que moi, mais qu'il choisit de le cacher. J'aimerais mieux ses livres si le professeur venait de Miskatonic plutôt que de Harvard.

Quatrième chapitre

Deux fenêtres sur le même univers ? Le conflit entre la science et la religion

Comprendre l'univers :
l'acte de foi où la science commence
• L'utilisation et l'exploitation des citations d'Einstein
sur la religion et la science
• Défense de l'intervention divine
• Les raisons de considérer la religion
comme rien de plus que « l'équivalent mental
d'un virus informatique »
• Défense d'une reconnaissance mutuelle
à défaut d'une réconciliation
• Les raisons pour lesquelles le cerveau
pourrait être mal adapté à la foi

La bibliothèque de Leonardo Vetra

PAR ARNE DE KEIJZER

Quand il pénètre dans le bureau de Leonardo Vetra, Robert Langdon est attiré par trois livres qu'on peut également trouver dans les vraies bibliothèques et librairies : *Une sacrée particule*, *Le Tao de la physique* et *God : The Evidence*. Ces choix illustrent bien à quel point Vetra (et, peut-on supposer, Dan Brown) souhaite résoudre le conflit entre la science et la religion, conflit dont on attribue l'origine à Galilée. La religion d'une part, la science de l'autre. Sont-elles naturellement en conflit ou existe-t-il un lien quelconque entre les deux ? Les livres sur l'étagère de Vetra semblent laisser entrevoir une réconciliation. Son conteneur d'antimatière promet l'anti-Graal : la fission plutôt que la fusion.

Deux de ces livres reflètent bien l'intention du romancier de dépeindre Vetra comme un « scientifique religieux ». Dans son livre intitulé *God : The Evidence*, Patrick Glynn, directeur adjoint du George Washington University Institute for Communitarian Policy Studies, affirme que les conditions miraculeuses qui ont rendu possible l'existence de l'univers constituent des preuves irréfutables de l'intervention de Dieu. À ses yeux, plus la science progresse, plus elle découvre de preuves de la présence du Créateur.

De même, l'œuvre de Fritjof Capra, *Le Tao de la physique*, réunit science et religion. Mais ici, nous sommes devant une énigme. Est-il possible que Leonardo Vetra ait acquis peu à peu le même intérêt que Capra pour le bouddhisme, l'hindouisme et le taoïsme ? (Vittoria Vetra, par contre, aurait certainement pu avoir un tel intérêt, compte tenu de sa connaissance de la méditation.) Peut-être Langdon n'a-t-il pas repéré le dernier ouvrage de Capra, *Belonging to the Universe*, qui examine plus précisément le christianisme et la science — après tout, Langdon était plutôt distrait à ce moment par un cadavre qui gisait sur le plancher.

Le livre le moins pertinent sur l'étagère de Vetra est *Une sacrée particule* de Leon Lederman. Lederman, récipiendaire d'un prix Nobel de physique, se préoccupe peu de la coexistence de la science et de la religion. Lorsqu'il compare les deux domaines, il conclut : « La physique, ce n'est pas la religion. Si c'était le cas, nous aurions beaucoup moins de difficultés à obtenir de l'argent. » Lederman, brillant physicien, a ainsi intitulé son livre pour mettre en lumière sa croyance selon laquelle les questions sur l'origine du cosmos ont beaucoup plus de chances d'être résolues par la physique que par la religion. Sa particule de « Dieu » est un jeu de mots.

D'autres livres sur ce sujet auraient pu se trouver dans la bibliothèque de Vetra, à supposer qu'il y en eût d'autres. Il existe une très vaste gamme d'opinions dans ce domaine, des scientifiques comme Steven Weinberg et Richard Dawkins, qui nient absolument l'existence d'une force divine, jusqu'à Alan Padgett, professeur de théologie systématique, qui affirme dans *Science and the Study of God* : « Ce que la science apprend de la religion, c'est que Dieu est le Créateur du monde et qu'il est à la fois rationnel et bon. »

Parmi ceux qui croient à l'intervention divine, on compte John Polkinghorne, physicien devenu prêtre, qui dit : « Dieu participe à tout ce qui se produit, mais ne constitue pas nécessairement la cause immédiate de tout ce qui se produit. »

Selon une autre opinion dans ce débat, la science et la religion ne peuvent avoir d'importance l'une sans l'autre. Greg Easterbrook, rédacteur d'une chronique religieuse sur beliefnet.com, résume ce point de vue en citant Einstein : « La science sans religion est boiteuse. La religion sans science est aveugle. » Le physicien de Princeton Freeman Dyson est un autre intervenant important dans ce débat. Lauréat du prix Templeton 2000 pour les progrès en matière religieuse, Dyson écrit : « La science et la religion sont deux fenêtres par lesquelles les gens regardent en essayant de comprendre l'immense univers au-delà, en essayant de saisir pourquoi nous sommes ici. Les deux fenêtres, bien qu'elles offrent un point de vue différent, montrent le même univers.»

En faisant un pas de plus dans la direction du concept de «distinction dans l'égalité», des scientifiques comme feu Stephen Jay Gould croient que la science et la religion sont «deux domaines qui ne se chevauchent pas», faisant ainsi écho à la position de Galilée selon laquelle la science s'occupe de ce qui est empirique, alors que «le réseau des religions s'étend aux questions de significations et de valeurs morales». L'astronome Neil deGrasse Tyson, dont les opinions éclairées sont exprimées dans ce chapitre, croit que même si la science continuera petit à petit à éclipser le point de vue créationniste de plusieurs religions, penser qu'elle éliminera la religion constitue «une exagération grossière du pouvoir ou de l'influence de la science».

Il y a également ceux qui pourraient être d'accord avec la phrase de Nietzsche affirmant que «Dieu est mort» et croire que la science du XXe siècle a relégué la croyance religieuse aux domaines de l'illogique et de l'irrationnel. Le prix Nobel de physique Steven Weinberg considère la science comme un pas vers la déconstruction du mythe de Dieu. Il maintient que les grands scientifiques comme Galilée, Bruno, Newton, Hubble et Darwin réduisent à néant plusieurs affirmations religieuses. «Rien n'existe en dehors des atomes et de l'espace vide, affirme-t-il; tout le reste n'est qu'opinion.»

Richard Dawkins, interviewé dans ce chapitre, est encore plus acerbe. Dans une de ses attaques les plus véhémentes contre la foi, il a mis la religion au défi de prouver ses affirmations ou de se taire: «Elle doit soit admettre que Dieu est une hypothèse scientifique et le laisser se soumettre au même jugement que toute autre hypothèse scientifique, soit admettre qu'il se situe au même rang que les fées et les lutins.»

Même s'ils ne sont pas aussi amers que le personnage de Maximilien Kohler de Dan Brown, ces scientifiques partagent sans doute avec le directeur fictif du CERN un cynisme profond envers l'Église et les Églises de toutes sortes. Au moins, de nos jours, des scientifiques comme Weinberg et Dawkins ne seraient pas poursuivis par l'Inquisition.

Finalement, il y a ceux qui semblent vouloir dépasser le débat. Ceux-là se demandent «d'où nous vient, au départ, le besoin de croire». Dans ce chapitre, Dean Hamer examine la possibilité de l'existence d'un «gène divin», pulsion biologique puissante chez les uns, pratiquement inexistante chez d'autres, qui nous attire vers une certaine forme de spiritualité. Hannah de Keijzer examine le point d'intersection entre la religion et la science sous l'angle de la science cognitive.

Nous pouvons remercier Dan Brown d'avoir ouvert une fenêtre sur ce domaine fascinant des «grandes idées» et de laisser les lecteurs eux-mêmes se demander quelle serait leur propre opinion parmi cette gamme de points de vue — et s'ils la conserveront après avoir lu *Anges et démons*.

L'ADORATION AU SEIN DE L'ÉGLISE D'EINSTEIN OU COMMENT J'AI DÉCOUVERT LA RÈGLE DE FISCHBECK

PAR GEORGE JOHNSON[*]

Vers la fin de sa vie, Einstein croyait avoir été abusivement critiqué. Chose certaine, il s'est exprimé un peu trop légèrement dans le passé en s'exclamant: «Je ne peux croire que Dieu joue aux dés avec l'univers», exprimant par là son exaspération vis-à-vis du caractère aléatoire répréhensible de la mécanique quantique. Et lorsqu'il a voulu communiquer sa conviction à propos des lois de la nature qui, bien que parfois obscures, sont ordonnées et compréhensibles par l'esprit humain, voici ce qu'il a dit: «Le Seigneur est subtil, mais il n'est pas malicieux.»

Il n'a jamais pensé que les gens prendraient cette affirmation au pied de la lettre et de manière si égoïste, le considérant comme un homme profondément religieux, une sorte de Don Quichotte qui tentait de combler le fossé entre la science et la religion surgi au moment où Galilée était forcé de renier sa croyance selon laquelle c'était le Soleil, et non la Terre, qui se trouvait au centre de l'univers.

---

[*] George Johnson, auteur de *Fire in the Mind: Science, Faith, and the Search for Order*, écrit des articles sur la science pour le *New York Times* à partir de Santa Fe, au Nouveau-Mexique, et il a reçu le prix de journalisme scientifique de l'AAAS. Son septième livre, *Miss Leavitt's Stars*, sera publié au printemps 2005 par la maison d'édition Norton.

«Ce que vous avez lu sur mes convictions religieuses ne représente, bien sûr, qu'un mensonge, un mensonge qu'on répète de manière systématique, se plaignait Einstein dans une lettre écrite l'année de sa mort. Je ne crois pas en un Dieu personnel et je n'ai jamais nié cette opinion, mais je l'ai au contraire exprimée clairement. S'il existe quelque chose en moi qu'on puisse qualifier de religieux, c'est l'admiration sans borne que j'ai pour la structure du monde dans la mesure où la science peut nous la révéler.»

«Dieu» n'était pour lui qu'une métaphore illustrant les lois que les scientifiques avaient découvertes depuis des siècles. Et c'étaient les lois qui régnaient en maître. À la veille d'une importante expérience visant à vérifier une prédiction étonnante de sa théorie de la relativité générale — selon laquelle la lumière avait une masse et pouvait être affectée par la gravité du Soleil —, Einstein déclara irrévérencieusement : «Si ce n'est *pas* démontré, je plains le Seigneur car la théorie est exacte.»

Cela résumait sa pensée : c'était l'Homme, et non Dieu, qui méritait le plus profond respect. D'après Einstein, nous vivons dans un univers régi par un ordre mathématique complexe et non par les caprices d'un créateur particulier — et peut-être sommes-nous tout juste assez intelligents pour en comprendre des parties. «Je suis un non-croyant profondément religieux, écrivait-il à un ami. C'est en quelque sorte un nouveau type de religion.»

Au fil des années, l'Église d'Einstein a attiré quelques fidèles célèbres. À la fin de son étonnant best-seller intitulé *Une brève histoire du temps. Du Big Bang aux trous noirs*, Stephen Hawking, qui, par ailleurs, ne semble pas du tout avoir la fibre religieuse, s'extasiait en pensant que la science en viendrait à «connaître l'esprit de Dieu». Il entendait par là la découverte d'un ensemble d'équations qui uniraient toutes les forces de la nature — de la physique à l'état pur. De plus, il pensait — à moins que ce ne soient ses éditeurs — que ces invocations mystiques du Tout-Puissant attireraient l'attention et contribueraient à faire vendre les livres.

Espérant réaliser autant de profits que Hawking, d'autres scientifiques ont tiré parti du même sujet en utilisant Dieu non seulement comme métaphore, mais parfois, croyons-nous, d'une manière quelque peu facétieuse. Leon Lederman, lauréat du prix Nobel travaillant au Fermilab, a intitulé son propre livre (un traité populaire sur la physique des hautes énergies) *Une sacrée particule*. C'est ainsi qu'il a appelé le boson de Higgs, particule hypothétique qui sert de chaînon manquant dans la « théorie du tout » que la science cherche à développer depuis longtemps. (Les physiciens espèrent la découvrir grâce au nouveau grand collisionneur hadronique actuellement en construction au CERN.) Inféré par des équations, le boson de Higgs résoudrait une des dernières énigmes subsistant depuis que les sciences tentent d'expliquer l'univers.

Certains lecteurs de Lederman doivent avoir été déçus en constatant que le titre de son livre n'était qu'une blague. En aucun cas la découverte de la « particule divine » ne démontrerait l'existence d'un être suprême. Au contraire, elle constituerait la pierre angulaire d'une ambitieuse théorie qui cherche à éliminer le besoin de telles explications mystiques. C'est exactement là le but de la science.

Si on en juge par les autres titres dans le domaine de la vulgarisation scientifique, Dieu joue également un rôle dans la théorie du chaos (*Dieu joue-t-il aux dés?* de Ian Stewart, mathématicien et rédacteur scientifique) et dans la mécanique quantique (*Sneaking a Look at God's Cards* du physicien italien Giancarlo Ghirardi). Dans son récent livre intitulé *The God Gene*, le généticien Dean Hamer adopte une approche différente en expliquant de manière scientifique que si les gens cherchent instinctivement un créateur, un « grand responsable », c'est parce que la foi a été mal codifiée dans notre logiciel génétique.

Une brève incursion dans la base de données de amazon.com permet de trouver bon nombre de titres semblables : *God's Equation, The God Experiment, The God Hypothesis… The Loom of God, L'esprit de Dieu, The Fingerprint of God, Dieu et la nouvelle physique… God in the Machine, God in the Equation…* Certains de ces auteurs (ce ne sont pas tous des scientifiques) ne se donnent des airs de théologiens que le temps de trouver un titre accrocheur, mais d'autres semblent sincèrement croire que la science a pour but de trouver des preuves de l'existence d'un être suprême — la dernière chose qu'Einstein avait à l'esprit lorsqu'il a involontairement lancé ce débat.

L'idée qu'il pourrait exister plusieurs façons contradictoires d'expliquer le fonctionnement du monde m'a frappé très jeune. Mon meilleur ami, Ron Light, et moi, alors jeunes scientifiques en herbe, avions déjà essayé de transformer du papier d'aluminium en or au moyen d'un cyclotron maison et de créer la vie dans une éprouvette en mélangeant les ingrédients chimiques mentionnés dans la *World Book Encyclopedia* — du carbone tiré d'une briquette de charbon, du phosphore provenant d'une allumette, de l'hydrogène et de l'oxygène extraits de l'eau. Chaque semaine, le point culminant du cours était atteint lorsque notre enseignant de l'école primaire apportait dans la classe un téléviseur noir et blanc pour que nous regardions une émission de la chaîne publique locale qu'animait un drôle d'homme portant moustache et sarrau blanc, du nom de George Fischbeck. Le docteur Fischbeck, enfant chéri d'Albuquerque en matière de science, mélangeait d'étranges substances et causait de spectaculaires éruptions chimiques. Il venait parfois nous rendre visite en classe, faisant des blagues, nous donnant de drôles de poignées de main et prêchant en faveur de la science.

Le docteur Fischbeck nous a plus tard quittés pour devenir présentateur météo d'une chaîne de télévision de Los Angeles. Mais j'ai gardé à l'esprit une chose qu'il avait dite. Il parlait, je crois, de cosmologie — le big-bang, comment l'univers a commencé — ou peut-être de la théorie de l'évolution, ou des millions d'années qu'il aura fallu pour que se forme le Grand Canyon. De toute façon, devinant que certains jeunes membres de son auditoire pourraient se sentir mal à l'aise, il nous avait gentiment prévenus de ne pas nous en faire si ce qu'il disait semblait contredire ce que nous avions appris à l'école du dimanche.

La science et la religion, nous assura-t-il en nous avertissant de son index levé, sont deux choses différentes. Il ne faut jamais mettre les deux ensemble. «Nooooooon», avait-il dit d'un ton théâtral en secouant la tête et en remuant sa moustache.

Même alors, il semblait se défiler. La Bible affirmait que l'univers — la Terre, les animaux, les gens y compris —, avait été créé en sept jours. D'après la science, tout avait commencé avec le big-bang et avait duré des milliards d'années. Comment les deux pouvaient-elles avoir raison ? Et qui ou quoi était réellement aux commandes, Dieu ou les lois de la physique? Le docteur Fischbeck n'était pas entré dans les détails, à savoir comment vous pouvez choisir d'être déiste et croire que Dieu a créé les lois puis lancé l'univers pour qu'il fonctionne de manière autonome comme une horloge géante. Ou, comme le font de nombreux scientifiques, comment vous pouvez compartimenter ce que vous apprenez au laboratoire ou à l'observatoire, et le distinguer de ce que vous prêchez à l'église. Ou bien, à moins d'être un fondamentaliste pur et dur qui prend la Bible au pied de la lettre, que vous ne considériez qu'il n'y a pas du tout matière à conflit.

J'ai appris certaines choses sur les fondamentalistes en regardant, un samedi soir, une reprise de *Procès de singe*, version romancée de Stanley Kramer qui met en scène le procès ridicule au cours duquel un enseignant du Tennessee, John T. Scopes, fut accusé d'enseigner l'évolution. Spencer Tracy incarne l'avocat de Scopes (dans la réalité, il s'agissait du grand Clarence Darrow) et Frederic March joue le rôle du procureur général. En mangeant mon pop-corn, j'ai pris parti pour Tracy, loin de m'imaginer que, des années plus tard, ces créationnistes comiques feraient un retour sur scène en tant que «scientifiques créationnistes», exigeant un nombre d'heures d'enseignement égal des deux «théories». L'évolution n'était qu'«une théorie», n'est-ce pas? Ce n'était que justice qu'elle soit enseignée sur un pied d'égalité avec une autre théorie: celle qui affirmait que tout avait commencé lorsque Dieu avait dit: «Que la lumière soit.»

Le docteur Fischbeck doit avoir été fort étonné. La science est censée s'intéresser à la façon dont le monde fonctionne. La religion s'applique à l'éthique et à la moralité — à la façon dont les gens devraient se comporter. Mélangez-les et, comme le bicarbonate de soude et le vinaigre, elles vous explosent au visage.

Les choses n'ont pas toujours été ainsi. Avant Galilée, il n'y avait que la théologie, qui représentait le dernier mot sur tout ce qu'il fallait faire ici et dans l'au-delà. Comme il n'y avait aucun conflit évident entre la science et la religion, il était parfaitement naturel pour Copernic, premier grand défenseur de la théorie héliocentrique, de détenir un doctorat en droit canon — la loi de l'Église. Il faisait de l'astronomie dans ses moments de loisir. Kepler, qui raffina la théorie de Copernic telle qu'elle est acceptée aujourd'hui, voulait au départ devenir théologien. Il croyait que sa cosmologie (avec les planètes tournant autour du Soleil sur des orbites elliptiques) constituait un reflet du divin, une célébration de Dieu.

C'est Galilée qui a tenu à repousser les limites. Rome lui avait donné la permission d'écrire sur la cosmologie héliocentrique pourvu qu'il ne la présente que comme un instrument de calcul, un outil utile aux astrologues, pour prédire les éclipses et cartographier les positions des planètes. Aux yeux du Vatican, c'était encore la théorie géocentrique de Ptolémée au IIᵉ siècle, avec la Terre comme centre d'intérêt du Créateur, qui semblait la plus exacte du point de vue théologique. En partant de cette hypothèse, le philosophe avait construit un univers tourbillonnant dans lequel les planètes et le Soleil tournaient autour d'une Terre immobile suivant des trajectoires complexes, une gamme étourdissante de «déférents» et d'«épicycles» — des cercles par-dessus d'autres cercles qu'on pouvait ajuster de manière arbitraire pour qu'ils tournent à n'importe quelle vitesse. Vous n'avez qu'à tout ajuster à votre guise et vous pouvez ainsi expliquer n'importe quelle observation astronomique. La structure semblait peut-être manquer de cohérence, mais pourquoi pas? Dieu pouvait faire tout ce qu'il voulait. Au quatrième jour de la Création, lorsqu'il dit: «Que la lumière soit dans les cieux», le Grand décorateur d'intérieur choisit le style rococo.

Contrairement au procureur fulminant de *Procès de singe*, l'Église avait adopté une position philosophique assez raffinée selon laquelle, en fin de compte, le géocentrisme et l'héliocentrisme n'étaient rien de plus que des modèles, de simples inventions de l'esprit humain. Tout ce qu'on pouvait affirmer avec certitude, c'était que de minuscules lumières traçaient des sentiers visibles dans le ciel nocturne. Effectivement, la plupart des lumières — les étoiles — paraissaient tourner autour de la Terre qui, elle, avait certainement l'air immobile. Quelques autres lumières — les planètes — avaient un cheminement plus complexe. Elles semblaient parfois inverser leur parcours et se mouvoir dans l'autre direction. Ptolémée et Galilée ne faisaient que rendre compte du phénomène en ayant recours à différents cadres de référence. Le simple fait de pouvoir construire ces modèles était déjà une source d'émerveillement. Mais l'homme, avec ses sens faillibles et sa raison imparfaite, pouvait difficilement s'attendre à découvrir lui-même la façon dont les étoiles et les planètes se déplaçaient *réellement*. Pour ce faire, il aurait fallu sortir de l'univers et le voir selon le point de vue privilégié de Dieu.

Galilée acceptait pour la forme la doctrine de l'Église sur le temps égal et s'entendit avec elle pour présenter l'héliocentrisme comme s'il ne s'agissait que d'une théorie. Puis il n'en fit qu'à sa guise en écrivant son magnifique *Dialogue sur les deux principaux systèmes du monde*, dans lequel trois nobles italiens tenaient une discussion animée sur l'astronomie, discussion qui tournait clairement en faveur du point de vue copernicien. Il s'agit toujours d'une bonne lecture — Galilée fut le premier grand vulgarisateur scientifique —, mais il est impossible de terminer le livre en ayant le sentiment qu'il présentait son modèle héliocentrique comme simple outil de calcul astronomique, au mieux comme concurrent d'égale force du géocentrisme. Le présenter de cette façon aurait été une solution de facilité. Mais, argument après argument — en se servant aussi bien de pierres qu'il laissait tomber du haut d'une tour et de chevaux au galop que des phases de Vénus qui ressemblaient à celles de la Lune et des satellites de Jupiter —, il démontra de manière convaincante que la Terre se déplaçait réellement et qu'elle n'était qu'un des nombreux objets tournant autour du Soleil.

Bien sûr, il ne réussit pas à s'en tirer pour autant. Ses arguments hésitants pour défendre le *statu quo* avaient, après tout, été mis dans la bouche de Simplicio, qui incarnait l'idiot de Galilée. Aux yeux de l'Église, le fait que le géocentrisme, avec suffisamment de manipulations, fonctionnait tout aussi bien pour prédire les mouvements des planètes n'aidait pas les choses, tout comme le fait que la version particulière de Galilée d'un système axé sur le Soleil n'était pas moins compliquée que l'autre. Insistant obstinément sur l'idée que les orbites devaient être parfaitement circulaires — donc que les idées de Kepler sur les ellipses n'avaient aucun sens —, il fut forcé d'utiliser autant d'épicycles que Ptolémée pour que les calculs correspondent à la réalité.

Tel que défendu par Galilée, l'héliocentrisme ne semblait pas posséder beaucoup de qualités. L'argument convaincant — selon lequel il ne pouvait exister physiquement un univers centré sur la Terre — devrait attendre l'arrivée d'Isaac Newton, une génération plus tard. Les astronomes de l'époque de Galilée n'avaient pratiquement aucune idée de ce qui pouvait retenir ensemble les éléments du système solaire. (Kepler avait joué avec la possibilité que ce fût l'attraction de la lumière solaire.) Avec une théorie de la gravitation, Galilée aurait peut-être pu défendre son point de vue plus efficacement devant les inquisiteurs. Il aurait pu poser la question suivante : Comment des astres aussi massifs que le Soleil et les étoiles pourraient-ils tourner autour de la minuscule Terre ? Il préféra se rétracter et s'excuser.

Je possède, quelque part dans ma collection de revues scientifiques loufoques, un article intitulé « A New Interest in Geocentrism », écrit par un créationniste du nom de James Hanson. L'argument avait pour clé de voûte la célèbre expérience de Michelson et Morley en 1887. En utilisant un arrangement intelligent de miroirs, les scientifiques avaient créé deux rayons lumineux : l'un se déplaçant dans la même direction que la Terre, l'autre étant perpendiculaire au premier. Ils avaient supposé que le premier rayon, stimulé par le mouvement de la Terre, se déplacerait un peu plus rapidement. Ils découvrirent, à leur grande surprise, que la vitesse des deux rayons était exactement la même, un phénomène qu'Einstein expliquerait plus tard par sa théorie de la relativité restreinte. Toutefois, la conclusion qu'on pouvait tirer de l'expérience de Michelson et Morley et que Hanson préférait était que la Terre était en fait immobile, tout comme on pouvait s'y attendre en lisant la Bible. Ajoutez-y quelques épicycles et vous pouvez faire en sorte que le Soleil, les étoiles et les planètes tournent autour de vous. C'est un exemple brillant d'ingénierie ecclésiastique, mais un fondamentaliste religieux extraterrestre pourrait tout aussi bien concevoir un univers en spirale ayant en son centre la planète Mars, la comète de Halley ou la Lune. Quelles que soient les données, on peut organiser tout de mille façons différentes. Il y a une multitude de pierres sur lesquelles on peut bâtir.

D'autres créationnistes ont retravaillé les équations de la physique nucléaire de façon que la datation au carbone 14

« prouve » que la Terre, comme dans la Bible fondamentaliste, n'a que 8 000 ans — chiffre que vous obtenez en additionnant les générations (toute cette procréation) dans le Nouveau Testament. En jouant un peu avec la théorie des champs électromagnétiques, vous pouvez modifier la vitesse de la lumière et faire en sorte que l'univers ait été créé en sept jours. Une théorie en vaut une autre. Laissez une centaine de cosmologies fleurir et une centaine de géologies se combattront.

Mais ce serait tricher. Pour les scientifiques, une théorie n'est pas qu'une simple opinion, mais une thèse logiquement cohérente qui a été mise à l'essai, puis raffinée et remise à l'essai, ce qui représente à ce jour la meilleure façon d'expliquer un phénomène particulier. Si on pouvait affirmer que l'Église d'Einstein comporte un dogme, celui-ci stipulerait que l'univers est compréhensible, qu'on peut l'expliquer au moyen de lois mathématiques précises (plus c'est simple, mieux c'est) et que les lois qui s'appliquent aux alentours de la Terre sont les mêmes dans tout l'univers ou que, si elles varient, c'est en raison d'autres lois.

On ne peut rien prouver de tout cela. Il est possible que ce que nous transmettent nos sens sur le monde ne soit qu'une illusion, que la raison et la logique qui font notre fierté soient aussi arbitraires et dépourvues de sens que les règles d'un jeu vidéo, que la véritable grande théorie unifiée ait été transmise aux auteurs de la Bible, du Coran, du Rig Veda ou du Livre des morts égyptien.

Mais c'est là une possibilité déprimante. Si la curiosité n'avait ni raison ni avantage, l'univers serait un endroit ennuyeux et démoralisant. Mais il y a toujours la vie après la vie.

En 1999, on m'a demandé de participer à un symposium à Cape Town, en Afrique du Sud, dans le cadre du Parlement des religions du monde. Je savais que je me dirigeais vers le bon endroit quand je suis arrivé au comptoir d'enregistrement pour le vol à partir de Miami. Il y avait là des Indiens hopi avec des bandeaux et de longues tresses, des baptistes noirs du sud en habits du dimanche, des Afro-Américains en dashikis, des Sikhs avec des turbans — tous rassemblés pour le vol de 18 heures en une sorte d'arche de Noé de diverses croyances. On pouvait observer la même scène dans beaucoup d'autres aéroports partout dans le monde alors que des milliers de personnes convergeaient vers Cape Town pour ce grand rassemblement spirituel.

Lorsque je suis arrivé, les rues étaient bondées de Zoulous, d'hindous, de bouddhistes, de zoroastriens, d'épiscopaliens, de musulmans, de soufis, de catholiques… et, à l'exception d'un petit groupe de manifestants fondamentalistes islamiques (qui clamaient que le rassemblement œcuménique était un complot du « Grand Satan »), tous paraissaient déterminés à s'entendre.

Le « dialogue » entre la science et la religion — je contrevenais d'un air embarrassé à la règle de Fischbeck — n'était qu'une activité secondaire par rapport à l'événement principal, mais nous faisions de notre mieux. Il y avait des présentations sur « le jaïnisme et l'écologie », « l'éthique confucéenne et la crise écologique », « la chimie du cosmos et l'origine de la vie ». Et des tas de gens parlaient de cosmologie (en ce qui me concerne, je racontais une histoire fantastique d'archéologues extraterrestres effectuant des fouilles dans des ruines terrestres et reconstituant un curieux mythe de la Création, quelque chose à propos d'un big-bang).

Inévitablement, quelqu'un mit sur le tapis ce qui est devenu un incontournable des conférences sur la science et la religion, à savoir la question des « coïncidences étonnantes ». Il semble que, si la vitesse de la lumière, la charge de l'électron ou un nombre tiré de la théorie quantique appelée « constante de Planck », qu'en somme si un de ces éléments avait été sensiblement différent, les lois de la physique n'auraient pas permis la formation des étoiles, notamment de notre propre soleil. Les étoiles fonctionnent en transformant l'hydrogène et l'hélium — éléments simples, légers — en des éléments plus complexes, carbone, phosphore et ainsi de suite, que Ron Light et moi avions mélangés pour créer la vie. S'il n'y avait pas d'étoiles, nous n'existerions pas.

Alors, peut-être sommes-nous particuliers, après tout. C'était là l'argument de la personne qui parlait. Si vous partez de la supposition selon laquelle Dieu a créé l'univers pour le bien de ses créatures et que vous édifiez votre science autour de cette idée, alors les paramètres universels sont manifestement concordants avec l'émergence de la vie. Ajustant minutieusement les cadrans de sa machine à créer, l'Être suprême avait appuyé sur le bouton et ainsi fait surgir la ferme cosmologique que nous connaissons maintenant et que nous aimons.

Mais il existe une autre interprétation qui donne froid dans le dos: il s'agit tout simplement d'un pur hasard. Certains scientifiques atténuent le coup en invoquant le principe de l'entropie: si l'univers n'était pas devenu ce qu'il est devenu, nous ne serions pas ici pour en parler. Louée soit la Sainte Tautologie. (Peut-être qu'en corollaire, une intelligence totalement différente, des êtres de pure énergie ou des purs nombres — qui sait — seraient apparus plus tôt.) Quelques cosmologistes pensent même que le big-bang a en réalité donné lieu à une multitude d'univers différents, chacun séparé des autres et possédant un ensemble de lois différent. Nous faisons naturellement partie des très rares univers qui alimentent la vie. Les autres sont des déserts insondables.

Il n'y a ni expériences ni observations qui appuieraient un de ces scénarios plus qu'un autre. C'est trop demander à la science. Ce sont des hypothèses métaphysiques — littéralement «au-delà de la physique» — invérifiables qu'on peut même difficilement qualifier de théories. Il existera toujours des mystères.

Une fois qu'ils ont tout ramené au big-bang, les scientifiques ne peuvent que regarder le spectacle, émerveillés. Personne ne peut dire ce qui l'a précédé et pourquoi il s'est produit. Même s'il existait quelque hypothèse mathématique plausible, la science devrait encore expliquer d'où viennent les mathématiques elles-mêmes. Au commencement, Dieu dit: «Que le calcul soit.» C'est à cet endroit que la science s'arrête et que vous êtes libre de croire ce que vous voulez. Il existera toujours des mystères.

En réalité, il est quelque peu étrange, quand vous y songez, que le cerveau — réseau forgé par l'évolution dans le but de survivre sur la troisième planète à partir du Soleil — puisse imaginer des choses comme les quarks et les électrons, les quasars et les trous noirs, qu'il puisse comprendre l'univers dans une faible mesure. C'est là l'acte de foi avec lequel la science débute.

«Nous sommes comme un enfant qui pénètre dans une vaste bibliothèque, écrivait Einstein. Les murs sont recouverts jusqu'au plafond de livres en plusieurs langues. L'enfant sait que quelqu'un doit avoir écrit ces livres. Il ne sait ni qui ni comment. Il ne comprend pas les langues dans lesquelles ils sont écrits. Mais l'enfant remarque un plan précis dans l'organisation des livres — un ordre mystérieux qu'il ne saisit pas, mais dont il soupçonne l'existence.»

Comme il l'a dit un jour, la chose la plus incompréhensible à propos de l'univers, c'est qu'il soit compréhensible.

FAUT-IL QU'IL Y AIT UN CONCEPTEUR DIVIN?

PAR PAUL DAVIES [*]

L'une des principales pommes de discorde dans la bataille entre la science et la religion est de savoir si l'univers a été conçu ou s'il ne s'agit que d'une bizarrerie cosmologique du destin. Aux yeux de nombreux scientifiques, le big-bang et le darwinisme constituent une preuve suffisante pour éliminer la théorie d'un univers conçu. Mais pour d'autres, le principe anthropique, selon lequel les conditions qui régnaient dans l'univers ont été mises en mouvement précisément pour la création de l'homme, demeure convaincant. Paul Davies, professeur de physique mathématique à l'Université d'Adélaïde, en Australie, auteur de nombreux livres sur le sujet, se situe quelque part entre les deux, bien qu'il penche plutôt vers ceux qui croient que l'univers représente davantage qu'une simple bizarrerie du destin.

Dans cet extrait de son livre intitulé The Mind of God, *le professeur Davies affirme que les lois de la physique qui ont permis l'existence de l'humanité doivent avoir été conçues. Mais, c'est un casse-tête intellectuel qui aurait fasciné à la fois Leonardo Vetra et le camerlingue, par qui et pour quoi? Devons-nous percevoir le concepteur comme étant «Dieu» — ou au moins ce que la religion entend généralement par ce terme? Il semble s'éloigner de cette conclusion.*

***

Le monde naturel n'est pas qu'une antique mixture d'entités et de forces, mais un schéma mathématique merveilleusement ingénieux et unifié. L'ingéniosité est une

---

qualité indéniablement humaine et, pourtant, nous ne pouvons nous empêcher de l'attribuer à la nature également. S'agit-il seulement d'un autre exemple du fait que nous projetons sur la nature nos propres catégories de pensées ou s'agit-il d'une véritable qualité intrinsèque du monde ?

Nous avons énormément progressé depuis la montre de Paley. (Paley, théologien du XVIIIe siècle, a développé l'analogie selon laquelle un horloger est à la montre ce que Dieu est à l'univers. Tout comme la montre, avec son design ou sa conception intelligente et sa complexité, doit avoir été conçue par un artisan intelligent, l'univers, avec sa complexité, doit avoir été conçu par un créateur intelligent et puissant.) Le monde de la physique des particules (tel que nous le connaissons aujourd'hui) ressemble davantage à un jeu de mots croisés qu'à un mécanisme d'horlogerie. Chaque nouvelle découverte constitue un indice qui trouve sa solution dans quelque nouveau lien mathématique. Au fur et à mesure que s'effectuent les découvertes, nous remplissons de plus en plus de cases et nous commençons à voir émerger un modèle. À ce jour, il reste de nombreuses cases vides dans la grille, mais elle laisse entrevoir sa subtilité et sa cohérence. Contrairement aux mécanismes, qui peuvent évoluer lentement en des formes plus complexes ou plus organisées au fil du temps, la « grille de mots croisés » de la physique des particules est déjà structurée. Les liens n'évoluent pas, ils sont simplement là, dans les lois sous-jacentes. Nous devons soit les accepter comme des faits bruts véritablement étonnants, soit chercher une explication plus approfondie.

Selon la tradition chrétienne, cette explication plus approfondie serait que Dieu a conçu la nature avec beaucoup d'ingéniosité et de talent, et que la recherche en physique des particules dévoile une partie de ce concept. Si on accepte cette explication, la question est : Dans quel but Dieu a-t-il créé ce concept ? Pour trouver la réponse, nous devons tenir compte des nombreuses « coïncidences » qui forment le pivot du principe anthropique et des exigences des organismes biologiques. L'« ajustement précis » apparent des lois de la nature, nécessaire pour que la vie consciente puisse évoluer dans l'univers, implique de façon évidente que Dieu a conçu l'univers dans le but de permettre l'émergence d'une telle vie et d'une telle conscience. Cela signifierait que notre propre existence dans l'univers constitue un élément essentiel du plan de Dieu.

Mais le concept implique-t-il nécessairement un concepteur ? John Leslie affirme que ce n'était pas nécessaire… Dans sa théorie de la création, l'univers existe en raison d'une « exigence éthique ». Leslie écrit : « Un monde qui existerait à cause d'une nécessité éthique pourrait être identique, tout aussi riche de preuves apparentes de l'intervention d'un concepteur, que l'influence de cette nécessité dépende ou non d'actes créatifs exécutés par une intelligence bienveillante. » Bref, un bon univers nous semblerait avoir été conçu, même s'il ne l'avait pas été.

Dans *The Cosmic Blueprint*, j'ai écrit que l'univers semble se comporter selon quelque plan ou projet… et que quelque chose de précieux émerge en vertu d'un ingénieux système de règles préexistantes. Ces règles semblent être le fruit d'une conception intelligente. Je ne vois pas comment on pourrait le nier.

Le fait que vous souhaitiez croire qu'elles *ont* réellement été conçues ainsi et, le cas échéant, par quelle sorte d'être, doit demeurer une question de goût. Personnellement, je suis enclin à penser que des qualités comme l'ingéniosité, la simplicité, la beauté et ainsi de suite, ont une véritable réalité transcendante — qu'elles ne sont pas simplement le produit de l'expérience humaine — et que ces qualités se reflètent dans la structure du monde naturel. Je ne sais pas si de telles qualités peuvent, par elles-mêmes, donner naissance à l'univers. Si elles le peuvent, une personne pourrait concevoir Dieu comme une simple personnification mythique de ces qualités créatrices, plutôt que comme un intervenant indépendant. De toute évidence, une telle explication ne serait pas satisfaisante aux yeux d'une personne qui croit entretenir une relation personnelle avec Dieu. […]

Par l'intermédiaire de la science, les êtres humains peuvent comprendre au moins quelques-uns des secrets de la nature. Nous avons déchiffré une partie du code cosmique. On ne comprend toujours pas pourquoi cela se produit, pourquoi l'*Homo sapiens* devrait porter l'étincelle de raison qui procure la clé des mystères de l'univers. Nous, les enfants de l'univers

— de la poussière d'étoile animée —, pouvons malgré tout réfléchir sur la nature de ce même univers, jusqu'à entrevoir les règles de son fonctionnement. La façon dont nous avons été reliés à cette dimension cosmique est une énigme. Pourtant, nous ne pouvons nier l'existence de ce lien.

Qu'est-ce que cela signifie? Que représente l'homme pour pouvoir bénéficier d'un tel privilège? Je ne peux croire que notre existence dans cet univers ne soit qu'une bizarrerie du destin, un accident de l'histoire, un minuscule incident dans le grand spectacle cosmique. Notre participation est trop intime. Notre espèce pourrait n'avoir aucune importance, mais l'existence de l'esprit chez certains organismes de quelques planètes dans l'univers représente sûrement un fait d'une importance fondamentale. Par l'entremise d'êtres conscients, l'univers a généré la conscience de soi. Il ne peut s'agir d'un détail insignifiant, d'un sous-produit mineur de forces dépourvues d'intelligence et d'objectifs. Nous sommes vraiment destinés à nous trouver ici.

GUERRES SAINTES

PAR NEIL DEGRASSE TYSON[*]

Galilée croyait que le domaine de l'Église devait se limiter à la philosophie morale. La philosophie naturelle — comme on appelait la science à cette époque — devait être le domaine des scientifiques. De plus, il croyait que la science pourrait faire des découvertes sur la nature qui élimineraient toutes les autres explications, y compris celle d'un être divin. La science devrait savoir ce que Dieu sait, diminuant ainsi la nécessité de le considérer comme le Créateur. Dans l'entrevue que nous rapportons au chapitre 2 du présent ouvrage, Wade Rowland, un chercheur qui étudie les points tournants de l'histoire des sciences et de la pensée, déclare: «La conséquence évidente de cela [...] était qu'à mesure que la science étendait ses connaissances du fonctionnement du monde, le domaine de la philosophie morale perdait nécessairement et progressivement sa pertinence.»

On pourrait affirmer que Neil deGrasse Tyson, astrophysicien et directeur du Hayden Planetarium de New York, est sans aucun doute un descendant intellectuel direct de

---

* «Holy Wars», © Neil deGrasse Tyson. Reproduit avec la permission de l'auteur. Neil deGrasse Tyson, astrophysicien, est directeur du Hayden Planetarium de New York. Il a récemment animé la minisérie intitulée *Origins* pour la chaîne de télévision NOVA.

Galilée. Comme il le mentionne au début de cet article convaincant, les séances de questions et de réponses à la fin de ses conférences sur le big-bang et sur d'autres progrès en matière de cosmologie dérivent inévitablement vers des questions sur Dieu en tant que Créateur et sur le fait que la croyance en Dieu d'un scientifique puisse ou non appuyer sa recherche — ou lui nuire inévitablement. La raison qui sous-tend ces questions semble évidente aux yeux de Tyson : notre connaissance des lois de la physique est loin d'être absolue, alors que les réponses qu'offre la religion le sont. Tyson semble laisser entendre que, pour l'instant, la science et la religion demeurent des « domaines qui ne se chevauchent pas », pour paraphraser Stephen Jay Gould. Tyson met aussi en lumière l'appétit du public pour les livres d'astronomes et de physiciens, qui voient une façon de relier Dieu et la cosmologie scientifique, et les généreuses subventions que peuvent recevoir les personnes qui veulent adopter un point de vue sur le big-bang qui favorise l'intervention de Dieu. Pourtant, il déclare aussi sans sourciller : « [...] de la façon dont on les pratique actuellement, il n'existe aucun point commun entre la science et la religion. » Tyson le pragmatique croit que la religion comble les lacunes lorsque notre connaissance de l'univers est imprécise, par exemple dans les domaines de l'amour, de la haine, de la moralité, du mariage et de la culture. Dans ce contexte, Galilée est réellement son précurseur intellectuel. Mais là où Galilée croyait que le progrès scientifique éliminerait un jour la nécessité de la religion, Tyson adopte un point de vue plus humble. Comme il nous l'a affirmé, penser que la science peut écarter la religion constitue « une exagération grossière du pouvoir ou de l'influence de la science ». Il trouverait beaucoup plus intéressant de déterminer quels domaines de la religion ou quelles Écritures révélées pourraient se situer à tout jamais au-delà du monde de la science. Peut-être, suggère-t-il, que quelqu'un pourrait envisager de publier une Bible annotée qui indiquerait : « Tout est protégé contre les mouvements de la frontière scientifique. »

✳✳✳

Dans le cadre de presque toutes mes conférences publiques portant sur l'univers, j'essaie de garder suffisamment de temps, à la fin, pour les questions. Les sujets sont prévisibles. Au début, les questions ont un lien direct avec la conférence. Puis elles dérivent vers des sujets astrophysiques attrayants comme les trous noirs, les quasars et le big-bang. S'il me reste assez de temps pour répondre à toutes les questions et si la conférence a lieu aux États-Unis, le sujet de Dieu finit par émerger. Parmi les questions traditionnelles, on a : « Les scientifiques croient-ils en Dieu ? » ; « Croyez-vous en Dieu ? » ; « Vos études en astrophysique font-elles de vous une personne plus religieuse ou moins religieuse ? »

Les éditeurs en sont venus à comprendre que Dieu pouvait leur faire gagner beaucoup d'argent, en particulier quand l'auteur est un scientifique et quand le titre du livre comporte une juxtaposition directe de thèmes scientifiques et religieux. On peut compter parmi les œuvres qui ont connu une grande popularité *God and the Astronomers*, de Robert Jastrow, *Une sacrée particule*, de Leon M. Lederman, *La physique de l'immortalité*, de Frank J. Tipler, ainsi que *Dieu et la nouvelle physique* et *L'esprit de Dieu* de Paul Davies. Chacun des auteurs est soit physicien, soit astronome d'expérience et, bien qu'il ne s'agisse pas strictement de livres religieux, ils incitent le lecteur à intégrer Dieu à leurs conversations sur l'astrophysique. Même Stephen Jay Gould, darwinien enragé et agnostique dévot, s'est joint au groupe en intitulant son livre *Et Dieu dit: "que Darwin soit": science et religion, enfin la paix?* Le succès financier qu'ont connu ces publications indique que vous obtenez des dollars supplémentaires du public américain si vous êtes un scientifique qui parlez ouvertement de Dieu. Après la publication de *La physique de l'immortalité*, qui laissait entendre que les lois de la physique pourraient ne pas vous permettre, pas plus qu'à votre âme, d'exister longtemps après que vous avez quitté ce monde, la tournée qu'entreprit Tipler comportait de nombreuses conférences lucratives données devant des groupes religieux protestants. Cette sous-industrie profitable a continué de prospérer ces dernières années grâce aux efforts du riche fondateur du fonds d'investissement Templeton, Sir John Templeton, qui visait l'harmonie et la réconciliation entre la science et la religion. En plus de commanditer des ateliers et des conférences sur le sujet, Templeton tente de trouver des scientifiques dont les travaux sont largement diffusés et qui sont favorables à la religion, pour leur remettre un prix annuel dont la valeur financière dépasse celle du prix Nobel.

Qu'il n'y ait pas de doute à ce sujet: de la façon dont on les pratique actuellement, il n'y a aucun point commun entre la science et la religion. Comme l'a si bien montré l'historien et ancien président de l'Université Cornell Andrew D. White au XIXe siècle dans son livre intitulé *Histoire du conflit entre la religion et la science*, l'histoire présente une relation prolongée et conflictuelle entre la religion et la science selon la personne qui contrôlait la société à l'époque. Les affirmations de la science se fondent sur la vérification expérimentale, alors que les affirmations de la religion se basent sur la foi. Ces approches de la connaissance sont irréconciliables, ce qui assure une infinité de débats chaque fois que les deux camps se rencontrent. Tout comme dans les négociations de prise d'otages, il est sans doute préférable que les deux côtés continuent de se parler. Le schisme n'est pas survenu à cause de la rareté des tentatives visant à rapprocher les deux camps. De grands esprits scientifiques, de Claude Ptolémée, au IIe siècle, à Isaac Newton, au XVIIe, ont tenté, avec leur formidable intelligence, de comprendre la nature de l'univers à partir des énoncés et des philosophies que contenaient les écrits religieux. En fait, au moment de sa mort, Newton avait davantage écrit sur Dieu et la religion que sur les lois de la physique, tout cela dans une tentative futile d'utiliser la chronologie biblique pour comprendre et prédire les événements qui se produisent dans le monde naturel. Si ces efforts avaient porté fruits, il serait peut-être impossible aujourd'hui de distinguer la science de la religion.

L'argument est simple. Je n'ai jamais vu une prédiction avérée sur le monde physique qui avait été déduite ou extrapolée à partir du contenu de documents religieux. En fait, je peux même aller plus loin. Chaque fois que des personnes ont eu recours à des documents religieux pour faire des prédictions exactes sur le monde physique, elles ont subi un échec retentissant. Par «prédiction», j'entends un énoncé précis sur le comportement non vérifié d'objets ou de phénomènes dans le monde naturel fait *avant* que les événements aient eu lieu. Quand votre modèle ne prédit un événement qu'après qu'il se soit produit, il s'agit plutôt d'une «postdiction». Les «postdictions» sont à la base de la plupart des mythes sur la Création et, bien sûr, à la base aussi des *Histoires comme ça* de Rudyard Kipling, dans lesquelles les explications sur les phénomènes quotidiens expliquent ce que tout le monde sait déjà. En matière de sciences toutefois, cent «postdictions» ne valent pas une seule prédiction réalisée.

Au sommet de la liste des prédictions se trouvent les sempiternelles affirmations sur la fin du monde, dont aucune ne s'est encore avérée. Mais d'autres affirmations et prédictions ont en fait immobilisé ou fait reculer la science. Nous en trouvons un exemple important dans le procès de Galilée (qui obtient mon vote pour le procès du millénaire) au cours duquel il a démontré que l'univers était fondamentalement différent de la perspective que les dirigeants de l'Église catholique en avaient. Toutefois, par souci de justice envers l'Inquisition, un univers ayant la Terre pour centre semblait tout à fait logique si on se fiait à l'observation. Avec une série d'épicycles expliquant les mouvements particuliers des planètes par rapport aux étoiles se trouvant derrière elles, le modèle géocentrique traditionnel ne contredisait aucune observation connue. Cela est demeuré vrai longtemps après que Copernic eut proposé son modèle héliocentrique de l'univers un siècle plus tôt. Le modèle géocentrique correspondait aux enseignements de l'Église catholique et aux interprétations courantes de la Bible selon lesquelles la Terre a clairement été créée avant le Soleil et la Lune, comme le disent les premiers vers de la Genèse. Si vous avez été créé en premier, alors vous devez vous trouver au centre de tout mouvement. Où pourriez-vous être ailleurs qu'à cet endroit? De plus, on présumait que le Soleil et la Lune étaient des sphères lisses. Pourquoi une déité parfaite et omnisciente créerait-elle quoi que ce soit d'autre?

Bien sûr, tout cela a changé avec l'invention du télescope et les observations célestes de Galilée. Le nouvel instrument optique révélait des aspects du cosmos qui contredisaient fortement les conceptions populaires à propos d'un univers géocentrique, pur et divin : la surface de la Lune était cahotante et rocailleuse; à la surface du Soleil, des taches se déplaçaient; Jupiter avait ses propres lunes qui tournaient autour d'elle et non de la Terre; et Vénus traversait des phases, tout comme la Lune. En raison de ses découvertes radicales qui ont fait trembler la chrétienté, on fit subir un procès à Galilée; il fut déclaré coupable d'hérésie et condamné à la résidence surveillée. Il s'agissait là d'un châtiment bénin, si on le compare avec ce qui est arrivé au moine Giordano Bruno. Quelques décennies plus tôt, Bruno avait été reconnu coupable d'hérésie et brûlé sur le bûcher pour avoir suggéré que la Terre pourrait ne pas être le seul endroit de l'univers à abriter la vie.

Je ne veux pas dire par là que des scientifiques compétents qui appliquaient à la lettre la méthode scientifique n'ont pas subi d'échecs retentissants. C'est arrivé. La plupart des affirmations scientifiques formulées à la limite du connu seront en fin de compte réfutées principalement en raison de données fausses ou incomplètes. Mais cette méthode scientifique, qui permet des aventures au sein des impasses intellectuelles, favorise aussi les idées, les modèles et les théories prédictives qui peuvent se révéler spectaculairement exactes. Aucune autre entreprise dans l'histoire de la pensée humaine n'a autant réussi à comprendre les rouages de l'univers.

On accuse parfois la science de faire preuve d'étroitesse d'esprit et d'entêtement. Les gens portent souvent de telles accusations lorsqu'ils voient les scientifiques rejeter du revers de la main l'astrologie, le paranormal, le *sasquatch*[5] et d'autres domaines qui suscitent l'intérêt humain, mais ils échouent constamment aux épreuves en double aveugle et manquent désespérément de preuves fiables. Cependant, on applique le même scepticisme aux affirmations scientifiques ordinaires dans les bulletins de recherches professionnels. Ce sont les mêmes normes. Songez à ce qui est arrivé lorsque les chimistes de l'Utah B. Stanley Pons et Martin Fleischmann ont affirmé, dans le cadre d'une conférence de presse, avoir créé la fusion à froid dans leur laboratoire. Les scientifiques ont réagi rapidement et avec scepticisme. Quelques jours seulement après l'annonce, il était évident que personne ne pouvait reproduire les résultats qu'avaient obtenus Pons et Fleischmann. Leurs travaux furent, sans plus de discussion, mis au rancart. Il se produit la même chose (sauf en ce qui a trait aux conférences de presse) presque tous les jours pour toute nouvelle affirmation scientifique. En général, on n'entend parler que de celles qui pourraient avoir une influence sur l'économie.

Comme les scientifiques affichent beaucoup de scepticisme, certaines personnes peuvent être étonnées d'apprendre qu'ils accordent surtout des récompenses et des louanges à ceux qui découvrent des erreurs dans les paradigmes établis. Il en est de même pour ceux qui mettent au point de nouvelles façons de comprendre l'univers. Presque tous les scientifiques célèbres (choisissez votre favori) ont reçu des éloges au cours de leur vie. Ce cheminement jusqu'à la réussite dans une carrière

---

5. Le *sasquatch* est aux Rocheuses ce que le yéti (l'« abominable homme des neiges ») est à l'Himalaya.

professionnelle est différent dans presque tous les autres domaines humains, particulièrement en matière de religion.

Il ne faut pas en conclure que le monde ne comporte pas de scientifiques religieux. Dans le cadre d'un récent sondage sur les croyances religieuses des professionnels des mathématiques et de la science, 65 % des mathématiciens (taux le plus élevé) se déclaraient religieux, tout comme 22 % des physiciens et des astronomes (taux le plus bas). La moyenne nationale, chez tous les scientifiques, se situait autour de 40 % et elle est demeurée pratiquement la même au cours du siècle dernier. À titre de comparaison, certaines études révèlent que 90 % des Américains se disent religieux (l'un des plus hauts taux dans la société occidentale). Alors, soit la science attire les gens non religieux, soit l'étude des sciences vous rend moins religieux.

Mais qu'en est-il de ces scientifiques religieux ? Les chercheurs qui réussissent ne tirent pas leur science de leurs croyances religieuses. Par ailleurs, les méthodes de la science ont peu ou rien à offrir à l'éthique, à l'inspiration, à la moralité, à la beauté, à l'amour, à la haine ou à l'esthétique. Ce sont là des éléments essentiels de la vie civilisée qui constituent d'importantes préoccupations pour pratiquement toutes les religions. Ce qu'il faut en conclure, c'est que, pour de nombreux scientifiques, il n'y a là aucun conflit d'intérêts.

Quand les scientifiques parlent de Dieu, ils le font toujours comme s'ils se situaient à la frontière de la connaissance, là où nous devrions faire preuve d'humilité et où notre sentiment d'émerveillement est le plus grand. Il existe une abondance d'exemples à ce sujet. À une époque où les mouvements des planètes étaient à la limite de la philosophie naturelle, Ptolémée ne pouvait réprimer un sentiment religieux d'émerveillement lorsqu'il écrivait : « Quand je repère selon mon bon vouloir les déplacements des corps célestes, je n'ai plus les pieds sur terre. Je me trouve en présence de Zeus lui-même et m'enivre d'ambroisie. » Remarquez que Ptolémée ne se plaignait pas que le mercure soit liquide à la température ambiante ou qu'une pierre tombe en ligne droite vers le sol. Même s'il ne pouvait non plus tout à fait comprendre ces phénomènes, ils n'étaient pas considérés à l'époque comme s'ils se situaient aux frontières de la science.

Au XIIIe siècle, Alphonse le Sage (Alphonse X), roi d'Espagne et académicien d'expérience, était contrarié par la complexité des épicycles de Ptolémée. Moins humble que ce dernier, il affirma un jour : « Si j'avais été présent au moment de la Création, j'aurais donné quelques conseils utiles afin de mieux organiser l'univers. »

Dans son chef-d'œuvre de 1686, *Principes mathématiques de philosophie naturelle*, Isaac Newton se plaignit du fait que ses nouvelles équations sur la gravité, qui décrivaient la force d'attraction entre des paires d'objets, pourraient ne pas soutenir un système d'orbites stable pour plusieurs planètes. À cause de cette instabilité, les planètes s'écraseraient sur le Soleil ou seraient éjectées du système solaire. Inquiet du destin à long terme de la Terre et des autres planètes, Newton invoquait la main de Dieu comme une force qui pourrait maintenir la stabilité à long terme du système solaire. Plus d'un siècle plus tard, le mathématicien français Pierre Simon de Laplace inventa une approche mathématique à la gravité, publiée dans son traité en quatre volumes, *Traité de mécanique céleste*, qui étendait l'applicabilité des équations de Newton à des systèmes planétaires complexes comme le nôtre. Laplace démontra que notre système solaire était stable et qu'il n'avait pas besoin, après tout, de la main d'une déité. Quand Napoléon Bonaparte s'inquiéta, dans son livre, de l'absence de toute référence à un « auteur de l'univers », Laplace répliqua : « Je n'ai pas besoin de cette hypothèse. »

Totalement en accord avec les frustrations du roi Alphonse en ce qui concerne l'univers, Albert Einstein souligna dans une lettre adressée à un collègue : « Si Dieu a créé le monde, sa principale préoccupation n'était certainement pas de nous le rendre facilement compréhensible. » Quand Einstein ne parvenait pas à comprendre comment ni pourquoi un univers déterministe pouvait avoir besoin des formalismes probabilistes de la mécanique quantique, il affirmait d'un ton songeur : « Il est difficile de jeter un coup d'œil sur les cartes que Dieu a en main. Mais je ne peux croire un seul instant qu'il ait pu choisir de jouer aux dés avec l'univers. » Quand on lui présenta des résultats expérimentaux qui, s'ils s'avéraient, auraient contredit sa nouvelle théorie sur la gravité, Einstein affirma : « Le Seigneur est subtil, mais il n'est pas malicieux. » Le physicien danois Niels

Bohr, contemporain d'Einstein, ayant entendu trop de remarques sur Dieu de la part d'Einstein, déclara que ce dernier devrait cesser de dire à Dieu ce qu'il doit faire.

De nos jours, on entend à l'occasion un astrophysicien (peut-être un sur cent) invoquer Dieu lorsqu'on lui demande d'où viennent toutes les lois de la physique ou ce qui existait avant le big-bang. Comme nous nous y attendons maintenant, ces questions englobent la frontière moderne des découvertes cosmiques et, pour le moment, elles transcendent les réponses que peuvent nous fournir les données et les théories dont nous disposons. Il existe déjà des idées prometteuses comme l'univers inflationniste et la théorie des cordes. Ces idées pourraient un jour répondre à ces questions, repoussant ainsi les frontières de notre émerveillement.

Mon point de vue est tout à fait pragmatique et correspond en partie à celui de Galilée qui, dit-on, aurait affirmé pendant son procès : « La Bible vous dit comment aller au ciel et non comment va le ciel. » Il fit remarquer plus tard, dans une lettre adressée en 1615 à la Grande-Duchesse de Toscane : « À mes yeux, Dieu a écrit deux livres. Le premier est la Bible, dans laquelle les humains peuvent trouver les réponses à leurs questions sur les valeurs et la morale, le deuxième est le Livre de la Nature, qui permet aux humains d'avoir recours à l'observation et aux expériences pour répondre à leurs propres questions sur l'univers. »

J'accepte simplement ce qui fonctionne. Et ce qui fonctionne, c'est le scepticisme sain intégré à la méthode scientifique. Croyez-moi, si la Bible s'était révélée une source abondante de réponses scientifiques et de compréhension en matière de science, nous l'exploiterions quotidiennement pour y trouver des découvertes sur le cosmos. Pourtant, mon vocabulaire d'inspiration scientifique chevauche fortement celui des enthousiastes religieux. Comme Ptolémée, je fais preuve d'humilité face au mécanisme de l'univers. Quand je me trouve à la frontière des connaissances sur l'univers et que je touche de ma plume les lois de la physique, ou quand j'observe les cieux infinis à partir d'un observatoire au sommet d'une montagne, je suis rempli d'admiration devant leur splendeur. Mais je fais cela en sachant et en acceptant le fait que si je propose un Dieu au-delà de cet horizon, un Dieu qui répand sa grâce sur la vallée de notre ignorance collective, il viendra un jour où notre sphère de connaissances sera devenue si vaste que je n'aurai nullement besoin de cette hypothèse.

LA RELIGION OU L'ÉQUIVALENT MENTAL D'UN VIRUS INFORMATIQUE

UNE ENTREVUE AVEC RICHARD DAWKINS [*]

La bataille entre la science et la religion constitue un élément essentiel de Anges et démons, *alors que le camerlingue tente désespérément de préserver la primauté de l'Église grâce à un miracle moderne. Mais pour Richard Dawkins, professeur à l'Université d'Oxford et l'un des plus éminents biologistes contemporains, c'est la science, et non la religion, qui nous remplit d'un sentiment d'émerveillement lorsque nous contemplons la vie sur la planète Terre. «La science procure le sentiment d'émerveillement le plus profond sur l'univers et la vie, quelque chose qui éclipse le misérable et dérisoire petit sentiment d'émerveillement qu'une quelconque religion a pu susciter», dit-il. Comme l'humaniste Paul Kurtz, ou Maximilien Kohler, directeur du CERN dans le roman, Dawkins est convaincu que la science finira par expliquer les raisons de notre existence. Il va même plus loin en qualifiant la religion de virus mental et en affirmant que l'enseigner aux enfants équivaut à de la violence à leur égard.*

Aux yeux de Dawkins, les télévangélistes, les superstitions populaires, l'histoire biblique de la Création et l'ascension de Jésus au ciel représentent tous des signes de notre tragique vulnérabilité. «Je crois qu'un univers ordonné, un univers indifférent aux préoccupations humaines, dans lequel tout comporte une explication même si nous sommes encore loin de la découvrir, est un endroit plus merveilleux qu'un univers rempli d'une magie capricieuse et ponctuelle», écrivait-il sur les quêtes spirituelles dans Unweaving the Rainbow: Science, Delusion and the Appetite for Wonder.

***

Dans Anges et démons, *le principal cardinal du Vatican, le camerlingue Carlo Ventresca, affirme que la science, bien qu'étant dominante, est sans âme, qu'elle ne tient rien pour sacré, ne procure aucune éthique et nous entrave avec de nouveaux moyens*

---

[*] Richard Dawkins, l'un des plus prestigieux biologistes contemporains, enseigne la compréhension des sciences par le public à l'Université d'Oxford. Il est un éminent évolutionniste, athéiste et zoologiste.

de destruction. Elle nous dépouille de notre émerveillement. Que pensez-vous de tout cela?

L'idée que la science nous dépouille de notre émerveillement est tout à fait grotesque et j'espère que quelqu'un l'affirme dans le roman.

Non, personne n'affirme une telle chose dans le roman.

C'est exactement l'opposé de la vérité. La science procure le plus profond sentiment d'émerveillement devant l'univers et la vie, quelque chose qui éclipse le dérisoire sentiment d'émerveillement qu'une quelconque religion ait pu réussir à provoquer.

Donnez-nous un exemple de l'émerveillement profond que peut générer la science.

Regardez l'univers, lisez n'importe quel livre de Carl Sagan sur l'univers. Lisez, si je peux me permettre, n'importe quel livre que j'ai écrit sur l'évolution de la vie. Vous y trouverez un sentiment de grandeur, un sentiment d'émerveillement, renforcé plutôt que diminué par le fait que nous le comprenons. Le fait de comprendre fait partie de la beauté.

Dans un article rédigé pour la revue Humanist en 1997 et intitulé «La science est-elle une religion?», vous affirmiez: «L'univers dans sa globalité ne pourrait absolument pas se préoccuper du Christ, de sa naissance, de sa passion et de sa mort. Même une nouvelle aussi marquante que l'origine de la vie sur terre ne pourrait s'être répandue que dans notre petit amas local de galaxies. Et pourtant, si ancien que soit cet événement à notre propre échelle terrestre, si vous étendiez les bras pour représenter son âge, l'histoire entière de l'humanité, l'ensemble de la culture humaine, tomberait de vos ongles dans la poussière au moindre coup de lime à ongles.»

J'aime bien l'image de l'ongle et j'aurais aimé y penser moi-même, mais ce n'est pas le cas. Cependant, je suis tout à fait d'accord avec cette idée.

En ce qui a trait à l'évolution de la vie, quels exemples de sentiment d'émerveillement profond que vous procure la science pourriez-vous nous donner?

Une chose qui me procure un sentiment d'émerveillement, c'est le fait que chaque créature vivante sur cette terre, y compris nous-mêmes, les chênes et les libellules, a évolué graduellement à partir d'une forme ancestrale semblable à une bactérie. Le fait qu'on puisse obtenir des créatures extrêmement complexes comme les éléphants, les lions, les humains et les séquoias par des procédés naturels, que nous comprenons tout à fait, à partir de débuts aussi petits qu'une bactérie, c'est ce que j'appelle une *merveille...* et le fait que nous le comprenions est la plus belle des choses.

Vous affirmez que notre aptitude à comprendre l'évolution suscite chez nous de l'émerveillement.

Non seulement le phénomène est merveilleux en soi, mais le fait que nous puissions le comprendre et le fait que l'organe grâce auquel nous le comprenons, notre cerveau, a évolué à partir des mêmes principes, l'est aussi. Voilà ce qui est vraiment merveilleux.

Que pensez-vous de l'accusation du camerlingue de Anges et démons *qui affirme que la science n'a aucune éthique ?*

L'éthique ? C'est une question différente. Il est vrai que la science ne peut vous procurer aucune éthique. La religion non plus. Parce que si nous fondions notre éthique sur la religion, nous lapiderions encore les femmes adultères. Ce qui s'est produit, c'est que nous nous sommes éloignés de ces mauvaises périodes que nous avaient values la religion, l'Ancien Testament, le Lévitique, le Deutéronome et ainsi de suite. Nous nous en sommes éloignés grâce à une sorte d'esprit critique libéral, en nous assoyant ensemble pour façonner le type de monde dans lequel nous souhaitons vivre. Cela se produit constamment, sous forme de discussions démocratiques, sous forme de précédents juridiques et grâce aux philosophes qui écrivent des livres et donnent des conférences.

C'est pourquoi nous vivons aujourd'hui dans un monde dans lequel nous ne lapidons pas à mort les femmes adultères, dans lequel nous n'avons pas de peine de mort (sauf ici, aux États-Unis), un monde qui ne connaît pas le cannibalisme ou l'esclavage. Ce consensus libéral a permis d'éliminer toutes sortes de choses et cela s'est produit non pas grâce à la religion, mais grâce aux consensus qu'ont pu former des gens de bonne volonté qui se sont réunis pour en discuter.

Nous nous sommes éloignés de l'éthique religieuse, non pour aller vers une éthique scientifique mais plutôt vers un consensus libéral. Et les manières de penser, de raisonner, qui ont mené à un tel consensus sont semblables aux méthodes de déduction de la science. La façon dont raisonne la philosophie morale constitue une sorte de raisonnement scientifique bien que ce ne soit pas la science elle-même.

Vous semblez considérer l'éthique religieuse comme punitive et quelque peu dangereuse.

Je ne parle pas nécessairement des personnes religieuses d'aujourd'hui. Bien sûr que non. Mais ces personnes tirent leur éthique non de la religion mais du même consensus libéral dont découle ma propre éthique. Dans la mesure où les gens d'aujourd'hui fondent réellement leur éthique sur la religion, cette éthique est mauvaise parce qu'elle inclut des choses comme l'opposition à la recherche sur les cellules souches.

Êtes-vous en faveur de la recherche sur les cellules souches?

Bien sûr. Je n'y vois absolument aucune objection d'ordre éthique.

Je suppose qu'en tant qu'athée, vous ne vous préoccupez ni du fœtus ni de son âme.

Je me préoccupe du fœtus, mais je ne me préoccupe pas davantage du fœtus humain que du fœtus de la vache et encore moins d'une vache adulte. Je ne me préoccupe certainement pas des âmes. Il est simplement malsain de comparer le fœtus d'un être humain et celui d'une vache adulte. Ainsi quiconque n'est pas végétarien et s'oppose à la recherche sur les cellules souches sous prétexte que cette recherche fait du mal aux fœtus humains fait preuve d'illogisme.

Dans ce contexte, que pensez-vous de la religion en général? Vous avez écrit : «Comme elle constitue une croyance qui n'est pas fondée sur des preuves, la foi représente le défaut principal de toute religion.» Il semble que votre point de vue se résume au fait que même si les religions n'étaient pas si dangereuses, il reste que ce sont des bêtises et c'est cela qui est tragique.

Je pense que la tragédie vient du gaspillage d'un esprit brillant. C'est vraiment ce que je ressens à ce propos. Le monde est un endroit si merveilleux. Et le don de la compréhension est si extraordinaire. Mais remplir l'esprit des enfants avec des bêtises du Moyen Âge qui nuisent à la véritable compréhension est réellement triste. Et j'éprouve sincèrement de la compassion pour les enfants qui sont élevés dans la religion.

De quelle façon un tel enseignement leur nuirait-il?

En remplissant l'esprit de l'enfant d'idées fausses à propos de ce que nous savons maintenant être la vérité. On dit que 50 % des électeurs américains croient littéralement en l'existence d'Adam et Ève ainsi qu'à l'idée que le monde a été créé en six jours il y a moins de 10 000 ans. Cette idée n'est pas seulement fausse, elle est tragiquement fausse parce qu'elle remplit l'esprit des enfants de mensonges, mais encore davantage parce qu'il s'agit de mensonges ridicules qui nuisent à l'émerveillement que procure la véritable compréhension.

Et l'Église catholique? Suscite-t-elle chez vous une colère particulière?

Eh bien, l'Église catholique ne s'oppose pas à l'évolution. Le pape s'est déjà déclaré publiquement en faveur de l'évolution ; donc, rien de ce que je viens de dire ne s'applique à l'Église catholique. On peut supposer que 50 % des électeurs américains qui croient que le monde a été créé il y a moins de 10 000 ans ne sont pas catholiques. Je ne sais pas ce qu'ils sont. Protestants, j'imagine. Mais non, l'Église catholique a un point de vue relativement sain sur l'évolution.

Croyez-vous que l'Église catholique a appuyé financièrement la science ou qu'elle en a profité d'une manière ou d'une autre?

L'Église catholique tient parfois des colloques sur la science. Mais non, je ne dirais pas que l'Église a grandement contribué à la science.

Par ailleurs, l'Église a-t-elle fait ce dont l'accuse le camerlingue dans Anges et démons, *à savoir que, depuis l'époque de Galilée, elle a tenté de ralentir la marche incessante de la science, parfois de façon peu judicieuse, mais toujours avec de bonnes intentions.*

Je ne sais pas en ce qui concerne les bonnes intentions, mais oui, je crois que c'est vrai.

Anges et démons *parle d'une nouvelle physique qui constituerait une voie plus sûre vers Dieu que la religion, sous-entendant par là que la physique quantique comporte des implications théologiques radicales et qu'elle a relancé les vieilles questions sur l'activité de Dieu dans l'univers. Le scientifique assassiné du CERN, Leonardo Vetra, croyait qu'en étudiant les forces subatomiques on pourrait y trouver des origines de la Terre qui correspondraient au récit de sa création dans la Bible.*

Il y a des scientifiques qui se disent religieux. Mais si vous leur demandez très précisément ce en quoi ils croient, vous découvrez qu'il ne s'agit pas d'une croyance en un quelconque être surnaturel. Ou bien ils évoquent Einstein. Celui-ci s'exprimait en effet dans la langue de la religion, mais il est tout à fait évident qu'il ne croyait pas en l'existence d'un concepteur ou d'un créateur intelligent.

Je pense qu'il existe quelque chose de profondément mystérieux au centre de l'univers. À l'heure actuelle, il y a énormément de choses que nous ne comprenons pas. Pendant ce temps, cela demeure profondément mystérieux, ce qui en soi est aussi merveilleux.

Où réside le mystère ?

Le mystère réside dans le fait de ne pas savoir d'où viennent les lois de la physique. Existe-t-il d'autres univers régis par des lois et des constantes différentes de celles de l'univers dans lequel nous vivons ? Ce genre de question, la physique tente d'y répondre... mais on est loin de pouvoir conclure qu'en conséquence l'univers doit avoir été créé par un être supérieur.

Est-ce que ce sont ces scientifiques qui éprouvent un besoin urgent de réunir la science et la religion — comme Vetra dans Anges et démons, *qui provoque une explosion d'énergie dans un collisionneur de particules et crée de la matière et de l'antimatière afin de démontrer que le récit de la Genèse sur la création est vrai ?*

Je pense que si les physiciens agissaient ainsi, ils n'envisageraient pas la chose de cette façon. Il y a certainement des physiciens qui essaient de comprendre comment l'univers est né, mais je crois que cela n'a rien à voir avec la religion. Si quoi que ce soit découlait de cette expérience, ce serait des millions de fois plus spectaculaire que la religion.

La physique finira-t-elle un jour par expliquer complètement la singularité ?

J'espère que oui, mais je n'en suis pas certain.

La science découvrira-t-elle le gène de la foi religieuse ? Même Francis Crick, aujourd'hui décédé, pensait que la croyance devait avoir une explication biologique parce qu'elle est presque universelle chez les humains.

Il doit y avoir une explication biologique pour tout ce qui est universel. Ce qu'on pourrait dire, c'est qu'il faut qu'il y ait une explication biologique pour le type de cerveau qui, dans certaines circonstances, fait preuve de religiosité, mais il n'est pas nécessaire que ce soit la religion.

Par exemple, il pourrait s'agir d'une tendance, dans le cerveau de l'enfant, à croire tout ce que les adultes lui disent parce que c'est là une bonne chose sous l'angle de la survie. Ainsi, la sélection naturelle de Darwin aurait tendance à intégrer au cerveau de l'enfant tout ce que les adultes lui disent. Le cerveau de l'enfant est donc vulnérable à l'équivalent mental d'un virus informatique. C'est peut-être là la nature même de la religion — l'équivalent mental d'un virus informatique.

Vous avez maintenant recours à l'idée du virus plutôt qu'à celle des mèmes pour expliquer les croyances culturelles reproductibles dont vous parliez dans Le Gène égoïste *?*

Il s'agit d'une autre façon d'exprimer la même idée.

Ainsi, la foi peut avoir une composante génétique ?

Je dis qu'il existe dans le cerveau des enfants une tendance génétique à tout croire parce qu'ils améliorent ainsi leurs chances de survie. La religion est une manifestation de cette vulnérabilité génétiquement provoquée et elle se reproduit par l'entremise de l'équivalent mental d'un virus informatique. Le cerveau est programmé pour être vulnérable à l'infection générée par les virus de l'esprit.

Vous utilisez le mot « virus » dans le sens où il peut se reproduire ?

Oui.

Dans votre article de 1997 dans la revue Humanist, *vous apportiez des preuves convaincantes que la religion est une illusion. Êtes-vous vraiment convaincu qu'en aucun cas la religion puisse être un bienfait ?*

Eh bien, je crois parfaitement possible que la croyance en une idée fausse puisse être réconfortante sur le plan psychologique. Si une personne a peur de la mort ou si quelqu'un est affligé et qu'un être cher lui manque, je peux facilement concevoir qu'un psychiatre lui prescrive la religion, comme s'il s'agissait d'un médicament, pour la réconforter. Je ne voudrais pas priver les gens de la religion si celle-ci les réconforte, mais, en tant que scientifique, je m'occupe de ce qui est vrai. Les mensonges peuvent avoir un avantage psychologique, mais à titre de scientifique je ne voudrais pas m'en servir.

Pensez-vous que la science puisse rassurer ?

Elle procure une immense motivation. J'adore être en vie. Je me sens privilégié d'appartenir à ce monde. J'aime ouvrir les yeux et regarder autour de moi. C'est ce que j'appelle « être rassuré ». Alors, oui. Et je viens d'utiliser l'analogie de la science en tant que médicament. Je ne voudrais pas priver un malade mental d'un médicament qui lui apporte du réconfort. En ce sens, la science peut procurer le même type de réconfort que la religion.

Et en fait, la religion implique certaines activités nuisibles ?

Oui. Par exemple, l'opposition à toutes sortes de technologies reproductives — cellules souches, fertilisation *in vitro*, contrôle des naissances —; l'Église catholique s'oppose au départ à pratiquement tout progrès en matière de technologies reproductives.

Pour résumer, non seulement la religion est une illusion, mais elle est aussi dangereuse et peut avoir des conséquences tragiques.

Oui.

Et elle peut aussi apporter la mort. Vous parlez souvent des kamikazes musulmans.

Pour vraiment réussir à entraîner la mort, vous avez besoin d'armes. Des kamikazes équipés d'une arme atomique représenteraient une combinaison vraiment mortelle. Je n'ai aucun doute qu'ils en utiliseraient une s'ils pouvaient l'obtenir.

Est-il possible de croire passionnément en l'évolution, comme vous le faites, et être aussi une personne religieuse ?

Je crois être une personne de grande spiritualité au sens de l'émerveillement dont je parlais plus tôt. C'est un sentiment plus profond que le type de spiritualité qui a de l'attrait pour le surnaturel de pacotille.

Croyez-vous que la science puisse découvrir des preuves soutenant des dogmes chrétiens comme la transsubstantiation ou l'ascension ?

Bien sûr que non. Où irait le corps du Christ dans ce cas ? Personne ne croit qu'il existe un ciel là-haut, alors comment le corps du Christ pourrait-il y monter ?

On ne pourra démontrer le fondement d'aucun de ces dogmes ?

Je ne peux affirmer cela avant que vous les nommiez. Parce que vous pouvez nommer certains éléments de la Bible qui sont indiscutables. La Bible renferme l'idée qu'un jour il n'y avait rien, puis que l'univers est né, et c'est ce que croit aujourd'hui la physique moderne. Mais que la Bible ait affirmé quelque chose de semblable n'a rien d'impressionnant ni d'intéressant. Il s'agit d'un de ces faits hasardeux à propos desquels la Bible a en partie raison. Mais par-dessus tout, la Bible attribue la création du monde à une intelligence surnaturelle, ce qui est très différent de ce qu'affirment les physiciens.

Pourquoi croyez-vous qu'il existe quelque chose de « profondément mystérieux au centre de l'univers » ?

La sélection naturelle constitue une explication suffisante de la vie, mais non de l'univers, parce que celui-ci est né bien avant la vie. À mon avis, c'est une chose que les physiciens pourront résoudre un jour. Nous ne connaissons pas encore l'entité mystérieuse.

Dans son livre intitulé God : The Evidence, *Patrick Glynn affirme que votre croyance en l'évolution est aussi dogmatique que la croyance des chrétiens régénérés en Jésus-Christ.*

C'est tellement stupide. La différence, c'est que la croyance dogmatique en l'évolution se fonde sur des preuves. Les preuves de l'évolution sont aussi nombreuses qu'irréfutables, alors qu'il n'y a aucune preuve en ce qui concerne les croyances des chrétiens régénérés.

Maintenez-vous toujours, comme vous l'affirmiez dans Le Gène
égoïste, *que nous sommes des «machines à survivre»?*

Oui. Je pense que c'est une expression utile.

*Une phrase de ce livre m'intrigue: «Nous sommes les seuls sur
terre à pouvoir nous rebeller contre la tyrannie des réplicateurs
égoïstes [les gènes].» Que voulez-vous dire?*

La sélection naturelle nous a munis de gros cerveaux, mais
ceux-ci sont si développés qu'ils sont capables de rébellion.
Nous savons que nous nous rebellons lorsque nous avons
recours au contrôle des naissances et c'est là quelque chose
qu'un gène égoïste n'aurait pas suscité dans notre cerveau
parce que cela les empêche de se reproduire. De toute évidence,
nous nous rebellons chaque fois que nous faisons autre chose
que travailler pour survivre et nous reproduire. Ainsi, le temps
que j'ai passé à écrire un livre a été mal dépensé.

Du point de vue du gène.

Oui. Bien sûr, c'est du temps fort bien dépensé à d'autres
points de vue.

*À votre avis, quelle sera la relation entre la science et la religion
dans l'avenir?*

Je n'en ai aucune idée. Je ne lis pas dans les boules de cristal.

*D'après tout ce que vous avez dit, il semblerait que vous vous
attendiez à un conflit.*

Je soupçonne que ce sera le cas. La chose semble si différente
aux États-Unis de ce qu'elle est en Angleterre. Ce qu'on voit de
ce côté-ci de l'Atlantique, c'est une religion moribonde. Il
semble que les États-Unis soient un pays de maniaques
religieux dirigé par un maniaque religieux. Et quand je regarde
l'avenir des États-Unis, je suis extrêmement pessimiste.

Pourquoi?

Les États-Unis représentent sans l'ombre d'un doute la
principale nation scientifique du monde et ce qui est si
ahurissant, c'est la manie religieuse qui s'est emparée de ce
pays. Si vous regardez l'élite des scientifiques américains, qui
constitue en fait l'élite du monde, ceux qui ont été élus à
l'American Academy of Sciences, plus de 90% d'entre eux
sont athées.

Par contre, chez les sénateurs, aucun n'affirme être athée. Cela ne peut être vrai, parce qu'ils sont issus du même type de personnes. La conclusion incontournable, c'est qu'ils mentent. Ce qui est triste, c'est qu'ils doivent mentir pour être élus. Il semble qu'aux États-Unis, vous ne puissiez obtenir des votes si vous êtes athée. Ils voteraient pour n'importe qui d'autre qu'un athée.

Vous paraissez fatigué par ces questions sur le conflit entre la science et la religion, mais vous semblez dire que ce conflit ne cessera jamais.

Je ne sais pas. Les perspectives semblent mauvaises aux États-Unis parce que la religion y est très puissante. Par contre, la religion ne l'est pas en Europe occidentale. Elle l'est au Moyen-Orient. Il faut aller jusqu'en Iran pour trouver un pays où la religion est aussi puissante qu'aux États-Unis.

LE GÈNE DE DIEU

UNE ENTREVUE AVEC DEAN HAMER [*]

Le docteur Dean Hamer connaît bien la controverse. Généticien important et directeur de la section sur la structure et la régulation des gènes au National Cancer Institute de Bethesda, au Maryland, il a découvert au cours de la dernière décennie l'existence de gènes de l'anxiété, de la recherche des sensations fortes, de l'homosexualité et, maintenant, de la spiritualité, dont on croyait l'existence impossible à déterminer de manière scientifique. Ce faisant, Hamer remet en question notre point de vue sur la personnalité et sur ce que nous pouvons et ne pouvons pas changer dans le comportement humain.

Hamer croit que la spiritualité est innée, qu'elle sert, dans l'évolution humaine, à nous garder optimistes devant les obstacles. Mais comme il l'exprime clairement, sa récente découverte du prétendu gène de Dieu, le VMAT2, ne signifie pas que la religion soit aussi innée. Contrairement au physicien Leonardo Vetra dans Anges et démons, *Hamer ne ressent pas le besoin de réconcilier la religion et la science. La religion, affirme-t-il, est enseignée par la culture et renforcée par les bureaucraties. Étant deux systèmes de croyance fondamentalement opposés, la science et la religion entreront toujours en conflit et, de l'avis d'Hamer, la religion perdra.*

---

[*] Le docteur Dean Hamer, l'un des plus éminents généticiens américains, a écrit sur le prétendu gène homosexuel et sur le gène de Dieu, et a procédé à une profonde remise en question des idées traditionnelles sur la personnalité humaine en démontrant de quelle façon les traits comportementaux sont intégrés à nos gènes.

Toutefois, il existe un domaine dans lequel les recherches de Hamer ont démontré que la science pouvait en fait appuyer la religion. Bien que certains physiciens, comme le personnage fictif de Vetra, soient impatients d'authentifier l'histoire de la Genèse selon laquelle la Terre a été créée à partir du néant à un moment précis, des généticiens ont étudié les échantillons sanguins de juifs qui vivent aujourd'hui dans différentes régions du monde et découvert qu'ils ont en commun un marqueur génétique. Cela démontre que, à titre de peuple choisi, les juifs ont obéi à Dieu en demeurant distincts des autres peuples et en évitant de se marier avec des membres d'autres religions. De plus, le marqueur semble remonter à 3 000 ans, c'est-à-dire à l'époque de l'exode d'Égypte, validant ainsi le récit de l'Ancien Testament.

✶✶✶

Quel est le contexte de votre nouveau livre, Le gène de Dieu : comment la foi est programmée dans nos gènes? *Dans quelle mesure est-il lié à vos travaux?*

Nous travaillions sur les traits de personnalité comme l'anxiété et l'usage du tabac pour le National Cancer Institute. Nous utilisions ce questionnaire psychologique appelé TCI (Temperament and Character Inventory), un test vrai-faux de 240 questions qui comporte une question sur la capacité d'une personne à se transcender. Le test est censé mesurer la spiritualité. Au départ, je croyais qu'il s'agissait d'un ajout étrange. Mais plus nous travaillions, plus nous faisions passer le TCI à des groupes, plus nous examinions de gènes et plus d'autres scientifiques effectuaient des travaux sur la génétique, comme des études jumelées, plus il me semblait évident qu'il y avait quelque chose au sujet de la spiritualité que nous pouvions mesurer et étudier.

S'agit-il du premier gène trouvé dans le cas d'une abstraction comme la foi?

Il fait certainement partie des premiers. On a maintenant identifié des gènes particuliers de l'aptitude au langage, qui est en quelque sorte abstrait et certainement particulier à l'être humain. Et, bien sûr, de nombreux gènes sont impliqués dans la connaissance, comme la déficience mentale. Divers gènes sont aussi reliés à des aspects de la personnalité comme l'anxiété et la dépression. C'est le plus loin qu'on soit allé dans cette direction.

Comme pour toute recherche originale, vous vous êtes demandé par la suite pourquoi quelqu'un n'avait pas fait ce travail plus tôt ? Il semble facile et évident d'examiner des groupes de personnes faisant preuve d'une grande spiritualité pour voir si elles ont en commun des gènes particuliers.

Ou on n'y avait jamais pensé ou c'est complètement erroné !

Pouvez-vous résumer les implications de vos découvertes ?

Nous avons découvert qu'il y avait une distinction essentielle entre la spiritualité et la religion. Aux yeux de la plupart des gens, il s'agit d'une seule et même chose. Mais les nouvelles recherches que nous avons effectuées montrent qu'elles sont fondamentalement différentes et que leur origine est également différente. La spiritualité est innée chez les êtres humains ; elle fait partie d'eux à leur naissance et c'est une partie intrinsèque de la façon dont fonctionne et évolue le cerveau humain. Nous croyons avoir compris un peu ce fonctionnement et nous pensons pouvoir le comprendre entièrement un jour.

Existe-t-il d'autres gènes divins en plus de celui que vous avez trouvé ?

Je ne doute pas que d'autres soient découverts un jour parce que la spiritualité, comme tout autre comportement humain, est de toute évidence très complexe.

À votre avis, comment les gens religieux réagiront-ils à votre découverte d'un gène divin ?

Ce que j'ai déjà découvert, c'est que les gens ont des croyances très ancrées sur la religion, probablement encore plus profondément ancrées que quoi que ce soit d'autre dans la vie. J'espère que certains concevront qu'on puisse porter sur la religion ou la spiritualité un regard scientifique sans être agressif envers la religion.

D'après vous, que dira en particulier l'Église catholique, qui considère ces questions avec un certain malaise, à propos de votre livre ?

Je ne suis pas certain. Je ne suis pas la première personne à affirmer qu'il existe un élément biologique dans la spiritualité. Plusieurs l'ont fait avant moi. Selon une interprétation, nos découvertes montrent que la spiritualité n'est pas un quelconque type d'accident; elle est programmée dans nos cerveaux. Certains scientifiques seront fascinés par cet aspect. J'en ai parlé à quelques prêtres et l'idée ne les emballe pas tellement. Ils ont un point de vue plus traditionnel, à savoir que la religion nous a été transmise par Dieu.

À votre avis, que diront les scientifiques?

Quand je mentionnais seulement que je pensais étudier ce sujet, la plupart de mes collègues haussaient les sourcils. Mon patron m'a même dit que je devrais y travailler après avoir pris ma retraite. La plupart des scientifiques acceptent l'idée qu'il y a quelque chose de biologique dans l'anxiété — ils acceptent cette idée parce qu'ils peuvent constater que cela existe chez les animaux. Ils acceptent moins bien cette idée en ce qui a trait à la spiritualité, parce que c'est un sujet plus abstrait. C'est plus difficile à mesurer et ce n'est pas immédiatement évident sous l'angle de l'évolution. Et les scientifiques ont leurs propres préjugés: ils considèrent la religion comme un aspect distinct de la vie.

Dans Anges et démons, *on affirme l'existence d'un gouffre profond entre la science et la religion. Premièrement, acceptez-vous cette idée de «gouffre profond»? Et deuxièmement, quel est votre point de vue dans cet éternel débat?*

À mon avis, l'élément important, c'est qu'il existe depuis longtemps un conflit entre la science et la religion, mais non entre la science et la spiritualité. La religion essaie souvent d'intervenir dans des domaines liés aux sciences naturelles et tente d'expliquer l'origine de l'univers et la façon dont la vie est apparue. Il s'agit là de véritables croyances religieuses. Elles sont purement culturelles et n'ont rien d'inné. Elles sont enseignées par les prêtres et les parents, et renforcées par les inquisitions.

La science est en conflit avec la religion parce que les religions ont une façon différente de voir les choses, et ce conflit ne me surprend pas du tout. C'est un conflit qui se poursuit même aujourd'hui, particulièrement aux États-Unis, où vous avez des gens qui croient encore au créationnisme plutôt qu'à l'évolution. La religion et la science représentent simplement deux systèmes culturels différents. Ce sont des domaines différents.

Certains scientifiques, dont Einstein, croient qu'il existe réellement un certain lien entre les deux.

Aux yeux d'Einstein, le lien important était qu'il reconnaissait que la science n'était pas un domaine purement rationnel du comportement humain. C'est un domaine réellement intuitif. Ses partisans sautent aux conclusions et ont des croyances, et cela se produit de manière très semblable en matière de spiritualité.

Voulez-vous dire que le processus de la recherche scientifique est spirituel ?

Oui. Il ne s'agit pas de prouver que les choses ne sont pas ce qu'elles semblent être ou qu'il existe un lien entre tout. C'est une question de sentiments. Einstein était très sensibilisé au fait que le processus scientifique est intuitif. C'est en cela qu'il a démontré qu'il était spirituel et scientifique, et non religieux et scientifique.

Êtes-vous, vous-même, une personne religieuse ? Et si non, vous sentez-vous lié à une quelconque forme de spiritualité ?

Je suis un scientifique traditionnel, un rationaliste. Je suis une de ces personnes habitées par une spiritualité, mais qui n'ont pas d'intérêt pour une religion organisée. Autrement dit, je crois au pouvoir de la spiritualité, mais pas en un Dieu particulier. Je suis un bouddhiste zen. J'essaie de le mettre en pratique un peu. Je me sens mieux quand je le fais. Ce n'est pas que les bouddhistes zen ne croient pas en un certain type de Dieu. C'est seulement que, selon nous, ce n'est pas essentiel.

Dans Le gène de Dieu, *vous affirmez que ce mécanisme génétique et biochimique particulier qui génère la spiritualité est le même, que vous soyez mormon, catholique ou bouddhiste zen.*

Oui. Il est toujours remarquable de constater à quel point les expériences spirituelles des gens sont semblables, qu'ils prient dans un monastère bouddhiste ou dans une église. Ce que je veux dire, c'est la manière dont ils décrivent le monde, comment ils le voient, comment ils se sentent transformés par la suite. En lisant la façon dont Saül décrit ce qui s'est passé lorsqu'il a vu Dieu sur le chemin de Damas et qu'il a changé son nom pour Paul, vous constatez à quel point sa description est semblable à celles que fait Mahomet de ses états de rêve.

L'épisode où Jésus est tenté par le diable dans le désert est un autre bon exemple de ce phénomène. C'est pratiquement identique à ce que Bouddha racontait au moment où il voyageait. C'est parce que la façon dont le cerveau réagit est très semblable dans toutes les expériences religieuses, que vous croyiez entendre Dieu ou Bouddha ou toute autre puissance supérieure.

Et quelle est cette réaction du cerveau?

Ce mécanisme consiste en une modification de la conscience suscitée par des éléments chimiques appelés «monoamines». Ce sont des substances chimiques dans le cerveau qui interviennent dans la manière qu'a le cerveau de traiter l'information et de la relier à notre sentiment de ce qui est réel ainsi qu'à la façon dont nous percevons le monde. Si vous changez cela, le monde entier semble différent. Plus important encore, vous avez l'impression qu'il est différent et, à mes yeux, c'est là le signe incontestable de l'expérience spirituelle. Les gens voient le monde sous un angle différent. Si vous y réfléchissez, si vous modifiez la façon dont vous vous voyez dans ce monde, tout change.

Vous savez que si vous affirmez que la chimie du cerveau crée la spiritualité, les gens réduiront votre découverte au fait que la religion équivaut simplement à de la dopamine.

Ils diront cela, mais ce n'est pas aussi simple. La religion n'est pas une drogue. C'est seulement que le mécanisme qui amène le cerveau à faire l'expérience de la spiritualité est assez semblable à la façon dont il fait l'expérience d'une drogue, à savoir que les deux impliquent la chimie du cerveau. Ainsi, il n'est pas étonnant que vous puissiez en partie reproduire cela en ayant recours aux drogues.

En réalité, la plupart des premières religions ont eu recours aux drogues. Si vous observez aujourd'hui les sociétés de chasseurs-cueilleurs, vous constatez que la plupart d'entre elles utilisent des drogues — les Indiens de l'Amazonie, les Esquimaux et d'autres peuples indigènes du nord de l'océan Arctique, des gens d'Amérique du Sud et d'Amérique centrale, chez qui l'usage des drogues est très courant, ainsi que les Papous de Nouvelle-Guinée, des gens qui, parce qu'ils sont isolés, ne peuvent rien savoir de ce que font les autres dans le monde.

Pour revenir à Anges et démons, *existe-t-il dans le monde d'aujourd'hui d'autres Leonardo Vetra qui tentent, au moyen d'un collisionneur de particules, de recréer le big-bang et de démontrer ainsi que la Genèse avait raison?*

Il y a certainement beaucoup de gens qui essaient de comprendre les débuts de l'univers. Ce qui importe vraiment, ce n'est pas la mécanique du big-bang, ni la manière dont l'univers a commencé, ou ce que cela nous apprend ou non sur Dieu, mais les raisons pour lesquelles un big-bang a eu lieu au départ. C'est là, la question spirituelle. Pourquoi y a-t-il un univers? Pourquoi la matière elle-même existe-t-elle? Si vous croyez au big-bang, il n'y avait absolument rien avant. Le néant. Personne ne possède la réponse exacte.

Ou si vous croyez en Dieu et au Créateur, c'est le moment où Dieu serait intervenu.

En ce qui a trait à votre découverte, croyez-vous avoir trouvé dans le gène de Dieu la façon de réconcilier la science et la religion?

Je pense que oui, mais seulement en partie. Il les réconcilie dans le sens où vous n'êtes pas obligé d'être un non-scientifique pour croire en la spiritualité. De nombreux scientifiques affirment que si vous croyez en la spiritualité, vous ne pouvez la considérer sous l'angle scientifique. C'est une question de goût. Un tas de personnes spirituelles et religieuses disent que si vous avez la foi, vous l'avez et c'est tout. Il ne s'agit pas de science.

Ce que je dis, c'est que vous pouvez regarder la chose d'une manière ou d'une autre sans pour autant manquer de spiritualité. À mon avis, les deux façons sont liées.

Dans votre livre, vous affirmez que la moitié de la population mondiale possède le gène de Dieu.

Oui, 50 % peuvent l'avoir un peu plus que les autres. Mais, en fait, tout le monde en a une partie. Cinq pour cent des gens souffrent de drépanocytose, mais tous ont de l'hémoglobine et peuvent utiliser l'oxygène dans leur sang. C'est la même chose pour la spiritualité. Tout le monde a le gène VMAT2 et tout le monde possède la machinerie du cerveau qui permet de traiter les monoamines et de créer la conscience; et tout le monde possède tous les éléments nécessaires à la spiritualité. Pour certaines personnes, environ 50 %, c'est plus facile que pour les autres. Elles ont sans doute, en moyenne, une plus grande spiritualité.

Alors, quel est l'avantage du gène de Dieu sous l'angle de l'évolution?

Mon argument, c'est que, dans l'évolution humaine, c'est une bonne chose d'avoir la foi. On a, dans une certaine mesure, une meilleure santé. On peut aussi vivre plus longtemps. Et cela nous rend optimiste. Toutefois, le plus important, c'est qu'il nous donne des raisons de continuer à vivre plutôt que de dire: «Pourquoi se faire du souci, puisque nous allons mourir?»

L'éminent biologiste E. O. Wilson affirme que la religion a aidé à améliorer nos chances de survie.

Eh bien… peut-être [avec un regard sceptique]. Il est toujours délicat de prétendre que des gènes aident la société dans son ensemble. Les gènes aident l'individu. Mais une chose vraiment épatante que les scientifiques comme moi peuvent faire, c'est d'étudier l'histoire de la Bible et les récits bibliques sous l'angle de la génétique. En fait, on peut dire que le récit biblique de l'exode des juifs d'Égypte est véridique, dans la mesure où nous pouvons l'affirmer en nous fondant sur la génétique, puisque les juifs se sont éloignés de cette partie du monde à l'époque de Jésus. Nous avons découvert, en recueillant du sang et en effectuant des tests pour trouver 12 marqueurs du chromosome Y, que les Cohanim juifs (un type particulier de prêtres) un peu partout dans le monde ont une signature génétique distincte. Même les Sud-Africains noirs qui sont juifs, qui sont très isolés à l'autre bout de l'Afrique, maintiennent encore cette recommandation formelle de ne transmettre ce statut de prêtre qu'à leurs fils.

Ici, la science, par l'intermédiaire d'analyses d'ADN, démontre de manière concluante qu'une partie de la Bible est exacte sur le plan historique. Est-ce que la science procure de nouveaux arguments à la religion?

Oui.

À votre avis, dans l'avenir, l'Église catholique s'achemine-t-elle vers plus de confrontations ou l'inverse avec la science?

Elle s'oppose à l'avortement, aux cellules souches, à l'homosexualité, aux libertés individuelles — elle entretient beaucoup de préjugés. La science et la religion n'ont pas fini de s'affronter. Aussi longtemps que la religion demeurera la religion, enracinée dans des idées culturelles qui ne sont pas nécessairement bonnes et que renforce la bureaucratie, l'Église continuera d'affronter la science et de perdre la bataille.

Pourquoi l'Église n'a-t-elle pas tenté de se réconcilier avec la science ?

Elle fait parfois des tentatives, mais seulement à la condition que la science ne contredise pas ses croyances culturelles. L'Église catholique, en particulier, continue de traîner la patte dans tous les domaines. Les religions orientales n'ont pas du tout ce problème.

Vos critiques, et même votre colère, semblent s'adresser davantage à l'Église catholique.

Je suis outré par tous les types de religion organisée. À mon avis, elles n'ont rien à voir avec la spiritualité. Il serait très difficile de changer la spiritualité des gens.

Comment situez-vous le débat entre l'Église et Galilée dans ce contexte ?

Ils s'affrontaient, mais ce n'était pas à propos de la spiritualité. Je pense que Galilée avait probablement une spiritualité plus grande que le pape. Le gars qui a mis au point le test psychologique TCI que nous utilisons était Abraham Maslow. Ce qui l'a rendu célèbre — et ce dont il était le plus fier, disait-il —, c'est que lorsqu'il faisait passer ce test, les gens qui avaient les pires résultats étaient les prêtres. Selon lui, ils n'étaient pas vraiment des gens spirituels. Ils étaient autre chose. Ils étaient autoritaires. Et cela illustre bien la relation entre l'Église et Galilée.

Ainsi, toute réflexion faite, vos découvertes seraient que Urbain VIII et Galilée avaient tous deux le gène de Dieu, mais que l'un soutenait l'Église et l'autre, la science, et nous revoilà au point de départ.

Oui.

LES SCIENCES COGNITIVES PRENNENT EN CHARGE LA RELIGION : UNE NOUVELLE APPROCHE POUR UNE QUESTION ANCIENNE

PAR HANNAH DE KEIJZER [*]

Au fil des siècles, la guerre métaphorique entre la science et la religion a fait rage sur deux champs de bataille principaux. L'un dans les cieux, sur des questions de cosmologie et sur la question de savoir si un concept divin sous-tend cet univers impressionnant, et l'autre se situant sur terre, où se produisent des affrontements à propos de questions de biologie évolutive et de création humaine.

Récemment, la science a commencé à envoyer des espions peu habituels dans le camp de la religion : des spécialistes de la cognition. Contournant presque complètement les débats en cours depuis longtemps, ces hommes et ces femmes tentent de trouver les motivations de l'ennemi de toujours. Certains œuvrent avec l'intention de discréditer la religion et d'autres, de démontrer l'existence de Dieu. Quelle que soit leur orientation personnelle, tous posent la même question : « Pourquoi notre cerveau choisit-il de croire en premier lieu ? » Ils ont recours non seulement à la psychologie et à l'histoire traditionnelles, mais également à de récents travaux sur les propriétés et l'évolution du cerveau humain. Ils examinent les systèmes déductifs de l'esprit et tentent de découvrir ce qui se passe dans le subconscient, d'un point de vue mécanique, derrière notre conscience quotidienne.

Le travail en sciences cognitives est un processus sans fin d'élaboration de théories, d'enquêtes, d'expérimentations et de découvertes : à ce jour, nous connaissons remarquablement peu le cerveau humain. Il n'existe pas non plus de consensus sur ce qu'englobe le mot « religion ». Pratiquement tous les théoriciens ont tenté de répondre d'une manière différente à cette question de définition philosophico-théologique.

---

[*] Hannah de Keijzer nourrit ses intérêts en sciences cognitives, en religion et en danse au Swarthmore College.

Le sociologue et philosophe français Émile Durkheim (1858-1917) définissait ainsi la religion : « C'est le système solidaire de croyances et de pratiques (rites) relatives à des choses sacrées, c'est-à-dire séparées, interdites. » Il considérait la religion et les activités religieuses comme une sorte de ciment social qui renforce un sentiment d'identité communautaire et accroît les chances de survie. Sigmund Freud (1856-1939) allait dans le sens contraire : il établissait un parallèle direct entre la névrose et les activités des personnes religieuses en disant : « La religion représenterait donc la névrose obsessionnelle universelle de l'humanité. »

Steward Guthrie, chercheur contemporain à l'Université Fordham, écrit : « Le dénominateur commun des religions est de voir dans les choses et les événements davantage d'organisation qu'ils n'en ont réellement. » Peter Berger, spécialiste du domaine amplement cité qui enseigne à la faculté de théologie de l'Université de Boston, croit que la religion est l'archétype de « l'auto-examen de l'homme, de l'intégration de sa propre signification à la réalité. […] La religion constitue la tentative audacieuse de concevoir l'univers entier comme important sur le plan humain. »

Bien qu'il n'existe pas de consensus clair sur la signification du mot, la volonté de « croire » semble, quelle que soit la culture, universellement programmée dans le cerveau. Alors, pourquoi et comment le cerveau croit-il ?

Pascal Boyer, qui étudie l'acquisition, l'utilisation et la transmission des connaissances culturelles, croit que les concepts surnaturels (courants dans le monde entier et, affirme-t-il, fondements de toute croyance spirituelle ou religieuse) se perpétuent parce qu'ils vont à l'encontre de certains aspects de notre système de classement cognitif. Nous créons dans nos esprits les catégories qui nous aident à classer les éléments du monde qui nous entoure, mais certaines choses ne s'y intègrent tout simplement pas. Ces concepts difficiles à catégoriser — les fantômes, par exemple —, imprègnent notre esprit et sont donc plus susceptibles d'être retenus et partagés avec d'autres, créant ainsi l'assise d'un système de croyances plus large.

Même si un tel « système de classement cognitif » existe, où pourrait-il se situer dans le cerveau ? Pour répondre à cette question, il faut amener la religion au laboratoire. Comme on doit s'y attendre, tout comme il n'existe pas de consensus sur la nature de la religion, il n'y en a pas non plus sur ce que pourraient être ses substrats nerveux. Patrick McNamara, spécialiste du comportement à l'Université de Boston, croit que nous pouvons de manière plausible situer plusieurs des composantes des pratiques religieuses dans les lobes frontaux — le site neurologique présumé des émotions, partie intégrante des expériences et de la croyance religieuses. Comme on considère souvent que la religion met en cause le système cognitif humain lorsqu'il s'agit de détecter l'intentionnalité chez les autres (et probablement de leur attribuer exagérément cette intentionnalité), McNamara croit que les scientifiques devraient travailler avec des enfants autistes, qui ne perçoivent pas l'intentionnalité de façon normale. Sont-ils en mesure de comprendre les idées religieuses? Leurs capacités réduites constituent-elles un obstacle à la croyance religieuse, ou la croyance peut-elle persister, indiquant ainsi un fondement cognitif différent (ou peut-être supplémentaire)?

D'autres pensent que nous devrions nous tourner vers les épileptiques pour obtenir des indices sur les substrats nerveux, en examinant l'emplacement des troubles du cerveau qui génèrent des expériences semblables aux expériences religieuses normales. Avant tout, les chercheurs Jeffrey Savre et John Rabin croient que «le substrat principal de l'expérience se trouve dans le système limbique» où se concentrent plusieurs crises d'épilepsie.

Bien sûr, les états «altérés» du cerveau ne caractérisent pas que les problèmes neurologiques: ils s'appliquent aussi à la méditation des moines bouddhistes et aux prières des religieuses franciscaines. Le docteur Andrew Newberg, directeur de la clinique de médecine nucléaire de l'Université de Pennsylvanie, a eu recours à la neuro-imagerie pour étudier l'architecture neuropsychologique de la méditation, sensation qui, à son avis, découle du blocage du flux sanguin vers des zones essentielles du cerveau.

On peut aussi provoquer des états altérés du cerveau au moyen de drogues psychédéliques utilisées depuis des siècles pour stimuler l'expérience religieuse. Certains scientifiques croient que les tests sur les expériences religieuses suscitées par les drogues pourraient procurer de précieux renseignements sur la cognition et la neuroscience de la religion. Les scientifiques ne laissent pas entendre que la drogue elle-même puisse être responsable de l'état altéré. Matthew Alper, auteur de *The «God» Part of the Brain*, affirme avec insistance : «Aucune drogue ne peut provoquer une réaction à laquelle nous ne sommes pas prédisposés sur le plan psychologique. Les drogues ne peuvent qu'augmenter ou supprimer ces capacités que nous possédons déjà.»

En un certain sens, nous revenons à la case départ : il existe de toute évidence une vaste gamme de théories sur les fondements cognitifs et neurologiques de la religion. Y a-t-il un dénominateur commun ?

Une façon plausible de mettre de l'ordre dans ce chaos consiste à voir la religion comme un système «émergent» ou «auto-organisateur». (On entend par «auto-organisation» les tendances spontanées à l'ordonnancement qu'on observe parfois dans certaines catégories de systèmes complexes, qu'ils soient artificiels ou naturels.) Pourquoi ce modèle est-il plausible ? Malgré la grande quantité de travail réalisé par les spécialistes des neurosciences, il existe encore peu de preuves que la «religion» représente un phénomène dont nous pouvons situer précisément les substrats dans le cerveau. On a cerné les régions du cerveau dont le fonctionnement est essentiel à l'expérience spirituelle, mais il y a trop de facteurs contributifs pour affirmer qu'une zone ou une autre en est précisément et/ou entièrement responsable. Il n'existe pas de «module» unique de la religion, mais plutôt différents aspects cognitifs qui fonctionnent en tandem pour créer quelque chose de non intentionnel. La musique représente un exemple semblable : il est fortement improbable que les humains se soient développés avec un module spécifique ou particulier à la musique, mais beaucoup plus probable que nous possédions plusieurs modules qui peuvent s'adapter et se combiner pour nous permettre de créer et d'apprécier la musique. Ainsi, sur les plans à la fois cognitif et culturel (aussi entremêlés soient-ils), le modèle du système émergent suggère que la religion — de toute évidence un phénomène complexe — peut découler de structures, d'aptitudes et de processus simples.

L'expérience religieuse et la cognition sont des sujets presque intimidants, tellement ils sont complexes. On n'a pas encore abordé ici de nombreux éléments cruciaux du puzzle: les émotions, l'amour et la guerre, l'expérience sexuelle (dans le sens normal, non freudien), le langage, les symboles, les rêves... la liste est interminable. Une question très importante semble toujours en suspens (peut-être encore inabordable): pourquoi les expériences religieuses — aussi différentes puissent-elles être de la vie normale sur le plan qualitatif — semblent-elles si *réelles*, même si elles sont provoquées par l'épilepsie ou les drogues? Serons-nous un jour capables de découvrir ce qui, dans le cerveau, rend possible le sentiment religieux? Et si nous y parvenons, quelles répercussions cela aura-t-il sur la religion elle-même?

D'ADAM ET DE L'ATOME

PAR JOSH WOLFE[*]

Anges et démons *présente (surtout par l'intermédiaire des soliloques du camerlingue) l'argument selon lequel le Vatican s'oppose ou devrait s'opposer à toute une gamme de percées scientifiques et technologiques dans lesquelles l'homme «joue le rôle de Dieu». La nanotechnologie — science qui consiste à manipuler la matière à une échelle extrêmement petite — représente l'une des plus évidentes et convaincantes de ces nouvelles technologies dans lesquelles l'homme «usurpe» le rôle de Dieu de façons différentes et puissantes. Entre autres applications, la nanotechnologie fait partie intégrante de la création d'antimatière qui, bien sûr, se trouve au centre de l'intrigue de* Anges et démons.

Josh Wolfe est cofondateur et directeur associé de Lux Capital, une entreprise de capital de risque qui s'occupe principalement d'investissements en nanotechnologie. C'est également un des commentateurs les plus éloquents et les plus en vue sur les nanotechnologies, en tant qu'auteur du renommé Nanotech Report *et éditeur de la publication de Forbes intitulée* Forbes / Wolfe Nanotech Report. *Nous lui avons demandé de nous faire part de ses réflexions sur les nanotechnologies, l'antimatière et le thème du conflit entre la science et la religion tel qu'illustré dans* Anges et démons. *Parmi les nombreuses idées fascinantes dans l'article qui suit, Wolfe va bien au-delà de la recherche de Dan Brown de significations et de messages cachés dans l'œuvre d'artistes du passé. Il laisse entendre la possibilité que soit caché ce que nous avons*

---

* Josh Wolfe est un investisseur de capitaux de risque dans le domaine des nano-technologies et l'éditeur du *Forbes / Wolfe Nanotech Report*. Il est aussi chroniqueur pour le magazine *Forbes*.

surnommé le « *Code Michel-Ange* » dans la célèbre (et emblématique) Création d'Adam *du maître de la Renaissance, peinte au plafond de la chapelle Sixtine.*

S'inspirant de divers articles et arguments sur Internet écrits par des scientifiques, des neurologues et d'autres, Wolfe affirme que le portrait de Dieu dans le chef-d'œuvre de Michel-Ange pourrait en réalité illustrer le cerveau humain tel que vu selon la perspective connue en médecine sous le nom de coupe sagittale. En d'autres mots, peut-être Michel-Ange essayait-il de nous dire, à partir même de la pièce la plus sacrée du Vatican, que le concept humain de Dieu n'est pas une réalité scientifique externe, mais qu'il fait partie intégrante du cerveau humain.

***

Si *Anges et démons* comportait un prologue, il pourrait se lire comme suit :

« Un homme profondément religieux — qui a une grande dévotion pour Dieu et une profonde croyance dans le pouvoir de la foi — est assis dans une petite pièce. Il est penché sur une vieille table de bois et tient une plume dans sa main serrée. D'une simple signature, un homme possédant une telle stature et un tel pouvoir peut déplacer des milliards de dollars et faire fluctuer le marché des valeurs mobilières. Peut-être ne réalise-t-il pas pleinement ce qu'il s'apprête à faire. Un jeune prodige de la physique du MIT et lauréat du prix Nobel de chimie se tient derrière lui. Les deux hommes tentent de refréner leur fébrilité face à la signification de ce geste pour eux et leurs collègues scientifiques. En apposant sa signature, l'homme cède par écrit près de quatre milliards de dollars au bénéfice d'un tout nouveau domaine de la science — un champ d'activité qui a déjà bouleversé le monde scientifique et dont des activistes du monde entier exigent l'interdiction immédiate. Il s'agit de la nanotechnologie, la science qui consiste à contrôler la matière à l'échelle atomique. *L'homme qui joue à être Dieu.* »

Cela n'est pas tiré d'un roman. L'homme était le président George W. Bush ; la pièce, le bureau ovale de la Maison-Blanche ; et j'ai eu le privilège de me tenir derrière lui alors qu'il signait la loi sur la recherche et le développement en matière de nanotechnologie, une entreprise de 3,6 milliards de dollars, le 3 décembre 2003.

LES PROMESSES ET LES DANGERS DE LA NANOTECHNOLOGIE

La version originale de *Anges et démons* a été publiée la même année que démarrait la National Nanotechnology Initiative. Le livre mentionne brièvement la nanotechnologie — un domaine de recherche du CERN qui, selon le roman, est condamné par le Vatican (bien que, dans les faits, le Vatican n'ait pas dénoncé la nanotechnologie).

La nanotechnologie a profité de l'appui des deux partis à Washington, surtout en raison des répercussions qu'elle pourrait avoir sur les soins de santé (en traitant le cancer sans effets secondaires, ainsi qu'en mettant au point et en produisant de nouveaux médicaments aux fonctions extrêmement précises); sur l'électronique (des ordinateurs de la taille d'un morceau de sucre qui pourraient contenir toute la bibliothèque du Congrès); et sur le domaine de l'énergie (des piles solaires peu coûteuses et polyvalentes qui pourraient diminuer notre coûteuse dépendance envers le pétrole étranger).

La nanotechnologie représente la technologie créée à l'échelle des atomes et des molécules. Et dans cet univers extrêmement petit, les lois newtoniennes classiques qui régissent notre vie quotidienne cèdent le pas à la physique quantique dans laquelle la matière se met à agir de manières inattendues. Fait intéressant, alors que la plupart des images et des symboles religieux se fondent souvent sur l'équilibre et l'ordre (peut-être une fonction des tendances du cerveau humain à rechercher des modèles et de l'impulsion universelle qui consiste à trouver la beauté dans des objets symétriques comme les fleurs et les visages), la physique quantique se fonde sur l'asymétrie, les probabilités, l'incertitude, les nuages d'électrons et la matière ajustable.

Notre monde physique est, bien sûr, constitué d'atomes qui sont absolument invisibles à l'œil nu. Même le meilleur microscope ne permet pas de les voir. Mais il y a une vingtaine d'années, on a inventé un outil qui nous permet non seulement d'observer chaque atome, mais aussi de jouer avec ces atomes. Nous pouvons les déplacer, créer des figures et même faire en sorte qu'ils s'organisent eux-mêmes en arrangements complexes. Le Saint-Graal de la technologie consiste littéralement à faire pousser des objets à partir de leur niveau atomique. Les implications économiques d'un tel contrôle sur le plan atomique sont profondes quand vous songez que la seule différence entre le graphite d'un crayon et le diamant d'une bague de fiançailles aux lueurs éclatantes est la façon dont sont organisés les atomes de carbone dans les deux objets. Seulement ça.

Dans l'histoire du monde, la croissance économique n'a été générée qu'en créant de nouvelles combinaisons à partir d'un ensemble limité de ressources. L'oxyde de fer (la rouille) qu'on utilisait jadis pour accumuler des données au moyen de peintures rupestres a été retransformé en un substrat pour les disques à mémoire magnétique. Le silicone, qui provient du sable, a d'abord été utilisé pour fabriquer du verre et, plus tard, pour le calcul informatisé. Qui aurait pu regarder une vitre et penser que sa composition pourrait être transformée afin de créer une puce informatique Pentium ? La tendance générale vise une plus grande valeur économique par unité de matériaux bruts. Songez que quatre atomes du tableau périodique des éléments peuvent se combiner de 94 millions de façons et que, conservés dans des proportions de moins de 10 atomes, avec 3 500 ensembles différents, pourraient générer 330 milliards de recettes différentes. Tout cela pour dire que l'homme vient tout juste de commencer à faire des expériences sur la multitude de combinaisons d'atomes possibles pour créer de la nouvelle matière et de nouveaux matériaux.

On peut ajuster avec précision les propriétés de la matière en modifiant la taille et la composition des molécules en combinaisons et en configurations qu'on ne trouve pas dans la nature. Cela ne veut pas dire que le monde naturel n'aura plus d'importance. C'est tout à fait le contraire. Certains des progrès les plus emballants en matière de nano-technologie nous viendront d'un ingénieur qui a déjà investi des milliards d'années dans la recherche et le développement : dame Nature.

Dans une entreprise privée de nanotechnologie, les scientifiques ont recours au génie génétique pour modifier des bactéries et des virus de façon à les programmer pour qu'ils fabriquent, de manière peu coûteuse et sécuritaire, des appareils semi-conducteurs complexes. Autrement dit, ils utilisent la biologie pour fabriquer des appareils électroniques de la même façon que nous le faisons pour faire de la bière, du fromage et du vin! Une autre entreprise de nanotechnologie a eu recours à l'ingénierie inverse pour modifier les pattes adhérentes d'un lézard afin de créer une version plus mince et plus robuste qui permet à une personne de 65 kilos de grimper un mur comme Spiderman.

LA RELIGION ET LA NANOTECHNOLOGIE

Pendant mes allocutions sur la nanotechnologie, j'affiche souvent une peinture, non pas pour son importance religieuse, mais pour faire une analogie. Il s'agit d'une tour de Babel inversée. Elle montre des hordes de gens travaillant à une construction qui s'élève vers le ciel, tous parlant des langues différentes. En nanotechnologie, des chercheurs qui auparavant parlaient des langages scientifiques distincts communiquent maintenant à la frontière de leur discipline : des biologistes collaborent avec des ingénieurs en électricité et des chimistes, avec des spécialistes en informatique. Il se produit une renaissance scientifique, une confluence des connaissances.

Beaucoup de gens ont pensé que la nanotechnologie représentait une nouvelle version de la course internationale à l'espace de la guerre froide. Et cette vive concurrence a généré un jeu de poker métaphorique dans lequel chaque pays fait monter les enjeux en ce qui concerne la domination technologique et économique au cours du XXIᵉ siècle. Dans ce jeu de poker, la position de tête qu'occupent les Américains n'est nullement assurée.

Il est quelque peu désagréable de penser que si la nanotechnologie que Bush a pleinement appuyée en venait à «jouer à Dieu» (c'est-à-dire à manipuler la matière de façons nouvelles), ce serait absolument contraire à son système de croyances et il apposerait immédiatement son veto sur le projet de loi.

LA SCIENCE EST CUMULATIVE
ET LA RELIGION, STATIQUE

L'argent recueilli est, bien sûr, distribué aux scientifiques. Leurs découvertes sont ainsi financées, servant à leur tour d'assises à d'autres scientifiques. La science est cumulative. Et ici se situe une des grandes tensions entre la religion et la science : les croyances religieuses sont statiques. Leur assise est fixe ; les reliques sacrées sont soigneusement préservées et transmises de génération en génération au fil des siècles.

Ce qu'il y a de drôle dans la science, c'est que vous pourriez enseigner des choses à Newton, à Aristote, à Copernic ou à tout autre gourou de l'Antiquité. Chacun d'entre eux pourrait avoir été plus intelligent que chacun d'entre nous, mais nous avons davantage de connaissances qu'eux sur le monde et sur la façon dont tout fonctionne. La science progresse de façon cumulative et, comme nous vivons à une époque ultérieure, même les non-scientifiques parmi nous en connaissent bien davantage sur une multitude de choses que les grands scientifiques des époques passées. C'est aussi simple que cela. Évidemment, Aristote pourrait surgir au milieu d'une discussion philosophique et bien se débrouiller. Mais dans un cours de sciences modernes, il serait perdu. Voici quelques éléments de base que nous connaissons tous et qui provoqueraient un choc chez lui : la Terre tourne autour du Soleil et — malgré les symboles des *Illuminati* — il existe plus de quatre éléments et ni la terre, ni l'eau, ni le feu, ni l'air n'en font partie. En ce qui a trait à l'explication de l'électricité, du magnétisme, des lasers, des transistors, des microprocesseurs, des piles solaires, de la physique quantique ou des nanotubes de carbone, vous pouvez toujours repasser !

LA SCIENCE ET LA RELIGION PEUVENT-ELLES COEXISTER DE MANIÈRE PACIFIQUE ?

J'ai observé une culture de la politesse au sein de laquelle d'ardents défenseurs de la science et de la religion semblaient marcher sur des œufs pour éviter un grave affrontement. Prétendre que votre croyance est correcte et que celle d'un autre est fausse est considéré comme une attitude extrêmement arrogante, et pourtant c'est cette arrogance et ce dogmatisme qui ont alimenté tous les progrès scientifiques et technologiques et, ironiquement, provoqué aussi la plupart des guerres de l'humanité.

La coexistence pacifique de la science et de la religion est une illusion. Elles sont incompatibles et s'excluent mutuellement. La méthode scientifique va à l'encontre de la doctrine religieuse et même du mysticisme non théiste. La science repose sur des hypothèses vérifiables, des résultats reproductibles, des preuves empiriques, la raison, l'expérimentation, le scepticisme et la remise en question des croyances établies et des stéréotypes. La religion repose sur la foi absolue de ses fidèles. Les récits religieux contiennent des croyances sur la création de l'univers, la création de l'homme et des concepts comme la vie après la vie ou la réincarnation. La science s'affirme non pas dans des croyances imprégnées de valeurs, mais dans une compréhension factuelle du monde ainsi que dans des mécanismes et phénomènes qui régissent son fonctionnement, débarrassée de toute signification théologique. Et elle vit selon le credo « *Nullius in verba* » (Ne faites confiance à personne).

Mais si la science et la religion ne peuvent coexister en paix à long terme, la pseudoscience et la religion le peuvent certainement. Malheureusement, beaucoup de gens transforment la complexité de la nanotechnologie ou de la physique quantique en un mélange spirituel de champs d'énergie et de ce que nous pourrions appeler la science du Nouvel Âge. Ils tentent d'utiliser les principes d'incertitude pour expliquer des choses incertaines et laisser entendre que nos propres cerveaux ou l'esprit de Dieu ou l'univers ne sont en réalité qu'un ordinateur quantique géant. En vérité, nous avons tendance à voir ce que nous croyons plutôt qu'à croire ce que nous voyons.

On a suggéré que la religion existait pour expliquer l'inexplicable. En tant qu'êtres humains, nous éprouvons une dissonance cognitive en l'absence d'explications. Et une partie de l'attrait de la spiritualité et de la religion réside dans le fait qu'elles semblent répondre aux questions que la science n'a pas encore élucidées.

LA RECHERCHE DE NOBLES VÉRITÉS

De nombreux critiques religieux estiment que la science élimine la beauté et le mystère de la vie. Mais plusieurs scientifiques de ma connaissance éprouvent le sentiment qu'il existe quelque chose de plus grand qu'eux-mêmes. Ce quelque chose, c'est la vérité.

L'auteur de science-fiction William Gibson a dit un jour que l'avenir était déjà ici, mais qu'il était seulement distribué de manière inégale. Je crois qu'il en est de même de la vérité. Tout le monde peut chercher la réponse insaisissable, peut-être le bonheur, la plénitude, une vie plus riche ou un plus grand savoir. La volonté de comprendre engendre la curiosité qui mène à la recherche de la vérité.

La vérité scientifique nous dit ce que nous sommes, d'où nous venons et où nous allons. Les mythes et le mysticisme sont en fin de compte vaincus et se soumettent à la réalité empirique. Les vrais miracles modernes se trouvent dans la médecine : les injections d'insuline, les stimulateurs cardiaques, l'imagerie par résonance magnétique, les radiographies, les transplantations chirurgicales et les produits pharmaceutiques.

La nanotechnologie et les progrès scientifiques connexes affichent tous les emblèmes et le pouvoir social d'un système de croyances ou d'un substitut de la religion. Certains partisans laissent entendre que la nanotechnologie pourrait augmenter de beaucoup notre longévité et même nous rendre carrément immortels. Mais c'est là un terrain glissant par rapport aux progrès actuels de la technologie. Du magnétisme aux ondes radio et aux chocs électriques, la technologie a toujours eu sa juste part de prophètes qui vendaient la croyance qu'une nouvelle invention pourrait guérir les maladies. La communauté scientifique s'est toujours empressée de demander des preuves et de discréditer les charlatans. Le Vatican, bien sûr, a mis 350 ans à régler ses comptes avec Galilée.

De par sa nature même, la science est transparente et se trouve renforcée parce que le public l'observe attentivement. Mais l'intégrité et l'utilité de la science se trouvent menacées chaque fois qu'elle est attaquée pour des motifs idéologiques. Thomas Jefferson disait : « Nous ne craignons pas de suivre la vérité où qu'elle mène, non plus que de tolérer toute erreur, pourvu que la raison demeure libre de la combattre. »

LA SCIENCE A-T-ELLE BESOIN DES DIRECTIVES MORALES DE LA RELIGION ?

De nombreux critiques de la science caricaturent la recherche du progrès en évoquant des images de savants fous, ignorants ou insensibles aux répercussions que cela aura. Les scientifiques, si particulièrement concentrés sur les réalisations tout en occupant le domaine de la résolution inutile des problèmes, ne bénéficient pas d'un compas moral qui les aiderait à tenir compte des retombées sociétales de leurs travaux. On pense au docteur Frankenstein.

Il y a là une ironie : il semble qu'on craigne ou qu'on vénère ce qu'on comprend mal. Les critiques de la nanotechnologie demandent des preuves montrant que ses effets seront bénins. Mais toute technologie et tout progrès comportent leurs désavantages. L'essence est inflammable et fortement toxique ; les avions et les autos causent d'innombrables décès ; les lecteurs de CD contiennent d'infimes quantités d'arsenic ; et le feu, une des plus grandes découvertes de l'homme, a brûlé des millions de gens.

Notre existence analogique moderne a été définie par des guerres qui avaient pour objet des croyances polarisées et intransigeantes. Compte tenu de ces résultats binaires, il est presque sensé de considérer la logique de la destinée humaine comme numérique.

LA SCIENCE OUVRE LA PORTE À UN PLUS GRAND NOMBRE DE QUESTIONS

La beauté de la science réside dans le grand nombre de questions qu'elle suscite. Essayez ceci : comparez la *Création d'Adam* de Michel-Ange au plafond de la chapelle Sixtine à n'importe quelle image d'une coupe sagittale du cerveau. Se pourrait-il que Michel-Ange ait joué, de l'intérieur même, un tour ultime à l'Église ? Les historiens ont toujours interprété cette œuvre d'art comme l'illustration déterminante d'un homme créé à l'image de Dieu. Est-il possible qu'elle ait illustré le contraire ? Est-il possible que Michel-Ange ait réellement transmis un message secret laissant entendre que Dieu avait été créé dans l'esprit de l'homme ?

Pour les nombreux scientifiques qui croient en Dieu, la science fournit des explications et des réponses sur le «comment», mais la religion procure une signification, un sentiment de détermination, un but bien précis et répond au «pourquoi». D'autres scientifiques sont si acharnés dans leur antireligiosité et dans leur vénération pour la science pure qu'ils ressemblent malgré eux à des religieux dogmatiques.

En raison de sa crédibilité légendaire, on a souvent prétendu à tort qu'Einstein croyait en Dieu. Il a lui-même affirmé : « Ce que vous avez lu sur mes convictions religieuses était bien sûr un mensonge, un mensonge qu'on répète systématiquement. [...] S'il y a en moi quelque chose qu'on puisse qualifier de religieux, c'est l'admiration sans limite que j'éprouve pour la structure du monde dans la mesure où la science nous la révèle. » Amen.

Cinquième chapitre

La Rome de Robert Langdon : l'art et l'architecture

*Le Bernin, le sculpteur qui a contribué
à créer la Ville éternelle
• Secrets et symboles de l'art et de l'architecture
du Vatican
• La vérité sur les Archives secrètes du Vatican
• L'usage rituel de l'astrologie, de la magie,
de l'alchimie et d'autres pratiques occultes au Vatican
• Les bons et les mauvais points
du professeur de symbologie de Harvard
• Une visite guidée de la Rome véritable*

Réflexions d'un spécialiste du Bernin sur l'utilisation que fait Dan Brown du maître baroque

par Tod Marder *

Après avoir lu Anges et démons et décidé que notre équipe de rédaction allait réaliser un guide permettant aux lecteurs de mieux comprendre le roman et d y réfléchir, le tout premier livre que nous avons acheté a été Bernini and the Art of Architecture *de Tod Marder. Ce magnifique survol redonne vie au Bernin et porte un regard nouveau sur son œuvre. En regardant les photographies et en lisant les commentaires de Marder, on peut pratiquement assister aux scènes que Dan Brown a décrites dans son roman et y déceler immédiatement les inexactitudes. On peut sentir de plus la puissance viscérale de l'œuvre du Bernin et avoir une idée des questions fascinantes soulevées par l'époque baroque, à cheval sur la Renaissance et les Lumières, le monde ancien et le monde moderne, l'époque déclinante de la cosmologie religieuse et la naissance de la cosmologie scientifique.*

Pour comprendre Le Bernin, il faut aussi comprendre Rome, la Contre-Réforme, la politique du Vatican et l'époque baroque. Tod Marder, spécialiste mondial du Bernin, est aussi, par nécessité, un spécialiste de toutes ces autres questions. Ici, et dans un autre article de ce chapitre, il évoque ses expériences personnelles de recherche au fil des ans dans la Bibliothèque du Vatican et les Archives secrètes. Le professeur Marder tire parti d'une vie entière consacrée au Bernin et à son art, de même qu'au Vatican, à Rome et à la culture baroque. Il aborde brièvement de nouvelles découvertes et études sur Le Bernin. Nous avons trouvé en lui un des meilleurs guides pour une visite du monde de la Rome baroque qui forme l'élément central de Anges et démons.

---

* Tod Marder est directeur du département d'histoire de l'art à l'Université d'État du New Jersey et membre de l'American Academy à Rome. Pour d'autres informations sur ce sujet, il recommande la lecture des œuvres suivantes : *Civic Politics in the Rome of Urban VIII* de Laurie Nussdorfer ; *Bernini : Genius of the Roman Baroque* de Charles Avery ; *Bernini* de Howard Hibbard ; et *Bernini and the Art of Architecture* de T. A. Marder.

***

Un grand nombre de romans récents sont censés se fonder sur l'histoire de l'art, mais est-ce vraiment le cas? Ces polars, ces histoires et ces romans reposent-ils réellement sur des faits artistiques historiques? C'est une question pertinente, puisque la prétention que tout est exact ou résulte d'une recherche scrupuleuse semble avoir un effet sur les lecteurs. En réalité, on m'a posé plus de questions sur *Anges et démons* de Dan Brown que sur tout autre roman paru au cours des dernières années. Ces réactions indiquent que beaucoup de gens ont acheté et lu ce livre et que, fort heureusement, mes amis se souviennent encore de moi comme spécialiste du Bernin. Leurs questions m'ont permis de constater que de nombreux lecteurs ne parviennent que difficilement à distinguer ce qui est vrai de ce qui a été inventé dans cet ouvrage. L'avertissement inclus dans l'avant-propos selon lequel tous les lieux, objets et personnalités historiques du roman sont basés sur des faits réels a pour but de faire croire au lecteur que ce qu'il va découvrir au fil de l'histoire est vrai. Or, plusieurs passages démentent cette prétention.

En fin de compte, la meilleure raison pour réexaminer une œuvre de fiction dont l'action se déroule dans un contexte historique est que, dans certains cas — et celui-ci en est un —, la réalité historique et topographique des gens, des villes et des événements est au moins aussi intéressante aux yeux de beaucoup de gens que leurs versions romancées. Le recours à la licence poétique pour modifier des faits et des vérités reconnues se justifie-t-il seulement lorsque le résultat est plus divertissant, plus révélateur, plus profondément provocateur et convaincant que la réalité? À mon avis, c'est là un argument que les historiens professionnels aimeraient invoquer parce que leur vie et leur gagne-pain en dépendent. Voici donc quelques faits, thèmes et interprétations que les lecteurs de *Anges et démons* aimeraient sans doute voir clarifier.

LE SIÈGE VACANT

Commençons par le contexte central de l'histoire: l'interrègne qui survient à la mort d'un pape et les préparatifs en vue de l'élection de son successeur. Cette période, qu'on désigne officiellement du nom de «siège vacant», dure habituellement un mois ou deux. C'est le moment où on s'affaire à organiser le rassemblement des membres du Sacré Collège qui éliront le nouveau pontife. Historiquement, le siège vacant était un épisode anormal, une période de tension marquée par des changements et des luttes de pouvoir qui font le bonheur de tout auteur de polar. Au XVIIᵉ siècle, la passation du pouvoir se faisait de manière moins douce et contrôlée au Vatican qu'à notre époque moderne; elle se caractérisait la plupart du temps par une anarchie à peine réprimée et des actes de revanche dirigés surtout contre la famille et les alliés du pape décédé.

En 1644, lorsque Urbain VIII Barberini décéda (dans *Anges et démons*, il est le client de l'artiste Gianlorenzo Bernini dit Le Bernin), sa famille et lui furent l'objet de moqueries publiques en raison de leurs taxes sur le pain, de leur poursuite d'une guerre vaine et de leur enrichissement personnel durant le pontificat d'Urbain — des critiques comparables à plus d'un point de vue, avec certaines adaptations de contexte, à celles qu'on aurait pu formuler à l'endroit des dernières présidences américaines. Le neveu du pape, le cardinal Francesco Barberini, devint immédiatement la cible d'une hostilité ouverte et fut qualifié de «cardinal de la demi-once» à cause de la taille récemment réduite de la miche de pain légale et de son incompétence en matière de gestion des affaires publiques. Sur la tombe inachevée d'Urbain, on suggéra d'inscrire une dédicace au pape qui «engraissait les abeilles [symbole de la famille Barberini] et fouettait ses ouailles». On disait pour plaisanter que Le Bernin avait été mandaté pour sculpter une crucifixion qu'on placerait dans l'abside de la basilique entre les tombes de deux «voleurs», Urbain VIII et Paul III Farnèse, puisque celles-ci se trouvent réellement de part et d'autre de l'abside.

Une autre caractéristique intéressante du contexte du siège vacant au XVIIᵉ siècle était la libération de tous les prisonniers des geôles de la ville pendant l'interrègne, à la seule exception de celles où se trouvaient les criminels les plus endurcis au château Saint-Ange. Imaginez qu'un des *Illuminati* ait été emprisonné et libéré dans ces circonstances pour répandre le meurtre et le chaos!

Pendant la période du siège vacant, les gens du peuple et les représentants de la société civile avaient l'habitude d'agir plus rapidement que l'Église, les uns pour exercer leur vengeance et les autres pour reprendre le contrôle de la ville. Une foule en colère, dit-on, détruisit l'effigie d'Urbain VIII, à peine 45 minutes après sa mort, le matin du 29 juillet 1644. Selon la tradition, ce même jour, les patriciens romains se rencontraient dans les palais de la colline du Capitole de Michel-Ange afin d'élire parmi eux 40 représentants qui auraient pour mission de maintenir l'ordre dans la ville. Des édits étaient adoptés et mis en vigueur, avec une rigueur inhabituelle pour la papauté mais tout à fait convenable pour les représentants des divers quartiers de la ville qui faisaient patrouiller leurs unités de soldats dans le voisinage. Les armes à feu étaient interdites tout comme les déguisements. Les paris étaient interdits et la présence de tous les pensionnaires d'une nuit dans la ville devait être signalée quotidiennement aux autorités. Les barbiers et les chirurgiens devaient faire connaître les noms de toute personne qu'ils devaient traiter pour blessures graves.

Au Vatican, le *camerlengo* (le cardinal camerlingue) dirigeait un comité exécutif de quatre cardinaux qui préparait la tenue d'un conclave et prenait toutes les mesures possibles pour conserver le pouvoir sur l'empire de l'Église. Le rassemblement des cardinaux au Vatican pour élire le successeur du pape avait généralement lieu une dizaine de jours après la mort de ce dernier. Le protocole séculaire imposait cet intervalle en partie pour permettre la tenue des obsèques du pape décédé. Une fois ces rites observés, des règles incitaient les cardinaux à faire des efforts concertés pour trouver le successeur approprié. Les cardinaux devaient voter officiellement deux fois par jour jusqu'à l'élection d'un pape. Au cours des siècles précédents, ils ne recevaient qu'un repas d'un seul service au déjeuner et au dîner s'ils n'avaient pas choisi un pape après les trois premiers jours du conclave. Après cinq jours, ils n'avaient que du pain, du vin et de l'eau. Mais ces restrictions avaient été si souvent abandonnées puis réactivées au fil du temps qu'elles étaient sans doute largement ignorées.

Dans la foulée, à la suite de la mort d'Urbain VIII, le déroulement du vote se poursuivit pendant tout le mois d'août et jusqu'à la mi-septembre 1644 avant qu'un candidat obtienne la majorité nécessaire. Le vainqueur représentait en grande partie un candidat de compromis ; c'était un ecclésiastique né à Rome et dont la famille, qu'on disait arriviste, résidait dans la ville depuis à peine un siècle. Ambitieux mais peu généreux, Innocent X Pamphili, guidé et financé par sa belle-sœur avaricieuse Donna Olimpia Maidalchini (on l'appelait « la Dominatrice »), commandita l'érection de la magnifique *Fontaine des quatre fleuves* du Bernin sur la Piazza Navona, scène du dernier meurtre planifié dans *Anges et démons*.

Au début du XVe siècle, afin d'empêcher le jeu des influences politiques, les cardinaux se réunissaient pour élire un pape dans des églises romaines fermées au monde extérieur. Au milieu du siècle, le processus fut définitivement transféré au Vatican afin de tirer profit d'un lieu qu'on pouvait fermer à clé — conclave (*con clave*) signifie littéralement « avec clé ». Par tradition, les clés étaient confiées à la garde de la famille patricienne Savelli, dont les membres s'étaient vu accorder ce privilège exclusif à titre de maréchaux du Vatican qui devaient fermer et ouvrir les portes menant au lieu de réunion des cardinaux. En fait, l'entrée principale de l'espace sécurisé pour l'élection au palais du Vatican s'appelle encore aujourd'hui Cortile del Maresciallo (Cour du maréchal).

Par contre, la responsabilité des boîtes tournantes qui permettaient de faire passer la nourriture et d'autres choses aux cardinaux pendant le conclave incombait à un ecclésiastique, lequel occupait le poste de gouverneur du *Borgo*, le « bourg » ou le voisinage immédiat du palais du Vatican et de la basilique Saint-Pierre. (On appelle encore « le Borgo » la zone qui entoure le Vatican.) Les *rote* (boîtes tournantes) étaient des objets courants dans les palais romains de la Renaissance où les quartiers des femmes étaient séparés de ceux des hommes et où les contacts des femmes avec le reste du palais toujours strictement limités. Au Vatican, ces boîtes avaient pour fonction de canaliser le flux d'informations qui entraient dans le lieu d'assemblée des cardinaux ou qui en sortaient. Si on se fie aux documents historiques, les tentatives d'infraction à la sécurité étaient assez fréquentes. À titre d'exemple, un travailleur fut jeté en prison pour avoir percé un trou dans un mur extérieur, permettant au cardinal Francesco Barberini de transmettre et de recevoir clandestinement des notes et des nouvelles. Tout le vin contenu dans des récipients en verre transparent devait passer par les boîtes tournantes, et, afin de réduire les possibilités de fraude, les poulets étaient coupés en deux.

Les cardinaux et leurs serviteurs résidaient dans des cellules temporaires situées le long du périmètre des lieux de réunion. Ces cellules, faites de structures en bois et de tentures, formaient une sorte de village intérieur de tentes montées pour la durée du conclave. Cette communauté comptait de 30 à 60 cardinaux, ce nombre variant selon le nombre total de membres du Collège à un moment donné et le nombre de ceux qui pouvaient participer à l'élection. Aux XVIe et XVIIe siècles, les cellules étaient érigées dans la chapelle Sixtine ; plus tard, elles furent aussi aménagées dans la Sala Regia et la Sala Ducale adjacentes, salles de réception du palais. Le scrutin se tenait d'habitude tout près, dans la chapelle Pauline (Cappella Paolina), et ne fut transféré à la chapelle Sixtine que pendant le conclave de l'élection d'Urbain VIII Barberini. La chapelle Sixtine devint alors le lieu favori du scrutin jusqu'à nos jours.

Le conclave débutait lorsque les cardinaux se rassemblaient pour lire leurs directives, participer à une messe et déposer leur premier bulletin de vote. On déposait les bulletins dans le calice qui servait à célébrer la messe. Après chaque vote, on comptait les bulletins. Lorsqu'il n'y avait pas de vainqueur, on brûlait les bulletins avec de la paille humide d'où s'échappait une fumée noire que la foule rassemblée sur la place Saint-Pierre pouvait voir à une vingtaine de mètres plus loin, au sud du palais principal. Lorsqu'un candidat recueillait la majorité requise, on brûlait les bulletins avec de la paille sèche qui dégageait une fumée blanche. Puis un cardinal annonçait : « *Papa habemus…* » suivi du nom qu'avait adopté le nouveau pape. Le Sacré Collège avait terminé sa tâche.

L'ORGANISATION DU PALAIS DU VATICAN

Le palais du Vatican, comme la bibliothèque et les archives qui s'y trouvent, doit son existence à la présence de la basilique qui commémore le lieu de sépulture de saint Pierre. D'après certains récits, Pierre fut martyrisé sur la colline du Janicule, où le Tempietto de Bramante rappelle l'événement. D'autres croient que ce fut ailleurs. On a soulevé un débat sur la véritable identité du corps qui gît dans la crypte, sous le dôme de la basilique (s'agit-il, oui ou non, de Pierre?), même si les recherches archéologiques indiquent de façon presque certaine qu'il s'agit d'une tombe de cette époque. Toujours selon ces recherches, la tombe aurait appartenu à un homme qui s'appelait Pierre et qui aurait eu le même âge au moment de son décès.

À cause de la présence de cette relique et du lieu saint, ainsi que du culte qui est né au sujet du lieu de sépulture, les papes en sont venus à résider au Vatican pour des motifs de commodité et de défense. La cathédrale de Rome se trouvait, et se trouve encore, à Saint-Jean-de-Latran, à l'autre extrémité de la ville, sur un terrain plat près des murs de cette dernière. Même si la basilique Saint-Pierre possède un *cathedra petri* (trône de Pierre) cérémoniel dans son abside, la basilique n'est pas une cathédrale (comme Dan Brown l'affirme à tort dans *Anges et démons*). Comme on élaborait de plus en plus de rituels et que les journées de fête à la tombe exigeaient la participation toujours croissante du pape et de son entourage, on y a édifié un palais pour répondre aux besoins de la papauté et de sa cour.

Il est ironique que le palais du Vatican, dont les cérémonies doivent avoir eu une influence sur la forme et la taille de tant d'autres palais dans l'histoire, constitue lui-même une construction très irrégulière qui défie tous les principes de symétrie et de cohérence du design. C'est un des obstacles qui empêche de bien le connaître. Autre obstacle, le palais est en même temps un immense musée, un lieu de cérémonies religieuses et un centre administratif. En conséquence, le public n'a accès qu'aux zones muséales, et même les spécialistes ne sont pas admis dans plusieurs des pièces du palais. Malgré ce que l'on serait porté à croire si on se fie au vif intérêt que suscitent les fresques et l'architecture de chaque lieu, peu d'historiens de l'art de la Renaissance connaissent les divers étages, corridors et escaliers.

Voici ce qu'on peut déduire d'un plan du Vatican qu'on trouve dans le guide de Rome du Touring Club Italiano. La Via della Fondamenta longe le côté nord-ouest de la basilique Saint-Pierre. Elle ne se situe pas «au sommet de la colline sur laquelle ouvre la porte Santa Anna» (la Porta Sant'Anna, peut-on supposer) et il ne s'y trouve aucune archive, secrète ou autre, même si Robert Langdon les découvre à cet endroit dans le roman. La Via della Fondamenta mène *réellement* à l'entrée de la Cortile della Sentinella (Cour de la sentinelle), qui elle-même est reliée à la Cortile Borgia. Mais les routes qu'il faut emprunter pour parvenir à ces endroits sont si inhabituel-lement compliquées que personne ne pourrait voir notre héros les parcourir d'un pas « rapide » pour trouver le véritable endroit où sont conservées les archives.

La Cortile della Sentinella et la Cortile Borgia se trouvent près de la chapelle Sixtine ou au moins de ses fondations. La chapelle Sixtine est un espace rectangulaire dont l'axe principal suit en parallèle celui de la basilique. Un visiteur se rendant au palais par la Piazza Bernini reconnaîtrait la chapelle Sixtine de l'extérieur grâce à sa ligne de toitures pointues, mais pratiquement rien d'autre ne révèle son emplacement au niveau cérémoniel principal des appartements officiels du pape, qui se trouvent à une vingtaine de mètres au-dessus du niveau de la piazza.

La principale voie d'accès aux grandes salles de réception, d'adoration et de présentation du palais du Vatican suit un escalier droit qu'on atteint par le côté nord de la piazza. Celle-ci est entourée d'un corridor fermé au nord — les visiteurs n'ont qu'à tourner à droite pour le voir — qui mène directement à la célèbre Scala Regia du Bernin. Le visiteur moyen ne peut suivre que sur une carte, puisque l'entrée du corridor du côté nord (droit) de la piazza est protégée par des gardes suisses qui ne laissent entrer que les visiteurs officiels. Le visiteur officiel monte au sommet de la Scala Regia pour atteindre une immense salle de réception. Si en entrant, il tournait à gauche, il pourrait pénétrer dans la chapelle Sixtine.

Tout cela pour dire qu'en arrivant en haut de la Scala Regia (escalier royal), le camerlingue fictif Carlo Ventresca pouvait avoir le sentiment que l'escalier « ressemblait à un précipice qui pourrait bien l'engloutir avec tous ses projets », mais qu'il n'aurait pas pu entendre les cardinaux discuter dans la chapelle Sixtine. Celle-ci se trouve également en haut des marches. Rares sont les visiteurs du musée qui, après avoir vu les fresques de Michel-Ange au plafond de la chapelle Sixtine, sont autorisés à sortir par la Scala Regia à côté et à descendre jusqu'à la piazza, traversant ainsi, mais dans le sens contraire, la célèbre entrée du Bernin.

QUELQUES PRÉCISIONS
SUR LES MONUMENTS DU BERNIN

C'est sur Le Bernin que se concentre le récit de *Anges et démons*. Ses œuvres sont la scène de quatre terribles meurtres, et l'auteur laisse entendre qu'il a fait partie de l'ordre des *Illuminati* au XVIIe siècle et qu'il était, par conséquent, un ami intime de Galilée et un opposant aux enseignements de l'Église catholique. Si ces suppositions étaient toutes vraies, les historiens de l'art baroque apprécieraient grandement les multiples possibilités de recherches, d'enseignements et de discussions passionnantes qu'elles offriraient. Toutefois, si on se fonde sur les faits historiques, Le Bernin n'avait rien à voir avec un quelconque groupe appelé *Illuminati*. Il est très probable qu'il ait bien connu Galilée, même si la nature exacte de cette relation relève de la conjecture. En ce qui a trait à l'opposition du Bernin aux enseignements de l'Église, il n'existe absolument aucune preuve. En fait, une grande partie de la documentation du XVIIe siècle tend à démontrer le contraire.

Maintenant, nous devons aborder le thème des monuments du Bernin eux-mêmes. La course pour atteindre la scène du premier meurtre mène d'abord le protagoniste Robert Langdon au Panthéon. Après avoir corrigé une mauvaise interprétation de ses indices, Langdon se précipite à la chapelle Chigi dans l'église de Santa Maria del Popolo. L'église se trouve à l'angle nord-est (et non sud de la Piazza del Popolo, espace urbain situé juste à l'intérieur des murs de la ville et où sont accueillis tous les visiteurs qui arrivent à Rome par le nord). L'église fut construite au cours des années 1470 dans le but de peupler les quartiers éloignés de la ville. Durant les années 1620, un descendant impécunieux de l'influente famille Chigi, monseigneur Fabio Chigi, revint rénover une chapelle funéraire construite un siècle plus tôt pour honorer ses riches ancêtres. Afin que la brillante réputation de l'artiste se reflète sur son propre goût et son patrimoine, monseigneur Fabio espérait restaurer les éléments de la chapelle qui avait à l'origine été conçue pendant la Renaissance et décorée par le grand Raphaël lui-même. C'est dans ce contexte que Fabio embaucha le jeune Bernin.

Pendant des décennies, rien ne se produisit jusqu'à ce que le monseigneur promu au rang de cardinal devienne le pape

Alexandre VII en 1655 et qu'il demande au Bernin d'achever la décoration. Que je sache, la chapelle Chigi n'a jamais été connue sous le nom de Cappella della Terra (chapelle de la Terre), comme l'affirme l'auteur de *Anges et démons* pour représenter un des quatre éléments des *Illuminati* (la terre, l'air, le feu et l'eau). Cependant, il existe une Cappella della Terra Santa (chapelle de la Terre sainte) dans le Panthéon. C'est peut-être là l'origine du nom que l'auteur a inventé pour la chapelle Chigi.

À titre de renseignement, Santa Maria del Popolo est une église, c'est-à-dire qu'elle n'est pas sous la direction d'un évêque. Selon mon expérience, les descriptions font presque toujours référence à la première, à la deuxième ou à la troisième chapelle à droite ou à gauche d'une église du point de vue d'un visiteur qui y entre. La chapelle Chigi est la deuxième sur la gauche en entrant, comme le croit Vittoria et malgré la confusion momentanée de l'historien de l'art de Harvard, Langdon. Et lorsque l'œil exercé de Langdon regarde vers le dôme pour voir l'imagerie astronomique et le zodiaque qui jouent un rôle dans le récit, il devrait moins penser à Galilée ou au Bernin du XVIIe siècle qu'aux designs originaux de Raphaël au XVIe siècle, car c'est à cette époque que le dôme a été décoré. Il en est de même des pyramides que forment les tombes des Chigi sur les côtés de la chapelle, conçues elles aussi par Raphaël. Les médaillons à l'effigie des ancêtres Chigi sont l'œuvre du Bernin, au même titre que le squelette dépeint comme s'il sortait du revêtement de marbre coloré. Il s'agit d'une chapelle funéraire et le squelette du Bernin semble sortir de la crypte pour se diriger vers le zodiaque et, plus particulièrement, vers les bras ouverts de Dieu le Père, peint au sommet du dôme par Raphaël. La signification du squelette, clarifiée par l'inscription « *MORS AD CAELOS* » (mort au ciel), montre à quel point Le Bernin reliait son œuvre à celle de Raphaël.

L'utilisation de pyramides comme images chrétiennes (« Que font-elles dans une chapelle chrétienne ? » se demande Langdon) est courante. Dans l'Égypte ancienne, la pyramide était liée à l'enterrement et assurait une après-vie heureuse. L'image a d'abord été empruntée par les anciens Romains et, plus tard pendant la Renaissance, pour illustrer les thèmes de la mort et du salut, piliers de la foi chrétienne. Il s'agit donc peut-être d'un bon endroit pour le meurtre d'un cardinal. En réalité, sous le couvercle du trou béant du squelette au centre de la chapelle, il y a une crypte qui contient une surprise : une autre pyramide, souterraine, conçue prétendument par Raphaël. L'imagerie récurrente, découverte tout récemment, servait probablement d'ossuaire souterrain, ou de réceptacle pour les os, pour accompagner la fonction purement symbolique des tombes-pyramides dans la chapelle.

Une grande partie de ces détails contredit l'idée selon laquelle Le Bernin pourrait avoir créé l'imagerie de la chapelle Chigi et plus encore une Voie de l'Illumination qui traverse la ville de Rome. En terminant la décoration de la chapelle, par exemple, il a sculpté dans le marbre deux personnages importants pour deux des niches vides, une figure de Daniel et un portrait d'Habacuc et de l'Ange. Daniel se trouve vers l'arrière de la chapelle, à gauche, et Habacuc de l'autre côté, en diagonale, à droite de l'autel. Comme l'a expliqué le grand spécialiste du Bernin Rudolph Wittkower, l'image de Daniel dans la fosse aux lions, tout comme Habacuc et l'Ange, symbolise le salut. D'après la légende, alors qu'Habacuc apportait de la nourriture à des travailleurs dans un champ, un ange le détourna miraculeusement de son objectif pour qu'il se rende auprès de Daniel. Habacuc montre sa direction première, alors que l'ange pointe plutôt le doigt vers Daniel. L'histoire qui lie entre eux les deux prophètes de l'Ancien Testament est racontée dans une version unique du Septuagint grec du livre de Daniel qui faisait partie de la bibliothèque des Chigi. Ni Langdon ni son créateur ne font allusion à ce trésor de signification, soit par ignorance, soit à cause de la participation gênante du pape (plutôt que du Bernin) à la création de l'imagerie de cette chapelle prétendument antipapale.

À dessein ou par coïncidence, en indiquant la direction de Daniel, l'ange gardien d'Habacuc montre aussi la direction du Vatican. C'est le signe qui renvoie Langdon et le récit à la place Saint-Pierre. À cet endroit, l'intrépide historien de l'art et sa compagne découvrent au pied de l'obélisque central une pierre plate qui montre en relief une représentation du « vent d'ouest ». D'aucuns affirment que l'image en relief est l'œuvre du Bernin et qu'elle constitue un message secret entremêlant astronomie, géométrie et symbolisme directionnel. En réalité, les motifs du dallage du Bernin pour la piazza ne furent jamais réalisés. Par conséquent, de nombreuses propositions furent faites au fil du temps. À ma connaissance, la gravure du « vent d'ouest » fut exécutée et mise en place en 1818 par l'astronome du pape, Filippo Luigi Gilii, qui, souhaitant utiliser l'obélisque du Vatican comme cadran solaire, aligna le dallage au nord de l'obélisque sur un méridien. Gilii inscrivit également les longueurs des principales églises de la chrétienté sur les dalles du sol de la basilique Saint-Pierre, élément que les visiteurs voient et admirent beaucoup plus souvent que les indicateurs de temps et de direction compliqués sur la piazza.

Le troisième meurtre a pour décor l'église de Santa Maria della Vittoria, où se trouve la plus célèbre œuvre du Bernin, *L'Extase de sainte Thérèse*. Il est absolument faux de prétendre qu'à l'origine, cette œuvre se trouvait à l'intérieur du Vatican. Tout comme il est faux d'affirmer que la scène illustrant la sainte en extase et son ange était trop explicite sur le plan sexuel pour le Vatican. Et il est donc faux de dire qu'à la suggestion de l'artiste, la sculpture fut reléguée par le pape Urbain VIII dans une « petite église lointaine et sans gloire » à l'autre bout de la ville. Urbain VIII mourut en 1644 ; *L'Extase de sainte Thérèse* fut entreprise en 1646. Finalement, il est invraisemblable qu'un historien de l'art de Harvard ou d'ailleurs puisse n'avoir qu'une vague idée de cette statue, qui est l'une des œuvres d'art les plus populaires dans pratiquement tous les cours collégiaux d'introduction à l'histoire de l'art.

L'Extase de sainte Thérèse fut commandée par un cardinal vénitien à la retraite, Federico Cornaro, en 1647, pendant le règne du pape Innocent X, afin d'honorer la mémoire de la célèbre religieuse espagnole. Thérèse, une mystique dont les visions furent corroborées au moyen d'enquêtes approfondies, devint une héroïne des moniales carmélites déchaussées et de leur couvent à Rome. D'après son autobiographie, elle avait souvent des visions d'anges, de Jésus et de l'âme de Dieu lui-même, des expériences qui, affirmait-elle, provoquaient chez elle un mélange de douceur et de douleur si intenses « qu'on ne peut souhaiter qu'elles cessent ». Le Bernin a illustré la sainte en présence d'un ange qui relève doucement ses vêtements

«Mort au ciel», chapelle Chigi, Santa Maria del Popolo.

pour planter dans son cœur une flèche embrasée. La sainte en pâmoison devient à la fois impuissante et extatique, sa tête penchée vers l'arrière, ses yeux inexpressifs et sa bouche ouverte afin d'émettre un soupir imaginaire de ravissement et d'abandon.

On peut discuter longtemps pour savoir si sainte Thérèse est représentée « en proie à un orgasme d'un réalisme saisissant » ou en train de vivre une expérience entièrement religieuse, mais la plupart des étudiants (sans parler des adultes) n'oublient jamais cette image impressionnante. Un critique du XVIIIᵉ siècle est devenu célèbre en déclarant : « Si c'est là l'amour divin, je le connais bien. » Pourtant, on peut se poser de sérieuses questions sur les motifs du Bernin : essayait-il de saisir ardemment la ferveur de l'autobiographie de la sainte ou se servait-il plutôt de réactions charnelles évidentes pour illustrer la nature de l'expérience profondément religieuse ? Peut-être convient-il bien de situer, à cet endroit où la foi et la ferveur s'entrecroisent, l'une des rencontres les plus déterminantes du récit de Langdon. C'est en tout cas un bon endroit pour mettre en scène l'enlèvement du personnage féminin de Vittoria visant à satisfaire l'appétit charnel du meurtrier.

Le dernier arrêt de la tournée des œuvres du Bernin à Rome dans *Anges et démons* est la Piazza Navona, immense espace ouvert qui a été modifié au fil des millénaires tout en conservant la forme d'origine de l'ancien stade de l'empereur Domitien. Surplombant l'espace et faisant face aux tours jumelles de l'église de Sainte-Agnès, Le Bernin y construisit son monument civique le plus impressionnant, la Fontana dei Quattro Fiumi (la *Fontaine des quatre fleuves*, 1647-1651), qui met effectivement en scène des personnifications du Danube, du Nil, du Gange et du Rio de la Plata — représentant les quatre continents du catholicisme au XVIIᵉ siècle. Il y a peu à dire sur les ébats spectaculaires de Langdon dans le bassin de la fontaine, sauf que, compte tenu de son emplacement à la fin de l'aqueduc Aqua Vergine, le bassin appelé « vent d'ouest » — un des nombreux vents illustrés dans les dalles incrustées de la place Saint-Pierre — est peu profond et que son eau ne « gargouill[e] [pas] avec une vigueur impressionnante ». Au contraire, c'est le symbolisme impénétrable des images naturelles qui impressionne le plus le spectateur ordinaire aussi bien que l'érudit.

Le «vent d'ouest», une des nombreuses illustrations du vent incrustées sur les dalles de la place Saint-Pierre.

La *Fontaine des quatre fleuves* est formée d'une pile irrégulière de tuf calcaire sculpté comme s'il venait d'émerger des profondeurs de la terre. Les personnifications des rivières s'accompagnent d'un palmier, d'un lion, d'un serpent, d'un poisson, d'un monstre marin non identifié et d'un tatou. Au-dessus de cette base rocheuse siège un obélisque apporté là à la demande expresse du pape Innocent X Pamphili à partir d'un ancien cirque aux abords de Rome. Comme le savent la plupart des historiens de l'art, l'obélisque est surmonté d'une colombe de métal, un emblème de la famille Pamphili. Toutefois, ce n'est pas le cas de Langdon, qui croit qu'il s'agit d'un pigeon sur le point de s'envoler, jusqu'à ce qu'il lui lance une poignée de pièces de monnaie (lancer qui aurait pu mettre au défi le lanceur de base-ball de n'importe quel club-école du pays). Il comprend alors qu'il s'agit d'une colombe de bronze, une partie intégrante de l'ensemble.

Malgré des années de recherche, personne n'a jamais déchiffré la signification de ces éléments de la fontaine. Le plus loin que nous soyons allés dans leur compréhension a été de nous souvenir du lien entre Le Bernin et un esprit universel jésuite du nom d'Athanase Kircher. Le pape demanda à Kircher, le plus important égyptologue d'Europe, d'interpréter les anciens hiéroglyphes sculptés sur l'obélisque. Celui-ci s'exécuta en ayant recours autant aux connaissances scientifiques qu'il put rassembler qu'à une idée exagérément imaginative du monde en tant que théâtre d'images. D'après Kircher, la vérité éternelle de l'omniscience de Dieu était révélée de manières extrêmement obscures. Faisant preuve d'un esprit cabaliste extrême, Kircher voulait obscurcir à dessein la véritable signification de l'obélisque pour ne pas priver d'autres chercheurs du plaisir de le déchiffrer personnellement. Il écrivit un livre sur l'obélisque Pamphili, comme on l'appelait. La page titre de l'ouvrage montre un petit chérubin qui porte son index à ses lèvres pour demander le silence: «Si vous en connaissez les secrets, semble-t-il dire, ne les révélez pas.» Je souligne cette petite anecdote sur l'histoire de la fontaine parce qu'elle aurait facilement pu jouer un rôle dans l'organisation du complot des *Illuminati*. En tant que scientifique, Galilée connaissait sûrement Kircher, bien qu'il soit difficile d'imaginer qu'ils aient eu beaucoup d'affinités.

La *Fontaine des quatre fleuves* du Bernin et l'obélisque, sur la Piazza Navona.

En dernier lieu, il y a cette idée selon laquelle le texte qu'écrivit Galilée en 1639, *Diagramma*, mentionnait l'existence d'une croix inscrite sur la carte de Rome, et qui reliait délibérément quatre des œuvres du Bernin, ainsi qu'il l'aurait lui-même souhaité. De toute évidence, cette idée est tirée d'une propagande bien connue du XVIe siècle selon laquelle on affirmait à tort que les endroits où avaient été relocalisés d'anciens obélisques pendant la Renaissance formaient une croix. Il est tout aussi improbable que Le Bernin ait créé une Voie de l'Illumination dans le cadre de commandes datant des années 1650 (dans les deux premiers cas) et de la fin des années 1640 jusqu'au début de la décennie 1650 (dans les deux autres cas). La séquence chronologique et les circonstances entourant chaque commande nous empêchent de voir autrement que d'une manière très générale une relation entre ces œuvres. Car comment et quand une personne aurait-elle pu suivre la Voie de l'Illumination tracée par ces monuments? Les obélisques de la *Fontaine des quatre fleuves* et l'obélisque du Bernin sur la Piazza Navona qui relient entre eux tant d'éléments de la topographie romaine ont principalement été érigés à la demande de Sixte V (1585-1590) au XVIe siècle; et l'aiguille au-dessus de la *Fontaine des quatre fleuves* fut commandée par Innocent X (1644-1655).

LE MOT DE LA FIN SUR LE BERNIN ET GALILÉE?

Dans *Anges et démons*, Le Bernin est l'artiste à la solde de Galilée. D'un point de vue historique, il s'agirait d'un choix étrange pour deux raisons. Premièrement, comme l'affirme Langdon, Le Bernin était l'enfant chéri de la papauté et il n'aurait eu aucune raison de remettre en question les enseignements ou l'autorité de l'Église. Deuxièmement, Galilée (1564-1642) n'eut aucun contact connu avec Le Bernin. En ce qui a trait au premier élément, nous pouvons nous rassurer sur l'orthodoxie du Bernin: aucune déambulation dans Rome avec des haches imaginaires ne peut faire contrepoids aux indices sur une vie qui a généré suffisamment d'informations pour couler un galion pontifical. En ce qui concerne le deuxième élément, il existe quelques ambiguïtés intéressantes. Dans la documentation historique sur l'art plus ancien, on ne mentionne aucune relation ou preuve d'une relation entre

Le Bernin et Galilée, même si Galilée était un artiste et un théoricien accompli. En tant que dessinateur, géomètre et perspectiviste, Galilée avait déjà sollicité (en vain) un emploi d'enseignant à l'Académie de design de Florence. Pourtant, les historiens de l'art et des sciences sont convaincus que son aptitude à décoder la signification de la lumière et de l'ombre a fortement contribué à sa découverte du relief lunaire ; selon lui, les contours de la Lune représentaient une série de montagnes et de vallées. Cette découverte l'a aussi beaucoup aidé à comprendre la délimitation entre le côté sombre et le côté illuminé de la Lune en lui permettant de calculer la dimension approximative de la Lune et, plus tard, de supposer l'existence d'un système solaire à cause duquel il fut, comme chacun sait, persécuté.

En 1612, Galilée écrivit une lettre qui prit une importance fondamentale dans la vieille dispute à propos de la supériorité de la peinture sur la sculpture. Très récemment, cette lettre a été reliée de manière directe et convaincante aux premiers travaux de sculpture pontificale réalisés à Rome par le père du Bernin, Pietro, qu'on avait convoqué à Rome dans ce but. Selon cette interprétation, Pietro avait volontairement réalisé ses sculptures dans le but de participer à ce vieux débat. Le père du Bernin, comme tous ses ancêtres paternels, était Florentin, et il a probablement connu Galilée, également originaire de Florence. Si c'est vrai, le jeune prodige aurait également connu le grand scientifique.

Comme Urbain VIII Barberini, le plus loyal et le plus dynamique des clients du Bernin, était un des premiers partisans de Galilée, il existe une autre raison de supposer que les deux hommes ont pu se connaître. En fin de compte, Urbain VIII s'est retourné contre Galilée, qui a fini ses jours en résidence surveillée à Florence. Mais il n'existe aucune raison de penser que Le Bernin ait exprimé d'une quelconque façon officielle ou personnelle une solidarité à l'égard du scientifique ou de sa science. Leur intérêt commun résidait dans l'art et la théorie artistique. Nous sommes loin d'un culte secret qui se consacre au renversement de la papauté.

Nous pouvons donc conclure que la fiction commence avec la note au début du livre de Dan Brown, qui prétend : « Tous les tombeaux, sites souterrains, édifices architecturaux et œuvres d'art romains auxquels se réfère cet ouvrage existent bel et bien. On peut encore les admirer aujourd'hui.» Il incombe alors au lecteur de tenter de faire la distinction entre la réalité et l'imagination de l'auteur du livre. Peut-être est-ce acceptable dans le cadre d'une si trépidante poursuite dans les rues de Rome où même l'historien de l'art de Harvard considère l'art comme quelques arpents de piège.

LE BERNIN ET SES ANGES

UNE ENTREVUE AVEC MARK S. WEIL *

Les raisons pour lesquelles Dan Brown a intitulé son livre Anges et démons *sont évidentes. Les anges — plus précisément, les anges de Gianlorenzo Bernini dit Le Bernin, le grand sculpteur baroque — sont au centre du roman. Comme le souligne le professeur Mark S. Weil de l'Université Washington à Saint Louis, les anges ont toujours représenté des messagers de Dieu qui apportent sur terre la bonne nouvelle du salut. Quoi de mieux pour l'intrigue que d'utiliser les anges du Bernin non pas comme des messagers du salut, mais comme les messagers secrets des* Illuminati *qui préparent le terrain pour la destruction de l'Église catholique?*

Et qui mieux que Weil, une sommité sur Le Bernin, pour déconstruire le stratagème de Dan Brown? Weil a rédigé son mémoire sur la manière dont Le Bernin a décoré le Ponte Sant'Angelo, le pont des Anges que traverse Robert Langdon lorsqu'il se rend au château Saint-Ange pour trouver le repaire des Illuminati. *Ce mémoire a mené à la rédaction de* The History and Decoration of the Ponte S. Angelo, *publié en 1974. Weil a également écrit sur la chapelle Cornaro, située dans l'église de Santa Maria della Vittoria, où Robert Langdon trouve* L'Extase de sainte Thérèse, *le troisième autel de la science et celui qui représente le feu.*

***

Le Bernin faisait-il partie de ces artistes doués qui semblent destinés, presque depuis leur naissance, à devenir peintres ou sculpteurs?
    Gianlorenzo Bernini (1598-1680) a, dès l'enfance, reçu une éducation qui le destinait à devenir un sculpteur et un artiste.

---

* Mark S. Weil est un des principaux spécialistes de l'art de Gianlorenzo Bernini. Il se rend à Rome chaque année pendant plusieurs mois pour mener des recherches à la Bibliothèque et dans les Archives du Vatican.

C'était un enfant prodige dont on louait sans cesse l'aptitude à créer des œuvres d'art étonnamment naturelles qui suscitaient une vive émotion. Parmi les premières œuvres du Bernin, on compte des sculptures d'hommes et de femmes nus et corpulents, inspirés des mythes anciens, notamment *Pluton et Proserpine* (1621-1622) et *Apollon et Daphné* (1622-1625), qui se trouvent tous deux à la galerie Borghèse à Rome. Il a aussi créé une magnifique statue de David s'apprêtant à tuer Goliath (1623), qui se trouve aussi à la galerie Borghèse. On continue d'admirer ces sculptures en marbre comme des représentations exceptionnelles de moments dramatiques et non comme des œuvres qui enseignent des leçons allégoriques, morales ou religieuses.

Quel genre de personne était Le Bernin ? Était-il aussi religieux que les historiens de l'art souhaiteraient nous le faire croire ?

Le Bernin s'intéressait beaucoup à la scénographie et il était doué pour ce que nous appelons aujourd'hui les effets spéciaux. Il a écrit et produit des œuvres qui étaient des « pièces de théâtre mécanisées » remplies d'événements dramatiques qui semblaient se dérouler en temps réel sur la scène. Au cours des années 1630, sa pièce sur la crue du Tibre a provoqué une panique dans l'auditoire parce que l'eau de la rivière semblait couler de la scène.

Le Bernin a connu un début d'âge adulte assez débridé, et il s'est marié sur le tard. D'après une lettre écrite en 1638 par sa mère au cardinal Francesco Barberini, neveu du pape et vice-chancelier de l'Église, on aurait vu Le Bernin pourchasser son frère avec une hache dans les rues de Rome et même dans la basilique de Santa Maria Maggiore, parce qu'il l'avait surpris en train de parler avec sa maîtresse. La mère du Bernin exhortait Barberini et le pape Urbain VIII à prendre les choses en main et à trouver une femme qui conviendrait à son fils quadragénaire. C'est ce qu'ils ont fait et Le Bernin a été forcé de se marier en 1639. Il s'est alors installé avec sa femme et ils ont eu 10 enfants. C'est à ce moment que Le Bernin est devenu très religieux et qu'il s'est associé à la Société de Jésus (les jésuites).

Existe-t-il des preuves, comme le laisse entendre Dan Brown dans Anges et démons, *que Le Bernin et Galilée auraient été amis et membres d'une société secrète ?*

Rien ne prouve qu'ils ont appartenu à une société secrète. Ni qu'ils ont été amis ou collègues. Galileo Galiléi (1564-1642) était plus âgé que Le Bernin de plus d'une génération et était beaucoup plus instruit. Ils se sont peut-être connus parce qu'ils fréquentaient tous les deux la cour pontificale et vivaient à Rome, une petite ville selon nos normes actuelles.

Plus tard au cours de sa vie, Le Bernin est devenu profondément religieux et s'est associé à la congrégation laïque la plus importante des jésuites, la Congrégation des nobles consacrée à l'assomption de la Vierge (Congregazione dei Nobili dell'Assunta). À l'exception de quelques années pendant la décennie 1640 alors qu'il était en disgrâce, Le Bernin est demeuré l'artiste le plus puissant de Rome jusqu'à la fin de sa vie. Comme tous les artistes, il aurait bénéficié de plans d'exécution pour chacune de ses œuvres et aucune n'aurait été réalisée sans l'approbation du pape. Il n'avait aucune raison d'adhérer à une société secrète opposée à l'Église.

Pourquoi, comme le décrit Dan Brown, Le Bernin était-il considéré comme « l'enfant chéri du Vatican » ?

Les dirigeants de l'Église catholique voulaient des œuvres d'art qui pourraient représenter ses doctrines et stimuler la piété. C'est ce que faisaient les œuvres du Bernin et l'Église l'aimait pour cette raison. Il avait le talent de se conformer aux doctrines catholiques orthodoxes des programmes religieux.

Le fait que les papes qui lui commandaient des œuvres étaient eux-mêmes des artistes constituait une autre raison pour laquelle il avait avec plusieurs d'entre eux des relations si étroites. Le cardinal Maffeo Barberini (le pape Urbain VIII) était un poète et il avait rédigé de courts vers qu'on avait inscrits sous les sculptures classiques du Bernin dans la collection Borghèse à Rome. Quant au cardinal Giulio Rospigliosi (le pape Clément IX), c'était un dramaturge pour qui Le Bernin avait conçu des décors de théâtre. Quand Barberini devint le pape Urbain VIII en 1623, il fit du Bernin l'artiste pontifical et le mit au travail pour créer des œuvres qui allaient décorer la basilique Saint-Pierre et d'autres sites religieux. Urbain choisit sans doute Le Bernin en raison du talent qu'il manifestait en créant des œuvres d'art spectaculaires qui attiraient immédiatement l'attention. Entre 1624 et 1678, Le Bernin réalisa la plupart des sculptures et la majeure partie de la décoration intérieure et extérieure de la basilique Saint-Pierre, travaux conçus pour mettre en valeur la papauté et les doctrines de l'Église catholique.

Pourquoi les anges sont-ils si omniprésents dans l'art baroque — au point que Dan Brown les utilise dans le titre de son roman ? Que représentent-ils ?

Dans l'histoire de l'art des premiers temps de la chrétienté, on utilise constamment les anges pour représenter des messagers de Dieu apportant la bonne nouvelle du salut sur terre. Ils apportent le message divin de la victoire sur la mort. C'est pourquoi on leur attribue habituellement la forme de Victoires ailées qu'on trouve dans la sculpture ancienne. Dans les décorations d'autels et d'églises de toute la chrétienté, on a abondamment recours aux anges à cette fin.

Le Bernin utilisait-il les anges de cette façon — comme des messagers divins ?

Ses anges qui décorent le *Baldacchino* (1624-1633), cette grande structure de bronze qui marque l'emplacement du maître-autel de la basilique Saint-Pierre, servent d'intermédiaires entre Dieu et l'humanité. Le baldaquin et l'autel se trouvent directement au-dessus de la tombe de saint Pierre. Des anges décorent aussi la cathèdre Petri (le trône de saint Pierre) du Bernin dans l'abside principale de l'extrémité est de la basilique. C'est un monument colossal, partiellement recouvert d'or, qui représente le trône de saint Pierre, le premier pape, et, à travers lui, la lignée ininterrompue des papes.

De même, un ange apparaît sur la couronne du château Saint-Ange.

Le Bernin décora le Ponte Sant'Angelo (1667-1672), le pont de l'Ange qui relie la forteresse pontificale et le Vatican. De nombreux anges figurent en bonne place sur le château et le pont en raison d'un miracle qui eut lieu en 590, année où Grégoire le Grand fut élu pape. L'année précédente, Rome avait été aux prises avec une épidémie mortelle. Afin de sauver les gens de l'épidémie, le pape Grégoire organisa une procession de Santa Maria Maggiore à Saint-Pierre. Alors que la procession s'approchait du pont, la foule eut une vision de l'archange Michel flottant au-dessus de la forteresse : il remettait son épée au fourreau pour signifier que l'épidémie était terminée.

Le pont est décoré de 10 statues d'anges marquant le début de la route qui mène de Rome au Vatican, donc vers le salut. L'Église catholique se considère comme l'unique et véritable Église et ceux qui représentent la hiérarchie catholique, le pape et ceux qu'il nomme, sont les médiateurs du salut. D'après l'iconographie catholique, il n'y a qu'une seule véritable Église, une seule voie vers le salut, et c'est la route, symbolisée par le pont, qui passe par le Vatican.

Qu'en est-il de l'ange du Bernin dans la chapelle Chigi où le premier cardinal est assassiné dans Anges et démons*?*

L'ange utilisé dans *Anges et démons* pour guider les *Illuminati* vers leur destination — c'est-à-dire l'ange qui accompagne Habacuc dans la chapelle Chigi de l'église Santa Maria del Popolo — est un messager de Dieu. Les deux statues représentant l'histoire du sauvetage de Daniel lorsqu'il fut jeté dans la fosse aux lions représentaient la majeure partie des travaux du Bernin dans la chapelle Chigi (1655-1657). On y voit Daniel dans une niche à gauche de l'entrée, agenouillé en prière avec un lion apprivoisé étendu près de lui. La statue d'Habacuc se trouve à l'opposé de celle de Daniel dans la chapelle, dans une niche à droite de l'autel. L'histoire, qui fait partie du récit de *Bel et le Dragon* en annexe du livre de Daniel dans la Bible catholique, nous raconte qu'après que Daniel eut passé 32 jours dans la fosse aux lions, Dieu envoya un ange à Habacuc qu'il trouva un panier de nourriture à la main. L'ange prit Habacuc par la barbe et le transporta, avec le panier et le reste, jusqu'à Daniel. Habacuc donna le panier de nourriture à Daniel qui remercia Dieu de l'avoir sauvé. Dans la chapelle Chigi, on peut voir l'ange saisir Habacuc par la barbe et lui indiquer la direction de Daniel.

Qu'en est-il de l'utilisation des symboles païens dans la chapelle Chigi? Pourquoi trouve-t-on des étoiles et les 12 signes du zodiaque sur une coupole de cette chapelle?

Dans la religion et l'iconographie chrétiennes, les formes anciennes sont souvent adaptées et réutilisées. En ce qui concerne le zodiaque, son symbolisme date de l'époque où Ptolémée croyait que la Terre était au centre de l'univers. On croyait que l'univers était composé de sphères concentriques, que les étoiles étaient immobiles et que Dieu contrôlait les cieux.

Les pyramides remontent à l'époque de Raphaël; Le Bernin les a décorées au cours du XVIIᵉ siècle en y sculptant dans le marbre des portraits des membres de la famille Chigi.

Que signifie l'image du squelette humain ailé que Robert Langdon trouve sur le plancher de la chapelle Chigi?

Les cadavres étaient normalement enterrés dans des cryptes sous les églises. L'image des squelettes ressuscités sous le plancher est associée à la résurrection de la chair.

Le Bernin a-t-il créé un type d'ange particulier pour L'Extase de sainte Thérèse *dans la chapelle Cornaro où se produit le troisième meurtre?*

Oui. Il s'agit d'un séraphin, un ange très noble et un messager particulier de Dieu. *L'Extase de sainte Thérèse* (qui vécut de 1515 à 1582) dans la chapelle Cornaro de l'église de Santa Maria della Vittoria fait partie d'une illustration représentant la douleur et le plaisir qu'a éprouvés la sainte pendant sa plus célèbre vision. Le Bernin y a travaillé de 1645 à 1652. Dans son autobiographie, sainte Thérèse décrit cette vision dans des termes qu'on a toujours interprétés en termes d'extase sexuelle. Le Bernin illustre l'expérience d'après la description qu'en fait sainte Thérèse. Thérèse d'Avila a été canonisée au XVIIᵉ siècle parce qu'elle avait été une des grandes réformatrices de l'Église.

Dan Brown prend-il des libertés avec les faits artistiques dans Anges et démons, *ou y est-il, la plupart du temps, fidèle?*

Dan Brown manipule et déforme les faits liés à l'histoire, à la géographie, aux édifices et aux œuvres d'art pour faire progresser son récit. Par exemple, il affirme que, à l'origine, on voulait placer *L'Extase de sainte Thérèse* à l'intérieur du Vatican, mais qu'on ne le fit pas parce que l'œuvre était trop explicite sur le plan sexuel. Selon le livre, Le Bernin aurait suggéré de cacher ce chef-d'œuvre en quelque lieu obscur. En vérité, *L'Extase de sainte Thérèse* devait être placée dans la chapelle Cornaro et elle n'avait rien à voir avec le Vatican. Federico Cornaro était un cardinal de Venise et son palais se trouvait tout près de l'église Santa Maria della Vittoria, celle qu'il soutenait et parrainait à titre de cardinal et où il fut enterré. Il ordonna la construction d'une chapelle mortuaire en hommage à lui-même et aux Cornaro parce que cette famille religieuse avait donné des cardinaux à l'Église catholique.

Le Bernin a-t-il travaillé au château Saint-Ange?

Non. Le Bernin n'a rien à voir avec le château, pas plus qu'avec l'ange de bronze brandissant une épée qui se trouve à son sommet. En 139, le château Saint-Ange fut consacré en tant que tombeau de l'empereur Hadrien. Au Ve ou VIe siècle, il fut transformé en forteresse pour défendre Rome, puis il devint lentement cette énorme forteresse pontificale que nous pouvons voir aujourd'hui. Le pape Nicolas III, élu en 1277, fit construire le *passetto*. Ce «corridor» menait du palais du Vatican au château Saint-Ange et représentait un passage sécuritaire que les papes et leur entourage pouvaient emprunter pour fuir jusqu'à la forteresse si le Vatican était attaqué. Le pape Alexandre VI le fit reconstruire en 1493. Le pape Clément VII s'en servit pour s'enfuir dans la forteresse pendant le sac de Rome par les troupes du saint empereur romain Charles V en 1527. Pendant la majeure partie de l'histoire de la papauté, le château Saint-Ange abrita le trésor pontifical, les geôles de criminels célèbres et les appartements pontificaux. Avec l'unification de l'Italie sous un gouvernement laïque en 1870, le château devint propriété de l'État. C'est actuellement un musée national — l'un des attraits touristiques les plus populaires de Rome.

Est-il vrai, comme l'écrit Dan Brown, que le passetto *servait à des rencontres de papes moins pieux avec leurs maîtresses?*

Je crois que c'est une idée fausse simplement parce qu'ils n'auraient pas eu besoin de se rencontrer dans un tel endroit. Qui plus est, ce n'était certainement pas un endroit confortable.

À votre avis, pourquoi Brown a-t-il choisi la Fontaine des quatre fleuves *comme dernier jalon sur la supposée voie des* Illuminati?

Simplement pour faire progresser le récit. La *Fontaine des quatre fleuves* (1648-1651) sert bien l'intrigue parce qu'elle possède un grand bassin dans lequel on pourrait noyer quelqu'un. En fait, il s'agit d'un monument plutôt laïque, qui célèbre la papauté d'Innocent X Pamphili. Celui-ci avait fait construire un immense palais pour sa famille sur la Piazza Navona, la place au centre de laquelle se trouve la fontaine.

C'est un grand lieu de rassemblement où on organisait des festivals et des divertissements au XVIIᵉ siècle. Superficiellement, la fontaine a une iconographie religieuse. Les quatre continents — l'Europe, l'Asie, l'Afrique et l'Amérique — y sont représentés par des dieux des rivières. Ceux-ci reposent sur la formation rocheuse sculptée par Le Bernin, ce que les jardiniers appellent un jardin de rocaille. Le jardin de rocaille représente le monde et soutient un obélisque censé représenter l'Ancien Monde. À son sommet se trouvent une petite sphère et une colombe, emblème de la famille Pamphili et symbole du Saint-Esprit. On peut donc dire que la colombe symbolise la domination de l'Église sur le monde et l'Antiquité.

La magie et le mythique dans les sculptures du Bernin

Une entrevue avec George Lechner [*]

Que serait Anges et démons *sans Gianlorenzo Bernini, maître sculpteur et artiste dont la myriade d'œuvres, qu'on trouve partout dans Rome, sont la quintessence de l'époque baroque italienne aux XVIIᵉ et XVIIIᵉ siècles? Dans son roman,* Dan Brown *a largement recours aux sculptures du Bernin — notamment* L'Extase de sainte Thérèse, *une œuvre que les érudits de l'époque ont qualifiée de pierre d'assise de l'art baroque; sa célèbre* Fontaine des quatre fleuves; *sa colonnade et son* Baldacchino *emblématiques dans la basilique Saint-Pierre; et même ses œuvres moins célèbres comme* Habacuc et l'Ange *dans la chapelle Chigi. Brown tisse également son intrigue autour de l'affirmation selon laquelle Le Bernin nourrissait secrètement des sentiments anticatholiques et qu'il était le maître artistique secret des* Illuminati.

George Lechner est professeur auxiliaire de culture et d'art italiens à l'Université de Hartford et spécialiste en iconographie religieuse de l'art romain — un véritable Robert Langdon, pour ainsi dire. Il n'est pas d'accord avec Langdon sur l'hypothèse que Le Bernin ait été secrètement membre des Illuminati *et que son œuvre ait été imprégnée de mythes et de symbolisme liés aux* Illuminati, *mais il fait remarquer dans notre entrevue que* Anges et démons *pourrait faire allusion à des mystères encore plus sombres et à des secrets plus occultes. Selon le portrait qu'en trace Lechner, la Rome de la Renaissance et de la période baroque qui a suivi est remplie de magie, d'astrologie et de symboles païens, et subit l'influence de l'ancienne tradition mystique juive connue*

[*] George Lechner, professeur auxiliaire à l'Université de Hartford, est spécialiste du symbolisme astrologique et de la magie talismanique dans la Rome de la Renaissance, ainsi que de l'art baroque.

sous le nom de cabale. Un pape, Urbain VIII, hébergeait dans les appartements pontificaux, son propre astrologue, Tomasso Campanella, qui pratiquait la magie talismanique pour tenir le diable à distance. Lechner s'intéresse particulièrement à la façon dont la société chrétienne, profondément religieuse, de la Renaissance italienne fut confrontée à son passé païen. Il a d'abord découvert la tradition occulte lorsqu'il a pris un cours d'allégorie baroque — expression de concepts religieux par le biais des symboles et de l'art — au collège Bryn Mawr, où il a obtenu une maîtrise en histoire de l'art. À cette époque, on lui a demandé d'effectuer une recherche sur le contenu symbolique d'une fresque d'Andrea Sacchi commandée par Urbain VIII pour orner le plafond de son palais. C'est en réalisant cette recherche à Rome, à la Bibliotheca Hertziana de l'American Academy et à la Bibliothèque du Vatican qu'il a découvert qu'il s'agissait d'une carte des étoiles comportant plusieurs thèmes mystiques et astrologiques et que, sous ce plafond, le pape pratiquait la magie et l'astrologie.

***

Quelle est votre opinion personnelle sur l'architecture et les monuments de Rome? Contiennent-ils de nombreux symboles cachés, comme l'affirme Dan Brown?

À l'époque du Bernin, une grande partie des œuvres d'art étaient créées pour une population encore largement analphabète. La sculpture faisait office de langage visuel, une sorte d'art «lisible» que le public pouvait voir et comprendre. C'est une tradition qui précède la Renaissance.

Plusieurs des œuvres d'art publiques qui figurent dans *Anges et démons* étaient parfaitement bien comprises à leur époque. En fait, elles avaient une fonction didactique. Nous ne savons peut-être pas pourquoi l'ange qui accompagne Habacuc dans la chapelle Chigi indique une direction et pourquoi Habacuc indique la direction contraire, mais ceux qui connaissaient la Bible comprenaient que l'ange pointe le doigt vers Daniel (représenté dans une niche à gauche) et demande ainsi au prophète de le sauver de la fosse aux lions. Habacuc ne veut pas s'en mêler et montre l'autre direction. L'observateur du XVIIe siècle savait qui remporterait ce débat: l'ange saisirait Habacuc par les cheveux et l'emmènerait dans les airs jusqu'à la fosse aux lions.

La façon dont Brown a recours au symbolisme est très intéressante et plaisante. Son idée selon laquelle il existait, même dans ces monuments publics, un autre niveau de symbolisme caché que seuls les membres initiés des *Illuminati* pouvaient comprendre représente un aspect très intrigant du livre. L'argument de Brown n'est peut-être pas littéralement vrai en ce qui a trait aux *Illuminati* ou à la Rome baroque, mais il met en lumière cette idée fascinante : les œuvres bien connues recèlent d'importantes significations secrètes et contiennent des indices, à la fois cachés et à la vue de tous, de ces significations. Voilà pourquoi Rome peut représenter un paradis pour les conspirateurs.

Brown a pleinement recours à cette formule dans son livre suivant, *Da Vinci Code*, où la société secrète du Prieuré de Sion remplace celle des *Illuminati*. Les messages cachés des *Illuminati* dans la chapelle Chigi du Bernin ou dans *L'Extase de sainte Thérèse* de l'église Santa Maria della Vittoria y sont remplacés par des messages cachés du Prieuré dans *La Joconde*, dans *La Vierge aux rochers* et, bien sûr, dans *La Dernière Cène*.

Y a-t-il eu dans l'histoire une période où des groupes controversés comme les Illuminati *ont existé ? Et, si oui, dans quelle mesure étaient-ils radicaux ?*

Les seuls *Illuminati* qui conviendraient à l'époque dont parle Dan Brown — le début du XVIIe siècle — seraient les *Alumbrados* ou *Illuminati* espagnols. Les *Illuminati* constituaient un prolongement de la tradition mystique espagnole du XVIe siècle, et ils tentaient de communiquer personnellement et directement avec Dieu par des visions et l'extase religieuse. Ignace de Loyola (1491-1556), fondateur des jésuites, a subi l'influence des *Alumbrados* pendant qu'il écrivait ses *Exercices spirituels* qui, entre autres choses, plaidaient en faveur du recours aux sens pour comprendre la passion du Christ et la punition pour les pécheurs. Ignace fut brièvement emprisonné et censuré par l'Inquisition en 1527 en raison de ses liens avec ces *Illuminati*. À la même époque, d'autres mystiques espagnols importants comme sainte Thérèse d'Avila et saint Jean de la Croix ont fait l'objet d'enquêtes pour hérésie.

L'Inquisition craignait que les populaires *Alumbrados* ne subissent l'influence de Luther et qu'ils ne tentent de contourner les pratiques et les doctrines catholiques traditionnelles (comme les sacrements) pour favoriser une communion mystique directe avec Dieu. Il est intéressant de souligner que la statue du Bernin *L'Extase de sainte Thérèse*, qui représente un élément si spectaculaire de *Anges et démons*, constitue en réalité un exemple fascinant, sous une forme visuelle, d'une telle relation mystique avec Dieu.

Toutefois, il est assez évident que la spiritualité mystique des *Alumbrados*, d'Ignace de Loyola et de sainte Thérèse était bien davantage en accord avec les idées de la Contre-Réforme qu'avec celles des *Illuminati* anticatholiques, ouvertement laïques, favorables à la science et fortement politisés que Dan Brown présente dans son livre. La similitude entre les *Illuminati* de *Anges et démons* et les *Alumbrados* de l'histoire ne réside que dans le nom. Il est vrai que les *Illuminati* espagnols ont fait l'objet d'enquêtes et ont été persécutés par l'Inquisition, mais c'était pour des raisons différentes. Premièrement, on craignait que les dirigeants des *Alumbrados* aient pu être des juifs convertis, également connus sous le nom de *conversos*. Sous plusieurs aspects, le caractère plus punitif de l'Inquisition espagnole constituait un prolongement de la persécution séculaire et institutionnalisée contre les juifs dans ce pays. De nombreux juifs d'Espagne ont été convertis de force, et on pensait que ces *conversos* utiliseraient les *Alumbrados* pour miner secrètement l'autorité de l'Église et préparer clandestinement un retour à leur véritable foi juive.

Deuxièmement, un nombre important d'*Alumbrados* étaient des femmes charismatiques comme Isabelle de la Croix et Maria de Cazalla, et leur désir de jouer un rôle plus important dans les affaires de l'Église était considéré comme une menace supplémentaire. L'idée même que les femmes pouvaient avoir des expériences mystiques au même titre que les hommes était jugée aussi comme une élévation inacceptable du statut des femmes dans l'Église. Ce préjugé était si bien ancré que, même après la mort et la canonisation de sainte Thérèse d'Avila, plusieurs de ses livres étaient toujours inscrits sur la liste des livres interdits — tout cela en raison de son prétendu lien avec les *Alumbrados*.

À la fin du XVIIIe siècle, il y a eu un deuxième groupe appelé les *Illuminati*, celui des *Illuminati* bavarois, fondé par Adam Weishaupt (1748-1811). Ancien jésuite et franc-maçon, Weishaupt tentait, avec ses *Illuminati*, de se libérer de l'emprise de l'Église sur les questions intellectuelles et scientifiques et demandait une plus grande égalité pour les femmes. Le groupe comptait parmi ses membres le grand poète allemand Goethe. Toutefois, même si elle était anticléricale et favorisait la pensée rationnelle et scientifique pour faire contrepoids à la doctrine religieuse, cette société n'était ni antichrétienne ni athée, et elle n'avait certainement aucun plan visant la destruction de l'Église catholique telle que prônée par les *Illuminati* du roman de Brown. De toute façon, Le Bernin et Galilée ont vécu au début du XVIIe siècle — environ un siècle et demi avant la fondation et la brève montée des *Illuminati* bavarois.

Croyez-vous que Le Bernin ait pu appartenir à une société secrète anticatholique?

Il est très difficile de croire que Le Bernin ait pu faire partie d'une quelconque société secrète. Nous possédons quantité de documents sur sa vie. Il était étroitement lié aux jésuites et il assistait à la messe chaque jour à l'église jésuite de son voisinage à Rome, Il Gesù, qui existe toujours, près de sa célèbre fontaine sur la Piazza Navona. Le Bernin était aussi un *cavalere*, un « chevalier », et il appuyait le mouvement populaire de réforme religieuse de la congrégation de l'Oratoire, qui avait été fondée par saint Philippe Neri (1515-1595) et qui, avec les jésuites, était un des grands mouvements de réforme religieuse dans la Rome de la fin du XVIe siècle. Les « oraisons », comme on les appelait, avaient une approche assez démocratique dans la mesure où elles encourageaient les laïcs ayant la foi à prêcher publiquement et à participer davantage aux pratiques de dévotion de l'Église catholique.

Le Bernin avait pour lecture pieuse quotidienne *L'Imitation du Christ*, un livre mystique de Thomas A. Kempis, et sa chambre était ornée d'une de ses peintures sur laquelle on voyait le Christ qui regardait la Terre en y répandant son sang. Il avait des amis importants parmi les dirigeants de l'Église, comme le cardinal Scipion Borghèse, un de ses premiers clients, et le cardinal français Mazarin. Le Bernin était très proche du pape Urbain VIII, qui prenait soin de lui et lui rendait visite chaque jour lorsqu'il était gravement malade. Ces amitiés étaient sincères et affectueuses. Il est difficile de croire que Le Bernin ait pu trahir si profondément sa religion et ses amis au point de devenir membre d'une société qui se consacrait à la destruction de l'Église catholique.

À votre avis, les sculptures du Bernin qui, avec la présumée Voie de l'Illumination, servent de jalons dans le roman de Dan Brown auraient-elles pu être délibérément conçues pour représenter les quatre éléments des premiers temps de la science — la terre, l'air, le feu et l'eau?

Non. En premier lieu, les sculptures qui figurent dans le livre de Brown ont été réalisées en plusieurs années. Il est donc difficile de discerner dans leur création un quelconque plan ou une quelconque carte des *Illuminati*. De plus, Le Bernin recevait du pape ou de clients privés le mandat de produire ces œuvres et il ne pouvait par conséquent choisir leur emplacement. Par exemple, la seule raison pour laquelle Le Bernin a achevé *L'Extase de sainte Thérèse* dans l'église de Santa Maria della Vittoria, qui figure en bonne place dans le livre, est que le cardinal Federico Cornaro l'avait commandée pour cette église en 1647. Cornaro était membre de la puissante famille Cornaro de Venise et avait été patriarche de Venise de 1632 à 1644. C'était un ami d'Urbain VIII et il avait été sacré cardinal en 1626. Il déménagea à Rome en 1644 et commanda *L'Extase de sainte Thérèse* trois ans plus tard.

Le tableau du Bernin montre le cardinal et les membres de sa famille assistant à l'expérience mystique extatique de sainte Thérèse telle qu'elle l'avait racontée dans ses propres écrits. Intégrer ses clients dans l'œuvre d'art elle-même constituait une pratique très répandue chez les artistes du nord et du sud de l'Europe. Cela soulignait la tradition chrétienne des «témoins» et constituait une manifestation directe de foi et de dévotion. Le dessin du Bernin, du plancher au-dessus des tombes inférieures, comporte aussi des images de squelettes en prière. Ainsi, l'observateur contemporain de la sculpture établit finalement les liens entre le passé et le présent, les vivants et les morts, qui tous sont témoins de la présence mystique spectaculaire de Dieu.

La sensualité dont on fait état fréquemment à propos de l'œuvre correspond exactement au récit de Thérèse. En réalité, si cette extase spirituelle s'est aussi profondément manifestée sur le plan physique qu'elle le décrit, il serait difficile d'imaginer comment l'artiste aurait pu la représenter autrement. Brown affirme qu'Urbain VIII désapprouvait le caractère sensuel de la statue. C'est impossible, puisqu'il est mort en 1644 et que Le Bernin n'a entrepris ses travaux sur la statue et ses décorations architecturales connexes qu'en 1647.

Dan Brown mentionne souvent les sculptures du Bernin sur les pyramides (prétendument des symboles païens) dans la chapelle Chigi. Un tel geste aurait-il été très excentrique?

Non. Les sculptures du Bernin sur les pyramides n'étaient pas aussi inhabituelles qu'on pourrait le croire. La pyramide Caius Cestus a été et demeure l'un des plus populaires parmi les anciens monuments de Rome. Il faut se rappeler que la Rome ancienne était une puissance impériale et que l'Égypte faisait partie de l'Empire romain. Les anciens Romains étaient aussi fascinés que nous le sommes aujourd'hui par les merveilles de l'Égypte. L'utilisation de pyramides dans les dessins et les décorations de la chapelle Chigi, comme sur de nombreux obélisques de Rome, en est un excellent exemple.

De plus, à l'époque de la Renaissance, on croyait que l'Égypte était, avant les anciens Grecs, la source de la sagesse philosophique originale. Cette sagesse qui, croyait-on, précédait l'avènement du christianisme, a survécu sous forme d'écrits appelés «textes hermétiques» qu'ont étudiés, entre autres, le prêtre, philosophe et magicien important de la Renaissance Marsilio Ficino (1433-1499) et, plus tard, le philosophe Giordano Bruno. La découverte des textes hermétiques a été jugée si importante que, en 1463, Cosimo de Medici a demandé à Ficino de cesser la traduction des manuscrits de Platon pour traduire d'abord les écrits hermétiques. Le fait que les textes hermétiques traitaient non seulement de philosophie et de théologie, mais également d'astrologie et de magie, a rendu plus acceptables ces études occultes aux yeux des intellectuels et des théologiens ultérieurs.

On a découvert beaucoup plus tard que l'hermétisme faisait partie des écrits gnostiques du début de l'ère chrétienne. Cependant, certains artistes et penseurs de la Renaissance et de l'époque baroque qui a suivi considéraient la pensée hermétique et son pendant égyptien comme extrêmement précieux sur les plans religieux et philosophique.

Comment la croyance en l'hermétisme pendant la Renaissance a-t-elle joué un rôle dans l'utilisation de l'astrologie et de la magie au cours du XVIIe siècle?

Ficino croyait que les prétendus anciens textes hermétiques égyptiens contenaient de puissantes formules permettant de s'attirer l'influence positive des étoiles et des planètes, de même que des rites magiques servant à éloigner les démons et les phénomènes astraux nuisibles comme les éclipses. Ce type de magie blanche représentait une magie « naturelle » fondée sur l'utilisation de couleurs, d'herbes, de fleurs, de joyaux et d'autres pierres bien précises. On avait aussi recours à des peintures aux thèmes astrologiques illustrant des cartes du zodiaque favorables afin d'attirer l'énergie positive du Soleil et des planètes bienveillantes, Vénus et Jupiter.

Le Soleil était aussi un symbole important de Dieu — la « lumière du monde » dans la pensée chrétienne traditionnelle. Les autels des églises chrétiennes ont toujours fait face à l'est. Ainsi, en élevant l'hostie pendant la messe, le prêtre mimait symboliquement la résurrection du Christ et le lever du Soleil. Ficino avait bien compris l'importance du Soleil dans les pratiques spirituelles de l'Égypte ancienne. Il prônait l'utilisation de vêtements ecclésiastiques dorés, de la couleur du Soleil, et l'utilisation de parfums et de « musique céleste » pour créer l'atmosphère qui convenait à ces rites solaires.

La magie naturelle de Ficino se perpétue encore aujourd'hui dans la pratique de la Wicca et dans les traditions de la magie verte fondées sur la nature. Dans les deux cas, on jette des sorts en ayant recours à des renseignements astrologiques de même qu'à des herbes, des pierres, des joyaux ou d'autres substances naturelles particulières pour s'attirer les influences positives et repousser celles qu'on considère comme mauvaises.

Qu'en est-il de la cabale?

Il est intéressant de constater qu'on trouve également l'utilisation rituelle de l'astrologie et des anges dans le renouveau qu'a connu la cabale pendant la Renaissance. La cabale peut servir à la contemplation spirituelle mystique. Sous sa forme traditionnelle, elle peut aussi devenir un type de magie qui utilise la puissance de la langue hébraïque et l'invocation des saints anges pour réaliser des miracles. Le philosophe et magicien Pic de la Mirandole (1463-1494), dont l'œuvre intitulée *Discours sur la dignité de l'homme* est le texte humaniste par excellence, tentait de découvrir l'origine de la croyance chrétienne dans les écrits ésotériques de la cabale. Il apprit l'hébreu avec l'aide de ses amis juifs érudits Élie del Medigo et Flavius Mithridate pour pouvoir étudier la cabale plus en profondeur. Il s'est aussi attaqué à la grande controverse théologique à savoir si le pouvoir de guérison de Jésus tel que présenté dans les Évangiles était dû ou non au fait qu'il avait recours à des invocations cabalistiques et à la magie. (Il décida que non.)

Nous pouvons constater l'importance des anges aussi bien dans les processus secrets des rites hermétiques que dans le mysticisme de la cabale. Tous deux se servaient des talismans et de la magie protectrice dans le cadre de rituels soigneusement définis. L'utilisation d'une ficelle rouge autour du poignet afin de se protéger du mauvais œil constitue un exemple de l'usage des talismans chez certaines personnes qui pratiquent la cabale de nos jours.

Les papes de cette période pratiquaient-ils ce que nous appelons la magie?

Oui. L'un des rituels était l'astrologie, que le prêtre, magicien et philosophe dominicain Tommaso Campanella (1568-1639) pratiquait pour protéger du mal le pape Urbain VIII. Campanella considérait sa magie comme un processus physique plutôt que psychologique. Il scella les appartements du pape dans le Palazzo Barberini pour le protéger d'une éventuelle contamination que pouvait provoquer une éclipse. Il répandait dans les appartements pontificaux des substances aromatiques comme le vinaigre de rose et le cyprès, et il y brûlait du romarin, du laurier et du myrte. La pièce était décorée de tissus de soie blanche et de branches d'arbres. Ensuite, il allumait deux chandelles et cinq torches qui représentaient le Soleil, la Lune et les planètes qu'il plaçait à des angles favorables les unes par rapport aux autres pour former un équilibre contre les aspects nuisibles des véritables cieux. On jouait des airs de musique qui attiraient l'influence positive de Jupiter et de Vénus dans le but d'écarter Saturne et Mars, les planètes mauvaises. Dans le même ordre d'idées, on utilisait des pierres, des plantes, des couleurs et des odeurs associées à Jupiter et à Vénus pour en attirer les pouvoirs bénéfiques.

Cette dernière cérémonie avait lieu sous la fresque d'un plafond où ces éléments magiques étaient illustrés. Elle avait été peinte par Andrea Sacchi, un ami du Bernin. Le plafond montre, dans le cadre d'une allégorie de la sagesse divine, une carte céleste symbolique soulignant l'anniversaire de naissance d'Urbain et son accession à la papauté, de même qu'une scène représentant symboliquement le Soleil, un des symboles personnels d'Urbain. La peinture montre le Soleil au centre de l'univers connu et il s'agit de la première représentation artistique du système héliocentrique. On estimait que tout ce symbolisme solaire était nécessaire pour protéger le pape contre le danger des éclipses. (Urbain VIII craignait tellement la magie démoniaque que, en 1631, il ordonna que fût châtiée très sévèrement toute personne qui ferait usage de la magie astrologique contre sa personne. En 1634, le noble Giacinto Centini fut décapité et deux de ses complices furent pendus puis brûlés pour avoir pratiqué la magie noire en annonçant la mort d'Urbain.)

L'importance de l'astrologie dans ce contexte religieux sembla déranger jusqu'à ce qu'on réalise que, selon les écrits du grand théologien saint Thomas d'Aquin, les étoiles n'étaient pas des entités physiques générant chaleur et lumière, mais plutôt des preuves apparentes de l'existence des anges. Ces «intelligences angéliques» étaient considérées comme des manifestations visibles de la volonté de Dieu.

Campanella, qui a écrit *Apologie de Galilée* en 1622, était aussi un héliocentriste avoué. Il a également écrit un roman utopiste, *La Cité du Soleil*, publié pour la première fois en 1623. Avec *L'Utopie* de Thomas More (1516) et *La Nouvelle Atlantide* de Francis Bacon (1626), il s'agissait d'un des grands écrits utopistes. Dans ce roman, Campanella développait l'idée d'une nouvelle cité-État dirigée par un philosophe-prêtre-roi et guidée par les principes magiques de l'hermétisme. Il a essayé en vain d'intéresser la papauté à ses idées. Peu avant sa mort en 1639, il a fini par gagner la faveur du cardinal Richelieu et de la monarchie française. Un des derniers poèmes de Campanella célébrait la naissance du futur roi Louis XIV. Il a été le premier à l'appeler le «Roi-Soleil».

Croyez-vous possible que Le Bernin, qui a conçu la tombe du pape Urbain VIII, ait connu Tommaso Campanella, l'héliocentriste?

C'est très possible, puisque Le Bernin était un ami intime d'Urbain VIII. Il peut avoir été influencé par la nature astrologique du plafond de Sacchi lorsque celui-ci a représenté le zodiaque, les planètes et les étoiles sur la coupole que voit Robert Langdon dans la chapelle Chigi, décrite comme suit par Dan Brown : «Au plafond de la coupole, une mosaïque représentait dans un ciel étoilé le soleil et ses sept planètes. Plus bas, les douze symboles païens du zodiaque, directement reliés à la Terre, à l'Air, au Feu et à l'Eau... les quadrants incarnant la force, l'intelligence, l'ardeur et l'émotion.»

Comment les enseignements religieux et les anciens symboles païens, et en particulier ceux qui étaient liés au Soleil, se sont-ils intégrés plus tard à ceux de la chrétienté?

L'immense baldaquin de bronze du Bernin dans l'allée de la basilique Saint-Pierre est recouvert d'images du soleil, d'abeilles et de guirlandes de feuilles de laurier. De nombreux observateurs du XVIIᵉ siècle auraient compris que ces trois images représentaient les trois symboles les plus fréquemment liés au pape Urbain VIII (qui a régné de 1623 à 1644). Ces images représentent aussi le Soleil. Les abeilles produisent la cire pure utilisée pour fabriquer les cierges. Lorsqu'on les allumait, leur lumière créait un autre type de soleil. Les feuilles de laurier sont sacrées pour Apollon, l'ancien dieu du Soleil, et l'image du Soleil lui-même se retrouve dans de nombreux édifices associés à Urbain VIII, notamment dans sa résidence, le Palazzo Barberini.

Ces personnes auraient compris que les colonnes torsadées du *Baldacchino* faisaient référence aux colonnes torsadées du temple de Salomon à Jérusalem et qu'elles étaient présentées de manière à relier entre eux les grands temples juifs de l'Ancien Testament et le nouveau centre de la chrétienté que constituait la Rome d'Urbain VIII.

Dans Anges et démons *et dans* Da Vinci Code, *Dan Brown affirme que l'image du Grand Sceau au verso du billet du 1 dollar américain — l'œil à l'intérieur du triangle au sommet d'une pyramide — représente un symbole des* Illuminati. *Est-ce vrai?*

Comme c'est le cas pour de nombreux symboles, l'image de l'œil et de la pyramide donne lieu à de multiples interprétations dont certaines sont plus bénignes. Dans le symbolisme chrétien traditionnel, l'œil qui voit tout à l'intérieur du triangle symbolise la divine providence. La pyramide inachevée symbolise l'entreprise humaine et l'œil au-dessus de la pyramide représente l'idée selon laquelle toutes les tâches humaines nécessitent l'aide de Dieu. Il est vrai que la pyramide et l'œil-qui-voit-tout de Dieu est un symbole maçonnique. Mais il est faux de prétendre qu'il s'agit pour cette raison d'un symbole des *Illuminati*.

De toute évidence, vous pensez que Le Bernin ne complotait pas contre l'Église catholique, qu'il ne faisait pas partie d'un société secrète subversive ou qu'il n'intégrait pas de messages codés à ses sculptures. Mais pensez-vous qu'il ait pu, malgré cela, avoir été en accord avec une forme de mysticisme que l'Église officielle pouvait considérer comme dangereuse?

Oui. Je ne serais pas surpris que Le Bernin ait subi l'influence du mysticisme espagnol parce qu'il est né à Naples, ville qui était alors sous contrôle espagnol. Étant un pieux catholique, il connaissait sans aucun doute les idées de réforme religieuse des *Illuminati* espagnols. C'est peut-être ce qui l'aurait alors attiré vers la méthode jésuite de la pratique quotidienne de la dévotion spirituelle et des prières mystiques fortement axée sur les sens et inspirée des *Alumbrados*. Les nombreux ennemis des jésuites estimaient assez radicale l'idée d'une communion intense, personnelle et très intime avec Dieu. Les multiples aspects des enseignements et des rituels de l'Église étaient-ils nécessaires alors qu'une personne pouvait communier avec Dieu d'une manière encore plus personnelle et plus directe?

LES SECRETS DE LA BIBLIOTHÈQUE DU VATICAN

À titre de chercheur et de professeur de Harvard, Robert Langdon n'a récolté que des lettres de refus lorsqu'il a tenté de réaliser un des «rêves de sa vie»: obtenir la permission d'accéder aux Archives du Vatican. Langdon pense qu'aucun autre chercheur américain non catholique n'en a reçu l'autorisation. Seule une situation des plus désespérées a fait en sorte qu'il y accède maintenant, entrant deux fois dans une salle qui contient des archives si secrètes que même le garde suisse ne peut y pénétrer avec lui. Une fois qu'il est à l'intérieur, les choses se gâtent rapidement: Langdon, accompagné de Vittoria, dérobe un manuscrit d'une valeur inestimable; plus tard, il tente de sauver sa vie lorsqu'on coupe le courant qui alimente le système d'aération et il joue aux dominos avec de colossales étagères de livres pour s'échapper à travers un tas de verre brisé. Ouf !

Le lecteur n'aurait aucun mal à distinguer les faits de la fiction dans cette partie du récit de Dan Brown. L'accès limité semble certainement logique, bien que l'audace soit le pilier de la bonne fiction. Mais en réalité, comme l'expliquent nos deux spécialistes, il y a ici davantage de fiction qu'on ne pourrait le croire d'emblée.

ELLE N'EST PAS SI SECRÈTE APRÈS TOUT

PAR MICHAEL HERRERA [*]

Lorsqu'il effectuait un travail universitaire sur le christianisme au temps de l'Empire romain, Michael Herrera a souvent vu des références sur les Archives secrètes du Vatican. Ces mots, « Archives secrètes du Vatican », faisaient immédiatement songer à des voûtes médiévales remplies de parchemins anciens, à des manuscrits reliés en cuir contenant les œuvres originales de maîtres grecs et romains, à des écritures bibliques depuis longtemps perdues, à des comptes rendus sur les scandales pontificaux et à tout autre document historique que pourrait imaginer un jeune homme naïf qui poursuit depuis cinq ans des études de premier cycle. Il était facile d'imaginer les Archives secrètes comme une sorte de trou noir historique où l'information s'engouffrait sans jamais en sortir. Herrera s'est résigné à l'idée qu'il ne connaîtrait jamais la vérité sur ce qu'elles contenaient.

Puis est apparu Dan Brown. Des années après que sa carrière l'eut éloigné des bibliothèques de campus et du monde universitaire pour le faire entrer dans le monde de la haute technologie, Herrera a pris un exemplaire de Anges et démons et lu avec avidité le récit des aventures de Robert Langdon dans la salle des Archives secrètes du Vatican. Il pouvait facilement établir des liens avec ses propres idées sur l'accès limité à des documents secrets. Il semblait tout à fait plausible que les archives contiennent un document, écrit par Galilée, que le Vatican aurait gardé caché pendant des siècles.

Herrera lui-même avait vu la Garde suisse se tenir en sentinelle devant des immeubles en apparence banals, les corridors auxquels des cordons interdisaient l'accès et qui menaient dans des parties inconnues du Musée du Vatican, et les cryptes sous la basilique Saint-Pierre — qui, sans aucun doute, détenaient leurs propres secrets. En conséquence, il n'était pas difficile d'imaginer que ce qui se trouvait au-delà des

---

[*] Michael Herrera, rédacteur pigiste, a consacré plusieurs années à l'obtention d'un baccalauréat sur les premiers temps du christianisme. Il travaille maintenant comme spécialiste en relations publiques dans l'industrie de la haute technologie.

gardes, des portes fermées à double tour ou des cordons mauves représentait effectivement un manuscrit secret écrit par Galilée et caché à l'intérieur d'une voûte de verre hermétiquement scellée.

En fin de compte, une enquête plus poussée a révélé que non seulement les voûtes de verre n'existaient pas, mais qu'après tout les Archives secrètes du Vatican n'étaient pas si secrètes. Laissons monsieur Herrera raconter lui-même son histoire.

***

Pour ce qui est des Archives du Vatican, Dan Brown saupoudre le récit de *Anges et démons* avec juste assez de faits réels pour donner au lecteur l'impression que l'une des plus grandes collections d'archives du monde est également l'une des moins accessibles. Même si une personne se voyait autorisée à y entrer, le livre laisse entendre qu'il existe, dans des pièces spéciales, des documents sur lesquels aucun visiteur ne peut porter les yeux : le *Diagramma* de Galilée, par exemple. Quels autres trésors de la civilisation occidentale pourraient être cachés dans ces archives ?

L'existence des Archives secrètes du Vatican remonte aux premiers temps du christianisme, à l'époque où les Romains persécutaient les chrétiens, puis traverse le Moyen Âge et la Renaissance jusqu'à nos jours. Pendant tout ce temps, l'Église a fait de son mieux pour protéger ses archives, mais, souvent, des documents ont été perdus, sciemment détruits ou complètement détériorés par les ravages de la nature.

Les Archives telles que nous les connaissons aujourd'hui ont été créées lorsque le pape Innocent III a entrepris la première collecte systématique de documents officiels de l'Église à la fin du XIIe siècle. Avec l'invention de l'imprimerie vers 1450, la collection du Vatican a augmenté considérablement jusqu'à ce qu'elle soit détruite pendant le sac de Rome par le saint empereur romain Charles V, en 1527. Au début des années 1600, le pape Paul V a rassemblé les registres de l'Église et d'autres documents provenant de tout le monde chrétien et partagé la collection entre la Bibliothèque du Vatican et les Archives secrètes du Vatican.

Pendant ces premiers siècles turbulents, on a souvent déplacé les archives les plus importantes d'une cachette à une autre pour les préserver des attaques ou du vol. Durant un certain temps, les papes ont même entreposé leurs plus précieux documents au château Saint-Ange, ancienne forteresse romaine que Dan Brown utilise comme lieu de rencontre pour les ennemis jurés de l'Église, les *Illuminati*.

Vers 1810, peu après avoir annexé les États pontificaux et mis le pape en état d'arrestation, Napoléon Bonaparte a transféré les archives à Paris. Lors de son abdication quelques années plus tard, le pape a voulu récupérer ses documents, mais plusieurs n'ont jamais revu Rome. Certains avaient été brûlés comme détritus en cours de route et d'autres vendus à des marchands parisiens qui voulaient s'en servir comme papier d'emballage.

De nos jours, les Archives du Vatican se composent de plusieurs archives différentes, mais celles auxquelles *Anges et démons* fait référence, se nomment «Archivio Segreto Vaticano», ou «Archives secrètes du Vatican». Elles comptent quelque 70 kilomètres d'étagères qui contiennent environ 60 000 articles (ce nombre est probablement beaucoup plus élevé parce que de nombreux articles contiennent eux-mêmes plusieurs comptes rendus distincts) et plus de 600 index qui aident à se retrouver dans la collection.

Jusqu'à la fin du XIXe siècle, seuls les visiteurs ayant reçu une autorisation spéciale pouvaient consulter les Archives secrètes. Les personnes reconnues coupables d'avoir laissé couler des documents — ou même d'avoir pénétré dans l'immeuble sans en avoir reçu la permission — étaient sévèrement punies, excommuniées, ou les deux à la fois. Cette politique a commencé à changer sous le pape Léon XIII (1878-1903) qui, dans le cadre d'une campagne de relations publiques visant à atténuer le sentiment antipontifical suscité par Giuseppe Garibaldi, a mis les documents à la disposition des chercheurs diplômés. Garibaldi et ses révolutionnaires estimaient que le Vatican et l'Église constituaient un obstacle à la future prospérité de l'Italie. Léon XIII espérait qu'en ouvrant les archives, il permettrait aux chercheurs de constater à quel point l'Église avait contribué à préserver la société pendant les périodes les plus sombres qu'avait connues la civilisation occidentale.

Depuis ce temps, le Vatican a rendu accessibles de plus en plus de documents au fur et à mesure que les manuscrits historiques fragiles étaient préservés (et même lavés) et répertoriés. La plupart des documents remontant jusqu'en 1922 ont été mis à la disposition des chercheurs, mais pas tous, comme les documents privés des papes. L'archiviste du Vatican, le cardinal Jorge Mejia, déclare : « De nombreux documents d'archives sont tenus secrets — par le Vatican et par d'autres gouvernements et institutions — parce que leur publication pourrait nuire à la réputation de personnes ou de familles vivantes, ou d'institutions existantes, ou bien parce que l'administration du gouvernement actuel exige une telle discrétion, ou encore en raison du respect de ce que nous appelons maintenant le *droit à la vie privée*, qui se rapporte autant aux personnes décédées qu'aux personnes vivantes. »

De temps en temps, à cause de la pression publique ou d'une controverse, ou parce que des documents ne sont plus jugés confidentiels, le Vatican libère une collection dont l'accès était jusque-là interdit. Par exemple, pour réagir aux vives pressions qu'exerçaient certains groupes qui demandaient à l'Église des comptes sur ses prétendues tractations avec l'Allemagne nazie à propos de l'Holocauste, le Vatican a libéré, à partir de la fin des années 1990, plusieurs documents sur l'avant-guerre et la Seconde Guerre mondiale. Il a ainsi permis aux chercheurs d'examiner ce qui, à leurs yeux, avait représenté au mieux une politique de non-intervention de l'Église envers les actes commis par Hitler au cours de cette période.

Plus récemment, un autre type de pression a incité le Vatican à fournir un instrument qui, espère-t-il, éliminera à tout jamais le préjugé à l'égard du secret complet : le Vatican est entré dans l'ère informatique. Le site officiel des Archives du Vatican (www.vatican.va/library_archives/vat_secret_archives/index_fr.htm) est une mine de renseignements sur les archives qui aurait pu faire économiser à Langdon et à sa compagne Vittoria Vetra un temps précieux dans leurs recherches du prétendu *Diagramma* de Galilée. Ils en auraient tiré des informations essentielles comme les heures d'ouverture, les bibliographies des contenus et — pour ceux qui, comme Langdon et Vetra, n'ont pas reçu l'autorisation verbale du pape intérimaire — les exigences à respecter pour pouvoir faire des recherches dans les Archives.

Pour y accéder, tous les demandeurs doivent être des chercheurs diplômés d'institutions d'enseignement supérieur effectuant des recherches universitaires. Toutefois, il ne suffit pas d'être un *chercheur diplômé* pour y avoir accès. Techniquement, le pape approuve toutes les demandes mais, en réalité, le préfet des Archives passe en revue les demandes et décide des autorisations. La concurrence est vive. Même le professeur Robert Langdon, éminent «symbologiste» de Harvard, a reçu de nombreux avis de refus. (Il est important de mentionner que nulle part le Vatican ne déclare ou ne laisse entendre qu'il puisse refuser l'accès à un «chercheur non catholique», comme le prétend Langdon à la page 215.)

Bien sûr, pour les 24 heures que durent les péripéties du roman, Langdon avait une requête peu orthodoxe (visiter les Archives après les heures d'ouverture) et bénéficiait de l'appui d'un haut dirigeant de l'Église. Une requête rarement acceptée dans des circonstances normales. Malgré sa vénération avouée pour la collection, Langdon entreprend de violer à peu près toutes les règles des Archives. Comme pour toute collection de livres rares, il est strictement interdit d'emporter des documents. À vrai dire, Langdon commettait un vol en prenant l'exemplaire du *Diagramma* de Galilée. Pour les gens ordinaires qui ne sont pas si pressés et qui ne cherchent pas un manuscrit fragile et précieux, un membre du personnel des Archives peut leur en procurer une copie au coût d'environ 50 cents.

La collection entière utilise toute une gamme d'index, de listes de références croisées et d'autres outils de catalogage que les archivistes professionnels appellent des «moyens de localisation» et qui aident les chercheurs à trouver ce qu'ils souhaitent examiner. Heureusement, Langdon savait ce qu'il cherchait et n'avait besoin d'aucun autre moyen de localisation que son intuition. En temps normal, les chercheurs doivent remplir une demande écrite pour examiner un ou des articles (au maximum trois par jour) et, une fois leur demande approuvée, ils doivent attendre qu'un membre du personnel aille chercher l'article en question. Il est interdit d'explorer les Archives et, comme le souligne à juste titre Brown, un membre du personnel du Vatican doit accompagner le visiteur en tout temps — l'exception dans ce cas étant évidemment la menace imminente de destruction du Vatican par une société secrète.

Selon les spécialistes en archivage et en conservation, après avoir trouvé ce qu'il cherche, les précautions que prend Langdon pour préserver l'état des documents lorsqu'il les parcourt sont judicieuses. Les instruments qu'il emploie pour examiner le *Diagramma* sont semblables à ceux qu'utilisent aujourd'hui les spécialistes. Par exemple, dans la plupart des cas, on fournit des gants blancs aux chercheurs qui examinent les collections de livres rares. Lorsque Langdon parle du « taux de permanence » du *Diagramma* pour décrire sa durabilité, sa définition du mot permanence est assez proche de celle du glossaire de la Society of American Archivists, qu'il définit comme « la stabilité inhérente du document qui lui permet de résister à la dégradation au fil du temps ». Bien sûr, Brown use d'une certaine licence artistique pour décrire la façon dont Langdon se sert des instruments, mais ses descriptions de ceux-ci et de leurs usages sont réalistes.

Toutefois, Brown aurait pu faire preuve de plus de générosité lorsqu'il décrit l'intérieur de la salle des Archives. Quand Langdon y pénètre et découvre ce qui ressemble à « un hangar à avions », ses idées préconçues sur « d'antiques bibliothèques couvertes de poussière » s'évaporent. C'est dommage que Langdon ait été si pressé. S'il avait eu le temps d'explorer, il aurait vu les salles de lecture finement décorées dans la vieille section de l'immeuble, ornées d'un mur à l'autre (et jusqu'au plafond) de magnifiques fresques et de meubles de bois massif aux motifs complexes remplis d'ouvrages reliés en cuir.

Il y a une chose que les chercheurs ne verront pas dans la salle des Archives : des pièces de verre hermétiquement scellées. Ces pièces, que Brown compare à de vastes courts de squash, amplifient la tension d'une scène charnière du livre : l'une d'elles devient presque le tombeau de Langdon. L'effet est spectaculaire pour le lecteur, mais ces voûtes n'existent pas. Qui plus est, certains archivistes professionnels soutiennent qu'il serait exagéré d'utiliser des voûtes de verre hermétiquement scellées, puisque les systèmes de chauffage, de ventilation, de climatisation et de lutte contre les incendies conviennent en général parfaitement bien à l'entreposage de documents anciens. En ce qui a trait aux Archives secrètes du Vatican, les pièces qui contiennent leurs plus précieux articles ressemblent en fait à des chambres fortes de banques modernes comportant des rangées de coffres de sûreté.

Qu'en est-il des documents que possèdent les Archives sur le véritable héros de *Anges et démons*, Galileo Galilei ? Aujourd'hui, les documents du Vatican sur le procès de Galilée consistent en un seul volume de comptes rendus manuscrits. À l'origine, ces registres et deux autres volumes étaient entreposés dans les archives de la Congrégation pour la doctrine de la foi (auparavant connue sous le nom de Sacrée congrégation de l'Inquisition romaine et universelle). Les deux autres volumes se sont perdus au cours de l'histoire, laissant les chercheurs se demander s'ils n'ont pas servi de papier d'emballage dans une boucherie parisienne ou s'ils ne se sont pas retrouvés au fond d'une rivière sur le chemin de Rome (après la défaite de Napoléon). Le Vatican considère les documents de Galilée comme ses joyaux de la Couronne. C'est pourquoi on ne peut voir les documents originaux. Cependant, les chercheurs peuvent en obtenir des exemplaires numériques.

Pour ce qui est du *Diagramma*, il est extrêmement improbable, voire impossible, qu'un tel document puisse avoir été exposé pour la simple raison qu'il n'existe absolument aucune preuve de son existence. C'est malheureux, puisque si Galilée l'avait *effectivement* écrit et si le Vatican en possédait un exemplaire, il serait probablement exposé. La nécessité de taire son existence est devenue inutile en 1992, lorsque l'Église a admis publiquement qu'elle avait condamné Galilée à tort plus de trois siècles auparavant — un fait que, peut-être, le romancier omet commodément.

À la façon dont Dan Brown décrit les Archives secrètes du Vatican, le lecteur croit que le Vatican fait de son mieux pour qu'elles demeurent secrètes. Pourtant, de nos jours, on soupçonne que le mot « secret » n'est là que pour perpétuer la vieille image d'un temps passé, lorsque les Archives secrètes du Vatican étaient aussi les archives *privées* du Vatican. Quand le Vatican a affiché sur Internet, à la vue de tous, les bibliographies et les index de ses collections, toute idée romantique sur des pièces remplies jusqu'au plafond de documents cachés a disparu à tout jamais. Aujourd'hui, les Archives secrètes du Vatican, telles qu'elles sont décrites dans *Anges et démons*, ne sont qu'une source d'inspiration pour les romanciers.

Pourtant, on ne peut s'empêcher de se poser des questions. Compte tenu des controverses et des scandales qui ont parsemé son histoire, il semble probable que l'Église ait eu davantage de squelettes dans son placard qu'elle ne voulait bien l'admettre publiquement. Si de tels documents existaient, ils pourraient ne jamais voir la lumière du jour — à moins que l'Église n'en tire profit dans le cadre de sa campagne de relations publiques actuelle visant à montrer son ouverture. En 2003, un chercheur travaillant aux archives de la Congrégation pour la doctrine de la foi a découvert une lettre qu'un haut dirigeant du Vatican avait écrite à un autre dirigeant en 1633. Cette lettre exprimait le souhait du pape de tenir le plus tôt possible le procès de Galilée parce qu'il se préoccupait de la santé vacillante de l'astronome. Le Vatican s'est empressé d'utiliser cette lettre pour conforter son affirmation selon laquelle l'Église n'avait pas traité Galilée de manière aussi dure que l'histoire le prétend.

Quels autres documents pourrions-nous encore découvrir qui risqueraient de modifier la manière dont l'histoire se représente le passé tumultueux du Vatican? Peut-être un document semblable au *Diagramma* se trouve-t-il dans des piles, logé entre deux articles banals, n'attendant qu'à être découvert — ou au moins à faire l'objet de discussions parmi les romanciers, les historiens, les théoriciens du complot et Dan Brown.

Un chercheur visite la Bibliothèque du Vatican

par Tod Marder[*]

À la lecture de Anges et démons, *on croirait qu'il est pratiquement impossible de pénétrer dans les Archives «secrètes» et la Bibliothèque du Vatican. Les autorités du Vatican n'ont pas jugé convenable d'autoriser le pauvre Robert Langdon, professeur fictif à Harvard, à y pénétrer. Et quand il réussit à entrer (seulement dans une situation d'urgence à cause de l'enlèvement des cardinaux et de la menace que représente*

---

[*] Tod Marder, professeur d'histoire de l'art à l'Université Rutgers, a eu recours à la Bibliothèque du Vatican pendant des années, souvent pour son livre sur Le Bernin, dont il est l'un des plus éminents spécialistes du monde.

l'antimatière), Langdon doit trouver son chemin dans les pièces d'entreposage de documents les plus sophistiquées du monde pour y découvrir l'un des secrets les plus profonds et les plus sombres de tous les temps. Tod Marder, professeur d'histoire de l'art à l'Université Rutgers et véritable spécialiste du Bernin, trace un portrait beaucoup plus prosaïque de la recherche au Vatican. En réalité, les vrais chercheurs n'ont pas trop de mal à obtenir la permission d'accéder aux Archives. Il n'existe pas de pièces hermétiquement scellées et à ambiance contrôlée, et probablement aucun document secret que le monde n'ait jamais vu. Voici un compte rendu du professeur Marder sur ses nombreuses visites aux Archives du Vatican au fil des années.

***

Dans *Anges et démons,* une grande partie du travail de détective de l'historien de l'art Robert Langdon se déroule dans les Archives secrètes pontificales du Vatican, un endroit dont le nom suscite un mythe beaucoup plus grand que l'institution ne le mérite ou que ne lui attribuent les personnes qui en font usage. Pour y pénétrer, les chercheurs doivent se conformer à une procédure quelque peu lourde, mais ce n'est ni difficile ni indûment restrictif. La plupart des historiens de l'art utilisent les Archives et la Bibliothèque, bien qu'il s'agisse d'entités administratives distinctes possédant chacune son propre protocole et son personnel faisant rapport à son propre préfet. Les ressources qui s'y trouvent ne sont pas ouvertes au grand public ou à ceux qui ne s'y intéressent que de manière informelle. Mais ceux qui désirent y travailler et qui satisfont aux critères d'admissibilité n'ont qu'à consulter le site Internet www.vatican.va/library_archives/vat_secret_archives/index_fr.htm.

Pour pouvoir entrer, les lecteurs potentiels présentent généralement la preuve qu'ils détiennent un diplôme d'enseignement supérieur ou une lettre de recommandation d'une institution établie comme une université, un musée ou une société savante ; ils doivent aussi être munis d'un passeport pour prouver leur identité. Vous entrez sur le terrain du Vatican par la porte Sainte-Anne (Porta Sant'Anna), tout comme Robert Langdon, puis vous êtes immédiatement abordé par deux gardes suisses encore vêtus du costume coloré conçu par Michel-Ange. Pour qu'ils vous laissent passer, vous devez leur murmurer que vous avez besoin d'une carte de lecteur (*tessera*) et leur montrer vos documents d'autorisation. Vient ensuite une deuxième rangée de portes de fer que gardent des soldats encore plus grands et plus imposants qui, eux, portent des uniformes modernes bleu foncé et qui constituent la police du Vatican. Vous devez exposer de nouveau l'objet de votre visite et montrer vos papiers qu'ils examinent minutieusement — surtout le passeport — avant de vous laisser poursuivre votre chemin.

En tant que chercheur, j'éprouve à l'égard de cette procédure un sentiment de sympathie, de respect et de reconnaissance. Par une chaude journée d'été, lorsque des centaines de touristes traversent la porte Sainte-Anne, ces hommes ont pour tâche de permettre aux chercheurs légitimes dont les objectifs sont sérieux d'entrer sur les lieux pendant que les touristes impatients doivent être gardés à l'extérieur et redirigés soit vers la Piazza et la basilique Saint-Pierre, soit vers les entrées des musées du Vatican. Ce n'est pas une mince tâche de laisser entrer certaines personnes et d'en refuser d'autres poliment. Il existe un risque de conflit énorme, mais qui est toujours évité.

Après être passé devant la police du Vatican, vous entreprenez une longue marche qui vous mène au-delà du bureau de poste du Vatican sur la gauche et des marches de la tristement célèbre banque sur la droite, jusqu'à un imposant portail du XVIᵉ siècle. Ce portail, avec ses énormes pierres et son inscription en l'honneur de Jules II (rappelant l'époque de Michel-Ange, de Raphaël et de Bramante), conduit à la zone inférieure du Cortile del Belvedere, où une autre sentinelle de la police du Vatican procède aux même vérifications avant de vous laisser continuer et tourner à droite.

Vous avez devant les yeux un long corridor droit qui traverse latéralement et englobe la moitié inférieure du Cortile de Bramante. Les portes des Archives et de la Bibliothèque apparaissent alors, occupant les extrémités opposées de ce corridor. À l'extrémité la plus proche, sur la droite, se trouve la Bibliothèque dans le hall d'entrée de laquelle vous présentez officiellement vos papiers au bibliothécaire chargé de vérifier les entrées.

Une personne qui possède les papiers nécessaires, dont les besoins sont légitimes et qui détient les recommandations appropriées, a peu de difficulté à obtenir une carte de lecteur, bien que le processus puisse durer une quarantaine de minutes. Il lui faut avoir des photos de format passeport dont une sera glissée dans le dossier et l'autre apposée sur la carte de lecteur. (Pendant plusieurs années, le bureau d'admission préférait la photo apportée lors de la première visite. Ainsi, alors que j'avais dépassé la quarantaine, j'utilisais encore la photo que j'avais présentée lorsque j'étais étudiant de premier cycle. Il s'agissait de ma photo de fin d'année du cours secondaire. Mes collègues et moi avions beaucoup de plaisir à comparer ces reliques au fil des ans jusqu'à ce que la politique soit soudain modifiée et de manière plus réaliste.)

Une fois admis dans la Bibliothèque, le chercheur peut se précipiter à l'autre extrémité de l'immeuble et recommencer la même procédure avec les fonctionnaires des Archives. De cet endroit, vous pouvez prendre l'ascenseur ou monter les escaliers jusqu'à l'étage principal de ces collections et entreprendre votre travail. La Bibliothèque et les Archives sont reliées par une véranda ouverte, pavée de briques, derrière l'immeuble. Au-delà, dans une immense niche qui remonte à l'époque de la construction de la cour du Belvédère (1503) se trouve un petit café où on sert des expressos, des cappuccinos et des brioches le matin, et des sandwiches légers vers midi. Ce café vous permet de prolonger les heures de visite et de mieux travailler, sans être perturbé ni par la faim, ni par la soif, ni par le manque de caféine.

Quiconque offrant la crédibilité de Robert Langdon à titre d'historien de l'art de Harvard n'aurait aucune difficulté à accéder aux Archives du Vatican. À ma connaissance, les chercheurs ont accès à tout ce qui présente un intérêt historique légitime. Cela est vrai malgré la position officielle de l'Église en matière de théologie, de politique ou de science. À titre d'exemple, ce n'est qu'en 1990 que l'Église a reconnu officiellement l'organisation héliocentrique de l'espace orbital en affirmant que Galilée avait effectivement raison. Malgré tout, les historiens des sciences contemporains ont pu accéder librement, pendant des décennies, à la Bibliothèque du Vatican et aux Archives secrètes pontificales.

Les collections sont indexées et la procédure consiste à remplir un formulaire de demande pour chaque article en se fondant sur un système d'appel par numéro propre au Vatican. Les livres sont classés et placés sur les tablettes en fonction de la collection dont ils font partie — les collections du cardinal Chigi portent le titre « Chigiana » et les dons du cardinal Rossi portent l'étiquette « Rossiana ». Il n'existe pas de classement par sujet, comme le laisse entendre faussement *Anges et démons*, et je ne connais aucune pièce consacrée à Galilée.

Pour commander des livres, les utilisateurs doivent remplir des formulaires de demande. Les employés emportent alors ces formulaires dans les entrailles de l'immeuble pour en revenir avec les documents demandés. Les jours où les visiteurs sont peu nombreux, les livres, les articles et les manuscrits apparaissent en 15 minutes mais, plus souvent, il faut attendre une demi-heure. Toutefois, les matins où il y a plus de monde, il peut s'écouler une heure avant que les documents n'arrivent. Les documents sont rangés de manière conventionnelle, ce qui paraît évident en voyant la façon dont les reliures ont vieilli. Il y a peu de pièces et on commence à peine à utiliser la climatisation contrôlée. Compte tenu de la saine apparence physique des employés, qu'il s'agisse des fonctionnaires ou des gens qui s'occupent directement des livres ou des manuscrits, la ventilation ne représente pas un problème, contrairement à ce que laissent supposer les péripéties palpitantes de Robert Langdon dans *Anges et démons*. Personne ne semble souffrir d'un manque d'oxygène comme cela a été le cas pour Langdon.

En réalité, le pire obstacle physique aux recherches dans la Bibliothèque du Vatican et des Achives secrètes pontificales est le même que celui auquel doit faire face le visiteur de n'importe quelle collection italienne dans la chaleur étouffante d'un été romain: le manque de climatisation. Jusqu'à tout récemment, les hommes devaient y porter un costume ou un veston; les femmes devaient être vêtues d'une robe qui descendait sous le genou et couvrir leurs épaules. On reconnaissait un nouvel arrivant lorsque, accablé par la chaleur, il plaçait son veston sur le dossier de sa chaise et qu'un fonctionnaire survenait aussitôt pour le réprimander, lui disant qu'il devait le porter en tout temps. Ces règles ont été assouplies dernièrement. On peut porter des jeans et enlever son veston. On tolère les jupes courtes jusqu'à un certain point. Mais l'habillement conventionnel demeure généralisé et on applique des normes conventionnelles.

Les lecteurs de *Anges et démons* peuvent être tentés de comparer la Bibliothèque du Vatican et des Archives secrètes pontificales à un entrepôt mormon protégé de manière si draconienne contre toute calamité naturelle ou humaine qu'il est presque impossible d'y avoir accès. Pourtant, ce n'est pas le cas. Pour une personne de l'extérieur, il peut sembler étrange qu'on conserve ces collections sans système de climatisation, qu'on permette aux lecteurs de tourner les pages de documents rares sans porter les gants blancs qu'exigent tant de bibliothèques américaines dont les collections sont moins riches, et qu'on ne trouve nulle part les porte-livres spécialement conçus pour préserver les reliures. Ce qui est réellement étonnant en ce qui concerne ces archives (et de nombreuses autres archives européennes), c'est que ces documents soient si bien conservés aujourd'hui et qu'ils aient survécu en si bon état. Et de manière accessible.

LES SYMBOLES DU BERNIN ET *ANGES ET DÉMONS*

PAR Diane Apostolos-Cappadona *

Avant que les romans de Dan Brown ne deviennent populaires, la plupart des gens n'avaient jamais entendu parler de la « symbologie » en tant que discipline universitaire. En fait, personne ne pourrait nommer un seul véritable chercheur qui s'attribuerait le titre de « symbologiste ». Toutefois, nous ne serions pas surpris si, un jour, Dan Brown décidait d'utiliser les profits générés par ses romans pour doter Harvard d'une chaire de symbologie Robert-Langdon.

Diane Apostolos-Cappadona remplit dans le monde universitaire la fonction la plus proche de ce qu'on pourrait appeler un symbologiste. Dans l'article qui suit, elle expose les divergences entre sa vision du Bernin — un artiste qu'elle a étudié en profondeur pendant son premier cycle universitaire — et la vision qu'a Robert Langdon du même artiste.

---

* Diane Apostolos-Cappadona est professeure adjointe d'art religieux et d'histoire culturelle au Center for Muslim-Christian Understanding et professeure adjointe d'art et de culture dans le cadre du programme d'études libérales de la Georgetown University. Ses travaux d'historienne de la culture spécialisée en art religieux ont été largement publiés.

***

L'été que j'ai passé entre la fin du cours collégial et le début des études supérieures a pris un caractère magique grâce à un séjour d'un mois et demi à Rome au cours duquel j'ai admiré avec enthousiasme les nombreuses églises et les œuvres d'art religieux que j'avais étudiées avec tant de minutie pendant mes cours d'iconographie chrétienne. Mon héros dans le domaine des arts n'était nul autre que Gianlorenzo Bernini, le sculpteur et architecte baroque qui avait capté mon attention par la façon dont il avait remodelé l'iconographie chrétienne (langage visuel des signes et des symboles), aussi bien dans le nouveau style artistique de son époque connu sous l'étiquette de « baroque » que dans le renouveau du catholicisme que l'histoire a appelé Contre-Réforme.

J'ai passé de nombreuses journées à arpenter les mêmes sentiers qu'avait suivis Le Bernin de sa maison aux différents lieux — églises, palais et places — où ses œuvres avaient été créées ou installées. Quoi de plus stupéfiant que d'entrer dans la basilique Saint-Pierre une première fois, exactement au moment du jour où les rayons du soleil convergent sur son magnifique *Baldacchino* et illuminent la cathèdre Petri de telle manière qu'elle semble flotter dans l'air à l'intérieur des monumentales colonnes de bronze torsadées du *Baldacchino* — exactement comme monsieur Leite, mon premier professeur d'art et de symbologie du christianisme, avait décrit le projet du Bernin ? Peut-être seulement de me trouver dans la chapelle Cornaro à la tombée du jour lorsque la lueur des chandelles baignait la magnifique *Extase de sainte Thérèse* du Bernin d'une aura éthérée qui ne faisait qu'amplifier l'idée que je me faisais de ses visions mystiques. Les après-midi ensoleillés où j'observais les fontaines du Bernin n'avaient d'égales que les fins de matinée où je me promenais dans les nombreuses églises. Et puis, il y avait ces marches quotidiennes au petit matin et ces pèlerinages au crépuscule à la Piazza San Pietro, commodément située près de la pension où j'habitais.

Mes études universitaires ont radicalement bifurqué lorsque je suis tombée de nouveau désespérément amoureuse, cette fois des romantiques du XIX\e siècle. J'ai abandonné

Le Bernin et l'art baroque à mon passé d'étudiante de premier cycle, mais j'y revenais toujours. Rome et Le Bernin sont si étroitement intégrés à mes études en art religieux et à ma propre histoire que je ne peux imaginer les dissocier. Comme l'a déclaré Urbain VIII au jeune artiste : «Vous étiez fait pour Rome et Rome pour vous.»

J'ai consacré les années qui ont suivi mes études supérieures à la recherche, à l'étude et à des conférences sur l'art de déchiffrer les signes et les symboles religieux. Peut-être suis-je, selon les catégories de Dan Brown, une symbologiste professionnelle ou au moins ce qui se rapproche le plus, dans le monde universitaire contemporain, d'une personne qui étudie les signes, les symboles et les textes, et effectue des analyses interprétatives.

Compte tenu de mes séjours à Rome, de mon étude du Bernin et des années que j'ai consacrées à d'autres aspects de la «symbologie», vous pouvez imaginer l'enthousiasme, sinon le pur plaisir, que j'ai éprouvé lorsque j'ai appris que *Anges et démons* de Dan Brown se déroulait à Rome et que le code secret qui dévoilait le mystère était lié aux œuvres du Bernin. Je savourais à l'avance mon voyage imaginaire aux côtés du professeur d'histoire de l'art et d'iconologie religieuse de Harvard, Robert Langdon, dans ces rues de Rome et à l'intérieur de ces églises et musées que je connaissais si bien. L'idée de la codification de ces sculptures symboliquement complexes que j'avais étudiées en cours et sur le terrain m'intriguait. J'ai ouvert le livre avec empressement et me suis immédiatement retrouvée plongée dans l'atmosphère de meurtre et de complot.

À n'en pas douter, *Anges et démons* est un polar bien ficelé, très bien ficelé ; ce n'est qu'après avoir lu 200 pages que j'ai pris conscience que je venais de tomber sur la première référence au Bernin. Toutefois, pendant que je lisais le passage où Brown traite des «codes secrets» des *Illuminati* encodés dans l'art religieux puis décrit le meurtre du premier des quatre cardinaux kidnappés dans l'église de Santa Maria del Popolo, j'ai eu un frisson en songeant : «Oh non, l'artiste *illuminatus* de Brown sera *Le Bernin* !» Au début du livre, Brown avait pourtant pris soin de donner aux lecteurs cet avertissement : «Tous les tombeaux, sites souterrains, édifices architecturaux et œuvres d'art romains auxquels se réfère cet ouvrage existent bel et bien. On peut encore les admirer aujourd'hui.» Je me suis dit qu'il ne s'agissait que d'une œuvre de fiction, d'un polar, et que je devais concéder à l'auteur une certaine licence artistique. J'ai tourné rapidement les pages mais, quand j'ai abordé la description des sculptures du Bernin dans la chapelle Chigi, j'ai serré les dents et dit à haute voix: «Il ne parle pas du Bernin que je connais!»

UNE BRÈVE BIOGRAPHIE DE GIANLORENZO BERNINI

Gianlorenzo Bernini est né le 7 décembre 1598, à Naples, d'un père sculpteur florentin, Pietro, et d'une mère napolitaine, Angelica Galante. Lorsque Le Bernin avait sept ans, son père se vit confier le mandat de dessiner la tombe du pape d'alors, Paul V. La famille devait donc déménager à Rome, une ville au centre de la restauration qui avait suivi la Réforme. C'est la Rome dans laquelle Le Bernin allait vivre — exception faite d'un bref séjour de six mois en France — jusqu'à sa mort le 28 novembre 1680. À l'âge de huit ans, Le Bernin aurait sculpté de manière si brillante une tête de marbre que son talent artistique fut reconnu par le cardinal Maffeo Barberini (le futur pape Urbain VIII, celui qui allait se lier d'amitié et plus tard avoir un différend avec Galilée). Par la suite, le cardinal Barberini veilla à ce que le jeune sculpteur reçoive une bonne éducation. Le Bernin étonna le pape Paul V par son habileté à dessiner des têtes, en particulier celle de saint Paul, au point que le pape se serait exclamé: «Cet enfant sera le Michel-Ange de son époque.» Le Bernin vécut sous le règne de huit papes dont plusieurs furent ses clients et amis, et on peut voir aujourd'hui ses œuvres — des églises, des fontaines, des maisons privées, des musées et des places — à quelque 50 endroits dans Rome.

En 1639, à 41 ans, il épousa la jeune Caterina Tezio, alors âgée de 22 ans. La famille Bernini compta finalement 11 enfants et procura au sculpteur soutien et bonheur jusqu'à la mort de Caterina en 1673. Dans la mesure où nous pouvons le déterminer, Le Bernin était un catholique dévot, qui assistait tous les jours à la messe et communiait régulièrement. Imprégné de spiritualité jésuite, le sculpteur pratiquait des

Le *Baldacchino* du Bernin dans la basilique Saint-Pierre.

exercices spirituels élaborés par saint Ignace de Loyola (vers 1491-1556) et devint plus tard membre d'un groupe jésuite qui consacrait son existence au Saint-Sacrement. Par la suite, Le Bernin assistait quotidiennement à la messe de l'église Sant'Andrea delle Fratte et terminait chaque journée de travail par une méditation à genoux devant le sacrement de l'église des jésuites à Rome, Il Gesú. Ces pratiques ignaciennes mettaient l'accent sur le fait que chaque personne façonne ses propres images mentales à la fois à titre d'initiation et de méthode de méditation. Un tel accent sur l'efficacité du visuel renforça la tendance naturelle du Bernin à donner une apparence vivante à ses personnages. Christine de Suède, la célèbre reine convertie au catholicisme, se lia d'amitié avec Le Bernin et lui rendit souvent visite à son atelier pour l'observer en train de réaliser ses œuvres et discuter avec lui d'art et de spiritualité.

En 1680, la santé du Bernin se détériora gravement au point que, après plusieurs jours de maladie et de paralysie croissante, il reçut la bénédiction du pape au matin du 28 novembre et mourut peu après. La basilique de Santa Maria Maggiore était si pleine de gens endeuillés qu'on dut retarder les funérailles d'une journée.

LE BERNIN ET LA PÉRIODE BAROQUE

On qualifie de baroque (du portugais « barocco » signifiant « perle à la forme irrégulière ») le style artistique, qu'il s'agisse de peinture, de sculpture ou d'architecture, associé au nord et au sud de l'Europe pendant la révolution culturelle, économique et religieuse connue sous l'appellation de Réforme, puis de Contre-Réforme. Constituant une réaction aux idéaux artistiques de beauté, d'équilibre et d'harmonie de l'art de la Renaissance, l'art baroque était qualifié de spectaculaire et de théâtral à la fois dans sa présentation visuelle et dans les thèmes qu'il choisissait. Pour tirer profit de tels éléments, les artistes baroques, notamment Le Caravage et Rembrandt, avaient recours à des compositions décentrées, à des couleurs sombres ou ternes, ou à des projecteurs de théâtre appelés « chiaroscuro » dans le nord. L'art baroque italien était une sorte de défense populaire et visuelle des enseignements de l'Église catholique romaine, en particulier des enseignements que remettaient en question les réformateurs. Ce nouvel intérêt pour les signes et les symboles visuels, qu'on associait souvent à une iconographie complexe, servait de référence visuelle aux décrets du concile de Trente (1545-1563), qui définissaient de manière officielle ce que signifiait le fait d'être catholique romain.

Même s'il ne fut pas l'initiateur de l'art baroque italien, Le Bernin en fut le plus grand défenseur. Il perfectionna le concept sculptural d'un seul point de vue, de face, en rassemblant tous les aspects de son image en un point précis, avec des lignes claires et dans une perspective réaliste *si* vous vous teniez exactement au bon endroit et regardiez sous le bon angle. Cependant, si vous vous éloigniez de ce point précis en regardant la sculpture du Bernin, vous ne perceviez qu'une forme confuse, des lignes imprécises et une perspective déformée. L'art du Bernin, comme celui d'autres artistes baroques italiens, reposait donc sur une vision du monde qui intégrait les valeurs religieuses de « l'Église ». Ou bien vous en étiez membre et étiez sauvé, ou bien vous vous trouviez hors de l'Église et votre âme était perdue.

C'est là Le Bernin que j'ai connu et aimé. Dans le monde où il vivait, l'art et la religion étaient si intimement liés qu'il était impossible de les distinguer. La séparation de l'Église en deux confessions que nous connaissons aujourd'hui comme le protestantisme et le catholicisme romain — un monde dans lequel il fallait déclarer publiquement sa foi, car elle définissait l'identité sociale d'un individu — avait rendu ce monde encore plus agité. Mais une telle déclaration publique pouvait entraîner l'emprisonnement ou la mort au moment où s'amorçaient, entre ces deux nouvelles entités religieuses, des guerres qui allaient faire rage dans l'ensemble de l'Europe pendant deux siècles. Les frontières nationales devaient tenir compte des frontières religieuses. Les milieux européens où vivaient et travaillaient les catholiques étaient différents de ceux des protestants; ils étaient irréconciliables. Dans ce contexte, Le Bernin constituait l'artiste par excellence, car il définissait visuellement ce que signifiait le fait d'être catholique romain.

Le Bernin que j'affectionnais était ce garçon exubérant d'une dizaine d'années qui, lorsque le célèbre peintre Annibal Carracci mentionna qu'il fallait redessiner la basilique Saint-Pierre pour souligner la gloire retrouvée de l'Église de Rome, se serait exclamé : « Si seulement ce pouvait être moi ! » Il n'était certainement pas un *Illuminatus*, non plus qu'un conspirateur quelconque contre l'institution ou la hiérarchie de l'Église de Rome.

Plusieurs des églises, des monuments, des places ou des fontaines du Bernin intègrent les magnifiques obélisques égyptiens que divers empereurs romains avaient rapportés à la cité impériale. Contrairement à ce que le professeur Langdon semble penser, Le Bernin n'a pas changé ces obélisques de place. Il n'a pas non plus utilisé les obélisques et autres symboles pour créer sur la carte de Rome un itinéraire secret constitué de monuments architecturaux et menant au repaire secret des *Illuminati*, comme le laisse entendre *Anges et démons*. En fait, ce sont le pape Sixte V et son inventif ingénieur Domenico Fontana qui ont eu l'idée de changer les obélisques de place. Vers la fin des années 1580 (au moins 10 ans avant la naissance du Bernin), Sixte V a resitué et/ou déplacé les obélisques partout dans Rome. Il a coiffé chacun d'eux d'une croix pour symboliser, par un signe spectaculaire, à la fois l'égide spirituelle du christianisme triomphant du paganisme et sa propagation dans le monde entier, mettant ainsi l'accent sur la restauration et la glorification de l'Église pendant la Contre-Réforme.

Toutefois, c'est Le Bernin qui a réalisé les sculptures que l'on trouve aux quatre emplacements décrits dans *Anges et démons* comme étant la scène des meurtres macabres, méthodiques et tout à fait fictifs des quatre cardinaux que Dan Brown qualifie de *prefereti*, les candidats favoris pour l'élection du nouveau pape. Parlons maintenant des sculptures du Bernin qui sont si importantes en tant que toiles de fond symboliques et en tant qu'indices à propos des meurtres des quatre cardinaux.

LA SCÈNE DU PREMIER MEURTRE, OU POURQUOI DANIEL ET HABACUC SE TROUVENT DANS LA CHAPELLE CHIGI

Les efforts de Robert Langdon pour retrouver le premier cardinal manquant, Ebner, de Francfort, le mènent au Panthéon et, de là, à l'église Santa Maria del Popolo. Tentant désespérément de trouver et de sauver le cardinal kidnappé,

Langdon et sa compagne, Vittoria Vetra, cherchent la chapelle Chigi. Ils y découvrent l'identité du soi-disant artiste *illuminatus* dont les travaux contiennent les indices menant aux scènes des autres meurtres éventuels et au tristement célèbre « Temple des *Illuminati* » à Rome.

La grande place que nous connaissons aujourd'hui sous le nom de Piazza del Popolo fut conçue au XIXᵉ siècle, même si l'obélisque du pharaon Ramsès II qui se trouve en son centre y fut transféré du cirque Maximus à la demande du pape Sixte V. La construction de l'église Santa Maria del Popolo fut ordonnée en 1472 par Sixte IV qui dédia la première chapelle auxiliaire sur la droite à sa famille, les della Rovere. La plupart du temps, les étudiants en histoire de l'art et les touristes se rendent à Santa Maria del Popolo pour y voir les chefs-d'œuvre du Caravage, la *Conversion de saint Paul* (1601) et la *Crucifixion de saint Pierre* (1601), exposés dans la chapelle Cerasi à gauche de l'autel. Cependant, l'attention des lecteurs de *Anges et démons* se concentre plutôt sur la chapelle Chigi située à gauche lorsqu'on pénètre dans l'église. Ce fut d'abord Agostino Chigi qui commanda à Raphaël cette chapelle mortuaire pour la célèbre famille de banquiers. Raphaël dessina l'espace octogonal comprenant un autel central flanqué de quatre grandes niches et de tombes pyramidales. Lorsqu'il accepta la responsabilité familiale de cette chapelle ancestrale en 1655, le cardinal Fabio Chigi (le futur pape Alexandre VII) demanda au Bernin de la moderniser en comblant les deux niches vides, en ornant de bronze et de médaillons de marbre les tombes pyramidales et en installant un plancher de marbre orné d'incrustations.

Souhaitant respecter la fonction de tombeau familial de la chapelle Chigi, Le Bernin demanda conseil à Lucas Holstensius, bibliothécaire du Vatican, qui choisit le thème de Bel et le Dragon dans le livre grec de Daniel dont la famille Chigi possédait un exemplaire. Cette histoire est reconnue comme faisant partie de la Vulgate — traduction latine de la Bible par saint Jérôme au IVᵉ siècle — que le concile de Trente avait déclarée version officielle. Dans ce texte, le prophète Habacuc part livrer de la nourriture aux travailleurs des champs lorsqu'il est arrêté par un ange qui lui demande d'apporter plutôt cette nourriture à Daniel, alors prisonnier dans la fosse aux lions.

Le Bernin a représenté un Habacuc éberlué, gesticulant en direction des travailleurs affamés alors que l'ange indique le nouveau destinataire de la nourriture, que Le Bernin montre agenouillé en prière, placé en diagonale par rapport à la chapelle Chigi.

Depuis les débuts du christianisme, Daniel dans la fosse aux lions symbolise l'âme chrétienne en danger de mort et ayant besoin d'être sauvée, alors que l'image de l'ange transportant Habacuc et son panier rempli de pains reflète l'intérêt des premiers chrétiens pour le repas miraculeux de pain et de vin que le prêtre-roi Melchisédech apporte à Abraham dans le désert. Avec sa parfaite maîtrise des vêtements en mouvement et des gestes spectaculaires de l'art baroque, Le Bernin transforma la chapelle Chigi en une scène étonnante et dynamique pour cette histoire biblique et non pas en un guide pour trouver la voie des *Illuminati*.

LA SCÈNE DU DEUXIÈME MEURTRE, OU POURQUOI LA « PETITE » PLAQUE DU BERNIN EST IMPORTANTE

En tentant d'éviter le meurtre du deuxième *prefereti* kidnappé, le cardinal Lamassé de Paris, Langdon et Vetra sont entraînés vers une œuvre du Bernin peu connue, située sur la place Saint-Pierre au Vatican. En 1655, le cardinal Fabio Chigi devint le pape Alexandre VII. Il nomma aussitôt Le Bernin architecte du Vatican (« notre propre architecte ») et lui demanda de redessiner la « Piazza des piazzas », la place Saint-Pierre, en 1656. L'obélisque géant de 25 mètres que le pape Sixte V avait fait déplacer en décembre 1585 représente le centre absolu de cet espace public. L'attention des lecteurs de *Anges et démons* est dirigée vers les disques de marbre placés près des fontaines de la piazza. La place qu'occupe l'un de ces disques dans le deuxième meurtre macabre et dans le code directionnel indiquant la prétendue Voie des *Illuminati* est encore plus importante, puisqu'il représente le témoin silencieux de la personnalité baroque fondamentale du Bernin.

Le Bernin devait transformer cet ovale spectaculaire en un espace qui remplirait les pèlerins d'émerveillement tout en projetant une image d'intimité spirituelle. Il remodela l'ovale

Habacuc et l'Ange du Bernin dans la chapelle Chigi de l'église Santa Maria del Popolo.

en une ellipse comportant une série d'illusions, notamment la progression de l'espacement interne allant de la fontaine à l'obélisque puis à la fontaine. Puis il entoura son ellipse de 284 colonnes sur quatre rangées surmontées de 90 statues colossales de saints. Les deux arcs formés par les colonnades imitent deux bras déployés qui symbolisent la sainte mère l'Église entourant de ses bras protecteurs et aimants toutes les personnes présentes. Cette façon de comprendre le concept du Bernin rappelle l'adage d'un des premiers Pères de l'Église, Cyprien de Carthage : « Celui qui n'a pas l'Église pour mère ne peut avoir Dieu pour père. » Ici, Le Bernin associait le christianisme primitif à l'Église de Rome contemporaine pour laquelle il n'y avait pas de salut hors de l'Église.

À l'époque du Bernin, le quartier populeux qu'on appelait *Borgo* occupait l'espace du spectaculaire sentier ouvert que nous voyons aujourd'hui lorsque nous traversons le célèbre Ponte San Angelo, que nous tournons à gauche et que nous regardons le long de la Via della Conciliazione vers la basilique Saint-Pierre. Nous ne pouvons qu'imaginer le sentiment qui envahit une femme en pèlerinage à cette époque quand, après avoir arpenté d'abord les rues étroites et surpeuplées du *Borgo*, elle se retrouve dans un vaste espace ouvert qu'englobent les bras protecteurs des colonnes monumentales surmontées par les statues colossales et qu'elle est attirée vers l'espace central qu'occupent l'obélisque et les fontaines vers les marches de la grande basilique.

Lorsque je me tiens sur ce disque de marbre rendu maintenant célèbre par le meurtre du cardinal Lamassé, je me rappelle qu'il correspond, comme l'a voulu Le Bernin, aux valeurs artistiques et religieuses de la Rome baroque. On peut voir de tels jalons, qu'il s'agisse d'une étoile, d'une croix ou d'un ange, dans toutes les principales églises ornées de plafonds baroques. Quand j'entre dans une de ces églises et que j'observe le plafond baroque, je vois des formes mouvantes et floues, un peu comme le matin, lorsque je regarde dans le miroir sans avoir mis mes lunettes. Toutefois, quand je me tiens sur le jalon, le désordre indistinct se transforme en une image claire, tout comme les quatre rangées de colonnes du Bernin deviennent une seule rangée précise de colonnes. Il s'agit d'une métaphore visuelle de la théologie de la Contre-Réforme

Les magistrales colonnades du Bernin menant à la basilique de la place Saint-Pierre, dans la Cité du Vatican.

qui épouse une perspective théologique centrale — on est soit sauvé dans les bras de notre mère l'Église, soit condamné hors de ses bras — reflétant la perspective centrale de l'art baroque.

LA SCÈNE DU TROISIÈME MEURTRE : POURQUOI CETTE FEMME FLOTTE DANS L'AIR

D'après *Anges et démons*, la scène du troisième meurtre (celui du cardinal Guidera de Barcelone) est l'église de Santa Mario della Vittoria, située « sur la Piazza Barberini ».

Les magistrales colonnades du Bernin menant à la basilique sur la place Saint-Pierre, au Vatican.

Plus loin, Brown affirme à tort que cette piazza a déjà possédé un obélisque, remplacé à la fin du XXe siècle par la *Fontaine du Triton* du Bernin. Cette description est à tout le moins étrange. L'église qui abrite la célèbre sculpture du Bernin *L'Extase de sainte Thérèse* se trouve en fait dans la Via XX Settembre, rue très longue et sinueuse à deux pâtés de maisons de la Piazza Barberini. De plus, Le Bernin créa sa *Fontaine du Triton* (1642-1643) en tant que monument civique en hommage au pape Barberini qui, l'ayant reconnu comme un enfant prodige, s'était chargé de son éducation et l'avait engagé à titre de sculpteur expérimenté. Son hommage visuel à Urbain VIII incluait les armoiries familiales avec les célèbres abeilles des Barberini et un triton brandissant une conque qui sonnait les louanges du pape comme une trompette. Le Bernin a conçu cette fontaine pour qu'elle soit là où elle est encore située. En songeant aux divergences entre l'histoire que raconte *Anges et démons* et les faits historiques, je me suis demandé : « S'agit-il de mon Bernin ou du Bernin de Langdon dont les œuvres se déplacent d'un endroit à un autre comme les cartes dans un jeu de solitaire ? »

Une fois à l'intérieur de Santa Maria della Vittoria, les lecteurs de *Anges et démons* découvrent une des plus célèbres œuvres du Bernin, son exceptionnelle sculpture de *L'Extase de sainte Thérèse*, qui se trouve dans le transept gauche de la chapelle Cornaro. Basée sur les liens entre l'art, l'iconographie et la théologie, cette image de l'un des plus importants personnages de la Contre-Réforme est essentielle à ma compréhension du Bernin. Ce ne fut qu'en octobre 1622 que

L'Extase de sainte Thérèse du Bernin dans l'église Santa Maria della Vittoria

le pape Grégoire X canonisa Thérèse d'Avila. Compte tenu de sa dévotion religieuse, Le Bernin devait la considérer comme une sainte vivante. À ses yeux, Thérèse d'Avila avait à la fois une aura d'historicité et une réalité contemporaine. Elle avait fondé un ordre réformé de religieuses, les moniales carmélites déchaussées, fait construire 16 monastères en Espagne et écrit plusieurs textes importants sur la spiritualité catholique. Santa Maria della Vittoria est l'église des moniales carmélites déchaussées à Rome. Le Bernin choisit l'image d'une de ses visions mystiques, si essentielles aussi bien dans son autobiographie que dans le culte de sa sainteté, comme sujet convenant bien à la chapelle mortuaire Cornaro.

Dans *Anges et démons*, Langdon affirme que cette sculpture avait d'abord été commandée pour le Vatican puis refusée par le pape Urbain VIII, comme l'avait prévu le sculpteur. Mais les documents historiques confirment que Le Bernin avait reçu une commande privée du cardinal vénitien Federico Cornaro (1579-1653) peu après avoir obtenu le contrat de la chapelle du transept gauche en 1647. Parmi les documents découverts à la fin du XXᵉ siècle et provenant des livres comptables du cardinal Cornaro se trouve un paiement exceptionnellement élevé de 12 089 scudi au Bernin pour une sculpture de sainte Thérèse qui ornerait l'autel de la chapelle. Ainsi, de toute évidence, cette statue fut créée afin d'être placée à l'endroit où elle allait toujours rester. De plus, le pape Urbain VIII mourut en 1644 et n'aurait pu commander, voir, évaluer ou refuser *L'Extase de sainte Thérèse* qui ne fut commandée et achevée qu'entre 1647 et 1652.

Le défi artistique du Bernin consistait à transposer dans le marbre l'expérience d'une sainte particulière, au moment où elle faisait l'apprentissage fugace mais absolu de l'amour divin. Lorsque le style baroque disparut progressivement au fur et à mesure qu'émergeaient d'autres styles culturels et artistiques, la manière dont Le Bernin avait décrit sainte Thérèse devint un sujet de critique constant à cause de la nature lascive et sexuelle qu'on attribuait à son œuvre. Un président français en visite déclara que cette sculpture aurait dû se trouver dans une chambre à coucher et non dans une église. Mais voir ou décrire cette impression de douceur féminine et d'extase mystique dans le marbre comme étant simplement sexuelle, c'est faire une grave injustice au Bernin, à sainte Thérèse et à la spiritualité catholique.

Toutes les religions du monde comportent une tradition mystique. Au sens générique, on peut décrire un mystique comme une personne à la recherche d'une immersion immédiate et totale dans le sacré, le saint, le divin. Qu'il s'agisse d'un homme ou d'une femme, d'un ecclésiastique ou d'un laïc, tout mystique décrit ses rencontres mystiques en des termes foisonnant de métaphores ou d'allusions sexuelles. Selon la façon dont Le Bernin comprenait Thérèse d'Avila, l'usage qu'elle faisait de telles métaphores était directement relié aux niveaux d'amour dans la spiritualité baroque. Le degré le plus élevé de l'amour humain est celui qu'éprouvent deux amants lorsqu'ils se donnent complètement l'un à l'autre. Toutefois, ce n'est là qu'une fraction de ce que représente l'amour de Dieu. En tant que mystique pouvant apercevoir fugacement l'amour de Dieu, la pâmoison de sainte Thérèse constitue un abandon total à Dieu — de l'esprit, du corps et de l'âme —, comme le montrent clairement l'expression de bienveillance sur le visage de l'ange et celle de désir ardent sur le visage de sainte Thérèse. L'image du Bernin reflète même le moment que sainte Thérèse décrit ainsi : « Le corps en perd tout mouvement ; on ne peut remuer ni les pieds ni les mains. » La description autobiographique de sainte Thérèse, comme la sculpture du Bernin, n'exprime pas l'« orgasme d'un réalisme saisissant » de Dan Brown dans sa vulgarisation postmoderne du pouvoir spirituel et physique de l'union mystique.

Une dernière divergence entre mon Bernin et celui de Langdon était liée au passage sur le troisième meurtre. Pour rafraîchir mes souvenirs visuels et géographiques, j'ai examiné avec soin une carte détaillée de Rome et des photographies en couleurs de la sculpture du Bernin. Je croyais me rappeler que l'ange tient dans sa main la flèche d'or que décrivait si minutieusement la mystique : « Je voyais dans les mains de cet ange un long dard qui était d'or, et dont la pointe en fer avait à l'extrémité un peu de feu. De temps en temps il le plongeait, me semblait-il, au travers de mon cœur, et l'enfonçait jusqu'aux entrailles ; en le retirant, il paraissait me les emporter avec ce dard, et me laissait tout embrasée d'amour de Dieu. »

Me souvenant de l'usage que faisait Le Bernin de la célèbre perspective centrale de l'art baroque, je me suis placée au bon endroit pour voir l'angle de la flèche d'or dans la main droite de l'ange. J'ai alors constaté que la flèche pointait vers la partie supérieure du corps de sainte Thérèse. Si on coordonne l'emplacement de la chapelle Cornaro à l'intérieur de l'église de Santa Maria della Vittoria avec l'emplacement géographique de l'église, les lecteurs de *Anges et démons* pourraient être déçus d'apprendre que cette flèche d'or est pointée vers le cœur de la sainte et que, si la cible se trouve derrière elle, alors le projectile se dirige vers l'est en s'éloignant, et non en se rapprochant, de la Piazza Navona ou du Vatican. Autrement dit, la flèche indique en réalité une direction opposée à celle que Robert Langdon interprète comme un indice de l'endroit où auront lieu les prochains meurtres. La façon dont Langdon explique les œuvres de son Bernin me rappelle que le fameux « œil innocent » n'existe pas.

LA SCÈNE DU QUATRIÈME MEURTRE, OU POURQUOI LA COLOMBE EST IMPORTANTE

Le meurtre du quatrième et dernier des *prefereti* de Brown, le cardinal Baggia de Milan, a lieu dans l'un des endroits les plus touristiques de Rome, la célèbre Piazza Navona, zone piétonnière au centre de Rome que l'empereur Domitien aménagea au I^e siècle pour des courses à pied. Située en face de l'église Sainte-Agnès en Agonie, cette place englobait également le palais adjacent des Pamphili, maison familiale du pape Innocent X qui commanda la *Fontaine des quatre fleuves* (1648-1651). Comme pour d'autres commandes importantes, Le Bernin avait intégré les armoiries familiales du pape au symbolisme de cette nouvelle fontaine monumentale.

S'inspirant de l'idée de la Grèce et de la Rome antique sur les quatre fleuves de la Terre et du concept médiéval chrétien des quatre rivières du Paradis, Le Bernin conçut cette œuvre comme un hommage à la famille Pamphili et une glorification de l'Église après la Réforme. Cependant, le concept du Bernin est plus direct que celui de la place Saint-Pierre. Cet obélisque est surmonté d'un globe doré sur lequel est posée une colombe portant dans son bec une branche d'olivier. Ce motif est une affirmation visuelle de l'évangélisation chrétienne (lire « catholique ») dans toutes les parties du monde, qu'illustrent les visages minutieusement ciselés du Bernin sur les quatre corps alanguis représentant les dieux des fleuves classiques du Nil, du Danube, du Rio de la Plata et du Gange. Comme le laisse entendre Robert Langdon, l'image de la colombe tenant une branche d'olivier comporte une multitude de significations ou de références. Mais Le Bernin choisit une signification particulière : les armoiries de la famille Pamphili contenaient une colombe et une branche d'olivier.

UNE POSTFACE EN CONCLUSION, OU DE QUEL BERNIN S'AGIT-IL AU JUSTE ?

Le Bernin et ses œuvres conservent une place particulière à la fois dans mon travail sur le symbolisme religieux et dans mon cœur. Même si les aspects mystérieux et palpitants de *Anges et démons* m'ont captivée, j'avoue avoir trouvé particulièrement déconcertants les propos de Langdon sur les symboles religieux et sur les œuvres du Bernin. Il existe peut-être « une multitude de façons de voir un merle » mais, comme je l'ai laissé entendre dans cet article, la remarque de l'auteur sur la véracité de ses affirmations est troublante. Étant donné que j'ai reçu une formation d'historienne de la culture, cette affirmation de véracité constitue un principe important à mes yeux. L'histoire de Robert Langdon ne serait-elle pas aussi captivante sans cette douteuse affirmation ? Alors, je pourrais bien sûr lui pardonner facilement ses erreurs en matière d'art et de « symbologie », et il pourrait ignorer ma question.

Curieusement, le professeur Langdon ne s'occupe pas des œuvres du Bernin qui foisonnent de symboles païens et chrétiens, des symboles qu'il devrait trouver fort intéressants. Le *Baldacchino* (1624-1633) et la Cathedra Petri (1657-1666) en sont des exemples importants. Le *Baldacchino* est le magnifique baldaquin qui abrite l'hôtel pontifical et marque l'emplacement de la tombe de saint Pierre. La Cathedra Petri est le symbole visuel réunissant les principaux enseignements sur le rôle de Pierre, en particulier les dogmes

---

* David Downie est rédacteur, réviseur et traducteur pigiste établi en Europe. Il traite surtout de culture, de nourriture et de voyages européens.

de la succession apostolique et la suprématie de Pierre. Afin de communiquer le caractère particulier et l'importance de Pierre, Le Bernin rassemble visuellement les textes sacrés, la théologie et la liturgie. Et pourtant, Langdon reste muet alors même qu'il passe devant les deux monuments dans la basilique Saint-Pierre.

Je me demande si les lecteurs, surtout les non-spécialistes, auraient trouvé intéressant de voir dans *Anges et démons* les illustrations de toutes les œuvres d'art et de tous les lieux importants qui y sont mentionnés. Après tout, le professeur Langdon décrit selon sa propre perspective des œuvres aussi connues que *L'Extase de sainte Thérèse* et la *Fontaine des quatre fleuves*, et même une œuvre aussi obscure que le jalon sur lequel est sculpté le «vent d'ouest». Peut-être que non seulement l'adage selon lequel une image vaut mille mots est vrai, mais qu'il fait partie intégrante de tout récit qui se fonde sur l'art et la symbologie. Que vais-je donc faire? Peut-être que passer à Rome un long week-end à arpenter ces rues, ces églises et ces œuvres du Bernin que je connais si bien serait un bon début.

ROME: CITÉ DES ANGES ET DES SPÉCULATIONS SUR LES DÉMONS

PAR DAVID DOWNIE[*]

Encore davantage que Galilée, Le Bernin, Robert Langdon, Vittoria Vetra ou le camerlingue, c'est la ville de Rome qui, à plusieurs égards, constitue l'élément principal de Anges et démons. Compte tenu du rôle important de la ville dans cette histoire, nous avons demandé à David Downie — rédacteur pigiste établi en Europe qui avait commenté les visites de Paris dans la foulée de Da Vinci Code pour notre livre précédent, Les Secrets du code Da Vinci — de rédiger à l'intention de nos lecteurs un rapport sur une visite de Rome après la parution de Anges et démons.

***

Anges et démons de Dan Brown se déroule presque entièrement à Rome, une ville que l'auteur décrit comme «un labyrinthe, un lacis de ruelles enchevêtrées sinuant autour d'immeubles, de fontaines et de ruines sans âge ». Les trouble-fêtes affirment en raillant que « lacis » et « labyrinthe » signifient la même chose et que les routes tournent souvent autour des immeubles et des fontaines. Qu'à cela ne tienne. Le charme de la prose de Dan Brown, et même celui de Rome, est qu'il défie souvent la compréhension.

Les lecteurs qui connaissent bien la capitale italienne semblent à la fois ravis et étonnés de découvrir le paysage urbain surréaliste du livre et de marcher sur les traces du « symbologiste » de Harvard, Robert Langdon, et des autres personnages dessinés à gros traits qui le peuplent, chacun d'entre eux affichant une allure et un langage tout à fait américains, quelle que soit leur nationalité dans le roman.

Rome procure à Brown une toile de fond antique et mystérieuse que même lui ne peut complètement dénaturer. Les ruines de la ville, ses églises, ses fontaines, ses places, ses anciennes voies de circulation et même le château Saint-Ange éclaboussé de sang attirent des dizaines de millions de touristes chaque année. À côté des routes touristiques normales, Brown a inventé une autre route pour voir certains sites moins connus de la Ville éternelle.

Les admirateurs curieux de *Anges et démons*, de diverses croyances et nationalités, un exemplaire abîmé du livre à la main, cherchent les lieux explorés en vitesse (mais avec une profondeur impressionnante) par l'infatigable professeur Langdon et son faire-valoir, Vittoria Vetra. La plupart des éditions du livre comprennent une carte de la ville.

Malheureusement, on trouve dans le roman de nombreuses erreurs : Brown situe Sant'Agnese in Agone du mauvais côté de la Piazza Navona et la nomme « Sainte-Agnès en Agonie ». L'expérience qu'a vécue Agnès, jeune vierge chrétienne brutalement martyrisée par les Romains, pourrait être interprétée comme un état d'agonie émotionnelle, mais ce n'est pas l'origine du mot « *Agone* » dans le nom de l'église. « *Agone* » signifie en fait « compétition athlétique » et fait référence aux jeux tenus à cet endroit dans le cirque Agonalis de l'empereur Domitien. De plus, contrairement à ce qu'affirme Brown, l'église de Santa Maria della Vittoria, où a lieu un des meurtres dans le roman, ne se trouve pas sur la Piazza Barberini. Elle se trouve un demi-kilomètre plus loin dans la Via XX Settembre. Ces écarts et autres déviations par rapport à la réalité géographique rendent la chasse au trésor encore plus palpitante. Il n'est peut-être pas réaliste d'exiger l'exactitude d'un écrivain du talent de Brown.

Comme avec *Da Vinci Code*, dans une note au début de *Anges et démons*, Brown fait la preuve qu'il ne lui suffit pas d'écrire de la fiction. Il proclame : « Tous les tombeaux, sites souterrains, édifices architecturaux et œuvres d'art romains auxquels se réfère cet ouvrage existent bel et bien. On peut encore les admirer aujourd'hui. » Une phrase qui, telle qu'elle est rédigée, constitue une énigme non grammaticale digne des avocats de Madison Avenue, car ce sont les références qui sont factuelles et qu'on peut encore admirer aujourd'hui. Cela pourrait expliquer pourquoi les œuvres d'art, les édifices et les événements historiques refusent parfois de se conformer aux évocations de Brown.

L'action démarre et atteint son apogée au Vatican, mais le meilleur endroit pour commencer à suivre la trace de Robert Langdon est le Panthéon. Au-dessus de sa colonnade cyclopéenne, même les historiens de l'art et les « symbologistes » myopes peuvent repérer l'ancienne inscription : « *M. AGRIPPA I. F. COS. TERTIUM FECIT* » (Marcus Agrippa, fils de Lucius, consul pour la troisième fois, a construit ceci). Agrippa était probablement le plus grand mécène de l'histoire des réseaux d'aqueducs. Au cours de la seule année 33 av. J.-C., il entreprit la construction d'un aqueduc, de 500 fontaines et de 700 bassins au centre de Rome. Toutefois, le Panthéon que les visiteurs voient aujourd'hui fut entièrement reconstruit sous l'empereur Hadrien de 120 à 125 apr. J.-C. Il surplombe les bains d'Agrippa. Comme le fait remarquer Langdon, les soldats médiévaux de Dieu, qui détruisirent tant d'autres monuments « païens », épargnèrent le Panthéon parce qu'il avait été christianisé : l'empereur byzantin Phocas l'avait donné au pape Boniface IV en 608.

Brown a presque raison au sujet de l'histoire ancienne et de la première inscription latine (il oublie le « fils de Lucius »). Toutefois, pour des raisons liées à la scansion, le personnage de Langdon persiste à appeler Raffaello Sanzio, alias Raphaël, « Santi ». C'est dans le style du « grand poète anglais » John Milton, auteur des vers inscrits sur la bordure d'une page du

Diagramma de Galilée, qui représente la clé d'une ancienne énigme des *Illuminati*. Si on considère les œuvres littéraires comme des œuvres d'art, la déclaration de Brown selon laquelle toutes les références de ce type sont exactes est encore plus étonnante, puisque aucun spécialiste de Galilée ne croit qu'il a écrit un dernier livre intitulé *Diagramma,* qui se trouverait ici ou là dans les Archives secrètes du Vatican, attendant que Robert Langdon le trouve et l'utilise comme guide pour trouver l'endroit où aura lieu le prochain meurtre.

Brown a quelques idées inhabituelles sur le moment où Raphaël aurait été inhumé au Panthéon dans un monument funéraire. En fait, la première inhumation eut lieu le 8 avril 1520, deux jours après la mort de Raphaël. En 1833, on ouvrit la tombe d'origine pour s'assurer que les restes de Raphaël s'y trouvaient toujours; puis on les transféra au monument funéraire maintenant exposé. Pour rétablir les faits qui prêtent à confusion dans le roman, il faut préciser que les anciennes sculptures du Panthéon furent retirées bien avant le XIXe siècle et que le spectaculaire œil-de-bœuf du Panthéon ne fut jamais connu sous l'appellation de « trou du Diable ». Même s'il sème la confusion dans le récit, un meurtre au Panthéon ne pouvait se produire à 20 h, puisque l'église ferme ses portes à 19 h 30. Il n'y a plus de guides bonimenteurs comme celui du roman — ils ont disparu avec les romans de E. M. Forster. Les préposés aux renseignements du ministère de la Culture fournissent gratuitement le type de renseignements dont Langdon a besoin pour se rendre à la case deux, l'église Santa Maria del Popolo.

Pour parcourir la distance séparant le Panthéon de la Piazza del Popolo en une minute, comme l'exige Brown, Langdon et son équipe de policiers de la Garde suisse n'auraient besoin ni de taxis ni de voitures de police mais d'une navette spatiale. Même Brown ne peut remonter en auto la Via della Scrofa et la Via di Ripetta, arriver sur la Piazza Augusto Imperatore et ressortir sur la Piazza del Popolo. Les rues sont à sens unique dans la mauvaise direction et la Via Tomacelli est interdite à la circulation.

Il serait intéressant de savoir comment le journaliste Gunther Glick a pu cacher sa camionnette de la BBC entièrement équipée « à l'ombre au fond » de l'une des places les plus illuminées et les plus animées de Rome, qui ne comporte aucun stationnement. Et toute personne autre que Brown qui a aperçu des *literati* au Caffè Rosati au cours des quatre dernières décennies devrait lever la main.

On dirait que le narrateur ne peut décider si Santa Maria del Popolo est un « navire échoué » du XIe siècle et son intérieur « plongé dans la pénombre », ou un « chantier de métro ». La réalité est plus claire. L'église est une bâtisse de la Renaissance construite sur les fondations romanes d'un ancien couvent. Elle se trouve entre la place et les murs de l'ancienne Rome. Hélas, il n'y a rien de mystérieux dans le fait d'y entrer par la porte de côté ou par la porte principale. Et les marches de l'entrée ne forment pas, comme Brown l'affirme, « un escalier en demi-cercle aux marches accueillantes », mais plutôt *una scalinata stondata* (un escalier en forme de rayon légèrement arrondi).

La chapelle Chigi existe et comporte effectivement une chambre funéraire souterraine. Il s'y trouve deux pyramides, mais elles ont été conçues par Raphaël et non par Le Bernin. Ce dernier y a ajouté le revêtement de marbre.

[Remarque du directeur de publication : Les pyramides n'ont rien d'inhabituel ou d'exotique à Rome, pas plus que les obélisques égyptiens qu'on trouve près de plusieurs églises et monuments. Les Romains d'il y a 2 000 ans étaient fascinés par l'histoire et la culture égyptiennes ; ils considéraient comme une des plus grandes réalisations de l'Empire la conquête de l'Égypte par Rome. La fascination à l'égard de l'Égypte ne s'est jamais démentie — après tout, les Américains et les Européens modernes l'éprouvent encore. Pendant la Renaissance et plus particulièrement à l'époque baroque, le Vatican a utilisé ses trésors égyptiens pour redécorer et glorifier la ville. Les obélisques surmontés de croix n'ont pas été érigés en secret par des architectes *illuminati*, mais ouvertement placés par les autorités catholiques devant de nombreuses églises, notamment Santa Maria del Popolo et la basilique Saint-Pierre elle-même, afin de mettre ces monuments en valeur et de faire en sorte que les pèlerins les trouvent plus facilement.]

Contrairement à ce qu'affirme Brown, les médaillons sur les pyramides de la chapelle Chigi ne sont pas en or. Cependant, l'ange du Bernin dans son œuvre *Habacuc et l'Ange* semble réellement pointer le doigt dans une direction quelconque, comme le laisse entendre Brown, peut-être même dans la direction générale de Saint-Pierre. Jusqu'à récemment, peu de gens regardaient cette sculpture, préférant les trésors artistiques qui ont rendu l'église célèbre : les sublimes peintures du Caravage, la *Conversion de saint Paul* et la *Crucifixion de saint Pierre*. Mais grâce à la popularité de *Anges et démons*, des hordes de touristes assiègent maintenant Habacuc. Certains rampent dans la poussière omniprésente (les travaux de restauration se poursuivent) en tentant d'apercevoir dans le « trou du Diable » les traces d'un cardinal décédé, marqué au fer rouge de l'« ambigramme » de la terre qu'utilisent les *Illuminati*. Malheureusement, un couvercle de marbre les cache. On a vu d'autres admirateurs du roman parcourir de haut en bas l'escalier qui mène au point d'observation du Pincio, à l'est de l'église, cherchant désespérément un point de vue sur la place suivante dans le polar de Brown, Saint-Pierre.

Au centre de la place Saint-Pierre du Bernin s'élève un obélisque apporté à Rome pendant le règne de Caligula ou de Néron (les opinions des spécialistes varient) et transporté à son emplacement actuel en 1585 par Domenico Fontana. Tout autour se trouvent des objets qui, d'après Brown, ont été conçus par le maître *illuminatus*, Le Bernin. Des cercles de marbre illustrent les signes du zodiaque et un cercle de marbre blanc serti d'un disque de pierre noire marque le point central de la place. De cet endroit, les visiteurs peuvent voir une fausse perspective des colonnades. Il semble y avoir une seule rangée de colonnes plutôt que quatre. Diabolique !

Après avoir laissé de côté un autre cardinal mort (celui-ci perforé), Langdon n'a d'yeux que pour l'une des 16 dalles de marbre sculpté illustrant les vents qui soufflent sur Rome, plus particulièrement le *ponente*, le « vent d'ouest » appelé « souffle de Dieu » (parce qu'il semble provenir de la basilique).

Dans le roman, le « vent d'ouest » pousse un Langdon fatigué, et son amoureuse qui lui colle aux baskets partout dans Rome, le long d'une « croix » vers la quatrième case des *Illuminati*, la Piazza Barberini et Santa Maria della Vittoria. Le problème, c'est que l'église du roman semble se trouver au mauvais endroit. Bien que Dan Brown essaie de nous faire croire que la *Fontaine du Triton* du Bernin a été érigée récemment sur la Piazza Barberini pour remplacer un obélisque (symbole des *Illuminati*), il faut malheureusement dire que le Triton occupe joyeusement cet emplacement depuis au moins 1643. Il n'existe aucun document prétendant qu'un obélisque s'y est trouvé à un moment ou à un autre, même avant 1643. Et puisqu'il s'agit du mauvais emplacement de Santa Maria della Vittoria, les références erronées s'annulent réciproquement.

Suivez la croix et avancez de quelques centaines de mètres jusqu'au coin de la Via XX Settembre et du Largo Santa Susanna, et vous trouverez l'église mobile souvent encerclée, ces jours-ci, d'une foule de lecteurs ébahis et impatients de voir la représentation du Bernin de sainte Thérèse en proie à « un orgasme d'un réalisme saisissant ».

Dans cette église, Langdon regarde un cardinal marqué au fer rouge (suspendu à des câbles d'encensoirs) rôtir au-dessus de bancs en flammes. Notre héros perd de précieuses minutes emprisonné sous un sarcophage retourné pendant que le méchant Assassin traîne Vittoria au-dehors, dans le style de King Kong, pour abuser d'elle plus tard. Avec un clin d'œil à Disney, Mickey sauve la mise (Langdon utilise la fonction réveil de sa montre Mickey Mouse pour attirer l'attention de quelqu'un ; voir à la page 411).

Certains lecteurs admettent avoir été amèrement déçus en découvrant que les sarcophages de l'église sont placés à une certaine hauteur sur les murs (il est impossible de les retourner) et que les bancs n'ont pas été brûlés récemment. Toutefois, ils ont effectivement brûlé en 1833 dans un incendie qui a également détruit l'ancien trésor de l'église, une image de la Madone de la Victoire. En ce qui a trait à Thérèse, là où Langdon voit une sorte de nature morte pornographique représentant un ange malabar sur le point de plonger une lance phallique enflammée dans la sainte gémissante, d'autres personnes possédant peut-être une imagination moins fertile voient ce qui constitue techniquement un chérubin tenant dans sa main une lance dorée à pointe de fer.

Qu'il s'agisse d'une lance ou d'une fléchette, elle pointe, dans l'esprit de Brown, vers la Piazza Navona et une sainte Agnès qui agonise de manière différente. Heureusement, Langdon ne prête pas attention à son église, peut-être parce qu'elle a été construite par le grand architecte Francesco Borromini, principal rival du Bernin au XVIIe siècle. Cette fois, l'obélisque surplombe la *Fontaine des quatre fleuves* du Bernin, élément central de la Piazza Navona, un des espaces publics les plus animés d'Europe, en particulier le soir. Toutefois, en cette soirée d'avril, l'Assassin trouve l'endroit commodément vide (le narrateur assure même que Robert Langdon trouve la place « déserte »), conduit sa camionnette jusqu'à la fontaine, puis jette à l'eau un cardinal enchaîné. Un autre mystère. La balustrade de fer et les 28 bornes qui gardent les gens et les véhicules à plus d'un mètre du bassin servent notoirement de perchoirs aux artistes de la rue. Autres éléments surprenants : la façon dont Langdon jette des pièces de monnaie (Brown devait penser à la fontaine de Trevi), respire grâce à un tuyau (encore la mauvaise fontaine), tire un coup de feu, lutte avec le méchant et escalade la fontaine sans se faire remarquer, alors qu'en fait, par une soirée de printemps, il devrait être entouré de clients du café, de caricaturistes, de musiciens et de policiers en patrouille 24 heures sur 24.

Contrairement à ce que Brown affirme, les sculptures de la fontaine ne représentent pas la vieille Europe. Elles représentent quatre continents et quatre fleuves : l'Europe et le Danube (le cheval) ; l'Afrique et le Nil (le lion) ; l'Asie et le Gange (le palmier et le serpent) ; et les Amériques et le Rio de la Plata (le tatou). Le fait que Le Bernin ait choisi de ne placer aucune pyramide à cet endroit lorsqu'il a reçu le mandat de construire cette remarquable fontaine dont une face devait symboliser l'Égypte et le Nil représente un intéressant dilemme dans le cadre de la théorie de Dan Brown selon laquelle les pyramides sont des symboles des *Illuminati* qui, eux, sont reliés au Bernin. De plus, tout historien de l'art et « symbologiste » qui ignore que le pape Innocent X a commandé la fontaine et demandé qu'on installe le symbole de sa famille, la colombe, en haut de l'obélisque devrait se procurer un guide touristique ou embaucher un cicérone. En tout cas, la colombe sur la statue qui, d'après Langdon, est un symbole païen, pointe, dit-on, vers le château Saint-Ange, prochain arrêt dans la tournée des meurtres mystérieux.

Imaginez un auteur italien de romans populaires décrivant un musée bien connu, disons le Smithsonian, comme une loge labyrinthienne *d'Illuminati* liés à la Maison-Blanche et vous aurez une idée de ce que pourraient ressentir les Italiens à la lecture de Dan Brown. Le Mausolée d'Hadrien, achevé en 139 et sur lequel Grégoire Le Grand a aperçu un ange en 590, a été plus tard transformé en forteresse et nommé château Saint-Ange pour rappeler la vision de Grégoire. Le château était relié au Vatican par un passage surélevé (appelé *Il Passetto*), agrandi et embelli par divers papes, puis transformé en musée national en 1925. On y trouve effectivement une ancienne rampe en spirale, des réservoirs d'huile et des silos, des donjons et des passages secrets. Il est aussi presque complètement ouvert au public, on peut y voir des foules de touristes durant toute l'année, il ne possède pas de ponts-levis fonctionnels et il comporte un café avec vue panoramique et éclairage électrique (désolé, pas de torches). Les bastions ont la forme d'un pentagone, mais pas le parc, puisqu'il a été construit par Mussolini dans les années 1930. Les donjons où ont été amenés les cardinaux kidnappés de *Anges et démons* se trouvent sur le trajet des visiteurs, de même que (au moins une partie du temps) le corridor intérieur du *Passetto*, qui débouche près des colonnades du Vatican.

En ce qui concerne la façon dont Brown voit la chapelle Sixtine et ses fresques, moins on en dit, mieux c'est. De nombreux ouvrages inspirés et pertinents ont été écrits sur le Vatican, ses œuvres d'art et son architecture, son histoire et ses dilemmes, et on ne peut qu'espérer que les lecteurs de *Anges et démons* finiront par les consulter. En ce qui a trait aux grottes, aux excavations archéologiques et à la tombe putative de saint Pierre prétendument interdite au public sous la basilique, de même qu'à une grande partie de la cité du Vatican et de ses jardins, elles sont toutes accessibles soit pendant les heures de visite normales ou sur demande écrite.

La prétendue *Confession* (sous l'autel pontifical et le *Baldacchino* du Bernin) se trouve au niveau de la crypte et on y accède par deux escaliers courbés. Directement sous l'autel se trouve le grillage doré qui recouvre la niche de la Pallia qui, s'il faut en croire les historiens du Vatican, contient le tombeau de saint Pierre. C'est là que le camerlingue disparaît après avoir soulevé la lourde grille et c'est là aussi que se rassemblent

---

* Susan Sanders est directrice générale de l'Institute for Design and Culture, organisme sans but lucratif qui s'est donné pour mission de renseigner les voyageurs sur l'histoire, l'art et l'architecture de Rome.

maintenant les lecteurs, polar en main. En suivant les allées et venues frénétiques des personnages de Brown dans la crypte, on croirait que la voie d'accès souterraine à la tombe de saint Pierre s'étire sur des kilomètres. Heureusement ce n'est pas le cas, sinon le livre aurait pu être encore plus long.

La *Confession* est construite en forme de fer à cheval et entourée d'une balustrade surmontée de lampes à huile perpétuellement allumées. Le sujet de discussion favori des admirateurs de Brown semble se concentrer sur le nombre exact de lampes (officiellement 95, mais ce nombre varie quotidiennement) et sur la question de savoir si le carburant qu'elles contiennent — de la cire d'abeille liquide inoffensive et non le liquide semblable au napalm de Brown — pourrait, oui ou non, brûler entièrement un être humain résolu à s'immoler. Avec un peu de chance, nous ne le saurons jamais.

« Laissez les anges vous guider dans votre noble quête »

PAR SUSAN SANDERS [*]

> *Dès la tombe terrestre de Santi,*
> *Où se découvre le trou du Diable,*
> *À travers Rome vous dévoilerez*
> *Les éléments de l'épreuve sacrée,*
> *Et les anges guident votre noble quête.*
>
> JOHN MILTON

On a consacré beaucoup de temps et d'énergie à discuter du best-seller de Dan Brown, *Anges et démons*. Les partisans et les critiques du livre ont tous posé des questions sur l'exactitude historique des événements du XVIIe siècle que raconte le polar et sur les enjeux contemporains qu'aborde le livre, des conclaves pontificaux à l'antimatière jusqu'aux secrets de la Bibliothèque du Vatican. Et pourtant ce que le livre a suscité représente bien davantage que la somme de ses exactitudes, de ses inexactitudes et de son statut de best-seller. Dans *Anges et démons*, Brown ouvre une fenêtre sur le passé qui stimule à la fois l'imagination et la raison. Dans le monde fictif de *Anges et démons* (comme dans son autre roman populaire, *Da Vinci Code*), l'histoire joue un rôle important. Ce rôle important incite de nombreux voyageurs à visiter Rome et à faire leur propre trajet dans la ville pour voir «les éléments de l'épreuve sacrée».

Pour les habitants de la Ville éternelle, les touristes font partie de la vie quotidienne. Dans l'Antiquité, les visiteurs se rendaient à Rome pour connaître la ville qui régnait sur le monde occidental. Depuis cette époque, le tourisme tient une place essentielle dans le bien-être économique de la ville. Des pèlerins religieux aux poètes romantiques en passant par les voyageurs sur les bateaux de croisière contemporains, Rome a déjà accueilli une multitude de visiteurs. Tous sont impatients de voir l'une des plus belles villes du monde, une ville splendide qui représente un trésor sur le plan historique.

La grande majorité de ces touristes ont recours à des guides traditionnels pour les orienter dans leur «noble quête» de l'art, de l'histoire et de la culture de Rome. Mais la publication de *Anges et démons* a créé un nouveau type de touriste — un touriste qui ne se promène pas avec en main un des guides traditionnels, mais plutôt avec un exemplaire abîmé de *Anges et démons*. Ces touristes explorent Rome en suivant la carte de la ville que contient le livre, au tout début, juste après la note de l'auteur, dans laquelle il affirme: «Tous les tombeaux, sites souterrains, édifices architecturaux et œuvres d'art romains auxquels se réfère cet ouvrage existent bel et bien. On peut encore les admirer aujourd'hui.»

Malgré cette affirmation, *Anges et démons* est davantage une œuvre de fiction qu'une œuvre fondée sur des faits. Au fur et à mesure que l'intrigue progresse, les deux principaux personnages, le «symbologiste» Robert Langdon et la physicienne Vittoria Vetra, parcourent Rome en tous sens en tentant d'arrêter l'Assassin avant qu'il ne commette un autre crime. Les endroits où ils se rendent *existent* vraiment et, dans le livre de Brown, ces quatre sites historiques et artistiques deviennent des «autels de la science» — la scène des meurtres horribles et spectaculaires des quatre *prefereti* (cardinaux susceptibles d'être élus pape). Langdon et Vittoria courent à travers la ville en essayant d'empêcher les meurtres tout en décodant les indices qui les mèneront au meurtre suivant.

Peut-être la plus grande qualité de *Anges et démons* réside-t-elle dans le fait qu'il offre une solution de rechange bienvenue aux guides traditionnels qui ont dominé le tourisme ces dernières décennies. Le livre de Brown et le tourisme qu'il a suscité évoquent les pratiques des voyageurs des XVIIIe et XIXe siècles qui faisaient le Grand Tour et venaient à Rome dans le but de voir de leurs propres yeux les sites qu'ils avaient étudiés et sur lesquels ils avaient lu. La plupart des touristes admirateurs de *Anges et démons* reconnaissent que le livre est un roman et qu'en conséquence, il présente très peu d'informations factuelles sur l'histoire, l'art ou l'architecture de Rome. Toutefois, comme leurs homologues du début de l'ère moderne, ils tentent de se représenter un récit palpitant. Cette fois-ci, il ne s'agit pas de la montée et de la chute de l'Empire romain, mais du monde baroque du Bernin et de la Contre-Réforme, de la place Saint-Pierre et de la Piazza Navona, d'une société secrète du XVIIe siècle et d'une série d'intrigues pontificales.

Contrairement aux touristes qui se font prendre en photo devant la fontaine de Trevi ou le Colisée et qui cochent le site sur leur liste d'endroits à visiter, les touristes de *Anges et démons* adoptent une forme plus complexe et plus interactive de tourisme. En suivant les traces des principaux personnages partout dans la ville, ils apprennent les complexités de la Ville éternelle au fur et à mesure qu'ils se rendent d'une scène de meurtre à l'autre. Ils suivent la voie indiquée dans le livre pour deux raisons : premièrement, ils veulent voir de près les endroits que mentionne le livre et, deuxièmement, ils veulent en apprendre davantage sur les sites que ce qu'en dit le livre.

Même s'ils ne restent pas nécessairement plus longtemps que ceux qui suivent les conseils des guides traditionnels, les voyageurs de *Anges et démons* s'intéressent davantage à la ville et acquièrent une perspective plus large sur les complexités de Rome. Par exemple, le premier meurtre se produit dans une chapelle commémorative construite pour l'homme le plus riche de la Renaissance, Agostino Chigi, dans l'église de Santa Maria del Popolo. La chapelle Chigi fut d'abord conçue par Raphaël, le jeune prodige de la peinture de la Renaissance, et fut achevée grâce au génie de l'époque baroque, Gianlorenzo

Bernini. Même s'il s'agit d'une magnifique chapelle et qu'elle renferme une iconographie complexe et intéressante, il est peu probable que cette chapelle apparaisse sur une liste des 10 principaux sites que devraient visiter les touristes. Les touristes qui s'aventurent dans la chapelle Chigi pourraient bien éprouver un certain découragement devant les symboles et les images complexes qu'elle recèle. Entre les références bibliques et les symboles astrologiques associés aux planètes, et les allusions au Panthéon et les références à l'ancien empereur romain Auguste, la plupart des visiteurs ordinaires de la chapelle la trouvent peu intéressante ou dans une large mesure difficile à comprendre.

Bien sûr, le livre de Brown est un polar et le déroulement du récit doit progresser rapidement. Ainsi, l'auteur omet la plupart des détails de la chapelle Chigi au moment où elle devient la scène du premier meurtre. Malgré cela, Brown fait connaître à ses lecteurs le concept des chapelles commémoratives familiales et leur importance dans la culture de la Rome des XVIe et XVIIe siècles. Et, comme les principaux personnages du livre résolvent en partie le mystère en se livrant à un examen approfondi de certains éléments iconographiques de la chapelle, les touristes de *Anges et démons* ont tendance à examiner tout aussi minutieusement l'imagerie de la chapelle et à réfléchir sur sa signification et sa fonction. Le texte de Brown fournit donc aux lecteurs une façon d'aborder un site artistique complexe et une façon de comprendre au moins en partie son importance esthétique et culturelle.

Non seulement *Anges et démons* représente un média spectaculaire grâce auquel le touriste moderne peut réussir à comprendre par lui-même un groupe restreint de monuments complexes de Rome, mais il présente également au touriste-lecteur un des plus grands sculpteurs et architectes du XVIIe siècle : Le Bernin. Dans l'esprit populaire, Le Bernin occupe souvent une moindre place que son prédécesseur de la Renaissance dans le domaine de la sculpture, Michel-Ange. Pourtant, Le Bernin était un des plus importants défenseurs du style baroque à Rome. C'était un homme doté d'un immense talent artistique et un individu charmant à qui la compréhension intelligente de la cour pontificale qu'il fréquentait procurait des commandes des dirigeants les plus importants du clergé et de l'aristocratie de Rome.

Dans *Anges et démons*, les quatre meurtres se produisent dans des églises, sur des places ou près de fontaines conçues par Le Bernin. Selon la description qu'en fait Brown, il était membre de la société secrète des *Illuminati*. Cet excès d'imagination dans la biographie du Bernin n'empêche pas de nombreux touristes de ressentir de l'émerveillement lorsque, grâce à leur propre exploration de *Anges et démons* sur le terrain, ils découvrent, souvent pour la première fois, les merveilles incomparables de l'œuvre du Bernin. Bien sûr, les touristes de *Anges et démons* sont curieux de savoir si Le Bernin a réellement été membre des *Illuminati* lorsqu'ils se tiennent devant *L'Extase de sainte Thérèse* dans la chapelle Cornaro de l'église Santa Maria della Vittoria. Mais cette question sort rapidement de leur esprit et est remplacée par d'autres questions plus importantes : « Comment quelqu'un peut-il réellement illustrer le moment d'extase de sainte Thérèse dans un matériau aussi froid et dur que le marbre ? » « Comment un personnage de pierre peut-il sembler si léger, flottant, et saisi d'une passion profonde ? » Sans aucun doute, *Anges et démons* a procuré à cet artiste du XVIIe siècle une foule de nouveaux et dévoués admirateurs qui veulent mieux connaître sa vie et son œuvre.

Dan Brown a suscité un nouveau type d'intérêt à l'égard de Rome. Les touristes de *Anges et démons* y viennent pour découvrir les « éléments de l'épreuve sacrée », en utilisant comme guide son récit palpitant. Leur « noble quête » leur permet de découvrir bien davantage que l'identité et les affiliations d'un meurtrier qui tient à tout prix à corriger le point de vue de l'Église catholique sur les progrès scientifiques. En situant à Rome l'action de *Anges et démons*, Brown a stimulé la curiosité intellectuelle d'un grand nombre de visiteurs de Rome et leur a procuré une carte qui leur donne la possibilité de découvrir certains des plus importants trésors artistiques de la ville.

Sixième chapitre

La science et la technologie dans *Anges et démons*

*La plus importante équipe d'enquête du monde
sur les scènes de crime examine le meurtre
et la mutilation dans* Anges et démons
*• Ce que votre ophtalmologiste pourrait ignorer
sur un globe oculaire arraché;
l'œil réussira-t-il le test d'identification
par lecture d'empreintes rétiniennes?
• Si les oiseaux volent, alors pourquoi, oh pourquoi,
Robert Langdon ne le peut-il pas?
• Les progrès de la science cosmologique
depuis l'époque de Galilée
• L'antimatière: de la science-fission
• Désenchevêtrer l'enchevêtrement*

La mort frappe les cardinaux : un expert médicolégal se prononce sur le meurtre, la mutilation et la survie

Une entrevue avec Cyril H. Wecht [*]

La mort joue un rôle de premier plan dans Anges et démons, *se présentant sous des formes assez macabres, de la noyade à cause de poumons perforés jusqu'à la scène, la plus spectaculaire de toutes, où le scientifique Leonardo Vetra se fait enlever un œil, briser le cou et tordre complètement la tête vers l'arrière. Aussi saisissantes soient-elles, dans quelle mesure ces morts sont-elles conformes à la réalité ? Le célèbre coroner du comté d'Allegheny, Cyril H. Wecht, accorde une bonne note à Brown pour le caractère réaliste de la plupart des décès et des évasions de justesse au cours des 24 heures que dure la série de meurtres dans* Anges et démons. *Brown ne commet des erreurs que dans deux scènes cruciales : la noyade simulée de Langdon dans la fontaine de la Piazza Navona aux mains de l'Assassin et, plus tard, sa chute nocturne d'un hélicoptère, accroché à une bâche de moins de un mètre carré au moment où les vagues d'énergie générées par l'explosion de l'antimatière le frappent. Même si elle est brève, la conclusion du docteur Wecht sur la possibilité d'utiliser un œil « mort » pour tromper un appareil d'identification par empreintes rétiniennes concorde avec l'analyse plus approfondie de ce problème plus loin dans ce chapitre.*

Au cours de sa longue carrière, le docteur Wecht a réalisé 15 000 autopsies et dispensé ses services dans 35 000 autres affaires de morts suspectes aux États-Unis et ailleurs. Il a écrit plus de 475 articles et dirigé la publication de 35 livres.

***

---

[*] L'un des plus éminents experts médicolégaux des États-Unis, Cyril H. Wecht est coroner du comté d'Allegheny à Pittsburgh, en Pennsylvanie, et président du conseil consultatif du Cyril H. Wecht Institute of Forensic Science and Law à la Faculté de droit de l'Université Duquesne.

Dans Anges et démons, *l'Assassin extirpe l'œil du scientifique Leonardo Vetra avant sa mort pour l'utiliser devant un appareil d'identification par empreintes rétiniennes. Peut-on utiliser de cette façon un œil « vivant » retiré du crâne d'une victime ?*

Lorsque l'œil est retiré et donc privé d'un apport sanguin, des changements dégénératifs commencent à se produire rapidement. La rétine est extrêmement sensible au manque d'oxygène provenant des artères. À mon avis, il ne demeurerait pas « vivant » suffisamment longtemps pour pouvoir tromper un appareil de ce genre. Je ne crois pas qu'on ait jamais effectué une recherche de ce type, à l'exception, peut-être, de certaines de nos « agences d'espions ».

Le balayage de la rétine analyse la couche de vaisseaux sanguins qui se trouvent derrière l'œil. Il implique l'utilisation d'une source de lumière à basse intensité et d'un coupleur optique, et il peut lire les caractéristiques avec un degré élevé de précision. Il faut que l'utilisateur enlève ses lunettes, place son œil près de l'appareil et se concentre sur un point précis. L'utilisateur regarde une lumière verte à travers une petite ouverture dans l'appareil. Le processus dure de 10 à 15 secondes.

Il n'existe aucun moyen connu de reproduire une rétine, et la rétine d'une personne morte se détériorerait trop rapidement pour être utile. C'est pourquoi on n'a pris aucune précaution supplémentaire en ce qui concerne le balayage de la rétine pour s'assurer que l'utilisateur soit vivant.

Est-il possible de tordre la tête d'une victime à 180 degrés de façon qu'elle regarde vers l'arrière, comme le fait prétendument l'Assassin de Leonardo Vetra ?

Non, c'est impossible. La tête demeure droite grâce à la colonne vertébrale, aux vertèbres osseuses ainsi qu'aux muscles, tendons et ligaments. Vous ne pouvez pas endommager beaucoup de tissus mous et faire en sorte que la tête demeure stable. Vous tordriez ainsi les divers amas de muscles qui sont présents dans les parties latérale, antérieure et postérieure du cou. À mon avis, ce serait absolument impossible. Ça ne veut pas dire que la tête ne serait pas tordue, mais elle tomberait sur le côté.

Le corps gît par terre. Cela pourrait-il se produire dans cette position ?

Eh bien, si j'étais étendu sur le plancher, ça ferait une différence. Mais je n'ai jamais vu une tête tordue à 180 degrés. J'ai vu des têtes passablement tordues et déchirées sur le côté et ainsi de suite, mais jamais tordues à 180 degrés.

Dans Anges et démons, *l'Assassin attaque quatre cardinaux et les marque au fer rouge, mais ceux-ci meurent d'autres façons. Une personne pourrait-elle mourir de brûlures, d'un choc ou d'une crise cardiaque après avoir été marquée au fer rouge d'un ambigramme sur la poitrine?*

Si le cœur d'une personne est en très mauvais état, n'importe quel type de tension, y compris le fait d'être brûlée, pourrait causer une arythmie cardiaque, un battement anormal du cœur et la mort en raison de ce qu'on appelle généralement une crise cardiaque. Mais, pour une personne qui souffre d'une grave maladie du cœur et dont les artères coronaires sont très endommagées, le fait d'être marquée au fer rouge n'est pas différent de celui d'être gravement brûlée. Les gens ne meurent pas seulement parce qu'ils sont brûlés. Nombre d'entre eux guérissent, parfois même ceux dont le corps a été brûlé à plus de 50 %. Ils guérissent puis vivent pendant des jours, des semaines ou des mois.

Dans le prologue de Anges et démons, *l'auteur écrit: « Vetra lutta pour ne pas perdre connaissance, mais le voile qui le séparait du monde s'épaississait. » C'est après que Leonardo Vetra a été marqué au fer rouge. Une telle chose peut-elle causer suffisamment de douleur pour que la personne perde connaissance?*

Certaines personnes pourraient perdre connaissance et d'autres non. Il n'y a aucun moyen de prédire une perte de connaissance. Certaines personnes s'évanouissent très facilement, car elles ne peuvent endurer aucun type de douleur. Il y a d'importantes variables qui sont passablement imprévisibles.

C'est intéressant parce que, parmi les quatre victimes marquées au fer, certaines résistent plus longtemps que d'autres. Et puis le vilain, le cardinal Carlo Ventresca, court, saute dans un hélicoptère et entraîne tout le monde dans une folle poursuite au milieu des catacombes après avoir été marqué.

C'est possible. On peut souffrir d'une grave brûlure et demeurer conscient. Si vous pouvez endurer la souffrance et que votre désir et votre motivation sont suffisamment puissants, vous pourriez demeurer conscient et continuer à réfléchir, à vous déplacer et à agir. C'est pourquoi des personnes gravement brûlées continuent à lutter pour sortir d'une maison ou d'une auto en flammes : elles veulent survivre. Et leurs brûlures sont plus graves que celles causées par un fer rouge sur la poitrine.

La perte de connaissance constitue un facteur extrêmement variable. Il n'y a aucune façon de la prédire. Certaines personnes voient du sang et s'effondrent, alors que d'autres peuvent endurer des souffrances terribles et demeurer conscientes. Là où je veux en venir, c'est que vous ne mourrez pas après avoir été marqué au fer rouge sur la poitrine.

Dans le roman, le pape est empoisonné avec de l'héparine, un puissant anticoagulant qu'il prend pour sa thrombophlébite. Est-ce plausible ? Et, après avoir pris de l'héparine, une personne peut-elle saigner si abondamment de la bouche que sa langue devienne noire ?

Eh bien, on ne pourrait appeler cela un « empoisonnement » à proprement parler.

Pourquoi ?

Vous pouvez en parler de cette façon, mais il ne s'agit pas véritablement d'une réaction toxique. On administre de l'héparine par voie intraveineuse à des gens dont il faut empêcher rapidement la coagulation du sang, par exemple dans le cas d'un caillot sanguin. La réponse est que cela pourrait certainement causer de graves saignements, mais il n'y a aucune raison que la langue noircisse à la suite d'un quelconque effet direct sur le muscle de la langue.

Toutefois, le saignement pourrait causer une hémorragie sous la peau. Le sang pourrait alors recouvrir la langue et prendre en séchant une couleur sombre, brun-noir ; après un certain temps, il se forme des croûtes et on pourrait dire alors que la langue devient noire. Il faut être prudent à ce sujet.

Dan Brown affirme clairement que la langue du pape est « noire comme du charbon » lorsqu'on ouvre son sarcophage.

Le sang forme une croûte, il sèche et s'oxyde. Plutôt que d'être rouge, il commence à prendre une couleur plus sombre et on pourrait dire qu'il est noirci.

Abordons un autre élément étrange du point de vue médicolégal en ce qui concerne l'héparine. Le Vatican ne découvre pas ce crime parce que la loi pontificale stipule que les papes ne peuvent subir une autopsie. Savez-vous si cela est vrai?

Dans le cas du pape, je ne sais pas. Au fil des ans, j'ai pratiqué des autopsies sur des religieuses et des prêtres, et j'ai travaillé dans des hôpitaux catholiques. Cela ne va pas à l'encontre de leur religion. Mais, en ce qui a trait au pape, je ne sais pas. Je pense qu'ils ne veulent pas profaner le corps parce qu'ils le considèrent comme le vicaire du Christ sur terre.

Dans un épisode qui constitue le point culminant du roman, Robert Langdon survit à une chute d'un hélicoptère qui explose au-dessus de Rome en se servant d'une bâche de un mètre carré comme parachute. Est-ce possible?

À mon avis, c'est fort peu probable à moins que vous ne bénéficiez de vents très particuliers. Le point de chute pourrait aussi varier considérablement.

Même si vous réussissiez à survivre, serait-ce suffisant pour vous empêcher d'atterrir en vous brisant la plupart des os du corps?

Je dirais que non, si la personne atterrit sur une surface dure. Si la personne atterrit sur une surface très molle, si elle ne tombe pas d'une grande hauteur, si la bâche capte le vent de manière à ralentir considérablement la chute, je ne pourrais affirmer qu'il est impossible d'atterrir de cette façon sans se briser les os. Mais je pense que ce serait extrêmement improbable.

L'auteur écrit que Langdon atterrit dans une rivière où les eaux sont «déchaînées», «écumeuses et aérées» et «trois fois moins dures qu'une eau étale». Est-il vrai que l'eau en mouvement peut adoucir la chute?

Cela dépend, à vrai dire, de la densité de l'eau. L'eau turbulente et écumeuse contient beaucoup d'air. En conséquence, elle présenterait une surface beaucoup plus molle qu'une eau immobile.

D'après votre expérience, de quelle hauteur maximum une personne a-t-elle pu faire une chute et survivre — une chute de 300 mètres, ou de 1 ou de 2 kilomètres sans parachute?

Il ne s'agissait pas d'un de mes cas, mais je me souviens qu'il y a longtemps, une hôtesse de l'air est tombée d'un avion en Yougoslavie. Je pense qu'elle est tombée dans un banc de neige et qu'elle a survécu à une chute de quelques milliers de mètres.

Dans Anges et démons, *l'hélicoptère est censé se trouver à plus de 3 000 mètres au-dessus de la terre. Quelqu'un pourrait-il survivre à une telle chute?*

Trois mille mètres? Eh bien, ça m'étonnerait beaucoup. On parle ici de plusieurs milliers de mètres et je ne crois pas qu'on puisse survivre à une telle chute. Je ne crois pas non plus qu'on puisse atterrir sans se briser les os.

J'ai une autre question qui concerne une chute de, disons, plusieurs milliers de mètres: peut-on demeurer lucide?

Oui, on peut demeurer lucide. Les gens qui sautent en parachute demeurent conscients.

Est-il possible qu'un quelconque mécanisme de protection entre en jeu? Dans le roman, Langdon se déplace au-dessus du Tibre en manœuvrant la bâche et on nous donne l'impression qu'il a suffisamment de présence d'esprit pour améliorer ses chances de survie.

Encore une fois, il s'agit d'un élément subjectif.

Une question sur le sang. Plus loin dans le roman, au cours d'une scène importante dans laquelle le camerlingue se marque lui-même au fer rouge et dans laquelle les gardes abattent Maximilien Kohler et le capitaine Rocher, ce dernier tombe sur le dallage face la première. Brown écrit: «[...] il glissa, sans vie, dans une mare de sang.» Peut-on glisser de cette façon dans du sang?

C'est possible. Le sang est très glissant. Selon son poids, un homme adulte a dans le corps de 5 à 6 litres de sang, c'est-à-dire de 5 000 à 6 000 centimètres cubes. On peut perdre de 20 à 25 % de son sang sans s'évanouir. Ainsi, si vous perdez 1 000 centimètres cubes de sang, pourriez-vous perdre connaissance et glisser dans ce sang? C'est certain. En particulier si vous vous trouvez sur une surface lisse. Si le sang est absorbé par la terre ou par des fentes, non. Mais s'il s'agit d'un plancher lisse de bois ou de dalles, la chose est possible.

Il y a dans le livre une scène dans laquelle l'Assassin maintient le héros sous l'eau de la fontaine de la Piazza Navona à Rome.

Ce dernier demeure sous l'eau assez longtemps parce que c'est un bon nageur et qu'il peut retenir son souffle. Puis il feint d'être mort en imitant la rigidité cadavérique pendant cinq secondes, une seconde de plus qu'elle devrait normalement durer selon le tueur, et, finalement, il coule. Si le héros était mort, son corps ne flotterait-il pas plutôt à la surface de l'eau ?

Le corps ne flotte pas tout de suite. Au moment de la mort, le corps descend vers le fond. Il ne flotte que lorsque des gaz commencent à se former au moment où le corps se décompose. Parfois, des corps demeurent sous l'eau pendant de très longues périodes.

Pendant combien de temps une personne peut-elle demeurer sous l'eau en retenant son souffle ?

Des nageurs d'expérience, en particulier s'ils le font de manière consciente et en suivant un plan, peuvent retenir leur souffle pendant deux minutes ou plus. Des pêcheurs de perles peuvent retenir leur souffle pendant trois ou quatre minutes parce qu'ils s'entraînent dans ce but. Leurs poumons se sont élargis et ils respirent lourdement et profondément pour augmenter le volume d'air dans leurs poumons.

Une personne peut-elle imiter la rigidité cadavérique ?

Premièrement, le corps ne devient pas rigide seulement parce qu'il est mort. Cela ne se fait pas spontanément.

Cela ne se peut pas ?

Votre corps n'adoptera pas cette rigidité seulement parce que vous vous êtes noyé. Et vous n'allez pas vous noyer en six secondes. Même si vous perdez connaissance, et cela pourrait prendre de 15 à 30 secondes selon votre état de santé et d'autres facteurs, vous n'êtes pas mort. La rigidité cadavérique ne survient qu'après la mort.

Par définition, la rigidité cadavérique est un processus de mort. Et la rigidité cadavérique ne survient habituellement pas avant une heure et la plupart du temps deux heures.

Au cours d'une autre scène de mort, un cardinal meurt parce que l'Assassin a percé ses poumons de chaque côté de la poitrine. Il a deux petits trous sous le sternum et, lorsque Vittoria Vetra lui applique la respiration artificielle, « [l]es deux blessures se [mettent] à cracher en sifflant des geysers de sang, comme les évents d'une baleine ».

On peut faire des perforations avec des aiguilles ou des entailles avec, par exemple, un pic à glace qui perforerait les poumons et laisserait échapper l'air au moment où les poumons s'affaissent. C'est ce qu'on appelle un pneumothorax, autrement dit l'affaissement des poumons ou d'une partie des poumons.

Un instrument pointu, comme un stylet ou un pic à glace, pourrait perforer les poumons et entraîner des saignements. Mais s'il s'agissait d'entailles plus larges, plus de sang en sortirait. Et des entailles plus larges causeraient davantage de dommages aux poumons.

Alors, oui, des coups d'arme blanche pourraient perforer les poumons, entraîner leur affaissement et produire un pneumothorax. La personne ne pourrait aspirer l'air et son activité respiratoire serait affaiblie. Il est possible, si on comprime son thorax pour tenter de la réanimer, que le sang jaillisse de ces perforations.

Une autre question sur la respiration. À un certain moment, Robert Langdon se trouve dans les Archives secrètes du Vatican, dans une pièce hermétiquement fermée qui, je crois comprendre, ne contient pas beaucoup d'oxygène. En voici la description : «Il suivit le mouvement en se préparant au choc physique du passage dans l'air raréfié, une différence atmosphérique comparable à un dénivelé de six mille mètres — en une seconde. Une sensation de vertige et de nausée accompagnait souvent les quelques instants d'adaptation.»
À ce moment, il réprime un haut-le-cœur et laisse ses muscles pectoraux se décontracter pour que ses vaisseaux pulmonaires se dilatent. La tension se dissipe et il se réjouit de ce que ses cinquante longueurs de piscine quotidiennes servent à quelque chose. Tout cela est-il possible ?

Vous pouvez relâcher la tension de votre thorax en respirant plus lentement. Je pense que ce qu'il veut dire, c'est que Langdon respire profondément pour se préparer à cela et qu'il absorbe davantage d'oxygène.

Plus loin dans le roman, quelqu'un tente d'assassiner Langdon en fermant le système de réoxygénation. Est-ce plausible ?

De toute évidence, si vous vous trouvez dans une pièce hermétiquement fermée et qu'une personne obstrue l'approvisionnement en oxygène, vous manquerez d'oxygène. C'est, à un degré plus élevé, ce qui se produit lorsque vous allez en haute altitude. C'est la diminution de l'oxygène dans l'atmosphère qui vous affecte. Alors, ce qu'il décrit est exact. On peut comparer ce qu'il décrit au fait de passer rapidement du niveau du sol à 6 000 mètres d'altitude.

Et si quelqu'un, d'une manière ou d'une autre, coupe l'approvisionnement d'air et que la personne manque d'oxygène, elle peut avoir des nausées. C'est vrai.

Pouvez-vous en mourir après un certain temps?

À un certain degré de gravité, cela vous tuerait à cause du manque d'oxygène. Chaque fois que vous manquez d'oxygène, vous risquez de vous asphyxier.

Et, à l'inverse, la description de ce qui se produit après qu'il a trouvé un moyen de s'échapper est-elle exacte?(Il est à l'extérieur et respire l'air frais qui lui fait «l'effet d'une drogue en pénétrant dans ses poumons. Les taches pourpres qui constell[ent] son champ de vision s'évanoui[ssent] rapidement».) Des points pourpres?

Je ne peux dire la couleur. On peut avoir des points lumineux dans les yeux et, lorsqu'ils commencent à disparaître, tout s'améliore. Alors, oui, c'est possible.

Une dernière question à propos du cardinal brûlé à mort et suspendu au-dessus d'un bûcher de bancs d'église. Serait-ce une mort rapide?

Non. Je ne peux vous dire à quelle vitesse une telle mort surviendrait, mais je vous dirai ceci: la personne ne mourra pas immédiatement. Il y aura des douleurs considérables. Elle va mourir de déshydratation et du choc traumatique. Son corps perd son eau et elle meurt à cause du choc associé au déséquilibre électrolytique à mesure que les fluides se perdent et que les électrolytes, comme le sodium et le potassium, se détraquent. La rapidité de ce processus dépend de l'intensité du feu.

Par le passé, les catholiques et les protestants avaient trois façons de faire brûler les gens sur le bûcher. Dans les pays nordiques, on attachait la victime à une échelle et, pour lui éviter d'intenses douleurs, la loi exigeait qu'on l'étrangle avant qu'elle soit exécutée par le feu. L'exécution sur le bûcher a perdu de sa popularité au XVIIIe siècle parce qu'elle était considérée comme un châtiment inhumain.

Les yeux dans les yeux : l'utilisation de la biométrie dans *Anges et démons*

par James Carlisle et Jennifer Carlisle[*]

Comme tout bon auteur du genre, Dan Brown a généré suffisamment de destruction en 24 heures pour tenir très occupés les laboratoires judiciaires, les médecins légistes et les enquêteurs. Un pape drogué, d'horribles morts par marquage au fer rouge, des explosions en vol et, plus macabre encore, le meurtre de Leonardo Vetra aux mains de l'Assassin qui lui arrache un œil pour accéder au laboratoire très secret et y dérober un conteneur d'antimatière.

Cet épisode, essentiel dans le cadre de l'intrigue, se fonde sur une seule supposition étonnante, à savoir qu'un globe oculaire «mort» peut tromper un appareil d'identification par empreintes rétiniennes en lui faisant croire qu'il se trouve toujours sur son propriétaire, et permettre à un criminel de pénétrer dans une pièce ou un immeuble sécurisés. Est-ce possible? Pour le savoir, nous nous sommes tournés vers le docteur James Carlisle et (comme les deux Vetra du roman) sa fille Jennifer. Ce sont des spécialistes en biométrie, la science qui étudie la reconnaissance d'une personne en se fondant sur une caractéristique physiologique ou comportementale. L'industrie de la biométrie met au point une vaste gamme de technologies de vérification de l'identité axées sur le balayage du visage, les empreintes digitales, la géométrie de la main, l'écriture, la voix, les veines, l'iris et, comme dans Anges et démons, la rétine.

Les Carlisle ont rédigé une courte bibliographie à l'intention des lecteurs qui souhaitent approfondir le sujet de la biométrie. Ces derniers pourront trouver sur Internet — à l'adresse www.retinaltech.com — un aperçu des plus récents appareils d'identification par empreintes rétiniennes de Retica Systems, de même qu'une vidéo fascinante.

Après avoir lu l'article qui suit, rédigé dans le style d'un document d'information, nous nous sommes demandé si nous devions nous crisper d'horreur ou rire en songeant aux détails outranciers sur les aventures du pauvre globe oculaire de Leonardo Vetra.

---

* James Carlisle est directeur général associé chez Greystone Capital Advisors. Il est aussi un scientifique et expert en démarrage d'entreprises. Jennifer Carlisle est également spécialiste en biométrie, en sécurité internationale et en économie, et elle possède sa propre entreprise, Anzen Research.

***

Le balayage rétinien est une science exacte qui représente un moyen extrêmement sûr de vérifier l'identité d'une personne. Le professeur Leonardo Vetra a choisi cette technologie pour le système de contrôle d'accès de son laboratoire souterrain et de son laboratoire connexe où se trouvent entreposés les échantillons d'antimatière. Le système biométrique de contrôle d'accès n'a été programmé que pour reconnaître deux personnes : le professeur Vetra et sa fille, Vittoria. Après avoir assassiné Vetra et l'avoir marqué de l'ambigramme des *Illuminati*, le meurtrier enlève un des globes oculaires de la victime. Il transporte celui-ci de l'appartement du professeur Vetra jusqu'au laboratoire secret où il l'utilise d'abord pour ouvrir les portes qui mènent au laboratoire principal et, plus tard, pour accéder au laboratoire souterrain qui renferme les matières dangereuses.

QUESTIONS

C'est un euphémisme que de qualifier ce scénario d'horrible. Mais est-il plausible ? Dan Brown a-t-il exagéré les faits scientifiques et physiologiques dans le but d'obtenir un effet spectaculaire ? Un globe oculaire extirpé du corps peut-il servir à ouvrir une porte protégée à l'aide d'un appareil d'identification par empreintes rétiniennes ? Le sang ne se retirerait-il pas de l'œil, et la rétine ne se détacherait-elle pas, ce qui rendrait impossible la lecture par balayage ? Au moment de retirer l'œil, l'Assassin aurait-il pu faire quelque chose de particulier pour que le balayage de la rétine demeure possible ? Peut-on aligner convenablement un œil enlevé de son orbite dans l'appareil pour permettre une reconnaissance exacte ? Pourquoi le professeur Vetra (c'est-à-dire Dan Brown) a-t-il choisi cette technologie biométrique plutôt qu'une autre ? Si son laboratoire renfermait des matières qui pouvaient être aussi dévastatrices, pourquoi n'avait-il pas recours à plusieurs méthodes d'identification biométrique ? Ce scénario est-il plus exagéré que ce qu'on peut lire dans les livres ou voir dans les films où la technologie biométrique du balayage de l'œil est utilisée ?

CONTEXTE

Les experts semblent divisés sur la question de savoir si un globe oculaire séparé du corps peut conserver suffisamment sa morphologie caractéristique de vaisseaux sanguins pour correspondre à la «signature rétinienne» sauvegardée dans un scanneur biométrique. Les fabricants d'appareils de biométrie sont convaincus que c'est impossible. Des ophtalmologistes, des pathologistes et des spécialistes de la sécurité du gouvernement interrogés précisément dans le cadre de cette analyse étaient plus optimistes, bien que personne n'admette avoir réellement mis ce scénario à l'essai. Non seulement les réalisateurs de films et les consultants en matière d'effets spéciaux croient qu'on peut tromper les scanneurs rétiniens, mais ils ont aussi intégré un tel scénario à plusieurs films ces dernières années.

Pour bien évaluer ces différences d'opinions, il serait utile d'examiner comment fonctionne cette technique d'identification biométrique. La technologie d'identification par empreintes rétiniennes se fonde sur le fait qu'il n'existe pas deux empreintes identiques de réseau vasculaire rétinien. En 1935, les docteurs Carleton Simon et Isadore Goldstein ont fait une découverte étonnante alors qu'ils étudiaient une maladie de l'œil: chaque œil possède un motif de vaisseaux sanguins absolument unique. Même les jumeaux identiques ont des motifs différents. Contrairement aux empreintes digitales et aux visages, les empreintes rétiniennes ne changent pas au cours de la vie d'une personne sauf en cas de cataractes.

La rétine, une mince couche de tissus nerveux (moins de un millimètre d'épaisseur) se trouvant à l'arrière de l'œil, capte la lumière et transmet des impulsions au cerveau par l'intermédiaire du nerf optique — l'équivalent de la pellicule ou de la puce d'imagerie numérique dans un appareil photo. Les vaisseaux sanguins utilisés pour l'identification biométrique sont situés le long de la neuro-rétine, la plus extérieure des quatre couches cellulaires de la rétine.

Au moment où la version originale de *Anges et démons* a été écrite, le processus de reconnaissance prenait dans son ensemble environ 10 à 15 secondes. Aujourd'hui, il suffit de moins de trois secondes pour vérifier une signature rétinienne. Pour que les appareils d'identification par empreintes rétiniennes puissent «lire» à travers la pupille, l'utilisateur doit placer son œil à moins de deux centimètres de l'appareil et se tenir immobile pendant que le lecteur vérifie les empreintes. L'utilisateur regarde une lumière verte en rotation pendant que les empreintes de la rétine sont mesurées en plus de 400 points. En comparaison, une empreinte digitale ne peut fournir que 30 à 40 points distinctifs (particularités) utilisés dans l'inscription, la création de modèle et le processus de vérification. Par rapport aux autres instruments biométriques, le balayage de la rétine affiche le plus haut degré d'exactitude.

Ce sont surtout des installations militaires et des centrales électriques qui utilisent le balayage rétinien dans un contexte de sécurité haut de gamme pour contrôler l'accès à certaines zones ou pièces qu'on considère comme des endroits à risque élevé sur le plan de la sécurité.

Le professeur Vetra a sans aucun doute installé le EyeDentify ICAM 2001 dans ses laboratoires. C'était le système d'identification biométrique le plus précis à l'époque où se déroule cette histoire. Aucun des spécialistes interrogés à la NSA (National Security Agency), à la CIA (Central Intelligence Agency) et au DoD (Department of Defense) ne connaissait d'autres appareils de balayage rétinien sur le marché avant 2001. Les appareils EyeDentify avaient une fiabilité de 100 %. Le guide d'installation affirme qu'aucune erreur n'est survenue dans le cadre de plus de 500 essais pratiques.

Dan Brown a choisi la meilleure technologie de contrôle d'accès, mais son professeur Vetra n'en a pas utilisé le plein potentiel en matière de sécurité. Brown écrit à la page 80 : « La jeune femme se souleva légèrement sur la plante des pieds et plaça soigneusement son œil dans l'axe d'un objectif semblable à une mini lunette télescopique. Puis elle enfonça un bouton. » Le ICAM 2001 comporte effectivement une petite lentille en saillie, mais il comporte aussi un clavier permettant d'inscrire le numéro d'identification personnel ainsi qu'un lecteur de cartes. S'il avait laissé le ICAM en « mode de vérification », le professeur Vetra ne serait pas mort, puisqu'il est peu probable que la torture ait pu le forcer à révéler son code d'identification personnel, et le globe oculaire aurait été inutile sans le code. Toutefois, aucun numéro d'identification personnel n'est exigé en « mode de reconnaissance ».

Il est étonnant de constater qu'en 2004 il n'y avait aucun appareil commercial (c'est-à-dire non classifié) d'identification des empreintes rétiniennes sur le marché. Dans les utilisations commerciales comme dans les aéroports, les immeubles et la sécurisation des centres de données, il y a eu une forte résistance des utilisateurs à l'endroit des appareils de balayage rétinien. Moins intrusifs, bien qu'également moins fiables, les scanneurs d'iris et la reconnaissance des visages les ont remplacés sur le marché.

Mais la demande pour l'appareil ultime d'identification biométrique alimente les progrès en matière de nouveaux appareils d'identification par empreintes rétiniennes. Le Ultra-fast and NanoScale Optics Group, qui mène des recherches à l'Université de Californie à San Diego, a recours à des miroirs MEMS microscopiques afin de réduire de beaucoup la taille et le coût de ces appareils. [MEMS (système microélectro-mécanique) est l'acronyme de Micro-Electro-Mechanical Systems, qui fait référence à l'intégration d'éléments mécaniques, de détecteurs, d'actionneurs et de pièces électroniques sur un substrat de silicone grâce à la technologie de la microfabrication.]

Dans l'avenir, on pourrait utiliser le balayage rétinien pour vérifier l'identité de pilotes d'avion, de conducteurs d'automobile et même d'utilisateurs d'ordinateur personnel. Bien sûr, la « carte d'identité nationale » représente l'utilisation la plus importante et, d'après certains, la plus terrifiante de la biométrie et, en particulier, du balayage rétinien. Avec la chute des prix et les craintes générées par l'attentat du 11 septembre 2001, cette option devient de plus en plus une réalité. Pour une telle application, il est essentiel que l'appareil soit précis à 100 % et le risque de tromper les systèmes de vérification est très préoccupant.

Le fabricant Retica Systems lance une nouvelle gamme de produits de balayage rétinien en 2005. Ces produits fonctionneront plus rapidement et seront beaucoup moins chers que le EyeDentify. Au moyen d'un petit scanneur portatif, Retica utilise un assemblage d'objectifs asphériques qui peuvent capter une image de la rétine à une distance pouvant aller jusqu'à un mètre de l'œil de l'utilisateur. Contrairement aux appareils de balayage rétinien antérieurs, l'appareil de Retica peut effectuer un balayage à travers des lunettes, des verres de contact et même des cataractes. David Muller, P.D.G. de Retica, m'a assuré qu'il était impossible de tromper un tel appareil en utilisant le globe oculaire d'une personne décédée.

ANALYSE

Les technologues expérimentés du ministère de la Défense américain et certains scientifiques ne sont pas d'accord. Ils affirment que, même s'il est plausible qu'on puisse enlever un globe oculaire et l'utiliser devant un appareil d'identification par empreintes rétiniennes, le tueur devrait savoir ce qu'il fait, puisqu'une seule petite erreur pourrait rendre l'œil inutilisable.

Si les yeux étaient arrachés avec les doigts ou avec un instrument comme une pince à glace, le nerf optique serait coupé, le sang serait rapidement drainé et les vaisseaux s'affaisseraient. Cela diminuerait considérablement le contraste du motif vasculaire par rapport à l'arrière-plan blanc. Toutefois, les spécialistes médicaux insistent sur le fait que les vaisseaux sanguins seraient encore visibles pour un scanneur rétinien même après la mort et même s'il restait sur l'œil certains résidus comme le sang drainé.

Le principal problème en ce qui a trait au scénario de Dan Brown est que, avec une personne plus âgée, la rétine se décollerait aussitôt que le cœur aurait cessé de battre. La rétine est retenue à l'arrière de l'œil par un ensemble de forces, notamment un processus métabolique actif qui commence à se fractionner après la mort. La rétine se décolle spontanément quelques heures après la mort. Le décollement de la rétine détruirait l'architecture normale des vaisseaux sanguins et perturberait certainement une lecture biométrique.

Pour bien comprendre dans quelle mesure le décollement peut facilement entraîner des dommages, imaginez la rétine comme un mouchoir en papier appliqué sur le bord intérieur d'un évier rempli d'eau. Lorsque l'eau s'agite, le papier se détache de la surface de l'évier. Chez une très jeune personne, le gel vitreux est presque solide et pourrait protéger l'architecture rétinienne plus longtemps que chez une personne plus âgée. Le professeur Vetra était suffisamment âgé pour que l'assassin doive apporter l'œil au laboratoire quelques minutes seulement après le meurtre.

La meilleure façon de préserver l'empreinte rétinienne après la mort consiste à couper le globe oculaire de manière chirurgicale, un processus appelé « énucléation ». Il faut d'abord couper quatre muscles, puis trancher soigneusement le nerf optique. Dans le livre, rien ne laisse croire que l'assassin ait eu une quelconque formation chirurgicale ou qu'il ait pris un soin particulier pour enlever le globe oculaire. (Kohler mentionne l'acte comme étant une ablation d'une « précision chirurgicale », mais Langdon n'utilise que des mots comme « sanguinolente », « mutilation irrationnelle » et « défigurer » (pp. 62-63). En procédant ainsi, il serait possible de préserver l'empreinte rétinienne. Le sang se retirerait des veines, mais le décollement serait retardé.

D'un point de vue médical, il n'aurait pas dû y avoir d'accumulation de sang près des deux appareils d'identification par empreintes rétiniennes dans les laboratoires du professeur Vetra. La quantité de sang dans un globe oculaire est infime. La majeure partie du sang proviendrait donc de l'orbite de l'œil. Il y aurait eu une petite quantité de sang (plusieurs cuillers à café) près du corps parce que l'orbite de l'œil aurait beaucoup saigné si l'œil avait été enlevé pendant que la personne était encore en vie. Il y aurait eu un très faible écoulement (moins d'une cuiller à café) si l'œil avait été coupé après la mort. Une énucléation postérieure au décès n'entraîne que peu de saignements. Aussitôt que le cœur s'arrête, le sang se retire des veines rétiniennes et retourne dans le corps. On peut expliquer la présence du sang sur le plancher près des appareils d'identification de la façon suivante : il se serait écoulé de l'orbite de l'œil au moment de l'énucléation et serait resté dans le contenant utilisé pour transporter le globe oculaire. Plutôt que de se retirer du globe oculaire, le sang aurait servi à protéger le globe oculaire dans le contenant servant à son transport.

Un autre problème lié à une lecture post-mortem serait de concentrer l'œil sur la source de lumière à l'intérieur du lecteur. Bien que ce soit moins important pour les lecteurs rétiniens de la dernière génération, il était nécessaire de concentrer l'œil sur un point pendant plusieurs secondes lorsqu'on utilisait le lecteur de l'époque où le livre a été écrit, le ICAM 2001. L'assassin pourrait avoir placé l'œil manuellement en espérant que tout allait bien se passer et en essayant différentes positions jusqu'à ce que sa manœuvre réussisse.

En faisant preuve d'une imagination fertile, il pourrait être possible de photographier la rétine d'une personne vivante puis de coller la photographie dans une sphère de plastique pour imiter un œil. Les médecins utilisent un petit globe oculaire en caoutchouc synthétique pour enseigner aux internes comment examiner la rétine. Des vaisseaux sanguins sont peints à l'intérieur, et la lentille et la cornée sont conçues de façon à ressembler à un œil réel. On pourrait imprimer l'image à l'intérieur d'une balle blanche en utilisant un logiciel de projection orthographique pour l'ajustement sphérique. Même si une telle chose n'a apparemment jamais été tentée, elle pourrait tromper un appareil d'identification.

On pourrait aussi imprimer l'image sur une feuille de papier et la placer à une distance précise devant la lentille du scanneur. Étant donné que les scanneurs rétiniens ne sont pas stéréoscopiques, ils produisent une image plate.

L'utilisation de photographies et d'yeux synthétiques comporte deux inconvénients. Premièrement, les vendeurs d'appareils biométriques nient l'efficacité d'une telle méthode. Deuxièmement, ce n'est pas aussi sanglant et dégoûtant que le scénario de Dan Brown. Le meurtrier doit être sans pitié et brutal, et non brillant et éduqué.

LE BALAYAGE RÉTINIEN AU CINÉMA

Même s'il a pris certaines libertés à propos de la science et de la technologie de l'identification biométrique, Dan Brown n'a pas fait preuve d'une aussi grande imagination que certains réalisateurs de films très respectés. Par exemple, dans *Rapport minoritaire*, le film futuriste réalisé par Stephen Spielberg en 2002, le personnage qu'incarne Tom Cruise subit une énucléation volontaire lorsqu'on remplace ses globes oculaires par ceux d'un étranger afin de lui éviter d'être détecté par les scanneurs rétiniens Eyedentiscan dispersés dans la ville.

Spielberg étire les limites de la science de plusieurs façons. Par exemple, Cruise conserve dans un sac de plastique ses globes oculaires (qui l'identifient comme fugitif) afin de pouvoir les utiliser plus tard pour ouvrir des portes d'installations gouvernementales ultrasecrètes. Ils fonctionnent encore après plusieurs semaines, lorsque sa femme utilise un de ses globes oculaires pour pénétrer dans une prison où il est détenu. Tous les médecins auxquels j'ai posé la question assurent qu'il est impossible que les vaisseaux sanguins de la rétine conservent leur structure pendant une période aussi longue sans se décoller ni se déformer. Puisque le personnage de Cruise est un jeune homme, il est possible que sa rétine ne se soit pas décollée avant plusieurs heures à la suite de l'opération, mais il aurait également dû attendre plusieurs heures pour que ses yeux transplantés guérissent. Lorsque Cruise laisse échapper le sac de plastique et se lance à la poursuite de son globe oculaire qui bondit le long d'un corridor, la rétine se serait certainement décollée, ce qui aurait rendu impossible une lecture rétinienne. Mais *Rapport minoritaire* récolte des lauriers pour avoir anticipé la prochaine génération de produits, dans un avenir proche, lorsque des scanneurs rétiniens portatifs fonctionneront à travers les lunettes et que les scanneurs de surveillance pourront, à une grande distance, suivre les gens et leur transmettre de la publicité personnalisée pendant qu'ils se promènent.

De nombreux films ont montré la lecture rétinienne de manière réaliste. Dans *Star Trek II: La colère de Kahn* (1982), on utilise la reconnaissance rétinienne pour accéder au dossier sur le projet Genesis. Dans le film de James Bond *Jamais plus jamais* (1983), on a recours au remplacement d'un globe oculaire pour mettre la main sur une arme nucléaire. Dans *Le Destructeur* (1993), le gardien pénètre dans une prison cryogénique après avoir subi une identification par lecture rétinienne, mais ensuite Wesley Snipes enlève le globe oculaire du gardien et l'utilise pour s'enfuir. Ce scénario est semblable à celui de *Anges et démons*, à l'exception du temps écoulé entre l'extraction de l'œil et l'utilisation du scanneur. Ce délai était si court que, d'après les nombreux scientifiques à qui j'ai parlé, cela fonctionnerait probablement. Dans le film de James Bond intitulé *L'Œil de feu* (1995), on utilise un appareil semblable pour pénétrer dans les bureaux du MI6.

On peut supposer que la CIA sait comment utiliser l'identification biométrique. Dans le film *Mission impossible* (1996), Tom Cruise et ses amis pénètrent par effraction dans une salle d'informatique du quartier général de la CIA, à

Langley. Il s'agit d'une salle protégée non seulement par un scanneur rétinien, un appareil à empreintes vocales, un code à six chiffres et une carte électronique, mais également par des appareils de mesure de la voix, de la température et de la pression. Cruise surmonte tous ces obstacles, évitant une grille à rayon laser installée dans le conduit d'aération du plafond au moyen d'un système de miroirs, et le système d'alarme sensible à la pression intégré au plancher en ayant recours à un système de harnais.

Le Traquenard (1999) présente les façons les plus irréalistes de tromper un scanneur rétinien, mais comme c'est fait par Catherine Zeta-Jones, qui s'en préoccupe? Un directeur de banque se rend chez un ophtalmologiste pour subir un examen lorsqu'il est victime d'un passage à tabac dans la rue. On lui fait un balayage rétinien et Catherine saisit dans son dossier une image de sa rétine qu'elle transfère dans un appareil portable qui projette cette image numérisée dans le scanneur rétinien. C'est absurde. L'image montrée au bureau du médecin est une image analogique, même pas une photographie qu'on aurait pu imprimer dans un globe oculaire. Même si l'ophtalmologiste avait capté la signature numérique représentant le réseau vasculaire de la rétine dans le format exact utilisé pour programmer le scanneur rétinien, il n'existe aucune façon de saisir cette signature au moyen de la lentille du scanneur à la porte.

Le réalisateur de *Mauvaise Fréquentation* (2002) se passe complètement de la lentille. La CIA encode l'image de la rétine de Chris Rock dans le code qui protège une bombe nucléaire installée dans une valise. Les terroristes s'emparent de Rock et réussissent à scanner son œil en n'utilisant que l'écran d'un ordinateur portable — il n'y a aucune lentille de lecture rétinienne en vue. L'intrigue, si on peut la considérer ainsi, exige que Rock regarde l'écran d'ordinateur pour mémoriser une longue série de chiffres pendant que les terroristes scannent sa rétine.

En comparaison avec ces réalisateurs de films, l'utilisation que fait Brown de l'appareil d'identification par empreintes rétiniennes n'est pas si exagérée. Quoi qu'il en soit, on peut se poser des questions sur le fait qu'il n'y ait pas eu de consensus parmi les spécialistes interrogés, dans le cadre de la rédaction de cet article, sur la possibilité d'utiliser un œil énucléé. Presque toutes les autres techniques d'identification biométrique sont vulnérables à la contrefaçon et à la supercherie. On peut couper des doigts et des mains, mouler des empreintes digitales sur des faux doigts, copier un iris sur des verres de contact ou reproduire des empreintes vocales et des signatures, mais il n'existe pas deux rétines semblables et il est très difficile de tromper un scanneur rétinien.

LE THÈME DE L'ŒIL

Le choix d'une lecture rétinienne comme protection biométrique pour le laboratoire convient très bien au thème récurrent des yeux chez Dan Brown. Langdon renseigne Vittoria sur l'origine du Grand Sceau sur le dollar américain. Il affirme que l'œil qui figure au-dessus de la pyramide est un symbole des *Illuminati* bien connu qu'on appelle «Delta resplendissant». L'œil flottant au-dessus d'une pyramide représente l'infiltration omniprésente des *Illuminati* dans le gouvernement et la collectivité. Ainsi, il est tout à fait approprié qu'un œil ouvre la voie vers une source inimaginable d'énergie et de destruction.

Comme le directeur du CERN, Maximilien Kohler, l'affirme à notre professeur de Harvard au début du livre : «Monsieur Langdon, croyez-moi, cet œil manquant sert bien un but supérieur, un but on ne peut plus clair… »

LES JOUETS TECHNOLOGIQUES DANS ANGES ET DÉMONS

PAR DAVID A. SHUGARTS[*]

De Jules Verne à Ian Fleming et de Tom Clancy à Michael Crichton, les auteurs populaires ont intégré la technologie à leurs romans en étudiant de près la science de leur époque, puis en projetant les tendances technologiques dans un avenir

---

[*] David A. Shugarts possède plus de 30 ans d'expérience en journalisme. Il a abondamment écrit sur l'aviation et les sujets liés à la technologie.

proche ou lointain. L'assise d'une exactitude scientifique constitue un lien entre tous ces auteurs. Leurs dirigeables sont bien ancrés.

Dan Brown ne représente pas toujours ce type d'auteur. Bien qu'il courtise à l'occasion la véritable technologie, la plupart des références et affirmations scientifiques dans *Anges et démons* sont carrément coupées de la réalité. Sur le plan scientifique, le livre ressemble davantage à un ballon à air chaud sans ancrage. *Anges et démons* met de l'avant des concepts comme la production considérable d'antimatière dans le célèbre grand collisionneur hadronique (LHC — Large Hadron Collider), le transport hypersonique de personnes dans un « prototype de X-33 », un tas de merveilles et d'armes techniques de moindre importance et une spectaculaire explosion d'antimatière tout de suite après que le héros a sauté d'un hélicoptère. Dans cet article, nous examinons la science et la technologie dont fait mention *Anges et démons* afin de déterminer exactement l'endroit où Dan Brown parle de quelque chose de réel et d'intéressant, et l'endroit où il n'utilise la science et la technologie que pour paraître cool pendant que son intrigue progresse.

À L'INTÉRIEUR DU CERN

Comme l'affirme Dan Brown, le CERN est un centre de recherche international établi en Suisse.

Pendant la période précédant la création de l'organisme officiel par les 11 premiers pays européens, ces derniers avaient formé un groupe provisoire appelé Conseil européen pour la recherche nucléaire (CERN). Le CERN, dont le siège se trouve à Genève, rassemble maintenant 20 pays, tous européens, de même que 8 pays « observateurs », notamment l'Inde et le Japon et, depuis 1997, les États-Unis.

Ainsi que le souligne Dan Brown dans *Anges et démons*, Tim Berners-Lee, scientifique britannique qui travaillait au CERN au début des années 1990, est considéré, partout dans le monde, comme le principal artisan du World Wide Web (Internet).

S'il avait terminé ses recherches pour son roman quelque temps avant sa publication en 2000, Dan Brown aurait appris en approfondissant son sujet que le grand collisionneur hadronique, son appareil incontournable qui sert à produire de l'antimatière, n'avait pas encore été construit. Il est toujours inachevé. On espère qu'il sera terminé en 2007.

En fait, la construction du grand anneau du LHC repose sur le démantèlement de l'appareil géant qui le précédait, le grand collisionneur électron-positron (LEP — Large Electron-Positron Collider), parce qu'on réutilisera son tunnel de 27 kilomètres. Mais le LEP a très bien fonctionné jusqu'à la fin de 2000, alors qu'on y cherchait des indices de l'insaisissable particule de Higgs.

Dans *Anges et démons*, Dan Brown décrit, par l'entremise de Vittoria Vetra, la méthode qu'utilisait son père (récemment, suppose-t-on) pour recréer « le big-bang en laboratoire ». Selon cette méthode, on accélère des particules dans deux flux suivant des trajectoires opposées autour d'un anneau.

Il semble que Dan Brown ait espéré que cette scène ressemble à la révélation d'un grand secret mais, en fait, cette description s'applique généralement à presque tous les collisionneurs circulaires construits depuis environ 75 ans. Il ne s'agit vraiment pas d'un secret. L'idée de base de l'accélération circulaire de particules est née en 1929 dans l'esprit d'Ernest O. Lawrence, professeur à l'Université de Berkeley.

Le processus qui consiste à faire entrer en collision des particules à haute énergie est complexe. Avec l'équipement que possède le CERN, il faut franchir diverses étapes de génération, d'accélération et de passage du flux de particules à l'accélérateur suivant. À la fin, les particules entrent en collision et produisent d'autres particules, de l'énergie, ou les deux. L'étape suivante, qui consiste à détecter exactement ce qui se produit au moment de la collision, devient un immense défi en soi. Elle exige des techniques sophistiquées pour détecter les minuscules quantités de matière et d'énergie (et d'antimatière) produites, et ce processus nécessite d'immenses ressources informatiques.

Compte tenu des contraintes budgétaires, le CERN lui-même éprouve des inquiétudes à propos de la construction et du fonctionnement extrêmement coûteux du LEP et du LHC, appareils qui rendent possibles les collisions. C'est pourquoi le volet détection a été cédé à une vaste gamme d'organismes scientifiques, d'universités et de sociétés. Des équipes de scientifiques arrivent du monde entier, installent leur équipement et commencent à rassembler des données à partir des collisions. Parfois les résultats surviennent rapidement et, d'autres fois, de longs mois et de longues années d'analyse des données sont nécessaires pour obtenir des réponses.

Le nombre de personnes composant les équipes scientifiques qui travaillent au CERN est souvent de 300 à 500, mais peut parfois atteindre 1 700. L'atmosphère y est très «internationale», le «mauvais anglais» y représentant la langue semi-officielle. En tout temps, il peut y avoir entre 3 000 et 5 000 scientifiques et techniciens à l'œuvre au CERN. D'après diverses estimations générales, environ la moitié des 13 000 physiciens des particules dans le monde ont un quelconque lien avec le CERN pendant une année donnée.

À l'origine, le CERN fut plus ou moins fondé dans le but de réagir à l'exode des physiciens vers les États-Unis où quelques importants laboratoires dominaient le domaine de la physique des particules, en particulier le Brookhaven National Laboratory à Long Island, dans l'État de New York, et, plus tard, le Fermilab, près de Chicago. La course à la construction de collisionneurs de plus en plus puissants — et qui attireraient donc les meilleurs scientifiques — constituait un vrai concours jusqu'à ce que les États-Unis mettent fin à la surenchère il y a une vingtaine d'années.

Au cours des années 1970, Brookhaven construisait un grand collisionneur, mais dut faire face à quelques difficultés. C'est alors que le CERN prit les devants en découvrant la particule boson en 1983 et en se préparant à construire le LEP. Les États-Unis réagirent en dressant des plans pour la construction des «installations de recherche plus vastes et meilleures». En ce qui a trait à la prochaine génération de LEP, le grand anneau du cercle qui mesurerait 27 kilomètres serait situé à 100 mètres sous la surface de la terre à Genève et serait construit avant 1989. Puis les scientifiques américains s'attelèrent à la construction de la mère de tous les collisionneurs, le Superconducting Super Collider, immense anneau souterrain de 87 kilomètres. On avait dépensé 2 milliards de dollars sur les 10 milliards alloués au programme de construction des installations à Waxahachie, au Texas, lorsqu'un Congrès enclin aux économies mit fin aux travaux en 1993. La plupart des légendes sur le CERN et ses rivalités mondiales reposent sur l'histoire de la concurrence entre les Européens et les Américains pour la construction de collisionneurs géants plutôt que sur une rivalité entre le CERN et le Vatican.

En devenant membre observateur du CERN en 1997 et en y injectant environ 500 millions de dollars — sans oublier des équipes importantes de scientifiques américains —, les États-Unis ont plus ou moins concédé la course aux Européens, bien qu'on poursuive des travaux de classe mondiale à Brookhaven et au Fermilab. À titre d'exemple, le Fermilab crée depuis 1985 des antiprotons — plus de 2,3 nanogrammes à ce jour, plus que toute autre installation dans le monde. Mais si une équipe scientifique veut utiliser le plus grand collisionneur, elle doit se rendre au CERN.

LES CONTENEURS D'ANTIMATIÈRE

Dans leur laboratoire clandestin du CERN, les scientifiques Leonardo et Vittoria Vetra réussissent à fabriquer ce qu'il faut bien appeler des quantités phénoménales d'antimatière. Puis ils entreposent l'antimatière dans des conteneurs munis de « coquilles nanocomposites étanches ». Il s'agit là de babillage pseudo-technique. Il n'y a rien de précis à gagner en utilisant des coquilles « nanocomposites ». Dans *Anges et démons* comme dans *Da Vinci Code*, Dan Brown ajoute à des mots techniques le préfixe *nano* (allusion prétendument gratuite à la nanotechnologie) pour sembler plus cool et plus avant-gardiste. À la base, le « stratagème » de Vittoria consiste à suspendre l'antimatière entre deux électro-aimants. La seule tentative connue de construire un contenant à antimatière « portatif » a eu lieu dans le cadre d'une expérience à la Pennsylvania State University, et le contenant qui en a résulté ne pouvait être transporté sous le bras d'un Assassin. Il pesait une soixantaine de kilos et mesurait environ 1 mètre de hauteur et 35 centimètres de diamètre. Il est vrai qu'on avait utilisé de puissants aimants pour suspendre les antiprotons, mais la technique reposait également sur une quantité d'hélium et d'hydrogène liquides.

LES ARMES DU VATICAN

Lorsqu'ils parcourent gaiement les rues de Rome, les gardes suisses conduisent quatre Alpha Roméo 155 T-Sparks banalisées. La production de l'Alpha Roméo 155 a débuté en 1992, mais a subi un échec avec le modèle de 1995 et le moteur T-Spark, comme il a été surnommé par la suite. Le Twin Spark (Cuore Sportivo) est un moteur de 2 litres qui comporte 16 valves et 2 bougies par cylindre. Il dégage 90 % de sa puissance au cours des 2 000 premières rotations par minute.

Les gardes suisses de *Anges et démons* sont armés de « fusils semi-automatiques Cherchi-Pardini ». En fait, bien que les pistolets Pardini aient reçu des prix au cours de compétitions olympiques de tir, jamais les policiers ne les utiliseraient. Nous connaissons la raison pour laquelle Dan Brown a accolé le mot « Cherchi » au nom. Les pistolets qu'utilisent en fait les gardes suisses sont des SIG 9 mm, qui conviennent tout à fait aux forces de sécurité et dont on sait qu'ils servent aussi aux SEALS de la US Navy, entre autres.

Il n'existe pas de « grenades fumigènes » et les forces policières n'utilisent rien de tel. Dans la version anglaise du roman, Brown parle d'une matraque électronique à longue portée, ce qui représente une contradiction en soi. La plus célèbre des « matraques électroniques » est le Taser dont la portée est d'environ six mètres. Des idées préliminaires ont été émises au sujet des armes électriques à plus longue portée du même type, mais elles exigeraient tellement de puissance qu'il faudrait les monter sur un véhicule et qu'elles ne pourraient tenir dans la main.

LES SECRETS QUE RENFERMENT LES PIÈCES

Vittoria et Langdon se rendent aux Archives secrètes du Vatican. Langdon décrit l'atmosphère particulière des « compartiments vitrés hermétiques ». Il y règne un « vide partiel » afin de réduire, dit-il, le niveau d'oxygène. Le taux d'humidité n'y est que de 8 %. Y entrer, c'est comme subir « un dénivelé de 6 000 mètres — en une seconde ». Brown ajoute : « Une sensation de vertige et de nausée accompagnait souvent les quelques instants d'adaptation. »

Les bibliothèques qui possèdent des livres rares dans leurs archives s'estiment chanceuses lorsqu'elles ont des pièces dont la température et l'humidité sont contrôlées. Elles n'ont pas de pièces hermétiquement scellées.

Dan Brown s'efforce tellement de nous faire croire que le Vatican garde ses précieux documents anciens dans des pièces hermétiquement scellées que sa description comporte des contradictions inhérentes. D'abord et avant tout, si l'objectif est de réduire le taux d'oxygène dans un espace, la méthode du vide est inefficace. Étant donné que la composition de l'air ne change pas, l'oxygène ne représente toujours que 21 % du mélange. Mais si nous prenons au pied de la lettre l'affirmation de Langdon sur les 6 000 mètres d'altitude, cela signifie une pression d'air d'environ 3,06 kilos par pouce carré dans la pièce et 6,66 à l'extérieur. Cette différence de pression de plus de 3 kilos par pouce carré est considérable. Un tel endroit fermé, avec des portes scellées pour permettre aux gens d'y accéder, serait beaucoup trop coûteux et ce projet serait rejeté parce qu'irréalisable. Et, par-dessus tout, personne ne concevrait cette pièce avec de grands murs de verre. (Vous êtes-vous déjà demandé pourquoi les fenêtres des avions étaient si petites ?)

De plus, personne ne demanderait à un être humain de passer, à travers une porte, de la pression régnant au niveau de la mer à une pression à 6 000 mètres d'altitude. Lorsque les militaires forment leurs pilotes dans une chambre d'altitude, ils réduisent constamment la pression. Les symptômes les plus prononcés de l'hypoxie ne seraient pas la nausée et les étourdissements, mais plutôt un mal de tête lancinant et un sentiment d'euphorie (impression de bien-être pouvant se transformer en vertige), ainsi que des réactions plus lentes et une certaine difficulté à réfléchir.

Mais il est facile de diminuer le taux d'oxygène dans une pièce sans générer de différence de pression. On n'a qu'à remplir l'endroit d'azote ! Par exemple, on conserve des millions de caisses de pommes grâce à des systèmes de contrôle de l'atmosphère qui créent un environnement frais, à faible humidité et à degré élevé d'azote pouvant faire cesser jusqu'à un an le mûrissement de la pomme. On y garde le taux d'oxygène à environ 2,5 %. Les êtres humains ne pénètrent pas dans une zone à atmosphère contrôlée avant que les pièces n'aient été remplies d'air normal.

MON DIEU, BUCK, C'EST UN JET HYPERSONIQUE!

Dans *Anges et démons*, Dan Brown met en scène un «jet hypersonique» dont il affirme qu'il s'agit d'un «prototype du X-33», puis il commence à mentionner ici et là des spécifications qui ne concordent pas et des références à des concepts d'aéronef existants qui ne vont pas ensemble. Voici le passage de *Anges et démons* où le professeur Langdon se trouve pour la première fois devant le «X-33»:

> *L'appareil était énorme. Il évoquait vaguement une navette spatiale dont on aurait complètement aplati le cockpit. Sous cet angle, il faisait irrésistiblement penser à une gigantesque cale. Au premier abord, Langdon se dit qu'il devait rêver. Cette étrange machine ressemblait autant à un avion qu'un fer à repasser. Les ailes étaient pratiquement inexistantes, on discernait juste à l'arrière du fuselage deux ailerons trapus, que surmontaient deux volets. Le reste de l'avion se composait d'une coque, longue d'environ soixante-dix mètres. Sans le moindre hublot.*
>
> *— Deux cent cinquante tonnes réservoirs pleins, commenta le pilote, avec l'expression ravie d'un père vantant les mérites de son rejeton. Ça marche à l'hydrogène liquide. La coque allie matrice en titane et composants en fibres de carbone. Elle supporte un rapport poussée-poids de 1 à 20, contre 1 à 7 pour la plupart des appareils. Le directeur doit être drôlement pressé de vous rencontrer! C'est pas le genre à faire voler son chouchou pour un oui ou un non.*

À titre de renseignement, le véritable X-33 n'a jamais volé, même si sa construction était achevée à 75 % lorsque son financement a été annulé en 2001 après des dépassements de coûts considérables. De plus, on n'a jamais eu l'intention d'y faire voyager des êtres humains, et il était conçu pour décoller à la verticale mais atterrir sur une piste.

La description de Dan Brown constitue un portrait reconnaissable du X-33 du point de vue d'un amateur, bien que la terminologie qu'il utilise soit imprécise (par exemple, les volets s'appellent en réalité des stabilisateurs verticaux et des barres de gouvernail). Toutefois, il exagère de beaucoup la dimension de l'avion. Le véritable X-33 ne devait mesurer que

21 mètres de long (et non 60) et peser environ 130 000 kilos (et non 250 000) une fois le plein de carburant effectué. Des précisions comme « matrice en titane et composants en fibres de carbone » ne servent qu'à émettre une série insensée de mots d'apparence technique. Mais le X-33 avait une caractéristique réelle très intéressante : un écran thermique très amélioré qui aurait intégré des éléments métalliques aux tuiles de surface.

Le principal entrepreneur n'était pas Boeing, mais Skunk Works de Lockheed Martin et, si le projet avait réussi, il se serait traduit par la réalisation du vaste programme Venture-Star. Le X-33 incarnait une espèce de quête du Saint-Graal du vol spatial : parvenir à l'altitude orbitale en une seule étape. Toutefois, cet appareil ne devait atteindre qu'une altitude d'environ 96 kilomètres. Il aurait fallu mettre sur pied un programme de suivi pour créer un avion destiné à de véritables missions orbitales.

Une des pièces les plus intéressantes du X-33 devait être le moteur Linear Aerospike de Rocketdyne, fusée à carburant liquide entièrement nouvelle, dotée de tuyaux d'échappement en forme de fente qui auraient rappelé le Millennium Falcon de *La Guerre des étoiles*. Rocketdyne a réussi les essais de démarrage de ce moteur, qui non seulement a produit la poussée prévue, mais a aussi permis d'obtenir un contrôle directionnel du vecteur de surpression pour faciliter la conduite.

La construction de la cellule avait du retard. Il s'agissait à la base d'un « fuselage porteur » qui contiendrait un réservoir d'oxygène liquide en aluminium dans sa partie avant et deux réservoirs composites d'hydrogène liquide à l'arrière, devant les moteurs. Le réservoir d'oxygène avait été testé et accepté et la production de tuiles thermiques progressait bien. C'est alors que les réservoirs d'hydrogène ont échoué aux essais. Le projet, qui avait coûté environ 912 millions de dollars alloués par la NASA, plus environ 200 millions de dollars provenant de Lockheed Martin, a été annulé lorsqu'on s'est rendu compte qu'il pourrait coûter encore bien davantage.

Le rapport poussée-poids est exprimé ici selon la formulation de l'édition originale anglaise de *Anges et démons*, c'est-à-dire avec, en premier lieu, le chiffre associé à la poussée et, en second lieu, celui associé au poids, contrairement à ce qu'on peut voir dans la version française. Nous avons donc modifié la formulation employée dans cette version française du livre pour les passages qui en sont tirés dans *Les Secrets de Anges et démons*. (NdT)

Quand le pilote du X-33 dit à Langdon : « Elle supporte un rapport poussée-poids de 20 à 1, contre 7 à 1 pour la plupart des appareils » *, Dan Brown associe une idée fantaisiste à peine croyable à une erreur de fait. Ni le taux de 20 à 1 ni celui de 7 à 1 ne sont plausibles. Il n'y a jamais eu d'aéronef à réaction dont le rapport poussée-poids était de 7 à 1 et il serait illogique de construire un tel moteur, même pour un chasseur à réaction. On ne peut imaginer un avion — ni même une fusée — qui aurait un rapport poussée-poids de 20 à 1. Le simple fait d'atteindre un rapport légèrement plus élevé que 1 à 1 permet à un aéronef ou à une fusée de décoller verticalement et/ou de s'élever en ligne droite. À titre d'exemple, la navette spatiale pèse environ 2 millions de kilos et ses moteurs peuvent générer une poussée d'environ 3,3 millions de kilos au décollage, c'est-à-dire un rapport d'environ 1,6 à 1. Il s'agit d'un rendement extraordinaire. Des rapports de 2 à 1 ou de 3 à 1 produiraient un aéronef dont le rendement serait révolutionnaire. Des rapports encore plus élevés seraient insensés, puisque la cellule d'avion devrait pouvoir résister à des forces d'accélération incroyables.

Tel que conçu, le X-33 (s'il avait été construit) aurait eu, au décollage, un poids de 130 000 kilos et une poussée de 185 000 kilos, lui donnant un rapport d'environ 1,4 à 1. Il aurait pu monter à la verticale avec une excellente accélération.

Les véritables moteurs Aerospike du X-33 auraient certainement bien convenu à tout roman futuriste, mais Dan Brown a préféré mentionner que le X-33 était propulsé grâce à de la matière à haute énergie massique. En atterrissant à Genève, le pilote est « obligé de hurler pour couvrir le bruit des réacteurs du X-33 qui décél[èrent] peu à peu », alors qu'il souhaite la bienvenue à Langdon.

Des moteurs alimentés avec de la matière à haute énergie massique ne réduiraient pas progressivement leur vitesse. Contrairement à un moteur d'avion à réaction qui comporte des ailettes de turbine, il n'y a pas de pièces rotatives dans un tel moteur. C'est comme un énorme tube qui projette du feu. Le moteur serait soit allumé, soit éteint. Les matières à haute densité en question seraient des additifs, comme des particules de carbone, d'aluminium ou de bore, ajoutés au carburant à oxygène-hydrogène liquide.

Le pilote dit à Langdon : « D'ici à cinq ans vous ne verrez plus qu'eux, les jets hypersoniques. Notre labo est l'un des premiers à en avoir reçu un. [...] Il s'agit du prototype du X-33 de Boeing [...], mais il y en a des dizaines d'autres, l'Aérospatiale, les Russes, les Anglais ont tous développé un prototype. C'est l'avion de demain, juste le temps de développer un modèle commercialisable et on pourra dire adieu aux jets conventionnels. »

La liste d'aéronefs du pilote est étrange. Aucun de ces aéronefs ne devait transporter des passagers jusqu'à des destinations terrestres. La plupart n'ont jamais été construits. Il est fort peu probable que quoi que ce soit qui ressemble à ces aéronefs soit construit au cours des 10 ou 15 prochaines années. Les avions de transport civil à grande vitesse ont pratiquement disparu après que le Concorde s'est retiré en 2003.

DES ATMOSPHÈRES RARES

Pour ceux d'entre nous qui s'attardent à vérifier les fondements scientifiques et mathématiques de ce qu'ils lisent dans *Anges et démons*, il est évident que Dan Brown atteint des degrés étonnants d'inexactitude dans ce roman. Ainsi, lorsque, en atterrissant à Genève, il apprend que Langdon se sent légèrement mal à l'aise, le pilote lui dit : « Le mal de l'air. Nous avons volé à vingt mille mètres d'altitude. On est trente pour cent plus léger là-haut. »

Dan Brown a besoin que la Faculté de physique d'Exeter revoie son travail. À cette altitude, vous n'êtes pas 30 % plus léger, ni même 3 %, ni même 1 %.

La force de gravitation entre deux objets varie selon le carré de la distance entre le centre des deux masses — dans ce cas, entre le centre de votre corps et le centre de la Terre. Lorsque vous grimpez à 18 000 mètres, il est vrai que cette distance s'élargit. Alors, la gravité est moindre d'environ 0,5 %. Il s'agit d'une perte d'à peu près 450 grammes pour un homme de 90 kilos (et non une perte de 27 kilos, comme Dan Brown voudrait nous le faire croire).

Le pilote ajoute : « Heureusement pour vous, on n'a fait qu'un saut de puce. Si j'avais dû vous emmener à Tokyo, j'aurais dû monter à cent soixante kilomètres... Rien de tel pour vous mettre les boyaux à l'envers. »

Dan Brown ne fait pas la distinction entre l'altitude de cabine et l'altitude réelle. Heureusement pour ses passagers, ce sont des concepts différents. Dans une cabine d'aéronef, « l'altitude » à l'intérieur ne s'élève qu'à environ 2 400 mètres puis se stabilise. Même lorsque l'altitude à l'extérieur est de 10 000 ou 20 000 mètres, ou davantage.

Normalement, on maintient la pression ou « l'altitude » dans la cabine à un niveau tolérable en y pompant une grande quantité d'air extérieur grâce à la pression supplémentaire produite par les soupapes d'admission des moteurs à réaction. Dans un appareil comme la navette spatiale, la pression dans la cabine provient d'une réserve d'air sous pression. Comme « l'altitude » n'a pas d'importance, le système est conçu de façon que les astronautes bénéficient d'une pression égale à celle du niveau de la mer et de niveaux d'oxygène normaux, ce qui est encore mieux que ce dont bénéficient les passagers d'une compagnie aérienne.

Peut-être Dan Brown parle-t-il en fait du mal des transports qui vous met « les boyaux à l'envers ». Mais l'expérience démontre que les turbulences sont très faibles à des altitudes plus élevées. Les avions comme le Concorde, qui volaient à environ 18 000 mètres pendant des décennies, offraient des vols de croisière habituellement tranquilles parce qu'il n'y a presque pas de turbulence à cette altitude. En fait, à la page 29, Brown décrit un vol à haute altitude. Selon Langdon, « le vol avait été tout à fait banal, quelques turbulences, les inévitables variations de la pression aux changements d'altitude, mais rien ne pouvait laisser penser qu'ils avaient traversé les airs à 17 000 km/h ».

DÉCOLLAGE ET MISE À FEU

En attirant notre attention sur un moyen de transport hypersonique fictif, Dan Brown pourrait nous permettre d'examiner les véritables lacunes de notre programme spatial national. L'idée de voler dans l'espace à bord d'un aéronef à voilure est assez vieille en science-fiction, et elle a certainement une cinquantaine d'années dans la réalité scientifique. Dès le départ, les pilotes d'essai et les membres de plus en plus nombreux de la communauté aérospatiale cherchaient un moyen de « voler » dans l'espace. Tel que décrit par Tom Wolfe dans *L'Étoffe des héros*, au tout début du programme spatial américain dans les années 1950, pratiquement tous les membres de la communauté aérospatiale et du grand public, qui souhaitaient voir quelque chose de plus semblable aux « vols » contrôlés par des « astronautes », s'opposaient aux scientifiques qui croyaient que lancer en orbite des « capsules spatiales » était plus rapide.

Des milliards de dollars et quelques décennies plus tard, nous avons la navette spatiale, un véhicule imparfait à plusieurs égards, mais un « avion aérospatial » quand même, au moins au sens où il peut revenir sur terre grâce à un pilote. Aujourd'hui, les États-Unis se trouvent dans la fâcheuse position d'avoir annulé tous les nouveaux programmes spatiaux de vols avec pilote en faveur d'une amélioration de la navette spatiale. La dure réalité, c'est que seulement cinq navettes ont été complètement achevées, et que deux d'entre elles ont été détruites lors d'accidents. Deux des trois orbiteurs restants doivent subir une remise en état. À l'origine, le programme de navettes devait permettre d'effectuer deux vols hebdomadaires en orbite, mais il est évident qu'il n'y parviendra jamais.

Des progrès encourageants réalisés dans l'industrie privée, notamment la réussite spectaculaire de Burt Rutan et de son SpaceShipOne lorsqu'il a remporté le X Prize en 2004, montrent qu'il est possible d'atteindre cet objectif.

Cependant, si nous voulons obtenir la vitesse, la fonctionnalité et les percées scientifiques et technologiques qu'envisage Dan Brown avec son X-33 fictif, il faut que surviennent certains changements politiques, commerciaux et technologiques importants dans notre culture aérospatiale.

UNE ÉTOILE FILANTE

Vers la fin de *Anges et démons*, au moment où le conteneur d'antimatière est sur le point d'exploser, le camerlingue et Langdon bénéficient d'environ trois minutes pour atteindre une altitude sécuritaire dans l'hélicoptère. Langdon songe aux altitudes auxquelles volent les avions, c'est-à-dire de 6 à 8 kilomètres, mais cela n'a pas d'importance : la vitesse ascensionnelle maximum d'un hélicoptère est d'environ 760 mètres à la minute, ce qui lui permet, au mieux, d'atteindre une altitude maximum de quelque 2 300 mètres.

Lorsque le camerlingue saute, Langdon le suit. Il ne lui reste que 32 secondes. S'il tombe en chute libre, il peut probablement éviter le souffle de l'explosion, mais s'il déploie immédiatement son parachute improvisé, il ne peut probablement pas s'en tirer. Cela ne se trouve pas dans le livre, mais accordons-lui le bénéfice du doute. Langdon a tiré une leçon au début du roman en voyant une femme obèse s'aider d'un petit parachute dans le tunnel aérodynamique vertical du CERN. On lui a alors dit que un mètre carré de parachute ralentit de 20 % la chute d'une personne. (En réalité, les propriétaires de tunnels aérodynamiques verticaux n'équipent pas leurs clients de parachutes. Ça ne se fait tout simplement pas. Mais d'accord, c'est un procédé narratif qui fournit à Langdon des connaissances essentielles dont il aura besoin plus tard.)

Lorsqu'il est forcé de sauter, n'ayant pas de parachute, Langdon utilise la bâche de deux mètres par quatre qui sert à recouvrir le pare-brise de l'hélicoptère. (D'après ses calculs, Langdon devrait obtenir une diminution de vitesse de 160 %, n'est-ce pas ?). Selon nos calculs, Langdon atteindrait un meilleur résultat s'il avait un parachute de huit mètres carrés. Mais, bien sûr, cette hypothèse ne tient la route que si les cordes de *bungee* ne glissent pas ou ne se cassent pas et que le parachute ne s'affaisse pas pendant la descente.

À vrai dire, parmi les millions de sauts réussis et quelques milliers de sauts mortels, un nombre étonnant de personnes dont le parachute ne s'était pas ouvert ont pu survivre à la chute.

Lorsqu'une personne tombe en chute libre d'une altitude quelconque, elle atteint en quelques secondes une vélocité qui dépend de son poids et du degré de résistance de son corps à l'air. Il s'agit de la vitesse limite de chute d'une personne. On peut modifier radicalement cette vitesse en adoptant la position qui générera la vitesse la plus lente, c'est-à-dire en étendant complètement les bras et les jambes. Cette position du corps donne une vitesse de 160 à 200 km / h selon les personnes.

Ainsi, grâce à son parachute improvisé, Langdon peut diminuer sa vitesse d'à peu près 190 kilomètres à l'heure à environ 80 ou 95 kilomètres à l'heure. Mais cette vitesse demeure bien suffisante pour le tuer dans presque toutes les circonstances.

Habituellement, les personnes qui survivent à de tels accidents sont celles qui tombent dans l'eau, dans la boue ou dans des marécages. C'est sans aucun doute la raison pour laquelle Dan Brown fait tomber Langdon dans le Tibre qui, étant en crue après un orage, amortit encore davantage sa chute. Toutefois, la plupart des survivants qui tombent dans l'eau finissent par se noyer. Mais dans le cas de Langdon, l'hôpital du Tibre se trouve tout près.

BOUM-BOUM!

L'explosion d'antimatière dans l'hélicoptère au-dessus de Rome, nous dit Dan Brown, est une explosion de cinq kilotonnes qui consume tout dans un rayon de près de un kilomètre. Une rapide expansion de particules d'antimatière rencontrant des molécules d'air crée une annihilation des particules qui génère des quantités considérables d'énergie. Une lueur fulgurante, un «boum», puis tout redevient normal sous le ciel de Rome.

Eh bien, c'est fort peu probable! Une explosion d'une telle ampleur générerait une onde de pression qui écraserait les édifices dans un certain rayon, soufflerait toutes les fenêtres dans un rayon beaucoup plus large et laisserait temporairement ou définitivement aveugles tous ceux qui la verraient. Qui plus est, bien qu'on ne puisse considérer cette explosion comme nucléaire, l'énergie relâchée émettrait probablement d'importants champs électriques perturbateurs, sinon d'autres types de radiations.

La description de l'évacuation du camerlingue de l'hélicoptère s'inspire de certains incidents phénoménaux dans la vie. Il est vrai que des hélicoptères ont atteint des altitudes de 6 000 mètres et plus dans des circonstances extrêmes, comme des missions de sauvetage sur l'Everest. Il est vrai aussi que des personnes ont survécu à des chutes en parachute en se retenant à des bâches ou à d'autres tissus. Mais la combinaison de circonstances présentée dans *Anges et démons* et l'effet multiplicateur de chaque circonstance extrême rendent cette scène finale complètement irréaliste. Langdon et le camerlingue doivent survivre en raison de la croyance secrète de Dan Brown en l'intervention divine (du dieu des romanciers dont les intrigues sont devenues folles), et non en raison de sa confiance à l'égard de Galilée, des lois de la chute des corps ou d'autres principes de physique scientifique.

La science en tant que récit évolutif : de Galilée au big-bang

Une entrevue avec Marcelo Gleiser [*]

La cosmologie a fait des pas de géant depuis que Galilée a fabriqué son propre télescope et qu'il l'a pour la première fois orienté vers les étoiles. Maintenant, les scientifiques connaissent l'histoire de l'univers à partir de l'époque où il constituait un mélange cosmique de quarks, d'électrons et de photons jusqu'à la formation des premières étoiles et galaxies. Nous savons maintenant pourquoi les étoiles brillent et comment le système solaire s'est formé. Mais il subsiste encore, au cœur du grand débat entre la science et la religion, des questions déconcertantes sur l'origine de l'univers.

Puis est venu Anges et démons *de Dan Brown. Le bras de fer entre la science et la religion, du conflit entre Galilée et l'Église jusqu'à la guerre contemporaine entre les physiciens et le Vatican, imprègne presque chaque page du polar de Brown. Marcelo Gleiser, professeur de philosophie naturelle au Dartmouth College, couvre le même territoire sur une période historique plus étendue dans son livre à succès* The Dancing Universe : From Creation Myths to the Big-bang *(réédité en février 2005 par University Press of New England). Toutefois, Gleiser s'en tient aux faits.*

Gleiser, né au Brésil, pourrait facilement remplacer le symbologiste de Harvard Robert Langdon comme héros du roman de Brown. Entre autres références intellectuelles, Gleiser est lauréat d'un prix de physique, chercheur en cosmologie, conférencier sur la science, la religion et la société, et ancien membre du Fermilab, le plus important laboratoire de physique à haute énergie des États-Unis. On a l'impression qu'il aurait pu trouver en une nanoseconde ce que Langdon et son attirante compagne physicienne, Vittoria Vetra, ont mis 569 pages à découvrir.

Dans une autre entrevue présentée plus tôt dans ce livre, Gleiser précisait sa pensée sur les questions entourant la bataille entre Galilée et l'Église. Ici, il parle du chemin parcouru entre Galilée et le big-bang.

∗∗∗

Après Galilée, quel a été le plus important progrès dans notre compréhension de l'univers ?

Après Galilée et Johannes Kepler, c'est sans aucun doute Isaac Newton qui a marqué un autre pas dans cette évolution. Coïncidence supplémentaire : Newton est né l'année où Galilée

---

[*] Marcelo Gleiser est professeur de philosophie naturelle au Dartmouth College et lauréat d'un Presidential Faculty Fellows Award, attribué à seulement 15 scientifiques.

est mort, comme si l'Italien passait le flambeau à l'Anglais. Je mentionne Kepler parce que, sans lui, il est difficile de comprendre l'ampleur des réalisations de Newton. À l'époque de l'entrée en scène de Newton, au milieu des années 1600, la physique se trouvait dans une grande confusion. Galilée avait révélé de nouvelles merveilles sur le ciel nocturne, des découvertes qui s'éloignaient du point de vue aristotélicien dominant à l'époque, à savoir que les objets célestes étaient composés d'un éther parfait et immuable, la cinquième substance. (Les quatre autres substances, la terre, l'air, le feu et l'eau, occupent bien sûr une place de choix dans *Anges et démons*.) De même, la découverte par Galilée des quatre plus grandes lunes de Jupiter avait démontré que la Terre n'était pas si particulière. Si d'autres planètes pouvaient aussi avoir des lunes, pourquoi était-il si évident que la Terre se trouvait au centre du cosmos ?

De plus, Galilée avait développé une physique du mouvement des projectiles, c'est-à-dire une explication des raisons pour lesquelles les objets subissent l'attraction gravitationnelle de la Terre. C'est ici qu'entre en jeu la célèbre histoire de Galilée et de la tour de Pise. D'après son premier biographe, Galilée a effectivement laissé tomber de la tour divers objets et démontré qu'ils atterrissaient pratiquement en même temps. Aristote avait affirmé que les objets plus lourds tombaient plus rapidement. Mais Galilée a montré que la gravité attirait tous les objets de la même façon, quelle que soit leur masse. Toutefois, malgré son audace terre à terre, Galilée demeurait un conservateur pour ce qui était des causes des mouvements des planètes et de la forme de leur orbite. Il croyait que les planètes se déplaçaient en cercle autour du Soleil, grâce à une sorte d'inertie circulaire, sans qu'une force quelconque intervienne. Sa physique céleste n'avait rien d'extraordinaire.

Vers la même époque, Kepler découvrait les trois lois du mouvement planétaire dont la plus célèbre stipulait que les orbites des planètes étaient elliptiques et que le Soleil se trouvait à l'un des foyers. (L'ellipse est un cercle allongé, comme le chiffre 0, avec deux « centres » appelés « foyers ».) Kepler comprenait qu'une force émanait du Soleil, force qui, d'une manière ou d'une autre, faisait tourner les planètes, mais il n'a pas réussi à décrire cette force mathématiquement.

Par ailleurs, Kepler se préoccupait peu des mouvements produits près de la surface de la Terre.

Alors, lorsque Newton est entré en scène, la physique des objets situés près de la Terre et celle des objets célestes étaient complètement séparées. Newton a unifié les deux physiques en démontrant que la force qui faisait tomber les objets sur la Terre était la même qui faisait se mouvoir les planètes et les comètes autour du Soleil. C'est la célèbre théorie de la gravitation universelle de Newton. Avec ses trois lois du mouvement, cette théorie constitue la pierre angulaire de la physique classique, celle qui décrit la plupart des phénomènes dans notre vie quotidienne.

Pendant la période des Lumières au XVIIIᵉ siècle, Dieu fut relégué au second rang, alors que la science était de plus en plus en mesure d'expliquer de manière efficace les phénomènes naturels. Les scientifiques de cette époque ont-ils, dans l'ensemble, accepté le rôle diminué de Dieu?

Il y avait de toute évidence un fossé entre les « théistes » et les « déistes », bien que le point de vue théiste soit devenu de plus en plus désuet. Les théistes étaient ceux qui, comme Newton, croyaient que Dieu était constamment présent dans l'univers et qu'il réparait les choses ici et là au besoin. Par exemple, Newton croyait que Dieu maintenait la matière en équilibre dans un univers infini. Autrement, la gravité aurait fait en sorte que les planètes et les étoiles se rassemblent en d'immenses concentrations. D'un point de vue théologique, si Dieu n'était pas présent, il était difficile de croire aux miracles. Les déistes, comme Benjamin Franklin, ne croyaient pas aux miracles ou en l'intervention divine. Dieu avait créé le monde et les règles qui le régissaient et la science était l'outil qui permettait de comprendre ces règles. Plus les scientifiques comprenaient la nature, plus il était difficile de croire en des forces et des êtres surnaturels. Le mouvement romantique du début du XIXᵉ siècle (qu'incarnaient le poète Lord Byron, l'artiste Delacroix, le compositeur Chopin et d'autres) tentait, dans une certaine mesure, de combler le vide spirituel que généraient les progrès de la science.

Pouvez-vous décrire les principaux éléments de l'évolution rapide de la physique à la fin du XIXᵉ siècle?

À la fin du XIXᵉ siècle, la physique était dominée par les trois piliers, comme on les appelait alors : la mécanique et la gravitation, telles que décrites par Newton et raffinées par plusieurs autres ; l'électromagnétisme, qui unifiait les phénomènes électriques et magnétiques et montrait que la lumière n'était constituée que d'ondes électromagnétiques se propageant dans l'espace ; et la thermodynamique, qui décrivait la chaleur et ses propriétés sous l'angle de concepts macroscopiques comme la température et la pression. Certains physiciens célèbres, comme Lord Kelvin, déclarèrent qu'il n'y avait pratiquement plus rien à apprendre dans ce domaine. Le travail était presque achevé. Il ne restait qu'à expliquer certains détails ici et là. La confiance qu'inspiraient les réussites scientifiques mit encore davantage Dieu à l'écart, plus particulièrement quand on tient compte également de la théorie de l'évolution de Darwin, qui remettait en question l'autre aspect de la Création, l'évolution de la vie sur terre, telle que l'expliquait la Genèse biblique.

Mais tout n'allait pas comme sur des roulettes. Une série d'expériences de laboratoire mit en lumière les limites des trois piliers : la lumière semblait se propager dans le vide de l'espace, contredisant la notion admise selon laquelle les ondes « ondulaient » sur un médium concret, comme les ondes sonores dans l'air ; le spectre de substances chauffées ne brillait qu'à des couleurs ou des fréquences particulières, comme si chaque élément possédait sa propre empreinte ; personne ne comprenait pourquoi les corps chauffés brillaient d'une couleur rouge et pourquoi ils brillaient d'une couleur bleue lorsqu'on les chauffait encore davantage ; l'orbite de Mercure affichait une précession anormale que la gravitation newtonienne ne pouvait expliquer convenablement. Ces découvertes laissaient supposer l'existence d'une nouvelle physique située au-delà de l'horizon classique : en 1920, la théorie de la relativité et la nature quantique des atomes et de la lumière avaient éliminé toute conviction selon laquelle il n'y avait plus rien à apprendre en physique. L'humanité venait de recevoir une leçon d'humilité : la nature est beaucoup plus maligne que nous et nous devrons toujours faire des efforts pour la comprendre.

L'émergence de cette nouvelle science signifiait-elle la fin du déisme ? Pas nécessairement. Aussi longtemps qu'il demeurera des questions scientifiques non résolues, il y aura de la place pour combler notre ignorance par des croyances. Cette approche peut convenir ou non, mais c'est un choix qu'on doit faire. Je préfère personnellement penser que la leçon la plus importante de la science est qu'il est *acceptable* de ne pas posséder toutes les réponses, de vivre dans le doute. En fait, pas seulement acceptable, mais absolument nécessaire. Sans l'ignorance, la connaissance ne peut faire de progrès.

Au début du XXe siècle, l'astronomie constituait le meilleur exemple de mégascience. Qu'ont ajouté les astronomes de cette période à notre compréhension de l'univers?

Il y eut plusieurs choses, mais plus particulièrement deux, qui furent attribuées à Edwin Hubble. En 1924, Hubble résolut une question qui hantait les astronomes depuis fort longtemps: la Voie lactée était-elle la seule galaxie dans le cosmos ou y en avait-il d'autres semblables? Les astronomes pouvaient voir des nébuleuses et des nuages de gaz, mais ne savaient pas s'ils se trouvaient à l'intérieur ou à l'extérieur de notre galaxie. La difficulté résidait dans la mesure de leurs distances et il s'agissait d'un important défi en matière d'astronomie. Pour déterminer la distance à laquelle se trouve un objet, l'astronome doit trouver ce qu'on appelle la «bougie internationale», c'est-à-dire une source de lumière qui scintille à l'intérieur de cet objet et dont on connaît la luminosité. Ainsi, il peut comparer la quantité de lumière qu'émet la bougie internationale à une lumière semblable à proximité et utiliser le fait que sa luminosité diminue avec le carré de la distance pour évaluer l'éloignement de cet objet. C'est ce que fit Hubble. Il identifia un type d'étoile nommée «céphéide variable» dans la nébuleuse éloignée et démontra qu'elle se trouvait à l'extérieur de la Voie lactée. Autrement dit, il y avait dans l'univers visible des milliards de galaxies comme la nôtre.

L'autre grande découverte de Hubble eut lieu en 1929. En se basant sur une technique semblable pour mesurer les distances, il estima la fréquence de la lumière émise par des galaxies lointaines. Lorsqu'il analysa ses résultats, il remarqua que les fréquences des galaxies les plus lointaines tendaient vers la partie rouge du spectre, comme si leurs ondes lumineuses s'étiraient. Il connaissait un effet semblable avec les ondes sonores qu'on appelait «l'effet Doppler»: quand une onde sonore s'approche de nous, son intensité s'accroît et, lorsqu'elle s'éloigne, son intensité décroît. Imaginez seulement une sirène qui s'approche de vous sur la route, ou le klaxon d'un poids lourd sur une autoroute. Hubble en conclut que les galaxies s'éloignaient de nous à des vitesses qui diminuaient proportionnellement à leur distance. Même s'il n'aimait pas cela, sa découverte laissait supposer une expansion de l'univers, un jalon important de la cosmologie du XXᵉ siècle.

Dans quelle mesure la théorie de la relativité d'Einstein a-t-elle jeté les bases de notre compréhension actuelle de l'univers?

Les deux progrès les plus importants du début du XXᵉ siècle, la théorie de la relativité d'Einstein et la mécanique quantique, constituent l'assise de notre compréhension moderne de l'univers. Par ailleurs, la relativité nous a enseigné qu'on pouvait interpréter la gravité comme la courbure de l'espace et que les objets massifs modifient l'espace autour d'eux. Puisque le temps est intrinsèquement lié à l'espace dans ce qu'on appelle l'« espace-temps », la gravité modifie également l'écoulement du temps : plus l'attraction gravitationnelle est grande, plus le temps passe lentement. Le trou noir, un objet dont la gravité est si forte que rien ne peut s'en échapper, pas même la lumière, représente un exemple extrême de ce phénomène. Nous savons maintenant que notre galaxie et probablement la plupart des autres galaxies comportent en leur centre un trou noir dont la masse représente des millions de fois celle de notre Soleil. Les effets extrêmes de la relativité générale sont une réalité.

Et qu'en est-il du deuxième jalon, la mécanique quantique?

L'univers de l'infiniment petit, le monde quantique des atomes et des particules élémentaires comme les électrons et les protons, nous a démontré dans quelle mesure la nature peut être étrange. Bien que la relativité ait été le produit presque exclusif de l'esprit d'Einstein, la mécanique quantique est née des efforts de nombreuses personnes : Max Planck, Niels Bohr, Erwin Schrödinger, Werner Heisenberg, Paul Dirac et d'autres. Ils se sont efforcés de comprendre le comportement bizarre de la matière à l'échelle inframicroscopique, comportement qui possède ses propres règles très différentes de celles auxquelles nous sommes habitués. Prenons par exemple l'électron, cet élément de charge négative des atomes. Ce n'est pas une petite bille. En fait, nous ne savons pas ce que c'est réellement. Tout ce que nous pouvons dire, c'est qu'il peut se comporter comme une bille ou qu'il peut se comporter comme une onde, selon la façon dont nous décidons de l'observer en laboratoire. Et nous ne pouvons pas non plus prédire où il se trouvera à un moment donné; nous ne pouvons qu'établir une probabilité selon laquelle il se trouvera ici ou là. Il peut aussi traverser des obstacles comme un fantôme traverserait un mur. Ainsi présentée, on peut penser que la mécanique quantique est un domaine chaotique et qu'il ne sert à rien d'essayer de comprendre le monde de l'infiniment petit. Pas du tout. Chaque composante des appareils numériques qui vous entourent en ce moment — ordinateurs, lecteurs laser, téléphones cellulaires, lecteurs de DVD, etc. — est un sous-produit de la révolution quantique. Il en est de même de l'électricité et de l'énergie nucléaire, de la biochimie et de l'ingénierie génétique.

Quelles sont les propriétés de l'univers que nous comprenons clairement maintenant?

Nous pouvons maintenant retracer l'histoire de l'univers à partir de quelques fractions de seconde après le big-bang, alors qu'il était constitué d'une soupe cosmique d'électrons, de photons et de quarks (particules qui composent les protons et les neutrons) jusqu'à la formation des premières étoiles et galaxies. Nous savons que l'univers est âgé d'un peu moins de 14 milliards d'années, qu'il est plat et qu'il prend de l'expansion comme la surface d'un ballon de caoutchouc. Nous comprenons comment les étoiles brillent et nous savons qu'elles produisent tous les éléments chimiques de l'univers (à l'exception des plus légers: l'hydrogène, l'hélium et le lithium). Carl Sagan ne blaguait pas quand il a dit que nous étions de la poussière d'étoiles. Nous savons comment le système solaire s'est formé et comment la Terre est née il y a 4,6 milliards d'années. En essayant de comprendre dans quelle mesure nous sommes uniques ou dans quelle mesure nous ne le sommes pas, nous avons trouvé plus de 120 planètes en orbite autour d'autres étoiles.

Dans quelle mesure la façon dont Brown traite de l'antimatière dans Anges et démons *est-elle exacte, c'est-à-dire la manière dont il décrit sa création, la façon dont elle est entreposée et ses propriétés explosives, par rapport au travail expérimental qu'on effectue actuellement dans des endroits comme le CERN et le Fermilab, dont vous avez déjà fait partie?*

La principale idée scientifique qui sous-tend *Anges et démons* est la création d'une nuée de particules d'antimatière gardée en suspension entre des champs magnétiques dans un récipient spécial où règne un vide presque parfait. Comme Brown l'a suggéré, cet appareil peut servir de bombe: on doit isoler complètement l'antimatière de la matière. Lorsque la matière et l'antimatière se rencontrent, ou plus techniquement lorsqu'elles entrent en collision, elles se désintègrent mutuellement en produisant de l'énergie et se dispersent par petits paquets de radiations électromagnétiques à haute énergie appelés «photons». C'est l'expression la plus belle de la célèbre formule $E=mc^2$, qui établit que l'énergie et la matière sont interchangeables. Concrètement, cela signifie que non seulement la matière et l'antimatière se transforment en radiations au contact l'une de l'autre, mais également que les radiations peuvent créer de manière spontanée des paires de particules de matière et d'antimatière. À chaque particule de matière, comme l'électron ou le proton, correspond une anti-particule possédant pratiquement les mêmes propriétés, mais avec une charge électrique opposée. Le positron, antiparticule de l'électron, possède une charge positive et l'antiproton, une charge négative.

Nous ne pouvons pas actuellement produire la quantité d'antimatière qui sert de bombe dans le roman, mais l'anti-matière n'a rien de mystérieux et elle n'est en rien liée à la science-fiction. On en produit chaque jour dans des laboratoires à haute énergie comme le CERN européen ou le Fermilab américain. L'idée qui consiste à maintenir l'antimatière en suspension entre deux champs magnétiques est également courante; le processus a été inventé il y a plus de 20 ans au CERN. En fait, le CERN a produit des paquets d'antiprotons et même des atomes d'antihydrogène composés d'antiprotons et de positrons qui tournoient autour d'eux.

Est-il plausible de relier l'antimatière au big-bang, comme semble le faire Brown? Un tel lien existe-t-il?

C'est ici que les choses deviennent un peu plus exagérées et improbables, lorsque Dan Brown laisse entendre que la production d'antimatière dans un laboratoire a quelque chose à voir avec le big-bang. L'«expérience» qui a généré un mini big-bang consistait à faire entrer en collision deux faisceaux de particules à haute énergie. La collision a engendré de nouvelles particules, y compris des particules d'antimatière. Vittoria Vetra, fille et collaboratrice de Leonardo Vetra, dit : «Mon père avait réussi à créer un monde... à partir du néant.» Pas vraiment. Tout ce qui se produit lorsque deux faisceaux entrent en collision — et, bien sûr, ils ne sont pas du «néant» —, c'est que leur masse et l'énergie de leur mouvement se transforment en matière conformément à la formule $E=mc^2$ dont j'ai parlé plus tôt. C'est une chose qu'on fait régulièrement dans les accélérateurs de particules. En fait, le processus concret qui consiste à créer de l'antimatière laisse plutôt entrevoir le contraire d'un big-bang. Supposons pour le plaisir qu'on pourrait atteindre des densités extrêmement élevées dans le cadre de telles collisions. Il en résulterait probablement un mini-trou noir, le contraire, en un sens, d'un mini-big-bang.

Cela ne signifie pas que les recherches faites au CERN, au Fermilab et dans d'autres laboratoires de haute énergie ne nous enseignent rien sur le big-bang. Au contraire. Et une large part de ce que nous connaissons des premiers moments de l'histoire de l'univers nous vient des appareils de ces laboratoires. Nous disons en fait qu'ils reproduisent les conditions qui régnaient dans l'univers quelques fractions de seconde après le «bang». J'imagine que Dan Brown s'est inspiré de cette expérience pour créer un dispositif fictif parfaitement logique. Mais nous ne pouvons recréer le bang lui-même. La cosmogénèse demeure à l'extérieur du domaine de l'expérimentation. Nous sommes condamnés à nous heurter à ce problème jusqu'à ce que nous comprenions mieux les propriétés quantiques de la gravité.

Pourrons-nous un jour expliquer le big-bang de manière scientifique ?

Je ne vois pas pourquoi nous ne le pourrions pas, du moins en partie. Au fur et à mesure que nos modèles se raffineront, ils pourront expliquer comment l'univers est issu du néant et a évolué pour devenir tel que nous le connaissons aujourd'hui. Nous pourrons peut-être trouver l'explication qui concorde avec les observations. Mais ce modèle représentera-t-il la réponse définitive ? J'ai bien peur que nous ne puissions le dire. Il représentera peut-être la réponse acceptée à son époque, tout comme l'était l'univers sphérique et statique de Dante au XIVe siècle. Nous ne serons assurés de la finalité de notre réponse que lorsque nous aurons une connaissance complète de l'univers. Et puisque nous n'aurons jamais cette connaissance, notre réponse ne sera jamais définitive. L'histoire continuera de se modifier aussi longtemps que nous continuerons de poser des questions et d'effectuer des mesures. La science est un travail qui ne finit jamais. Nous ajouterons nos phrases au Grand Récit, et d'autres le feront sûrement après nous. Une autre page du Livre de la Nature sera tournée, mais ce ne sera pas la dernière.

Quelles sont les prochaines étapes dans l'évolution de nos connaissances? Qu'est-ce que les scientifiques envisageront en 2025 ou 2050?

Malgré tout ce que nous avons appris sur l'univers, nous en connaissons encore bien peu. Trois questions se trouvent à l'avant-scène de la recherche, questions qui autrefois relevaient exclusivement de la religion et que j'appelle « le problème des trois origines » : l'origine de l'univers, celle de la vie et celle de l'esprit. Ces trois questions domineront, pour une large part, la science du XXIe siècle.

Pour comprendre l'origine de l'univers, nous devons d'abord réunir les deux grandes théories du XXe siècle, à savoir la relativité générale et la mécanique quantique. À mesure que nous reculons dans le temps, l'univers entier commence à se comporter comme une particule subatomique, ce qui rend inutile le traitement habituel fondé sur la relativité d'Einstein. Les physiciens tentent depuis plus de 40 ans d'élaborer une théorie quantique de la gravité. Nous n'y sommes pas encore parvenus, mais il existe quelques candidats, la plus prometteuse étant la théorie des supercordes, l'idée selon laquelle les entités fondamentales de la matière ne sont pas des particules, mais plutôt des choses ondulantes, unidimensionnelles, qui font un billionième de billionième de la taille d'un atome.

Nous n'avons pas non plus élucidé le mystère de l'origine de la vie, mais nous comprenons maintenant dans une certaine mesure la biochimie fondamentale qui la sous-tend. Pourtant, la question demeure : comment identifier le moment où une molécule organique devient suffisamment complexe pour commencer à se reproduire et à se nourrir, c'est-à-dire à quel moment la matière inanimée s'anime. Nous ne pouvons toujours pas créer la vie en laboratoire. En fait, nous ne pouvons même pas la définir. Si nous parlons de vie, nous devons aborder le sujet de la vie extraterrestre. Existe-t-il d'autres êtres vivants dans l'univers? Probablement. Compte tenu du nombre incalculable d'étoiles et de planètes, il est difficile de croire que nous soyons si particuliers. Il est à espérer que nous pourrons bientôt sonder l'atmosphère de planètes extrasolaires à la recherche d'indices chimiques liés à la vie, comme l'eau et l'ozone. Existe-t-il d'autres êtres intelligents dans l'univers? C'est là une question bien plus complexe.

Si nous pouvons tirer quelque conclusion de notre histoire, c'est que l'évolution de la vie intelligente découle d'une série aléatoire de cataclysmes planétaires et cosmiques. Il existe peut-être de nombreux cheminements évolutionnaires vers l'intelligence, mais nous ne les connaissons décidément pas. Il est certain que l'intelligence ne représente pas une conséquence directe de l'évolution. Vous n'avez qu'à penser que les dinosaures ont existé ici pendant 150 millions d'années avant qu'un astéroïde ne les élimine il y a 65 millions d'années. Nous sommes de nouveaux arrivants sur la scène planétaire, les nouveaux jeunes du quartier. Peut-être qu'il n'existe pas encore de planètes en mesure de soutenir la vie, ou sur lesquelles les conditions propices à l'émergence d'une vie intelligente peuvent ne *jamais* se développer. Nous devrons attendre et voir ce qui va se passer.

Parlons en dernier lieu du cerveau humain — le système le plus complexe que nous puissions trouver dans l'univers. Le cerveau peut-il se comprendre? La pensée peut-elle expliquer comment nous pensons? Pouvons-nous cerner avec précision l'emplacement et la nature du «je» qui fait de nous ce que nous sommes, le siège du soi? La neuroscience cognitive est un domaine de recherche fascinant et en évolution rapide, fondé sur de nouvelles techniques d'imagerie comme l'IRM et la tomographie par émission de positrons (tous deux dérivés de la mécanique quantique) qui peuvent montrer des neurones et des amas de neurones qui entrent en action lorsque le cerveau réagit à un stimulus. Nous ne savons pas encore si cela répondra à la question sur l'origine de l'esprit, mais j'ai confiance.

Ces trois questions sur les origines, de même que l'ingénierie génétique, retiendront l'attention des scientifiques pendant longtemps. Mais il y a une chose dont nous pouvons être certains : au fur et à mesure que nous trouvons des réponses, de nouvelles questions émergent et ce sont des questions que nous ne pouvons encore envisager. En répondant à ces questions, nous modifierons nos définitions du cosmos et notre propre définition. La science est un récit évolutif.

Une journée sans hier : Georges Lemaître et le big-bang

Par Mark Midbon [*]

Dans le bureau de son père, dont elle tente d'expliquer le travail, Vittoria Vetra renseigne Robert Langdon sur le big-bang : «Quand l'Église catholique proposa la première théorie du big-bang, en 1927...» Langdon l'interrompt, ayant du mal à croire qu'une telle idée ait pu être émise par l'Église. «Bien sûr. Présentée par un moine catholique, Georges Lemaître, en 1927», poursuit-elle (p. 84).

Les lecteurs qui connaissent peu la théorie qui soutient que l'univers est né à la suite d'une immense explosion et qu'il s'étend depuis lors peuvent penser qu'il s'agit là d'une autre idée brillante de Dan Brown et être d'accord avec la protestation de Robert Langdon qui affirme que l'idée du big-bang avait d'abord été proposée par le physicien américain Edwin Hubble. Mais ici, Dan Brown se trouve en terrain historique solide. En effet, c'est Georges Lemaître qui, le premier, a avancé que la naissance de l'univers avait ressemblé à une envolée de feux d'artifice.

Lemaître était à la fois moine et scientifique, mais il maintenait une distinction entre les deux (ainsi, l'affirmation de Vittoria que l'Église a été la première à proposer cette idée est inexacte). Toutefois, contrairement à l'affaire concernant Galilée, le Vatican n'a jamais pris position contre la théorie du big-bang. L'histoire de Lemaître, racontée ici par le programmeur informatique et auteur, Mark Midbon, est fascinante.

$$\ast\ast\ast$$

* «"A Day Without Yesterday" : Georges Lemaître & the Big Bang», Commonweal (24 mars 2000) : 18-19. © 2000 Commonweal. Reproduit avec autorisation. Mark Midbon est programmeur principal et analyste à l'Université du Wisconsin. Il a également écrit sur le prêtre-géologue Pierre Teilhard de Chardin.

Au cours de l'hiver 1998, deux équipes distinctes d'astronomes de Berkeley, en Californie, ont fait une découverte semblable et étonnante. Les deux équipes observaient des supernovæ — des étoiles en cours d'explosion, visibles à de grandes distances — pour voir à quelle vitesse l'univers prenait de l'expansion. Conformément à la pensée scientifique prédominante, les astronomes s'attendaient à ce que la vitesse d'expansion soit en baisse. Ils se rendirent plutôt compte qu'elle augmentait — une découverte qui a depuis «ébranlé les fondements mêmes de l'astronomie» (*Astronomy*, octobre 1999).

Cette découverte n'aurait pas étonné Georges Lemaître (1894-1966), mathématicien et prêtre catholique qui a élaboré la théorie du big-bang. Lemaître décrivait le début de l'univers comme une explosion de feux d'artifice et comparait les galaxies à des tisons brûlants se répandant en une sphère grandissante à partir du centre de l'explosion. Il croyait que cette explosion de feux d'artifice marquait le commencement du temps, se produisant ainsi «une journée sans hier».

Après des décennies de lutte, les autres scientifiques en sont venus à accepter le big-bang comme un fait réel. Mais alors que la plupart des scientifiques — y compris le mathématicien Stephen Hawking — prédisaient que la gravité finirait par ralentir l'expansion de l'univers et que celui-ci retomberait vers son centre, Lemaître croyait que l'univers continuerait de prendre de l'expansion. Il affirmait que le big-bang était un événement unique alors que d'autres scientifiques croyaient que l'univers se contracterait de nouveau jusqu'à provoquer un autre big-bang, et ainsi de suite. Les observations réalisées à Berkeley appuyaient l'affirmation de Lemaître selon laquelle le big-bang s'était réellement produit «une journée sans hier».

Au moment de la naissance de Georges Lemaître à Charleroi, en Belgique, la plupart des scientifiques croyaient que l'univers était infini dans le temps et que son apparence générale demeurait toujours la même. Les travaux d'Isaac Newton et de James C. Maxwell supposaient l'existence d'un univers éternel. Quand il a publié sa théorie de la relativité en 1916, Albert Einstein semblait confirmer que l'univers existerait toujours tel qu'il était.

Lemaître amorça sa propre carrière scientifique à l'Université de Louvain en 1913. Il dut cependant mettre fin à ses études un an plus tard pour servir dans l'artillerie belge pendant la Première Guerre mondiale. Après la guerre, il entra à la maison Saint-Rombaut, séminaire de l'archidiocèse de Malines où, dans ses moments de loisir, il lisait des livres de mathématiques et de sciences. Après son ordination en 1923, Lemaître étudia les mathématiques et les sciences à l'Université de Cambridge où l'un de ses professeurs, Arthur Eddington, était directeur de l'observatoire.

Dans le cadre de sa recherche à Cambridge, Lemaître passa en revue la théorie générale de la relativité. Tout comme les calculs d'Einstein 10 ans plus tôt, ceux de Lemaître montrèrent que l'univers devait se contracter ou prendre de l'expansion. Mais, alors qu'Einstein imaginait une force inconnue — une constante cosmologique — qui maintenait le monde dans un état de stabilité, Lemaître décida que l'univers était en expansion. Il en vint à cette conclusion après avoir observé le rayonnement rouge, connu sous le nom de « décalage vers le rouge », entourant les objets situés à l'extérieur de notre galaxie. Si on l'interprétait comme un effet Doppler, ce décalage de la couleur signifiait que les galaxies s'éloignaient de nous. Lemaître publia ses calculs et son raisonnement dans les *Annales de la Société Scientifique de Bruxelles* en 1927. Peu de gens remarquèrent son article. Cette même année, il eut une conversation avec Einstein à Bruxelles, mais ce dernier, peu impressionné, lui dit : « Vos calculs sont exacts, mais votre compréhension de la physique est abominable. »

Cependant, c'est la propre compréhension de la physique d'Einstein qui fit bientôt l'objet de critiques. En 1929, les observations systématiques d'autres galaxies qu'avait réalisées Edwin Hubble confirmaient l'existence du décalage vers le rouge. En Angleterre, les membres de la Royal Astronomical Society se réunirent pour examiner cette contradiction apparente entre l'observation visuelle et la théorie de la relativité. Sir Arthur Eddington se porta volontaire pour trouver une solution. Quand Lemaître lut un compte rendu de ces travaux, il envoya à Eddington une copie de son article de 1927. L'astronome britannique s'aperçut que Lemaître avait comblé le fossé entre l'observation et la théorie. À la suggestion d'Eddington, la Royal

Astronomical Society publia une traduction anglaise de l'article de Lemaître dans ses avis mensuels de mars 1931.

La plupart des scientifiques qui avaient lu l'article de Lemaître acceptaient le fait que l'univers était en expansion, tout au moins à l'époque actuelle, mais affichaient un certain scepticisme quant à l'idée selon laquelle l'univers avait un commencement. Ils étaient habitués à l'idée que le temps avait toujours existé. Il semblait illogique que des milliards d'années se soient écoulées avant que l'univers naisse. Eddington lui-même écrivit dans le journal britannique *Nature* que l'idée d'un commencement du monde était «répugnante».

Le prêtre belge répondit à Eddington par une lettre publiée dans *Nature* le 9 mai 1931. Lemaître suggéra que le monde avait eu un commencement précis pendant lequel sa matière et son énergie étaient concentrées en un seul point:

> *Si le monde a commencé avec un seul quantum, les notions d'espace et de temps n'avaient aucun sens au commencement; elles ne commenceraient à avoir un sens que lorsque le quantum d'origine s'est divisé en un nombre suffisant de quanta. Si cette supposition est correcte, le commencement du monde a eu lieu un peu avant le commencement de l'espace et du temps.*

En janvier 1933, Lemaître et Einstein se rendirent en Californie pour assister à une série de colloques. Après que Lemaître eut exposé en détail sa théorie, Einstein se leva, applaudit et dit: «C'est l'explication la plus belle et la plus satisfaisante de la création que j'ai jamais entendue.» Duncan Aikman assista à ces colloques pour le *New York Times Magazine*. Un article sur Lemaître parut le 19 février 1933, accompagné d'une grande photo d'Einstein et de Lemaître debout côte à côte. La légende disait: «Ils ont un profond respect et une grande admiration l'un pour l'autre.»

Pour ses travaux, Lemaître fut nommé membre de l'Académie royale de Belgique. Une commission internationale lui attribua le prix Francqui. L'archevêque de Malines, le cardinal Josef Van Roey, fit de Lemaître un chanoine de la cathédrale en 1935. L'année suivante, le pape Pie XI nomma Lemaître à l'Académie pontificale des sciences. Malgré ces louanges, la théorie de Lemaître présentait quelques problèmes. Premièrement, le taux d'expansion calculé par Lemaître ne fonctionnait pas. Si l'univers prenait de l'expansion à un rythme soutenu, le temps qu'il avait pris pour couvrir son rayon était trop court pour permettre la formation des étoiles et des planètes. Lemaître résolut ce problème en ayant recours à la constante cosmologique d'Einstein. Einstein avait utilisé cette constante en tentant de conserver à l'univers une taille constante, mais Lemaître s'en servit pour accélérer l'expansion de l'univers au fil du temps.

Einstein s'offusqua que Lemaître utilise la constante cosmologique. Il considérait la constante comme la pire erreur de sa carrière et il était contrarié que Lemaître utilise son facteur arbitraire supergalactique.

Après la mort d'Arthur Eddington en 1944, l'Université de Cambridge devint un foyer d'opposition à la théorie du big-bang de Lemaître. En fait, c'est Fred Hoyle, un astronome de cette université qui, par dérision, inventa l'expression «big-bang». Hoyle et d'autres favorisaient une approche de l'histoire de l'univers connue sous le nom d'«état stationnaire» dans lequel les atomes étaient continuellement créés et rassemblés en nuages de gaz qui, à leur tour, formaient des étoiles.

Mais en 1964, une percée importante confirma certaines des théories de Lemaître. Des travailleurs des laboratoires Bell, au New Jersey, étaient en train de régler un radiotélescope lorsqu'ils découvrirent un type étrange d'interférence par micro-ondes. L'interférence conservait la même puissance, que le télescope soit pointé vers le centre de la galaxie ou dans la direction contraire. De plus, elle avait toujours la même longueur d'onde et présentait toujours la même température d'origine. Il fallut plusieurs mois avant qu'on ne considère l'importance de cette découverte accidentelle. En fin de compte, elle valut à Arno Penzias le prix Nobel de physique. On finit par comprendre qu'il s'agissait d'un rayonnement cosmique fossile, un vestige du big-bang. Lemaître fut mis au courant de la bonne nouvelle alors qu'il se remettait d'une crise cardiaque à l'hôpital Saint-Pierre de l'Université de Louvain. Il mourut à Louvain en 1966, à l'âge de 71 ans.

Après sa mort, un consensus fut établi en faveur de l'explosion de feux d'artifice de Lemaître. Mais des doutes subsistaient encore: cet événement s'était-il réellement produit une journée sans hier? Peut-être la gravité pouvait-elle fournir une autre explication. Certains émirent l'hypothèse que la gravité ralentirait l'expansion de l'univers et le ferait revenir vers son centre, provoquant ainsi un effondrement de l'univers (un *big crunch*) et un autre big-bang. En conséquence, le big-bang ne constituait pas un événement unique qui marquait le début du temps, mais seulement une partie d'une suite infinie de big-bangs et de *big crunches.*

Lorsque, en 1998, il entendit parler de la découverte de Berkeley sur l'expansion de l'univers à un rythme croissant, Stephen Hawking affirma qu'il était trop tôt pour qu'on la prenne au sérieux. Plus tard, il se ravisa. « J'ai eu plus de temps pour examiner les observations, et je crois qu'elles sont très bonnes, dit-il dans le magazine *Astronomy* d'octobre 1999. Cela m'a amené à réexaminer mes préjugés théoriques. »

Hawking faisait preuve de modestie. Il s'adapta très rapidement devant la perturbation scientifique qu'avaient suscitée les résultats concernant les supernovæ. Cependant, sa phrase sur les préjugés théoriques fait songer aux attitudes qui faisaient obstacle aux scientifiques il y a 70 ans. Il avait fallu un mathématicien et prêtre catholique pour examiner les indices avec un esprit ouvert et créer un modèle fonctionnel.

Cette situation est-elle paradoxale? Lemaître ne le croyait pas. Duncan Aikman, du *New York Times*, mit en lumière le point de vue de Lemaître en 1933: «"Il n'existe pas de conflit entre la religion et la science", répétait Lemaître à ses auditoires dans ce pays. [...] Son point de vue est intéressant et important non parce qu'il est un prêtre catholique, non parce que c'est un des plus éminents chercheurs en physique mathématique de notre époque, mais parce qu'il est les deux! »

L'importance de l'antimatière

par Stephan Herrera [*]

Tous les lecteurs de Anges et démons *se sont sans doute demandé si l'antimatière existait et si, comme dans le roman, on pouvait l'utiliser en tant qu'arme de destruction massive. Nous avons demandé à un important rédacteur scientifique, Stephan Herrera, d'aider nos lecteurs à comprendre ce qu'est l'antimatière et ce qu'elle n'est pas, et où en sont actuellement son développement et sa production. Herrera est rédacteur en science de la vie pour le bulletin* Technology Review *du Massachusetts Institute of Technology et il est l'auteur d'un livre qui sera bientôt en librairie :* Closer to God : The Fantastic Voyage of Nanotechnology.

∗∗∗

On peut certainement affirmer que la bonne science-fiction se fonde sur la bonne science. Presque perdu dans le polar et l'histoire d'amour de *Anges et démons* se trouve un brillant passage de science-fiction. Dan Brown a recours à la licence artistique pour proposer une autre vision de l'avenir de l'anti-matière, vision assez différente de celle des scientifiques du CERN et de la NASA. Cette vision est née de bonnes intentions mais, d'une façon ou d'une autre, elle s'égare terriblement.

On comprend bien que, dans le cadre d'un roman, Brown comble les lacunes entourant la création, l'entreposage et le transport de l'antimatière grâce à des procédés narratifs qui laissent entendre que l'antimatière est plus dangereuse qu'elle ne l'est en réalité. Mais il faut lui accorder le crédit d'avoir fait connaître davantage l'antimatière et suggéré, bien que dans un cadre fictif, certaines questions convaincantes et bien réelles : Qu'arrive-t-il lorsque des « miracles intellectuels », tels la création d'antimatière, se produisent dans le monde sans qu'aucune directive intellectuelle n'y soit rattachée ? Et de telles découvertes sont-elles en elles-mêmes « dange-reuses » ? Que se passerait-il si, contrairement aux propos rassurants de scientifiques bien intentionnés, l'antimatière tombait entre de mauvaises mains ? Il n'est pas facile de répondre à ces questions.

Certains critiques des sciences et des technologies controversées croient que les nouvelles découvertes devraient être mises en quarantaine jusqu'à ce qu'on puisse en cerner la multitude de risques et de conséquences involontaires, et qu'on ait mis en place des mesures de sécurité afin de réagir à ces conséquences. Malheureusement, nous ne pouvons

---

* Stephan Herrera a écrit sur les sciences de la vie et la nanotechnologie pour *The Economist, Nature* et la revue du Massachusetts Institute of Technology, *Technology Review,* ainsi que plusieurs autres publications. Son livre intitulé *Closer to God : The Fantastic Voyage of Nanotechnology* sera publié par Random House à l'automne de 2005.

430

connaître toutes les réponses en ce qui concerne l'antimatière, les cellules souches, la nanotechnologie ou le génie génétique, à moins de poser les bonnes questions. Et nous ne pouvons pas connaître les bonnes questions avant de permettre à nos scientifiques de procéder à des expériences. Comme en tout autre domaine, il y aura des risques, mais il pourrait aussi y avoir d'immenses avantages.

L'antimatière pourrait bien représenter «la source d'énergie de l'avenir». Comme l'explique Vittoria Vetra à Robert Langdon au début de *Anges et démons*, l'antimatière de qualité commerciale pourrait se révéler «[m]ille fois plus puissante que l'énergie nucléaire». Elle assure aussi que cette énergie pourrait être «[c]ent pour cent efficace, pas de déchets, pas de radiation, pas de pollution, quelques grammes suffi[raient] à satisfaire les besoins énergétiques d'une grande ville pendant une semaine».

Le directeur de la recherche et de la technologie sur la propulsion aux installations de la NASA de Marshall, le professeur George Schmidt, a déclaré: «L'antimatière possède une densité d'énergie extraordinaire. L'annihilation de la matière-antimatière — la transformation complète de la matière en énergie — émet une plus grande quantité d'énergie par unité de masse que toute réaction connue en physique.» Sur le site Internet du Marshall Space Flight Center de la NASA à Huntsville, en Alabama, on affirme avec une certaine conviction: «Le fait de voyager jusqu'aux étoiles exigera des systèmes de propulsion à ultra-haute énergie. L'annihilation mutuelle de l'antimatière et de la matière génère la plus haute densité d'énergie de toutes les réactions connues en physique et représente peut-être justement la source d'énergie nécessaire pour se rendre jusqu'aux étoiles. [...] Les activités de développement technologique en cours [...] pourraient faire entrer le vaisseau spatial alimenté à l'antimatière dans le domaine de la réalité avant la fin du XXIe siècle.»

Toutefois, à l'aube du XXIe siècle, les premières applications de l'antimatière dans la réalité seront sans doute plus prosaïques: un outil de recherche, peut-être un élément œuvrant de pair avec un système mixte fusion-carburant dans une fusée à carburant hybride. Le cycle de vie du développement de l'antimatière ne fait que commencer et il est donc impossible de savoir avec un quelconque degré de certitude si l'antimatière offre les avantages que souhaitent la NASA et d'autres intervenants. Il se pourrait que les travaux sur l'antimatière procurent uniquement des connaissances pures sur l'origine de notre univers — bien que, de toute évidence, ce seul fait soit important.

Évidemment, il est également possible qu'un jour l'antimatière serve d'arme mortelle. Ce qu'il est important de comprendre, c'est que, contrairement aux craintes que *Anges et démons* pourrait susciter dans notre imagination, de nombreuses années nous séparent du moment où ces risques pourraient devenir réalité. En fait, il est difficile de comprendre pourquoi quelqu'un s'en préoccuperait. On peut construire beaucoup plus facilement une bombe atomique qui a une capacité destructive considérable. Et, comme on le sait parfaitement maintenant, on peut malheureusement acheter sur le marché noir des matières fissiles et les scientifiques qui savent s'en servir. Fait plus pertinent encore, pour construire l'équivalent d'une bombe à hydrogène de 10 mégatonnes, il faudrait 125 kilos d'antimatière et une équipe de spécialistes capables d'en faire une arme. On ne peut acheter nulle part ces ingrédients parce qu'ils n'existent pas et ce petit détail ne changera probablement pas au cours du présent siècle, si jamais il vient à changer. Ce ne sont là que quelques-unes des raisons pour lesquelles les scientifiques œuvrant dans le domaine de l'antimatière croient qu'il est peu probable qu'elle devienne la prochaine arme de destruction massive. Qui plus est, à moins qu'ils ne poursuivent leurs expériences avec l'antimatière et n'apprennent à la contrôler, les scientifiques ne pourront offrir des solutions pour limiter les dommages si elle tombait entre de mauvaises mains.

L'HISTOIRE DE L'ANTIMATIÈRE

Quiconque a regardé *Star Trek* sait que le moteur qui propulsait l'*Enterprise* pendant sa mission de cinq ans visant à « explorer des mondes nouveaux et étranges, découvrir de nouvelles formes de vie et de nouvelles civilisations, et s'aventurer dans les recoins les plus éloignés de la galaxie » était alimenté à l'antimatière. Ce qu'on sait moins, c'est que les scientifiques réfléchissent depuis longtemps aux mystères de l'antimatière. En 1928, le physicien britannique Paul Dirac s'était servi de la théorie de la relativité restreinte d'Einstein pour formuler sa théorie sur le mouvement des électrons à une vitesse proche de celle de la lumière dans des champs électriques et magnétiques. La formule de Dirac prédisait que l'électron devait posséder une « antiparticule », c'est-à-dire une particule ayant la même masse que l'électron, mais une charge électrique positive (contrairement à la charge négative d'un électron normal). Puis, en 1932, Carl Anderson observa cette nouvelle particule qu'il nomma « positron ». En pratique, il s'agissait là du premier exemple connu d'antimatière. En 1955, l'accélérateur Bevatron du Lawrence Berkeley National Laboratory, récemment déclassé, produisit l'« antiproton ».

Au cours des dernières années, les physiciens du CERN (Conseil européen pour la recherche nucléaire) à Genève sont allés beaucoup plus loin. Et contrairement à ce qu'on peut lire dans *Anges et démons*, leurs travaux n'avaient rien de secret. En fait, le 4 janvier 1996, le CERN annonçait que des scientifiques de ses laboratoires avaient créé pour la première fois neuf atomes d'antihydrogène qui se déplaçaient à 90 % de la vitesse de la lumière. Puis, en 2002, les chercheurs du CERN qui travaillaient sur le projet ATHENA annonçaient la production de plus de 50 000 atomes d'antihydrogène à déplacement lent dans ce qu'on appelle communément un « piège Penning ». Ces atomes d'antimatière n'ont survécu que quelques dixièmes de millionième de seconde avant de s'annihiler au contact de la matière ordinaire, mais les physiciens du monde entier considèrent leur simple existence comme une *validation de principe* du fait que l'homme est capable de créer des formes d'antimatière.

Le CERN et d'autres centres où se font des expériences sur l'antimatière (comme le Fermilab et le Brookhaven aux États-Unis) ont fait des pieds et des mains pour assurer au public que personne n'était en train de se précipiter pour développer l'antimatière. Les deux organismes font remarquer sur leur site Internet que, selon les scientifiques, la vraie nature de l'anti-matière constitue un des dix plus grands mystères de l'univers. Le physicien du CERN Rolf Landua explique : « Quand il est devenu évident que toute transformation de l'énergie en masse produisait des quantités égales de particules et d'antiparticules, il ne faisait plus aucun doute que s'étaient formées, pendant le big-bang, des quantités égales de matière et d'antimatière. Mais les observations montrent que notre univers n'est constitué actuellement que de matière (si on ne tient pas compte des antiparticules secondaires produites lors de collisions de rayons cosmiques ou par désintégration radioactive). Alors, où est passée toute l'antimatière?» Peut-être est-ce pour de bonnes raisons que l'antimatière a disparu au cours des quelques nanosecondes qui ont suivi le big-bang. Peut-être n'étions-nous pas destinés à avoir de l'antimatière sur terre!

LES PIRES SCÉNARIOS

Comme l'explique Dan Brown au début de *Anges et démons*, l'antimatière comporte des désavantages évidents. Il l'affirme dans sa remarque précédant le premier chapitre: «L'antimatière est extrêmement instable. Elle s'annihile en énergie pure au contact de tout ce qui est… même l'air. Un seul gramme d'antimatière recèle autant d'énergie qu'une bombe nucléaire de 20 kilotonnes, la puissance de celle qui frappa Hiroshima.» En outre, Dan Brown déclare sur son site Internet (www.danbrown.com): «L'antimatière dégage de l'énergie avec une efficacité de 100% (le taux d'efficacité de la fission nucléaire est de 1,5%). L'antimatière est 100 000 fois plus puissante que le carburant pour fusée. Mais jusqu'à récemment, l'antimatière n'avait été créée qu'en très petites quantités (quelques atomes à la fois). Cependant, le CERN a fait des progrès considérables grâce à son nouveau décélérateur d'antiprotons, une installation sophistiquée de production d'antimatière qui devrait pouvoir créer de l'antimatière en beaucoup plus grande quantité.»

Il n'est pas irrationnel de se tracasser à propos des désavantages éventuels de l'antimatière, et le fait que les sites Internet du CERN et de la NASA ne révèlent rien sur la possibilité d'utiliser l'antimatière comme arme ne signifie pas que ces scientifiques (ou des gouvernements, des armées et des agences de renseignements, ou d'autres groupes mal intentionnés) ne songent pas à la gamme complète de possibilités qu'elle représente. Il faut pourtant admettre, en toute justice, qu'on mentionne sur le site Internet du CERN la quantité d'antimatière nécessaire pour produire l'équivalent d'une bombe atomique.

Y SOMMES-NOUS PARVENUS?

Bien qu'on puisse croire le contraire après avoir lu *Anges et démons* (ou avoir lu ce que contiennent des disques durs d'ordinateurs volés au Los Alamos National Laboratory du Nouveau-Mexique), il ne serait certainement pas facile de prendre la fuite avec un conteneur d'antimatière. Ce produit a à peine une existence suffisamment longue pour qu'on puisse l'entreposer et encore moins le voler.

Qui plus est, loin de posséder le conteneur portable que l'Assassin vole au laboratoire de Leonardo Vetra dans *Anges et démons*, les scientifiques tentent toujours de réduire à des dimensions pratiques la taille des conteneurs de stockage. À titre d'exemple, le professeur Gerald Smith de la Pennsylvania State University affirme qu'on peut obtenir de petites quantités d'antiprotons à partir d'accélérateurs à haute énergie comme ceux du CERN. Une cartouche magnétique appelée «piège Penning» maintient les antiprotons immobiles dans de l'azote et de l'hélium liquides à l'intérieur d'un champ magnétique stable. (Le CERN utilise des pièges Penning pour stocker des antiprotons qui sont alors recombinés avec des positrons à l'intérieur du piège pour produire de l'antihydrogène.) Comme le souligne le site Internet de la NASA, Smith et ses collaborateurs travaillent à un piège Penning qui sera à la fois léger et solide. La cartouche contiendra un nuage d'azote et d'hélium liquides pour conserver environ un billion (moins de un nanogramme) d'antiprotons. Lorsqu'elle sera achevée, la cartouche pèsera à peu près 100 kilos. Il ne sera pas impossible de la voler mais, avec cette taille, elle n'entrera pas facilement dans une poche.

Et ce n'est pas demain que quelqu'un pourra en conserver beaucoup dans des pièges Penning. En plus des vieux et des nouveaux accélérateurs de particules du CERN, le Fermilab produira bientôt plus d'antimatière aussi, probablement entre 1,5 et 15 nanogrammes par année. C'est une tâche considérable. Il faudra 80 gigaélectronvolts pour produire une quantité même aussi infinitésimale. Compte tenu de la technologie actuelle, on consomme 10 milliards de fois plus d'énergie pour produire de l'antimatière que celle-ci n'en dégage. Il faudra encore des décennies avant qu'on puisse produire des technologies de stockage et de transport stationnaires.

De nombreux physiciens des particules pensent qu'il est pratiquement impossible de produire un jour plus de quelques microgrammes d'antimatière. À l'heure actuelle, les scientifiques du CERN croient qu'il faudrait plusieurs millions de CERN pour produire un seul gramme d'antimatière, et davantage d'argent que n'en possèdent tous les gouvernements réunis. Gramme pour gramme, l'antimatière est la substance la plus coûteuse sur terre. D'après ces scientifiques, la production d'un seul gramme d'antimatière avec la technologie d'aujourd'hui exigerait des dépenses de plus de 100 quadrillions de dollars. Il est vrai que les coûts de production de l'antimatière baisseront au fil du temps, mais la science est si peu avancée en ce domaine que personne ne pourrait tirer profit d'une importante courbe de réduction des coûts.

GENTILLE ANTIMATIÈRE

Les physiciens du CERN ont du mal à décider s'ils doivent aimer ou détester *Anges et démons*. D'une part, Dan Brown a fait connaître leurs travaux difficiles à comprendre et le CERN lui-même — vitrine sur la technologie de pointe renforçant les affirmations des Européens selon lesquelles ils sont des chefs de file dans des domaines de la recherche scientifique qui, pour la plupart, se sont déplacés vers les États-Unis. Mais d'autre part, Dan Brown simplifie à outrance les questions scientifiques relatives à l'antimatière et dénature fortement les complexités liées à la production, au stockage et au transport d'un quart de gramme d'antimatière de Genève au Vatican, une distance de près de 700 kilomètres. Mais rendons à Dan Brown ce qui appartient à Dan Brown. Il a raison en ce qui a trait à l'élément le plus important concernant ce produit. L'antimatière est la substance la plus puissante et la plus instable jamais créée par l'homme, et ce seul fait devrait nous porter à réfléchir.

Une explication de la théorie de l'enchevêtrement de Dan Brown

Une entrevue avec Amir D. Aczel [*]

Les scientifiques ne sont plus torturés et exécutés lorsqu'ils font des découvertes qui contredisent les points de vue officiels sur le cosmos. Mais, si c'était encore le cas, le scientifique et spécialiste de l'antimatière Leonardo Vetra, première victime de l'Assassin dans Anges et démons, *constituerait une cible parfaite. Vetra vit aux frontières de la physique, dans un monde d'idées si complexes que même les scientifiques ont du mal à les comprendre pleinement. L'enchevêtrement et l'antimatière, deux phénomènes découverts au XXᵉ siècle et étudiés dans d'immenses accélérateurs de particules dans des centres de recherche comme le CERN en Suisse, comportent d'importantes implications philosophiques en ce qui a trait à notre compréhension de l'univers et, dans le cas de l'antimatière, renferment une puissance terrifiante.*

Dans son livre intitulé Enchevêtrement, *Amir Aczel, mathématicien et auteur d'autres livres bien accueillis sur la science, notamment le best-seller* L'Énigme du théorème de Fermat, *présente l'histoire spectaculaire de la théorie de l'enchevêtrement et les conflits intenses qu'elle a suscités entre des scientifiques comme Niels Bohr et Albert Einstein. L'enchevêtrement et l'antimatière font partie du monde subatomique de la mécanique quantique dans lequel la logique de «la cause et l'effet» dans notre vie de tous les jours ne s'applique plus. Ce que nous savons de l'antimatière, c'est qu'elle annihile la matière, créant ainsi de l'énergie pure. Les scientifiques n'ont été en mesure d'isoler des particules d'antimatière que pendant de brèves périodes; cependant, ils savent que sa puissance est renversante. L'explosion impressionnante de l'antimatière dans* Anges et démons *au-dessus de la Cité du Vatican n'est que trop réaliste.*

La théorie de l'enchevêtrement, qui décrit une relation inhabituelle entre deux particules subatomiques, est particulièrement étrange. Einstein la trouvait si menaçante pour les idées sur la vie déjà établies qu'il la refusa. Comme le souligne Aczel dans l'introduction de Enchevêtrement : «Dans l'univers quantique, nous ne parlons plus d'"ici ou là"; nous parlons plutôt d'"ici et là".» *Des particules enchevêtrées peuvent se trouver aux deux extrémités de la Terre et pourtant si une force est appliquée sur l'une, l'autre réagit de la même façon. Certains scientifiques croient que l'enchevêtrement ne peut s'expliquer que par l'existence d'une autre dimension — idée qui remet en question les points de vue traditionnels sur la réalité de façon aussi radicale que la découverte de Copernic qui affirmait que la Terre n'était pas au centre de l'univers.*

---

[*] Le mathématicien Amir Aczel a écrit neuf essais sur la science, notamment *Enchevêtrement : Le plus grand mystère dans la physique* et le best-seller *L'Énigme du théorème de Fermat.*

***

Dans Anges et démons, Leonardo Vetra est un scientifique-prêtre au service du CERN qui utilise un collisionneur de particules pour étudier l'antimatière. Il croit que l'antimatière contient des indices sur l'origine de l'univers. Quel est le lien entre l'antimatière et l'origine de l'univers ?

Il existe une théorie cosmologique selon laquelle, lorsque l'univers fut créé, il y avait de la matière et de l'antimatière. En raison d'une asymétrie, il y avait beaucoup plus de matière que d'antimatière. Des quantités égales de matière et d'antimatière s'annihilèrent et il ne resta que de la matière. Lorsque la matière entre en contact avec l'antimatière, elles s'annihilent mutuellement et produisent de l'énergie pure. Alors, grâce au hasard (ou par décret divin, si vous préférez), l'univers comporte beaucoup plus de matière que d'antimatière. L'antimatière est extrêmement rare parce qu'elle explose et se transforme en énergie aussitôt qu'elle entre en contact avec la matière.

À un certain moment dans Anges et démons, *Maximilien Kohler, directeur fictif du CERN, affirme que de récentes découvertes dans le domaine de la physique des particules fournissent des réponses sur l'origine de l'univers de même que sur les « forces qui retiennent ensemble les éléments qui nous composent ». Bien que le livre ne mentionne explicitement aucun lien entre l'antimatière et la théorie de l'enchevêtrement, le travail de Leonardo Vetra met en cause l'étude des deux phénomènes. Existe-t-il un lien véritable entre l'étude de l'antimatière et la théorie de l'enchevêtrement ?*

L'enchevêtrement est un phénomène très spectaculaire en physique. Vous avez deux entités et lorsqu'il arrive quelque chose à l'une d'entre elles, la même chose se produit chez l'autre. C'est un phénomène de la nature fascinant et complètement inattendu. Einstein pensait que l'enchevêtrement était dément, impossible. Il le qualifiait d'« action étrange à distance », puisque, d'une certaine façon, il semblait violer l'*esprit* de ses propres théories de la relativité. Pour autant que je sache, la relation entre l'enchevêtrement et la matière réside seulement dans le fait que la première source connue d'enchevêtrement était une source de matière-antimatière. Il s'agit d'une sorte de relation indirecte.

La première expérience sur l'enchevêtrement a été réalisée en 1949 à l'Université Columbia par Chien-Shiung Wu (professeure de physique également connue sous le nom de «madame Wu») — et elle n'étudiait pas l'enchevêtrement. Elle étudiait le positronium, un élément artificiel comprenant un électron et un positron qui n'existent qu'une fraction de seconde avant de s'annihiler mutuellement. À ce moment, les deux photons à haute énergie (des rayons gamma, qui constituent un type de radioactivité) résultant de cette annihilation sont enchevêtrés. Quand ils ont fait cette expérience, madame Wu et son collègue I. Shaknov ne savaient pas que les photons étaient enchevêtrés, et ce n'était pas là le but de leurs travaux. Mais des années plus tard, au cours des années 1970, des scientifiques ont examiné les résultats de l'expérience et se sont aperçus qu'il s'agissait probablement du premier exemple d'enchevêtrement. Pendant les années 1970 et 1980, deux groupes, un aux États-Unis et un en France, ont démontré que l'enchevêtrement était un phénomène réel en utilisant la lumière visible plutôt que les photons à haute énergie de l'expérience de 1949.

Y a-t-il quelqu'un au CERN qui, comme Leonardo Vetra, étudie à la fois la théorie de l'enchevêtrement et l'antimatière?

D'où Dan Brown a-t-il tiré l'idée de l'enchevêtrement et du collisionneur? Je crois qu'il a dû entendre parler de John Bell, qui travaillait au CERN — j'en parle dans mon livre *Enchevêtrement*. Le lien entre ces deux éléments est que John Bell travaillait au CERN et était spécialiste des accélérateurs de particules. Mais le soir, ou à la maison le week-end, il travaillait sur l'enchevêtrement. En fait, comme je l'affirme dans *Enchevêtrement*, Abner Shimony de l'Université de Boston lut le théorème de John Bell publié dans un bulletin de physique peu connu et eut l'idée que l'enchevêtrement pourrait être produit en laboratoire. Il entreprit des recherches en ce sens avec un étudiant dont il était le directeur de thèse, Michael Horne.

Pendant ce temps, à l'Université Columbia, un doctorant en physique du nom de John Clauser eut, à peu près au même moment, exactement la même idée que le professeur Shimony à Boston. Les physiciens qui effectuent des recherches sur l'enchevêtrement vous diront que ce type d'*enchevêtrement humain* leur arrive tout le temps! Les trois scientifiques se rencontrèrent et, plutôt que deux d'entre eux se liguent contre le troisième pour lui faire concurrence, ils collaborèrent à l'étude de l'enchevêtrement. Ils furent les premières personnes dont les travaux — si on ne tient pas compte des résultats « cachés » des recherches de Wu et de Shaknov, puisqu'on ne comprit que beaucoup plus tard qu'elles contenaient un enchevêtrement — produisirent réellement un enchevêtrement en se fondant sur le travail théorique de John Bell au CERN une décennie plus tôt. Les expériences furent menées par John Clauser et Stuart Freedman à l'Université de Californie à Berkeley en 1972 (Clauser s'y trouvait en tant que boursier postdoctoral et Freedman était son assistant). C'est là, je crois, le lien qui existe entre l'enchevêtrement et le CERN — le fait que John Bell y ait travaillé au début des années 1960 et que c'est à cet endroit qu'il rédigea un article extrêmement important (bien que peu connu) qui permit à Abner Shimony de voir la façon de passer de l'idée théorique d'Einstein sur l'enchevêtrement, cette « action étrange à distance », à une expérience concrète à Berkeley démontrant que — « étrange » ou non — l'enchevêtrement existait réellement.

Existe-t-il un lien entre la théorie de l'enchevêtrement et la théorie de la relativité générale d'Einstein?

L'enchevêtrement est un phénomène qui découle des lois de la mécanique quantique. Et on comprend encore mal la relation entre la mécanique quantique et la relativité générale.

La question est extrêmement complexe. Les théories d'Einstein — de la relativité restreinte et de la relativité générale — se manifestent dans le domaine du très vaste ou du très rapide. Si vous vous trouvez près d'un objet très massif, comme un trou noir, l'espace est très fortement *incurvé*; et l'écoulement du temps ralentit et va même jusqu'à « s'arrêter » (du point de vue d'une personne de l'extérieur). La percée d'Einstein en matière de relativité générale montre que l'espace lui-même s'incurve autour des objets massifs. C'est aussi ce qui se produit autour de la Terre, mais, ici, la courbure est minime et nous ne la sentons pas parce que la Terre est loin d'être aussi massive qu'un trou noir. Autre chose: si vous vous déplacez extrêmement vite, le temps ralentit — c'est la relativité restreinte. Selon la relativité restreinte, rien ne peut se déplacer plus vite que la lumière. Ainsi, les lois de la physique sur le très rapide et le très grand forment la théorie de la relativité restreinte et celle de la relativité générale, là où règne Einstein.

Bien sûr, le génie d'Einstein réside dans le fait qu'il a pu déduire mathématiquement ces théories sans devoir se déplacer si rapidement (près de la vitesse de la lumière) ou se rendre près d'un trou noir pour réellement «voir» comment il se comporte. Grâce à sa théorie de la relativité restreinte, Einstein a démontré que si vous vous déplacez très rapidement, votre temps ralentira réellement! Ce n'est pas une illusion; ça se produit vraiment. C'était là un résultat fort peu intuitif. Lorsque les avions à réaction apparurent au cours des années 1960 et 1970, on démontra qu'Einstein avait raison en plaçant une horloge atomique dans un avion et une autre au sol. À la fin de l'expérience, l'horloge de l'avion était une fraction de seconde (une fraction extrêmement petite) plus lente que l'horloge située au sol. Mais la première et la plus spectaculaire démonstration de la théorie de la relativité d'Einstein survint en 1919 quand Arthur Eddington se rendit à l'île de Principe au milieu de l'océan Atlantique et photographia le Soleil pendant une éclipse totale. Ses plaques photographiques révélèrent que la lumière stellaire était courbée autour du Soleil, démontrant ainsi qu'Einstein avait raison lorsqu'il affirmait que l'espace se courbait autour d'un objet massif.

Einstein n'a jamais aimé la théorie des quanta pour plusieurs raisons. Premièrement, il n'aimait pas la nature probabiliste de cette théorie. En 1920, il se lança dans une attaque contre la théorie naissante des quanta: «Je ne croirai jamais que Dieu joue aux dés avec l'univers.» Les dés représentent ici les probabilités de la mécanique quantique. Einstein était si intelligent qu'il avait compris que si on prenait *vraiment* au pied de la lettre la théorie quantique, il pourrait, dans un cas extrême, survenir un phénomène très étrange: l'enchevêtrement. Puisque, selon le raisonnement d'Einstein, un tel phénomène ne pouvait se produire dans le monde réel, la théorie des quanta devait être, comme il disait, «incomplète». Einstein entreprit cette attaque contre la mécanique quantique avec deux assistants (Podolsky et Rosen) dans un article maintenant célèbre qui fut publié en 1935. Puis, au CERN, John Bell prit Einstein au mot et traduisit sa théorie, permettant ainsi de vérifier si l'enchevêtrement était un phénomène réel. Shimony, Horne et Clauser élaborèrent l'expérience ; Clauser et Freedman la réalisèrent et démontrèrent l'exactitude de la théorie ; et d'autres qui suivirent dans les années 1990 et 2000 confirmèrent que tout cela était réel. Einstein avait raison : l'enchevêtrement existe réellement ; et, dans un sens, il avait tort : la théorie quantique fonctionne vraiment !

Existe-t-il une façon quelconque de réconcilier les lois découlant de la théorie de la relativité générale d'Einstein et la mécanique quantique ?

Il y a des théories dites de la « gravité quantique » sur lesquelles certaines personnes travaillent à l'heure actuelle. Vous avez donc la théorie quantique et la théorie plus vaste de la gravité, qui représente la théorie de la relativité générale d'Einstein. La gravité quantique englobe un ensemble de théories qui visent à réunir la mécanique quantique et la relativité générale.

Il s'agirait donc d'une théorie générale unifiée ?

Absolument. C'est ce que serait cette théorie : le Saint-Graal de toute la physique. Ils pensent que la théorie des cordes pourrait nous procurer cette unification, mais la vérité, c'est qu'ils ne l'ont pas encore fait. La théorie des cordes est une théorie très complexe dont les mathématiques se fondent sur la physique. Ses principes reposent sur le fait que les particules ne sont en réalité que des cordes minuscules qui vibrent. Et elle soutient que la nature comporte d'autres dimensions que les trois dimensions de l'espace, ou les quatre dimensions, celles de l'espace *plus le temps*, qu'Einstein utilisait. D'après la théorie des cordes, il existerait jusqu'à 10 dimensions ou davantage, les 6 dernières ou plus (après avoir soustrait les 3 dimensions de l'espace et le temps) étant « très petites » et « cachées », quoi que cela veuille dire. Il convient de souligner que — ne l'auriez-vous pas deviné ? — Einstein lui-même a jeté les bases très rudimentaires de cette théorie extrêmement complexe.

Les scientifiques du CERN essaient-ils réellement d'élaborer une théorie unifiée ?

Ils ne peuvent pas, parce qu'il faut trop d'énergie pour le faire. Cela exigerait environ la totalité de l'énergie que contient notre galaxie. Mais ils font quelque chose de très intéressant en ce moment au CERN. Ils cherchent la très insaisissable *particule de Higgs* (type de particule qui, croit-on, serait apparu peu après le big-bang, soit au moment de la création de l'univers, selon les physiciens). Il ne s'agit pas nécessairement d'une théorie de la gravité quantique ou d'une théorie des cordes. Cela se situe quelque part dans ce monde étrange des particules qu'on n'a pas encore découvertes. Mais pour découvrir la particule de Higgs, il faut énormément d'énergie.

Leonardo Vetra a recours au collisionneur, ou accélérateur de particules, pour découvrir des particules considérées comme les composantes de base de l'univers. Est-ce vraiment la méthode que les scientifiques utilisent pour découvrir des particules comme la particule de Higgs?

Oui. C'est dans les accélérateurs de particules qu'ils découvrent des choses sur l'univers. C'est ici qu'on produit des particules et des antiparticules. Les scientifiques peuvent créer une «soupe» de particules qui imite ce qui s'est produit peu après le big-bang quand, comme disent les cosmologues, l'univers consistait en une «soupe primordiale» de particules et d'énergie.

Dans Anges et démons, *on affirme que le travail de Vetra avec les accélérateurs de particules consistait à recréer le big-bang. Est-il réellement possible de recréer le big-bang?*

De toute évidence, il est impossible de créer une «soupe» de particules de la dimension de l'univers primitif. Mais récemment, les scientifiques ont pu produire un plasma qui peut ressembler à la soupe primordiale. Après le big-bang existait une soupe de particules de toutes sortes à très haute énergie et l'univers était opaque. On ne pouvait pas voir à travers parce que la lumière ne s'en échappait pas encore, l'univers était simplement trop dense. C'est ce qui s'est produit pendant la première période après le big-bang: l'univers a été opaque pendant quelques centaines de milliers d'années. Puis la lumière a finalement été «relâchée». Quoi qu'il en soit, lorsqu'ils provoquent une collision de ces particules avec une énorme énergie dans un accélérateur comme celui du CERN, les scientifiques peuvent créer quelque chose qui, à leur avis, ressemble à ce qu'était l'univers tout de suite après le big-bang.

On réalise ce type de travaux dans des accélérateurs de particules aux États-Unis (au Fermilab, près de Chicago) et en Europe. Les Européens entreprennent maintenant la construction d'un nouvel accélérateur, plus grand, au CERN. On s'attend à ce qu'ils répondent à plusieurs questions sur la physique. Cet accélérateur aidera-t-il à résoudre la théorie quantique du tout? On peut en douter. Personnellement, je ne le crois pas.

Mais certains croient qu'on pourrait découvrir la particule de Higgs. En un sens, la particule de Higgs est importante dans le cadre des théories sur le commencement de l'univers. Cette découverte pourrait contribuer à expliquer comment fonctionne l'*expansion* — une chose qui s'est produite après le big-bang. Quand il a explosé pour la première fois lors du big-bang, l'univers a pris de l'expansion à un rythme exponentiel, ce qui signifie qu'il se dilatait à une vitesse supérieure à celle de la lumière. Cela semble paradoxal, mais ça ne l'est pas en réalité. Rien ne peut se déplacer plus rapidement qu'un rayon de lumière. Mais l'univers entier se dilatait à une vitesse plus grande que celle à laquelle la lumière se propage, et c'est ainsi que vous résolvez ce paradoxe. Quoi qu'il en soit, on peut en partie expliquer l'expansion au moyen de la particule de Higgs. La théorie de l'expansion résout plusieurs énigmes sur la naissance de notre univers. C'est une théorie cosmologique ingénieuse qui a réellement résulté de l'étude des particules. Une théorie concernant l'ensemble de l'immense univers et fondée sur ce qu'on a appris sur de minuscules particules. Elle a été élaborée en 1980 par le physicien Alan Guth du Massachusetts. Et 25 ans plus tard, pratiquement tous les physiciens, cosmologues et astronomes croient que la théorie de Guth est fondée.

Vittoria, la fille de Leonardo Vetra, est une physicienne qui étudie le bio-enchevêtrement, c'est-à-dire l'interconnectivité de la vie. La théorie de l'enchevêtrement démontre-t-elle que nous sommes, d'une certaine manière, tous interreliés, que les molécules dans un corps sont liées aux molécules dans un autre corps, qu'il existe une force unique qui nous lie tous?

Je ne pense pas. Il faut établir une distinction entre ce qui fait partie de la physique et ce qui n'en fait pas partie, entre ce qui constitue de la science et ce qui n'en constitue pas. L'enchevêtrement ne se produit pas si facilement. C'est un processus a) difficile à créer, b) difficile à maintenir et c) difficile à détecter.

Mais l'enchevêtrement indique-t-il la présence d'une sorte d'interconnexion ? Qu'advient-il, dans ce contexte, de notre notion de séparation spatiale ?

Quand deux particules sont enchevêtrées, l'espace, la séparation ou la distance entre elles n'ont aucune signification. En un certain sens métaphysique ou physique que nous n'avons pas découvert, elles se trouvent au même endroit, même si l'une est ici et l'autre à Paris. Quand l'une saute, l'autre saute aussi, exactement de la même façon, comme si elles se touchaient ! Il pourrait exister une dimension que nous ne voyons pas le long de laquelle elles se touchent ; c'est peut-être ce que démontrera un jour la théorie des cordes, du moins sur le plan théorique.

Voici l'exemple d'enchevêtrement le plus renversant que je connaisse : si vous envoyez un photon (ou un électron) dans un appareil expérimental que vous construisez et que vous y en envoyez un autre de telle façon que vous ne puissiez savoir duquel il s'agit en regardant votre appareil de l'extérieur, alors ils s'enchevêtrent ! N'est-ce pas la chose la plus incroyable que vous ayez jamais entendu de votre vie ? Si vous savez que le photon que vous avez envoyé à droite est le photon A et que celui que vous avez envoyé à gauche est le photon B, ils ne s'enchevêtreront pas. Mais si vous les envoyez de telle façon que vous ne puissiez les distinguer l'un de l'autre, cela signifie alors qu'ils sont enchevêtrés. Et en fait, Anton Zeilinger (éminent scientifique viennois qui fut l'un des premiers à travailler sur l'enchevêtrement à trois particules) créa un enchevêtrement en projetant des photons dans un appareil qui, pour ainsi dire, mélange les photons de façon qu'on ne puisse les distinguer. C'est alors qu'ils sont enchevêtrés.

L'enchevêtrement se produit-il dans la nature ?

Le positronium est naturel lorsque vous avez un positron et un électron qui tournent l'un autour de l'autre. Mais vous devez créer l'expérience dans un laboratoire parce qu'un positron et un électron ne tournent pas naturellement l'un autour de l'autre. Autrement, les radiations émises nous tueraient. C'est quelque chose qu'il faut faire dans un laboratoire de radiation.

Quel type d'expérience de laboratoire produit l'enchevêtrement?

Les gens ne veulent vraiment pas travailler avec le positronium parce que, premièrement, vous ne pouvez voir ces photons. Vous ne pouvez les mesurer avec la polarisation comme vous le faites avec la lumière visible. Deuxièmement, le positronium est radioactif et il est donc plus difficile de travailler avec cet élément. Vous devez probablement porter un tablier de plomb et prendre d'autres précautions semblables. Alors, les gens travaillent plutôt avec la lumière visible (et souvent, de nos jours, avec un faisceau laser, pour obtenir une plus grande précision). Avec le positronium, c'est la direction des photons à haute énergie qui est en corrélation (enchevêtrée). Avec la lumière visible, vous mesurez l'enchevêtrement en tant que corrélation entre la polarisation de la direction de deux photons enchevêtrés. Avec les électrons, c'est la direction du tournoiement qui est enchevêtrée (en corrélation). Les gens préfèrent procéder à ces expériences avec une lumière au laser visible.

Le mur du bureau de Leonardo Vetra est orné d'une affiche d'Einstein sur laquelle est inscrite sa célèbre citation: «Dieu ne joue pas aux dés avec l'univers.» Apparemment, Vetra, comme Einstein, croit que son étude de la physique permettra de découvrir les lois naturelles de Dieu. L'enchevêtrement comporte-t-il des implications pour la théologie, ou pour l'idée selon laquelle il existe un quelconque ordre divin dans l'univers?

La relation entre la science et la religion existe de toute évidence depuis très longtemps. Einstein pensait que Dieu était le dieu de la physique. Ce qu'il voulait dire par «Je ne croirai jamais que Dieu joue aux dés avec l'univers» était une chose très particulière, à savoir que la théorie des quanta ne peut avoir de fondement dans la réalité. Il a aussi déclaré que Dieu était subtil, mais qu'il n'était pas malicieux, laissant ainsi entendre que les lois physiques de Dieu sont difficiles à découvrir, mais qu'elles ne sont pas cachées de manière vicieuse (et Einstein était le mieux placé pour le savoir). Il s'agit de ma citation préférée d'Einstein.

De par sa nature même, la théorie des quanta est probabiliste; la théorie des probabilités se retrouve partout dans la mécanique quantique, tout au moins de la façon dont les humains interprètent l'univers quantique. Ainsi, en disant que Dieu ne joue pas aux dés avec l'univers, Einstein élimine l'élément de probabilité. Il s'agit vraiment d'une déclaration sur le déterminisme par rapport à la nature stochastique de l'univers: l'univers est-il stochastique (probabiliste) ou est-il déterministe? Einstein est mort en refusant de croire à la théorie des quanta parce qu'elle était stochastique. Il disait que l'enchevêtrement ne pouvait se produire. Il croyait en ce qu'il appelait le «réalisme local»: tout ce qui se produit ici se produit ici, et tout ce qui se produit là se produit là.

Nous savons maintenant que des enchevêtrements se produisent et qu'en conséquence, le monde est probabiliste, du moins selon notre interprétation des quanta. Mais il s'agit tout de même d'un événement rare. Et en ce qui a trait au fait que nous soyons tous reliés, qui sait? Nous n'avons pu le démontrer au moyen de la physique.

Alors, la théorie de l'enchevêtrement contredit-elle tout à fait nos notions sur la causalité?

Oui. L'ensemble de la mécanique quantique réduit à néant la causalité. La causalité existe dans le monde quantique, mais elle est différente de la façon dont nous la voyons habituellement.

L'enchevêtrement constitue-t-il une quelconque menace pour l'Église catholique?

Je ne vois là aucune menace. Dieu a créé l'univers. Et qu'il joue aux dés ou non, il demeure Dieu. Dans un de mes livres, j'écris: «Il semble que Dieu joue aux dés, mais il connaît toujours le résultat.»

De toute façon, l'enchevêtrement, la théorie des quanta et la relativité n'ont aucun lien direct avec la religion institutionnelle. Einstein a eu ses débats avec son Dieu parce qu'il croyait que sa théorie était juste et que Dieu devait reconnaître qu'il avait raison en faisant en sorte que les expériences le démontrent. C'est à ce moment qu'il a dit que le Seigneur était subtil, mais qu'il n'était pas malicieux. Mais Einstein a échoué en ce qui concerne l'enchevêtrement et la théorie des quanta parce qu'aucun cerveau humain, du moins jusqu'à maintenant, n'a été en mesure d'expliquer ensemble les deux théories.

Dans le roman, Vittoria Vetra affirme avec force qu'«une des lois fondamentales de la physique énonce que la matière ne peut être engendrée à partir de rien». Elle soutient que cette loi remet en question l'idée selon laquelle Dieu a créé l'univers. Est-ce vrai?

Je ne crois pas que quiconque connaisse la réponse à cette question. Que signifie «à partir de rien»? Les cosmologues et les physiciens vous diront que notre univers n'avait qu'une fraction de la taille d'un proton quand il a explosé lors du big-bang. Je ne vois pas la différence entre cette idée et la formulation du livre de la Genèse. Dieu dit: «Que la lumière soit», et «que la terre et les eaux se séparent», et ainsi de suite. Et le big-bang était un produit de cet univers incroyablement grand, qui, selon nos connaissances actuelles, a un rayon de 13,7 milliards d'années-lumière, et qui a commencé à partir d'un objet plus petit qu'un proton. S'agit-il de matière issue du néant?

Une des principales péripéties du roman met en scène une personne qui se sauve avec une éprouvette contenant un quart de gramme d'antimatière et menace de l'utiliser pour faire exploser le Vatican. Est-ce possible?

Je vais vous donner un exemple de l'énergie produite lorsque la matière et l'antimatière entrent en contact. À l'heure actuelle, nous ne pouvons voyager jusqu'aux étoiles parce qu'il faudrait environ 8 000 ans pour atteindre l'étoile la plus proche (Alpha du Centaure, vue de notre hémisphère sud, qui se trouve à 4,5 années-lumière de la Terre!) à la vitesse de l'avion moderne le plus rapide. Les scientifiques parlent de mettre au point des moteurs à antimatière, de suspendre l'antimatière dans un champ magnétique en vase clos dans le vaisseau et, de manière extrêmement contrôlée, d'en laisser échapper une partie vers un autre endroit du moteur dans lequel l'antimatière entrerait en contact avec la matière normale. L'antimatière annihilerait la matière normale, produisant ainsi une immense quantité d'énergie. En faisant cela, vous créez du positronium (eh oui, des photons enchevêtrés). Et cela propulserait le vaisseau plus rapidement que tout ce que nous avons pu imaginer dans le passé.

Pour revenir au roman, je ne suis pas un spécialiste dans ce domaine, mais, selon mes calculs, un quart de gramme d'antimatière pourrait certainement menacer le Vatican, parce qu'il possède l'énergie d'une petite bombe nucléaire. Avec 10 grammes (l'équivalent d'une cuiller à café) d'antimatière, vous auriez suffisamment d'énergie pour détruire toute la ville de Rome. Alors, un seul gramme d'antimatière (un dixième de cuiller à café) suffirait pour détruire la Cité du Vatican, au centre de Rome.

Septième chapitre

Anges et démons, Dan Brown et l'art de romancer les « faits »

*Explication des détails fascinants de l'intrigue du roman
• Pourquoi Dan Brown pourrait vouloir davantage
vérifier ses affirmations la prochaine fois
• L'art et le talent
dans la création d'ambigrammes de mort
• Ce qui se produit quand la philosophie rationnelle
rencontre la fiction irrationnelle*

Les lacunes de l'intrigue et les détails intrigants de *Anges et démons*

PAR DAVID A. SHUGARTS [*]

Une des caractéristiques de notre livre précédent, Les Secrets du code Da Vinci, *dont on a le plus parlé était l'analyse page par page de* Da Vinci Code *préparée par le journaliste d'enquête chevronné David Shugarts. Nous lui avons demandé de faire la même chose pour* Les Secrets de Anges et démons, *à savoir d'analyser les lacunes de l'intrigue (en examinant en profondeur les mêmes renseignements que Dan Brown a pu recueillir lorsqu'il a effectué ses recherches pour son roman), de mettre en lumière les détails intrigants qu'on ne remarque pas toujours en lisant rapidement l'histoire, et d'examiner les affirmations de Dan Brown à propos de tout, de l'antimatière jusqu'à Galilée. Le lecteur ne trouvera ici qu'une courte sélection parmi les trouvailles de Shugarts. Pour en savoir davantage, visitez notre site Internet à l'adresse www.secretsofthecode.com et cherchez une annonce sur la manière et le moment où sera rendu accessible le dossier complet de ces lacunes de l'intrigue et de ses détails intrigants. Les lecteurs que ce type d'analyse minutieuse intéresse peuvent lire les deux articles de Shugarts qui suivent dans ce chapitre: l'un sur les noms des personnages dans* Anges et démons *et l'autre sur les jouets technologiques dans* Anges et démons *(par exemple l'avion X-33, l'hélicoptère de haute altitude du pape et l'antimatière). Remarque: Comme ailleurs dans ce livre, les numéros de page inscrits ci-après renvoient à l'édition française de* Anges et démons *publiée chez JC Lattès (2005).*

***

---

[*] David Shugarts est un journaliste qui possède plus de 30 ans d'expérience. C'est grâce à son talent de journaliste d'enquête qu'il a été le premier à découvrir les lacunes de l'intrigue et les détails intrigants du *Da Vinci Code* de Dan Brown et à écrire à ce sujet un article qu'il a présenté dans *Les Secrets du code Da Vinci.*

« Les faits » : Le CERN « a récemment réussi à produire les premiers atomes d'antimatière ». Est-ce exact ?

Non. La première particule d'antimatière connue, le positron, a été détectée en 1932 par le physicien américain Carl Anderson lorsqu'il observait le parcours de rayons cosmiques dans la foulée de la prédiction qu'avait faite en 1928 le physicien britannique Paul Dirac et selon laquelle il existait de telles particules. Dan Brown affirme sur son propre site Internet : « Les premières antiparticules ont été créées dans des laboratoires au cours des années 1950 » — mais ce n'était pas au CERN. En 1955, l'antiproton a été produit au Bevatron de Berkeley. Si on considère que « récemment » peut s'appliquer à 1995, la création passagère de quelques atomes d'antimatière (et non seulement de particules) a été réalisée au CERN. Un antiproton a été réuni à un positron pendant un bref moment pour former un atome d'antihydrogène. On a créé neuf atomes de ce type. Utilisant les installations du CERN, le consortium ATHENA a réussi à obtenir, en 2002, d'importantes quantités d'atomes d'antimatière à des fins de recherche, mais toujours à une échelle extrêmement petite.

« Les faits » : « Jusqu'à ces dernières années, on n'avait réussi à produire que quelques infimes quantités d'antimatière (quelques atomes à la fois). » Dan Brown a-t-il raison lorsqu'il fait une telle affirmation ?

C'est vrai. Ce n'est qu'après la publication de la version originale de *Anges et démons* que la production d'atomes d'antimatière s'est élevée à des centaines ou à des milliers d'atomes. Mais ce sont encore des quantités extrêmement faibles.

Page 16 : « "Comment avez-vous eu mon numéro ?" […] "Sur le Web, sur le site de votre bouquin." Langdon fronça les sourcils. Il était parfaitement sûr que le site de son livre ne donnait pas son numéro de téléphone privé. Ce type mentait, de toute évidence. »

Langdon ne connaît pas le bottin Internet. Dan Brown le connaît-il ? Quand vous enregistrez votre nom de domaine (comme www.danbrown.com), le registraire de noms de domaines publie habituellement les renseignements sur l'enregistrement, et ceux-ci sont accessibles à partir du bottin Internet.

Certaines personnes ne donnent pas leur vrai numéro de téléphone, mais c'est une autre question. Par exemple, voici les renseignements qu'on peut trouver sur www.danbrown.com :

Dan Brown
PO Box 1010
Exeter, NH 03833
US
Phone : 999-999-9999
Email : danbrown9@earthlink.net

Page 21 : « Les premières lueurs de l'aube s'insinuaient entre les branches des bouleaux de son jardin [...]. » (Il est question ici du jardin de Langdon.) Fait-il vraiment si noir ?

C'est un jour d'avril. En supposant que c'est le milieu d'avril, Boston vit à l'heure avancée (de même que Genève et Rome). Le soleil se lève vers 6 h 03.

Il existe trois définitions utiles de l'aube. Si vous voulez obtenir l'heure où on peut observer les étoiles, alors vous tenez compte de l'*aube astronomique*, c'est-à-dire le moment où le soleil se trouve à 18 degrés sous l'horizon au matin, alors qu'il commence tout juste à éclairer le ciel. Avant, le ciel est complètement sombre. Si vous êtes en mer, vous pouvez utiliser l'*aube nautique*, lorsque le soleil se trouve à 12 degrés sous l'horizon, et qu'il y a tout juste assez de lumière pour distinguer les objets. Finalement, il y a l'*aube civile*, lorsque le soleil se trouve à 6 degrés sous l'horizon, mais maintenant il y a beaucoup de lumière pour les activités extérieures. La plupart des gens appelleraient « aube » ce moment de la journée.

Alors, même si Langdon observe l'aube nautique, le soleil ne se lèvera pas avant une quarantaine de minutes. Ceci crée une contradiction à la page 22, au moment où il arrive à l'aéroport Logan vers 6 h du matin, puisque, d'après Langdon, il fait encore sombre.

Page 23 : « Langdon suivit son guide jusqu'à l'autre extrémité du hangar. Le pilote se dirigea vers la piste. »

Vous ne pouvez tout simplement pas vous diriger vers la piste à partir d'un hangar. Les pistes sont des surfaces à partir desquelles les avions s'envolent ou atterrissent. Il n'y a aucun édifice adjacent aux pistes de l'aéroport de Boston. D'habitude, la zone asphaltée près d'un hangar s'appelle une *aire de trafic*, ou *aire de stationnement*; elle mène à une *piste de déroulement*, qui mène elle-même à une *piste de roulement*.

Page 23: Langdon voit un «énorme» avion. «Les ailes étaient pratiquement inexistantes, on discernait juste à l'arrière du fuselage deux ailerons trapus, que surmontaient deux volets. Le reste de l'avion se composait d'une coque, longue d'environ soixante-dix mètres. Sans le moindre hublot. Juste une énorme coque. "Deux cent cinquante tonnes réservoirs pleins, commenta le pilote, avec l'expression ravie d'un père vantant les mérites de son rejeton. Ça marche à l'hydrogène liquide. La coque allie matrice en titane et composants en fibres de carbone. Elle supporte un rapport poussée-poids de 20 à 1, contre 7 à 1 pour la plupart des appareils. Le directeur doit être drôlement pressé de vous rencontrer! C'est pas le genre à faire voler son chouchou pour un oui ou un non."»

La description de Brown représente un portrait reconnaissable du X-33 du point de vue d'un amateur. La terminologie est imprécise (par exemple, les ailerons s'appellent en réalité des *stabilisateurs verticaux* ou *gouvernails*). Toutefois, il exagère de beaucoup la taille de l'appareil. Le véritable X-33 ne devait mesurer que 20 mètres (et non 70) et devait peser environ 130 000 kilos (et non 250 000) avec les réservoirs pleins.

«Matrice en titane et composants en fibres de carbone» n'est qu'une suite insensée de mots pseudo-techniques. Le X-33 n'a jamais volé. On n'a même jamais installé ses moteurs. Et, plus important encore, il n'a pas été conçu pour le transport d'êtres humains, alors on n'avait prévu ni cabine ni cockpit. En ce qui concerne le plein, si l'appareil vient juste d'atterrir, comment va-t-il refaire le plein? Vend-on de l'hydrogène liquide à l'aéroport Logan? Je ne pense pas! Et en ce qui a trait au prétendu vocabulaire de pilotage comme dans la phrase «Elle supporte un rapport poussée-poids de 20 à 1, contre 7 à 1 pour la plupart des appareils», ces chiffres n'ont aucun sens. (Voir mon article intitulé «Les jouets technologiques dans *Anges et démons*» au chapitre 6 du présent livre.)

Page 24: «Le pilote fit apparaître la passerelle. "Par ici, monsieur Langdon, s'il vous plaît. Attention à la marche."»
Passerelle — vous vous moquez de moi? Qu'est-ce que c'est, un appareil lunaire de Jules Verne? Dans les jets d'affaires,

vous avez habituellement une porte à escalier intégré, qui combine une porte et des marches.

Page 35: Kohler et Langdon passent à côté d'un endroit très bruyant. « Une tour d'impesanteur », dit Kohler. Puis ils voient des gens dans un tunnel aérodynamique vertical. Ils regardent à travers « quatre épaisses dalles de verre [...], semblables à des hublots de sous-marin ».

La plupart des sous-marins n'ont aucune fenêtre. Mais si c'était le cas, ils n'auraient pas de *dalles de verre*, mais plutôt des *sabords*.

Page 38: Kohler explique l'acronyme TGU comme signifiant « Théorie Générale Unifiée ». Est-ce exact?

Non, ça devrait être la « Grande Théorie Unifiée ».

Page 42: L'appartement de Vetra est si froid qu'il s'y est formé une épaisse brume. (Nous apprenons plus tard que l'urine de Vetra avait gelé.) « Un système de refroidissement au fréon, répondit Kohler. J'ai refroidi l'appartement pour préserver le corps. »

Nous ne connaissons aucun endroit habitable qui comporte un système d'air climatisé ayant la capacité de baisser la température d'un appartement sous le point de congélation. Un tel endroit ne servirait à rien, et ce serait une mauvaise idée pour ce qui est des systèmes de plomberie. Peut-être qu'à titre de directeur du CERN, Kohler pourrait faire apporter rapidement dans l'appartement un tel équipement. Et plus important encore, un organisme axé sur l'écologie comme le CERN n'utiliserait jamais du fréon, un gaz interdit par les pays européens il y a plus d'une décennie. Le fréon fait partie d'une catégorie de gaz appelés « chlorofluorocarbones », dont on dit qu'ils détruisent la couche d'ozone atmosphérique.

Page 45: Langdon explique: « "Des scientifiques, tel Copernic, qui ne mâchaient pas leurs mots, en ont fait la dure expérience..." — "Dites qu'ils ont été assassinés! [l'interrompt Kohler]. Supprimés par l'Église pour avoir divulgué des vérités scientifiques." »

Copernic n'a pas été assassiné. Il est mort d'une crise cardiaque à l'âge de 70 ans en 1543. Rien ne prouve qu'il ait été assassiné ou même qu'il se soit attiré la défaveur de l'Église. Même si sa théorie héliocentrique avait circulé pendant des années, ce n'est que l'année de sa mort que ses amis l'ont convaincu de publier sa théorie sous le titre *De revolutionibus orbium coelestinum* (*Des révolutions des orbes célestes*). Copernic avait un côté du corps paralysé, il avait perdu ses facultés et avait sombré dans le coma. D'après la légende, il s'est réveillé suffisamment longtemps pour regarder un exemplaire de son livre et le déclarer satisfaisant, puis il est mort en paix. Loin d'être en conflit avec le pape, Copernic avait en fait dédié son livre au pape Paul III. L'opposition la plus vive à son œuvre est venue des protestants de l'époque, selon qui l'œuvre contredisait la Bible. Ce n'est que 70 ans après sa mort, au moment ou Galilée avait repris sa théorie héliocentrique, que l'Église catholique s'était prononcée contre sa théorie. Comme plusieurs commentateurs le soulignent dans le présent livre, l'Église s'opposait moins à l'héliocentrisme qu'à la façon dont Galilée maniait ses critiques sur la doctrine de l'Église.

Page 51: Langdon explique qu'au moment où les Illuminati *se sont enfuis de Rome, ils ont trouvé refuge auprès d'une « autre société secrète, une confrérie de riches tailleurs de pierres bavarois appelée les francs-maçons ».*

Si Brown avait raison en affirmant que Galilée a été démasqué en tant qu'*Illuminatus*, qu'il a été torturé et qu'il a dénoncé ses confrères — ce qui n'est pas le cas —, ces événements auraient dû se produire vers 1633, au moment où il a été mis aux arrêts par l'Inquisition, mais certainement pas plus tard que sa mort en 1642. C'est au moins 134 ans trop tôt pour que les *Illuminati* aient trouvé refuge auprès des francs-maçons bavarois. Rien ne démontre ou ne laisse entendre qu'il existait des francs-maçons bavarois avant le milieu du XVIIIe siècle. Les premières *loges bleues* des francs-maçons ont été fondées à Londres en 1717. La franc-maçonnerie ne s'est étendue à l'Europe que plus tard. La secte des *Illuminati* bavarois, profondément enracinée dans la franc-maçonnerie, a été créée en 1776, 134 ans après la mort de Galilée.

Page 79: « La particule Z, reprit-elle[...]. Mon père l'a découverte il y a cinq ans. De l'énergie pure, sans aucune masse. Il se pourrait que ce soit le plus petit constituant de la nature. La matière n'est après tout rien d'autre que de l'énergie prise au piège... »

Appelez la police de la physique! La particule Z, ou boson Z, a été détectée en 1983 par Carlo Rubbia et Simon van der Meer du CERN, colauréats du prix Nobel de physique l'année suivante. Non seulement le boson Z possède une masse, mais il possède une forte masse par rapport aux autres particules. À titre d'exemple, il est environ 100 fois plus lourd qu'un proton. Si elle avait bien connu sa matière, Vittoria aurait plutôt dit que la charge du boson Z était nulle.

Page 84: Vittoria commence une phrase en disant: «Quand l'Église catholique proposa la première théorie du big-bang, en 1927 [...] », puis elle explique qu'un moine catholique, George Lemaître, a proposé la théorie en 1927 et qu'Edwin Hubble l'a simplement confirmée en 1929. Est-ce exact?

Oui et non. Lemaître était effectivement un prêtre catholique au moment où il a proposé sa théorie mais, ayant passé plusieurs années dans le milieu universitaire (il avait obtenu un baccalauréat au Massachusetts Institute of Technology), il était un érudit de longue date et un professeur. En fait, il enseignait la physique à l'Université de Louvain en Belgique lorsque sa théorie a retenu l'attention du monde. L'Église catholique n'a pas immédiatement louangé ses efforts; ce n'est qu'en 1936 que le pape l'a fait admettre à l'Académie pontificale des sciences. Au départ, Einstein a rejeté les idées de Lemaître, mais il s'est aperçu plus tard qu'il avait commis une grave erreur et les a acceptées. En 1933, alors que Lemaître venait d'expliquer en détail sa théorie au cours d'un colloque, Einstein s'est levé, a applaudi, puis a déclaré: «C'est l'explication la plus belle et la plus satisfaisante que j'ai entendue sur la création.» À l'origine, les détracteurs de cette théorie employaient l'expression «big-bang» par dérision, mais elle s'est perpétuée et les détracteurs sont depuis longtemps oubliés.

Page 90: L'Assassin marche dans un tunnel sous le Vatican en comptant en arabe. «Wahad... Tanthan... Thalatha... Arbaa.»

Je connais mal la langue arabe, mais des spécialistes m'ont dit qu'il fallait plutôt compter ainsi: *wâhid* (1), *ithnân* (2), *thalâtha* (3), *arbaa* (4)...

Page 91 : Vittoria donne des explications sur les particules :
« Tout ce qui existe a son contraire ; les protons ont des électrons,
les up-quarks ont les down-quarks. Il y a une symétrie cosmique
au niveau sub-atomique. L'antimatière est à la matière ce que
le Yin est au Yang. Le contrepoids nécessaire dans l'équation
physique. »

Pour une physicienne du bio-enchevêtrement de la réputation de Vittoria, ce passage apparaît comme une généralisation exagérée. Il est vrai que les protons et les électrons ont des charges opposées. Toutefois, dans la théorie du modèle standard, le contraire du proton est l'antiproton et le contraire de l'électron est le positron. Il existe de nombreux types de quarks (u, d, c, s, t et b) et le quark a un antiquark.

Pages 94-95 : Vittoria décrit ainsi les conteneurs d'antimatière de son invention : « [...] des écrins hermétiques nanocomposites équipés d'électroaimants à chaque extrémité. [...] J'avais emprunté l'idée à la nature. Plus exactement aux physalies, une espèce de méduse qui paralyse les proies qu'elle enserre dans ses tentacules en émettant des décharges nématocystiques. Le principe est le même, ici. Les deux électroaimants produisent des champs électromagnétiques opposés qui prennent l'antimatière en étau au centre du conteneur. Dans le vide. »

Il s'agit encore d'un babillage pseudo-technique. Les écrins nanocomposites ne sont d'aucune utilité. Dans *Anges et démons* et dans *Da Vinci Code*, Dan Brown ajoute le préfixe *nano* (prétendument une allusion gratuite à la nanotechnologie) à des mots techniques afin qu'ils semblent plus cools ou plus avant-gardistes. Rien ici n'a un quelconque rapport avec un tentacule de physalie. Cette méduse n'attrape pas les poissons avec ses tentacules, mais, plus précisément, elle les empoisonne au moyen de ses tentacules lorsque les poissons nagent entre ceux-ci. Les nématocystes n'émettent pas de « décharges », mais ils sont repliés sur eux-mêmes comme des ressorts naturels.

Page 98 : Un échantillon d'antimatière de « quelques millio-nièmes de grammes [sic] » est annihilé, ébranlant la voûte du laboratoire. Léonardo Vetra faisait parfois des expériences de cette nature depuis des semaines ou des mois. Plus tard, Vittoria révèle que son père et elle avaient fabriqué un quart de gramme d'antimatière.

Pourquoi aucun employé du CERN n'a-t-il pas remarqué que ces violentes explosions se produisaient sous les installations ? N'enregistrent-ils pas l'activité sismique ? Pour produire un quart de gramme d'antimatière, il faut dépenser beaucoup d'énergie dans le grand collisionneur hadronique. Kohler et le CERN n'ont-ils pas remarqué la quantité d'énergie ainsi consommée ?

Page 108 : « Il avait créé l'arme terroriste ultime. Indétectable par les portiques de sécurité les plus perfectionnés — puisque ne recelant aucun élément métallique —, ni par les chiens — puisqu'elle n'avait pas de signature olfactive. Pas de détonateur à désactiver si les autorités localisaient le conteneur. »

Les portiques de sécurité ne pourraient ignorer les importants champs magnétiques générés par les électroaimants, petits mais puissants, à chaque extrémité du conteneur.

Page 119 : La secrétaire de Kohler l'entendait dans son bureau « faire fonctionner modem, fax et téléphone, discuter ».

Kohler n'aurait pas besoin d'un modem ordinaire. Il serait impensable qu'au CERN, où a été inventé le World Wide Web, tout le monde, et surtout le directeur, n'ait pas une connexion permanente, en réseau, à Internet.

Page 126 : « L'engin spatial X-33 vira dans un vrombissement de réacteurs et se dirigea vers le Sud [sic]. Destination Rome. »

Si, de Genève, vous vous dirigez vers le sud, vous atteindrez Toulon, en France, puis survolerez la Méditerranée occidentale. Pour vous rendre à Rome, vous devez voler vers le sud-est.

Page 135 : Le pilote a une tenue étrange avec « sa tunique bouffante et moirée à rayures verticales bleu rouge et or, sans oublier la culotte, les bas et les mocassins noirs limite ballerine. Plus le béret en feutre noir. "C'est l'uniforme traditionnel des gardes suisses, expliqu[e] Langdon. Dessiné par Michel-Ange lui-même." »

Dan Brown ne parle pas brillantes manchettes rouges et des glands rouges du garde suisse, des éléments qu'il est difficile d'ignorer.

Pages 146-147 : « La Grande Castration, songea Langdon. L'une des pires mutilations infligées à l'art de la Renaissance : en 1857, le pape Pie IX avait décrété que la représentation d'organes sexuels masculins pouvait inciter à la luxure. Armé d'un burin et d'un maillet, il avait donc entrepris de faire disparaître tous les sexes masculins visibles dans l'enceinte du Vatican. Des dizaines de statues avaient été soumises à son implacable vindicte. Et, pour masquer les dégâts, on avait apposé sur les émasculés des feuilles de vigne en plâtre. »

Nous n'avons aucune preuve qu'un tel événement se soit produit sous le règne de Pie IX au milieu du XIXe siècle. Toutefois, nous savons que Michel-Ange s'était attiré les foudres de certains membres importants de l'Église pour avoir créé sur les fresques de la chapelle Sixtine et ailleurs des personnages complets sur le plan anatomique. Ces membres de l'Église, le cardinal Carafa et monseigneur Sernini, avaient tenté d'adopter des mesures de censure connues plus tard comme la « campagne de la feuille de vigne », mais lesdites mesures ne connurent pas de succès jusqu'à la mort de Michel-Ange ; on adopte donc une loi pour couvrir les parties génitales. Daniele da Volterra, un apprenti de Michel-Ange, créa les *perizomas* (slips) pour les cacher et on l'appela plus tard « Il Braghettone » (le Culottier).

Page 175 : La liste des cardinaux capturés par les Illuminati *comporte les noms suivants : « Le cardinal Lamassé, de Paris, le cardinal Guidera, de Barcelone, le cardinal Ebner, de Francfort […] [e]t le cardinal Baggia, d'Italie ».*

De toute évidence, le choix de ces quatre cardinaux les plus susceptibles de devenir le prochain pape ne s'est pas fait à partir d'un échantillon représentatif. Si cela s'était produit, il est certain qu'au moins un des cardinaux viendrait des Amériques et il y en aurait probablement un d'Asie, d'Afrique ou d'Océanie. Il est vrai qu'environ la moitié des cardinaux d'aujourd'hui sont européens, bien qu'ils viennent de 27 pays différents. Les Italiens représentent environ 20 % du Sacré Collège et ils ont toujours eu une influence dans le cadre de chaque conclave moderne.

Page 177 : Langdon parle de « la purga » de 1668 : « L'Église marque au fer rouge quatre Illuminati *du symbole de la croix. Pour "purger" leurs péchés. […] Après le marquage au fer rouge, les scientifiques furent exécutés et leurs cadavres jetés dans des lieux publics de Rome pour dissuader d'autres scientifiques de suivre leur exemple. »*

Pour autant que nous puissions le dire sur la base des discussions que nous avons eues avec des spécialistes de plusieurs domaines, presque chaque aspect de ce récit, tel qu'il est raconté dans *Anges et démons*, est fictif. C'est exactement ce qu'un romancier est libre de faire — inventer une « purge » qui ne s'est pas produite, inventer le « marquage » de scientifiques qui ne s'est pas produit et inventer l'éjection des cadavres des scientifiques à titre d'avertissement. De telles péripéties constituent des thèmes puissants pour un roman. Toutefois, elles contredisent les affirmations de Dan Brown selon lesquelles son œuvre se fonde sur la réalité. Notre point de vue est que *Anges et démons* (de même que *Da Vinci Code*) est un roman, c'est-à-dire une œuvre de fiction parsemée de nombreuses questions historiques, scientifiques, religieuses, artistiques et philosophiques. Cependant, une lacune évidente du récit apparaît clairement ici : il est difficile à avaler que l'événement de 1668 soit lié à l'arrestation de Galilée (comme le livre l'affirme plus tôt), puisque Galilée a été mis aux arrêts en 1633 et qu'il est décédé en 1642. En ce qui concerne le « marquage » et les *Illuminati*, Dan Brown pensait peut-être à l'affaire du Collier, un épisode bien connu de l'histoire européenne, qui a récemment fait l'objet de livres et de films[1]. Cet épisode réel a pour toile de fond la crainte des *Illuminati* et la Révolution française. Dans une version cinématographique de 2001, Hilary Swank est punie par marquage au fer rouge pour avoir conspiré avec un *Illuminatus,* incarné par Christopher Walken, afin d'escroquer Marie-Antoinette. Tout ceci se produit, bien sûr, pendant les dernières années du XVIIIe siècle, et non en 1668.

Page 181 : L'Assassin dit : « Votre père ? Qui parle ? Vetra avait une fille ? Alors il faut que vous sachiez que votre père a gémi comme un enfant quand la fin est venue. Pathétique, vraiment. Un être pitoyable. »

La personne qui parle au téléphone semble être celle qui, entrée secrètement au CERN, a tué Vetra et dérobé le conteneur.

---

1. En 1785, une courtisane, madame de La Motte, échafaude un plan visant à faire acheter au cardinal de Rohan, qui souhaite s'attirer les faveurs de Marie-Antoinette, un collier de grande valeur que celle-ci veut se procurer sans procéder elle-même à l'achat. Une fois en possession du collier, madame de La Motte en démonte les diamants et les revend à des bijoutiers anglais. L'affaire mise au grand jour précipita, dit-on, la chute de la monarchie française. (*NdT*)

Avec ses mouvements minutieusement orchestrés et ses techniques d'assassinat qui ne laissent rien au hasard — il savait même qu'il devait prendre le globe oculaire de Vetra —, pourquoi le tueur ne saurait-il pas que Vetra avait une fille qui travaillait avec lui — en particulier parce qu'elle possédait l'autre paire de globes oculaires qui lui aurait permis de pénétrer dans le laboratoire où se trouvait l'antimatière ?

Page 188 : Olivetti s'oppose à l'évacuation de la chapelle Sixtine : « Évacuer cent soixante-cinq cardinaux sans les avoir préparés et sans protection serait irresponsable. » Combien y avait-il de cardinaux dans la chapelle ?

À la page 208, le camerlingue Ventresca comprend tout de suite qu'il s'agit non pas de 165 cardinaux mais de 161, puisque 4 d'entre eux ont disparu. Il est curieux qu'Olivetti n'ait pas lui-même fait cette opération mathématique. Le chiffre de 165 que Dan Brown utilise ne reflète en rien la situation réelle. Si on prend comme étalon le début de l'année 2004, il y avait en tout 193 cardinaux, mais 62 d'entre eux étaient déjà âgés de plus de 80 ans et ne pouvaient donc élire le pape dans un conclave. Sur les 131 cardinaux restants, 10 allaient avoir 80 ans avant la fin de l'année. Ainsi, à n'importe quel moment, il n'y aurait probablement que 125 cardinaux rassemblés pour le conclave.

Page 192 : « Le siège de la BBC à Londres se trouve un peu à l'ouest de Piccadilly Circus. »

Le siège de la British Broadcasting Corporation se trouve à Broadcasting House. Pour vous y rendre, vous devriez vous diriger non pas vers l'ouest à partir de Piccadilly Circus, mais plutôt vers le nord à environ un kilomètre dans Regent Street à partir de Portland Place.

Page 221 : Langdon parle du Diagramma della Verita, *ou* Diagramme de la vérité, *qui, d'après lui, a été écrit par Galilée pendant qu'il était en résidence surveillée, amené en contrebande en Hollande et publié, devenant extrêmement populaire dans le milieu scientifique clandestin en Europe. L'Église a découvert ce fait et s'est lancée dans une campagne d'autodafé.*

Il est presque certain que le *Diagramma* n'existe pas, et aucun spécialiste de Galilée interviewé dans ce livre ne croit qu'il ait existé. La description du livre interdit, que quelqu'un aurait fait passer en contrebande en Hollande pour le faire imprimer, s'applique toutefois fort bien à un autre livre de Galilée : *Discours et démonstrations mathématiques concernant deux nouvelles sciences* (1638).

Pages 221-222 : Langdon dit : « Les archivistes l'évaluent à dix pour cent [le taux d'usure des parchemins].» Il dit que le Diagramma a un faible « taux d'usure » parce qu'il a été « imprimé sur du papyrus de carex, qui ressemble à du papier de soie. On estime qu'il ne se conserve pas plus d'un siècle. [...] Ceux qui se faisaient prendre en possession du document n'avaient qu'à le jeter dans l'eau pour qu'il se dissolve.» Il est probable que le document était en papyrus. Le papyrus se dissout-il dans l'eau ? Et qu'en est-il des « taux d'usure » ?

Il est peu probable que Galilée ait utilisé du papyrus. À son époque, le papyrus n'était plus à la mode depuis longtemps et il aurait été très difficile, sinon impossible, d'en obtenir. Pendant la vie de Galilée, on utilisait du papier de divers types, comme ceux qui étaient fabriqués avec du lin, du coton ou de la pâte de bois. Certains documents officiels ou spéciaux étaient écrits sur du parchemin fait de peaux d'animaux. Le papyrus, originaire d'Égypte, a été largement utilisé pendant 3 000 ans. Il a même été exporté vers d'autres pays. Mais cette situation s'est modifiée vers le IVe ou le Ve siècle avec une recrudescence de l'utilisation du parchemin dans la partie orientale de la Méditerranée. En Europe, le parchemin a été en usage du Xe siècle environ jusqu'à ce que soit imprimée en 1456 la Bible de Gutenberg qui a ouvert la voie à l'utilisation répandue du papier.

Le papyrus d'il y a 3 000 ans était friable, mais il ne se serait pas dissous dans l'eau. Il se composait principalement de cellulose qui ne se dissolvait pas immédiatement dans l'eau. Toutefois, le papyrus était habituellement fait de bandes tirées de la plante du même nom. On étendait ces bandes horizontalement et verticalement dans le Nil, puis on les pressait et on les séchait pour que les sucs de la plante deviennent l'adhésif principal. Si la feuille de papyrus avait été mouillée, les bandes auraient sûrement perdu de leur adhérence. Le « papyrus de carex » constitue apparemment une tentative de Langdon de paraître plus cultivé qu'il ne l'est. Il n'existe aucun autre type de papyrus, puisque le papyrus fait partie de la famille des laîches parmi les plantes herbacées. Soit dit en passant, quand il veut que le papyrus se dissolve dans le cryptex de *Da Vinci Code*, Dan Brown a recours à un liquide plus corrosif, le vinaigre (de l'acide acétique dilué). On croirait certainement que le liquide pourrait dissoudre le papyrus, mais ça ne se produit pas dans la réalité non plus.

Il n'existe aucun «taux d'usure» qui puisse s'appliquer au papyrus. Il y a certaines normes sur les produits de papier et de carton pour les librairies qui veulent effectuer des commandes auprès de fournisseurs de confiance. On examine ces produits conformément aux méthodes d'essai particulières de l'American National Standards Institute, de l'American Society for Testing and Materials et de la Technical Association of the Pulp and Paper Industry. En général, on s'attend à ce que tous les papiers aient une durée de vie d'au moins cinq siècles.

Page 227: Langdon décrit l'atmosphère particulière de la «pièce hermétique». «On y ménage un vide partiel» pour diminuer le niveau d'oxygène, dit-il. L'humidité y est réglée à 8%. La différence atmosphérique y est «comparable à un dénivelé de six mille mètres — en une seconde». «Une sensation de vertige et de nausée accompagn[e] souvent les quelques instants d'adaptation. Il se remémor[e] le vieil adage des archivistes: "Si tu vois double, plie-toi en deux."»

Les bibliothèques qui possèdent des archives pour les livres rares peuvent s'estimer chanceuses lorsqu'elles ont des pièces à température et à humidité contrôlées. Elles ne possèdent pas de pièces hermétiquement scellées. Pas même la Bibliothèque du Vatican. (Voir l'article, au chapitre 6, intitulé «Les jouets technologiques dans *Anges et démons*» pour en savoir davantage sur les problèmes atmosphériques et physiques que soulèverait ce genre de système même s'il pouvait être installé.)

Page 230: La vidéographe Chinita Macri affirme qu'elle peut transmettre en direct sur la fréquence «1,537 mégahertz».

C'est la même chose que le 1 537 kilohertz, une fréquence dans la bande accordée à la radio AM. Les diffuseurs ne l'utiliseraient jamais pour un signal de télévision. En fait, elle empiéterait probablement sur la radio du Vatican à 1 530 kilohertz.

Page 240 : « Au début du XVIIᵉ siècle, articula [Langdon] en accélérant la cadence, l'anglais n'était pas utilisé au Vatican. La hiérarchie de l'Église parlait italien, latin, allemand, français, espagnol, mais l'anglais était considéré comme une langue de libres penseurs réservée à des brutes matérialistes comme Chaucer ou Shakespeare. »

Bien que l'Angleterre se soit tournée vers l'Église anglicane après la mort de Henry VIII, il y avait encore de nombreux catholiques dans ce pays. Ils auraient certainement eu un clergé qui parlait anglais, et des dirigeants qui interagissaient avec Rome. À certaines époques, l'Angleterre a eu des rois et des reines catholiques. D'après Stephen Greenblatt, un des principaux spécialistes américains de Shakespeare, le père de ce dernier avait conservé sa foi catholique en secret. C'est peut-être en le regardant pratiquer des rituels catholiques que le jeune Shakespeare a développé son sens de l'effet dramatique. De plus, pratiquement toute l'Irlande était catholique et, une fois de plus, il y aurait eu de très nombreuses interactions entre Rome et des Irlandais anglophones. Beaucoup d'efforts ont été déployés pendant le XVIᵉ siècle, particulièrement en allemand et en anglais, pour adapter la Bible au langage des gens ordinaires plutôt que de la garder enfermée dans le latin. Au départ, Rome avait fortement résisté à ce mouvement, mais, vers 1580, elle avait commencé à l'accepter. Le fait de traduire la Bible en anglais était suffisamment important pour que les deux traductions catholiques subsistent encore en 1611, à l'époque où la version du roi Jacques (la Bible protestante) a été distribuée.

Pages 245-246 : Langdon sait que « Santi » est l'artiste Raphaël. Il dit que Raphaël était un enfant prodige « qui à vingt-cinq ans s'était vu confier d'importantes commandes par le pape Jules II. Et à sa mort, à seulement trente-huit ans, celui qui avait légué à la postérité la plus grande collection de fresques que le monde ait jamais vue. Santi était une étrange comète dans le monde de l'art [...] Raphaël, comme tant d'autres artistes religieux, était soupçonné d'athéisme. »

Parmi les historiens de l'art, Raphaël est davantage connu sous son nom italien de Raffaello Sanzio, mais il est vrai qu'on l'appelait parfois Raffaello Santi. Il est né en 1483 et il est mort la veille de son trente-septième anniversaire, le 6 avril 1520.

Nous trouvons étrange que Dan Brown cite une inscription de son sarcophage, «Raphaël Santi, 1483-1520», alors qu'il ne peut correctement calculer 37 années. Pendant les 12 années qu'il a passées à Rome avant sa mort, Raphaël a surtout produit des fresques, mais elles sont loin de représenter l'ensemble de son œuvre. Il a peint entre autres de nombreux portraits et créé de célèbres tapisseries pour le Vatican. De plus, il a réalisé d'importantes œuvres architecturales et a été, pendant un temps, l'architecte de Saint-Pierre de Rome, de même que le premier architecte à avoir œuvré dans l'église de Santa Maria del Popolo qui deviendrait plus tard la chapelle rénovée par Le Bernin pour la famille Chigi. C'est là que Langdon et Vittoria découvrent le premier meurtre, relié au thème de la terre, dans *Anges et démons*.

Page 261: Il est 19 h 48 à Rome et Langdon songe que «[s]ix heures plus tôt, il dormait tranquillement dans son lit en Amérique».

Comme on lui a dit qu'il était un peu dépassé 13 h à Genève au moment de son atterrissage (et qu'il a probablement ajusté sa montre Mickey), Langdon devrait savoir qu'il est en Europe depuis près de sept heures et qu'il est réveillé depuis environ huit heures et demie.

Page 266: «[…] la pratique qui consiste à "manger Dieu" est un héritage des Aztèques. Même le concept du sacrifice de Jésus, mort pour racheter nos péchés, n'est pas une pure invention chrétienne. On trouve des cérémonies d'autosacrifices de jeunes hommes pour sauver leur peuple, dans les premiers temps du culte de Quetzalcóatl.»

C'est vrai, ces autres cultures avaient sans doute des légendes comparables, mais ces arguments n'ont aucun sens si vous acceptez le fondement historique de la vie du Christ et de la Cène (lorsque Jésus a enseigné la sainte communion à ses disciples). Au IIIe siècle, l'Église primitive avait adopté les rituels entourant la communion. La seule façon d'expliquer ceci selon l'affirmation de Langdon est de supposer que le Christ avait appris les légendes aztèques et qu'il tentait de faire la même chose. Mais la culture aztèque n'a connu son apogée qu'environ 900 ou 1 000 ans après le Christ.

Page 268 : Langdon mentionne que le Panthéon a été reconstruit par Hadrien en 119 apr. J.-C. Le cicérone du Panthéon affirme : « Sa coupole a longtemps été la plus grande voûte jamais réalisée en maçonnerie. Jusqu'en 1960, où elle fut supplantée par le Superdôme de la Nouvelle-Orléans... »

Le dôme du Panthéon s'étend sur 43,3 mètres. Il a été éclipsé au cours du XVe siècle. En entreprenant la construction de la cathédrale de Florence en 1420, Filippo Brunelleschi a conçu un dôme — ou une coupole, comme on l'appelait — qui mesurait 45,5 mètres de diamètre. Le dôme a été achevé en 1438, mais l'œuvre de Brunelleschi s'est poursuivie jusqu'à sa mort en 1446. La construction de la cathédrale a continué ensuite pendant plusieurs années. Avant de concevoir son plan pour la cathédrale de Florence, Brunelleschi avait minutieusement étudié le dôme du Panthéon. Michel-Ange a conçu le dôme de Saint-Pierre de Rome après avoir examiné le dôme de Brunelleschi. Celui de Saint-Pierre, légèrement plus petit, mesure 42,1 mètres de diamètre. Le Louisiana Superdôme, à la Nouvelle-Orléans, n'a pas été construit en 1960. Il a été achevé en 1975. Peut-être Langdon pensait-il à l'Astrodome. Associée au départ à la décision de mettre sur pied une ligue majeure de baseball à Houston en 1960, la construction de l'Astrodome n'a été achevée que cinq ans plus tard. De toute façon, même si le Superdôme de la Nouvelle-Orléans figure parmi les grands dômes avec ses 210 mètres, le Georgia Superdome, achevé en 1992, remporte clairement la palme avec ses 256 mètres.

Page 282 : Regardant la Porta del Popolo, Langdon et Vittoria voient un symbole à son sommet. Vittoria le décrit comme « [u]ne étoile au-dessus de trois pierres en triangle » et Langdon acquiesce en précisant : « La source de lumière au sommet de la pyramide... » Vittoria croit y reconnaître le « Grand Sceau américain ». Et Langdon d'ajouter : « Exactement, le symbole maçonnique du billet vert. »

Le symbole au sommet de la Porta del Popolo ne représente pas du tout ce qu'y voient Langdon et Vittoria. C'est un élément bien connu du blason familial du pape Alexandre VII, qu'on ne pouvait vraiment pas qualifier de franc-maçon. Né Fabio Chigi, de la richissime banque Siena des Chigi, Alexandre VII voulait abandonner les symboles de sa grandeur. Il a demandé à des artistes de créer plusieurs éléments appartenant aux armoiries de la famille Chigi. Puis, pendant son règne, il a fait disséminer ces symboles partout dans Rome (et au-delà). Il a même fait ajouter aux structures qui n'étaient pas de sa propre époque le symbole représentant « six montagnes et une étoile ».

La Via Flaminia, une route qui mène à Rome, a été construite en 220 et elle a servi de point d'entrée dans la ville pendant des siècles. En 1562, le pape de l'époque (Pie IV Medici) a commandé la construction du portail, la Porta del Flaminia, afin d'impressionner les pèlerins qui arrivaient dans la ville. Elle a été connue plus tard sous le nom de Porta del Popolo (porte du peuple). Près d'un siècle après (en 1655), pendant le règne d'Alexandre VII, la reine de Suède, qui s'était convertie au catholicisme, est entrée par cette porte ; pour commémorer cet événement, le pape a demandé au Bernin d'en décorer la structure. La porte était déjà ornée du blason de Pie IV, mais le Bernin y a ajouté celui d'Alexandre VII — les six montagnes et l'étoile de la famille Chigi.

La pyramide bien définie surmontée de l'œil qui voit tout qu'on trouve sur le billet de un dollar américain ne ressemble en rien à ce que voient Langdon et Vittoria. Le symbole du dollar, souvent attribué à l'influence des francs-maçons, tire en fait son origine d'autres sources qui ont influencé les concepteurs du Grand Sceau des États-Unis. Malgré cela, Dan Brown y a fait référence ici et là dans deux de ses livres, et nous nous attendons à le revoir dans son prochain livre. Des indices sur la jaquette de *Da Vinci Code* révèlent que Brown amènera son héros à Washington où on peut trouver de nombreux et véritables symboles et structures maçonniques. On pourrait inventer beaucoup d'autres significations viles liées aux légendes sur les *Illuminati*, aux théories du complot, etc. (Il convient de souligner que Langdon a commencé à utiliser de façon interchangeable « *Illuminati* » et « maçonnique » dans ses interprétations symboliques.)

Page 285 : « [Les gardes suisses] portaient tous aux oreilles des écouteurs connectés à l'antenne d'un détecteur, avec lequel ils balayaient l'espace devant eux. Ils se servaient de ce dispositif deux fois par semaine pour déceler les éventuelles pannes électriques dans l'enceinte des musées. La petite antenne émettait un signal sonore en présence du moindre champ magnétique. Ce soir, la prospection n'avait encore rien donné. »

C'est illogique. Une caméra vidéo sans fil transmet en tout temps une image du conteneur, envoyant donc en permanence un signal. Si ce signal atteint le système vidéo, l'équipement approprié peut sûrement le détecter.

Page 287 : Vittoria trouve « une plaque décorative sertie dans la pierre ». On y a gravé « une pyramide surmontée d'une étoile » près d'une « inscription encrassée » sur laquelle on peut lire « ARMOIRIES D'ALESSANDRO CHIGI DONT LE TOMBEAU EST SITUÉ DANS LA DEUXIÈME CHAPELLE DE GAUCHE ». Qu'est-ce qui cloche dans cette description ?

Premièrement, l'inscription sur la plaque, qui se trouve dans une vieille église italienne, semble être écrite en anglais. Deuxièmement, le célèbre client n'aurait pas été Alessandro Chigi. C'est le célèbre Agostino Chigi, mort en 1512, qui a commandé la construction de la chapelle Chigi. Au milieu du XVIIᵉ siècle, un autre membre célèbre de la famille Chigi, Fabio di Flavio, est devenu pape sous le nom d'Alexandre VII. Il a entrepris des travaux de rénovation de la chapelle familiale et demandé au Bernin de participer à sa décoration. Troisièmement, le tombeau d'Alexandre VII, un des chefs-d'œuvre monumentaux extrêmement connu du Bernin, sculpté dans le marbre, se trouve dans la basilique Saint-Pierre et non dans cette église. Quatrièmement, la « plaque décorative » est faite de marbre orné d'incrustations. Cinquièmement, bien qu'il y ait des pyramides dans la chapelle, elles s'y trouvent pour des motifs impériaux plutôt que mystiques. Langdon a probablement omis encore une fois de reconnaître qu'au moins une des « pyramides » qu'il voit représente plutôt les six montagnes et le symbole étoilé de la famille Chigi.

Page 290 : Vittoria et Langdon pénètrent dans la chapelle Chigi et voient deux grandes pyramides ornées de « médaillon[s] d'or » qui forment « deux ellipses ».

Il est vrai que la chapelle Chigi contient deux pyramides ornées d'ellipses, mais ces ellipses sont en marbre blanc et non en or. C'est le banquier Agostino Chigi (mort en 1512) et son frère Sigismond (mort en 1526) qui ont payé la chapelle. Tous deux y sont enterrés et les médaillons en forme d'ellipse les représentent. Conçus par Raphaël, leurs tombeaux ont une forme pyramidale inhabituelle dérivée des tombeaux romains et perpétuée par Lorenzetto bien avant l'époque du Bernin.

Page 290 : Ils découvrent que la pierre circulaire ornée d'une mosaïque a été déplacée pour révéler le «trou du Diable» dans le plancher de la chapelle Chigi. Langdon voit l'image d'un squelette «brandissant à deux mains le blason orné de l'étoile et de la pyramide de la famille Chigi».

La chapelle Chigi comporte réellement un trou circulaire recouvert par l'image d'un squelette ailé. C'est un symbole qu'on trouve sur de nombreux tombeaux romains. La banderole sous le squelette porte l'inscription «*Mors aD CaeLos*» — qui signifie «la mort ouvre la voie des Cieux» — et les chiffres romains indiquent l'année du jubilé, NDCL, ou 1650, en lettres majuscules. Sous le squelette se trouvent les reliques de femmes et de membres moins importants de la famille Chigi. Une fois de plus, Langdon interprète mal les armoiries des Chigi, les six montagnes et l'étoile. C'est étrange parce que Langdon se demande : «Combien de dépouilles de la famille Chigi y avait-on balancé [sic] sans cérémonie?». Le blason comporte deux inscriptions du symbole des six montagnes et deux d'un chêne, également un symbole des Chigi.

Pages 303-304 : Vittoria et Langdon en viennent à la conclusion que le sculpteur Gianlorenzo Bernini était le maître artiste secret des Illuminati *en partant du principe qu'on n'aurait jamais pu le soupçonner d'être un* Illuminatus *parce qu'il était bien connu en tant qu'artiste religieux catholique. «Une couverture idéale. La méthode d'infiltration des* Illuminati... » *Ils voient alors une plaque qui constitue une autre preuve :*

LES ARTISTES DE LA CHAPELLE CHIGI
*Si l'architecture est de Raphaël,
tous les ornements intérieurs sont l'œuvre
de Gian Lorenzo Bernini.*

Il existe une petite plaque dans la véritable chapelle Chigi, mais Dan Brown ne dit pas exactement ce qui y est inscrit. Raphaël en a vraiment été le premier architecte, mais il est mort en 1520. Tel qu'indiqué précédemment, Lorenzetto a lui aussi beaucoup participé à la décoration de la chapelle.

Puis, après la mort de Raphaël, le projet a été abandonné pendant plus d'un siècle. En fin de compte, Bernini est devenu le protégé du pape Alexandre VIII Chigi, qui lui a demandé de finir le travail amorcé si longtemps auparavant. C'est à cette époque que Le Bernin a créé la statue *Habacuc et l'Ange*, de même que le squelette incrusté dans le marbre du plancher.

Le Bernin réalisait ce projet pour un pape Chigi qui pouvait assumer les coûts de ses extravagances artistiques dans le marbre, et les résultats ont été spectaculaires. Toutefois, les tombes pyramidales des deux frères Chigi ont été conçues par Raphaël et n'ont été achevées que par Le Bernin. Celui-ci assistait à la messe tous les matins et communiait deux fois par semaine. Dans ce contexte, il aurait vraiment berné l'Église s'il avait été un *Illuminatus*.

Page 306 : Ils regardent la sculpture du Bernin intitulée Habacuc et l'Ange et remarquent que les deux personnages pointent l'index dans des directions différentes.

N'auraient-ils pas dû remarquer que le bout de l'index de l'ange était brisé ? La plupart des gens qui regardent la sculpture sur place le remarquent.

Pages 314-315 : Le garde du Vatican décrit un « bloc » de marbre qu'il considère immédiatement comme « une ellipse ». Il y voit « un ange sculpté qui souffle du vent ». Il poursuit en parlant du bloc comme s'il s'agissait d'une seule dalle, appelée West Ponente (« vent d'ouest ») ou Il Soffio di Dio (le souffle de Dieu).

Il y a en fait 16 ellipses représentant tous les points cardinaux et intercardinaux du compas. Il est peu plausible que le garde ne se souvienne que d'une des 16 dalles, comme si les autres n'existaient pas.

Page 317 : À 20 h 54, « [l]e soleil se couchait derrière la basilique, dont l'ombre massive recouvrait peu à peu la place ». Qu'est-ce qui cloche ici ?

S'il s'agit de la véritable Rome en avril, le soleil s'est couché plus d'une heure auparavant. Mais, plus important encore, c'est à 20 h 35 que Langdon a vu le soleil dont l'ombre massive « recouvrait » la place. Un soleil qui se trouve à 20 minutes sous l'horizon ne peut projeter d'ombre sur cette place.

Page 350: Vittoria et le camerlingue se rendent dans une zone effondrée sous le maître-autel au centre de la basilique Saint-Pierre où se trouve un «caisson doré» célèbre parce qu'il contiendrait les «reliques de saint Pierre». Le camerlingue explique qu'il contient «des palliums — les écharpes sacerdotales en laine blanche remises par le pape aux cardinaux récemment élus».

Un pallium est une écharpe tissée avec de la laine d'agneau blanc. On conserve les palliums dans la niche de la Pallia, dans un caisson en argent. On les remet aux archevêques nouvellement nommés par le pape. Un vieux mythe populaire dit que le caisson contient «les reliques de saint Pierre», mais l'Église ne cache pas l'histoire réelle.

Page 383: Langdon et Vittoria pénètrent dans Santa Maria della Vittoria et y trouvent, au centre, un vaste bûcher constitué de bancs d'église. Le cardinal Guidera, marqué au fer, est suspendu au-dessus du feu par deux câbles d'encensoir. Ils ne trouvent pas Olivetti.

Passons en revue ce que l'Assassin a dû accomplir pendant le dernier quart d'heure. D'abord, il a dû arriver à l'église en amenant le cardinal Guidera (mais sans se faire voir par les fidèles). Il a dû obliger ces derniers à partir. Puis, peut-on supposer, il a dû revenir à son véhicule et transporter Guidera dans l'église. Il a alors dû utiliser une échelle pour descendre le câble d'encensoir fixé au mur gauche et s'en servir pour attacher la main de Guidera. Il a dû déplacer l'échelle jusqu'au mur droit pour faire descendre le câble d'encensoir et lier l'autre main de Guidera. Ensuite, il a dû retourner au mur droit et soulever Guidera à l'aide de ce câble en s'assurant que le cardinal se retrouve à la fin au centre de l'église. Il a dû prendre l'échelle sur le mur de gauche et tirer sur le câble d'encensoir de gauche. Après cela, il a dû construire le bûcher et y mettre consciencieusement le feu. Il a dû prendre soin de jeter l'échelle sur le bûcher. Au milieu de tout ça, il a dû répondre à un appel de Janus, puis tuer Olivetti lorsqu'il s'est présenté à l'église environ quatre minutes avant Langdon et Vittoria. Enfin, il a dû se cacher à l'arrière de l'église pour pouvoir surprendre Vittoria au moment où elle entrait.

Page 392: Langdon doit utiliser ses deux jambes pour faire tomber le sarcophage renversé sur le bras de l'Assassin. Pourtant, l'Assassin réussit à se dégager avec un seul bras libre. Comment est-ce possible?

Peut-être les Assassins tiraient-ils des pouvoirs surhumains de la consommation de hachisch...

Page 408: Le pompier entend un bip électronique provenant de dessous le sarcophage. (Il s'agit, bien sûr, de la montre Mickey Mouse de Langdon.)

Langdon a 40 ans. On lui a donné cette montre pendant son enfance, disons vers 12 ans — peut-être au début des années 1970. Les montres Mickey Mouse qu'on trouvait à cette époque n'étaient pas électroniques. Les montres électroniques étaient très chères — au minimum 300 dollars. Les montres Mickey Mouse n'étaient destinées qu'aux enfants, puisque nous n'étions pas encore parvenus (si jamais ce fut le cas) à une époque où on trouvait efféminés les adultes qui portaient une montre ornée de personnages de dessins animés. La montre Mickey Mouse du début des années 1970 n'avait qu'un seul rubis, un mouvement suisse et un mécanisme pour la remonter, mais pas de sonnerie. (En fait, lorsque apparurent les montres Disney munies des sonneries, le son qu'elles émettaient n'était pas un bip, mais plutôt une chanson comme « It's A Small World After All ».) À cette époque, Mickey ne pouvait pas nager non plus — la montre n'était pas étanche comme l'affirme Dan Brown à la page 134.

Page 415: Langdon affirme que l'église Santa Agnese in Agone a été nommée ainsi en l'honneur de sainte Agnès, une « jeune Romaine martyre immolée pour avoir refusé d'abjurer la foi chrétienne ». Eh bien, chers camarades de classe, quelqu'un va-t-il demander au professeur d'apporter des précisions à ce sujet?

Ici, Langdon a tendance à exagérer. D'après la légende, pendant le règne de l'empereur Dioclétien en 304, le préfet Sempronius souhaitait qu'Agnès, une fille de noble alors âgée de 13 ans, épouse son fils. Lorsqu'elle refusa, il la condamna à mort. Étant donné que le droit romain ne permettait pas l'exécution de vierges, il ordonna qu'on la viole auparavant, mais son honneur fut miraculeusement sauvegardé. Selon certaines légendes, sa longue chevelure se mit à pousser jusqu'à recouvrir son corps nu. Au moment où, la considérant comme morte, on l'attacha à un pieu, les fagots refusèrent de s'enflammer. L'officier responsable des troupes tira alors son épée et lui trancha la tête. Le refus d'Agnès concernait le mariage et non la renonciation à sa foi. De toute façon, tel que souligné ailleurs dans le présent livre, sainte Agnès pourrait bien avoir subi une agonie, mais on la connaît sous le nom de sainte Agnès non *in Agone* (en agonie) mais *en Agone*, l'ancien nom du quartier où se trouve l'église érigée en sa mémoire. On appelle ce lieu Piazza Navona et il s'agissait auparavant d'un terrain de gymnastique romain.

Page 423 : Langdon se cache près des marches de Sainte-Agnès au moment où la camionnette de l'Assassin s'engage sur la Piazza à 22 h 46 et se gare « contre le bassin, la porte coulissante à quelques centimètres de l'eau bouillonnante ».

Il est impossible qu'un véhicule approche à ce point de la fontaine. Il y a en permanence des obstacles tout autour.

Page 435 : Langdon voit le Ponte Sant'Angelo avec ses « douze anges sculptés par… Le Bernin ».

Il y a 10 anges sur le pont, et non 12. Les deux autres personnages sont saint Pierre et saint Paul.

Aucun des personnages n'a été achevé par Le Bernin. Ce sont ses élèves qui les ont terminés. Les deux anges superbement sculptés dans le marbre par Le Bernin lui-même étaient si précieux aux yeux du pape Clément IX qu'il n'a pas voulu les placer à l'extérieur. Ils se trouvent encore dans l'église de Sant'Andrea delle Fratte à Rome.

Page 435 : Langdon affirme que le « bras principal » de la croix que forment les quatre obélisques passe « exactement au centre du Ponte Sant'Angelo ».

Pas sur notre carte de Rome.

Page 436 : Langdon descend en trombe le Lungotevere Tor Di Nona qui longe le Tibre, puis il tourne à droite et heurte violemment la rangée de bornes en pierre qui barre la chaussée.

Les bornes de pierre sont un cadeau du ciel : Langdon ne représente plus un danger pour les conducteurs romains. Il a encore une fois conduit dans la mauvaise direction d'une rue à sens unique. Mais nous devrions le féliciter de son talent qui lui permet de parcourir en un temps record, et de nuit, les rues sinueuses d'une ville étrangère. Aucun conducteur romain n'aurait pu en faire autant si rapidement.

Page 439 : L'Australien dit à Langdon que le dispositif installé sur le toit de son camion à antenne parabolique atteint « une quinzaine de mètres ». Pourquoi est-ce illogique ?

Un tel camion aligne son antenne parabolique sur le satellite et la maintient bien en place. Un long bras extensible rendrait l'antenne peu fiable même par un vent léger.

Page 496 : « À exactement 23 h 56, le camerlingue franchit les portes de la basilique Saint-Pierre. »

Attendez un instant ! Ce n'est qu'à la page 481 que le camerlingue est entré dans la basilique Saint-Pierre pour prendre le conteneur à 23 h 42. Et il était 23 h 55 quand il en est sorti. En supposant qu'il ait passé une minute ou deux en prière devant le tombeau de saint Pierre, il a quand même pris environ 10 minutes pour parvenir au conteneur à partir des marches de la basilique, mais seulement une minute pour en revenir !

Page 516 : « C'est alors que Langdon vit les morceaux de parchemin pendouiller de sa veste. Les feuillets du Diagramma *de Galilée. Le dernier exemplaire existant avait disparu. »*

Attendez encore un instant ! Brown devient de plus en plus négligent à mesure que la fin du roman approche. À la page 233, on nous avait dit qu'il s'agissait de papyrus, et non de parchemin ! Le parchemin est fait de peau d'animal et il est beaucoup plus résistant que le papyrus. Il ne se désagrège pas dans l'eau.

Page 569 : Évoquant une « expérience religieuse », Vittoria enlève son peignoir en disant : « Tu n'as jamais couché avec un maître de yoga, n'est-ce pas ? »

Comme l'écrivait notre saint patron, Paul Simon : « *If that's my prayerbook, Lord let us pray !* » (Si c'est là mon livre de prière, que Dieu nous laisse prier !)

Que contient un nom?

par David A. Shugarts[*]

L'utilisation espiègle des noms anagrammaticaux qui fleurissaient dans le *Da Vinci Code* de Dan Brown ne fait que bourgeonner dans son roman antérieur, *Anges et démons*. Seuls quelques noms se prêtent à une interprétation et à une réorganisation. Il semble que Dan Brown se soit inspiré des listes d'anciens membres de son *alma mater*, la Phillips Exeter Academy du New Hampshire, pour trouver les noms des personnages secondaires de *Anges et démons*. Les noms des principaux personnages sont à peine plus créatifs. En voici des exemples:

Robert Langdon
Sur la page de remerciements de Anges et démons, *Dan Brown rend hommage à John Langdon, le créateur des étonnants ambigrammes.*

John Langdon, un artiste hors du commun, est l'un des deux maîtres reconnus dans le domaine des ambigrammes, l'autre étant Scott Kim, dont on peut voir l'ambigramme créé sur mesure pour le mot «secrets» dans l'article qui suit. On trouvera aux adresses www.johnlangdon.net et www.scottkim.com les œuvres de Langdon et de Kim.

Vittoria Vetra
Dans le roman, Vittoria Vetra est la fille adoptive de Leonardo Vetra, un brillant physicien du CERN. C'est aussi une physicienne ou, comme la décrit Dan Brown, une spécialiste des «interactions entre écosystèmes», et la partenaire de son père dans leur laboratoire privé. L'auteur la décrit comme étant grande, svelte et gracieuse avec une peau ambrée et une longue chevelure noire... strictement végétarienne. Elle est aussi un remarquable professeur de Hatha Yoga.

Vittoria est la traduction italienne du nom de la déesse romaine de la Victoire, Victoria, et l'équivalent de la déesse grecque Niké. Vetra est une place publique de Milan. C'est

---

[*] David Shugarts est un journaliste qui possède plus de 30 ans d'expérience. C'est grâce à son talent de journaliste d'enquête qu'il a été le premier à découvrir les lacunes de l'intrigue et les détails intrigants du *Da Vinci Code* de Dan Brown et à écrire à ce sujet un article qu'il a présenté dans *Les Secrets du code Da Vinci*.

l'endroit où Manfreda, la papesse des Guillelmites, fut brûlée par l'Inquisition en 1300.

Au XIIIᵉ siècle, lorsqu'il existait un clergé féminin chez les gnostiques et d'autres groupes, une femme connue sous le nom de Guillelma de Bohême se rendit à Milan, en Italie, et commença à prêcher. Après sa mort en 1281, comme cela arrivait souvent, un culte naquit autour de ses reliques. Des fanatiques parmi ses fidèles croyaient qu'elle était l'incarnation du Saint-Esprit et qu'elle reviendrait pour détrôner le pape, instaurant ainsi la première lignée de papesses et amorçant « l'ère de l'esprit ».

Ces fanatiques choisirent finalement une jeune Milanaise, Manfreda di Pirovano, et fixèrent la date du retour de Guillelma au jour de la Pentecôte de l'an 1300. Quand la date arriva, les troupes du pape Boniface VIII capturèrent Manfreda et d'autres, et les brûlèrent sur le bûcher de la Piazza Vetra.

Leonardo Vetra

Au début de Anges et démons, *Leonardo Vetra est torturé et assassiné une semaine avant son cinquante-huitième anniversaire. Il se considérait comme un théo-physicien.*

Nous voyons Leonardo comme le précurseur du personnage de Leonard de Vinci dans *Da Vinci Code*. Le nom de famille, Vetra, est expliqué plus haut. Le martyre religieux par le biais d'une mort horrible représente un thème général de *Anges et démons* qu'on peut appliquer à la mort de Vetra.

Carlo Ventresca

Le camerlingue du pape décédé est Carlo Ventresca, un orphelin que le pape a recueilli et qu'il a traité comme son fils (parce qu'il l'était).

Comme l'a découvert notre correspondant en matière de voyages, David Downie, le nom Carlo Ventresca pourrait facilement se traduire de l'italien par « Charlie le Thon ».

Maximilien Kohler

Kohler est le directeur fictif du CERN, fils d'une famille aisée de Francfort, en Allemagne.

L'origine allemande de *Kohler* peut faire penser à « kohle », qui signifie « charbon » en allemand, mais aussi à « kohl », qui veut dire « chou » et qui comporte aussi la signification familière de « foutaises ». En allemand, « *kïhler* » signifie littéralement « brûleur de charbon ».

Jaqui Tomaso

Quand il voit la plaque faisant référence au « père Jaqui Tomaso » à l'entrée des Archives secrètes du Vatican, le professeur Langdon pense qu'il s'agit de « l'archiviste le plus intransigeant que la terre ait porté ». Le nom évoque pour lui l'image mentale du « père Jaqui en tenue de combat, un bazooka à l'épaule ».

Je n'affirme pas qu'ils sont reliés, mais Jacquelyn H. Thomas est bibliothécaire à la Phillips Exeter Academy depuis de nombreuses années.

Richard Aaronian

Dans Anges et démons, *un professeur de biologie de Harvard, Richard Aaronian, défend ses travaux de génie génétique en décrivant le symbole chrétien du poisson avec des pattes et la légende « DARWIN ! ».*

Richard Aaronian est professeur de sciences à la Phillips Exeter Academy et il est aussi un ornithologue passionné. Il a dirigé au moins une expédition scolaire aux îles Galapagos, un endroit cher à Darwin.

Robert Brownell

Le professeur Langdon dîne avec des collègues de Harvard lorsque le physicien Bob Brownell entre en pestant contre l'annulation du programme américain de construction d'un supercollisionneur.

Robert F. Brownell junior remplissait de très nombreuses fonctions à la Phillips Exeter Academy. Il était professeur de sciences, directeur des bourses aux étudiants, doyen suppléant des étudiants, directeur des inscriptions, entraîneur de basket-ball et surveillant de dortoir.

Charles Pratt

Homme tranquille à la table à dîner de la faculté, Charles Pratt est, dit-on, le « poète en résidence » de Harvard.

Charles Pratt était un diplômé de la Phillips Exeter Academy en 1952.

Aldo Baggia

Un des cardinaux assassinés dans Anges et démons *se nomme Aldo Baggia.*

Aldo J. Baggia est un ancien directeur de la faculté des langues modernes à la Phillips Exeter Academy où il enseignait l'espagnol, le français, l'italien et l'allemand. Il était connu pour ses nombreux voyages et la rédaction de critiques d'opéra.

Bissel

Le professeur Langdon se souvient d'un de ses professeurs, du nom de Bissel, à la Phillips Exeter Academy.

Feu H. Hamilton Bissel, connu sous le nom de « Hammy » ou de « Monsieur Exeter » a longtemps fait partie des meubles à la Phillips Exeter Academy. Diplômé en 1929, il est devenu le premier directeur des bourses étudiantes. Bissell a fait carrière dans cette institution pendant 43 ans et est demeuré actif sur le campus après sa retraite. C'était un joueur passionné de squash et de tennis. On lui attribue de nombreuses citations comme celle-ci : « Un enseignant devrait privilégier le cœur plutôt que le cours. »

Peter Greer

Le professeur Bissell rentre dans la tête de Peter Greer, la vedette de baseball de l'école, la signification du pentamètre iambique.

Peter C. Greer est un éminent professeur de la faculté Bates-Russell et enseigne l'anglais à la Phillips Exeter Academy où il a reçu son diplôme en 1958.

Hitzrot

Un élève qui sommeille au fond de la classe du professeur Langdon à Harvard s'appelle Hitzrot.

Lewis H. Hitzrot est professeur de chimie et de physique à la Phillips Exeter Academy.

Kelly Horan-Jones

Dans Anges et démons, *la journaliste « aux yeux de biche » de la MSNBC, Kelly Horan-Jones, fait une apparition télévisée en direct du Vatican sur un fond de scène factice.*

Kelly Horan Jones (sans trait d'union) était une journaliste de la chaîne WMUR-TV de Manchester, au New Hampshire, vers 1997-1998, lorsque Dan Brown effectuait ses recherches pour *Anges et démons*. Elle est passée à la chaîne WCVB-TV de Boston et est devenue récemment rédactrice en chef de Foodline.com, un guide des restaurants de Boston.

Sylvie Baudeloque

Dans Anges et démons, *Sylvie Baudeloque est la secrétaire de direction mécontente de Max Kohler, le directeur du CERN.*

Sylvie Beaudeloque fait partie de la liste des personnes à qui Dan Brown adresse, sans autre explication, des remerciements dans *Da Vinci Code*. Il y a aussi une joueuse senior de la Fédération française de badminton qui porte ce nom.

Rebecca Strauss

Dans Anges et démons, *le professeur Langdon se souvient d'un « véritable tourbillon de velours noir, à la poitrine mal refaite, fumant cigarette sur cigarette » du nom de Rebecca Strauss. L'« ancien mannequin reconvertie en critique d'art pour le New York Times » pourrait susciter un intérêt amoureux, mais Langdon n'a pas répondu à ses messages téléphoniques.*

Nous avons cherché une Rebecca Strauss de renom et avons trouvé une candidate très intéressante. Comme Dan Brown, elle est musicienne. Possédant un talent pour la viole et le violon, elle a joué avec le Boston Pops Esplanade Orchestra, le Boston Ballet Orchestra, le New England String Ensemble et le Boston Lyric Opera. Elle est créatrice et coordonnatrice musicale des Riverview Chamber Players de Boston, qui fournit des ensembles musicaux classiques pour des activités d'entreprises et des mariages. Elle se spécialise dans les mariages de gais et de lesbiennes ; et est elle-même une lesbienne reconnue. C'est aussi une enseignante d'expérience qui détient une maîtrise en éducation préscolaire.

LES SECRETS DES AMBIGRAMMES

PAR DAVID A. SHUGARTS ET SCOTT KIM[*]

---

[*] David Shugarts est un journaliste qui possède plus de 30 ans d'expérience. C'est grâce à son talent de journaliste d'enquête qu'il a été amené à évaluer les lacunes de l'intrigue dans *Anges et démons* de Dan Brown. Il a écrit un article semblable sur *Da Vinci Code* qu'il a présenté dans *Les Secrets du code Da Vinci*. Scott Kim est un concepteur indépendant de puzzles visuels et de jeux pour Internet.

L'utilisation d'*ambigrammes* représente l'un des éléments les plus étonnants de *Anges et démons*. Ce sont des mots qui apparaissent dans le texte du roman et qu'on peut lire aussi bien à l'envers qu'à l'endroit. Ce sont les symboles marqués au fer rouge par les *Illuminati* dans la chair des cardinaux assassinés.

Ambigramme est un mot relativement récent et sa définition est encore quelque peu confuse. Comme ils présentent un seul type de symétrie, les ambigrammes de *Anges et démons* se définissent de manière assez restreinte. Mais, même ainsi, leur effet est vraiment stimulant pour l'esprit. La page suivante présente un ambigramme du mot « secrets », créé pour notre série de livres par l'artiste Scott Kim.

Les ambigrammes qu'on trouve dans *Anges et démons* et qui représentent chacun des quatre éléments — le feu, la terre, l'air et l'eau —, plus une combinaison de ceux-ci en forme de diamant, constituent un exemple de *symétrie de rotation* dans laquelle on peut faire tourner une image de 180 degrés sans que son apparence s'en trouve modifiée. Ils ont été créés par l'artiste John Langdon, reconnu comme le premier à avoir découvert et exploité cette forme à notre époque. Non seulement Dan Brown s'inspire de ses œuvres dans son livre, mais de toute évidence il l'admire — après tout, il a donné son nom au héros de son roman, Robert Langdon. Bien sûr, Robert Langdon se retrouve aussi dans le roman suivant de Brown, bien que, dans *Da Vinci Code*, ce dernier s'intéresse davantage aux anagrammes (les réarrangements de lettres en mots ou en phrases pour en faire d'autres mots ou phrases ayant une signification) qu'aux ambigrammes.

Les langues écrites comportent des mots ou des phrases qui se lisent de la même façon dans une direction ou l'autre. Ce sont des *palindromes*. Le mot « non » en est un exemple simple et l'un des plus célèbres palindromes est celui de Georges Perec : « Ésope reste ici et se repose. » Un ambigramme n'est pas nécessairement un palindrome, mais il y est lié par la symétrie.

Quand on songe à de grands artistes de l'ambigramme, qui possèdent une maîtrise mystérieuse des formes typographiques, deux artistes contemporains sortent du lot : John Langdon et Scott Kim. Ce sont des artistes accomplis qui ont créé un grand

nombre d'œuvres, et chacun crée des ambigrammes depuis des années. De nombreux logos d'entreprises représentent des ambigrammes et, au cours des années, les deux artistes en ont réalisé un grand nombre.

John Langdon mérite d'abord des hommages pour avoir été le premier à « découvrir » les ambigrammes à des fins contemporaines, bien qu'il reconnaisse d'emblée que Scott Kim les a aussi inventés à peu près au même moment. Scott Kim dit avoir créé son premier ambigramme en 1975. Comme ces inventions n'avaient pas encore de nom, Kim les a appelées « inversions », et il a été le premier à en publier dans un livre intitulé *Inversions* (1981). Langdon a quant à lui publié une sélection de ses ambigrammes en 1992, dans un livre intitulé *Wordplay*. Ni l'un ni l'autre n'a eu recours à un ordinateur pour créer ces premières œuvres.

Les deux artistes ont reçu beaucoup de louanges. On dit que le célèbre auteur de science-fiction Isaac Asimov appelait Kim « le Escher de l'alphabet », alors qu'un critique écrivait à propos de Langdon : « Nous aimerions remercier John Langdon d'être né à notre époque. » Les lecteurs pourront en juger par eux-mêmes sur les sites Internet des deux artistes (www.johnlangdon.net et www.scottkim.com).

On attribue généralement à Douglas Hofstadter, l'auteur de *Gödel, Escher, Bach* (1979), le mot « ambigramme ». Ce livre, qui a remporté le prix Pulitzer, présentait une explication complexe de sujets métaphysiques permettant de comprendre le défi qui consistait à créer un programme d'intelligence artificielle sur un ordinateur. Hofstadter a eu recours aux mathématiques, à l'art (y compris aux œuvres de M. C. Escher), à la science et à la musique pour illustrer des principes comme la récursivité, c'est-à-dire lorsqu'une chose — qu'il s'agisse d'un programme informatique, d'un passage musical ou littéraire, ou d'un brin d'ADN — peut exercer un raisonnement référentiel.

Plus tard, Hofstadter a produit, pour la revue *Scientific American*, une série d'articles rassemblés dans *Metamagical Themas*, un livre qui a été publié en 1983 et dans lequel apparaissait le mot « ambigramme ». Hofstadter lui-même affirme qu'il n'est pas certain de quelle partie du mot il a inventée ; comme cela s'est produit dans le cadre d'une séance de remue-méninges entre amis, il ne s'en souvient que vaguement.

C'est là l'histoire moderne des ambigrammes, mais il faut souligner que certaines des langues écrites les plus anciennes se prêtaient bien aux ambigrammes et aux palindromes. Les hiéroglyphes égyptiens comportaient de nombreux caractères symétriques. Les Égyptiens pouvaient en fait créer des séries de hiéroglyphes dans les quatre directions (de gauche à droite, de droite à gauche, de haut en bas ou de bas en haut). Il va sans dire que les gens d'anciennes civilisations avaient reconnu l'existence de palindromes et d'ambigrammes même s'ils ne leur avaient pas donné de noms.

Dans un tel contexte, nous devrions sans doute souligner que les véritables *Illuminati* n'étaient pas particulièrement connus pour créer ou utiliser des ambigrammes ou autres choses semblables, bien que les ambigrammes qui apparaissent dans *Anges et démons* ressemblent vaguement aux styles typographiques allemands / bavarois communs en 1776. Nous n'avons pu, non plus, trouver de données historiques montrant que, dans l'Europe du XVIIᵉ siècle, des personnes étaient marquées au fer rouge de mots anglais illustrant les quatre éléments primaires de la cosmologie aristotélicienne.

Scott Kim fait remarquer qu'il a vu au moins un ambigramme publié en 1902 dans un livre sur les énigmes, et il croit que Doug Hofstadter créait des ambigrammes pendant son adolescence au début des années 1960. Il croit aussi que des artistes arabes, avec leur talent pour la calligraphie et leur amour des dessins symétriques, ont sans doute été les tout premiers à produire des ambigrammes.

Dans *Anges et démons*, le professeur Langdon élargit la définition en affirmant que la symbologie comporte aussi ses ambigrammes : « svastikas, yin et yang, étoile de David, croix simple, etc. ». On peut étendre de telles observations à des domaines étonnants. Par exemple, les mathématiciens établissent une distinction entre quatre types de transformations symétriques nécessaires pour passer d'une forme simple à une forme comme la croix gammée : translation, réflexion, réflexion avec translation et rotation. Et c'est alors que le plaisir commence, au moment où la discussion s'oriente vers des dizaines de types de formes cristallines possédant chacune sa propre symétrie. Puis suit une explosion d'idées qui sont reliées, des modèles naturels comme les pétales de fleurs ou les brins d'ADN, jusqu'aux formes géométriques comme les fractales ou les mosaïques.

Surviennent ensuite des questions cosmiques qui, étrangement, nous ramènent à *Anges et démons*. Par exemple, l'une des plus grandes énigmes aux yeux des cosmologues est : Qu'est-il advenu de la prétendue symétrie du big-bang alors qu'en théorie, des quantités égales de matière et d'antimatière ont été produites et que nous vivons maintenant dans un univers qui contient de vastes quantités de matière et très peu d'antimatière ? Où se trouve l'élément de symétrie manquant ? C'est un mystère !

MÉTAPHYSIQUE ROMANESQUE

par Glenn W. Erickson[*]

Certains romans comme *Nostromo* de Joseph Conrad et *Sous le volcan* de Malcolm Lowry semblent reposer sur des prémisses semblables, mais d'autres présentent des ressemblances évidentes, comme *Da Vinci Code* et *Anges et démons* de Dan Brown. Bien que *Anges et démons* ait été écrit le premier (il a été publié en anglais, en l'an 2000), la vaste majorité de ses lecteurs ne le lisent qu'après s'être intéressés au best-seller *Da Vinci Code* (publié en 2003). Lorsqu'on lit le premier livre après le second, ce qui était en fait une grossière ébauche ressemble à du déjà-vu, car les similitudes entre les deux sont très nombreuses.

Le protagoniste, R. Langdon (à ne pas confondre avec le mari de Liv Tyler, du groupe rock Spacehog) se retrouve dans les deux romans. Dans la transition entre la première et la deuxième version de cette histoire, l'ordre des *Illuminati* et le Vatican deviennent le Prieuré de Sion et l'Opus Dei ; Genève et Rome deviennent Paris et Londres ; Leonardo et Vittoria Vetra deviennent Jacques Saunière et Sophie Neveu ; l'Assassin

---

[*] Glenn W. Erickson est un philosophe qui a enseigné dans d'importantes universités aux États-Unis, au Brésil et au Nigeria. Il a publié des travaux de philosophie touchant une vaste gamme de sujets, notamment sur plusieurs questions abordées par les romans de Dan Brown.

devient Silas; le commandant Olivetti et le capitaine Rocher deviennent le commissaire Bezu Fache et l'inspecteur Collet; Le Bernin devient Léonard de Vinci; le camerlingue Carlo Ventresca devient Sir Leigh Teabing; et ainsi de suite.

Les deux livres partagent la même déclaration d'ouverture sur le fait que les principaux éléments artistiques, architecturaux et historiques seraient authentiques. Pourtant, ils ont aussi en commun la volonté de l'auteur de jouer avec les faits, de même que sa propension à commettre une foule d'erreurs dans l'un et l'autre cas.

Un examen représentatif des erreurs de faits ou d'opinions dans *Anges et démons* pourrait comprendre les éléments suivants:

Les Assassins ne consommaient pas tant des drogues pour «célébrer» leurs actes terroristes, comme Brown le suggère (p. 28), que pour s'y préparer. Les colonnes doriques ne sont pas les «variantes continentales» (p. 40) des colonnes ioniques, puisque les unes et les autres sont d'origine grecque. L'«étoile de David» n'est pas un ambigramme (p. 45), parce qu'elle n'est pas «lisible». Pour les érudits, une «ancienne confrérie» (p. 44) n'aurait pas été fondée au début du XVIe siècle (p. 45), parce qu'elle aurait alors été fondée à la fin de la Renaissance, une période qu'aucun professeur de Harvard ne qualifierait d'«ancienne». Les scientifiques de la Renaissance italienne n'ont pas fondé «le premier groupe de réflexion scientifique» (p. 45), parce que Pythagore, Platon, Aristote, Ptolémée et les autres avaient tous le leur. C'est Giordano Bruno et non Copernic (p. 45), dont l'œuvre a été publié à titre posthume, qui faisait férocement valoir ses opinions et qui a été exécuté pour cette raison. Les nazis n'ont pas emprunté le svastika aux Hindous (p. 54); il existe certainement un symbole semblable dans des cultures orientales, mais le symbole nazi viendrait plus probablement de l'armée de l'air finlandaise. La Florence de Dante, de Machiavel, de Ficino, de Pico de la Mirandole, de Léonard de Vinci et de Michel-Ange représentait, bien davantage que Rome, «le cœur de la civilisation moderne» (p. 138). Aucun tableau de la *Renaissance* ne représentait Galilée et Milton ensemble en 1638 (p. 242) parce que, à cette époque, la Renaissance était terminée sauf, disons, en ce qui a trait aux Allemagnes et à d'autres endroits à l'est. La sainte communion n'a pas été empruntée aux Aztèques (p. 266) dont la civilisation a connu son apogée bien après que cette pratique soit apparue en Europe et vers la même époque où, comme Brown le laisse entendre (à tort), la secte des *Illuminati* est née.

Compte tenu de la façon dont Dan Brown joue avec les faits, il est difficile pour les intellectuels de ne pas hausser les sourcils en signe d'incrédulité lorsqu'il est question du professeur d'université de Harvard et des membres du CERN. On peut citer deux faits justifiant cette série d'affirmations outrancières. Premièrement, le public auquel le roman est destiné ne se sent jamais intimidé par le livre de Brown. Wittgenstein affirme dans *Remarques philosophiques* que les philosophes de sa trempe peuvent inventer des histoires naturelles qui conviennent à leurs propres fins et que, selon les conventions sur la vraisemblance par rapport à la vérité, il en va de même pour les romanciers.

Deuxièmement, on pourrait voir le livre comme une œuvre de science-fiction dans laquelle le monde est quelque peu différent de la réalité, un monde où ce « quelque peu » englobe tous les éléments bizarres mentionnés précédemment. De plus, il englobe la petite quantité d'antimatière (fabriquée par Leonardo Vetra) et le contenant d'antimatière (inventé par Vittoria Vetra) pour l'y placer. On pourrait qualifier cette science-fiction de « julesvernesque » parce qu'elle repose sur l'émergence modeste de quelque innovation technologique prévisible et non sur un renoncement total à la réalité, comme lorsque Mars envahit la Terre ou que des moteurs « warp » rendent routiniers les voyages intergalactiques.

Bien sûr, l'aspect de science-fiction pourrait se retrouver aussi dans la façon dont Brown raconte l'histoire des *Illuminati*. Il laisse entendre que Rome a donné naissance à l'ordre des *Illuminati* au XVe siècle, puis, qu'au début du XVIe siècle, l'ordre s'est étendu à toute l'Italie en adoptant un fondement doctrinal plus vaste, et qu'il s'est finalement établi dans toute l'Europe et s'est allié à de forts courants intellectuels comme la franc-maçonnerie. Peut-être existe-t-il même encore aujourd'hui sous une forme extrêmement secrète et sinistre. Les véritables mouvements historiques qu'on nomme *Illuminati* comprennent les hésychastes, des mystiques ascétiques de l'Église d'Orient (du XIVe au XVIe siècle), en particulier les fidèles de Grégoire Palamas (vers 1296-1350) au mont Athos; les *Alumbrados* des XVe et XVIe siècles en Espagne; les rosicruciens, les perfectibilistes du XVIIIe siècle en Allemagne et notamment les partisans d'Adam Weishaupt (1748-1830) en Bavière à partir de 1776, qui changèrent plus tard leur nom pour s'appeler les *Illuminati*; les martinistes français et russes; les jeffersoniens au sein de la franc-maçonnerie, etc. La filière bavaroise (p. 51 et p. 118) est la seule que Brown semble utiliser dans son récit, bien qu'il l'applique à la Rome du Bernin et de Galilée presque deux siècles plus tôt. Ici, le problème réside non seulement dans les différences entre les nombreux mouvements réels qualifiés d'*illuministes* (habituellement par leurs critiques) et l'histoire que raconte le roman, mais aussi dans l'idée que de tels mouvements se seraient perpétués d'un siècle à l'autre plutôt que d'être réinventés à diverses époques sous des formes très différentes. En réalité, il existe de nombreuses franc-maçonneries, d'autres types de rosicruciens, divers illuminismes et différentes cabales.

Pourtant, la vraie différence de qualité entre les deux polars se situe au niveau de la pensée. La Déesse-Mère, un des thèmes principaux de *Da Vinci Code*, constitue un excellent thème mythologique, tout comme l'illuminisme dans *Anges et démons*. Toutefois, ce dernier élabore son thème moins efficacement. Pour bien évaluer ces lacunes, il serait utile d'exposer quelques-uns des principaux éléments de l'identification mytho-poétique de l'esprit et de la lumière.

Symbole on ne peut plus prométhéen, le feu était sûrement un élément sacré avant même que l'homme préhistorique n'apprenne à le créer et à l'entretenir, devenant de ce fait divin à son tour. En se basant sur les brahmines, les druides et les flamines, l'ancienne religion indo-européenne était centrée sur le culte du feu. Héraclite d'Éphèse, surnommé « l'Obscur », reflète cette tradition antédiluvienne lorsqu'il décrit le feu et sa lumière comme étant le principe des éléments physiques.

En Occident, le fondement classique du concept de l'illumi-nation divine était le mythe de la grotte dans la *République* de Platon. À l'état naturel, l'homme se trouve dans l'obscurité, mais le monde de la vérité est baigné de lumière. L'homme peut saisir certains aspects ou fragments de la vérité par le biais d'épisodes brefs et imprévisibles d'illuminations. Le stoïcisme suit la voie d'Héraclite et de Platon en voyant chez l'homme une étincelle de raison universelle.

L'Évangile de Jean décrit la vérité, la lumière et Dieu. Par la force de cette sanction des Écritures, au sens où l'entendaient les premiers chrétiens, une personne faisait partie des « illuminés » si elle était baptisée. Le néoplatonisme considère la lumière comme un élément à la fois physique et spirituel. Cette double signification de la lumière se reflète plus particulièrement chez saint Augustin, Proclus et Denys l'Aéropagite. Ces thèmes à tendance néoplatonicienne sont adoptés et adaptés par certains philosophes scolastiques, notamment Guillaume de Moerbeke (1215-1286), Witelo (vers 1230-1275), Robert Grosseteste (vers 1168-1253), saint Bonaventure (1221-1274) et Henri de Gand (vers 1217-1293). Parmi les protestants, les anabaptistes et les quakers, George Fox (1624-1691), en particulier, a recours à la métaphore de l'illumination divine.

Même si, à la fin de *Anges et démons*, l'ordre des *Illuminati* ne constitue qu'une habile diversion du camerlingue pour mettre les enquêteurs sur une fausse piste en ce qui concerne le coup d'État qu'il prépare au Vatican, l'examen que fait Robert Langdon sur les motivations et les actes des *Illuminati* représente un des principaux thèmes du roman. Et cet examen semble tourner autour du fait que les *Illuminati* aient été religieux ou antireligieux. À cet égard, il importe de souligner la différence entre *l'absence de quelque chose* et *le contraire de quelque chose*. À titre d'exemple, contrairement au nombre 1 ou, en fait, à tout autre nombre, l'absence n'équivaut à rien et est représentée par 0, mais le contraire de 1 est mieux représenté par le nombre négatif 1 (-1). Étrangement, il existe une affinité entre 1 et -1 qui n'existe pas entre 1 et rien, dans la mesure où les deux 1, le 1 positif et le 1 négatif, sont tous deux des 1, alors que 0 ne représente pas davantage l'absence de 1 que celle de 2 ou de 3.

À titre d'illustration, la psychanalyse reconnaît cette logique dans le concept de réaction-formation, car le fait qu'une personne soit très propre ou très débraillée, très propre ou très sale, importe peu dans la mesure où ces extrêmes sont des manifestations de la même préoccupation. Le contraire de la méticulosité est le désordre volontaire, mais son absence n'est que le fait de ne pas se préoccuper outre mesure de cette dimension de l'être. Ainsi, dans le mécanisme de défense appelé « réaction-formation », une compulsion se transforme en son contraire pendant que le complexe sous-jacent demeure le même.

En théologie, nous pourrions dire (suivant en cela l'exemple de Kierkegaard) que le contraire du théisme est le désespoir démoniaque, dans lequel on rejette volontairement Dieu, mais que l'absence, c'est lorsqu'une personne ignore Dieu. C'est cette distinction que nous croyons comprendre quand le Christ parle d'avaler le chaud ou le froid, mais non le tiède. C'est également une raison qui motive le jugement de Nietzsche selon lequel Lord Byron est supérieur à Goethe : alors que Faust vend son âme au diable, Childe Harold et Don Juan ignorent simplement toute la question.

Dans plusieurs langues européennes modernes, le terme « illuminisme » est interchangeable avec « Lumières » pour désigner les siècles de lumière, c'est-à-dire les XVIIᵉ et XVIIIᵉ siècles, en tant que période de civilisation ou de culture occidentales. En ce sens, l'illuminisme représente l'époque de la révolution scientifique et, plus particulièrement, les progrès en physique et en astronomie. Le fait que Galilée ait compris les mécanismes terrestres et célestes et son recours à l'algèbre pour élaborer des modèles mathématiques de systèmes physiques, de même que ses réflexions sur la méthodologie expérimentale, ont tous influencé considérablement cette « Illumination ». (Ces facteurs sont même plus importants que ce que souligne *Anges et démons*, à savoir l'acceptation par Galilée de l'héliocentrisme copernicien, ou le fait qu'il ait amélioré la lunette astronomique.)

En ce sens, Galilée était l'*Illuminatus* par excellence, mais ces réalisations ne font pas nécessairement de lui ou de ses partisans des personnes démoniaques, même aux yeux de l'Église universelle. En fait, ce n'était pas l'opposition au théisme chrétien qui caractérisait l'époque de l'illuminisme, mais plutôt son absence en tant que thème de la culture ou de la science. En réalité, les illuministes intellectuels en Bavière, en France et parmi les pères fondateurs des États-Unis avaient de plus en plus tendance à adopter le déisme, une doctrine qui ne nie pas l'existence de Dieu parce que son existence donne un sens à la création, mais qui reconnaît seulement sa participation active

— c'est-à-dire le fait qu'il joue un rôle d'intervenant (lire : qu'il fait des miracles) — en tant que pourvoyeur.

Dans *Anges et démons*, Galileo Galilei (1564-1642) est l'« anti-type » de Leonardo Vetra. Alors que, selon Dan Brown, Galilée soutenait que la science et la religion n'étaient pas des ennemies, mais plutôt des alliées, deux langues qui racontent la même histoire, Vetra souhaitait que la science et la religion soient deux domaines compatibles, deux approches différentes pour trouver la même vérité. Et Vetra est censé prouver, grâce à ses expériences sur l'antimatière, le caractère véridique de la religion en montrant que la création (de quelque chose de semblable à l'univers) est possible à partir du néant. Malheureusement, pour de multiples raisons, ce type d'expérience ne fonctionne pas ainsi.

Premièrement, nous croyons, comme Karl Popper, que les expériences ne confirment pas les théories scientifiques mais que, au mieux, elles ne réussissent pas à les réfuter (et en conséquence elles leur procurent un appui).

Deuxièmement, si la matière et l'antimatière naissent d'une certaine concentration d'énergie, il ne s'agit pas de quelque chose qu'on crée à partir du néant, comme l'affirme le roman ; il s'agit plutôt de matière qui naît de l'énergie, une conversion déjà postulée dans la formule d'Einstein : « L'énergie est égale à la masse multipliée par la vitesse de la lumière au carré. » Le débat sur la science de Vetra semble tourner autour de trois possibles oppositions à la matière :

1. L'antimatière est le contraire de la matière (autrement dit, l'antimatière est une forme de matière).

2. L'énergie est le contraire de la matière (mais est transformable avec la matière).

3. Le néant est le contraire de la matière (ou la matière et l'énergie sont considérées conjointement comme quelque chose qui possède une existence matérielle).

Troisièmement, la création de quelque chose à partir de rien ne contribuerait pas à rendre plausible l'idée selon laquelle Dieu se trouve, d'une manière ou d'une autre, derrière ou devant le néant, et qu'il a provoqué l'apparition de ce quelque chose, car la parole de Dieu ne fait même pas partie du lexique de la science.

Quatrièmement, même si l'expérience de Vetra avait rendu plus plausible une certaine idée de Dieu, ce serait le Dieu déiste qui, pour employer une métaphore de salle de billard, brise le râtelier et part, et non le Dieu théiste du christianisme orthodoxe qui, on suppose, continue de surveiller le jeu.

Cinquièmement, même si l'expérience de Vetra rendait le théisme plus plausible, cette expérience ne démontrerait pas que la science et la religion sont des approches alliées en ce qui a trait à la vérité, parce que le roman semble user de faux-fuyants en ce qui concerne au moins quatre points de vue sur la religion :

1. La science est le contraire de la religion (comprise comme de la superstition).

2. L'athéisme est le contraire de la religion (comprise comme du théisme chrétien).

3. Satan est le contraire de la religion (comprise comme la véritable religion).

4. L'antipapisme est le contraire de la religion (comprise comme l'Église universelle).

L'intérêt de ces brèves réflexions réside dans le fait que la « religion » ne semble pas constituer un terme suffisamment précis pour servir de manière utile dans ce type de débat.

Ceci, bien sûr, ne répond pas à la question de savoir si les débats intellectuels à ce niveau de profondeur pourraient être efficaces dans le cadre d'un roman, même dans le genre de roman qui recherche ses effets dans le domaine de la pensée. Malheureusement, bien que *Anges et démons* présente à ses lecteurs de nombreuses allusions et idées intéressantes, la décision d'apprendre la véritable histoire de ces idées et d'examiner leur pertinence par rapport à un quelconque système philosophique, cosmologique, religieux ou de pensée scientifique incombe au lecteur.

Vox Populi : commentaires sur Anges et démons tirés du site CULTOFDANBROWN.COM

par Leigh-Ann Gerow[*]

L'Internet est la «place publique» mondiale par excellence pour échanger des opinions sur Dan Brown et ses romans. En moins de temps qu'il n'en faut pour se rendre de Harvard au Vatican dans un X-33, une recherche sur Anges et démons *dans Google a fourni des liens avec des dizaines de sites. Qui pourrait résister à l'attrait d'un site appelé cultofdanbrown.com? Lorsque nous avons communiqué avec elles, Leigh-Ann Gerow et sa partenaire (qui géraient des babillards sur Internet avant la création de cultofdanbrown.com) nous ont appris que le choix du mot «culte» découlait d'une rencontre inopinée avec un libraire. Ce dernier leur aurait dit que les admirateurs de Dan Brown étaient tellement fascinés par ses romans que cela lui rappelait un culte. Une idée et un babillard sur Internet étaient nés. (Contrairement à la messagerie instantanée ou à un cybersalon où les échanges se produisent en temps réel, il n'est pas nécessaire qu'une deuxième personne soit présente pour avoir une discussion sur un babillard électronique. On y affiche un message qui peut faire l'objet d'un commentaire aujourd'hui, demain, ou à n'importe quel autre moment. Plutôt que d'utiliser leur véritable nom, de nombreux participants empruntent un pseudonyme.) Par l'intermédiaire de moteurs de recherche ainsi que par le bouche à oreille, elles ont invité les lecteurs de Dan Brown du monde entier à soumettre leurs commentaires sur ses romans. C'est ce qu'ils ont fait avec enthousiasme.*

✳✳✳

Anges et démons *est demeuré de nombreux mois sur une étagère de ma bibliothèque avant que j'en entreprenne la lecture. Je connaissais peu de choses sur Dan Brown à part le battage médiatique sur* Da Vinci Code *et je tenais pour acquis que* Anges et démons *ne serait qu'un autre livre de poche à succès avec une intrigue prévisible. Toutefois, après avoir lu les premières pages, j'étais absolument captivée. Les coups d'œil dans les Archives secrètes du Vatican et les descriptions historiques de l'Italie m'enthousiasmaient. Une multitude de questions fusaient dans mon esprit sur la part des faits et de la fiction dans l'œuvre; je me demandais dans quelle mesure le roman pouvait être fondé*

---

* Leigh-Ann Gerow est rédactrice pigiste et conceptrice de pages Web. Sa partenaire, Nancy Ross, et elle-même sont propriétaires et webmestres de cultofdanbrown.com.

sur la réalité. J'ai immédiatement supplié ma partenaire de lire le livre afin que je puisse parler avec elle de toutes les merveilles de l'art italien, de l'histoire du Vatican ainsi que de la physique et de la chimie modernes. Quand elle en a eu terminé la lecture, nous voulions toutes les deux que nos amis et les membres de nos familles le lisent également pour que nous puissions en discuter avec eux. Il devint bientôt évident que les romans de Dan Brown en général, et Anges et démons *en particulier, représenteraient un sujet parfait pour un babillard électronique.*

Une fois les conversations enclenchées, il est apparu clairement qu'une majorité des lecteurs s'intéressait aux mêmes thèmes principaux et aux mêmes sujets de controverse. Cette situation est fascinante parce que les utilisateurs de notre babillard proviennent non seulement des États-Unis, mais aussi d'Australie, du Canada, du Mexique, de Singapour, de la Turquie et d'autres pays. D'où qu'ils viennent, les gens souhaitent obtenir des réponses aux mêmes questions.

• On pourrait classer dans la grande catégorie de «Qu'est-ce que Dan Brown voulait dire par…?», quelques-uns des sujets les plus populaires. La question la plus souvent posée était sans doute: Quelle est la traduction officielle de *Novus Ordo Seclorum*? Est-ce «nouvel ordre mondial» ou «nouvel ordre séculier»? Le mot «*seclorum*» vient-il du latin traditionnel ou a-t-il simplement été inventé de nos jours pour «sonner latin»? S'il s'agit d'un mot moderne, quelle était sa signification pour ses inventeurs? Il semble y avoir une infinité de manières de traduire ce mot, et plusieurs latinistes nous ont envoyé des messages afin de nous en donner leur propre interprétation. C'est un élément important sur lequel il convient de réfléchir parce que si la traduction exacte du mot n'est pas «mondial» mais plutôt «séculier», le fondement même des théories du complot que présente *Anges et démons* se trouve en partie éliminé. Hinge of Fate, un correspondant sur le babillard électronique, affirme que la traduction «séculier» est inexacte lorsqu'il écrit: «*Brown a tort de laisser entendre que le président Roosevelt et son vice-président ont inventé cette phrase (Novus Ordo Seclorum). Le Grand Sceau a été ajouté au dollar américain en 1935. Toutefois, le Congrès continental a approuvé le Grand Sceau des États-Unis le 20 juin 1782. D'après le compte rendu des débats du Congrès, Novus Ordo Seclorum signifie "un nouvel ordre des âges".*» Cependant, un autre correspondant, Galen, répond: «*J'ai étudié le latin pendant trois ans et, comme d'autres qui l'ont étudié aussi, je peux vous assurer que le compte rendu des débats du Congrès se trompe et qu'il s'agit probablement de la pire traduction que j'aie jamais vue. »*

· Les gens se posent aussi des questions sur la véracité des faits que Dan Brown met en scène. Ils expriment leur scepticisme en posant des questions comme : « Un homme peut-il réellement tomber du ciel et survivre ? » ; « Pourquoi la montre Mickey Mouse mécanique de Dan Brown possède-t-elle une sonnerie ? » ; « Pourquoi le téléphone portable de Vittoria a-t-il une tonalité de numérotation ? » ; « Est-il vrai qu'on ne peut programmer un ordinateur pour qu'il crée un ambigramme ? » Aucune possibilité d'erreur dans l'intrigue ne semble trop banale pour être examinée.

· De nombreuses discussions soulèvent des questions de recherche comme : « L'Église a-t-elle la responsabilité de retenir des informations pour le bien commun ? » ; « L'Église a-t-elle de bonnes raisons de protéger ses fidèles des renseignements que contient la Bibliothèque du Vatican ? » ; « Est-il possible que l'Église soit corrompue par le pouvoir ? » Sephia écrit : « *L'Église et les prêtres ne sont pas réellement tenus de dire la "vérité" en soi — seulement la vérité religieuse selon leur propre religion. Je suis tout à fait d'accord avec la liberté d'information, mais je pense aussi à la moyenne des catholiques qui ne veulent rien entendre de ceci et qui préfèrent continuer de mener une vie rassurante en sachant qu'en faisant ceci et cela, et en évitant de faire ceci et cela, ils peuvent aller au ciel.* » L'Église devrait-elle s'efforcer d'empêcher les progrès scientifiques s'ils menacent la crédibilité de théories sur la création ? Arras explique ce qu'il ferait s'il avait l'occasion de rendre publics des documents scientifiques qui remettent en question des croyances religieuses : « *Je serais certainement tenté. Mais je sais aussi qu'on ne peut pas obliger les gens à voir la vérité. S'ils ne veulent pas l'entendre ou l'accepter, ils trouveront toujours un mécanisme mental pour éviter de le faire.* »

· Le babillard comportait une question intéressante au sujet des *Illuminati* : « Adhéreriez-vous à la secte des *Illuminati* si elle existait encore aujourd'hui ? » S'ils avaient le choix d'œuvrer avec les *Illuminati* pour protéger les intérêts de la science ou d'œuvrer contre eux pour protéger les intérêts de la religion, la plupart des membres opteraient pour le camp de la science. Packer Fan se demande quelle décision il aurait prise s'il avait vécu à l'époque des *Illuminati* et écrit : « *Compte tenu de la façon logique dont je songe à la science, j'aimerais croire que je me serais joint aux* Illuminati. *Mais je me demande si j'aurais eu le courage de croire aux données scientifiques de cette époque, surtout à la lumière de l'opinion publique et des croyances de la majorité. Ce que je veux dire, c'est qu'aujourd'hui, avec le recul, la décision serait plus simple.*» Il convient aussi de souligner que la majorité des correspondants sur le babillard électronique ont en commun un intérêt pour l'avancement des sciences et un scepticisme bienveillant à l'égard de la religion organisée. Les lecteurs qui trouvent *Anges et démons* blasphématoire ne se sont pas précipités sur le babillard pour défendre leur point de vue. De nombreux correspondants semblent avoir des croyances religieuses, mais ils souhaitent en général que la religion organisée accorde plus de liberté à l'expression scientifique.

• Du spirituel au superficiel — à quoi devrait ressembler un film sur *Anges et démons*? Qui incarnerait Langdon, Vittoria et le camerlingue? Quels aspects de l'intrigue sont essentiels au scénario et que devrait-on laisser de côté? Colin Firth et Russell Crowe sont les choix les plus populaires. Ou est-ce que ça devrait plutôt être George Clooney? FtLouie34 est absolument sceptique en ce qui concerne un possible scénario et affirme: «*Je ne suis pas enthousiaste à l'idée d'en faire un film. À moins qu'il ne soit extrêmement long, on ne peut y intégrer toutes les informations. Bien sûr, puisqu'il s'agit de Hollywood, les auteurs n'ont que faire de l'aspect historique du livre.*»

• Compte tenu des similitudes entre *Anges et démons* et *Da Vinci Code*, les admirateurs de Dan Brown aiment émettre des hypothèses sur l'intrigue du prochain roman de Brown. Comme l'affirmait Dave Shugarts dans *Les Secrets du code Da Vinci*, le best-seller de Dan Burstein, l'énigme que comporte la jaquette du *Da Vinci Code* laisse entendre aux lecteurs que le prochain roman mettra sans doute en scène un complot impliquant les francs-maçons. Nos participants spéculent également sur l'implication de la CIA, des *Illuminati*, des chevaliers du Temple et du Prieuré de Sion. Dark Anise fait partie des nombreuses personnes croyant que le roman mettra en scène un autre complot dont les ramifications s'étendront au sein même du gouvernement, des cercles religieux et du monde de l'art, et qu'il intégrera aussi une autre copine: «*Je suis pratiquement certaine qu'il aura à ses côtés une belle femme dont le père (ou un parent proche) aura été assassiné. La question est: gardera-t-il celle-là?*»

• Pour résumer, voici les 10 principales questions qui ont fait l'objet de discussions sur le site cultofdanbrown.com:

1. La science et la religion se réuniront-elles un jour dans un but commun?

2. Quelle est la traduction exacte de *Novus Ordo Seclorum*?

3. Existe-t-il d'autres indices sur l'influence des francs-maçons dans l'histoire américaine?

4. Quelle est votre réaction en voyant des ambigrammes?

5. Appuyez-vous les actions et les motivations des *Illuminati*, ou les désapprouvez-vous?

6. Les *Illuminati* existent-ils encore et sont-ils liés aux francs-maçons?

7. La religion a-t-elle un rôle à jouer dans la société technologique d'aujourd'hui?

8. Les péripéties du livre de Brown sur la matière, l'antimatière et le CERN ont-elles un fondement scientifique?

9. Dans quelle mesure l'Église cache-t-elle encore au public des pans de l'histoire?

10. Les livres de Dan Brown causent-ils plus de mal que de bien?

De toute évidence, le babillard électronique sert de tremplin au lecteur curieux. C'est sans doute Poia qui l'exprime le mieux lorsqu'elle décrit le véritable intérêt de l'œuvre de Dan Brown : « *Une très forte proportion de gens affirment que Dan Brown n'est pas un bon écrivain. Pourtant, les répercussions que ses livres ont eues sur les gens ordinaires sont stupéfiantes. Grâce à son œuvre, ils ont cherché des réponses et se sont amusés.* » Ce commentaire résume également notre philosophie, à savoir que si un livre incite les gens à réfléchir, à poser des questions et à lire davantage, c'est sûrement une bonne chose.

Anges et démons et le nouveau genre du roman artistique

PAR Diane Apostolos-Cappadona [*]

En écrivant Anges et démons *à la fin des années 1990, Dan Brown savait qu'il voulait que Robert Langdon soit un professeur de Harvard spécialisé en art et en iconographie religieuse. Mais il n'avait pas encore eu l'idée de faire de Langdon un « symbologiste » professionnel, le titre universitaire que le professeur Langdon allait se voir attribuer dans* Da Vinci Code.

Diane Apostolos-Cappadona, une professeure d'art religieux et d'histoire culturelle à l'Université de Georgetown, fait fondamentalement, sur les plans universitaire et professionnel, ce que nous supposons que Robert Langdon ferait s'il était un vrai professeur lorsqu'il ne mènerait pas d'enquête sur les scènes de crimes ou ne résoudrait pas des meurtres. Ailleurs dans ce livre, elle a abordé les différences entre ses travaux universitaires sur Gianlorenzo Bernini et l'utilisation que fait Dan Brown du Bernin dans Anges et démons. *Dans le commentaire qui suit, elle aborde une autre question : la prolifération des romans qui traitent de la vie d'artistes et de leurs œuvres — et la façon dont les romans de Dan Brown s'intègrent ou non dans le genre florissant qu'est le « roman artistique ».*

✳✳✳

Il y a tout juste cinq ans, alors que je parcourais à toute vitesse la boutique de la National Gallery de Londres avant de prendre la route de la gare de Waterloo pour me rendre à Paris, j'ai découvert l'existence d'un nouveau genre littéraire : la fiction artistique. Toutefois, à cette époque, je n'avais pas encore réalisé à quel point ce genre littéraire prendrait plus tard de l'importance dans mes propres recherches et conférences. En prenant l'édition de poche de *The Music Lesson, A Novel* (1999) de Katharine Weber pour le lire dans le train, j'ai remarqué que l'étagère était remplie de livres comme *La Jeune Fille à la perle* (1999) de Tracy Chevalier et *Jeune Fille en bleu jacinthe* (1999) de Susan Vreeland. Je me suis souvenue alors de mes premières incursions dans le roman artistique au sein de la profusion apparente de textes inspirés du Caravage, comme *L'Affaire Sotheby's* (1984) de Peter Watson et *Caravaggio Obsession, A Novel* (1984) d'Oliver Banks, qui m'avaient menée à *Murder at the National Gallery* (1990) de Margaret Truman.

---

* Diane Apostolos-Cappadona est professeure adjointe d'art religieux et d'histoire culturelle au Center for Muslim-Christian Understanding et professeure adjointe d'art et de culture dans le cadre du programme d'études libérales de l'Université de Georgetown. Elle est en somme une historienne de la culture spécialisée en art religieux dont les livres ont connu une grande diffusion.

Au cours des cinq dernières années, j'ai vu cette étagère se transformer lentement en une bibliothèque foisonnante de nouveaux titres, comme ce fut aussi le cas d'étagères semblables dans des boutiques de musées partout aux États-Unis et en Europe. Ma «lecture de train» momentanée s'était accrue de manière exponentielle pour devenir un phénomène littéraire international avant même que quiconque ait entendu parler de *Da Vinci Code* (2003) et encore moins de *Anges et démons* (2000) qui fut ressuscité en 2004 en tant que best-seller antérieur à *Da Vinci Code*.

Je ne réalisais pas que, durant l'été de 2004, je pourrais facilement dresser une liste de plus de 200 livres allant des pseudo-biographies jusqu'à la fiction historique en passant par les polars historico-artistiques dans le genre qui m'intéressait, c'est-à-dire la fiction artistique. Je ne savais pas non plus que je dirigerais, à l'Université de Georgetown, une thèse de maîtrise originale d'un étudiant sur la valorisation culturelle implicite dans le roman sur Vermeer, ni que j'allais faire des conférences sur les aspects historiques, religieux et culturels de ce genre littéraire, ou qu'on me demanderait fréquemment d'émettre des commentaires sur les œuvres d'art et le symbolisme utilisés si allégrement par Dan Brown dans *Da Vinci Code*. Ou encore que j'envisagerais d'écrire un livre sur ma propre conception de la fiction artistique et sur les raisons pour lesquelles elle connaît un tel engouement !

Quoi qu'il en soit, je me retrouve ici, plume en main, au café du Edinburgh International Book Festival, à écrire entre des conversations avec des auteurs. En consultant les étalages de livres à la boutique du festival et dans quelques-unes des meilleures librairies d'Édimbourg, j'avoue que j'ai été extrêmement surprise par l'intérêt considérable et les publications que génère la fiction artistique. Bien sûr, aujourd'hui la question est devenue : Quelqu'un aurait-il pu considérer la fiction artistique comme un genre littéraire avant le phénomène suscité par *Da Vinci Code*? La question suivante devenant : Y a-t-il eu, avant Dan Brown, des auteurs aussi sérieux dans ce genre littéraire? La réalité est simple : *Da Vinci Code* est un immense succès en ce qui concerne aussi bien les premières critiques que les ventes. On doit attribuer une partie de cette réussite au fait que Brown a intégré dans *Da Vinci Code* des œuvres d'artistes réputés et aux histoires fascinantes, bien que souvent inventées, qu'il raconte à leur sujet.

Toutefois, la question de savoir si *Anges et démons* ou *Da Vinci Code* se conforment à ce que je considère comme ce nouveau genre de fiction artistique est plus difficile. Comme pour toute réussite, les critiques et les imitateurs entrent dans la danse — peut-être plus rapidement maintenant, grâce aux technologies informatiques et à l'Internet. Cependant, je connaissais l'existence de plusieurs textes littéraires antérieurs — dont plusieurs avaient eu une grande influence et avaient connu un succès aussi bien critique que financier — que je considère comme de la fiction artistique. Ces œuvres sont-elles différentes de *Anges et démons* et de *Da Vinci Code*?

De plus en plus fascinée — en tant que lectrice et historienne de la culture — par ce genre littéraire, je me demandais où il avait commencé. À mes yeux, le métier d'historienne de la culture ressemble à celui d'archéologue des symboles, des images et des mythes. Dans mon travail, je recherche constamment des liens et des origines. Au départ, je pensais que la fiction artistique avait débuté avec les romans devenus des classiques et adaptés avec succès au cinéma, en particulier, *Lust for Life* (1934) sur Van Gogh et *La Vie ardente de Michel-Ange* (1961) d'Irving Stone. Toutefois, quand j'ai entrepris des recherches dans des catalogues de bibliothèques et sur des sites Internet, je me suis rendu compte qu'il s'agissait d'un phénomène du XIXe siècle amorcé avec *Le Chef-d'œuvre inconnu* (1834) d'Honoré de Balzac et *Le Faune de marbre* (1860) de Nathaniel Hawthorne et culminant avec les œuvres de Henry James, en particulier *La Coupe d'or* (1904) et *Le Tollé* (1911). Les premiers philosophes, comme Platon et Aristote, et d'autres auteurs, comme Homère et Dante, ont abordé le sujet des œuvres d'art, de leur influence et de leurs effets sur les artistes, le public, les commanditaires ou les collectionneurs. Mais «mon» genre de fiction artistique trouve probablement davantage son origine dans ces livres du XIXe siècle. De la façon dont je lis et interprète ce genre littéraire, le principal rôle de l'art est celui qui est lié au processus de valorisation culturelle — un rôle que la culture occidentale aurait auparavant attribué à la religion, en particulier dans la vie quotidienne.

La portée de ce nouveau genre — qui englobe aussi bien la biographie que le livre d'histoire, le polar et le roman — est atténuée par la façon d'intégrer l'art à la trame du livre sous la forme d'œuvres particulières, d'œuvres représentant un artiste, d'objets d'un vol ou d'un scandale politique, d'énoncés biographiques ou d'événements historiques, ou simplement d'accessoires. À mon avis, les auteurs qui utilisent l'art comme un accessoire ou comme un «stimulant» dans le cadre d'une histoire qui a peu à voir avec l'art, l'artiste ou l'œuvre, se trouvent à la périphérie de la fiction artistique.

Les romans de Tracy Chevalier représentent un bon exemple du genre littéraire qu'est la fiction artistique. Ses récits romancés sur des personnages de peintures (*La Jeune Fille à la perle* et *La Dame à la licorne*) reposent sur l'importance présumée d'une œuvre d'art et sur son habileté à faire en sorte que le lecteur imagine un monde à partir d'une peinture. Toutefois, Mme Chevalier sait, tout comme ses lecteurs, qu'il s'agit là d'une seule des histoires que racontent les peintures et que ces histoires constituent des énoncés, intuitifs et pourtant profonds, sur la condition humaine.

De même, la série de «polars historico-artistiques» de Iain Pears intègre d'importantes œuvres d'art — parmi elles, celles de Raphaël, du Titien et du Bernin — à la réalité moderne du vol d'œuvres d'art et des questions d'authenticité et de propriété qui en découlent dans le monde contemporain au sein duquel la valeur monétaire des œuvres s'est de plus en plus éloignée (distinguée) des valeurs traditionnelles. L'aspect humain qu'on retrouve dans les sept romans de Pears est la relation amoureuse entre Flavia di Stefano, qui effectue des enquêtes dans le domaine des arts, et l'historien de l'art britannique Johathan Argyll. D'autres auteurs, notamment Thomas Banks, Robertson Davis, Arturo Perez-Reverte et Thomas Swan, ont publié des séries de polars artistiques. Ainsi, ce genre que j'appelle «fiction artistique» peut comporter divers liens avec les arts (l'art, les œuvres ou l'artiste) ou diverses catégories littéraires (roman, polar, roman historique ou biographie), mais il peut aussi s'agir d'une seule œuvre, de plusieurs œuvres sans lien entre elles, ou d'une série clairement rédigée par le même auteur.

Quand j'ai lu la critique de *Da Vinci Code* dans le *New York Times*, j'avoue avoir été emballée en raison de mon intérêt croissant pour la fiction artistique, de mon admiration pour l'art de De Vinci et de ma recherche universitaire sur Marie Madeleine, sans oublier mes travaux sur les symboles et le symbolisme. Une rapide visite sur le site amazon.com m'a appris qu'il s'agissait du deuxième livre d'une série de polars mettant en vedette Robert Langdon, et j'ai immédiatement commandé *Anges et démons* et *Da Vinci Code*. Ma vie et mes recherches ont toujours été influencées par les méthodes de recherche universitaire, et j'essaie de lire les séries de livres dans l'ordre dans lequel ils ont été écrits. C'est avec un plaisir anticipé que j'ai pénétré dans le monde du personnage fictif de Robert Langdon, le professeur de Harvard qui, dans *Anges et démons*, n'était pas encore le « symbologiste » professionnel qu'il allait devenir dans *Da Vinci Code*, mais que Dan Brown décrivait quand même comme un important spécialiste dans les domaines plus traditionnels de l'histoire de l'art et de l'iconographie religieuse. J'ai commencé au moment de la création du personnage de Langdon, lors de sa première aventure de décodage, avec le meurtre d'un scientifique renommé en Suisse, puis j'ai plongé la tête la première dans ses escapades dans le monde baroque que Le Bernin avait créé à Rome.

Comme j'ai déjà décrit ailleurs dans ce livre mes réactions aux affirmations de Brown concernant les œuvres du Bernin, je me contenterai de dire ici que ce qui me préoccupe, c'est que Brown traite l'art, tout au moins dans *Anges et démons*, non comme un concept, une idée ou un objet reflétant des valeurs culturelles ou religieuses à la manière des historiens de l'art, des iconographes et des historiens de l'Église, mais plutôt comme un instrument lui permettant de résoudre une énigme, comme une série d'indices qui orientent Langdon dans sa quête de l'identité d'un meurtrier.

Les polars mettant en vedette Robert Langdon traitent davantage de théories du complot que d'art. L'art devient un outil important à l'intérieur de ces complots dans la mesure où il peut permettre de visualiser des codes et des symboles. Le rôle de Langdon en tant que symbologiste se trouve renforcé par son aptitude à lire des symboles textuels et visuels, à les relier entre eux et à les déchiffrer. Dans *Anges et démons*, les sculptures du Bernin deviennent des éléments visuels sur une carte indiquant la progression d'une série de meurtres, un repaire de conspirateurs et l'identité des méchants. Les bons polars doivent se fonder sur la crédibilité et, sans aucun doute, les descriptions convaincantes que fait Brown des sculptures du Bernin et de leurs significations cachées augmentent la crédibilité de l'histoire. En conséquence, il s'agit d'une lecture captivante. Mais s'agit-il alors de bonne fiction artistique ?

Dans les polars artistiques de Brown, nous n'apprenons pas nécessairement beaucoup de détails réels sur l'art, les artistes ou les œuvres d'art, et nous n'apprenons pas non plus à apprécier l'art en tant que valeur culturelle. Les lecteurs sont plutôt fascinés par les messages codés qu'on peut, d'après Langdon, découvrir dans les sculptures du Bernin dans *Anges et démons* ou dans les peintures de De Vinci dans *Da Vinci Code* sans reconnaître que ces déchiffrages « du code » ont été inventés par Dan Brown ou par d'autres sources occultes. Ce code est, bien sûr, extrêmement utile pour résoudre les mystères et, aussi bien dans *Anges et démons* que dans *Da Vinci Code*, les messages codés dans les œuvres d'art suscitent des questions intrigantes et des spéculations intéressantes. Ces deux livres offrent-ils au lecteur ordinaire de nouvelles perspectives sur les œuvres d'art ou l'histoire ?

Jetons un coup d'œil à ce que nous savons sur la façon dont Dan Brown envisage la séparation entre les faits et la fiction à partir de l'extrait suivant de la note de l'auteur dans *Anges et démons* : « Tous les tombeaux, sites souterrains, édifices architecturaux et œuvres d'art romains auxquels se réfère cet ouvrage existent bel et bien. On peut encore les admirer aujourd'hui. » Et maintenant, comparons la remarque de Brown à celle de Iain Pears dans *L'Affaire Raphaël* (1970) : « Certains des bâtiments et des tableaux mentionnés dans ce livre existent, d'autres non, et tous les personnages sont imaginaires. S'il n'y a pas de Musée national dans la villa Borghèse, il existe bien un service chargé des œuvres d'art dans un immeuble du centre de Rome. Cependant, je l'ai fait arbitrairement dépendre de la police et non des carabiniers, afin de souligner que mon récit n'a rien à voir avec l'action de l'original. »

La différence entre la remarque de Brown, dans laquelle il affirme se fonder sur des faits historiques, et celle de Pears déclarant qu'il mêle volontairement les faits et la fiction, est révélatrice à la fois pour le lecteur et pour son interprétation du texte. Il ne fait aucun doute que Pears intègre son admiration pour l'art, les artistes et les œuvres d'art à ses histoires, alors que sa formation en histoire de l'art s'unit au fait qu'il reconnaît que ses romans sont fictifs. Ainsi, même le lecteur le moins attentif se rend compte que Pears ne décrit pas des faits historiques. Mais l'affirmation de Brown sur l'authenticité des « faits » soulève une série de questions troublantes, en particulier parce qu'autant de lecteurs ne tirent des renseignements sur les questions d'histoire, de théologie et de l'histoire de l'art que des livres de Brown, *Anges et démons* et *Da Vinci Code*, plutôt que de sources traditionnelles de connaissances.

À la lecture attentive de *Anges et démons* et de *Da Vinci Code*, les érudits et les critiques se posent de nombreuses questions parce que Brown mélange si généreusement les faits et la fiction que les non-spécialistes se retrouvent facilement en pleine confusion. De même, ni Brown ni son personnage principal, Robert Langdon, ne semblent vouloir regarder les peintures, les sculptures ou les œuvres architecturales sous l'angle de leur valeur artistique intrinsèque. Brown les utilise plutôt comme des indices et comme des jeux intellectuels à l'intérieur de ses intrigues alors qu'il transforme Le Bernin, un artiste subtil et complexe, en un sculpteur qui intégrerait à ses œuvres une série de messages codés évidents.

Toutefois, il me semble que c'est en affirmant se fonder sur des faits que Brown rend un mauvais service à l'art et à ses lecteurs. Il confond un genre littéraire et les éléments de fiction avec les recherches universitaires et les faits historiques et, ce faisant, il prête le flanc à un examen critique qu'on ne devrait normalement pas appliquer à des œuvres de fiction. Au fur et à mesure que des lecteurs plus critiques se concentreront sur ses textes, nous percevrons davantage la mesure dans laquelle il a mélangé la fiction et les faits. Ce ne sont pas seulement les critiques et les érudits qui procèdent à cet examen ; ce sont de plus en plus des lecteurs ordinaires intrigués par les idées et les interprétations que Brown présente dans ses textes comme étant fondées sur les faits. Ces lecteurs sont souvent déçus quand ils se rendent compte que Le Bernin n'était pas membre des *Illuminati* et que son utilisation des symboles reflétait la théologie catholique traditionnelle de l'époque baroque plutôt que d'anciens mystères occultes. Il y a évidemment dans nos vies de la place pour les polars, les mystères et les romans. Cependant, il faut que le lecteur aussi bien que l'auteur soient conscients des éléments fictifs de ces histoires fondées sur des faits et qu'ils soient en mesure de les distinguer de la fiction qui intègre le réel.

Ni les lecteurs ni les auteurs n'abordent les livres avec une totale innocence ; nous avons tous des préjugés, y compris moi dans ma façon de comprendre Le Bernin, le symbolisme religieux et l'histoire de l'Église. Ce que nous lisons passe par le filtre de notre vécu. La fiction artistique de Brown renforce le sentiment de ceux qui vivent hors des murs de la religion institutionnelle bien qu'affamés de croyances ou de spiritualité. Elle renforce aussi le sentiment de ceux qui se situent hors des frontières de la critique d'art et de l'histoire de l'art, qui réagissent à l'art et qui souhaitent en savoir davantage, mais ne veulent pas se soumettre à l'attitude dissidente des érudits. Ainsi, pour ce public plus large, l'art a toujours été l'« Art » spécifiquement destiné à l'« élite » et en particulier à cette élite qui a eu le loisir et les ressources financières d'étudier l'art et de voyager pour voir les œuvres à divers endroits. Une telle lecture élitiste et une telle appréciation de l'art, en particulier sous l'angle des « codes secrets » liés à des images et des symboles, tendent à confirmer les prétentions de Brown en ce qui concerne un complot fomenté par une élite régnant sur la culture générale, et elle le fait en conservant ce prétendu code secret dans les symboles et les images des œuvres d'art. De même, pour de nombreux lecteurs de *Anges et démons* et de *Da Vinci Code*, la religion institutionnelle constitue une « gnose secrète » — avec des significations cachées dans ses rituels et des messages déguisés dans ses enseignements. Ainsi, la méfiance fondamentale à l'égard de la religion, et plus précisément des institutions religieuses, si courante chez nos pères fondateurs, se perpétue peut-être plus ouvertement aujourd'hui aux États-Unis.

Cette atmosphère de complot au sein de la religion institutionnelle prend encore davantage d'importance avec le scandale des abus sexuels commis par des prêtres catholiques. Ces événements malheureux ont renforcé le préjugé très répandu sur la nature conspiratrice du christianisme tout en ajoutant de la crédibilité au contexte des polars de Brown. Après plus d'une année sur la liste des best-sellers du *New York Times*, même les critiques les plus sévères de Brown reconnaissent que ses livres sont extrêmement populaires et que sa popularité s'est étendue dans le monde entier. Bien que la popularité ne rende pas historiquement pertinente une œuvre d'art ou de littérature, elle permet à l'historien de la culture d'examiner l'état d'esprit et les intérêts des gens. C'est ce que Brown a si bien réussi — il s'est rendu compte que le lecteur moyen instruit prend plaisir à découvrir les significations secrètes «cachées» dans ces œuvres d'art, à apprendre des bribes d'histoire et à déchiffrer la signification «secrète» de symboles visuels.

Malheureusement, j'ai l'impression que Brown se réjouit de l'extraordinaire popularité de *Anges et démons* et de *Da Vinci Code* mais que, en même temps, il est blasé quant à une quelconque responsabilité qu'il pourrait avoir de fournir à ses lecteurs une indication claire sur la ligne de démarcation entre l'histoire de l'art et son utilisation constante d'hypothèses intrigantes alors qu'il repousse les frontières du polar, qu'il avait au départ adopté comme genre littéraire, jusque dans le domaine de la fiction artistique. Je reconnais que beaucoup plus de lecteurs apprendront l'existence du Bernin et de ses œuvres à partir de *Anges et démons* qu'à partir de toutes les études théoriques combinées sur l'œuvre du Bernin. En conséquence, je me demande si nous ne devrions pas nous attendre à ce que Dan Brown modifie son affirmation en ce qui a trait au caractère historique de ce qu'il raconte en faveur d'une approche plus nuancée, comme celle de Iain Pears.

COLLABORATEURS

Dan Burstein est codirecteur de publication, avec Arne de Keijzer, des *Secrets de Anges et démons*. Il fut également directeur de publication des *Secrets du code Da Vinci*, qui a figuré en 2004 pendant plus de cinq mois sur la liste des best-sellers du *New York Times* et qui a été traduit jusqu'à maintenant dans 19 langues.

Burstein est fondateur et membre gestionnaire de Millennium Technology Ventures Advisors, une entreprise new-yorkaise de capital de risque qui investit dans des compagnies de nouvelles technologies novatrices. Il a également remporté plusieurs prix de journalisme et est l'auteur de plusieurs ouvrages sur l'économie mondiale et la technologie, dont *BLOG! How the Web's New Mavericks Are Changing Our World*, un livre à venir sur le phénomène des blogues.

Le premier ouvrage de Burstein, *Yen!*, portait sur la montée du pouvoir financier au Japon. Il a figuré sur la liste des best-sellers internationaux dans plus de vingt pays à la fin des années 1980. Son ouvrage *Road Warriors*, publié en 1995, a été l'un des premiers à analyser les répercussions d'Internet et de la technologie numérique sur les entreprises et la société. Son livre de 1998, *Big Dragon* (écrit en collaboration avec Arne de Keijzer), présentait une perspective à long terme sur le rôle de la Chine au XXIe siècle. Burstein et de Keijzer ont créé leur propre maison d'édition, Squibnocket Press, et travaillent actuellement à un certain nombre de projets innovateurs dans la série « *Secrets* » ainsi que sur d'autres sujets.

Pendant plusieurs années, Dan Burstein a été conseiller principal auprès du Blackstone Group, l'une des principales banques d'affaires de Wall Street. Il est également un consultant réputé en matière de stratégie d'affaires, ayant agi comme conseiller auprès de dirigeants, d'équipes de direction et de sociétés multinationales telles que Sony, Toyota, Microsoft, Boardroom Inc. et Sun Microsystems.

Arne de Keijzer a publié de nombreux ouvrages reflétant la diversité de ses intérêts. Il a écrit et publié des ouvrages et des articles couvrant de multiples sujets, allant des affaires aux voyages en passant par la religion et le canotage. Il a aussi été directeur de rédaction de l'ouvrage précédent de cette série, *Les Secrets du code Da Vinci*. En collaboration avec Dan Burstein, il a écrit *Big Dragon*, un regard original sur l'avenir économique et politique de la Chine et son impact sur le monde, ainsi que *The Best Things Ever Said About the Rise, Fall and Future of the Internet Economy*. Pendant sa carrière à titre de consultant d'affaires en Chine, il a aussi écrit *China : Business Strategies for the '90s* et *China Guidebook*. Arne de Keijzer habite Weston, au Connecticut, et Martha's Vineyard, au Massachusetts, avec son épouse, Hélène, et sa fille, Hannah.

Amir D. Aczel, PhD, a été professeur de mathématiques et de statistique au Bentley College de Waltham, au Massachusetts, entre 1988 et 2003. Dans son œuvre non romanesque figurent le best-seller international *Fermat's Last Theorem (L'Énigme du théorème de Fermat)*, traduit en 19 langues, ainsi que *The Mystery of the Aleph, God's Equation, The Riddle of the Compass et Entanglement : The Greatest Mystery in Physics*, qui ont tous fait partie de diverses listes de best-sellers aux États-Unis et ailleurs. Aczel est bien connu dans le circuit des conférences, de la radio et de la télévision. Il a récemment été récipiendaire de la bourse John Simon Guggenheim Memorial Foundation Fellowship, destinée à soutenir l'écriture de son prochain livre, *Descartes' Notebook*.

Diane Apostolos-Cappadona est professeure adjointe d'art religieux et d'histoire culturelle au Center for Muslim-Christian Understanding et professeure adjointe au programme d'études libérales de la Georgetown University. Auteure de nombreux ouvrages, cette historienne des cultures, spécialisée dans l'étude de l'art religieux est à mettre la dernière main à son ouvrage *Mary Magdalen Imaged Through the Centuries, Or How the Anonymous Became the Magdalene*. Elle a également rédigé la préface de la nouvelle édition de *Sacred and Profane Beauty : The Holy in Art*, de Gerardus van der Leeuw, en plus de préparer deux anthologies des sources et documents sur l'histoire et de l'art et du symbolisme chrétiens. Madame Apostolos-Cappadona a également collaboré à l'ouvrage précédent de cette série, *Les Secrets du code Da Vinci*.

Michael Barkun est professeur de sciences politiques à la Maxwell School de la Syracuse University. Il a abondamment écrit sur les théories du complot, le terrorisme et les mouvements millénaristes et apocalyptiques. Son livre *A Culture of Conspiracy : Apocalyptic Visions in Contemporary America* est paru aux éditions University of California Press en 2003 et a été publié au Japon un an plus tard. Il est également l'auteur de *Religion and the Racist Right, Crucible of the Millennium* et *Disaster and the Millennium*.

Michael Barkun a agi à titre de consultant pour le FBI et fut récipiendaire de bourses et de subventions de recherche de la Harry Frank Guggenheim Foundation, de la Ford Foundation et de la National Endowment for the Humanities.

Paul Berger est un écrivain et journaliste à la pige d'origine britannique établi à Brooklyn, dans l'État de New York. Il a été reporter au *Western Morning News* de Cornwall, en Angleterre, où il remporta le Society of Editors' Award. Aux États-Unis, il a collaboré au *Washington Post*, au *US News & World Report* et à la *Gotham Gazette*.

Amy D. Bernstein est une auteure et universitaire spécialisée dans la littérature et l'histoire de la Renaissance. Diplômée de Wellesley College, elle a obtenu son doctorat de l'Université d'Oxford en littérature française du XVIe siècle. Sa thèse de doctorat, complétée en 2004, comprenait une nouvelle édition des sonnets de Jacques de Billy de Prunay, un moine bénédictin, auteur et traducteur de Grégoire de Nazianzus et d'autres auteurs patristiques. Elle a aussi écrit dans le *US New & World Report*, collaboré aux *Secrets du code Da Vinci* et publié *Quotations from Speaker Newt: The Red, White and Blue Book of the Republican Revolution*.

Peter W. Bernstein, partenaire d'Annalyn Swan chez ASAP Media, a été consultant pour ce livre. Fondée en 2003, ASAP Media est une entreprise de développement média qui compte parmi ses clients la *Reader's Digest Association*, le *US News & World Report* et le *Boston Globe* ainsi que d'autres entreprises et organismes sans but lucratif. Avant de fonder ASAP, il a été éditeur des magazines *US News & World Report* et *Fortune*. Il a aussi été éditeur chez Times Books, une division de Random House. Il est également un auteur à succès, ayant écrit et publié *The Ernst & Young Tax Guide*, le guide des impôts numéro un aux Etats-Unis. Il a également coécrit *The Practical Guide to Practically Everything* et publié, en collaboration avec sa femme Amy, *Quotations from Speaker Newt: The Red, White and Blue Book of the Republican Revolution*.

James Carlyle, PhD, est investisseur en capital de risque, conseiller auprès de dirigeants de sociétés, scientifique et créateur d'entreprises en série. Il a également mené des projets de recherche en matière de défense, lesquels ont été financés par l'Office of Naval Research, la Defense Advanced Research Projects Agency, la National Science Foundation, la Rand Corporation et le département américain de la Défense. Il a conçu des systèmes sophistiqués de soutien à la décision pour des dirigeants de grandes sociétés ainsi que pour le secrétaire américain à la Défense. Il détient un diplôme en ingénierie de l'Université Princeton et un PhD de l'Université Yale. Les activités d'investissement et de recherche de James Carlyle comprennent notamment des applications de biométrie en matière de défense nationale, de droit d'accès, d'automatisation des maisons, de diagnostics médicaux, de marketing de produits et de contrôle de l'inventaire. Il est directeur associé de Graystone Capital.

Jennifer Carlisle, auteure de *B.I.S. Biometric Identification System: A Radical Proposal for Solving the Identity Problem in a Time of Heightened Security*, est spécialiste en biométrie, en sécurité internationale et en économie. Elle est directrice générale d'Anzen Research, qui a récemment complété une étude sur l'usage de la vérification d'identité biométrique des passagers et des employés pour le contrôle d'accès aux aéroports. Madame Carlisle est diplômée en relations internationales avec mention de la University of Southern California. Elle a enseigné les sciences et l'histoire à des étudiants stagiaires et a travaillé dans le domaine du marketing pour le compte du Crédit Suisse et d'une entreprise.com ultérieurement acquise par Answerthink Consulting. Elle est actuellement étudiante de troisième cycle à la London School of Economics.

John Castro est un écrivain, rédacteur et recherchiste établi à New York. Il a travaillé à diverses publications du leader des droits civils Jesse Jackson, du journaliste financier Marshall Loeb et de l'entrepreneur Internet Charles Ferguson. Il est également directeur de théâtre, acteur et auteur de pièces, avec un penchant particulier pour l'œuvre de Shakespeare. Il a aussi collaboré au précédent ouvrage de cette série, *Les Secrets du code Da Vinci*.

John Dominic Crossan, moine depuis 19 ans (et prêtre au cours des 12 dernières années), a aussi été professeur d'université pendant 26 ans. Il a écrit plus d'une vingtaine d'ouvrages sur les débuts du christianisme et a été traduit en 10 langues, dont le coréen, le chinois et le japonais. Il donne des conférences devant des auditoires de profanes aussi bien que de spécialistes partout aux Etats-Unis ainsi qu'en Australie, en Angleterre, en Finlande, en Irlande, en Nouvelle-Zélande, en Scandinavie et en Afrique du Sud. Il est régulièrement interviewé sur des questions religieuses dans les médias imprimés et électroniques.

Paul Davies est professeur de philosophie naturelle à l'Australian Center for Astrobiology à la Macquarie University de Sydney en Australie. Il a précédemment occupé des postes d'enseignement en astronomie, en physique et en mathématiques aux universités de Cambridge, Londres, Newcastle upon Tyne et Adelaïde. Ses recherches ont couvert les domaines de la cosmologie, de la gravitation et de la théorie des quanta, avec un accent particulier sur les trous noirs et les origines de l'univers. Il est l'auteur de plus de 25 ouvrages, dont *Other Worlds*, *The Edge of Infinity*, *God and the New Physics* (*La Nouvelle Physique*) et *The Mind of God* (*L'Esprit de Dieu*). Il a obtenu le Templeton Prize en 1995.

Richard Dawkins, qui fut récipiendaire du prix International Cosmos en 1997, est le premier titulaire de la nouvelle Charles Simonyi Chair in the Public Understanding of Science de l'Université d'Oxford. Son ouvrage *The Selfish Gene* (*Le Gène égoïste*) devint un best-seller dès sa publication et *The Blind Watchmaker* (*L'Horloger aveugle*) lui valut le Royal Society of Literature Award et le *Los Angeles Times* Book Prize. Parmi ses autres best-sellers figurent *Climbing Mount Improbable*, *Unweaving the Rainbow* (*Les Mystères de l'arc-en-ciel*) et *The Ancestor's Tale*. Le professeur Dawkins a également remporté la Médaille d'argent de la Zoological Society of London, le Michael Faraday Award de la Royal Society, le Nakayama Prize for Achievement in Human Science et le Kistler Prize. Il est détenteur de doctorats honorifiques en littérature et en sciences en plus d'être membre de la Royal Society of Literature et de la Royal Society.

Hannah de Keijzer fréquente le Swarthmore College, où elle s'intéresse particulièrement aux sciences cognitives, à la religion et à la danse. Elle a également publié des poèmes.

Judith DeYoung est reporter-recherchiste pour le magazine *Vanity Fair*. Elle est aussi une journaliste à la pige dont les articles ont paru dans *Marie-Claire*, *McCall's*, *PC Magazine* et *Working Woman*. Elle a également été membre du personnel de magazines tels que *Lear's* et *Connoisseur*. Elle étudie l'histoire de l'art à la Sorbonne, à Paris.

David Downie est un journaliste, éditeur et traducteur à la pige établi en Europe. Ses sujets de prédilection sont la culture européenne, les voyages et la gastronomie et ses articles ont paru dans plus d'une cinquantaine de magazines et journaux à travers le monde. Il est aussi l'auteur d'œuvres de fiction et d'essais. Son plus récent ouvrage, publié par HarpersCollins USA, est un livre de cuisine salué par la critique : *Cooking the Roman Way : Authentic Recipes from the Home Cooks and Trattorias of Rome*. Il travaille actuellement sur un recueil de récits de voyage intitulé *Paris, Paris* ainsi que sur un guide culinaire de Rome, où il fait des séjours chaque année depuis son enfance. David Downie a également collaboré au précédent ouvrage de cette série, *Les Secrets du code Da Vinci*.

Glenn W. Erickson a enseigné la philosophie à la Southern Illinois University, à la Texas A&M University, à la Western Carolina University et à la Rhode Island School of Design ainsi qu'à cinq universités fédérales au Brésil et au Nigeria, à quelques reprises à titre de boursier Fullbright. Il est l'auteur d'une douzaine d'ouvrages de philosophie (*Negative Dialectics and the End of Philosophy*), de logique (*Dictionary of Paradox*, en collaboration avec John Fossa), de critique littéraire (*A Tree of Stories*, avec sa femme Sandra S. F. Erickson), de poésie, de nouvelles, d'histoire de l'art (*New Theory of the Tarot*), et d'histoire des mathématiques. Il a également collaboré au précédent ouvrage de cette série, *Les Secrets du code Da Vinci*.

Leigh-Ann Gerow est journaliste et graphiste à la pige ainsi que webmestre du site cultofdanbrown.com. Avec sa partenaire Nancy Ross, elle conçoit et gère plusieurs sites Internet. Elles vivent à Las Vegas, au Nevada, entourées de milliers de livres et de beaucoup trop d'animaux domestiques.

Owen Gingerich est professeur et chercheur en astronomie et en histoire des sciences à l'Université Harvard et astronome émérite principal au Smithsonian Astrophysical Observatory. Il est un spécialiste de premier plan de l'astronome allemand Johannes Kepler et de Nicolas Copernic. Le professeur Gingerich a édité, traduit ou écrit 20 ouvrages et des centaines d'articles et analyses. Il est l'auteur de *The Book Nobody Read : Chasing the Revolutions of Nicolaus Copernicus*, le fruit d'une étude personnelle étalée sur 30 années, de l'œuvre de Copernic *Révolutions*. Il vit avec sa femme à Cambridge au Massachusetts. Ils sont tous deux de fervents voyageurs, passionnés de photographie, et collectionneurs de livres rares et de coquillages.

Marcelo Gleiser est professeur Appleton de philosophie naturelle au département de physique et d'astronomie de Dartmouth College. Il a été chercheur au Fermilab ainsi qu'à l'Institute of Theoretical Physics à l'Université de Californie. Il est détenteur d'un Presidential Faculty Fellow Award décerné par la Maison-Blanche et la National Science Foundation, qui n'a été attribué jusqu'ici qu'à 15 scientifiques. Il a participé à de nombreuses émissions de télévision, dont le documentaire *Stephen Hawking's Universe*, diffusé sur le réseau américain PBS. M. Gleiser est aussi l'auteur des ouvrages *The Prophet and the Astronomer : Apocalyptic Science and the End of the World* et *The Dancing Universe : From Creation Myths to the Big Bang*. Il travaille actuellement à l'écriture d'un roman historique basé sur la vie et l'œuvre de Johannes Kepler.

Deirdre Good enseigne le Nouveau Testament au General Theological Seminary de New York. Elle lit le grec, le copte, le latin, l'hébreu et un peu d'araméen. Elle voue un intérêt particulier à la langue grecque telle qu'écrite dans l'Évangile selon Mathieu et à l'utilisation à la fois d'expressions en grec tirées de la traduction grecque des Écritures en hébreu (version des Septuagint) et d'expressions en hébreu traduites en grec par l'auteur de l'Évangile selon Mathieu. Parmi ses récentes publications figurent un texte sur Marie Madeleine dans *Les Secrets du code Da Vinci* et un autre paru dans l'édition d'avril 2004 de la revue *Episcopal Life* et intitulé « A Visual Narrative : Is Mel Gibson's Passion a Gospel for Our Time ? » Son ouvrage *Jesus the Meek King* est paru en 1999 et elle est actuellement en train de compléter *Mariam, the Magdalen, and the Mother*, à paraître au printemps 2005.

Dean Hamer a mené des travaux sur la biologie de l'orientation sexuelle, la recherche de sensations fortes, l'anxiété, la colère et la dépendance.

Ses ouvrages publiés sur ces questions, *Science of Desire* et *Living with Our Genes*, ont été des best-sellers dans la catégorie des sciences. Plus récemment, le docteur Hamer s'est intéressé à la spiritualité. Dans son récent ouvrage, *The God Gene*, il soutient que notre inclination vers la foi religieuse n'est pas un accident et qu'elle est en fait profondément ancrée dans nos gênes. Chef du département de la structure et du fonctionnement des gênes au National Cancer Institute de Bethesda, au Maryland, le docteur Hamer a travaillé au National Institute of Health pendant plus de deux décennies. Il a été mis à contribution dans plusieurs journaux, magazines et documentaires. Il est aussi fréquemment invité à la télévision.

Steven J. Harris est détenteur d'une licence en physique et d'un doctorat en histoire des sciences. Il a enseigné à l'Université Harvard, à Brandeis University et au Wellesley College, remportant deux prix pour la qualité exceptionnelle de son enseignement. Ses principaux domaines d'intérêt sont la révolution scientifique, l'histoire de l'astronomie et de la cosmologie et, plus particulièrement, l'activité scientifique des membres de la Société de Jésus du XVIe au XVIIIe siècle. M. Harris est codirecteur de publication d'un recueil en deux volumes d'essais sur l'histoire culturelle des jésuites et est l'auteur de multiples essais sur l'histoire de l'activité scientifique des jésuites. Plusieurs des questions abordées dans l'entrevue qu'il a accordée dans cet ouvrage sont développées dans son article « Roman Catholicism and Science Since Trent », paru dans *The History of Science and Religion in the Western Tradition*.

Michael Herrera est un journaliste à la pige établi à Denver au Colorado. Il est diplômé en histoire et a passé plusieurs années à la préparation d'un doctorat sur les débuts du christianisme avant d'abandonner les études pour entrer dans une carrière en relations publiques axée sur la haute technologie.

Stephan Herrera est un journaliste new-yorkais à la pige. Depuis 18 ans, il écrit des articles spécialisés en sciences et en technologies pour le compte de magazines tels que *The Economist, Nature, Forbes, Red Herring* et *Acumen Journal of Science*. Il est actuellement rédacteur en sciences de la vie au magazine *MIT's Technology Review* de Cambridge au Massachusetts. Son livre, *Closer to God : The Fantastic Voyage of Nanotechnology*, paraîtra à l'automne 2005. Stephan Herrera a obtenu un diplôme en économie et en gestion de la Colorado State University et une maîtrise de la Graduate School of Journalism de la Columbia University.

Anna Isgro, journaliste à la pige et rédactrice, vit au nord de la Virginie. Elle a été directrice associée de publication au magazine *Fortune* et rédactrice du bulletin d'affaires *US News Business Report*. Elle a participé à de nombreux projets de livres, notamment à titre de directrice de rédaction du *Practical*

Guide to Practically Everything et d'éditrice d'un ouvrage académique sur Robert Southwell, poète jésuite du XVIe siècle.

George Johnson est spécialiste des sciences et collabore au New York Times à partir de Santa Fe au Nouveau-Mexique. Il fut lauréat du AAAS Science Journalism Award. Parmi ses ouvrages publiés figurent *Fire in the Mind: Science, Faith, and the Search for Order* et *Architects of Fear: Conspiracy Theories and Paranoia in American Politics*. Il est codirecteur du Santa Fe Science-Writing Workshop et on peut communiquer avec lui sur le Web à l'adresse talaya.net. Son septième ouvrage, *Miss Leavitt's Stars*, paraîtra au printemps 2005.

Scott Kim est, depuis 1990, concepteur indépendant d'énigmes et de jeux visuels sur Internet, de jeux sur ordinateur, de magazines et de jouets. Ses jeux sont dans le style de Tetris et de M. C. Escher: stimulants sur le plan visuel, séduisants pour l'esprit, très intéressants et très originaux. Il a créé des centaines d'énigmes pour des magazines et des milliers pour des jeux sur ordinateur. Il conçoit particulièrement des énigmes, publiées quotidiennement, hebdomadairement ou mensuellement sur Internet et d'autres appareils portables.

Gwen Kinkead, journaliste réputée, a collaboré aux pages scientifiques du *New York Times*. Alors qu'elle était rédactrice à Fortune, elle s'est spécialisée en affaires internationales. Elle a co-remporté, en 1980, le prestigieux George Polk Award pour la qualité de ses reportages culturels.

George Lechner est professeur auxiliaire à l'Université de Hartford, où il enseigne la culture et l'art italiens. Il a obtenu sa maîtrise en histoire de l'art à Bryn Mawr, avec une spécialité en symbolisme religieux. À titre de boursier Whiting à Rome, il a mené des recherches pendant deux ans sur Andrea Sacchi, peintre baroque contemporain de Bernini qui fut commandité par le pape Urbain VIII pour créer une fresque inspirée de l'astrologie pour la voûte de son palais. C'est ainsi qu'il a découvert que les représentations mystiques figurant dans la fresque avaient été conçues pour porter chance et protéger le pape et l'Église catholique contre les défis posés par la Réforme protestante. Sa thèse sur cette question a été publiée dans le *Art Bulletin*.

Tod Marder est professeur II (professeur éminent), président du Département d'histoire de l'art à la Rutgers University et boursier de l'American Academy de Rome. Il a étudié l'histoire de l'art à l'Université de Californie à Santa Barbara et obtenu une maîtrise et un doctorat de la Columbia University de New York, où il a étudié avec Howard Hibbard et Rudolf Wittkower. Il a publié deux livres sur l'œuvre de Bernini: *Bernini's Scala Regia in the Vatican Palace, Architecture, Sculpture and Ritual* et *Bernini and the Art of Architecture*. Ce dernier ouvrage a remporté, en 1988, le prix Borghese du meilleur livre sur un sujet romain publié par un auteur étranger. Le Dr Marder travaille présentement à la rédaction d'un livre sur les plus récents développements dans l'étude de l'œuvre de Bernini.

Jill Rachlin Marbaix, journaliste à la pige et rédactrice, écrit sur un vaste éventail de sujets, des affaires à l'éducation en passant par les loisirs. Au cours d'une carrière qui s'étend sur une vingtaine d'années, elle a travaillé, en tant que journaliste et rédactrice, pour le compte de plusieurs magazines américains tels *TV Guide, People, US News & World Report, Ladies' Home Journal* et *Money.*

Richard P. McBrien est professeur de théologie à l'Université Notre-Dame, où il a rempli trois mandats à titre de président du Département de théologie. Il fut également président de la Catholic Theological Society of America. Auteur d'une vingtaine d'ouvrages, dont *Catholicism, Lives of the Popes* et *Lives of the Saints.* Il est régulièrement invité sur les grands réseaux américains de télévision pour commenter les événements reliés à l'Église catholique et sera commentateur pour le réseau ABC lors de la prochaine élection papale. Il a également collaboré au précédent ouvrage de cette série, *Les Secrets du Code Da Vinci.*

Mark Midbon est programmeur principal et analyste à l'Université du Wisconsin. À titre de programmeur informatique au début des années 1990, il a assuré l'automatisation des bibliothèques du campus de l'Université du Wisconsin. Durant cette période, il a écrit des articles dans *Computers and Society,* revue de l'Association of Computing Machinery. Ses travaux portaient particulièrement sur les modèles informatiques d'Israël au cours de la Guerre des Six Jours de 1967 et sur la montée de la firme IBM. Par la suite, il a travaillé sur le projet Y2K (An 2000) à Arizona State University. C'est alors qu'il a commencé à s'intéresser davantage aux sciences pures. Au cours de cette période, il a écrit de nombreux articles sur le prêtre-géologue Pierre Teilhard de Chardin et le prêtre-astronome Georges Lemaître.

Tom Mueller est un écrivain établi en Italie. Ses travaux ont notamment paru dans le *New York Times, Atlantic Montly, New Republic, Business Week, Best American Travel Writing* et d'autres publications américaines et européennes. Il est à mettre la dernière main à un roman sur la construction et la reconstruction de la basilique Saint-Pierre et à ce qu'il appelle un « guide de l'utilisateur » de la Rome souterraine, à savoir le vaste domaine — temples, palais, maisons closes et humbles chaumières — qui gît sous la ville moderne.

John W. O'Malley, jésuite, enseigne l'histoire de l'Église à la Weston Jesuit School of Theology à Cambridge, au Massachusetts. Il a donné bon nombre de conférences aux États-Unis, en Europe et en Asie du Sud-Est. Parmi ses ouvrages primés figurent *The First Jesuit (Les Premiers Jésuites)* et *Trent and All That*, tous deux publiés chez Harvard University Press. Membre de l'American Academy of Arts and Science, il est aussi un ancien président de l'American Catholic Historical Association et de la Renaissance Society of America. Son plus récent ouvrage est *Four Cultures of the West*.

Geoffrey K Pullum est un linguiste qui se spécialise dans la grammaire anglaise. Il habite à Santa Cruz en Californie, où il est professeur à l'Université de californie. Il contribue régulièrement au populaire site languagelog.com dans lequel, si on fouille suffisamment les archives, on trouve un article extrêmement drôle intitulé « The Dan Brown Code » portant sur la langue utilisée par Brown dans *Da Vinci Code*. M. Pullum est également auteur ou co-auteur de plus de 200 articles et d'une douzaine d'ouvrages. Le plus amusant de ses livres est *The Great Eskimo Vocabulary Hoax* et le plus sérieux, un ouvrage de référence grammaticale intitulé *The Cambridge Grammar of the English Language*, qui a remporté en 2004 le Leonard Bloomfield Book Award.

Alexandra Robbins est une conférencière et une auteure à succès primée par le New York Times. Parmi ses ouvrages, on compte notamment *Pledged : The Secret Life of Sororities*, *Secrets of the Tomb : Skull and Bones, the Ivy League, and the Hidden Paths of Power* et *Conquering your Quarterlife Crisis : Advice from Twentysomethings Who Have Been There and Survived*. Elle a notamment écrit dans *Vanity Fair*, *The New Yorker*, *Atlantic Monthly* et le *Washington Post*. Elle intervient régulièrement dans les médias nationaux américains et donne fréquemment des conférences sur des sujets tels que les sociétés secrètes, les questions relatives à la vingtaine, la vie dans la Grèce ancienne et l'écriture. On peut communiquer avec elle sur le site Internet www.alexandrarrobbins.com.

Wade Rowland est l'auteur de *Galileo's Mistake : A New Look at the Epic Confrontation Between Galileo and the Church* et d'une douzaine d'autres ouvrages. Il est journaliste primé et réalisateur de nouvelles télévisées et de documentaires. Il a été titulaire de la Chaire Maclean-Hunter d'éthique en communications à l'Université Ryerson de Toronto et est présentement conférencier en histoire sociale des technologies des communications à l'Université Trent de Peterborough en Ontario. Il achève présentement l'écriture d'un livre sur les sociétés corporatives et la décadence des mœurs intitulé *Ethics and Artificial People*. Il vit près de Port Hope, en Ontario et on peut le joindre sur le site Internet www.waderowland.com.

Susan Sanders est cofondatrice et directrice exécutive de l'Institut de design et de culture de Rome. Elle a obtenu sa maîtrise en architecture de l'Université Georgia Tech et sa licence de l'Université de Géorgie, aux États-Unis. Au cours des dix dernières années, Mme Sanders a enseigné le design d'architecture aux universités de l'Arkansas et du Kansas et au Savannah College of Art and Design, en plus d'avoir occupé la Hyde Chair of Excellence à l'Université du Nebraska. Elle est également directrice de la création pour le compte du bureau d'architectes Carrier Johnson à San Diego, en Californie. Elle vit à Rome.

David A. Shugarts est journaliste et compte plus de 30 ans d'expérience dans les journaux et magazines à titre de reporter, photographe, chef de pupitre et rédacteur en chef. Il a grandi à Swarthmore en Pennsylvanie, puis a obtenu sa licence en anglais de Lehigh University, avant de travailler en Afrique comme membre du Peace Corps et de recevoir sa maîtrise en journalisme de l'Université de Boston. L'aviation et la marine figurent parmi ses principaux champs d'expertise. Il fut lauréat de cinq prix régionaux et nationaux décernés par *l'Aviation / Space Writers Association*. Il fut également fondateur et rédacteur en chef de l'Aviation Safety Magazine en 1981 et du *Powerboat Magazine* en 1988. À titre d'écrivain, il a collaboré à une douzaine d'ouvrages, dont *Les Secrets du Code Da Vinci*. Il a aussi publié des centaines d'ouvrages en tant que rédacteur et directeur de production. Il habite à Newtown, au Connecticut.

Annalyn Swan, associée de Peter Bernstein chez ASAP Media, a collaboré à ce livre en tant que rédactrice consultante. ASAP Media, fondée en 2003, est une entreprise de développement média qui compte parmi ses clients la *Reader's Digest Association, US News & World Report* et le *Boston Globe*, ainsi que d'autres entreprises et organismes sans but lucratif. Mme Swan a fait partie du personnel du magazine Time; elle a été critique musicale et rédactrice sur les arts pour *Newsweek*, et éditrice en chef de *Savvy*. Avec le critique d'art Mark Stevens, elle a écrit une biographie de l'artiste Willem de Kooning, qui vient tout juste d'être publiée chez Knopf.

Greg Tobin est auteur, rédacteur, journaliste et spécialiste. Il est éditeur du Catholic Advocate, journal de l'archidiocèse de Newark, au New Jersey. Il a écrit des romans et des essais sur l'Église catholique, dont *Conclave* et *Council*, deux romans consacrés à la papauté dans un proche avenir; *The Wisdom of Saint Patrick*, des méditations sur le saint patron bien-aimé de l'Irlande; *Saints and Sinners*, anthologie des écrits de catholiques américains de la deuxième partie du vingtième siècle; et *Selecting the Pope: Uncovering the Mysteries of Papal Elections*, guide sur l'histoire et l'avenir des élections papales destiné aux catholiques et non catholiques.

Neil deGrasse Tyson, astrophysicien, est né et a grandi à New York, où il a fréquenté la Bronx High School of Science. Il a obtenu sa licence à Harvard et son doctorat à Columbia. Ses domaines de prédilection de recherche professionnelle sont la formation des étoiles, les trous noirs, les galaxies naines et la structure de la Voie lactée. Il a participé à deux commissions présidentielles sur l'avenir des États-Unis dans l'espace. M. Tyson collabore mensuellement au magazine *Natural History*. Parmi ses ouvrages, citons ses mémoires intitulés *The Sky is Not the Limit: Adventures of an Urban Astrophysicist* et *Origins: Fourteen Billion Years of Cosmic Evolution*. Il est directeur du Hayden Planetarium de New York et a récemment été l'hôte de la mini-série télévisée *Origins* portant sur les NOVA.

Alex Ulam est un journaliste à la pige spécialisé dans les questions culturelles. Ses articles ont paru dans *Discover, Archeology, Wired*, le quotidien canadien *National Post* et d'autres publications. Il habite New York.

Steven Waldman est rédacteur en chef et co-fondateur de beliefnet.com. Il fut précédemment directeur national de *US News & World Report* et correspondant national pour *Newsweek*. Il a également été directeur du *Washington Monthly*, influent magazine politique. M. Waldman a aussi été conseiller principal du chef de la direction de la Corporation for National Service, agence gouvernementale américaine responsable d'Ameri-Corps et d'autres programmes de volontaires.

James Wasserman s'intéresse depuis toujours à l'ésotérisme. Il est notamment l'auteur de *Art and Symbols of the Occult* et de *Aleister Crowley and the Practice of the Magical Diary*. Son édition de *The Egyptian Book of the Dead*, parue chez Chronicle Books et publiée par le Dr Ogden Goelet, montre un papyrus pleine couleur accompagné d'une traduction anglaise intégrée. Son ouvrage *The Templars and the Assassins* a jusqu'à maintenant été publié en cinq langues. Son livre controversé *The Slaves Shall Serve* définit la liberté politique en tant que valeur spirituelle et analyse les tendances modernes vers le collectivisme. Il collabore présentement avec Jon Graham à une traduction de *The Bavarian Illuminati and German Freemasonry* et à l'écriture d'un ouvrage intitulé *The Illuminati in History and Myth*.

Cyril H. Wecht est diplômé de l'American Board of Pathology en pathologie anatomique, clinique et médico-légale. Il est présentement coroner élu du comté d'Allegneny à Pittsburgh, en Pennsylvanie, en plus de présider le conseil consultatif du Cyril H. Wecht Institute of Forensic Science and Law à la Duquesne University School of Law. Il a réalisé lui-même quelque 15 000 autopsies, et supervisé ou analysé, à titre de consultant, environ 35 000 autres examens post-mortem. Le Dr Wecht est l'auteur de plus de 475 articles professionnels et directeur de publication de 35 ouvrages. Il est fréquemment retenu à titre de témoin expert dans des procès. Il est aussi invité régulièrement à la radio et à la télévision partout aux États-Unis et il a écrit plusieurs ouvrages concernant des affaires judiciaires médiatisées, dont *Cause of Death, Grave Secrets* et *Who Killed John Benet Ramsey?*

Mark S. Weil, PhD, spécialiste de premier plan du sculpteur Gianlorenzo Bernini et de l'imagerie baroque en général, enseigne à l'Université de Washington. Il a fait porter sa thèse de doctorat sur la décoration, par Bernini, du Ponte Sant'Angelo (le Pont des Anges que Robert Langdon traverse, à la recherche du repaire des *Illuminati*), qui est à l'origine de son livre *The History and Decoration of the Ponte S. Angelo*. Au cours des 30 dernières années, il a visité Rome annuellement pour y mener des recherches à la Bibliothèque et aux Archives du Vatican. M. Weil est également directeur du Mildred Lane Kemper Art Museum de l'Université de Washington et directeur du Sam Fox Arts Center de la même université.

Robert Anton Wilson est l'auteur respecté de plus de 30 ouvrages. Rédacteur en chef associé du magazine *Playboy* à la fin des années 1960, il est reconnu comme futurologue, dramaturge, poète, conférencier et humoriste. En collaboration avec Robert Shea, il est l'auteur de *Illuminatus! Trilogy*, que le magazine *Village Voice* a décrit comme «le plus grand roman-culte de science-fiction… depuis *Dune*». La trilogie a été réimprimée en plusieurs langues et adaptée au théâtre en une pièce épique d'une durée de dix heures. En 1986, dix ans seulement après sa publication, *Illuminatus!* a remporté le prix Prometheus comme classique de la science-fiction. M. Wilson est la vedette de *Maybe Logic: The Lives and Ideas of Robert Anton Wilson*, film de Lance Bauscher qui a remporté, en 2004, le prix du meilleur documentaire au Festival du film de San Francisco. Il donne des cours en ligne à la Maybe Logic Academy.

Josh Wolfe est directeur associé de Lux Capital, où il se consacre particulièrement aux investissements en nanotechnologie. Il a précédemment travaillé chez les firmes Salomon Smith Barney et Merril Lynch et siège aujourd'hui à TechBrains, conseil consultatif de Merrill Lynch en matière de technologie. Il a mené des recherches de pointe sur le sida et publié des articles dans *Nature, Cell Vision* et le *Journal of Leukocyte Biology*. M. Wolfe est l'auteur du volumineux *Nanotech Report*, qui compte plus de 500 pages. Il est aussi directeur de publication du *Forbes/Wolfe Nanotech Report* et tient une chronique dans le magazine Forbes. À titre de fondateur de la NanoBusiness Alliance, il s'est joint au président Bush pour la signature, dans le Bureau ovale, du 21st Century Nanotech Research and Development Act. Le magazine financier *Red Herring* l'a appelé «M. Nano», alors que Steve Forbes l'a qualifié de «l'autorité dominante aux États-Unis en matière de nanotechnologies». M. Wolfe a été cité dans *Business Week*, le *New York Times* et le *Wall Street Journal*, en plus d'être invité régulièrement au réseau télévisé d'affaires CNBC. Il est diplômé avec mention de l'Université Cornell.

REMERCIEMENTS

Les Secrets de Anges et démons, tout comme l'ouvrage qui l'a précédé, *Les Secrets du Code Da Vinci*, fut une extraordinaire aventure de publication. En quelques mois seulement, nous avons été en mesure de passer du concept à la librairie en produisant un livre chargé du savoir de grands penseurs et de brillants écrivains. Nous avons réussi à réunir une expertise de classe mondiale sur une diversité de sujets allant de la science aux arts en passant par l'histoire et la religion. Des gens bien au fait des contraintes habituelles imposées par cette activité séduisante mais néanmoins vieillotte qu'est l'édition nous demandent souvent comment nous réussissons à produire ces ouvrages si rapidement. La réponse — outre les nuits blanches et le soutien de nos familles — tient au fait que ces livres s'appuient sur les efforts de collaboration d'un grand nombre de personnes de talent. Nous aimerions saluer la contribution de plusieurs d'entre elles.

D'abord, notre éditeur, CDS Books, qui nous a soutenus comme un véritable partenaire tout au long de l'aventure, offrant toute l'attention, les idées, les ressources, un sens aigu de l'édition et la capacité de distribution que tout auteur peut espérer. En particulier, nous aimerions remercier Gilbert Perlman d'avoir partagé notre vision et de nous avoir montré comment la réaliser. Encore une fois, David Wilke s'est montré un guide compétent, un infatigable maître de cérémonie et un chef d'orchestre enthousiaste du début à la fin. Donna M. Rivera, directrice de la rédaction de CDS Books, a réussi à faire tenir en équilibre un texte en constante réécriture. Nous souhaiterions aussi remercier Steve Black et l'excellente équipe de ventes de CDS. Leurs efforts ont assuré le succès des *Secrets du Code Da Vinci* et ouvert la voie à celui du présent ouvrage.

L'équipe chevronnée rassemblée autour des divers aspects du design et de la production de ce livre comprend notamment George Davidson, Leigh Taylor, Lisa Stokes, Gray Cutler et David Kessler. Nous sommes particulièrement reconnaissants à Paul J. Pugliese pour ses cartes et à Elisa Pugliese pour ses illustrations. La créativité et l'énergie de Jaye Zimet nous ont énormément manqué dans la production de ce livre, mais elle fut avec nous en esprit et nous gardons d'elle un souvenir affectueux.

Nous avons également pu compter sur le travail inlassable d'une extraordinaire équipe de rédacteurs, d'interviewers et d'écrivains. Nos remerciements particuliers vont à David A. Shugarts, Paul Berger, Peter Bernstein, Annalyn Swan, John Castro, Judy DeYoung, Anna Isgro, Gwen Kinkead, Jill Rachlin Marbaix et Alex Ulam.

Au cœur des *Secrets de Anges et démons* figure le savoir spécialisé de nos nombreux experts. Nous apprécions vivement les efforts qu'ils ont déployés pour répondre à nos questions et fournir à point nommé les informations de première importance dont ce livre est parsemé à chaque page. En particulier, nous remercions du fond du cœur Amir D. Aczel, Diane Apostolos-Cappadona, Michael Barkun, Amy Bernstein, James Carlisle, Jennifer Carlisle, John Dominic Crossan, Paul Davies, Richard Dawkins, Hannah de Keijzer, David Downie, Glenn Erickson, Leigh-Ann Gerow, Owen Gingerich, Marcelo Gleiser (avec des remerciements particuliers pour nous avoir permis d'emprunter l'expression « pieux hérétique »), Deirdre Good, Dean Hamer, Steven Harris, Michael Herrara, Stephan Herrera, George Johnson, Scott Kim (avec des remerciements particuliers pour avoir créé l'ambigramme des *Secrets*), Paul Kurtz, George Lechner, Tod Marder (avec nos remerciements pour l'aide à la cartographie ainsi que l'expertise sur Bernini), Richard McBrien, Mark Midbon, Tom Mueller, John W. O'Malley, George Pullum, Alexandra Robbins, Wade Rowland, Greg Tobin, Neil deGrasse Tyson, Steven Waldman, James Wasserman, Cyril Wecht, Mark Weil, Robert Anton Wilson et Josh Wolfe.

Pour leur aide à Rome, nous remercions Sergio Caggia de Nerone & Rome Made to Measure ; Susan Sanders, directrice exécutive de l'Institut de design et de culture ; Mauro Scarpati et l'Hôtel Exedra.

Plusieurs personnes ont aussi travaillé en coulisses, nous prodiguant conseils et encouragements, partageant avec nous de brillantes idées, nous aidant à trouver une information essentielle ou nous aidant de mille façons à faire de cette série le succès considérable qu'elle est devenue. Nos remerciements à Danny Baror, Elkan et Gail Blout, David Burstein, Mimi Conway, Helen de Keijzer, Steve de Keijzer et Marny Virtue, Jelmer et Rose Dorreboom, Marty Edelston, Brian Flynn, Michael Fragnito, Peter Kaufman, Clem et Ann Malin, Lynn Northrup, Julie O'Connor, Cynthia O'Connor, Joan O'Connor, Michael Prichinello, Bob et Carolyn Reiss, Dick et Shirley Reiss, Stuart Rekant, Amy Schiebe, Sam Schwerin, Allan Shedlin, Bob Stein, Kate Stohr, Brian et Joan Weiss, Sandy West et Joan Wiley. Nous levons aussi notre chapeau à la Chilmark Public Library et à la Weston Public Library ainsi qu'à Mike Keriakos, Nerissa Wels, Ben Wolin et toute l'équipe de Waterfront Media.

Dan Burstein et Arne de Keijzer

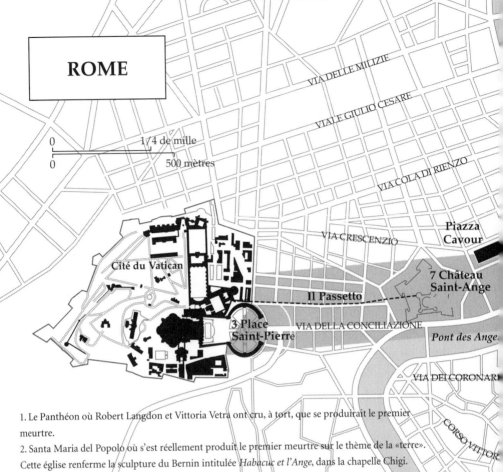

ROME

0 ————— 1/4 de mille
0 ————— 500 mètres

VIA DELLE MILIZIE

VIALE GIULIO CESARE

VIA COLA DI RIENZO

Piazza
Cavour

VIA CRESCENZIO

Cité du Vatican

Il Passetto

7 Château
Saint-Ange

3 Place
Saint-Pierre

VIA DELLA CONCILIAZIONE

Pont des Ange.

VIA DEI CORONARI

CORSO VITTOR

Tibre

1. Le Panthéon où Robert Langdon et Vittoria Vetra ont cru, à tort, que se produirait le premier meurtre.

2. Santa Maria del Popolo où s'est réellement produit le premier meurtre sur le thème de la «terre». Cette église renferme la sculpture du Bernin intitulée *Habacuc et l'Ange*, dans la chapelle Chigi.

3. La place Saint-Pierre, la célèbre piazza dessinée par Le Bernin au Vatican. Elle comporte en son centre un obélisque, entouré d'un «cercle du vent» illustrant le «vent d'Ouest», qui marque l'endroit où se produit le meurtre sur le thème de l'«air», et les autres vents.

4. Santa Maria della Vittoria où a lieu le meurtre sur le thème du «feu». Elle renferme la sculpture du Bernin intitulée *L'Extase de sainte Thérèse*.

5. La Piazza Barberini : d'après le texte de *Anges et démons,* c'est à cet endroit, avec sa *Fontaine du Triton* réalisée par Le Bernin, que se trouve l'église Santa Maria della Vittoria. En fait, cette église se trouve sur la Via XX Settembre, indiquée au numéro 4 sur notre carte.

6. La Piazza Navona où se trouve la *Fontaine des quatre fleuves* du Bernin, scène du meurtre sur le thème de l'«eau», ainsi que l'église de Sainte-Agnès en Agone.

7. La *Fontaine de Trevi* : dans le texte de *Anges et démons*, l'auteur mélange les caractéristiques de cette fontaine avec celles de la *Fontaine des quatre fleuves*.

8. Le château Saint-Ange, où l'Assassin détient Vittoria Vetra. Il est relié au Vatican par un véritable passage appelé Il Passetto.

9. L'hôpital Tiberina, au milieu du Tibre. C'est là qu'on transporte Robert Langdon après sa chute de l'hélicoptère.

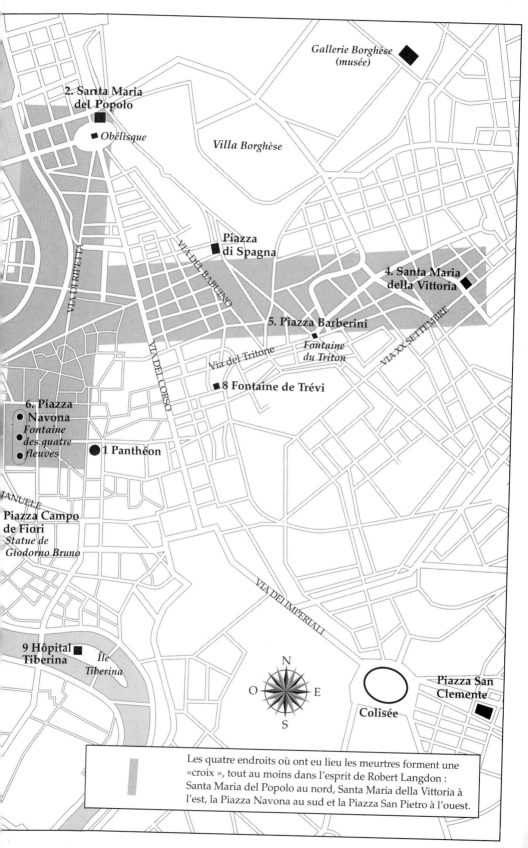

Gallerie Borghèse
(musée)

2. Santa Maria del Popolo

■ *Obélisque*

Villa Borghèse

VIA DI RIPETTA

VIA DEL BABUINO

Piazza di Spagna

4. Santa Maria della Vittoria

5. Piazza Barberini

Fontaine du Triton

Via del Tritone

VIA XX SETTEMBRE

8 Fontaine de Trévi

VIA DEL CORSO

6. Piazza Navona
Fontaine des quatre fleuves

● **1 Panthéon**

MANUELE
Piazza Campo de Fiori
Statue de Giodorno Bruno

VIA DEI IMPERIALI

9 Hôpital Tiberina
Île Tiberina

N
O E
S

Colisée

Piazza San Clemente

Les quatre endroits où ont eu lieu les meurtres forment une
«croix», tout au moins dans l'esprit de Robert Langdon :
Santa Maria del Popolo au nord, Santa Maria della Vittoria à
l'est, la Piazza Navona au sud et la Piazza San Pietro à l'ouest.

TABLE DES MATIÈRES